KB169922

행동하는 용기

행동하는 용기

경제위기와 그 여파에 대한 회고

벤 S. 버냉키

안세민 옮김

까치

THE COURAGE TO ACT :
A Memoir of a Crisis and Its Aftermath

by Ben S. Bernanke

역자 안세민(安世民)
고려대학교 경제학과를 졸업하고 동 대학원에서 석사 학위를 받았으며, 미국
캔자스 주립대학에서 경제학 박사 과정을 수학했다. 대외경제정책연구원, 에
너지관리공단, 현대자동차 등을 거쳐 현재는 전문 번역가로 활동하고 있다.
옮긴 책으로는『패권경쟁』,『카툰 길라잡이 경제학』,『긴축은 죽음의 처방전
인가』,『그들이 말하지 않는 23가지』등 다수가 있다.

행동하는 용기 : 경제위기와 그 여파에 대한 회고

저자 / 벤 S. 버냉키
역자 / 안세민
발행처 / 까치글방
발행인 / 박후영
주소 / 서울시 용산구 서빙고로 67, 파크타워 103동 1003호
전화 / 02・735・8998, 736・7768
팩시밀리 / 02・723・4591
홈페이지 / www.kachibooks.co.kr
전자우편 / kachibooks@gmail.com
등록번호 / 1-528
등록일 / 1977. 8. 5
초판 1쇄 발행일 / 2015. 10. 6
      6쇄 발행일 / 2023. 8. 30
값 / 뒤표지에 쓰여 있음
ISBN 978-89-7291-602-4 03320

이 도서의 국립중앙도서관 출판시도서목록(CIP)은 서지정보유통지원시스템 홈페이지(http://seoji.
nl.go.kr)와 국가자료공동목록시스템(http://www.nl.go.kr/kolisnet)에서 이용하실 수 있습니다. (CIP
제어번호 : CIP2015025986)

차례

제3부 여파

저자 노트

⋮

모든 위기 상황 속에는 행동하는 사람들과 행동하기를 두려워하는 사람들이 있다. 현대인들은 잘 알지 못하는 1907년의 패닉에서 태어난 연방준비제도는 1930년대의 첫 번째 중대한 시험에서 실패했다. 연방준비제도의 지도자들과 세계의 다른 중앙은행의 지도자들은 파괴적인 디플레이션과 금융산업의 붕괴에 직면하여 소극적인 자세로 일관했다. 그 결과는 세계적인 대공황과 식량 배급을 받으려고 줄을 선 실직자들과 빈민들, 미국의 실업률 25% 그리고 세계적으로 전체주의 독재체제가 득세한 것이었다. 75년 뒤 연방준비제도는 2007-2009년의 위기와 후유증을 앓았고, 대공황 때와 비슷한 도전에 직면했다. 이번에는 우리가 행동했다.

이 책의 제목은 연방준비제도의 정책 입안자와 직원들을 비롯한 동료들로부터 영감을 얻었다. 이 나라의 경제적 안녕이 강력하고 창의적인 대응을 요구했을 때, 그들은 종종 신랄한 비판과 비난에 직면했으나, 필요한 일을 하기 위해서는 도덕적인 용기가 필요했다. 세계의 여러 중앙은행에서 일하는 우리의 상대역들과 외국의 재무부 관리들은 물론 우리 정부의 관리들 ― 미국의 두 정권의 재무부에서 근무한 지도자들과 직원들을 특히 언급할 가치가 있다 ― 이 이 싸움에서 우리를 돕기 위해서 합심했다. 나는 그 모든 분들에게 감사를 드리고, 우리 시대를 가장 강력하게 위협했던 경제위기를 막아내기 위한 세계적인 노력에 내가 참여할 수 있었던 사실을 자랑스럽게 생각한다.

내 평생 동안 사랑의 반려가 되어준 아내 애나가 이 책의 제목을 제안한 것 그리고 그밖에도 참으로 더 많은 도움을 준 것에 대해서 나는 가장 깊은 고마운 나의 마음을 전한다.

프롤로그

나는 아직도 이것을 중지할 수 있다……

⋮

2008년 9월 16일 화요일 오후 8시였다. 나는 정신적으로나 정서적으로나 탈진했고 매우 피곤하여 자리에 앉을 수도 없었다. 나는 연방준비제도 건물인 에클리스 빌딩의 내 사무실 창문 밖으로 콘스티투션 애비뉴를 달리는 차량들의 불빛과 내셔널 몰 공원에 줄지어 늘어선 아메리카 느릅나무의 어두컴컴한 윤곽을 볼 수 있었다. 수십 명의 직원들이 남아서 근무했지만, 내 방문 바로 밖의 복도에는 인적이 끊겨 조용했다. 방 안에 나 말고는 말없이 앉아 있던 연방준비제도 이사회의 홍보국 국장 겸 내 비서실장인 미셸 스미스만 있을 뿐이었다. 그녀는 내 지시를 기다리고 있었다.

그보다 4시간 전 재무장관 행크 폴슨과 나는 백악관의 대통령 집무실에서 몇 걸음 떨어진 창문이 없는 루스벨트 룸의 황갈색 가죽 안락의자에 나란히 앉아 있었다. 뒷다리로 서 있는 말 위에 앉은, 미국-스페인 전쟁 당시의 '의용 기병대원' 시어도어 루스벨트의 초상화가 벽난로 위에 걸려 있었다. 행크와 내 앞에 놓인 윤이 나는 나무 테이블 건너편에는 당시의 백악관 주인인 조지 W. 부시가 침울한 표정으로 앉아 있었고 그 옆에 부통령 딕 체니가 배석하고 있었다. 대통령의 보좌관들과 행크의 고위 참모들 및 다른 금융규제 기관의 대표들이 테이블 둘레의 남은 10여 개의 의자들을 채우고 있었다.

9

평소의 대통령은 회의에서 재치 있는 농담을 하거나 보좌관 한 사람을 악의 없이 놀려대어 곧잘 분위기를 가볍게 했다. 그날 오후에는 그렇지 않았다. 대통령은 단도직입적으로 물었다. "우리가 어쩌다 이 지경까지 왔소?"

이 질문은 의례적인 것이었다. 우리는 통제하기 어려운 금융위기와 1년 이상 싸우고 있었다. 2008년 3월에 연방준비제도는 JP모건 체이스가 월 스트리트 투자은행인 베어 스턴스를 파산으로부터 구제하는 것을 지원하기 위해서 300억 달러를 대출했다. 9월 초에 부시 행정부는, 미국 내 전체 주택 모기지의 대략 절반에 자금을 제공한 책임이 있는 두 회사 패니 메이와 프레디 맥이 도산하는 것을 막기 위해서 이 두 회사를 인수했다. 그리고 폴슨과 뉴욕 연방준비은행 행장인 가이트너가 인수합병 상대를 찾기 위해서 필사적인 노력을 했으나, 결국 허사가 된 뒤인 바로 전날 오전 1시 45분에 미국에서 네 번째로 큰 투자은행인 리먼 브라더스가 파산 신청을 했다.

이제 나는 연방준비제도가 세계 최대의 보험회사인 아메리칸 인터내셔널 그룹(AIG)에 850억 달러를 대출하는 계획을 세우는 이유를 부시 대통령에게 설명하고 있었다. 이 회사는 서브프라임 모기지로 뒷받침되는 여러 가지 증권의 보험 가입을 위해서 기묘한 신형 금융 도구들을 사용하여 무모한 도박을 벌였다. 그런 모기지가 기록적인 빠른 속도로 부실화되었기 때문에 이 보험을 매입했던 금융회사들은 다른 AIG 거래 상대방들과 더불어 지급을 요구했다. 현금이 없었던 AIG는 며칠 혹은 어쩌면 몇 시간 뒤에 파산할 수 있었다. AIG와 그 종업원들 혹은 주주들을 돕고 싶은 간절한 마음이 우리 계획의 동기가 결코 아니라고 나는 대통령에게 말했다. 오히려 우리는 금융 시스템―그리고 더욱 중요하게는 미국 경제― 이 AIG의 파산을 견딜 수 있을 것이라고 생각하지 않았던 것이다.

리먼의 파산을 접한 시장은 대공황 이후 보지 못했던 강력한 전면적인 패닉에 이미 빠져 있었다. 다우존스 산업 평균지수는, 9월 11일 테러 후

개장 첫날이었던 2001년 9월 17일 이후 하루 동안의 최대 낙폭인 504포인트가 월요일에 폭락했고, 매각의 급증세는 전 세계시장으로 확산되었다. 금융기관에 대한 신뢰가 증발함으로써 은행 간 대출금리가 마구 치솟았다. 한 대형 펀드가 리먼의 붕괴에서 파생된 손실을 본 후 대소 투자자들이 머니마켓 뮤추얼 펀드에서 돈을 회수한다는 불길한 보고를 우리는 연달아 받았다.

방 안에 있던 모든 사람들은 AIG의 구제가 대통령 선거의 해에 정치적으로 둘 수 있는 최악의 수라는 것을 알았다. 그보다 불과 2주일 전에 대통령이 소속한 공화당은 2008년 전당대회 정강에서 "우리는 민간기업에 대한 정부의 구제금융을 지지하지 않는다"고 단호하게 선언했다. 연방준비제도가 제안한 개입은, 기업들이 시장의 원칙에 따라야 하고 정부는 기업의 과실로부터 기업을 보호해서는 안 된다는 기본 원칙을 어기게 된다. 그러나 지금처럼 제반 금융 여건이 혼란에 빠졌을 때, 만약 AIG가 파산하면, 그 상황이 상상할 수 없는 수준으로 악화되어 미국과 세계경제에, 분명히 재앙적인 결과들을 초래할 수 있다는 것을 나는 알았다.

자산이 1조 달러를 넘는 AIG는 리먼보다 규모가 50% 이상 더 컸다. 이 회사는 130개국 이상에서 영업을 했고, 세계적으로 7,400만이 넘는 개인과 법인 고객들을 확보하고 있었다. AIG는 미국 근로자 총수의 3분의 2에 해당하는 1억600만 명을 고용한 18만 개의 중소기업 및 여타 법인체에 상업보험을 제공하고 있었다. 이 회사의 여러 가지 보험 상품들은 수많은 지방자치체와 기금을 보호하고 401(k)에 가입한 사람들을 보호했다. AIG의 붕괴는 미국과 해외 양쪽에서 더 많은 초대형 금융회사들의 도산을 촉발할 가능성이 농후했다.

대통령은 침통한 표정으로 주의 깊게 귀를 기울였다. 폴슨은 AIG에 대한 조치가 필요할지도 모른다고 그날 일찍 경고한 바 있었으며, 대통령은 우리의 선택 대안이 지극히 제한적이라는 사실을 알았다. AIG에 대출을 하거나 매입하는 데에 관심을 가진 개인 투자자는 찾을 수 없었다. 행정부는 이 회사를 구제할 돈이나 권한이 없었다. 그러나 만약 이 회사의 다수 자회사들이 대출의 담보물 구실을 할 수 있는 충분한 가치가 있을 경우 연방준비제도는 AIG에 대출을 할 수 있었다.

부시는 위기 기간에 폴슨과 나의 판단에 대한 신뢰를 거듭 재확인함으로써 일관성 있는 대응을 했다. 그는 우리가 필요한 조치를 취해야 하며, 정치적인 지원을 위해서 자신이 할 수 있는 모든 일을 하겠다고 말했다. 자신과 공화당에 미칠 가능성이 있는 정치적 결과를 고려하지 않고 올바른 일을 기꺼이 하겠다는 그의 뜻과 신임에 나는 감사했다. 대통령의 지원은 무엇보다 중요했다. 그와 동시에 기본적으로 대통령은 폴슨과 나에게 미국 및 세계경제의 운명이 우리 손에 달려 있다고 말했다.

그날 저녁 6시 30분에 의회 의사당에서 열린 우리의 다음 회의는 더욱 힘들었다. 폴슨과 나는 만원을 이룬 회의실에서 의회 지도자들과 연석회의를 가졌다. 하원의장 낸시 펠로시는 서둘러 마련된 이 회의에 참석할 수 없었으나, 상원 민주당 원내대표 해리 리드와 하원 공화당 원내대표 존 베이너는 상원 은행위원장 크리스 도드 및 하원 금융 서비스 위원장 바니 프랭크 등 몇 명의 인사들과 함께 참석했다.

폴슨과 나는 AIG의 상황을 다시 설명하고 대책을 제안했다. 우리에게 질문이 쏟아졌다. 의원들은 보험회사에 대출해줄 권한이 연방준비제도에 있느냐고 물었다. 일반적으로 연방준비제도는 은행과 저축기관에만 대출할 권한을 위임받았다. 나는 대공황 시대의 연방준비제도법—제13조 3항—에 관해서 설명했다. 이 조항은 "이례적이고 긴급한 상황"에서 우리가 어떤 개인이나 동업자 혹은 법인에게 대출할 수 있는 권한을 부여했다. 의원들은 AIG의 파산을 방치하는 데에 따르는 각종 결과 및 대출금 상환 방법을 알고 싶어했다. 우리는 최선을 다해 답변했다. 우리는 이 조치가 필요하다고 믿었지만, 어떤 보장도 할 수는 없었다.

질문의 강도가 수그러들기 시작할 때, 나는 테이블 너머에 앉은 리드 상원의원이 지친 듯이 두 손으로 얼굴을 문지르는 모습을 바라보았다. 마침내 그가 입을 열었다. "의장과 재무장관께서 오늘밤 이 자리에 나와 이 문제에 관해 설명하고 우리의 질문에 답변해주신 것을 감사드립니다. 이 자리는 우리에게 도움이 되었습니다. 두 분은 몇 가지 견해 표명과 반응을 들었을 것입니다. 그러나 이곳에서 나온 모든 발언을 이번 조치에 대한 의회의 승인으로 착각해서는 안 됩니다. 나는 전적으로 이 점을 분명히 해두고 싶습니다. 이것은 두 분의 결정이고 두 분의 책임입니다."

나는 내 사무실로 돌아왔다. 구제금융 거래 내용을 협상하고 있었던 티머시 가이트너가 AIG 이사회가 우리의 제안 조건에 동의했다는 소식을 전화로 알려왔다. 우리의 조건은 강경했으나, 충분한 이유가 있었다. 우리는 기업의 실패를 보상하거나 혹은 AIG를 파산 위기로 몰아넣은 유형의 리스크를 다른 회사들이 감수하도록 만드는 인센티브를 주고 싶지 않았다. 우리는 대출에 높은 금리를 부과하고 이 회사의 소유권 지분 80% 정도를 인수함으로써 구제조치가 효과를 발휘할 경우, 납세자들이 이익을 볼 수 있는 계획을 제안했다. 연방준비제도 자체의 이사회는 그날 일찍 이 거래를 승인했다. 이제 우리에게 필요한 것은 보도자료를 발표하는 일뿐이었다.

그러나 나는 그 모든 것을 몇 분 동안 생각할 필요가 있었다. 나는 우리가 옳은 일을 하며 달리는 합리적인 선택이 없다고 믿었다. 나는 또한 의사결정 과정에는 때때로 그 자체의 가속도가 필요하다는 것도 알았다. 그것은 분명히 중요했다.

우리가 감수하려는 리스크가 엄청나게 크다는 데는 의문의 여지가 없었다. 850억 달러 자체도 어마어마한 돈이었지만, 돈보다 훨씬 더 중요한 이해관계가 걸려 있었다. AIG가 우리의 대출을 받고도 파산한다면, 금융 패닉은 심화되고 연방준비제도의 위기관리 능력에 대한 시장의 신뢰는 파괴될 수 있었다. 뿐만 아니라 연방준비제도 자체의 미래가 위험할 수 있었다. 리드 상원의원은 의회가 책임을 지지 않겠다는 점을 분명히 했다. 대통령은 우리를 옹호하겠지만, 몇 달 뒤면 퇴임하게 된다. 만약 우리가 실패하면, 성난 의회는 연방준비제도의 실권을 모조리 빼앗으려고 할 것이다. 나는 연방준비제도의 파괴를 이끈 결정을 내린 사람으로 기억되고 싶지 않았다.

콘스티투션 애비뉴를 내다보고 있던 나는 아직도 이 조치를 중지할 수 있다고 생각했다. 대출은 이사회 전원 일치의 찬성이 필요하기 때문에 나는 표결에서 나의 입장을 바꾸어야 할 것이었다. 나는 "우리는 아무것도 발표하지 않는다"는 데까지만 미셸에게 말했다.

비록 우리가 행동하더라도, 우리에게 고맙다고 할 사람은 없을 것이다. 그러나 우리가 행동하지 않으면 누가 고맙다고 할까? 국가의 장기적인 이익을 위해서 정치적으로 인기 없는 결정을 내리는 것이 연방준비제도가 정치적으로 독립된 중앙은행으로 존재하는 이유이다. 이 기관은 정확히 이 목적, 즉 다른 사람들이 행동할 능력이나 의지가 없는 일을 어쩔 수 없이 행하기 위해서 창설되었다.

미셸이 "우리는 어떤 보도자료든 내야 합니다"라고 조용히 말했을 때 나는 깊은 생각에서 깨어났다.

나는 "좋아요," 그리고 "그래야지요. 보도자료를 마지막으로 살펴봅시다"라고 말했다.

보도자료는 이렇게 시작되었다. "동부 서머타임 오후 9시 보도 : 연방준비제도는 재무부의 전폭적인 지지하에서 뉴욕 연방준비은행이 850억 달러를 아메리칸 인터내셔널 그룹에 대출하는 조치를 화요일에 재가했다……."

제1부

서막

1
메인 스트리트*

⋮

2006년 9월 1일, 이슬비가 내리는 아침이었다. 그날은 마치 가을이 성큼 다가오기라도 한 듯이 아주 선선했다. 3대의 자동차가 우리 일행을 싣고는 사우스캐롤라이나 주 라타의 민박집 애빙던 매너의 편자 형태의 드라이브 웨이를 빠져나오고 있었다. 지은 지 100년이 넘은 그리스 복고 양식의 이 건물에서는 가족, 친지들의 모임이 자주 열리곤 했다. 거기서 내가 살던 딜 런까지는 자동차로 10분 정도 걸렸다. 건물 내부의 고풍스러운 가구와 고급 스러운 침대 시트, 커튼은 과거 풍요로웠던 사우스캐롤라이나인들의 분위 기를 풍겼다. 사우스캐롤라이나 주 서쪽의 그린빌에서 연설이 끝난 후— 목사님은 내가 이 나라의 경제정책을 훌륭하게 수행할 수 있도록 신의 은총 이 가득하기를 기원하셨다—나는 어젯밤 애빙던 매너에서 가족, 친지들과 함께 식사를 하고 밤을 보냈다.

우리는 301번 고속도로를 따라서 딜런으로 향했다. 지방 경찰 차량이 선두에서 길을 안내했다. 늘 그랬듯이, 나는 두 번째 자동차의 뒷자리에

---

* 미국 금융산업의 대명사가 Wall Street라고 하면, Main Street는 미국의 실물경제를 의 미한다. 경제에서 금융의 비중이 절대적이 된 20세기에는 월 스트리트의 금융위기가 메인 스트리트의 소비와 생산 등의 실물경제로 전이되어 경제위기의 기폭제가 되었다. 한편 메인 스트리트는 미국의 전형적인 시민과 그 사회를 의미한다/역주

앉아 있었다. 조수석에는 베테랑 경호팀장 밥 애그뉴가 앉아 있었고, 내 옆 자리에는 연방준비제도 이사회의 공보 담당 데이브 스키드모어가 앉아 있었다. 그리고 두 명의 경호원들이 우리의 뒤를 따르는 자동차에 타고 있었다.

나는 경호팀의 정중하고도 단호한 요청을 받아들여서 지난 7개월 동안 운전을 전혀 하지 않았다. 밥을 비롯한 경호원들은 항상 공손했지만, 경호 규정을 제시할 때만큼은 단호했다. 2006년 2월 1일, 내가 연방준비제도 이사회(Board of Governors of the Federal Reserve System)의 의장(Chairman)으로 취임한 뒤부터 경호원들은—물론 케이블 텔레비전 카메라 맨들도—항상 내 곁에서 그림자처럼 움직였다. 언젠가 나의 전임자 앨런 그린스펀은 경호원 속에 둘러싸여 살아가는 삶에 관해서 아주 적절하게 얘기한 적이 있었다. 세상에서 가장 친절한 교도관에 의해서 가택 연금된 것과 같은 것이라고. 나는 딜런에서 하루를 보내면서 일거수일투족을 감시당하고 있었다고 해도 과언이 아니었다. 어린 시절 나는 혼자서 자전거를 타고 집, 도서관, 웨스트 메인 스트리트 200번지에서 아버지가 경영하는 약국을 오가곤 했다.

그날 아침 우리는 바로 그 200번지 쪽으로 가고 있었다. 이제 그 자리에는 약국은 없어지고 킨타이어 하우스라는 캐주얼 레스토랑(미국의 TGI 프라이데이처럼 도시 근교에 생긴 새로운 형식의 음식점/역주)이 있었다. 나는 40년 전에는 잡지꽂이에 잡지를 꽂아두거나 고객들에게 샴푸를 설명하는 일을 했지만, 그날 아침에는 딜런에서 가장 잘 나가는 20명이 넘는 지도급 인사들—선출직 공무원들과 기업 오너들—과 함께 식사를 했다. 우리는 과일, 옥수수, 갈비살을 곁들인 에그 베네딕트, 할라 프렌치 토스트(challah : 유대교도가 안식일에 먹는 새끼 모양으로 꼰 흰 빵/역주)를 접시에 담았다. 할라가 내가 유대인 출신이라는 사실을 암시하는지는 잘 모르겠다. 하지만 이보다 더욱 중요한 것은 그날 아침에 모인 사람들 중에는 백인과 흑인이 골고루 포함되어 있었다는 것이다. 나는 이러한 사실을 무척 기쁘게 생각했다. 나의 어린 시절, 딜런에서는 인종차별이 만연했다. 화장실을 따로 사용할 정도였으니 말이다. 딜런의 흑인들은 이 지역에서 지도급 인사가 되는 것은 두말할 필요도 없었고, 이런 레스토랑에서 식사하는 것 자체가 불가능한 일이었다. 그날 아침에 딜런 시장 데이비스와 학창 시절 알토 색소폰을 불던 나의 맞은편에서 트럼펫을 연주하던 존 브래디도 눈에 띄었다.

그날 조찬 모임은 '벤 버냉키의 날'의 첫 번째 행사였다. 그날 행사 중에서는 그 레스토랑에서 한 블록 떨어진 카운티 법원 청사 잔디밭에서 열린 의식이 압권이었다. 그 자리에서 나는 데이비스 시장에게서 행운의 열쇠를 받았고, 마크 샌포드 사우스캐롤라이나 주지사에게서 가장 명예로운 시민에게 주는 팔메토 훈장을 받았다. 물론 나는 나 자신이 이 상을 받을 자격이 충분하지 않다는 사실을 잘 알고 있었다. 이렇다 할 업적을 내세우기에는 연방준비제도 이사회 의장직을 맡은 기간이 얼마 되지 않았던 것이다. 그렇다고 하더라도 법원 청사 잔디밭에서 나를 맞아준 옛 친구들, 이웃사람들, 어릴 적 선생님들과의 만남은 감동 그 자체였다.

그전까지 나는 거의 10년 동안 딜런을 방문하지 않았다. 부모님이 은퇴하시고는 노스캐롤라이나 주 샬럿으로 이사한 이후로 딜런을 처음 방문했던 것이다. 샬럿은 어머니가 어린 시절을 보내신 곳이기도 했고, 지금은 내 동생 세스가 사는 곳이기도 하다. 어린 시절, 나는 딜런을 떠나고 싶은 마음이 굴뚝같았다. 그러나 나이가 들어가면서, 특히 워싱턴에서 공직에 입문한 이후로는 딜런에서 보낸 어린 시절을 종종 떠올리곤 했다. 내가 힘든 일을 하면서 책임감을, 그리고 다른 사람을 존중하는 태도를 배웠던 곳이 바로 나의 고향 딜런이다. 우리가 정부 건물에서 일하면서 무심한 통계 수치를 살펴보거나 원대한 계획을 입안하다보면, 자신이 태어나서 자란 곳이 어디인지를 잊어버리기 쉬울 것이다. 내 고향이 어디인지를 일깨워준 날이 바로 그날이었다. 간단한 의식이 있고 나서, 나는 한 시간 동안 그 자리를 찾아준 사람들과 악수를 나누었다. 이름과 얼굴을 일치시키기 위해서 온갖 애를 쓰면서 말이다.

1888년에 조성된 딜런은 사우스캐롤라이나 서부의 논, 솔숲, 늪지를 굽이쳐 흐르는 리틀 피디 강의 서쪽에 위치하고 있다. 인구는 6,500명에 지나지 않지만, 딜런 카운티 청사가 있는 곳이기도 하다. 이곳에서 가장 가까운 도시는 25마일 정도 떨어져 있는 플로렌스인데, 인구는 4만 명에 못 미친다. 어린 시절, 나는 병원에 가기라도 하는 날에는 차를 타고 플로렌스로 가야 했다. 영화를 볼 때도 마찬가지였다.

딜런(Dillon)이라는 마을과 카운티의 이름은 제임스 W. 딜런의 이름에서 나왔다. 은행업자이자 목화 중개상이기도 했던 그는 이 지역에 철도를 유치하기 위한 운동을 이끌었던 인물이기도 했다. 딜런이 조성되던 바로 그해에 철도도 개통되었고, 그것은 고립된 작은 마을이 더 넓은 외부 세계와 소통하는 계기가 되었다. 뉴욕과 서배너(조지아 주의 도시)를 오가는 암트랙(Amtrak, 전미 철도 여객 수송 공사)의 팔메토 열차는 지금도 하루에 두 번씩 딜런에 정차한다. 그러나 지금은 여행객들이 95번 고속도로를 더 많이 이용한다. 오늘날 딜런이 유명해진 것은 사우스 오브 더 보더(South of the Border)라는 표지판 덕분이다. 이 표지판은 아주 독특한 데가 있는데, 우스꽝스러운 자세를 한 멕시코 사람이 사우스 오브 더 보더라는 표지판을 들고는 관광객들을 유혹하는 모습을 묘사하고 있다. 고속도로변에는 결혼식용 교회나 불꽃놀이 용품을 파는 가게가 늘어서 있다. 그것은 사우스캐롤라이나 주의 느슨한 법을 이용하여 고객을 유치하려는 목적 때문이다.

딜런은 철도 교통을 통해서 면화와 담배의 수송 거점으로 얼마 동안은 번성할 수 있었다. 하지만 2006년 내가 딜런을 방문할 당시, 딜런 경제는 커다란 어려움에 처해 있었다. 딜런 경제를 뒷받침하던 담배 산업은 의회가 가격 지원을 철회한 이후로 된서리를 맞았다. 직물 공장도—수입 제품과의 경쟁이 격화되면서—문을 닫는 곳이 늘어만 갔다. 세수가 줄어들면서, 공공 서비스도 엉망이었다. 특히 2009년에는 의회 의원들에게 다 쓰러져가는 학교에 도움을 줄 것을 호소하는 내용의 편지를 썼던 이 지역의 흑인 여학생 타이셔마 베시아 양이 온 국민의 관심을 끈 적이 있었다. 그 학교가 바로 40년 전에 내가 다녔던 학교였다.*

나의 할아버지 조너스 버냉키는 딜런 경제가 어려워졌지만, 그곳을 떠나지 않으셨다. 당신께서는 대공황 시기에 뉴욕에서 약국을 경영하셨다. 물론 크게 성공하지는 못했다. 할아버지는 쉰 살이 되던 1941년에 딜런에 있는 어느 약국의 매물 광고를 보고는 당장 인수하기로 결심하셨다. 그리고는 아내, 나의 아버지, 큰아버지, 작은아버지를 데리고 딜런으로 오셨다.

할아버지는 어깨가 딱 벌어진 애연가이셨다. 저음의 굵직하고도 단호한 목소리는 헤밍웨이류의 자신감과 남성미를 풍겼다. 당신께서는 약국 이름을 제이 비(Jay Bee)로 정하셨는데, 이는 당신의 이름 첫머리 글자에서 따온 것이다. 할아버지는 보리슬라브에서 태어나셨다. 보리슬라브는 지금은 우크라이나의 서쪽에 있지만, 할아버지가 태어날 당시에는 오스트리아-헝가

---

* 이 여학생의 탄원은 성공을 거두었다. 버락 오바마 대통령은 2009년 2월 의회 연설에서 경기부양을 위한 예산을 요구하면서 이 여학생을 초대하고는 미셸 오바마 여사 옆에 앉도록 했다. 딜런 시청은 연방정부로부터 대출을 받아서 2012년 9월에 새로운 학교를 설립했다. 당시 딜런 시청은 판매세 인상을 통해 대출금을 갚을 계획이었다. 그러나 이 여학생은 몇 달 뒤에 딜런을 떠나야 했다. 이 지역 공장에서 용접공으로 일하던 어머니가 직장을 잃고는 애틀랜타로 떠나야 했기 때문이다.

리 이중제국의 영토였다. 제1차 세계대전 당시에는 프란츠 요제프 1세 군대의 하사관으로 근무했다. 하지만 예전에 할아버지가 하시는 말씀을 듣다보면, 마치 당신께서 장교로 근무했던 것처럼 들리곤 했다. 동부 전선에 투입되고는 러시아 군의 포로가 되었다고 하셨다. 전쟁이 끝날 무렵에는 블라디보스토크 근처의 포로수용소를 탈출하여 상하이에 도착했는데, 거기서 마르세유 행 배를 타고 유럽으로 오셨다. 할아버지가 미국행을 결심하고 실행에 옮기신 때는 1921년이었다. 당시 할아버지와 할머니가 독일 함부르크에서 마운트 클린턴 호를 타고 출발하여 957명의 승객들과 함께 엘리스 아일랜드에 도착하셨는데, 그해 할아버지 나이는 서른 살이었고, 할머니 나이는 스물다섯 살이었다. 할머니는 첫아들 프레드 백부님을 임신 중이셨다. 당시 마운트 클린턴 호의 승객 명단에는 두 분이 삼등석을 타고 각각 25달러씩을 소지한 것으로 나와 있다.

할머니 리나는 우크라이나 국경에 인접한 폴란드의 동부 도시 자모시치에서 태어나셨다. 명문 빈 대학교 의과대학을 졸업한 1920년 당시로서는 대단한 재원이셨다. 뉴욕에 도착하고는 유대인 이민자들이 많이 거주하는 이스트 사이드에서 작은 병원을 개업하셨다. 그리고 야간에는 포드햄 대학교에서 약학을 공부하셨다. 하지만 할아버지와 함께 남부로 이사간 이후로는 병원 일을 그만두셔야만 했다. 당시 사우스캐롤라이나 주에서는 유럽 학위를 인정하지 않았기 때문이다. 내 기억으로는 할머니는 상당히 세련되고 지적인 분이셨다. 확실히 1940년대와 1950년대 미국 남부 농촌의 바이블 벨트(Bible Belt) 문화가 깊이 배어 있는 딜런에서의 삶이 몸에 맞지 않았을 것이다. 내가 기억하기로는 성품이 다혈질인 할아버지와 다툰 적도 많으셨다. 아들들이 장성한 인생 후반기—특히 1970년에 할아버지가 심장마비로 돌아가신 이후—에는 주로 독서와 그림 그리기로 시간을 보내셨다. 할아버지와 할머니는 딜런의 유대교 예배당에 가끔은 참석하셨지만, 미국 사회에 동화된 유럽 출신의 유대인들과 마찬가지로 유대교식 종교 관습을 고수하려고 하지는 않으셨다.

이처럼 할아버지와 할머니는 종교 관습에는 관심이 많지 않았지만, 이와는 대조적으로 외할아버지 허셸(미국식 이름은 해럴드) 프리드먼과 외할머니 마시아(미국식 이름은 마샤) 프리드먼은 그렇지 않았다. 외할아버지와 외할머니는 집에서는 유대교 율법에 따라 식사를 하고 안식일을 지킬 정도로 독실한 유대교도이셨다. 두 분은 제1차 세계대전이 시작될 무렵에 리투아니아에서 미국으로 이민와서는 메인 주의 포틀랜드에서 사셨다. 그리고 딜런에서 자동차로 2시간 반 정도 걸리는 노스캐롤라이나 주의 샬럿으로 오시기 전에는 코네티컷 주의 노르위치에서 사셨는데, 1931년 바로 이곳에서 나의 어머니가 태어나셨다. 오늘날 샬럿은 금융의 중심지로 널리 알려져 있지만, 어머니의 친정 식구들이 살던 시절에는 활기를 찾아볼 수 없던 도시였다. 나는 세 살 때에 선천성 심장병을 가지고 태어난 여동생 낸이 볼티모어의 존스 홉킨스 병원에서 수술을 받기 위해서 입원하는 동안, 외갓집에서 지낸 적이 있었다. 결국 수술은 실패하고, 낸은 생후 석 달 만에 세상을 떠났다. 내가 열세 살인 1967년에 외할머니가 돌아가실 때까지는 여름방학이 오면 항상 외갓집에서 1주일을 지냈다. 이후로 외할아버지는 아흔네 살인가 아흔다섯 살에 돌아가실 때까지 딜런의 우리 집에서 사셨다. 외할아버지는 당신 나이가 정확하게 몇 살인지를 잘 모르셨다. 외증조부님이 아들을 군대에 보내지 않으려고 나이를 속였기 때문이다.

외할아버지 허셸은 히브리어 교사, 이스라엘 사원의 히브리어 교사이자 바알 코레(baal koreh : 토라의 전문 독경사)이자 코셔 도축업자(kosher butcher : 코셔는 유대교의 전통 율법에 따라 식재료 선정에서부터 조리까지 엄격한 기준과 절차를 거친 음식을 의미한다. 이러한 음식을 만들려고 가축을 도축할 때도 랍비의 입회하에 병들지 않은 동물을 고통 없이 한 번에

죽이고는 소금으로 사체를 문질러 피를 모두 제거하는데, 이 일을 하는 사람이 코셔 도축업자이다/역주)이기도 했다. 유럽의 여러 나라 말들을 구사하셨을 뿐만 아니라, 히브리어, 이디시어, 아랍어까지도 능통하셨다. 내가 어렸을 때에 체스도 가르쳐주셨고, 히브리어 성경도 가르쳐주셨다. 또한 탈무드의 내용도 원문으로 가르쳐주셨지만, 나는 워낙 어려워서 제대로 이해하지 못했다. 외할아버지의 교습을 더 강화하려고 외할머니는 자신이 능통한 히브리어를 나에게 "가르치려고" 하셨다. 나한테는 복습 효과가 아주 컸다.

외할머니는 할머니와는 반대로 성품이 따뜻하고 활달했다―소년이 할머니한테서 기대할 수 있는 모든 것을 가지셨다. 나는 여름방학 때마다 샬럿에 가면 외할머니와 현관 앞에 앉아서 몇 시간 동안 이야기를 나누곤 했다. 사실 내가 평생 동안 가져왔던, 대공황에 대한 관심은 외할머니께서 해주신 1930년대 초반 노르위치에서의 삶에 관한 이야기에서 비롯되었다. 당시 외할아버지는 가구점을 경영하셨기 때문에 자녀들에게 매년 운동화 한 켤레 정도는 사줄 수가 있었다. 외할머니 말씀에 의하면, 다른 집 아이들은 다 떨어진 운동화를 신거나 심지어는 맨발로도 다녔다고 한다. 신발 공장이 문을 닫았기 때문에, 그리고 가장이 일자리를 잃었기 때문에, 따라서 아이들에게 운동화를 사줄 형편이 못 되었던 것이다. 그때 나는 외할머니에게 "공장들은 왜 문을 닫았지요?"라고 물어보았다. 그랬더니 외할머니는 "사람들이 신발 살 돈이 없어서 그랬지"라고 대답해주셨다. 아무리 어린 나이라고 했더라도, 나는 이런 역설을 이해할 수 있었다. 이후로 나는 심각한 경제 불황이 왜 발생하는지를 알기 위해서 평생 동안 연구해왔다.

외할머니는 동유럽 유대인 스타일의 음식을 만드셨다. 남은 음식과 가슴고기와 치메스(당근, 감자, 말린 자두, 국수 등에 단맛을 곁들여 삶은 스튜)로 마초 볼을 만들어주셨다. 「샬럿 옵저버(*Charlotte Observer*)」 신문 1958년 5월 23일자에는 외할머니의 블린츠(유대 요리. 치즈나 과일을 넣은 팬케이크/역주) 조리법이 실려 있다. 이 기사에서는 "할머니, 블린츠 조리법을 어머니께 좀 가르쳐주세요"라는 말과 함께 나도 등장한다. 그때 내 나이가 다섯 살이었다. 태어나서 처음으로 매스컴을 탔던 것이다. 그러나 그 뒤에는 기자들에게 무심코 말을 내뱉고는 후회한 적이 없지 않았다.

할아버지는 아버지가 열네 살 때에 뉴욕 생활을 접고 딜런으로 오셨다. 당시 아버지는 이런 환경 변화 때문에 상당히 혼란스러웠을 것이다. 아마도 가냘픈 체구(60킬로그램을 넘긴 적이 한번도 없었을 것이다)에 조용한 성품의 아버지는 당당한 체구에 고압적인 성품의 할아버지와는 여러 모로 대비되었다. 아버지는 딜런에서 고등학교를 졸업하고는 제2차 세계대전이 끝날 무렵에 해군에서 복무하셨다. 잠깐 동안 구축함에 승선한 적도 있었지만, 이후로는 전장에 나간 적이 없었다. 네바다 주 레노에서 피엑스 사병으로 일하셨는데, 해군 복무 기간의 대부분을 네바다 사막에서 보내는 아주 특이한 경험을 하셨던 것이다.

아버지는 전쟁이 끝나고 노스캐롤라이나 대학교 채플힐 캠퍼스에서 연극을 공부하는 동안에 어머니를 만나셨다. 당시 어머니는 노스캐롤라이나 대학교 여자대학에 다니셨다. 지금 이 학교는 노스캐롤라이나 대학교 그린즈버러 캠퍼스로 통한다. 아버지는 어머니와 사랑에 빠졌지만, 내가 보기에는 처가의 종교적인 분위기에도 매료된 듯하다. 아버지는 당신이 자란 가정의 엄격한 분위기보다는 처가의 친근한 분위기를 더 좋아하셨다. 부모님은 1952년 6월 15일 샬럿에서 결혼식을 올렸다.

우리 집에서는 어머니가 외가의 전통을 따랐기 때문에 유대교 명절을 쇠고, 그날에는 유대교 율법에 따라 음식을 준비했다. 샬럿의 외가에서는 냉동 보관된 고기를 우리 집에 보냈다. 아버지는 율법을 철저하게 지키지는 않으셨다. 예를 들면, 유대교 안식일인 토요일에도 약국 문을 여셨다. 그러나 유대교 전통에 반대하지는 않으셨다. 밤에는 벗어진 머리에 야물커(유대인 남자가 예배 때 쓰는 작은 모자/역주)를 쓰시고는 의자에 앉아 유대교 철학 책과 역사 책을 읽으셨다. 토요일에 일을 일찍 마치시고는 점심 식사 후에 가족들을 모아놓고 예배 기도를 올리곤 하셨다. 아버지가 긴 기도문을 낭송하는 동안, 나와 형제들은 그 기도문을 누가 더 빨리 읽는가를 두고 내기를 했다. 그때 우리는 약품 광고의 맨 마지막에 나오는 면책 조항처럼 소리 내어 읽곤 했다.

아버지는 할머니처럼 예술과 철학에 관심이 많으셨다. 어머니는 명석하기는 했지만, 풍부한 지식을 갖춘 분은 아니었다. 매사에 빈틈이 없으셨고 현실적으로 생각하시는 분이셨다. 그리고 차림새를 두고 잔소리를 많이 하셨을 뿐만 아니라 잔걱정도 많으셨다. 내가 유치원에서 잘 있는지를 걱정하면서 아버지한테 한번 가서 확인해보라고 하신 적도 있었다. 내가 집을 떠나 하버드 대학교에 다닐 때에는 옷이나 제대로 갖추어 입는지, 주변 사람들과는 제대로 어울리고 있는지를 두고도 걱정하셨다. 1970년대 초반에 학생들이 찢어진 청바지를 입고 시위를 벌이던 시절의 하버드가 아니라 1950년대의 하버드를 생각하고 계셨던 것이다. 그리고 2014년 연방준비제도 이사회를 떠날 때에는 나이가 예순이고 8년 동안 운전을 하지 않은 내가 운전을 제대로 할 수 있는지를 두고도 걱정하셨다.(나는 아직까지는 운전하는 데에 아무런 문제가 없다.)

나의 부모님은 결혼 후 곧 사우스캐롤라이나 주의 노스 오거스타로 이사를 갔다. 노스 오거스타는 서배너 강을 사이에 두고 조지아 주의 오거스타와 인접해 있다. 오거스타에서 아버지는 극장 무대 관리자로 일했고, 1953년 12월 13일에 바로 내가 태어났다. 부모님께서는 내 이름을 벤 샬롬(Ben Shalom)이라고 지으셨다―히브리어로 평화의 아들이라는 뜻이다. 당시 아버지는 가족을 부양하려면 돈을 더 많이 벌어야 한다고 생각하셨다. 그래서 할아버지가 경영하시는 약국에서 일하려고 딜런으로 되돌아갔다. 아버지보다 두 살이 어린 모티머 숙부님은 이미 약국에서 일하고 계셨다.

아버지는 일을 하면서 약학을 공부하고는 나중에 약사 면허 시험을 통과하셨다. 시간이 지나면서 극장에서 일하던 시절은 아련한 추억이 되었다. 아버지는 극장에 갈 때마다 연출과 연기에 관해서 말씀하셨다. 그러나 할아버지 때문에 자신의 꿈이 꺾였다고 생각하시는 할머니와는 다르게, 억울한 마음을 품지는 않으셨다. 아버지는 당연히 해야 할 일을 했다고 생각하셨고, 훌륭한 약사가 되려고 새로운 처방과 약품에 관해서 열심히 공부하셨다. 당시 의사가 없던 마을에서 아버지는 "닥터 필", 숙부님은 "닥터 모트"로 통했다. 아버지는 자신을 가게 주인이 아니라 건강을 보살피는 사람으로 생각하셨다. 그래서 제이 비 약국에서는 담배를 취급하지 않았다. 일주일에 6일을 일했고, 때로는 일요일에도 긴급 처방전을 취급해야 할 때에는 7일을 일하기도 했다. 보통 나는 아버지를 저녁 식탁에서 볼 수 없었다.

어머니는 딜런에서 초등학교 교사직을 그만두고 약국에서 파트타임으로 경리일을 맡으셨다. 어린 시절, 나는 레니 매 베시아라는 흑인 가정부의 보살핌을 받기도 했다. 당시 그녀는 사우스캐롤라이나에서 유대교식 음식을 만들 줄 아는 몇 안 되는 흑인 여성이었다. 부모님께서는 베시아를 항상 정중하게 대했지만, 나는 베시아와 우리 간에 존재하는 사회적 차이를 느낄 수 있었다. 아마도 베시아 자신이 이러한 차이를 깨닫고 있었기 때문인지도 모른다. 베시아는 내가 대학을 다니기 위해서 집을 떠난 뒤에도 오랫동안 우리 집에서 일했다. (뒤에 알게 된 일이지만) 베시아가 나이가 들어 더 이상 일을 하지 못하게 되었을 때에, 부모님은 그녀에게 연금을 지급하셨다.

부모님은 딸을 갑작스럽게 잃고 나서는 자식 둘을 더 낳으셨다. 세스는 나보다 다섯 살이 어렸고, 샤론은 일곱 살이 어렸다. 사실 나이 차이를 생각하면, 나는 동생들과 많은 시간을 보내지 않은 편이었다. 지금 세스는 근로자들의 보상 전문 변호사로 일하고 있고, 샤론은 보스턴의 한 음악원에서 관리자로 일하고 있다. 지금 우리는 가끔씩 만나기도 하고, 때로는 휴가를 함께 보내기도 한다.

우리가 어린 시절을 보낸 딜런은 남부의 여느 마을과 크게 다르지 않았고, 지금도 여전히 그렇다. 메인 스트리트를 따라 1층 혹은 2층 건물들이 대여섯 블록에 걸쳐 줄을 지어 상업 지구를 형성하고 있다. 1960년대에는 자동차와 트럭 사이에서 마차도 가끔씩 보였다. 메인 스트리트를 벗어나면, 숲이 우거지고 간간히 좋은 집들이 보인다. 던바 도서관도 보였는데, 내가 어린 시절에 자주 들렀던 곳이다. 그곳에 꽂혀 있는 책들은 주로 예전에 누군가가 기증했던 아주 오래된 것들이었다. 나는 토요일이 되면 자전거를 타고 그곳으로 가서 책을 서너 권씩 빌려오곤 했다.

내가 살던 집은 이스트 제퍼슨 스트리트 703번지였는데, 메인 스트리트로부터는 북쪽으로 다섯 블록 떨어져 있었다. 주로 중산층이 살던 동네였고, 우리 집에는 방이 3개가 있었다. 아버지는 내가 초등학교에 입학할 무렵에 할아버지에게서 그 집을 샀는데, 그전에 살던 집은 거기서 약 800미터 정도 떨어진 곳에 있었다. 이웃사람들은 모두가 백인이었다. 딜런의 흑인들은 주로 57번 지방 고속도로 주변의 외곽 지역에 모여 살았다. 흑인들이 살던 집들은 그다지 크지 않았고, 일부는 이동식 주택이었다. 그리고 주변 도로는 비포장 상태였다. 나는 십대가 되어 가끔씩 베시아를 자동차로 집에 데려다줄 때까지는 흑인이 살던 동네에 가본 적이 없었다.

나는 이스트 초등학교를 6년 동안 다녔다. 이 학교는 내가 때때로 점심을 먹기 위해서 집까지 걸어서 갈 수 있을 정도로 집하고는 가까웠다. 7학년 때와 8학년 때는 시내와 제이 비 약국에서 몇 블록 떨어진 딜런 고등학교를 시가지를 횡단하는 버스를 타고 다녔다. 그 시절, 나는 방과 후에 약국에 자주 가곤 했다. 약국에서 잡일을 할 때도 있었지만, 주로 캔디 바를 먹기도

하면서 어슬렁거릴 때가 많았다. 그리고는 아버지가 처방약을 배달하기 위 해서 고용한 모세라는 흑인과 함께 차를 타고 집에 왔다. 이 분은 한쪽 팔이 없었다. 여름방학 때에는 나는 아버지 밑에서 하루 4시간씩 시간당 25센트 에 반나절 동안 일했다. 내가 맡은 일은 청소, 선반에 약을 채워 넣기와 잡 지 꾸러미 풀기 등과 같은 잡일이었다. 나중에는 돈을 받는 일도 맡았다.

나는 초등학교를 입학할 때부터 두각을 나타냈다. 초등학교 1학년 과정 을 이해하는 데에는 겨우 2주일 정도 밖에 걸리지 않았다. 선생님은 내가 글을 읽고 덧셈과 뺄셈을 할 줄 안다는 것을 확인하고는 당장 2학년 교실에 집어넣었다. 지금도 나는 그때 우리 집에 『천재 자녀 키우기(Your Gifted Child)』라는 책이 책꽂이에 꽂혀 있었던 것을 분명히 기억한다. 여섯 살 때 에 나는 그것이 어떤 내용의 책인지를 정확히 알고 있었다.

열한 살이 되면서 사우스캐롤라이나 주에서 시행하는 철자 경기 대회에 서 상을 받고는 워싱턴 D.C.의 메이플라워 호텔에서 열리는 전국 철자 경기 대회에 출전할 기회를 얻었다. 에드 설리반 쇼에서는 우승자를 청중들에게 소개하기 때문에, 나는 우승하고 싶은 욕심이 생겼다. 그러나 전체 참가자 70명 중에서 26등이라는 실망스러운 성적을 내고 말았다. 특히 알프스 산에 서 피는 꽃, '에델바이스(edelweiss)'라는 단어의 첫 번째 글자를 'i'라고 적 기도 했다. 그 당시 나는 "에델바이스"라는 노래가 나오는 「사운드 오브 뮤 직」이라는 영화를 본 적이 없었다. 그때까지 딜런에는 영화관이 단 한 군데 있었는데, 나는 25센트를 내고 영화 두 편을 보기도 했다. 그런데 그곳마저 문을 닫았다.

초등학교 4학년 때에는 청소년 소설을 자주 읽었고, 스포츠에도 관심이 많았다. 십대 때에는 공상과학 소설을 많이 있었다. 이후로 나이가 들면서 다양한 분야의 책을 읽었다. 선생님들은 나한테 이런저런 책과 신문 기사들 을 읽어보라고 권했다. 내가 다니던 고등학교에서는 미적분학을 가르치지 않았지만, 나는 대학교에서 가르치는 미적분학을 혼자서 공부했다. 그때 나는 신문의 경제면을 전혀 읽지 않았다. 신문에 나오는 기사들은 그 시절의 나하고는 아무런 관련이 없었다.

나한테는 고마우신 선생님들이 많았다. 초등학교 4학년 때, 나는 헬렌 컬프라는 인내심이 많고 헌신적인 선생님에게서 색소폰을 배웠다. 그분은 밴드를— 시즌에 따라 행진 밴드나 콘서트 밴드를— 지휘하셨는데, 나한테는 동아리 활동에 자주 참여할 것을 완곡하게 권하셨다. 나는 밴드 활동 덕분에 금요일 밤에는 유대교 예배당에 가지 않고, 고교 미식축구 경기장에서 색소폰을 불면서 행진할 수 있었다.

부드러운 목소리의 주인공인 빌 엘리스 선생님은 물리를 가르쳤는데, 나에게는 과학에 대한 관심을 자극했다. 고등학교 시절, 나는 SAT(Scholastic Aptitude Test) 시험에서 사우스캐롤라이나 주 학생들 중에서 가장 좋은 성적을 얻었다. 부상으로 17일 간의 11개 유럽 국가의 여행이 주어졌는데, 덕분에 나는 태어나서 처음으로 미국을 떠나 다른 나라들을 둘러볼 수 있었다. 당시 나는 가장 좋아하는 선생님이 누구인가를 묻는 질문에, 주저하지 않고 엘리스 선생님이라고 대답했다.

고등학교 시절, 영어를 가르쳤던 존 파울러 선생님은 나에게 글을 많이 써보라고 권하셨다. 2학년 때에 사우스캐롤라이나 대학교에서 개최하는 글짓기 대회에 내가 쓴 시 7편을 제출한 적이 있었다. 내가 쓴 시들이 『로빙 펜(Roving Pen)』이라는 작품집에 실렸을 때에는, 작가가 되는 꿈을 꾸기도 했다. 그때 아버지는 내가 글을 한 줄 쓸 때마다 1센트씩 계산해서 주셨다. 나는 일찍부터 경제적 유인 제도의 의미를 이해하고서 글을 썼던 것이다. 나중에 나는 고등학교 농구 팀에서 흑인 소년과 백인 소년의 우정을 다룬 소설을 거의 완성해서 출판사에 보내기도 했다. 비록 정중하게 거절하는 내용의 답장을 받았지만 말이다.

내가 썼던 이 미완성 소설의 주제는 나 자신이 어린 시절에 겪었던 일을 바탕으로 한 것이었다. 나는 고등학교 2학년 때까지 백인 학교에만 다녔다. 1970년에 딜런에서는 흑인과 백인이 함께 다니는 고등학교가 설립되었는데, 나는 마지막 학년을 그 학교에 다녔다. 그때 나는 태어나서 처음으로 내 나이 또래의 흑인과 친구 관계를 맺었다. 나는 우리 반의 졸업 기념 앨범의 사진을 찍고 편집하기 위해서 컬프 선생님이 지도하는 밴드 활동을 그만두었다. 그리고 1971년에는 1회 졸업생의 대표가 되어 고별사를 했다. 고등학교 시절의 마지막 해인 1971년은 다른 어느 해보다도 기억나는 부분이 많은 해였다. 흑인과 백인이 함께 다니는 새로운 학교는 나를 혼란스럽게도 했지만, 편견이나 파당에서 멀어지게도 했다.

졸업하는 해에 내가 이루었던 작은 성공도 역시 나에게는 새로운 것이었다. 비록 같은 반 친구들과 친하게 지내기는 했지만, 나는 책을 좋아하는 수줍은 소년인 데다가 때로는 혼자 있는 것을 좋아했다. 학창 시절 나하고 가장 친했던 친구는 네이선 골드만이었다. 그 역시 유대인이었다. 우리 두 사람은 야구와 수학에 관심이 많았다. 여름 방학 때에, 네이선과 나는 스트랏-오우-마틱(Strat-O-Matic)이라는 야구 보드 게임에 빠지기도 했다. 이것은 주사위 3개를 던져서 나오는 숫자와 표에 나오는 결과를 확인해서 야구 경기를 진행하는 게임이다. 나는 주로 후보 선수였지만, 한 시즌 동안 리틀 야구 선수로 지낸 적도 있었다. 가끔은 아버지의 단파 라디오로 로스앤젤레스 다저스 팀의 경기를 밤늦게까지 듣기도 했다. 내가 다저스를 좋아한 것은 이 팀의 에이스 투수 샌디 쿠팩스가 유대인이기 때문이었다. 그때 나는 다저스의 모든 선수들의 기록을 거의 꿰고 있었고, 다저스의 경기 결과에 따라 울고 웃곤 했다. 특히 다저스가 라이벌인 샌프란시스코 자이언츠와 경기를 할 때에는 더욱 그랬다. 심지어는 다저스의 경기 결과를 알고 싶어서, 라디오 방송국에서 일하는 친구에게 전화를 한 때도 있었다.

스트랏-오우-마틱은 실제 야구 경기를 모방한 보드 게임이었다. 한 "시즌"을 거치면서 실제 야구 경기와도 크게 다르지 않은 통계를 만들어냈다. 그때 나는 처음으로 확률과 통계의 관점에서 세상을 바라보기 시작했다. 네이선과 나는 그것보다 더욱 정교한 보드 게임을 만들고 싶었다. 그래서 열네살 무렵에 읽은 한 소설에 나오는 주사위로 하는 야구 보드 게임을 실제로 만들어보기도 했다. 그러나 나는 그 소설에서 묘사된 야구 경기에 가장 관심이 깊었다.

나는 내향적인 데다가 책읽기를 좋아하는 성품을 부모님에게서 물려받았다. 우리 집안에서 외향적인 성격을 지닌 사람은 모트 숙부님과 내 동생 세스였다. 우리는 가족 단위의 여행을 거의 가지 않았다. 여름에 일주일 동안 사우스캐롤라이나의 머틀 비치로 가는 것이 전부였다. 거기에서도 밤에는 조용히 둘러앉아서 각자가 가져온 책을 읽었다. 부모님이 하는 사회 활동이라고는 오하브 샬롬(Ohav Shalom : 평화를 사랑한다는 의미)이라는 마을에서 열리는 소규모의 유대교 집회에 참석하는 것이 전부였다.

남부의 작은 마을의 복판에서 열리는 유대교 집회는 겉보기와는 다르게 특별한 행사가 아니었다. 유대인들은 독립전쟁 이전부터 이 지역에서 주로 상업에 종사했다. 18세기 초반 사우스캐롤라이나 주에서는 유대인들이 항구 도시인 찰스턴에 정착했다. 이후로 19세기 후반에는 피디 강 유역의 철도 주변에서 살았는데, 주로 딜런과 같은 작은 마을에서 가게를 열었다.

1942년에 세워진 오하브 샬롬 사원은 보수주의 운동에 동참했는데, 주로 우리 집과 모트 숙부님 집을 포함해서 몇 안 되는 가정이 내는 약간의 헌금으로 유지되었다.* 우리는 때로는 예배를 위해서 인근의 플로렌스에 사는

---

* 그러나 다음 세대에는 오하브 샬롬 사원은 더 이상 유지될 수가 없었다. 1993년에 모트 숙부님을 포함하여 이 사원에 남은 7명의 신자들은 건물을 처분하기로 결정했다. 처분하고 남은 수익금의 대부분을 인근의 플로렌스에 있는 베스 이스라엘 사원에 헌납했다.

랍비를 모셔오기도 했다. 또한 매년 가을마다 돌아오는 유대교 대축제일을 맞이하여 뉴욕의 유대교 신학교에 재학 중인 학생 랍비를 초청했다. 어머니가 유대교식 음식을 준비해왔기 때문에, 학생 랍비의 숙식은 우리 집에서 제공했다. 외할아버지가 히브리어를 가르쳐주신 덕분에, 나는 열한 살 때에 예배를 진행할 수 있었고, 열세 살 때에는 나의 바르 미츠바(열세 살 때에 치르는 유대교의 남자 성인식)를 치르는 데에도 아무런 어려움이 없었다.

나의 바르 미츠바가 치러질 무렵, 나는 종교에 의문을 품기 시작했다. 때로는 아버지와 함께 종교와 과학 간의 대립에 관해서 논쟁을 벌이곤 했다. 이 주제는 반항심에 가득 찬 십대 청소년들을 혼란스럽게 만드는 것이었다. 그러나 사실, 나는 고등학교 시절에 머리를 기르는 것 외에는 크게 반항하지 않았다. 부모님은 나에게 유대교인들의 삶을 보여주고 싶어하셨다. 그리고 나는 그런 부모님의 뜻을 마지못해 따랐다. 유대교 교회에서 개최하는 여름 캠프에 참여한 적도 있었지만, 그런 모임을 아주 싫어했다. 딱히 유대교 교회에서 개최해서가 아니라 캠프에서의 조금은 획일적인 생활이 싫었기 때문이었다. 열세 살 때에는 뉴욕에 있는 캠프 라마에서 6주일을 보낸 적도 있었다. 그곳에서는 히브리어만 사용하도록 되어 있었다.(물론 실제로 그렇게 하는 사람은 없었다.) 열네 살 때에는 유대교 청소년 연합에서 개최하는 6주일 프로그램에 참여했는데, 버스를 타고 전국을 둘러봤던 기억이 난다. 그때 나는 처음으로 남부를 떠나 다른 지역을 살펴볼 기회를 얻었는데, 세인트루이스에서 열리는 메이저 리그 야구 경기도 관람했다.

딜런에서는 유대인들이 소수이기는 했지만, 편견의 대상이 되지는 않았다. 백인 사회는 유대인보다는 흑인들을 주로 편견의 시선으로 바라보았다. 그럼에도 불구하고 나는 다른 백인과는 다르다는 사실을 알았다. 초등학교 시절, 나한테 뿔이 달려 있는지를 묻는 친구들이 더러 있었다. 유대인들에게 뿔이 달려 있다는 믿음은 누군가가 "출애굽기"에 나오는 히브리어 단어를 오역한 데에서 비롯되었고, 미켈란젤로가 뿔이 달린 모세를 조각한 이후에는 더욱 증폭되었다. 성장하면서 나는 주변의 복음주의 기독교도 친구들이 내가 지옥에 갈 것이라고 믿고 있다는 사실을 깨달았다.

우리 가족은 딜런 사회에 잘 어울리지 않았다. 마치 우리는 기독교도 백인과 흑인 사이의 중간 지대에 있는 것과 같았다. 어린 시절, 나는 인종차별에 관해서 깊이 생각하지 않았다. 그러나 내가 유대인이라는 사실은 나한테 주어진 환경의 한 부분이었다. 나이가 들면서, 나는 인종에서 비롯되는 불평등에 관해서 더 많은 것을 깨달았다. 나는 인근 마을의 플로렌스 유대인 청년들의 모임에서 진보적인 생각을 가진 사람들의 이야기를 들었는데, 주제는 주로 인종주의, 반유대주의에 관한 것이었다. 흑인 아이들이 내 집 주변의 공원에 농구 경기를 하러 가면, 시청에서는 농구대를 제거하여 농구 코트를 사용하지 못하게 한다는 이야기도 들었다. 또한 내가 상당히 좋게 보았던 "친구"가 1968년 4월의 마틴 루터 킹 목사 암살 사건을 두고 잘된 일이라고 말할 때에는 큰 충격을 받기도 했다.

나의 부모님은 인종주의의 해악에 관해서 자세히 말해주지 않으셨다. 그러나 나는 부모님이 어떻게 행동하시는지를 보았다. 제이 비 약국은 흑인과 백인을 막론하고 딜런에 사는 모든 사람들을 환영했다. 고압적인 분위기를 풍기는 할아버지조차도 인종과는 무관하게 모든 사람들을 동등하게 대우했다. 아버지와 숙부님은 피부 색깔과는 무관하게 사람들에게 도움이 되는 말을 해주고, 신뢰를 보냈다. 물론 직원을 고용하거나 임금을 올려줄 때도 마찬가지였다. 그리고 가족을 부양하려고 열심히 일하는 사람이라면, 존경받을 만한 가치가 있다고 생각하셨다. "닥터 필"과 "닥터 모트"는 때로는 외상이 많이 밀린 고객에게 차분하게 이야기했지만, 갚을 형편이 되지 않는 사람에게 심하게 독촉하지는 않았다.

연방준비제도 이사회 의장이 되고 나서 딜런을 다시 찾았을 때는 인종적인 편견이 많이 개선되었다는 느낌을 받았다. 내가 만난 지도급 인사들 중에는 흑인도 많았다. 나는 그들 사이에 신뢰와 협력의 분위기가 흐르고 있음을 느낄 수 있었다. 그들은 딜런을 더 살기 좋은 곳으로 만들어야 한다는 공동의 목표를 가지고 있었다. 물론 사회와 그 속에서 사는 사람들은 천천히 변한다. 그리고 과거에 지녔던 편견이 아직도 완전히 사라지지는 않았다고 생각한다. 그러나 변화의 흐름은 분명히 감지되었다.

아버지가 딜런의 흑인 가정과 여러 세대에 걸쳐 좋은 관계를 유지한 것은 나한테도 많은 도움이 되었다. 내가 아는 사람들 중에는 흑인인 켄 매닝이 있다. 그의 집안은 변호사와 농구 스타를 배출한 훌륭한 가문이었다. 그런 가문 출신의 켄은 나한테 관심이 많았다. 켄은 코네티컷 주의 어느 고등학교에서 특별 지도를 받고는 하버드 대학교에 입학했다. 내가 고등학교를 졸업할 때에, 켄은 하버드 대학교 대학원 학생이었다. 이후에 거기서 박사학위를 받고 MIT에서 과학사를 가르치는 교수가 되었다. 교육이 제공하는 기회가 얼마나 소중한지를 잘 알고 있었던 그는 나와 부모님에게 내가 하버드에 입학하기 위해서 딜런을 떠나야 한다는 것을 설득했다.

　지금은 많은 중산층 가정에서 자녀들을 명문대학에 보내고 싶어한다. 그러나 나의 부모님은 내가 하버드에 입학하거나 다른 대학을 입학하려고 캐롤라이나 주를 떠나는 것을 전혀 염두에 두지 않으셨다. 그냥 집에서 가까운 학교에 다니면 된다는 것이었다. 그러나 켄은 딜런에 있는 동안, 우리 집에 찾아와서 나와 부모님에게 진지하게 이야기했다. 더 넓은 세계로 가서 내가 가진 학문적인 재능을 최대한 발휘해야 한다는 이야기를 말이다. 결국 켄이 보여준 대단한 자신감과 밝은 표정에 나와 부모님은 거부하기가 어려워졌다. 결국 나는 하버드 대학교를 포함하여 몇몇 아이비 리그에 원서를 냈고, 부모님은 당시 연간 4,600달러나 되던 등록금을 어떻게 마련할 것인가를 두고 고민하셨다. 어느 날 방과 후에 전화가 왔다. 전화한 사람은 하버드 대학교 입학처라고 말하고는 내가 하버드에 합격했다는 말을 전했다. 친구들 중에는 내가 하버드에 원서를 낸 사실을 아는 아이들이 몇 명 있었다. 나는 장난 전화인 줄 알고, "너, 누구니?" 하고 반문했다. 전화한 사람은 잠시 당황하더니, 장난 전화가 아니니까 자기 말을 믿어달라고 했다.

내가 고등학교를 졸업할 때에, 부모님은 나도 등록금을 마련하는 데에 일정 정도 보탬이 되어야 한다고 말씀하셨다. 그래서 나는 집에서 신축 건물 공사가 한창 진행 중인 세인트 유진 병원까지 걸어가서, 몸으로 하는 일을 시작했다. 나는 키가 172센티미터이고 몸무게가 64킬로그램에 불과했지만, 시간당 1.75달러를 받고 일했다. 첫날에는 시멘트 먼지를 뒤집어쓰고 집으로 돌아왔는데, 너무 피곤해서 밥을 먹을 힘조차 없었다. 내가 할 수 있는 일이라고는 물을 마시는 것뿐이었다. 그날 나는 의자에 앉아서 잠이 들었다. 공사장에서 내가 처음 했던 일은 시트록의 운반을 보조하는 것이었다. 처음에는 그런 일이 익숙하지 않아서 많이 힘들었지만, 여름이 지나면서 그 일을 능숙하게 처리할 수 있을 만큼 힘이 생겼다.

열일곱 살의 약사 집안의 중산층 출신으로서 아이비 리그에 입학이 허락된 나는 공사장에서 같이 일하는 사람들과는 공통점이 전혀 없었다. 대다수가 나보다 나이가 많았고, 흑인이거나 농촌 출신의 백인이었다. 처음에는 그들이 나를 골탕 먹일 때도 있었지만, 나는 그들과 친하게 잘 지냈다. 한번은 내가 2층 건물 지붕의 가장자리에 서 있을 때였다. 어떤 장난기가 넘치는 사람이 갑자기 뒤에서 나를 깜짝 놀라게 하여 중심을 잃게 만들고는 나를 붙잡는 것이었다. 일이 익숙해지면서, 나는 처마 밑의 벽에 시멘트를 바르는 작업처럼 기술이 조금 더 요구되는 일을 맡았다. 인부들 중에는 아프리카계 흑인 형제가 있었다. 그들은 건설업을 시작하려는 계획이 있었는데, 나한테 같이 일할 생각이 없는지를 물어보았다. 그들은 돈도 많이 벌 수 있고, 몇 년 후에는 내가 독립해서 직원들을 고용해서 사업을 할 수도 있다고 했다.

여름이 지나갔다. 부모님은 나를 플로렌스까지 자동차로 데려다주셨다. 거기서 나는 경비행기를 타고 샬럿으로 가서, 보스턴행 비행기로 갈아탔다. 나는 자정이 가까워서 양손에 무거운 가방을 들고 하버드에 도착했다. 그 시간에도 하버드 교정은 학생들로 가득 차 있었다. 나는 가방을 내려놓고 주변을 둘러보았다. 앞으로 펼쳐지게 될 변화에 내가 얼마나 무심했는지를 생각하면서 말이다.

잠시 후 웰드 홀이라는 기숙사 건물로 향했다. 그 건물은 나보다 한 세대 전에 존 에프 케네디가 머물렀던 곳이었다. 나는 2층 침대의 아래층에 가방을 던져놓고는 바닥에 털썩 주저앉고 말았다.

처음 보는 학생들이 서로 이름을 부르면서 기숙사 방들을 들락거리고 있었다. 창가의 스피커에서는 지미 헨드릭스의 음악이 교정을 향해서 울려 퍼지고 있었다. 바닥에는 마리화나 주머니도 몇 개 보였다. 나는 새로 만난 룸메이트들에게 "문을 잠글까?"라고 물었다. 그들은 "그럴 필요 없어"라고 대답했다. 잠시 후에, 제복을 입은 경찰관이 문 앞에 서서 나를 노려보았다. 나는 마음속으로 막연히 "하버드에 온 지 20분 만에 쫓겨나게 생겼구나. 아마 체포될지도 몰라"라고 생각했다.

그는 "저게 당신 스테레오인가요?"라고 물었다. 그는 케임브리지 경찰서가 아니라 하버드 대학교에서 일하는 경찰관이었다. 그는 "스피커 볼륨을 줄이고, 창가에는 두지 말아요"라고 말했다. 그리고는 내가 그렇게 하겠다고 말하자, 그 자리를 떠났다.

딜런은 내게 너무나 먼 곳이 되었다.

2

아카데미의 숲속에서

⋮

시간이 지나면서 딜런보다는 케임브리지의 생활이 더 편해졌다. 케임브리지에서는 공부에만 계속 몰두하면 되었다. 수강 신청 과목에는 산스크리트어, 생화학, 중세 미술에 이르기까지 너무나도 다양한 분야가 나열되어 있었다. 나는 첫 학기에 수학, 물리학, 창작 세미나, 일본 사회와 문화, 유대교 역사를 선택했다. 여기서 유대교 역사는 대학원 과목이었다. 나는 아시아 국가에 관심이 많았다. 그리고 유대교 역사 과목은 내가 물려받은 정체성에 관해서 새로운 시각을 열어줄 것이라고 생각했다.

기숙사 룸메이트 중에는 축구 선수, 베트남에서 온 수의사(우리는 그를 "사지[sarge]"라고 불렀다), 수학 천재도 있었다. 모두가 강의를 어떻게 따라갈 것인가, 잘 적응할 것인가를 두고 조금은 긴장하고 있었다. 새로운 친구들과 나는 "페이스북(facebook)"을 넘기면서 예쁜 신입 여학생을 찾고 있었다.* 나는 주로 서점, 포크송 가수의 음악이 나오는 카페, 험프리 보가트와 로렌 바콜의 영화를 보러 극장도 들렀고, 때로는 친구들과 브리지 게임을 하면서 케임브리지 생활에 적응해갔다.

강의가 시작되면서, 나는 흥미를 느끼기 시작했다. 처음에는 내가 명문

---

* 30년 뒤에, 하버드의 페이스북은 마크 저커버그에게 영감을 주었다. 저커버그는 페이스북이라는 온라인 소셜 네트워크를 만들었다.

고등학교를 나온 다른 학생들에 비해 뒤쳐져 있다는 사실을 인식하지 못했다. 특히 수학과 물리학에서는 친구들에 비해 기초가 부족했다. 그리고 공부를 어떻게 해야 하는지도 잘 몰랐다. 나는 물리학 중간시험을 치고는 엄청난 충격을 받았다. 이 시험은 오전 9시에 시작되었다. 나는 열심히 강의를 듣는 것 외에는 공부를 많이 하지 않았지만, 이를 대수롭게 생각하지 않았다. 7시 30분 쯤 일찍 일어나서 시험 치기 전에 45분 동안 책들을 훑었는데, 고등학교 때의 시험 공부 시간보다 더 많은 시간을 할애한 것이었다. 물론 낙제 점수를 받았다. 다른 과목 성적은 괜찮은 편이었지만, 두각을 나타낼 정도는 아니었다.

하버드 특유의 학사 일정은 나에게 구원의 손길을 내밀었다. 가을학기 수업은 크리스마스 전에 끝나지만, 기말시험은 1월 중순이 되어서야 시작된다. 따라서 종강과 기말 시험 사이에는 독서 기간이라고 하는 몇 주일 정도의 시간이 생긴다. 이때 학생들은 학기말 리포트를 마무리 짓고 기말시험 공부를 한다. 나는 학기가 끝나면, 책을 챙겨서 딜런행 버스에 몸을 실었다. 물론 마음은 편치 않았다. 하지만 집에 오면 편하게 먹고 자고 공부할 수 있었다. 덕분에, 나는 물리학 성적을 만회하여 B학점을 받았다. 교수님이 학점을 후하게 주셨기에 망정이지, 실제로는 D 플러스라는 생각이 들었다. 일본 사회와 문화도 B학점을 받았지만, 다른 과목에서는 A학점을 받았다. 나는 분발하기로 결심했다.

나를 하버드에서 공부하게 만든 장본인인 켄 매닝은 수시로 나를 찾아와서 밥을 사주면서, 어떻게 지내고 있는지를 물었다. 그는 브루클라인에서 살고 있었는데, 근처에는 유대인 가정이 있었다. 대축제일 예배가 열리는 날에는 나를 초대했다. 실제로 그는 나보다 더 자주 예배에 참석했다. 물론 나는 내가 물려받은 정체성에 항상 자부심을 가졌지만, 전통을 엄격하게 준수해야 한다는 생각은 없었다.

신입생 시절 하버드는 반전 운동의 중심지였다. 내가 입학하기 2년 전인 1969년에는 학생들이 대학 본관 건물을 점거한 적도 있었다. 곤봉을 든 경찰들이 최루 가스를 뿌리고는 간신히 진압했다고 한다. 1971년 내가 입학한 이후로도 시위는 계속되었다. 때로는 시위가 며칠 동안 계속되기도 했다. 당시 나는 정치에는 무관심한 순진한 학생이었다. 따라서 반전 시위에도 별로 관심이 없었다. 게다가 신입생 시절이 끝나갈 무렵인 1972년 2월, 내가 뽑은 추첨 번호가 335번이었는데, 징집될 가능성이 거의 없는 번호였다. 나중에는 이런 사실조차도 중요하지 않았다. 1973년이 되면서, 전쟁이 서서히 종식되어갔고, 징집도 중단되었다.

나는 여름방학을 맞이하여 딜런으로 돌아왔다. 그리고는 레스토랑 '사우스 오브 더 보더'에서 서빙하는 일을 했다. 1949년 딜런에서 몇 안 되는 유대인 집안 출신의 앨런 셰이퍼가 맥주 매장을 신설하면서 사우스 오브 더 보더를 세웠다고 한다. 그는 이웃하는 노스캐롤라이나 주가 주류 판매를 제한한다는 사실을 이용해서 돈을 벌려고 했다. 세월이 흐르면서, 이곳은 모텔, 캠핑장, 솜브레로(챙이 넓은 멕시코 모자/역주) 모양의 레스토랑, 테마 파크 등을 갖춘 레저 타운으로 변모했다. 상점에서는 불꽃놀이 용품, 비치 용품, 이디시풍의 기념품이나 혹은 조금은 외설적인 분위기의 기념품을 팔았다. 그리고 사우스 오브 더 보더의 광고판은 한때에는 북쪽으로는 필라델피아, 남쪽으로는 플로리다 주의 데이토나 비치에까지 세워져 있었다.

사우스캐롤라이나 주는 기업을 하기에 적절하지 않은 지방 같았지만, 사우스 오브 더 보더는 지역 주민들에게 많은 일자리를 제공했다. 주민들이 그 음식점에서 식사하는 경우는 드물었다. 가격이 너무 비쌌기 때문이었다. 서빙 일은 공사장에서 일하는 것보다는 육체적으로 덜 힘들었지만, 그래도 힘들기는 마찬가지였다. 팁을 받았기 때문에, 시트록을 운반하는 일보다 수입이 훨씬 더 많았다. 게다가 서빙 일은 내 성격까지도 바꾸어놓았다. 팁을 많이 받으려면, 사람들에게 다가가서 말을 많이 붙여야 한다. 나는 남부 사람들이 북부 사람들보다 더 친절하다는 것을 알았다. 그러나 북부 사람들은 팁을 더 많이 준다. 나는 두 차례의 여름방학을 그 음식점에서 일했다. 할아버지가 몰던 플리머스 밸리언트 1964년형을 타고 그곳을 오갔는데, 일을 할 때에는 세라피(라틴 아메리카 사람들이 착용하는 담요 모양의 어깨걸이/역주)를 몸에 걸쳤다. 동료 직원들 중에는 고향의 동창들도 많이 있었고, 여름방학 동안에 부수입을 올리려는 교사들도 더러 있었다. 그리고 그곳에서 사시사철 일하는 중년 여성들도 있었다.

딜런에서는 1970년대 초반에도 인종 문제가 여전히 사라지지 않았다. 그러나 레스토랑들은 인종차별을 폐지했고, 사우스 오브 더 보더에서는 예전부터 모든 인종들을 손님으로 맞아들였다. 언젠가 10시간에 걸친 근무 시간이 끝나갈 무렵에 매니저가 어느 흑인 부부를 내가 담당하는 자리의 바로 옆 자리로 안내했다. 아마도 그쪽 자리를 담당하는 여자 직원이 정시에 퇴근했다는 사실을 미처 깨닫지 못했던 것 같았다. 내가 그 사람들을 맡았어야 했는데, 시간이 너무 늦었고 나도 퇴근하고 싶었다. 그래서 나는 그들을 못 본 척했다. 그들은 20분 동안 기다리고 앉아 있었다. 결국 남자가 메뉴판을 식탁에 내동댕이치듯이 내려놓고는 여자와 함께 일어나서 자리를 떴다. 아마도 그들은 이전에 다른 곳에서도 피부 색깔 때문에 그런 일을 많이 당했을 것이다. 그러나 그때 일은 그들의 피부 색깔과는 아무런 관련이 없었지만, 그들은 그렇게 생각하지 않았던 것이다. 지금도 나는 그때 일을 많이 후회한다. 그들을 다시 만날 수만 있다면, 용서를 구하고 싶다.

나는 2학년이 되어 윈스롭 하우스라는 새로운 기숙사 건물에 입주했다. 이후로는 하버드에서 공부하는 동안 계속 그 건물에서 지냈다. 나는 여름방학 동안에 돈을 벌기도 했지만, 항상 돈이 부족했다. 룸메이트와 나는 윈스롭 지하에서 햄버거와 밀크셰이크를 팔았다. 거기에는 흑백 텔레비전이 있었는데, 채널은 주로 브루인스나 셀틱스의 경기에 고정되었다. 예나 지금이나 보스턴은 스포츠 도시이다. 브루인스에는 위대한 전설 보비 오어가 있었고, 셀틱스에는 존 헤블리섹과 데이브 코웬스가 있었다. 그리고 레드삭스에는 칼 야스트렘스키가 있었다. 나는 틈나는 대로 스포츠 경기를 자주 관전했다. 나는 오랫동안 레드삭스의 열렬한 팬이었다.

하버드에 입학했을 때에는 수학을 전공할 생각이었다. 그러나 하버드의 뛰어난 수학 천재들과는 애초에 경쟁 상대가 되지 않는다는 사실을 금방 깨달았다. 문제는 내가 거의 모든 분야에 관심이 있었다는 것이다. 수학에서 물리학으로 갔다가, 나중에는 역사까지도 생각해보았다. 신입생 시절에 창작 세미나를 수강하거나 2학년 때에 셰익스피어 문학을 수강할 때에는 영문학을 전공하는 것도 잠깐 생각해보았다.

2학년 가을 학기에 저명한 보수주의 경제학자 마틴 펠드스타인 교수가 가르치는 경제원론(Ec 10) 과목을 듣기로 마지막 결심을 했다. 펠드스타인 교수는 대형 강의실에서 수백 명의 학생을 앞에 두고 강의했지만, 실제 수업의 많은 부분은 대학원 학생이나 신임 교수가 이끄는 소규모 섹션 강의실에서 진행되었다. 내가 속한 섹션의 리더는 지금은 보스턴 대학교에서 경제학을 가르치는 리 존스였다. 존스는 개발도상국가의 경제에 관심이 많았다. 그리고 내가 경제학이 많은 사람들의 삶을 개선시켜주는 지적으로 흥미로운 과목이라는 사실을 깨닫는 데에 도움을 주었다. 또한 나는 경제학이 수학과 역사에 계속 관심을 가지게 해준다는 점에도 마음에 들었다. 봄 학기에 나는 경제학을 전공하기로 결심했다.

하버드에 입학하고 나서 2년 동안, 내가 수강했던 경제학 과목은 기초 과목이 전부였다. 3학년 첫 학기에는 부족한 과목을 따라잡기 위해서 경제학 과목을 4개나 수강했다. 그중에는 나중에 나의 지도교수가 된 데일 조겐슨이 가르치는 계량경제학도 있었다. 조겐슨 교수님은 이지적이고도 냉철한 분이셨다. 말씀도 또박또박 끊어서 하셨다. 그리고 나한테 아주 잘해주셨다. 이후로 여름 방학 동안에는 조겐슨 교수님의 연구 조교로 일했다. 그리고 그는 진로에 도움이 되는 말씀을 많이 해주셨다. 나는 조겐슨 교수님의 가르침을 받아서 컴퓨터 프로그램과 경제학에서 수학 모델을 설정하는 과정도 배웠다.

당시 조겐슨 교수님은 에너지 경제학에 관심이 많으셨다. 에너지 경제학은 석유 가격이 급등하여 인플레이션과 침체가 동시에 발생하던 1970년대 미국 경제에 아주 중요한 연구 주제였다. 나와 조겐슨 교수님의 연구는 내가 졸업 논문을 쓰는 데에 기반이 되었다. 졸업 논문에서 나는 정부의 에너지 정책이 경제 전반에 미치는 영향을 연구했다. 학부 시절, 나는 조겐슨 교수님과 공동으로 학술지에 논문을 게재한 적도 있었다. 교수님과 나는 정부가 천연 가스 가격에 상한을 정했을 때에 어떠한 결과가 발생할 것인지를 분석했는데, 가격 상한 정책은 새로운 천연 가스 공급원의 개발을 저해하여 궁극적으로는 생산성이 떨어지는 결과가 초래될 것이라고 주장했다. 교수님은 이러한 주제에 관해서 의회에서 증언하게 되었는데, 그때 나를 의회까지 데리고 갔다.

나의 졸업 논문은 1975년 하버드 경제학과 학부에서 최우수 논문으로 선정되었다. 나는 하버드를 최우등생으로 졸업하고는 파이 베타 카파 클럽(대학 우등생 중에서 선발된 학생들로 이루어진 전국 학생 친목회, 1776년에 만들어졌다/역주)의 회원이 되었다. 그리고 미국과학재단 장학금을 받고는 경제학 박사과정 프로그램이 가장 뛰어나기로 알려진 MIT에 입학했다. 나는 MIT에 가기로 결심하고는 혹시라도 조겐슨 교수님이 서운하게 생각하지 않을까를 걱정했다. 그러나 교수님은 "자네는 가장 좋은 곳에서 공부해야 돼"라고 말씀하셨다.

MIT는 하버드와는 1마일도 채 되지 않는 곳에 있었지만, 분위기는 완전히 달랐다. 하버드는 오랜 역사와 전통을 자랑한다. MIT는 그만한 역사와 전통이 없었지만, 그것은 아무런 문제가 되지 않았다. 이공계 학과가 학교 문화와 커리큘럼을 주도함으로써, 학생들은 부드러운 과목을 선택할 기회가 많지 않다. 나중에 나는 대학원 조교로 일하면서 MIT 학부 학생들에게 수리 경제학을 가르쳤다. 몇몇 학생들에게 왜 그런 과목을 수강하는지 물어보았는데, 그들은 학부의 인문학 이수 요건을 충족시키기 위해서라고 대답했다. MIT와 하버드를 구분 짓는 이런 농담도 널리 알려져 있었다. 두 학교 사이에 어떤 가게가 있었는데, 그 가게는 "1달러에 수프 5캔"이라는 광고판을 걸었다. 어떤 학생이 들어와서는 "10캔은 얼마죠?"라고 물었다. 그러자 가게 점원은 "하버드 학생이라서 계산을 못 하는 거요? 아니면 MIT 학생이라서 글을 못 읽는 거요?"라고 대답했다고 한다.

MIT 캠퍼스는 켄들 스퀘어와 찰스 강 사이에 있고, 경제학 프로그램은 캠퍼스의 가장 동쪽에 있는 슬론 경영대학원에 소속되어 있다. 오늘날 켄들 스퀘어에는 테크 기업, 부자들이 사는 콘도, 미식가들이 즐겨 찾는 레스토랑이 즐비해 있다. 그렇지만 내가 MIT에 다니던 시절에는 창고를 비롯하여 볼품없는 건물들만 있었다. 그때 학생들의 미각을 돋우었던 것은 기름진 음식이었다.

공학 중심의 학교에서 뛰어난 경제학 프로그램이 있다는 사실은 흔치 않은 일이었다. 그런데 1940년에 결정적인 사건이 일어났다. 그때 박사 과정을 마치지 않은 젊은 폴 새뮤얼슨이 하버드에서 MIT로 옮기기로 결심했던 것이다. 노벨상을 받았고 역사상 가장 널리 읽혀진 경제학 교과서를 집필했던 그는 MIT 대학원 시절에 이미 경제학에 정교한 수학적 방법을 적용하는 작업을 시도했다. 새뮤얼슨의 수학적 접근 방법은 반유대 정서가 남아 있는, 보수적인 하버드와는 어울리지 않았다. 그래서 그가 MIT로 떠났던 것이다. 1949년에는 미래에 노벨상을 받았던 성장 이론가 로버트 솔로가 새뮤얼슨을 뒤따랐다. 경제학에서 수학적, 통계적 방법이 각광을 받게 되자, MIT는 수량적인 접근 방법을 꽃피울 수 있는 최적의 장소가 되었다. 1975년 내가 MIT에 입학했을 때에 그곳에서는 수학적 접근방식이 확고하게 뿌리를 내렸지만, 경제학계는 케인스주의 경제학과 신고전주의 경제학 간의 새로운 논쟁에 빠져들고 있었다.

새뮤얼슨과 솔로가 신봉하는 케인스주의는 영국 출신의 저명한 경제학자 존 메이너드 케인스의 사상에 기반을 둔다. 대공황에 대한 처방을 찾으려고 했던 케인스는 호황과 불황을 설명하는 일반이론을 개발했다. 케인스의 저작에는 때로는 이해하기 힘든 내용이 나오고, 경제사상사를 연구하는 학자들은 케인스의 주장이 담고 있는 진정한 의미가 무엇인지를 두고 논쟁을 벌인다. 그러나 케인스를 추종하는 가장 영향력이 있는 학자들의 해석에 따르면, 케인스의 분석은 주로 임금과 적어도 어떤 가격의 "경직성"에 기반을 둔다는 것이다. 다시 말하면, 임금과 가격은 완전고용과 자본금(공장과 설비)의 완전한 이용을 보장할 수 있을 정도로 신속하게 조정되지는 않는다는 것이다. 케인스 이론에 따르면, 기업이 수요의 예상하지 못한 감소—예를 들면, 설비 투자 혹은 정부 지출의 감소—때문에 판매 부진에 빠져들어 생산을 줄이고 노동자를 해고하면 실업자가 많아진다는 것이다.

케인스주의자들은 대공황 시기에 만연한 실업을 자원이 낭비되는 상태로 간주한다. 그리고 정부가 적절하게 개입하면 이런 낭비를 줄일 수 있을 것이라고 생각한다. 특히 그들은 재정 부양책(조세 감면 혹은 정부 지출의 증가)과 통화 부양책(금리인하)을 수요를 회복하고 궁극적으로는 완전고용과 자본금의 완전한 이용을 달성할 수 있는 수단으로 생각한다. 그들은 불황과 실업에 맞서기 위해서는 재정정책과 통화정책을 적극적으로 추진해야 한다고 주장한다.

새뮤얼슨과 솔로와 같은 저명한 경제학자들이 지지하면서, 1950년대와 1960년대에는 케인스 사상을 추종하는 경제학자들이 많았다. 케네디 대통령은 케인스주의자들의 논리에 기반을 두고 감세정책을 내놓았고, 결국 1964년 존슨 대통령 시절에 관련 법안이 통과되었다. 이는 1960년대 호황의 계기가 된 것으로 널리 알려져 있다. 1971년 닉슨 대통령은 "이제 나는 경제정책에서는 케인스주의자"라고 선언한 적이 있었다. 그러나 내가 대학원에 입학할 때에는 케인스 경제학이 적어도 학계에서는 인기를 잃었다. 그것은 1970년대에 미국 경제가 악화된 사실을 반영한다. 특히 베트남 전쟁과 존슨 대통령의 "위대한 사회(Great Society)" 프로그램을 위해서 정부 지출이 증가하면서 물가가 크게 올랐다. 또한 오랫동안 저금리 정책을 추진한 것도 물가가 오르는 데에 한몫을 했다. 게다가 케인스 경제학의 이론적 기반에 의문을 품는 경제학자들도 많았다. 예를 들면, 임금과 물가가 수요와 공급에 제대로 반응하지 않고 경직성을 띠는 이유는 무엇인가? 당시의 케인스 경제학은 이에 대해서 제대로 된 설명을 내놓지 못했다.

케인스 경제학에 의문을 품은 경제학자들 중에는 시카고 대학교의 로버트 루커스, 미네소타 대학교의 토머스 사전트와 에드워드 프레스콧이 있었다. 이들은 모두가 미래의 노벨상 수상자들로서 신고전주의 거시경제학(New Classical Macroeconomics)을 이끌었다. 특히 루커스와 그의 동료 학자들은 최신 수학 기법을 사용하여 시장의 자동조절 기능을 암시하는 "보이지 않는 손(invisible hand)"의 논리를 부활시켰다. 이는 판매자와 구매자가 이기적인 동기에서 행동하더라도 자유 시장이 사회적으로 가장 바람직한 결과를 만들어준다는 생각이었다. 그들은 시장은 초단기간을 제외하고는 항상 수요와 공급이 균형을 이룬다고 가정하고는 임금과 물가의 경직성이라는 케인스의 개념을 버렸다. 이런 경우에는 케인스주의자들의 생각과는 다르게, 침체가 자원의 심각한 낭비를 의미하지는 않는다. 오히려 침체는 경제가 생산성의 저하와 같은 변화를 맞이하여 스스로 바람직한 방향으로 조정하는 국면을 의미한다.

신고전주의 경제학자들은 케인스주의자들과는 다르게, 정부 개입의 필요성과 효과에 관해서 비판적이다. 특히, 수요와 공급의 균형을 위해서 임금과 가격이 신속하게 반응할 때에 통화정책은 생산과 고용에 기껏해야 일시적인 효과를 가질 뿐이다.

내가 대학원에 다닐 때에 신고전주의 경제학이 각광을 받은 것은 어느 정도는 방법론에서 혁신을 일으켰기 때문이었다. 그러나 전통적인 케인스 경제학의 약점을 인정하면서도 신고전주의 경제학이 제시하는 결론에 만족하지 못하는 경제학자들도 많았다. 특히, 통화정책이 생산과 고용에 일시적인 효과만을 가질 뿐이라는 주장에 대해서는 더욱 그랬다. 1980년대 초반이 되면서, 이러한 주장은 설득력을 거의 잃었다. 당시 폴 볼커가 이끄는 연방준비제도는 경기를 냉각시키고 인플레이션을 잡기 위해서 금리를 크게 인상했다. 볼커는 인플레이션을 잡는 데에는 성공했지만, 심각한 침체가 오랫동안 지속되는 결과를 초래했다. 이러한 상황은 신고전주의 경제학자들의 주장과는 정면으로 배치되는 것이었다. 그들의 주장에 의하면, 이러한 상황은 발생하지 말아야 한다.

어떤 학자들은 신고전주의 경제학파의 직관과 선진화된 분석기법을 도입하여 신케인스 학파를 개척했다. MIT에는 북로디지아에서 태어난 젊은 경제학자 스탠리 피셔가 있었다. 신고전주의 경제학과 케인스주의 경제학을 통합하려는 그들의 작업은 신케인스주의적 종합(New Keynesian Synthesis)이라는 결과를 낳았다. 오늘날 주류 경제학자들의 생각은 이러한 종합에 바탕을 두고 있다. 그러나 신케인스 학파 경제학자들은 새로운 모델과 접근방법을 사용하여 임금과 물가의 경직성으로 인해 시장에서 수요와 공급의 불균형 상태가 오랫동안 지속된다는 관점을 부활시켰다. 따라서 그들은 침체를 자원의 낭비라고 보고 경제가 완전고용을 달성하기 위해서는 재정정책과 통화정책을 적절히 추진해야 한다는 과거의 케인스주의자들의 시각으로 되돌아갔다.

나는 대학원 시절에 이러한 논쟁을 처음 접했다. 당시 나는 케인스주의자도 아니었고, 반(反)케인스주의자도 아니었다. 단지 나 자신의 지적 여정이 나를 어디로 이끌어갈 것인지가 궁금했다. 시간이 지나면서 나는 신고전주의 경제학파의 관점을 포함하여 다른 여러 학파의 관점을 서서히 수용하고 있던 신케인스 학파의 관점이 실용적인 정책 수립에 최선의 프레임 워크를 제공할 것이라는 생각을 가지게 되었다.

MIT에서의 첫해가 끝날 무렵, 나의 생각에 가장 커다란 영향을 미친 사람은 스탠리 피셔 교수였다. 나는 피셔 교수님이 강의하는 "거시경제학과 통화정책"이라는 1년 과정을 끝내고, 교수님을 찾아가서 내가 이 분야에 계속 관심을 두어야 할 것인가를 두고 이야기를 나누었다. 교수님은 1963년에 발간된 밀턴 프리드먼과 애나 슈워츠의 저서, 『미국 통화의 역사, 1867-1960(*A Monetary History of the United States, 1867-1960*)』를 포함하여 여러 권의 책들을 읽어볼 것을 권유하셨다. 특히 『미국 통화의 역사, 1867-1960』는 860쪽에 달하는데, 바로 이 책이 나를 흥분시킬 수도 있고, 잠을 재울 수도 있다는 말씀도 하셨다. 그러나 결국 정답은 내가 어떻게 반응하는가에 있었다.

그 책은 아주 흥미로웠다. 나는 대학원 첫해를 주로 수학적 방법론에 열중하면서 보냈는데, 프리드먼과 슈워츠의 역사적인 접근방법에 매료되었다. 그들은 통화정책이 경제에 미치는 영향을 알기 위해서 미국 역사를 거의 100년에 걸쳐서 바라보았다. 특히, 연방준비제도가 통화 공급을 세 번씩이나 줄임으로써 대공황을 훨씬 더 심화시키는 과정을 기록했다.(1929년 주식시장이 붕괴되기 전에 한 번 그랬고, 대공황의 초기에 두 번 그랬다.) 나는 이 책을 읽고 나서는 내가 원하는 것이 무엇인지를 알게 되었다. 나는 나의 학문적 여정에서 거시경제학과 통화정책에 집중하게 될 것이었다.

그 무렵, 나의 삶에는 또다른 큰 변화가 시작되었다. MIT에서 박사 논문을 쓰기 시작하던 1977년 10월, 나는 애나 프리드먼을 만났다. 그녀는 MIT에서 서쪽으로 20킬로미터 정도 떨어진 웰즐리 칼리지에서 화학을 전공하고 스페인어를 부전공하던 4학년 학생이었다. 그녀를 소개한 사람은 나의 가장 친한 친구이자 하버드 시절 룸메이트였던 마이크 스미스였다. 마이크는 당시 사귀고 있던 여자 친구 니콜 아로니를 통해서 나를 애나에게 소개하게 되었다. 니콜과 애나는 기숙사 건물의 같은 층에서 지냈다. 두 여학생은 웰즐리 국제 학생 센터에서 나하고 마이크에게 스파게티 요리를 만들어주기도 했다. 식사 후에 우리는 탁구 경기를 했다. 애나는 나중에 이렇게 기억했다. "니콜은 나를 촌스럽다고 생각했는데, 벤이 나보다 훨씬 더 촌스럽게 보였나봐. 그래서 우리가 만나게 된 거야." 나는 내향적인 성격이었지만, 애나는 마음이 따뜻하고 외향적인 성격이었다.

애나와 나는 둘 다 동유럽 유대교 전통을 지닌 집안에서 태어났다. 그렇지만 성장 환경은 많이 달랐다. 애나의 부모님, 오토 프리드먼과 렌카 프리드먼은 유대인 홀로코스트 과정에서 살아남았다. 두 분은 신혼 시절이던 1943년에 유고슬라비아의 스플리트(지금은 크로아티아의 아드리아 해의 항구 도시)에서 사셨다. 독일군이 유고슬라비아를 점령하고 나치 괴뢰 정부가 들어서자, 두 분은 부모형제와 함께 그곳을 떠날 생각을 하셨다. 어느 날 한밤중에 현관문 앞에서 사람들이 떠드는 소리가 들렸다. 독일인들과 그들에게 협력하는 크로아티아인들이 유대인을 잡아들이고 있었다. 그래서 두 분은 몸에 옷만 걸치고는 뒷문을 빠져나와 달리기 시작했다. 그리고 세르비아 유격대원들의 도움을 받아 알프스를 넘어 이탈리아로 걸어서 갔다. 오토의 부모님과 동생, 렌카의 어머님은 몸을 피하지 못하고 크로아티아 괴뢰 정부가 운영하는 야세노바치 수용소에서 죽음을 맞이했다고 한다.

오토와 렌카는 처음에는 이탈리아의 남부 해안 도시 바리에 정착했다. 1944년 그곳에서 애나의 오빠 빅토르가 태어났다. 전쟁이 끝나고 애나 가족은 로마 교외의 작은 마을 그로타페라타로 이사를 갔는데, 1956년 바로 거기서 애나가 태어났다. 이탈리아 당국이 불법 이민자를 색출하자, 애나 가족은 애나가 아기일 때에 미국으로 이민을 와서 친척들이 있는 덴버에 정착했다.

애나의 부모님들은 모두가 고등학교를 졸업하지 않았다. 그렇지만 교육열은 대단했다. 빅토르는 하버드를 졸업했고, MIT에서 석사학위를 받고는 석유회사에서 근무한다. 애나는 전액 장학금을 받고 웰즐리에 입학했다. 애나가 웰즐리에 입학하게 된 것은 오빠 빅토르가 웰즐리는 여자대학이기는 하지만, 일류 대학이라고 부모님을 설득할 수 있었기 때문이다. 애나는 부모님의 뜻을 따라 화학을 전공했다. 그러나 라틴 아메리카 문학을 좋아했다. 그녀는 나한테 가브리엘 가르시아 마르케스와 호르헤 루이스 보르헤스의 작품을 소개하기도 했다.

나는 애나를 만난 지 두 달 만에 청혼했다. 그리고 1978년 5월 29일 보스턴에 있는 이스라엘 사원에서 결혼식을 올렸다. 애나가 졸업식을 마친 뒤 사흘 만이었다. 우리는 이탈리아로 신혼여행을 떠났다. 그로타페라타에서 애나가 태어난 집도 찾아가보았고, 애나 부모님과 오빠가 알고 지내던 사람들도 만나보았다.

애나와 나는 하버드 스퀘어에서 조금 떨어진 곳에 있는, 바퀴벌레가 들끓는 작은 아파트에서 신혼 살림을 차렸다. 내가 받았던 과학재단 장학금은 기한이 다 되어서, 결국 내가 조교 수당을 받고, 애나가 안과 병원에서 접수원으로 일하면서 받는 월급을 가지고 생활을 꾸려야 했다. 우리가 할 수 있는 오락거리라고는 일주일에 한 번씩 핀볼 게임을 하는 것이 전부였다.

나는 박사 논문을 거의 완성할 무렵에 하버드, 스탠퍼드, 프린스턴으로부터 조교수직을 제의받았다. 그리고 애나는 몇몇 대학교로부터 스페인 문학 석사 과정의 입학 허가를 받았다. 우리는 스탠퍼드 대학교에 함께 가기로 결정했다.

내가 조교수 생활을 시작하고 애나가 석사 과정을 시작하기 전까지, 우리 두 사람은 나의 대학원 친구 제러미 뷜로와 함께 스탠퍼드 캠퍼스 근처에 있는 집에서 살았다. 우리는 집세 부담을 줄이기 위해서 제러미의 친구 마크 거틀러를 합류시켰다. 1년 전에 스탠퍼드에서 박사학위를 받은 마크는 그곳에서 연구를 지속하기 위해서 여름을 보낼 계획이었다. 마크와 나는 학자로서 첫걸음을 내디딘 사람들이라서 공동의 관심사들이 많았다. 우리는 한번 시작하면 여러 시간 동안 이야기를 나누었다. 우리 두 사람의 오랜 협력과 우정은 바로 그때부터 시작되었다.

스탠퍼드에서 나의 첫 번째 시련은 가르치는 일이었다. 나는 경제학과가 아니라 경영대학원에서 가르치게 되었다. 그때 내 나이는 스물다섯 살이었는데, 여러 해 동안 직장에서 일하다가 학교로 돌아온 학생들보다 더 어린 나이였다. 그들은 어리고 경험이 없는 나에게 회의적인 반응을 보였다. 물론 그럴 만도 했다. 때로는 등록금을 스스로 마련한 학생들도 있었기 때문에, 비싼 등록금을 생각하면 합당한 성과를 기대하게 마련이다. 나는 주로 이론 경제학을 연구했지만, 내가 연구한 내용을 학생들이 궁극적으로 바라는 내용과 관련지어 가르치는 방법을 일찍 깨우치게 되었다. 예를 들면, 나는 학생들에게 신흥국가의 경제정책을 분석하고, 이러한 정책이 신흥국가에서 투자를 하거나 사업을 시작하는 사람에게 어떠한 의미를 가지는지를 설명하도록 했다. 이런 경험은 내가 경제학에 더욱 현실적으로 접근하는 데에 도움이 되었다. 그리고 나 자신이 강의를 잘하는 사람이라는 사실을 그때에 깨닫게 되었다.

나는 MIT에서 프리드먼과 슈워츠의 저작을 읽고는 대공황에 관한 연구에 몰두하게 되었다. 그 시기의 경제학뿐만 아니라 정치학, 사회학, 역사 문헌들까지도 섭렵했다. 그러나 중요한 문제—나는 이것을 거시경제학의 성배라고 말하겠다—는 대공황이 왜 일어났는가, 왜 그토록 오랫동안 진행되었는가에 있었다.(이는 기본적으로는 어린 시절 내가 샬럿에서 할머니에게 했던 질문과도 같았다.) 프리드먼과 슈워츠의 저작이 나오기 전에는 1920년대의 투기 과열과 이로 인한 주식시장의 붕괴로 대공황이 발생되었다는 견해가 주류를 이루었다.(이러한 견해는 1954년 발간된 존 케네스 갤브레이스의 저작, 『대폭락 1929[*The Great Crash, 1929*]』에 기반을 둔다.) 그러나 프리드먼과 슈워츠는 주식시장의 붕괴보다는 1930년대 초반 통화 공급의 축소가 더욱 중요한 원인이었다고 주장한다. 통화 공급량을 크게 축소하면, 심각한 디플레이션(임금과 물가의 하락)을 일으켜 경제를 멍들게 만들 것이다. 1931년과 1932년 사이에 미국의 물가는 거의 10% 떨어졌다. 이처럼 심각한 디플레이션은 가계와 기업에게 물가 하락에 대한 기대 심리를 조장하여 구매와 자본투자를 늦추게 하여 수요와 생산을 위축시킨다. 더구나 국제금본위제도는 미국발 디플레이션과 대공황을 세계적으로 전파시키는 촉매 역할을 했다.

프리드먼과 슈워츠의 생각은 시사하는 바가 컸다. 그러나 통화 공급의 축소와 이로 인한 디플레이션 자체가 대공황의 골의 깊이와 기간을 설명할 수 있는지가 궁금했다. 1929년 대폭락이 발생하기 전에 미국의 실업률은 5%에도 못 미쳤지만, 1933년에는 25%에 달했다. 그리고 디플레이션이 1933년 이전에 일어났지만, 미국이 제2차 세계대전에 참전할 때까지 실업률이 10% 밑으로 떨어지지 않았다. 나는 은행 시스템의 붕괴 이후의 신용

경색이 경기침체에 큰 역할을 했다고 생각했다. 1929년부터 1933년까지 전국의 은행 25,000개 중에서 9,700개 이상이 문을 닫았다고 한다.

5년 동안에 전국 은행의 3분의 1이상이 문을 닫으면 신용 흐름을 지체시켜서 경제를 위축시킬 것이라는 생각은 지금은 평범하게 들릴지도 모른다. 그러나 내가 이런 주제를 가지고 논문을 발표할 당시에는 나의 주장에 회의적으로 반응하는 사람들이 많았다. 당시에는 많은 경제학자들이 금융 시스템은 베일에 불과한 것이라고 생각했다. 다시 말하면, 금융 시스템은 기본적으로는 누가 무엇을 가지고 있는지를 추적하는 회계 시스템과 다를 바가 없으며, 실물 경제에 독자적으로 큰 효과를 미치지는 않는다고 생각했다. 그들은 어떤 기업에게 차입금을 제공하는 은행이 문을 닫으면, 이 기업은 다른 은행을 통해서 차입금을 조달하면 된다는 생각을 가졌던 것이다.

그러나 현실을 보면, 차입금을 조달하기 위해서 다른 은행을 찾는다는 일이 그처럼 쉽지만은 않다. 어떤 은행이 파산하면, 이 은행이 축적해온 경험, 정보, 고객 네트워크가 한순간에 무너지고 만다. 따라서 이 은행이 담당하던 지역과 기업 등에게도 커다란 손실을 안기게 된다. 9,700개가 넘는 은행이 한꺼번에 파산하면, 이러한 손실은 엄청나게 커질 것이다. 그러면 신용 흐름이 붕괴되어 대공황의 골은 더욱 깊어질 것이다. 내가 쓴 논문이 발간되기까지는 시간이 많이 걸렸지만, 나의 논문은 1983년 6월 경제학계에서 가장 권위 있는 저널인 『아메리칸 이코노믹 리뷰(*American Economic Review*)』에 권두 논문으로 실리는 영예를 누렸다.

그 뒤에 나는 프린스턴 대학교 역사학자 해럴드 제임스와 함께 대공황에 대한 나의 해석을 국제적인 맥락에서 뒷받침하는 논문을 썼다. 우리는 대공황 시기에 22개 국가가 겪었던 현상을 살펴보고는 불황의 심각성을 결정짓는 두 가지 요인을 발견했다. 첫 번째 요인은 금본위제도를 버리지 않고 고수하는 기간이었다.(금본위제도를 일찍 포기했던 국가는 통화 공급량을 늘려서 디플레이션을 빠져나올 수 있었다.) 이러한 사실은 통화 공급을 강조하는 프리드먼과 슈워츠의 생각과 일맥상통한다. 두 번째 요인은 은행 위기의 심각성이었다. 이는 통화와 신용을 중요하게 바라보는 나의 이전 논문에서 나온 결론과도 일치했다.

1980년대와 1990년대의 대부분 동안 나는 거틀러와 함께 금융 시스템이 지닌 문제들이 어떻게 경기 하강을 악화시킬 수 있는가를 연구했다.(나중에 거틀러의 제자이자 지금은 보스턴 대학교에 있는 사이먼 길크리스트가 합류했다.) 우리는 우리가 "금융 가속기(Financial Accelerator)"라고 불렀던 현상을 확인했다. 다시 말하면, 침체는 신용경색을 동반하는 경향이 있으며, 이는 상황을 더욱 악화시킨다는 것이다. 침체가 닥치면, 은행은 손실이 커지면서 대출 결정에 더욱 신중해진다. 반면에 차입자들은 재정 상태가 악화되면서 신용도 악화된다. 은행이 대출 결정에 더욱 신중해지고 차입자들의 신용이 악화된다는 것은 신용 흐름이 원활하지 않다는 것을 의미한다. 결국 가계의 소비와 기업의 투자가 위축된다. 이처럼 소비와 투자가 위축되면, 침체는 더욱 악화된다.

우리의 연구는 건전한 금융 시스템의 중요성을 강조한다. 예를 들면, 가계와 기업이 채무가 많은 상태에서 출발하면 침체는 더욱 악화될 것이다. 차입자의 소득과 이윤이 감소하면, 채무를 상환하거나 차입을 하기가 더욱 어려워지기 때문이다. 마찬가지로 침체가 시작될 때에 은행 시스템이 나쁜 상태에 있다면, 침체는 더욱 악화될 것이다. 대공황과 같은 극단적인 경우에 은행 시스템이 붕괴되면, 침체가 장기간 지속될 수 있다.

또한 금융 가속기 이론은 가계와 기업이 구매를 늦추는 경향뿐만 아니라 디플레이션이 해로운 이유를 설명한다. 임금과 물가가 하락하거나 심지어는 의외로 덜 증가한다면, 차입자의 소득은 대출금 상환을 충분히 지속할 만큼 증가하지 않을 것이다. 대출금 상환에 어려움을 느끼는 차입자는 당연히 다른 지출을 줄이려고 할 것이다. 그리고 재정 상태가 악화되면서 더이상의 신용을 얻기가 어려워진다. 1930년대의 디플레이션은 파산과 채무불이행을 만연시켰고, 이미 나빠진 상황을 더욱 악화시켰다.

나는 연구를 진행하면서 중앙은행가와 정책 입안자라면 대공황이 주는 교훈을 깨달아야 한다고 생각하게 되었다. 첫째, 침체나 디플레이션, 혹은 둘 다가 겹치는 시기에는 완전고용을 달성하고 정상적인 수준의 인플레이션을 회복하기 위해서는 반드시 통화정책을 추진해야 한다. 둘째, 정책 입안자는 금융의 안정성을 유지하고 신용 흐름을 원활하게 유지하기 위해서 단호한 조치를 취해야 한다.

대공황이 주는 또다른 교훈은 이례적인 상황에 직면한 정책 입안자라면, 때로는 완전히 새로운 사고를 할 준비가 되어 있어야 한다는 것이다. 예를 들면, 1933년 취임한 프랭클린 루스벨트 대통령은 다루기 힘든 불황에 맞서서 대담한 실험을 했다. 그중에서는 실패한 실험도 있었다. 제조업에서 경쟁을 완화하여 가격 하락을 중단시키려고 했던 1933년 국가산업부흥법(National Industrial Recovery Act)이 그 예였다. 그러나 다른 실험들은 경제를 회복시키는 데에 결정적인 역할을 했다. 가장 두드러지게는 1933년에 취한 일련의 조치들 중에서는 금본위제도를 버리는 것도 있었다. 그것은 루스벨트 대통령이 당시 정통주의적인 정책에 정면으로 맞선 것이었다. 통화공급이 정부가 보유한 금의 양에 의해서 더 이상 제한받지 않도록 하자, 디플레이션은 당장 멈추었다. 루스벨트 대통령은 전국의 은행 문을 일시적으로 닫고(은행 홀리데이) 건전한 은행만이 다시 문을 열도록 하고 연방예금보험공사을 설립하는 법안을 추진함으로써 극심한 금융위기에서 빠져나왔다. 이러한 조치들은 정통 경제학자, 보수적인 기업가로부터 거센 비난을 받았다. 그리고 그것은 말 그대로 실험이었다. 그러나 전체적으로는 이러한 조치들이 먹혀들었다.

나는 스탠퍼드에서 6년을 보내고는 다른 선택을 생각하기 시작했다. 젊은 교수들은 6년이 지나면 종신교수로 임명되거나 다른 곳으로 떠난다. 대학 측에서는 내가 종신교수가 될 가능성이 많다는 사실을 알려왔다. 그러나 당시 프린스턴 경제학과 교수이자 교무처장이던 휴고 소넨샤인이 스탠퍼드를 방문하고 나에게 프린스턴으로 올 의향이 없는지를 타진했다. 프린스턴의 저명한 거시경제학자 앨런 블라인더도 나에게 전화를 했다. 스탠퍼드에서 나는 1983년에 종신교수로 임명되지는 않았지만, 조교수에서 부교수로 이미 승진했다. 그리고 얼마 지나지 않아서 스탠퍼드와 프린스턴이 서른세 살인 나에게 정교수직을 제의했던 것이다.

나는 두 학교 모두가 마음에 들었다. 그러나 애나는 프린스턴을 훨씬 더 좋아했다. 6년 전에 우리는 케임브리지와 웰즐리를 떠나 캘리포니아 주에서 살고 싶어 했다. 그리고 1982년 12월에 아들 조엘이 태어났다. 그러나 애나는 숲이 우거진 프린스턴의 환경이 우리 가족들에게 더 나을 것이라고 생각했다. 그리고 나는 애나의 뜻을 따랐다.

1985년, 우리는 전국을 횡단하여 뉴저지 주 록키 힐에 도착했다. 이곳은 프린스턴 캠퍼스에서 북쪽으로 4마일 정도 떨어져 있는 인구 700명의 유서 깊은 마을이다. 우리는 마당이 넓은 아식민지 시대풍의 2층 집을 샀다. 그리고 사과나무, 무화과나무, 진달래나무가 어우러진 마당을 보면서 기쁨에 젖었다. 이웃에는 집집마다 아이들이 있는 것 같았다. 아이들은 마당에서 뛰어놀고 있었다. 1986년 6월, 딸 앨리사가 태어났다. 우리 집 근처에 사는 프린스턴의 젊은 경제학자 부부 데이비드 로머와 크리스티나 로머에게도 곧 자녀가 태어날 예정이었다.

우리 부부는 록키 힐에서 6년을 보내고는 캠퍼스에서 북쪽으로 8마일 정도 떨어진 몽고메리 타운십(township[郡區] : 카운티의 하위 행정 단위)의 큰 집으로 이사했다. 우리만 그런 것이 아니었다. 당시 자녀가 있는 많은 부부들이 타운십으로 몰려들었다. 타운십은 농촌 지역에서 뉴욕의 준교외 지역으로 빠르게 변모하고 있었다. 타운십의 학교들은 학생 수가 급격하게 늘어났다. 애나와 나는 둘 다 교육자였다. 당시 애나는 사립학교인 프린스턴 데이 스쿨에서 스페인어를 가르치고 있었다. 그리고 우리는 모든 아이들이 좋은 교육을 받을 자격이 있다고 믿었다. 우리 아이들은 공립학교에 다녔다. 지역 학부모 모임에 나보다 더 많이 참석했던 애나는 나에게 학교 위원회 위원으로 출마하라고 설득했다.

나는 학교 위원회 일을 6년간에 걸쳐 두 번씩이나 힘들게 했다. 학교 위원회에서는 우리처럼 타운십에 새로 들어온 사람과 옛날부터 거주해왔던 사람 사이에 끊임없는 다툼이 벌어졌다. 새로 들어온 사람은 더 좋은 학교를 만들고 싶어 했지만, 이전부터 거주해왔던 사람은 먼저 비용 문제를 걱정했다. 나는 사람들이 가장 고민하는 두 가지는 자녀의 행복과 자신의 세금 감면이라는 것을 여러 차례에 걸쳐 확인했다. 바로 타운십에서 이러한 가치들이 정면으로 충돌하고 있었다. 학교 위원회에서 일하던 마지막 해인 2000년에 나는 2대 2의 균형을 깨는 표를 던졌는데, 그것은 신설 학교의 예산을 충당하기 위한 채권 발행(결국 재산세를 인상하게 된다)에 찬성하는 것이었다. 5년이 지나서 타운십에서는 새로운 고등학교가 문을 열었다. 그때 나와 애나는 워싱턴으로 이사를 가야 했다. 조엘과 앨리사는 대학생이었다.

나는 프린스턴에서도 새로운 동료 교수들의 아이디어에서 자극을 받아 계속 연구에 매진했다. 나는 통화정책에 더욱 집중하기 시작했다. 주로 통화정책이 어떻게 작용하는가, 통화정책이 긴축정책인지 팽창정책인지를 어떻게 측정할 것인가, 통화정책의 변화가 경제에 미치는 영향을 어떻게 측정할 것인가에 관심을 가졌다. 나는 이러한 관심을 토대로 세 연방준비은행들(보스턴, 필라델피아, 뉴욕의 연방준비은행)에서 자문 역할을 맡게 되었다.

그리고 워싱턴에서 열리는 이사회(Board of Governors)—연방준비은행들의 본부—에 참석하여 발표를 하기도 했다.

나는 통화정책 수립 과정 그 자체가 상당히 복잡하다는 것을 알고 있다. 세계 각국의 중앙은행을 보면, 금융통화위원회가 정책을 결정한다. 그리고 금융통화위원회 위원들은 다양한 경제 정보를 분석해야 한다. 위원들이 어떤 정책에 동의하는 것만으로는 충분하지 않다. 그들은 정책 결정과 이러한 결정의 근거를 의회(대체로 중앙은행을 감독하는 기관이다)와 금융시장 참가자에게 분명하게 알려야 한다.(통화정책의 효과가 금리와 자산 가격이 어떻게 반응하는가에 달려 있기 때문이다.) 정책 결정과 커뮤니케이션은 일관성을 가지는 지적 프레임워크에 의해서 뒷받침될 때에만 일관성과 효율성을 가진다. 나는 중앙은행이 사용하는 정책 프레임워크와 이러한 프레임워크를 개선하는 방법에 더 많은 관심을 가지게 되었다. 1992년에는 컬럼비아 대학교의 프레더릭 "릭" 미슈킨과 함께, 주요 중앙은행들이 사용하는 정책 프레임워크에 관한 사례 연구를 마무리지었다. 미슈킨과 나는 같은 대학원을 다녔는데, 금융위기와 대공황을 포함하여 관심 분야가 비슷했다. 미슈킨은 성격이 급하고, 자기 주장이 강했다. 조용하고 겸손한 마크 거틀러와는 대조적이었고, 아주 재미있을 때도 있었다.

통화정책 연구에서 특별히 관심을 끌만한 정책 프레임워크인 물가안정목표제(inflation targeting)는 미슈킨과 내가 공동으로 연구할 때만 하더라도 여전히 새로운 분야였다. 간단히 말하면, 그것은 '특정한 기간, 즉 한 해 동안의 특정한 인플레이션, 즉 2% 달성'처럼 중앙은행이 공식적으로 약속하는 물가안정목표제를 의미한다.

물론 중앙은행은 단순히 선언만을 하는 식으로 안정적인 인플레이션을 달성할 수는 없다. 약속한 시간 이내에 물가안정목표를 달성하기 위해서 통화정책을 조정하는(주로 기준금리를 인상 혹은 인하하는 식으로 조정한

다) 방식으로 자신의 선언을 실천에 옮겨야 한다. 중앙은행이 자신의 선언을 실천에 옮길 수가 없다면, 공식적인 목표는 경제에 크게 도움이 되지 않을 것이다. 그럼에도 불구하고 물가안정목표제의 선언은 정책 입안자에게 자신이 말한 목표를 달성하도록 하거나 그렇지 못했을 때에는 신뢰할 만한 설명을 내놓도록 해야 하기 때문에 규율과 책임을 부과한다. 중앙은행이 자신의 목표와 그것을 달성하기 위한 미래의 계획 혹은 과거의 성과에 관해서 공식 커뮤니케이션을 자주 가지는 것은 물가안정목표제를 달성하기 위한 전략 중에서 가장 중요한 요소이다. 뉴질랜드의 중앙은행은 1990년부터 물가안정목표제를 선언하고 선도적인 역할을 했다. 1991년에는 캐나다가 물가안정목표제를 선언했고, 그 다음에는 영국, 스웨덴, 호주, 칠레, 이스라엘 등이 뒤를 따랐다. 결국 선진국과 신흥국가를 포함하여 수십 개의 국가들이 물가안정목표제를 선언했다.

1997년 미슈킨과 나는 후속 연구에서 얼리 어댑터의 경험을 살펴보고는 미국이 물가안정목표제를 통해서 혜택을 볼 수 있는지를 검토했다. 이 문제는 논란을 일으켰다. 그동안 연방준비제도는 물가안정목표제 선언에서 발생하는 제약이 없이 경제 흐름에 유연하게 반응하기 위해서 자신의 자유재량에 오랫동안 가치를 두었기 때문이었다. 물가안정목표제 선언을 비판하는 사람들이 지적했듯이, 폴 볼커와 앨런 그린스펀 시절의 연방준비제도는 자유재량에 입각한 정책을 추진하여 인플레이션을 1980년의 13.5%에서 1990년대 후반에는 2% 정도로 낮추었다.

그럼에도 미슈킨과 나는 물가안정목표제가 미국 통화정책을 개선시킬 것이라고 주장했다. 우선 쉽게 변하지 않는 물가안정목표를 설정하는 것은 1980년대와 1990년대에 경제가 호조를 띠는 동안에 인플레이션을 안정시킨 볼커와 그린스펀의 정책을 계속 유지하겠다는 제도적인 약속을 하는 것이었다. 우리의 시각에서는 똑같이 중요한 것으로서 물가안정목표제가 내포하는 투명성 제고는 미래 금리의 흐름에 대한 시장 기대를 형성시켜 연방 준비제도의 목표 달성에 도움이 될 수 있는 것이었다. 반면, 투명성이 떨어지는 정책은 시장에서 불필요한 추측을 난무하게 만든다.

나는 다른 논문들에서 물가안정목표제가 인플레이션이 높은 국가뿐만 아니라 일본처럼 디플레이션 문제가 있는 국가에도 도움이 될 것이라고 주장했다. 1990년대의 일본은 "잃어버린 10년(lost decade)"을 경험했다.(이후로도 저성장과 위축을 반복하면서 잃어버린 20년이 되고 말았다.) 일본은 고령화, 저출산, 농업과 서비스 부문의 비효율성, 은행 건전성 저하 등 다양한 문제를 안고 있었다. 그럼에도 불구하고, 나는 일본이 세계에서 가장 역동적인 국가에서 가장 더디게 발전하는 국가로 변하게 된 주요 원인은 1990년대 초반의 주식시장과 부동산시장 붕괴 이후에 나타난 디플레이션이라고 생각했다.

나는 1999년의 한 논문에서 물가안정목표제는 (일본 중앙은행이 디플레이션에 더욱 신속하게 반응함으로써) 일본 경제가 더 이상 디플레이션에 빠져들지 않고 여기서 빠져나오기 위한 처방이라고 주장했다. 당시 일본 중앙은행(일본은행)은 단기금리를 제로 수준으로 인하하고 "디플레이션 문제가 진정될 때까지" 이 수준을 유지할 것이라고 선언했다. 물가가 여전히 떨어지는 상태에서 일본은 훨씬 더 손쉬운 통화정책이 필요했지만, 정책입안자들은 금리가 제로보다 더 낮아질 수는 없기 때문에, 그들이 할 수 있는 조치는 모두 취했다는 입장만을 되풀이했다. 나는 그렇게 생각하지 않았다. 첫째, 일본은행은 디플레이션 문제를 진정시키겠다는 모호한 약속을 견지하기보다는 물가안정목표를 분명히 제시함으로써 대중들의 인플레이션에 대한 기대를 바꾸어놓아야 했다.* 둘째, 일본은행은 단기금리가 제

---

* 나는 논문에서 잠정적인 물가안정목표를 3~4%로 제안했다. 여러 해에 걸친 디플레이션이 물가 수준을 채무자가 장기대출금을 받을 때에 예상했던 수준보다 훨씬 더 낮춰

로 수준에 이르더라도, 경기를 진작시킬 다른 수단(예를 들면, 밀턴 프리드 먼이 제안했듯이 금융자산을 대량으로 매입한다)을 활용해야 했다.

나는 일본 경제에 대한 나의 진단이 옳았다고 생각한다. 일본은행은 14년 이 지나서야 나의 제안을 받아들였다. 그러나 나의 어투는 가끔은 거칠 때 도 있었다. 2000년 1월에 보스턴에서 열린 어느 컨퍼런스에서 나는 일본은 행 관리들이 "마비 상태를 자초하고 있다"고 주장했다. 그리고 그들은 "실행 을 기피하기 위해서 사소한 제도적, 기술적 장애물 뒤에 숨어버리고," 학계 가 주는 도움이 되는 제안에 "일관성이 없거나 혼란스럽게" 반응하고 있으 며, 새로운 실험을 할 의지가 없다고 비난했다. 그리고 "그때는 일본에 루스 벨트처럼 단호한 의지를 가진 사람이 있어야 할 시기였을 것이다"라고 아주 못마땅하다는 듯이 말했다. 이후로 몇 년이 지나서, 나는 정치인, 언론인, 심지어는 동료 경제학자들의 비난을 받고서는 그런 레토릭을 자제하려고 했다. 2011년 일본 기자가 묻는 질문에, 나는 "저는 10년 전에 비해 중앙은 행 관리들에게 좀더 호의적으로 생각하게 되었습니다"라고 말했다.

1996년, 나는 프린스턴 대학교 경제학과 학과장직을 맡았다. 임기는 6년이 었다. 학과장은 명망이 있어야 하고 학과의 의제를 설정하는 능력도 있어야 한다. 그러나 실제로는 대단한 권위가 있는 것은 아니다. 중요한 문제는 교 수 회의에서 합의하여 처리되지만, 대학 당국의 의지도 무시할 수가 없다. 언젠가 나는 농담 삼아 교수 회의 시간에 도넛을 준비할 것인가, 베이글을 준비할 것인가와 같은 중요한 정책 결정에 책임을 지는 사람이 바로 학과장

놓았고, 이는 차입자의 채무 부담이 예상보다 훨씬 더 커진 것을 의미하기 때문에, 이처럼 높은 수준을 제안한 것이다. 한동안 정상적인 인플레이션 수준보다 더 높게 잡아놓으면, 오랫동안 지속되던 디플레이션 효과를 상쇄할 수 있다. 그러나 내 주장의 요지는 구체적인 목표치가 얼마인가에 있지 않고, 특정한 목표를 선언해야 한다는 데 에 있다.

이라고 말한 적도 있었다. 교수 채용과 테뉴어 심사는 가장 열기를 띠는 의제이다. 교수들은 때로는 자신과 생각이 비슷하거나 학과에서 자신의 입지를 강화시켜줄 학자를 강력하게 추천하기도 한다. 나는 자기 주장이 강한 사람들이 모인 자리에서 이러한 논쟁을 독단적으로 해결해서는 안 된다고 생각했다. 그래서 그들의 이야기를 듣고 또 들으려고 했다. 그들은 일단 자신의 생각을 이야기할 기회라도 주어지면, 행복한 모습까지는 아니더라도 만족하는 모습을 보였다.

학과장 임기가 끝나갈 무렵, 나는 행정적인 업무에서 벗어나서 저술과 연구 활동에 더 많은 시간을 할애하고 싶었다. 나는 금융경제학계에서 입지를 더욱 넓힐 수 있는 두 가지 직책을 맡게 되었다. 2000년에 미국경제연구소(National Bureau of Economic Research : 매사추세츠 주 케임브리지에 있는 비영리 기관)의 금융경제 프로그램의 소장직을 맡았고, 1년 뒤에는 『아메리칸 이코노믹 리뷰』의 편집자가 되었다. 그리고 일반인을 대상으로 대공황에 관한 책을 쓰기 시작했다. 이 책의 제목은 『기만의 시대 : 정치인과 중앙은행가는 어떻게 대공황을 일으켰는가(*Age of Delusion: How Politicians and Central Bankers Created the Great Depression*)』였다.

2002년 초에 컬럼비아 대학교를 휴직하고 부시 대통령의 경제자문위원회 의장으로 일하고 있던 글렌 허버드가 연구실로 전화를 걸어왔다. 비서가 "전화 받으시겠습니까?"라고 물었다.

3

총재

⋮

글렌은 간단하게 물었다. "대통령께서 당신이 연방준비제도 이사회에서 일할 의향이 있는지 궁금하게 여기십니다. 워싱턴에 오실 수 있습니까?"

전혀 예상하지 못했던 질문이었다. 나는 통화정책과 연방준비제도를 주제로 오랫동안 연구해왔다. 그러나 실무 경험이 없는 사람이었다. 솔직히 말하면, 내가 연방준비제도에서 일하면서 정책 결정에 기여할 것이라고는 전혀 기대하지 않았다.

나는 글렌의 제의를 생각해보았다. 그리고 애나와 함께 의논했다. 우리에게는 중요한 결정이었다. 그것은 나한테는 학과장 임기를 마치자마자 수년에 걸쳐 연구와 강의를 중단하는 결정이었다. 그리고 『아메리칸 이코노믹 리뷰』의 편집자 자리도 겨우 1년 만에 내놓는 것을 의미한다. 워싱턴에 가게 되면, 가족들에게도 희생이 따른다. 애나와 앨리사에게 함께 갈 수 있는지를 물어볼 엄두가 나지 않았다. 앨리사는 여전히 고등학생이었다. 따라서 내가 워싱턴에서 살면서 주말마다 뉴저지로 와야 했다. 열아홉 살인 조엘은 매사추세츠 주 그레이트 바링톤에 있는 사이먼스 록 칼리지에 다니고 있었다.

그러나 연방준비제도 이사회에서 일하면 미국에서 가장 힘 있는 기관의 내부에서 정책 결정의 과정을 살펴볼 수 있다. 나는 은행에 대한 규제와 감독을 포함해서 이사회가 하는 모든 일에 관심이 있었다. 하지만 가장 큰 매력은 미국의 통화정책에 관여할 기회를 얻는 것이다. 그동안 나는 금융경제학과 통화정책의 역사를 연구해왔다. 나는 정책을 개선하여 국민들이 더 잘 살 수 있도록 하는 데에 쓰이지 않는다면, 경제학이 무슨 소용이 있는가 자문해왔다. 미국은 여전히 9/11테러의 충격에서 회복하지 못하고 있었다. 우리의 이웃과 훌륭한 친구들이 세계 무역 센터 건물에서 목숨을 잃었다. 그동안 많은 사람들이 국가의 부름을 받고는 국가를 위해서 일해왔다. 물론 연방준비제도 이사회가 하는 일은 군인이나 응급 처치 요원이 하는 일과는 같지 않다. 그러나 적어도 나는 주변 사람들에게 기여하고 싶었다. 나는 애나의 동의를 받았고 글렌에게 전화하여 관심이 있다는 말을 전했다.

나는 연구를 해오는 과정에서 연방준비제도의 역사와 기능에 관해서 많은 내용을 알고 있었다. 연방준비제도는 미국이 중앙은행을 설립하기 위한 네 번째 시도에서 나온 결과물이다. 헌법의 비준이 있기 전에는 의회의 승인을 받은 민간 은행인 뱅크 오브 노스 아메리카(Bank of North America, 1782-1791)가 사실상의 중앙은행 역할을 했다. 그리고는 재무장관 알렉산더 해밀턴이 국무장관 토머스 제퍼슨과 제임스 매디슨의 격렬한 반대를 무릅쓰고 설립한 퍼스트 뱅크 오브 더 유나이티드 스테이츠(the First Bank of the United States, 1791-1811)가 그 뒤를 이었다. 이 은행이 20년 동안 누려왔던 특권은 금융업자와 대형 은행의 불신으로 종말을 고했는데, 세컨드 뱅크 오브 더 유나이티드 스테이츠(Second Bank of the United States, 1816-1836)가 등장했다. 의회는 이 은행에 대한 승인을 연장하기로 의결했지만, 1832년 앤드루 잭슨 대통령(전형적인 포퓰리스트이자 은행에 대한 적대감을 지닌 사람이었다)이 이에 거부권을 행사했다. 그리고 의회는 또다시 표결에 부치지 않았다.

1862년 미국은 중앙은행을 두지 않았지만, 달러―그린백―를 미국 통화로 확정하고는 주정부의 인가를 받은 민간 은행이 화폐를 발행하던 시스템을 대체했다. 그리고 1873년에는 남북전쟁 동안 중단되었던 금본위제도로 되돌아갔다. 그럼에도 불구하고 1836년 이후 미국에 중앙은행이 없다는 사실은 심각한 결함으로 작용했다. 가장 두드러지게는 미국에는 수시로 발생하는 뱅크런 사태와 경제를 강타하는 금융 패닉에 대응할 공식 기관이 없다는 것이다. 이러한 패닉은 여러 차례 닥쳐왔지만, 가장 심각했던 패닉은 1837년 1857년, 1873년, 1893년, 1907년에 발생했다.

결국 중앙은행을 설립하기 위한 최종적이고 궁극적인 시도는 1913년 우드로 윌슨 대통령에 의해서 빛을 보았다. 이는 1907년의 패닉을 통해서 자극을 받았기 때문이다. 1907년 10월, 뉴욕 시민들이 예금을 찾으려고 은행으로 몰려가고 니커보커 트러스트라는 대형 금융회사가 파산하면서 주식가격이 폭락하자, 엄청난 불황이 몰려왔다. 중앙은행이 없는 상태에서 전설적인 금융업자 존 피어폰트 모건이 이끄는 민간 컨소시엄이 뱅크런 사태를 맞이한 기관의 재무 상태를 살펴본 후에 대출을 제공하고 예금자들을 안심시키자 패닉은 멈추었다. 정부가 할 수 없는 일을 한 사람의 개인이 할 수 있다는 사실은 당혹스러운 일이었다. 이에, 1908년 의회는 중앙은행을 설립할 것인지, 설립한다면 어떠한 방식으로 설립할 것인지를 연구하기 위해서 국가통화위원회(National Monetary Commission)를 설치했다. 윌슨 대통령이 집권하기 전에 이미 의회가 중앙은행의 설립을 검토했던 것이다.

당시 금융 전문가들이 잘 알다시피, 중앙은행은 뱅크런 사태를 겪는 은행에게 대출 자산과 그밖의 자산을 담보로 잡고 현금을 빌려줌으로써 금융 패닉을 종식시키는 데에 도움을 줄 수 있었다. 1873년 영국의 저널리스트(「이코노미스트」 편집자로 장기간 재직)이자 경제학자인 월터 배젓은 자신의 저서, 『롬바르드 가 : 금융시장 설명서(*Lombard Street : A Description of the Money Market)*』에서 중앙은행이 금융 패닉에 대처하기 위한 고전적인 처방을 제시한 적이 있었다. 배젓은 중앙은행이 패닉을 진정시키기 위해서 적당한 담보물을 잡고서 시중은행에게 고금리로 거리낌 없이 대출해줄 것을 권고했다. 이 원리는 배젓의 격언으로 알려져 있다.

패닉이 닥치면, 예금자와 단기자금 제공자들은 은행이 파산함으로써 예금을 잃을 것이라는 두려움에 앞을 다투어 예금을 인출한다. 그러면 지급 능력에 문제가 없는 은행조차도 살아남기가 힘들어진다. 보유했던 현금이 급격하게 소진되고, 대출 자산을 포함하여 남은 자산은 빨리 팔리지 않게 된다. 결국 예금자가 은행의 파산을 두려워하면서 시작된 뱅크런은 자기충족적인 예언이 될 위험이 있다. 중앙은행은 패닉의 순간에 적당한 담보물을 잡고 현금을 빌려주는 방식으로 "최종 대부자(lender of last resort)"의 역할을 수행함으로써, 시중은행이 인출된 예금을 메우고 자산을 저가에 매각해야 할 상황을 모면하고, 지급 능력이 있는 은행의 파산을 저지하게 된다. 일단 예금자들이 자신의 예금이 안전하다는 확신이 들면, 이러한 패닉은 종식될 것이다. 그리고 중앙은행으로부터 현금을 빌린 은행은 이자와 함께 빌린 현금을 갚는다. 영국은행(배젓이 활동하던 시절에 세계에서 가장 뛰어난 역량을 보여주던 중앙은행이었다)은 19세기 전반에 걸쳐서 최종 대부자의 역할을 성공적으로 수행했다. 덕분에 영국에서는 미국의 은행들을 괴롭혔던 금융 패닉을 방지할 수 있었다.

미국이 세계적인 금융 강국이 되기 위한 잠재력을 충분히 발휘하기 위해서는 중앙은행이 반드시 필요했다. 그러나 이를 위한 정치적인 지원을 얻는 일은 쉽지가 않았다. 우선 중서부 지역의 농민들은 중앙은행이 동부 지역의 금융업자들의 이익만을 충족시켜줄 것이라고 생각했다. 그러나 윌슨 대통령과 버지니아 주 상원의원 카터 글래스 등은 금융업자들만의 이익이 아니라 전체 국민의 이익에 부합하는, 진정한 의미의 전국적인 기관으로서의 중앙은행을 설립할 것을 제안했다. 윌슨 대통령과 글래스 상원의원은 이러한 목표를 달성하기 위해서 독특한 시스템을 제시했다. 새로운 중앙은행은 워싱턴 혹은 뉴욕에 하나만 있지 않고, 미국 전역에 걸쳐 반자치권을 지닌 8-12개의 연방준비은행(Federal Reserve Bank : 이하 연은이라고 약칭한다)을 갖춘 **연방**(Federal) 시스템(여기서 연방준비[Federal Reserve]라는 이름이 나왔다)이 되어야 한다는 것이다. 연은들은 관할 지역을 담당한다. 결국 12개의 연은들이 승인을 받았다.*

예전의 미국을 비롯하여 그밖의 여러 나라의 중앙은행들과 마찬가지로 연은은 공공의 목표를 가지지만, 엄밀히 말하면, 민간 기관이다. 연은에는 행장이 있고, 이사회가 있다. 이사회는 관할 지역 시중은행의 고위급 인사들을 포함하여 민간 부문 인사들로 구성되어 있다. 또한 연은은 관할 지역 시중은행에 대한 대출금리를 포함하여 그 지역의 여건에 따라서 의사결정을 할 수 있는 얼마간의 재량권도 있다. 윌슨이 말했듯이, "우리는 의도적으로 연은들을 여러 곳으로 분산시켜놓았다. 그리고 연은들이 재량권을 행사하지 않는다면, 크게 실망할 것이다." 연은들에 대한 감독과 시스템 전반에 대한 책임은 워싱턴에 있는 연방준비제도 이사회(Board of Governors of the Federal Reserve System : 이하 연준 이사회라고 약칭한다)에 주어졌다. 그리고 연준 이사회는 정무직 인사로 구성되었다. 원래 연준 이사회에는 직책상 재무부 장관과 통화감독청장이 포함되어 있었다.(통화감독청[Office of the Comptroller of the Currency, OCC]은 은행 규제기관이다.) 1913년에 의회는 중앙은행 설립 계획을 승인하고는 연방준비법(Federal Reserve Act)을

---

* 오늘날 연방준비은행들은 연방준비제도가 처음 설립될 당시의 바로 그 도시들(보스턴, 뉴욕, 필라델피아, 클리블랜드, 리치몬드, 애틀랜타, 시카고, 세인트루이스, 미니애폴리스, 캔자스 시티, 댈러스, 샌프란시스코)에 있다. 또한 연준들은 관할 지역의 24개 도시에 지사를 두고 있다.

통과시켰다. 그리고 1914년부터 연방준비제도(Federal Reserve System : 이하 연준이라고 약칭한다)가 가동되기 시작했다—1914년의 또다른 거대한 패닉을 중단시키기에는 늦은 감이 든다.

연준은 독창적인 설계 덕분에 전국을 대표하고 정치적으로도 지속 가능한 기관이 되었다. 그러나 당국의 강력한 감독이나 분명한 지침이 없는 복잡한 시스템을 낳기도 했다. 한동안은 뉴욕 연은 행장이자 당시 상황에 적합한 이름을 가진 벤저민 스트롱이 효과적인 리더십을 발휘했다.(당시 금융권의 떠오르는 젊은 스타 스트롱은 존 피어폰트 모건을 도와 1907년 패닉을 종식시키는 데에 기여했다.) 그러나 1928년 스트롱이 세상을 떠난 이후에는, 그만한 인물이 등장하지 않았다. 대공황 시기에 연준은 너무나도 수동적인 태도를 견지했다. 연준은 최종 대부자의 역할을 제대로 수행하지 못했고, 결국 수많은 은행들이 뱅크런을 맞이하여 문을 닫아야만 했다. 그리고 프리드먼과 슈워츠의 지적에 따르면, 통화긴축정책을 추진하는 우를 범했다. 이후 루스벨트 대통령은 연은들에 대한 연준 이사회의 권한을 강화하는 개혁을 단행했다. 그리고 이러한 개혁에는 연준 이사회에서 재무장관과 통화감독청장을 제외하여 이사회의 독립성을 강화하는 것도 포함되었다.

오늘날 연준 이사회는 상원의 승인을 거쳐 대통령이 임명하는 7명의 총재(p. 75 참고)로 구성되어 있다. 이들의 임기는 14년이다. 2년마다 1명씩 교체되고, 공석이 된 자리에는 새로운 총재가 언제든지 임명될 수 있다. 나는 임기가 2년도 남지 않은 자리에 임명되었다. 내가 더 있고 싶다면(나는 그런 기대를 하지 않았다), 대통령이 나를 다시 임명해야 하고 상원의 인준도 다시 받아야 한다. 이사회에는 의장과 부의장이 각각 1명씩 있고, 총재들이 있다. 그리고 총재는 연임이 가능한 4년 임기의 의장 혹은 부의장으로 선출될 수 있다.* 내가 글렌 허버드의 전화를 받았을 당시의 의장이었던 앨런 그린스펀은 1987년 이후로 계속 의장직을 맡아왔었다. 총재들의 임기가 길고 2년마다 1명씩 교체되도록 한 것은 이사회가 정치적인 압력으로부터 독립성을 보장받기 위한 것이다. 실제로는 이사회 총재들이 자신의 임기를 끝까지 채우는 경우는 거의 없기 때문에, 이러한 효과가 희석되더라도 말이다.

루스벨트 대통령은 개혁을 단행하면서 통화정책의 효과를 높이기 위해서 연방공개시장위원회(Federal Open Market Committee, FOMC : 이하 FOMC라고 약칭하기로 한다)라는 새로운 기구를 창설했다. FOMC는 연준 이사회가 단기금리를 결정하고 통화공급에 영향을 미치기 위해서 정부 발행 유가증권을 매입 혹은 매각하는 행위를 감독하는 기구이다. FOMC는 연준 이사회 총재 7명과 지역 연은 행장 12명으로 구성된다. 연준 이사회 의장은 FOMC 위원장을 겸직하는 것이 관례이다. FOMC 회의에는 19명의 위원이 참석하지만, 표결권이 있는 위원은 12명뿐이다.(연준 이사회 총재 7명과, 뉴욕 연은 행장 그리고 나머지 11개 연은 행장들 중 4명이 해마다 번갈아가면서 표결권을 가진다.) 이처럼 복잡하게 얽혀 있는 조직 구조는 정치권에서 임명한 연준 이사회 총재가 과반수를 차지하도록 하는 한편, 각 지역 연은 행장에게 통화정책 결정에서 발언권을 주기 위한 것이다.

1977년, 의회는 통화정책에 대한 명시적인 목표를 설정했다. 그것은 연방준비제도의 목표를 "고용 극대화"와 "물가안정"에 두는 것이었다. 이 두 가지 목표는 연준의 이중 책무라고 일컬어진다.* 이러한 이중 책무는 연준

---

* 도드-프랭크 월가 개혁 및 소비자 보호법(Dodd-Frank Wall Street Reform and Consumer Protection Act of 2010)에 따르면, 감독 기능을 강화하기 위해서 부의장직 1석을 신설했다. 2015년 초까지 그 자리는 공석인 상태였다.

* 실제로 이 법은 통화정책의 세 번째 목표(장기금리를 낮추는 것)도 명시한다. 인플레이션율이 낮고 계속 낮은 상태를 유지하리라고 기대된다면, 장기금리도 낮아지기 때문에, 세 번째 목표는 물가안정이라는 목표에 포함되는 것으로 간주되어 FOMC의 결의안에 포함되지 않는다.

의 테크노크라트에게 민주 시민으로서 가져야 할 책임을 부과하고 기관의 독립성을 위한 초석을 다지는 것이었다. 통화정책의 목표는 연준이 아니라 법에 의해서 정해진다. 그러나 FOMC가 의회의 감시 하에 법이 정한 목표를 달성하기 위해서 최선의 방법을 결정한다. 1977년 의회가 연준 이사회를 감시하기 위해서 통과한 법에 의하면, 연준 이사회는 의회 청문회에서 경제 운영의 목표에 관해서 연간 2회 증언해야 한다. 그리고 미네소타 주 상원의원 허버트 험프리와 캘리포니아 하원의원 오거스터스 호킨스의 이름을 따서 명명한 험프리-호킨스(Humphrey-Hawkins Act of 1978)에 따르면, 연준 이사회 의장은 경제 현황과 FOMC가 이중 책무를 수행하기 위해서 추진했던 업무에 관하여 1년에 2회(보통 2월과 7월) 의회 청문회에서 증언해야 한다. 이 청문회는 험프리-호킨스 청문회로 널리 알려져 있다.

연준은 통화정책의 입안뿐만 아니라 은행을 포함하여 금융 시스템을 규제해야 할 책임을 지며, 이러한 역할을 통화감독청, 연방예금보험공사(Federal Deposit Insurance Corporation, FDIC)와 같은 유관 연방 기관과 분담한다. 워싱턴에 소재한 연준 이사회에게는 법률을 집행하기 위한 규정을 정하는 권한과 함께 규제 권한도 주어진다.(이러한 권한은 FOMC나 지역 연은 행장에게는 주어지지 않는다.) 한편, 연은들은 워싱턴에서 입안한 정책을 적용하고 관할 지역의 은행을 감독해야 할 책임이 있다.

통화정책과 금융규제에 관한 권한이 명시되어 있더라도, 연준의 통치는 여전히 복잡하다. 연은들에는 민간 부문 인사들로 구성된 이사회들이 있다. 그들은 기관 운영을 위한 조언을 하고 연은 행장에게 경제 전반에 관해서 그들의 견해를 피력한다. 하지만 그들은 은행에 대한 감독과 규제에 관여하지는 않는다. 이사회는 연은 행장을 선출하는 데에는 관여한다.(이는 민간 부문 인사들이 정부의 권한을 행사하는 관리를 선출하는 데에 관여하는 보기 드문 사례이다.) 그러나 궁극적으로는 워싱턴의 이사회가 연은들의 상급

기관이다. 워싱턴의 이사회는 연은들의 예산과 행장의 임명을 승인한다.

나의 부시 대통령 지명은 점심 식사 직후에 이루어졌다. 나는 약속 시간에 늦지 않으려고 전날 밤에 기차를 탔다. 나는 약속 시간 30분 전에 백악관 측면의 출입구에 도착했다. 백악관 측이 내가 언론에 노출되는 것을 원하지 않았던 것이다. 나는 약속 시간이 되어 조금은 상기된 표정으로 대통령 집무실로 들어갔다. 백악관에 들어오는 것이나 대통령을 만나는 것이 나한테는 처음이었다.

대통령은 나를 따뜻하게 환대했다. 그리고 나에게 관해서 좋은 이야기를 많이 들었다고 했다. 그는 경제원론 책을 손에 쥐고는 아마도 젊은 경제비서관이 준비한 듯한 몇 가지 질문을 했다. 나는 인플레이션률이 변한다면, 어떻게 할 것인지를 설명한 기억이 있다. 대통령은 내가 하는 설명을 듣고는 편안한 분위기를 만들려고 나의 집안, 출신 학교에 관해서 물어보았다. 마지막에는 나에게 정치 활동을 해본 경험이 있는지를 물었다.

나는 "여기서 하는 일에 아무 도움이 안 되겠지만, 뉴저지 주 몽고메리 타운십에서 선출직 위원으로서 두 차례 학교 위원회 활동을 했습니다"라고 대답했다.

대통령은 "여기서 하는 일에 아주 도움이 되겠지요. 학교 위원회 활동은 생색이 나지는 않지만, 중요한 활동입니다"라고 말하면서 크게 웃었다." 나는 대통령과의 면담을 끝내고, 백악관 근무자들도 만났다. 그들 중에는 부시 대통령의 친구이자 보좌관인 클레이 존슨과 백악관의 비서실 차장인 조시 볼턴도 있었다. 며칠 뒤에, 나는 글렌에게서 대통령이 나와의 만남을 좋게 생각하고 예비절차가 끝나면 나를 임용할 계획이라는 말을 들었다.

그런데 예비절차라는 것이 간단하지 않았다. 경력을 조회하는 데에 몇 달이나 걸렸다. 여기에는 내가 어디에서 살았고, 누구와 교제했고, 어디에서 일했고, 어디를 여행했고, 대학교를 졸업하고는 생활을 어떻게 꾸려나갔는지 따위에 관한 온갖 조사가 포함되어 있었다. 나는 백악관 인사 담당관도 만났고, 내가 미국 정부를 전복할 의지가 있는지를 알고 싶어 하는 FBI 요원과도 두 차례 만났다. 그 누가 예스라고 대답한 적이 있었을까?

신원조사가 끝나고 2002년 5월 8일, 백악관은 부시 대통령이 나를 연방준비제도 이사회 총재로 임명했다는 사실을 공표했다. 그 다음에는 상원은행위원회로 넘어갔다. 이 위원회는 연준 이사회 이사의 임명을 인준하는 기구이다. 연준 이사회 직원은 나에게 아직 날짜가 잡혀 있지 않지만, 인준 청문회를 미리 준비하라고 했다. 나는 이사회의 기능에 관한 자세한 내용이 담겨 있는 두꺼운 책자를 철저하게 검토했다. 정책의 쟁점을 공식석상이나 언론에 발설해서는 안 된다는 이야기도 들었다. 나의 임명에는 아무런 문제가 없었지만, 절차상의 문제가 남아 있었다. 인준 청문회는 그해 7월 30일에 열렸고, 1시간도 채 못 되어 종료되었다. 상원 은행위원회는 나의 임명을 승인했고, 그 다음 날에는 상원의원 전체 회의에서 만장일치로 인준되었다. 모든 절차가 끝나고, 상원의 신속한 인준을 촉구하는 사람들의 모임에서 "나는 대통령의 임명을 받고 인준 청문회에서 무사히 살아남았습니다"라고 적힌 티셔츠를 보내왔다. 사실 나는 아무런 문제 없이 상원 위원회의 인준을 받은 셈이었다.

상원은 나와 함께 도널드 콘의 임명도 승인했다. 느긋하고 남을 배려할 줄 알고 사려가 깊은 인물인 도널드는 연준의 베테랑이었다. 그는 미시간 대학교에서 박사 학위를 받았고 1970년 캔자스 시티 연은에서 5년간 근무했다. 그리고는 워싱턴에서 근무하면서 통화사무국(Division of Monetary Affairs)의 한 부서의 책임자(그를 위해서 만든 자리이다)까지 지냈고, 그린스펀 의장과는 아주 가까운 거리에서 조언을 해왔다. 그와 그의 부인인 게일은 운동을 아주 좋아한다. 게일은 노 젓기를 좋아하고, 도널드는 자전거

타기를 좋아한다. 도널드가 그린스펀의 대리인이 되어 그린스펀이 회의적으로 생각했던 물가안정목표와 같은 문제를 두고 나와 충돌할 것이라고 추측하는 기자들도 더러 있었다. 그러나 도널드와 나는 서로 친하게 지냈고, 나는 그의 판단을 신뢰했다.

2002년 8월 5일 우리 두 사람은 그린스펀 의장 앞에서 취임 선서를 했다. 순서는 그린스펀 의장이 동전을 던져서 정했는데, 내가 먼저 하게 되었다. 그리고 이후로도 계속 공식석상에서는 내가 도널드의 선임이 되었다. 도널드가 연준에서 30년 넘게 일했고, 나는 그런 경험이 전혀 없는데도 말이다. 도널드와 내가 합류하면서 이사회 자리는 모두 채워졌다.

나는 상원의 인준이 있고 나서 이사회의 다른 구성원들을 조금씩 알아가기 시작했다. 클린턴 대통령이 임명한 로저 퍼거슨 부의장은 이사회 총재로는 현재 유일한 그리고 역사상 세 번째로 임명된 흑인으로 워싱턴에서 주로 노동자들이 거주하는 지역에서 자랐다. 조용하면서도 겸손하지만 때로는 유머 감각을 발휘하는 그는 하버드에서 법학과 경제학을 공부하여 박사학위를 받았다. 그는 뉴욕의 로펌인 데이비스 폴크에서 근무하던 시절에 지금의 부인, 아네트 나자렛을 처음 만났다. 나자렛은 나중에 증권거래위원회 (Securities and Exchange Commission) 위원으로 일하게 된다.

부의장은 주로 행정에 관한 일을 한다. 예를 들면, 연은들을 감독하는 일이다. 로저는 이 일을 아주 잘 처리했다. 그는 자상한 면도 있었다. 수시로 나를 찾아와서 잘 적응하고 있는지 신경을 썼다. 2001년 9월 11일은 로저의 이사회 경력에서 아주 중요한 순간이었다. 세계무역 센터와 국방부 건물이 테러범의 공격을 받았을 때에, 로저는 워싱턴에 있는 이사회의 한 멤버에 불과했다. 로저는 연은은 "열려있고 일하고 있으며," 필요하다면 최종 대부자의 역할을 수행할 준비가 되어 있다는 사실을 알리는 성명을 발표하도록 지시했다. 로저와 이사회 직원들은 이사회 컨퍼런스 룸에 여러 대의 전화를 설치하고 금융 시스템이 제대로 작동할 수 있도록 쉬지 않고 일했다. 로저는 사무실 유리창을 통해서 국방부 건물에서 연기가 나는 것을 보았다. 당시 이사회의 신속한 대응은 증권 거래 시스템의 균열을 최소화하여 경제를 보호하는 데에 큰 도움이 되었다.

이사회 총재 중에는 수전 비에스와 마크 올슨이 있었다. 이들은 모두 은행 출신이며, 나와 마찬가지로 부시 대통령의 부름을 받은 사람들이다. 수전은 노스웨스턴 대학교에서 박사학위를 받았고 퍼스트 테네시 은행에서 리스크 관리 업무를 맡아왔다. 마크는 미네소타 주에서 은행 CEO를 맡았다가 의회 사무처를 거쳐 회계법인 언스트 앤 영에서 근무하는 등 다채로운 경력을 가지고 있었다. 그는 1986년 마흔세 살의 나이에 미국은행가협회 회장으로 선출되었다. 수전은 따뜻하고도 유쾌하게 나를 반겼다. 마크는 미네소타 사람 특유의 조심스러운 모습으로 내게 다가왔다.

호리호리한 체격에 백발의 에드워드 (네드) 그램리치는 교수 출신으로, 미시간 대학교 학장을 역임했다. 에드워드 역시 나를 편안하게 대해주었다. 그는 1960년대 후반에 이사회 이코노미스트로 잠깐 일한 적이 있었고, 의회 예산처 처장 대리로도 근무했다. 1997년 클린턴 대통령 시절에 이사회에 합류한 에드워드는 교수 시절에는 주로 미시경제학의 다양한 쟁점들을 연구했다. 그리고 이사회에서는 9/11 테러 이후 의회가 항공 산업을 지원하기 위해서 신설한 항공교통안전위원회의 비상임 위원장직을 포함하여 다양한 일을 처리하고 있었다. 또한 그는 이사회가 지역사회의 발전과 소비자 보호를 위해서 추진하는 사업도 이끌어가고 있었다.

이사회 총재들과의 인사가 끝나고, 도널드와 나는 이사회 본부 2층 건물에서 열린 취임식에서 두 번째로 취임 선서를 했다. 공식적인 취임식은 반드시 필요한 절차는 아니었지만, 주변 사람들에게는 좋은 행사가 되었다. 취임식에는 애나, 조엘, 앨리사와 부모님도 참석했다. 작은 마을의 약사이시고 이마에는 주름살이 가득한 아버지가 유명한 그린스펀과 진지하게 대화를 나누는 모습이 보기에 좋았다.

다른 나라에서는 중앙 은행장을 총재(governor)라고 부른다. 그러나 연방준비제도는 중앙행장을 의장(chairman)이라고 부르고, 이사회 구성원을 총재(governor)라고 부른다.(루스벨트 시대의 개혁 이래로 이사회의 공식 명칭은 the Board of Governors of the Federal Reserve System이다.) 따라서 사람들은 나를 공식적으로는 "버냉키 총재"라고 불러야 했다. 언젠가 항공사 직원이 나에게 어느 주의 주지사(governor)인지를 물어본 적도 있었다.

공식적인 절차들이 다 끝나고, 나는 장거리 통근자가 되어 새로운 삶을 시작했다. 조지타운에서 원룸의 아파트를 얻었다. 그리고 주말마다 크라이슬러 세브링 1998년식 청색 자동차를 몰고, 186마일을 달려 프린스턴 근처의 집으로 간다. 이사회의 윤리 문제 담당자는 그린스펀과 케리 윌리엄스와 약간의 검토 후에, 내가 당분간은 「아메리칸 이코노믹 리뷰」의 (무보수) 편집자로 일할 수 있다고 알려왔다.

나는 주중에는 위원회 회의에 참석하거나 손님을 만나거나 지역 연은들을 찾아가기도 했다. 댈러스 연은이 지역사회 발전을 위해서 추진하는 사업을 살펴보려고 수전 비에스와 함께 텍사스 주 브라운스빌을 방문한 것이 나의 첫 번째 출장이었다. 그런데도 나는 결코 일이 많다는 생각이 들지 않았다. 나는 로저 퍼거슨에게 이 문제를 이야기했다. 로저는 때로는 새로온 총재가 자기에게 맞는 역할을 찾아서 중요한 쟁점을 처리하는 데에는 시간이 걸릴 수도 있다고 설명했다.

내가 나 자신에게 맞는 역할을 찾으려면, 이사회의 위원회 시스템에 맞서야 했다. 통화정책을 제외하고는 이사회 업무의 대부분을 2명 내지 3명의 총재로 구성된 위원회가 처리하고 있었다. 부의장이 의장과 상의하여 업무를 나눌 때에는 총재들의 연공 서열이 중요하게 작용했다. 나는 은행 감독에 관심이 많았지만, 로저가 수전과 마크와 함께 관련 위원회를 이끌고 있었다. 행정 업무를 더 많이 맡을 수도 있었지만, 프린스턴 학과장 시절에 행정 업무를 해보았기 때문에 정책에 관여하고 싶었다. 결국 그램리치가 주재하는 지급, 결제, 청산 위원회(금융 시스템의 배관을 다룬다)와 소비자와 지역사회 문제 위원회(소비자 보호와 지역사회 개발 문제를 다룬다)를 수전과 함께 맡게 되었다. 또한 경제 조사를 행정적으로 감독하는 업무도 맡았다. 이 업무는 내가 새로운 저널, 「인터내셔널 저널 오브 센트럴 뱅킹(*International Journal of Central Banking*)」의 창간 작업에 관여하는 데에 도움이 되었다. 이 저널에는 주로 정책 관련 연구 논문들이 실린다.

그러나 나는 통화정책에 관여하기 위해서 워싱턴에 온 사람이었다. 실제로 나는 그린스펀이라는 "연준의 800파운드 고릴라(절대 강자를 의미한다/역주)"가 금리 결정을 주도하고 있다는 사실을 이미 알고 있었다. 나는 이런 사실이 온당하지 않게 보였다. 내가 워싱턴에 갔을 때에, 그린스펀은 의장직을 15년 동안 수행하면서, "거장(Maestro)"이라는 별명을 얻었다. 나는 기껏해야 금리 결정 회의에서 약간의 영향력을 미칠 수 있을 뿐이었다. 실제로 나는 각각의 개별적인 결정보다는 정책이 만들어지는 폭넓은 프레임워크에 관심이 많았다. 이런 측면에서 보면, 연준은 시대에 뒤떨어져 있었다.

"중앙은행 업무의 신비(mystique of central banking)"라는 말이 있듯이, 통화정책의 결정은 오랫동안 베일에 싸여 있었다. 오죽하면 저널리스트, 윌리엄 그라이더가 자신의 1989년의 저서 제목을 『사원의 비밀 : 연방준비제도는 미국을 어떻게 운영하는가(*Secrets of the Temple: How the Federal Reserve Runs the Country*)』라고 붙였겠는가? 마찬가지로, 1920년대부터 1940년대 초반까지 영국은행 총재였던 몬터규 노먼은 "설명하지도 말고, 변명하지도 말라"라는 모토로써 그의 철학을 표명했다. 지금까지 통화정책의 결정에서 비밀주의를 옹호하는 다양한 발언들이 나왔다. 하지만 내가 보기에는 이러한 비밀주의가 생기게 된 중요한 원인은 마치 핫도그 제조업자가 공장을 보여주지 않는 것과 같은 이치라는 생각이 든다. 제조 과정이 대중들에게 알려진다면, 비난이 쏟아질 것이 분명하기 때문이다.

비밀주의에는 장단점이 있다. 우선 중앙은행을 전지전능하게 보이도록 그리고 단기적으로는 융통성을 가지도록 해준다. 그러나 대중들의 혼란을 자극하고 시장이 균형을 잃도록 하고 음모론을 발생시킨다. 그리고 공공 부문과 민간 부문의 투명성과 책임이 강조되는 세상에서 비밀주의에 입각한 정책 결정은 시대에 역행한다. 나는 이러한 비밀주의는 통화정책의 효과를 떨어뜨릴 것이라고 믿는다. 프레더릭 미슈킨과 내가 물가안정목표에 관한 연구에서 주장했듯이, 중앙은행이 시장 및 대중과 분명하게 소통할 때에 통화정책의 효과는 더욱 커진다.

2002년 8월 13일에 나는 FOMC 회의에 처음 참석했다. 취임 선서를 하고 나서 1주일이 조금 지나서였다.(FOMC는 매년 회의를 8회 개최한다.) 회의가 열리기 며칠 전에 나는 연준 이사회의 이코노미스트들이 준비해준 방대한 회의 자료를 살펴보았다. 초록색 표지를 씌워서 "그린북"이라고 불리는 책자도 있었다. 여기에는 이코노미스트들이 작성한 경제예측 보고서뿐만 아니라 국내경제와 세계경제에 대한 분석자료가 들어 있다. "블루북"은 금융시장의 흐름을 분석하고 통화정책과 관련하여 다양한 대안들의 효과를 비교한 책이다. 여기에는 이사회의 이코노미스트들이 작성한 각종 문건들도 포함되어 있다. 그들이 작성한 경제예측 보고서는 과학이자 예술이었다. 그들은 다양한 경제 모델을 활용했다. 또한 그들은 기상이변, 정부의 조세정책과 지출정책의 변화, 지정학적 변화처럼 표준 데이터에서 파악하기 힘든 요인들의 영향력을 평가하면서 대단히 전문적인 직관력을 보여주었다.

중앙은행과 민간 부문에서 수행한 경제예측은, 정확성의 측면에서 보면, 그다지 인상적인 것이 아니다. 불행하게도 1-2분기 이상을 넘어서는 경제를 예측하기는 상당히 어렵다. 이는 사업이나 전쟁에서 사업계획과 군사전략이 중요한 것과 마찬가지로, 일관성이 있는 통화정책의 수립을 위해서는 신중한 예측이 반드시 필요하다는 사실을 말해준다.

그린스펀은 공공 부문에서 일하기 전에는 경제 예측과 타운젠드-그린스펀 주식회사이라는 컨설팅 기업의 경영에서 탁월한 능력을 보여주었다. 그는 컴퓨터 시뮬레이션 모델보다는 상향식 스타일의 특이한 예측기법을 사용했다. 그는 수시로 자투리 정보를 검토했다. 나는 범위가 넓은 거시경제 지표의 흐름을 중요하게 여기는 편이다. 다시 말하면, 나무보다는 숲을 보는 편이다. 그러나 때로는 그린스펀의 방식이 표준적인 분석이 놓칠 수 있는 흥미로운 직관을 보여주기도 한다.

FOMC 회의가 열리는 날에는 1970년대에 세워진 마틴 빌딩의 맨 위층에서 아침 식사가 제공된다. 이 건물은 대공황 시기에 사용하던 에클리스 빌딩 뒤편에 있는데, 마틴이라는 건물명은 1951년부터 1970년까지 이사회 의장을 지냈던 윌리엄 맥체스니 마틴의 이름에서 따온 것이다. 나는 연은 행장들과 만나서 환담을 나누기 위해서 그곳으로 갔다. 그들 중에는 내가 학계에서 일하면서 알게 된 사람도 있었다. FOMC 위원들은 정책적 견해 때문에 대립하는 일이 없이 서로 유쾌하게 어울렸다. 매파(hawks : 인플레이션을 더 많이 걱정하는 사람)와 비둘기파(doves : 성장과 고용을 더 많이 걱정하는 사람)는 굳이 서로 다른 테이블에 앉으려고 하지 않았던 것이다.

회의가 시작하기 10분 내지 15분 전에, 참석자들이 에클리스 빌딩의 회의실을 향해서 천천히 걸어가기 시작한다. 회의실은 품격이 있고 천장은 엄청나게 높다. 창문을 통해서는 컨스티튜션 애버뉴를 바라볼 수 있다. 한쪽 벽에는 12개 연은들의 관할 지역을 표시해놓은 대형 미국 지도가 걸려 있다.

위원회 위원들뿐만 아니라 발표를 맡은 4-5명의 이코노미스트들이 자리에 앉는다.("공개시장"에서 행해지는) 연준의 유가증권 매입과 매각을 관리하고 시장 참가자들과 수시로 접촉하는 뉴욕 연은의 공개시장 트레이딩 데스크 국장이 주요 금융 현황을 보고하는 방식으로 회의가 시작된다. 내가 참석했을 때에, 데스크의 국장은 디노 코스였다. 그 다음에는 이사회의 조사통계국장(데이브 스톡턴)과 국제금융국장(캐런 존슨)이 국내와 세계경제 예측 보고서를 발표한다. 그리고 통화사무국장(도널드 콘을 위해서 만들었던 자리를 이어받은 빈센트 라인하트)이 "블루북"에 나오는 정책대안들을 발표한다. 대체로 여기서 발표하는 3명의 국장들이 상당한 영향력을 행사한다. 1990년대 중반에 이사회 부의장을 지냈던 프린스턴의 동료 교수 앨런 블라인더는 이들 3명을 두고 "남작(Baron)"이라고 불렀다.

그린스펀 의장의 자리는 회의가 시작되기 몇 분 전에도 여전히 비어 있었는데, 회의실의 주출입구를 정면으로 바라볼 수 있도록 타원형 테이블의 중앙에 있었다. 의장의 오른쪽에는 뉴욕 연은 행장(관례상 FOMC 부위원장을 겸임한다) 빌 맥도너가 앉았다. 시카고 출신의 은행가였던 그는 1993년부터 뉴욕 연은 행장직을 맡았다. 이사회 부의장 퍼거슨은 그린스펀의 왼쪽에 앉았다. 새로 부임한 콘과 나는 테이블의 맨 구석에 앉았다. 그곳은 의장의 눈에 띄지 않는 자리였다. 그리고 이사회와 연은 직원 35여 명이 테이블 주변에 배석했다.

오전 9시 정각이 되자, 벽난로 옆에 있는 문이 열리더니 그린스펀 의장이 집무실에서 나와 자기 자리를 향해 성큼성큼 걸어갔다. 회의실은 조용했다. 그린스펀은 자리에 앉아서 테이블에 놓여 있는 서류들을 대강 살펴보았다. 그는 나와 콘에게 환영의 말을 간단하게 하고는 발표를 진행시켰다.

그날 회의가 있기 전에, 그린스펀은 아침 식사를 하면서 내가 FOMC의 회의 진행에 대해서 제대로 이해하고 있는지를 살펴보았다. 첫 번째 의제로는 금융시장과 경제전망에 관한 보고가 있었고, 이사회 총재들과 연은 행장들의 질문이 이어졌다. 그 다음에는 경제 전반에 관한 격론이 벌어졌다. 참석자들은 각기 4-5분 동안 경제전망에 관하여 의견을 개진한다. 연은 행장들은 처음에는 주로 관할지역의 경제 흐름에 관해서 보고하고 국가경제 전반에 관해서 견해를 발표한다. 그 다음에는 총재들이 발표를 하고, 부의장과 의장의 이야기가 이어진다. 예전에는 19명의 발표가 대체로 원고가 없이 진행되었다. 토론의 질과 흐름의 측면에서 보면 불행한 일이지만(투명성의 측면에서 보면 바람직한 일이다), 위원회는 1994년 하원 금융 서비스 위원회 위원장 헨리 곤살레스 의원의 요청에 따라서 5년이 지나면 회의록을 일반에게 공개하기로 결정했다. 이후 발표자들은 미리 준비된 원고를 읽었다.

나는 경제가 복잡할 때에 위원회에 참여했다. 미국 경제는 2001년 3월부터 11월까지 겨우 8개월 동안 지속된 침체(한때의 경제적 위축)에서 회복의 초기 단계에 진입하고 있었다.(사라진 일자리와 생산이 완전히 회복되지는 않았더라도, 생산이 다시 증가하기 시작하면 경제는 회복기에 접어들고 침체는 끝났다고 말한다.) 침체가 발생하는 원인에는 여러 가지가 있다. 2001년의 침체는 닷컴 버블의 붕괴와 주식시장의 급격한 위축으로 발생했다. 그런 가운데 9/11테러가 발생했다.

　FOMC는 이러한 침체에 신속하게 반응했다. 2001년 한 해 동안에, 위원회는 연방자금금리(federal funds rate)를 6.5%에서 1.75%로 낮추었다. 이는 사상 유례를 찾아보기 힘들 정도로 신속한 반응이었다. 연방자금금리는 민간 부문의 금리이다. 구체적으로 말하면, 은행이 다른 은행으로부터 하룻밤 빌리는 오버나이트 론(overnight loan)에 대한 금리이다. 이처럼 연방자금금리가 민간 부문의 금리이지만, 연준은 자금의 공급을 조절하여 연방자금금리를 간접적으로 조정할 수 있다. 더욱 구체적으로 말하면, 연준은 은행의 지급준비금에 영향을 미치는 식으로 연방자금금리를 관리한다.

　은행의 지급준비금은 시중은행이 연준에 예치해야 할 자금이다. 은행은 은행간 거래를 위해서 혹은 여분의 현금을 적립하기 위해서 연준의 지급준비금 계좌를 이용할 수 있다. 그리고 은행은 법이 정한 최소한도의 지급준비금을 연준에 예치해야 한다.

연준은 정부 발행 유가증권의 매입과 매각을 통해서 은행의 지급준비금의 양에 영향을 미칠 수 있으며, 이에 따라서 연방자금금리에 영향을 미칠 수 있다. 예를 들면, 연준이 유가증권을 매각하면, 유가증권 매입자가 거래하는 은행의 지급준비금이 감소하는 결과가 생긴다. 지급준비금이 감소하면, 은행은 다른 은행에게서 현금을 빌리려고 한다. 결국 은행이 이러한 거래에서 부담해야 할 금리를 의미하는 연방자금금리가 상승하게 된다. 마찬가지로 연방자금금리가 하락하면, 연준이 유가증권을 매입하여, 지급준비금이 증가하게 된다. 그러면 은행은 다른 은행에서 현금을 빌릴 필요가 없다.

당시 연방자금금리의 조정은 FOMC가 경제에 영향을 미치는 데에 주요 수단이었다. 그리고 연방자금금리 수준은 중요한 정책지표이기도 했다. 위원회가 경기진작을 결정했다면, 연방자금금리를 낮출 것이다. 연방자금금리가 하락하면, 자동차 대출금리에서 모기지 대출금리, 회사채 금리에 이르기까지 다른 금리까지도 하락한다. 따라서 대출이 증가하고 이에 따라서 소비지출도 증가한다. 케인스주의자들의 주장에 따르면, 경제에 유휴설비가 있는 경우, 소비지출이 증가하면 기업은 생산과 고용을 늘린다. 그러나 유휴설비가 거의 없다면, 늘어난 수요는 물가와 임금을 상승시킨다. 다시 말하면, 인플레이션을 발생시킨다. 위원회는 생산이 지속 가능한 수준을 넘어서는 "경기 과열"을 우려한다면, 연방자금금리를 올리려고 할 것이다. 그러면 다른 금리도 같이 올라서 과열된 경기를 냉각시키고 인플레이션을 잡을 수 있다.

2002년 8월에는 금리인상을 심각하게 고려하지 않았다. 2001년에 연방자금금리를 신속하게 낮춘 것은 침체를 잡는 데에 확실히 도움이 되었다.

그러나 이후의 회복 속도는 더뎠다. 성장률은 보잘것없었고, 비관론자들은 경제악화를 우려했다. 생산이 증가했지만, 경제는 "고용 없는 성장"에 빠져 있었다. 침체는 끝났지만, 실업률은 증가하기만 했다. 인플레이션은 유난히도 더디게 진행되었다. 때로는 이러한 현상은 수요가 별로 없을 때에는 기업이 가격인상을 주저하기 때문에 나타난다. 결국 경제가 취약해지고 있음을 보여주는 신호로도 해석할 수 있다. 월드컴, 엔론, 아더 앤더슨의 회계부정 사건의 여파로 주식가격도 좀처럼 오르지 않았다.

그린스펀은 여느 때와 마찬가지로 경제 토론에서 마무리 발언을 했다. 그는 우리가 연방자금금리를 더 이상 낮추는 것을 삼가고, 회의 결과 보고서에는 "경제가 취약해질 위험이 계속 커지고 있다"는 표현을 넣자고 했다. 중앙은행 사람들에게는 이런 표현은 경제가 더디게 회복되는 것을 우려하고, 향후에도 금리를 인상할 가능성보다 인하할 가능성이 있음을 금융시장에 알리는 것으로 해석된다. 그린스펀은 이렇게 능숙한 솜씨로 경제 토론을 마무리 짓고 "정책 토론"으로 넘어갔다. 정책 토론은 간단히 진행되고, 참석자들은 대체로 의장과 의견이 일치하는 경우가 많았다.(물론 의견이 일치하지 않는 경우도 드물게는 있다.) 이번에는 나도 의장과 의견이 같았다.

안타깝게도, 내가 9월에 두 번째 FOMC 회의에 참석할 때까지도 경제가 강인해질 기미가 보이지 않았다. 어떤 사람은 이라크와의 전쟁 가능성에 대한 우려가 커지면서 기업과 가계가 더욱 신중하게 행동해야 한다는 점을 지적했다. 또한 우리는 인플레이션이 지나치게 낮지는 않은가를 두고 토론을 벌였다. 사람들은 인플레이션이 낮으면 구매력이 개선되기 때문에 좋은 것으로 생각한다. 그러나 인플레이션이 아주 낮고 이런 상태가 지속된다면, 임금과 소득의 증가율도 낮아져서 낮은 물가로부터 아무런 혜택도 얻지 못한다. 실제로 일본의 경험이 극명하게 보여주듯이, 인플레이션이 아주 낮은 것은 아주 높은 것만큼이나 경제에 해로울 수 있다. 낮은 인플레이션 혹은 디플레이션에서 빠져나오기는 아주 힘들어서, 단기금리를 제로 수준까지 낮추더라도 완전고용 수준에 이르기에는 역부족일 수도 있다. 내가 발언할 순서가 되었을 때에, 나는 금리인하가 주택 부문처럼 이미 과열된 부문을 더욱 과열시킬 수도 있지만, 디플레이션에 빠질 위험에 대비하여 선제공격의 일환으로 금리를 낮추어야 한다고 말했다.

또한 우리는 "제로 금리 바운드(zero lower Bound)"—금리는 제로 이하로 떨어질 수가 없다—가 "실탄을 다 써버리는 것"을 의미하는가를 두고도 논쟁을 벌였다. 이사회의 일부 이코노미스트들이 주장하고 프린스턴 시절에 나도 그랬듯이, 연방자금금리 인하만이 성장을 자극하기 위한 유일한 수단은 아니었다. 그러나 그린스펀은 제로 금리 문제를 중요하게 생각하지 않았다. 연방자금금리가 제로가 된다면, 위원회는 통화팽창을 위한 다른 수단을 찾을 수 있을 것이라고 생각했다. 하지만 어떻게 찾을 것인가에 대해서는 그는 아무런 말도 하지 않았다.

어쨌든 그린스펀은 다음 회의가 열리기 전까지 금리인하가 필요할 수도 있겠다는 말을 했지만, 즉각적인 금리인하에 대해서는 다시 반대했다. 나는 금리인하 쪽으로 기울었지만, 그의 의견에 찬성했다. 위원회는 추가적인 금리인하 쪽으로 방향을 잡아가는 듯했고, 나는 정확한 타이밍이 매우 중요하다고는 생각하지 않았다. 그러나 다른 두 위원이 그린스펀의 의견에 반기를 들었다. 놀랍게도, 그 중 한 사람이 그램리치였다. 이사회 총재들은 연은 행장들에 비해 의장의 의견에 반대 의사를 표명하지 않는다. 아마도 워싱턴에 기반이 있는 총재들이 다음 회의가 열리기 전에 자신의 입장을 표명할 기회가 더 많기 때문일 것이다. 또다른 반대론자는 댈러스 연은 행장 밥 맥티어였다. 그는 이미 "외로운 비둘기파"라는 별명을 얻은 사람이다.

나는 FOMC에 두 차례 참석하고는 이제는 대중들에게 강연할 준비가 되었다는 생각을 하게 되었다. 2002년 10월 15일 뉴욕에서 나는 "자산 가격 버블을 맞이하여 통화정책은 무엇을 해야 하는가?"라는 질문을 던졌다. 이 질문은 시의적절했다. 주식시장은 과열과 붕괴를 거듭하면서 2001년의 침체를 유발하는 데에 한몫을 했다. 주택 가격은 지속적으로 오르고 있었다.

사람들은 자신이 버블의 의미를 잘 안다고 생각한다. 그러나 경제학자들은 버블에 대한 정확한 정의를 가지고 있지 않았다. 대체로 버블은 투자자들이 어떤 자산을 나중에 훨씬 더 높은 가격에 팔 수 있을 것이라고 생각하고 그 자산의 본질 가치보다 훨씬 더 높은 가격에 구매하기 위해서 몰려드는 상황을 의미한다. 나는 중앙은행이 버블을 잡기 위해서 금리를 올려야 할 것인가를 두고 격렬한 논쟁을 벌였다.

나는 금리인상에 관해서 두 가지 측면에서 우려를 표명했다. 첫째, 우리는 버블이 꺼지기 전까지 그것을 인식하기가 어렵다. 어느 누구도 자산의 본질 가치를 확실히 알고 있지 않다. 본질 가치는 먼 미래의 경제는 어떻게 움직일 것인가를 포함하여 다양한 요인에 달려 있기 때문이다. 사실, 버블을 인식하기가 쉽다면, 투자자들은 버블에 휩쓸리지 않을 것이다.

둘째, 2002년 FOMC가 직면한 문제는 주택 부문이 과열되고 나머지 부문이 그렇지 않을 때에 위원회는 무엇을 할 것인가 하는 것이었다. 통화정책은 금융시장을 비롯하여 그밖의 시장을 내버려두고 한 가지 종류의 자산시장만을 다룰 수는 없다. 나는 1920년대 후반의 주식시장 붐을 인용했다. 당시 연은들의 사실상의 리더였던 뉴욕 연은 행장 벤저민 스트롱은 과열된 주식시장을 냉각시키기 위한 금리인상에 반대했다. 금리인상의 효과가 주식시장에만 국한되지 않을 것이라는 이유에서였다. 당시 그는 한 가지 비유를 했다. 금리를 인상하는 것은 한 아이(주식시장)가 잘못했다고 해서 전체 아이들을 벌주는 것과 같다는 것이었다. 1928년 스트롱이 세상을 떠났을 때에, 후임자가 그의 불간섭주의적 접근방식을 폐기하고 금리를 인상했다. 결국

1929년에 주식시장이 붕괴되었고(연준은 시장을 냉각시키는 데에는 성공했다), 지나친 통화긴축 정책은 비극적이었지만 대공황의 원인이 되었다.

그러면 버블을 잡기 위해서 통화정책을 사용하는 데에 따르는 문제 때문에 중앙은행은 버블이 형성될 때에 이를 무시해야 한다는 것을 의미하는가? 그렇지는 않다. 첫째, 때로는 버블은 경제 전체를 과열시켜—예를 들면, 주식가격이 오르면 주주들은 지출을 늘린다—지속 가능하지 않는 성장과 급격한 인플레이션으로 안내한다. 이런 경우, 통화정책은 버블을 잡고 경제 전체를 안정시키는 데에 치중해야 한다. 마크 거틀러와 나는 1999년 캔자스 시티 연은이 주최하는 잭슨 홀 회의에서 발표한 논문에서 지금과 같은 주장을 했던 적이 있다. 둘째, 중앙은행과 그밖의 기관들은 규제, 은행 감독, 금융 교육과 같은 다양한 도구에 의해서 버블에 맞서 싸울 수 있다. 다시 말하면, "일을 할 때에는 적절한 연장을 사용해야 한다."

11월에 나는 "디플레이션 : 그것은 이 나라에서도 발생할 수 있는가?"라는 주제를 가지고 FOMC가 9월에 토론했던 문제를 제기했다. 인플레이션이 아주 낮고 금리가 제로 수준으로 떨어진다면, 연준에게는 실탄이 없다는 말인가? 나는 중앙은행이 디플레이션을 피하기 위해서 할 수 있는 일이라면, 무엇이든지 해야 한다고 주장했다. 예를 들면, 중앙은행은 디플레이션에 맞서 완충지대 혹은 안전지대를 만들기 위해서 물가안정목표를 설정할 수 있다. 선진국의 중앙은행들은 물가안정목표를 대체로 2%로 잡는다. 물론 중앙은행은 이러한 목표를 명시적으로 선언하지는 않는다. 필요하다면, 금리를 먼저 인하하여 디플레이션을 사전에 예방하는 것이 중요하다.

그러나 디플레이션이 실제로 일어났다면, 무엇을 해야 하는가? 단기금리가 제로에 가깝더라도, 중앙은행이 할 수 있는 일이 없지는 않다. 나는 단기금리를 더 이상 인하할 수 없을 때에도 모기지 대출금리와 같은 장기금리를 인하하여 경기를 진작시킬 만한 몇 가지 방법을 제시한 적이 있다.

나는 디플레이션 강연으로 "헬리콥터 벤"이라는 별명을 얻었다. 나는 디플레이션을 퇴치하기 위한 가설상의 가능성을 설명하면서 극단적인 수단, 즉 광범위한 감세와 이러한 감세에 따른 재원을 마련하기 위해서 중앙은행이 시중에 통화를 푸는 방법을 언급했다. 밀턴 프리드먼은 이러한 접근방식을 "헬리콥터 드롭(helicopter drop)"이라고 했다. 나의 연설문을 편집하던 AP 기자 출신의 이사회 대변인 데이브 스키드모어는 헬리콥터 드롭이라는 표현을 삭제할 것을 권했다. 하지만 나는 그의 말을 듣지 않았다. 나는 내가 경제학자로서 쓰는 글에서 그런 표현을 인용할 뿐이라고 생각했다. 데이비드는 "다만, 중앙은행 사람이 할 수 있는 표현이 아니라는 생각이 들어서요"라고 말했다. 나는 "밀턴 프리드먼이 그 말을 했다는 사실을 알 만한 사람은 다 알아요"라고 대답했다. 나중에 알게 된 일이지만, 월 스트리트 채권 트레이더들은 밀턴의 저작을 자세히 읽어보지 않았다. 그들은 내 말을 경제학 교수가 전하는 가설상의 논의로만 간주하지 않았다. 그들은 내 말을 정책 입안자가 인플레이션을 촉진할 것이라는 신호로 받아들였다. 이는 그들이 거래하는 채권의 가치를 떨어뜨리는 것이었다.

디플레이션과 밀턴 프리드먼의 사상은 내가 부임 초기에 했던 세 번째 강연의 핵심 주제였다. 이 강연은 시카고 대학교에서 열렸는데, 이 날에는 밀턴의 90회 생일을 축하하는 행사도 있었다. 나는 스탠퍼드 시절부터 밀턴을 잘 알았다. 그는 스탠퍼드의 후버 연구소에 있었다. 체구가 작았고, 얼굴에는 항상 미소가 흐르고 있었다. 그는 나처럼 젊은 조교수뿐만 아니라 어느 누구하고도 경제 문제를 토론하기를 좋아했다. 내가 연준의 디플레이션 방치가 대공황의 주요 원인이라는 사실을 알게 된 것은 그와 애나 슈워츠의 저작 덕분이었다는 것은 앞에서 말한 바 있다. 나는 이런 사실을 떠올리면서, 청중들에게는 내가 연준에 있는 사람이라는 사실을 각인시키고는 이렇게 강연을 마무리지었다. "나는 밀턴과 애나에게 이런 말을 전하고 싶습니다. 대공황에 대해서는 당신들의 말씀이 옳았습니다. 우리가 그렇게 만들었던 것입니다. 매우 유감스러운 일입니다. 그러나 당신들 덕분에 우리는 다시는 그렇게 하지 않을 것입니다."

4
거장이 지휘하는 오케스트라

⋮

나는 거장[그린스펀]이 지휘하는 오케스트라의 신입 단원이 되어, 조용하게 지낼 때도 있었고 바쁘게 지낼 때도 있었다. 때로는 이상하리만큼 고립되어 지낸다는 생각이 들기도 했고, 심지어는 학문의 길을 혼자서 가는 사람에게 어울리는 자리라는 생각이 들기도 했다. 나는 가끔은 강연을 하기도 했고, 지역 연은들을 방문하기도 했다. 혹은 연준 이사회를 대표하여 외국에서 열리는 회의에 참석하기도 했다. 그러나 주로 사무실에서 혼자 있을 때가 많았다. 아침에 일찍 출근해서 에클리스 빌딩 지하 주차장에 차를 세웠다. 어떤 날에는 도널드 콘의 자전거가 옆자리에 있기도 했다.

평상시에는 보고서를 읽고, 경제와 금융 흐름을 살피고 강연 준비를 하거나 워싱턴에 오기 전에 마무리 짓지 못했던 연구를 했다. 직원들은 강연 자료를 준비하거나 심지어는 원고 작성까지도 즐거운 마음으로 도와주었다. 그러나 나는 원고를 내가 직접 쓰고, 직원들의 의견을 참고하여 수정하는 편이다. 일부 총재들은 온종일 텔레비전을 켜놓기도 한다. 그러나 나는 그렇게 하면 일에 집중하지 못한다. 대신에 나는 사무실에서 수시로 블룸버그 화면을 확인하거나 새로운 시장 자료를 살펴본다.

이사회에 내가 처음 부임했을 때에, 이사회 전체 회의는 자주 열리지 않았다. 일의 상당 부분이 소속 위원회에 의해서 진행되기 때문이다. 우리는 격주 월요일 오전마다 열리는 회의에 참석하여 이사회 이코노미스트들의 국내경제, 금융, 세계경제에 관한 보고를 듣는다. 그들의 발표가 끝나면 총재들의 질문이 이어진다. 교수 시절, 나는 이론적인 혹은 가설상의 질문을 자주 했다. 그러나 이사회에서는 당장 그런 습관을 버려야 했다. 언젠가 나는 어떤 이코노미스트의 발표가 끝나자 한가한 질문을 한 적이 있었다. 그날 밤에, 그 이코노미스트는 10페이지짜리 문서를 보내왔다. 거기에는 네 가지 서로 다른 가정에 근거하여 작성한 답안과 참고문헌까지 실려 있었다. 그런 일이 있고 나서, 나는 대답이 정말 필요한 경우에만 질문했다.

프린스턴 시절, 나는 새로운 아이디어를 얻기 위해서 혹은 잡담을 나누기 위해서 동료 교수의 연구실을 자주 찾았다. 그러나 이사회에서는 예정된 회의를 제외하고는 총재들을 자주 만나지 못했다. 만나더라도 사전에 약속을 해야만 했다. 총재들의 사무실은 둥근 천장의 긴 복도를 따라 상당한 간격을 두고 배치되어 있다. 각 사무실마다 부속 사무실이 있고, 비서가 근무한다. 이사회의 자신감이 넘치는 베테랑 비서 리타 프록터가 내 일을 도왔다. 처음 내가 부임했을 때에 그녀는 이사회가 어떻게 돌아가는지를 설명해주었고 모든 일을 깔끔하게 처리했다. 프린스턴에서는 비서가 나 말고도 다른 교수들의 일도 처리해야 했다. 내가 리타에게 많은 일을 요구하지 않아서 그랬는지, 그녀는 때로는 마크 올슨의 일도 자발적으로 도왔다.

교수 생활과 정책 담당자의 생활의 또다른 차이는 복장에 있다. 교수 시절, 나는 청바지를 즐겨 입곤 했다. 하지만 워싱턴처럼 여름이 무더운 곳에서 매일 양복을 입어야 하는 상황은 적응하기가 힘들었다. 물론 나는 정장이 자신의 직업을 중요하게 생각한다는 것을 보여준다는 사실을 잘 안다. 그러나 미국경제학회에 가서는 연준 이사회 총재들은 공공 서비스에 헌신하는 자세를 보여주기 위해서 하와이안 셔츠와 버뮤다 바지를 입도록 해야 한다는 농담을 한 적도 있었다.

사무실 밖의 삶도 사무실 안의 삶만큼이나 조용하게 지낼 때가 많았다. 주말에는 뉴저지 집으로 가거나 이사회 일로 출장을 갔다. 교수 시절에 친하게 지내던 동료들을 만날 때도 있었다. 그러나 주말 밤에는 주로 텅 빈 아파트에서 애나에게 전화로 집안일을 물어볼 때가 많았다. 조지타운 아파트 주변에는 내가 자주 찾는 베트남 음식점이 두 곳 있었다. 집에 있을 때에는 샌드위치를 먹으면서 「사인펠드(Seinfeld)」 재방송을 보았다. 때로는 재즈 클럽이나 서점에 가기도 하고, 소설이나 역사, 생물, 수학 책을 읽기도 하고, 아주 가끔은 경제 관련 책을 읽을 때도 있었다. 2005년에 몬트리올 엑스포스가 워싱턴으로 연고지를 옮겨 워싱턴 내셔널스가 되고 나서부터 나는 프로 야구에 빠져들었다.

나는 대사관들이나 기타 기관들의 초대에는 좀처럼 응하지 않았다. 그러나 그린스펀과 부인 안드레아 미첼의 저녁 초대에는 기꺼이 응했다. 그린스펀은 공공연히 드러내지는 않지만 은근히 유머 감각이 있는 사람이다. 예를 들면, 안드레아는 그린스펀의 청혼을 받기는 했지만, 그 남자 특유의 모호한 표현 때문에 무슨 말을 하는지를 종잡을 수기 없었다고 한다. 그녀는 NBC 뉴스 국제부 기자 시절에 겪었던 기상천외한 사건들을 이야기하면서 좌중을 즐겁게 하기도 했다. 이사회를 거쳐 갔던 총재들뿐만 아니라 이코노미스트들은 이후로도 계속 모임을 가지고 친분을 이어갔다. 특히 과거 이사회의 총재를 지냈던 마이크 켈리는 해마다 크리스마스 무렵에는 이곳에 사는 이사회의 전현직 직원들을 초청하여 파티를 개최했다.

나는 업무와 관련해서는 그린스펀과 독대한 적이 별로 없었다. 때로는 내가 의장실에 찾아가기도 했고, 의장이 자신의 개인 식당에서 점심을 같이 하자고 부르기도 했다. 우리는 사이좋게 지내기는 했지만, 그가 나를 지나칠 정도로 이론에만 치우친 사람이거나 중앙은행이 가지는 복잡한 현실 문제들을 고지식하게 바라보는 사람으로 우려할지도 모른다는 생각이 들었다. 사실 그는 그럴 만도 했다. 그는 나를 FOMC 회의와 각종 강연에서 정책 투명성을 제기하면서 불평만을 일삼는 인간으로 생각했을 수도 있었다.

나는 그린스펀의 명성과 실적에 경외감을 가졌다. 또한 제도권에서 교육받은 교수가 주로 독학을 하는 사람에게서 찾아내는 결점도 인식했다. 그는 컨설턴트로 일을 하면서 자신의 경제학을 공부했다. 뉴욕 대학교에서 석사 과정을 마치고, 침체와 회복에 관한 경험적 분석의 개척자이자 연준 이사회 의장을 지냈던 아서 번스의 지도 학생으로 컬럼비아 대학교 박사 과정에 등록했다. 그는 1950년대 초반에 대학원을 중퇴하고 컨설팅 회사를 차렸다. 1977년이 되어서야 박사학위를 위한 논문이 아니라 과거에 썼던 글들을 모아서 박사학위를 받았다. 그는 명민하고, 보통 사람들이 잘 모르는 사실을 엄청나게 많이 알고 있었다. 그러나 그의 사고방식은 특이했고, 나보다는 덜 개념적이었다. 또한 무심코 내뱉는 말에는 자유지상주의자의 면모가 배어 있었지만(젊은 시절, 그는 소설가이자 철학자인 에인 랜드의 추종자였다), 통화정책을 수립할 때에는 실용주의자였다.

나는 서로 세계관은 달랐지만, 의장을 좋아하고 존경했다. 그는 항상 주변 사람을 편안하게 대했고, 어떤 경제 문제에 대해서도 토론하기를 좋아했다. 언젠가 나는 FOMC 회의가 열리기 20분 전에 그를 만나러 간 적도 있었다.(정확한 이유는 기억나지 않는다.) 내가 의장실에 들어갔을 때에, 그는 책상 앞에 앉아서 냅킨을 목에 감고 오트밀을 먹고 있었다. 우리는 내가 보고한 내용을 가지고 토론을 시작했다. 그리고 서로 활발하게 이야기를 나누던 도중에, 그는 회의 시간이 5분 지났다는 사실을 깨달았다. 규정을 엄청나게 위반한 셈이었다. 그는 급히 냅킨을 풀고는 의장실 문을 열고 회의실로 들어갔다. 나는 복도로 나와 회의실 주출입구로 들어갔다.

당시 외부 사람들은 위원회를 그린스펀의 거수기로만 생각했다. 그러나 나는 그렇지 않다는 사실을 금방 알게 되었다. 그린스펀이 특별히 밀어붙이려는 사안이 있는 경우, 그의 의견은 거의 확실히 정책이 된다. 의장의 명성이나 이사회가 의장의 뜻을 따르는 전통만으로도 충분히 그렇게 할 수 있다. 특히 의장이 생산성이 급격하게 증가할 때에는(경제가 성장할 여지가 더 많아진다) 금리인상이 시기상조라고 주장하면서 이에 반대했던 1990년대 후반이 그랬다.(저널리스트 밥 우드워드는 바로 이런 판단에 의해서 그린스펀이 거장이라는 칭호를 얻을 수 있었다고 말한다.) 그러나 그린스펀은 위원회의 중심이 어디에 있는지를 알고 있었고, 위원들의 생각을 대체로 수용했다.(완전히 수용하지 않을 때에는 현명하게 타협하거나 다음 회의에서 결정하자는 식으로 애매하게 약속했다.)

그린스펀과 나는 많은 점에서 생각이 일치했다. 그는 나처럼 연준의 독립성을 중요하게 생각했다. 의장은 정치와는 무관하게 초당파적인 입장에서 정책을 결정했다. 그는 나와 마찬가지로 통화정책이 강력한 도구라고 믿었다. 그리고 근거가 뚜렷하다면, 강력하게 밀어붙일 준비가 되어 있었다. 우리는 안정적인 인플레이션의 장점에도 뜻을 같이 했다. 그리고 단기금리가 제로에 육박하더라도 통화정책은 여전히 효과가 있을 것이라는 데에도 생각이 같았다. 또한 통화정책 담당자가 자산가격 버블을 확실하게 인식할 수는 없고, 금리를 인상하는 식으로 버블을 안전하게 잡을 수 없을 것이라는 점에서도 나와 같은 생각을 가지고 있었다.

그러나 우리 두 사람은 생각이 일치하지 않는 때도 많았다. 나는 물가안정목표제처럼 연준의 투명성을 제고할 공식적인 정책 프레임워크를 신봉했지만, 그린스펀은 그렇지 않았다. 그는 강요된 투명성에 관해서 의미심장한 농담을 한 적도 있었다. 1987년 상원의 한 의원회에서, 그는 "저는 중앙은행에 온 이후로 앞뒤가 맞지 않는 이야기를 하는 법을 배웠습니다. 제가 하는 말이 지나칠 정도로 분명하게 들렸다면, 아마 여러분은 제가 하는 말을 제대로 이해하지 못했을 것입니다." 또한 그는 은행이 어려워지지 않도록 규제와 감독을 강화해야 한다는 주장에 동의하지 않았다. 은행의 대출 자산이 위험해지면, 시장의 힘이 위험한 대출을 중단시킬 것이라고 믿었다. 나는 자산 가격 버블에 맞서려면, 규제와 감독이 가장 중요하다고 생각했지만, 그린스펀은 관망하다가 버블이 폭발함으로써 생기는 경제적 충격을 완화하기 위해서 사후에 금리를 인하하는 것이 바람직하다고 말했다.

1990년대의 경제는 주로 고용이 빠른 속도로 증가하고 인플레이션은 서서히 감소하고 있었다. 따라서 당시 연준은 의회가 설정한 이중 책무, 즉 고용 극대화와 물가안정을 동시에 충족시켰던 셈이다. 이에 반해, 내가 연준에 들어왔을 때에는 이 두 가지 책무 모두가 위험에 빠져 있었다. 고용 측면에서 보면, 미국 경제는 고용 없는 성장의 길을 가고 있었다. 물가 측면에서 보면, 대공황 이후 경험하지 못했던 문제, 즉 인플레이션이 너무 낮거나 심지어 임금과 물가가 전체적으로 하락하는 디플레이션의 가능성에 직면했다.

과거에는 침체가 종식되면, 고용시장이 활기를 띠었다. 그러나 침체는 2001년 11월에 끝났지만, 이후 2년 동안 미국 경제에는 70만 개에 달하는 일자리가 사라졌다. 그리고 생산이 증가하는 데도 불구하고, 실업률은 5.5%에서 5.8%로 상승했다. 당시 많은 경제학자들이 세계화와 자동화가 미국 경제의 고용 창출 능력에 손상을 입힌 것으로 해석했다. 이와 함께, 경제가 활발하게 움직이는 데도 인플레이션은 점점 더 낮아지고 있었다. 연준의 이코노미스트들은 2003년에는 인플레이션이 0.5% 혹은 그 이하로 떨어질 수도 있음을 경고했다. 실제로는 디플레이션의 가능성도 배제할 수 없는 상태였다.

FOMC가 디플레이션의 가능성을 걱정한 것은 새로운 경험이었다. 대공황 이후, 물가와 관련해서 걱정했던 것은 물가가 지나치게 상승하는 것이었다. 1970년대에는 극심한 인플레이션을 겪었다. 폴 볼커 시절, 연준이 인플

거장이 지휘하는 오케스트라 93

레이션을 잡기는 했지만, 여기에는 엄청난 희생이 뒤따랐다. 볼커는 1979년 의장으로 취임한 이후 불과 몇 달 만에, 통화긴축 정책의 일환으로 금리를 크게 인상시켰다. 1981년 말에는 연방자금금리가 20%에 달했고, 30년짜리 모기지 대출 고정금리는 18%를 찍었다. 결과적으로 주택과 자동차처럼 신용에 의존하는 산업이 급격하게 위축되었다. 1980년 경제는 잠시 침체에 빠졌지만, 1981-82년에는 심각한 경기 하강기에 들어섰다. 실업률은 1930년대 이후로 처음으로 10%를 웃돌았다.

1987년 볼커의 후임으로 왔던 그린스펀도 인플레이션과 계속 싸웠다. 그러나 그가 싸우는 방식은 훨씬 더 점진적이었고, 부작용도 적었다. 1990년대 후반이 되면서 인플레이션과의 싸움은 끝난 것처럼 보였다. 인플레이션은 2% 정도에 그쳤고, 이는 그린스펀이 비공식적으로 정의하는 물가안정—기업과 가계가 의사결정을 할 때에 대수롭게 여기지 않을 정도로 낮은 인플레이션—과도 일치했다.

1970년대의 대인플레이션(Great Inflation)은 통화정책 입안자의 마음속에 강한 인상을 남겼다. 내가 FOMC에 합류했을 때에 시카고 연은 행장이었던 마이클 모스코는 닉슨 대통령 시절에 물가와 임금을 통제하던 명예롭지 못한—그리고 비참할 정도로 실패했던—기관에서 이코노미스트로 일한 적이 있었다. 당시 그곳에서는 물가인상을 법으로 금지하려고 했을 정도였다.(충분히 예상할 수 있는 일이었지만, 공급자들은 이런 규제를 피해갔을 것이다. 그리고 피해갈 수 없었다면, 공급자들은 통제된 가격에서 수익을 획득할 수 없게 되었고, 수요자들은 원하는 제품을 얻지 못하게 되었을 것이다.) 도널드 콘은 인플레이션이 밀려오던 1970년대(아서 번스 의장 시절)에 이사회의 이코노미스트로 일한 적이 있었다. 포드 대통령 시절에 경제자문위원회 의장을 역임했던 그린스펀 의장도 아무런 효과가 없는 "인플레이션을 퇴치하자(Whip Inflation Now)" 운동을 벌이는 것을 보고는 몸서리를 쳤다고 한다. 그 시절 국민들은 계속 오르기만 하는 생활비를 줄이겠다는 다짐을 했고, 이를 실천하기 위해서 배지를 달고 다녔다고 한다. 지나치게 높은 인플레이션을 걱정해야 했던 연준 정책 입안자에게는 지나치게 낮은 인플레이션이 혼란스럽게 여겨졌을 것이다. 그러나 조만간 이를 심각하게 받아들여야 할 가능성이 생겼다.

연방자금금리는 2001년 급격하게 떨어진 이후로, 2002년에는 1.75%를 계속 유지했다. 2002년 11월이 되면 FOMC 회의(내가 세 번째로 참석한 회의였다)가 열리고 나서는 연방자금금리를 다시 인하해야 한다는 주장이 힘을 얻었다. 그해 여름에 고용은 잠깐 늘었지만, 이후로는 다시 정체 상태가 되었다. 나는 고용창출을 위한 금리인하에는 찬성했다. 게다가 금리인하는 이미 인플레이션이 낮아지고 있는 상태에서는 더 이상 낮아지지 않도록 하는 데에 도움이 될 것이라고도 주장했다. 그린스펀의 생각도 나와 같았다. 그는 회의 참석자들에게 "우리는 디플레이션이 잠재되어 있는 경제를 다루고 있습니다. 이런 전망은 한마디로 끔찍합니다. 우리가 피해 가야 합니다"라고 말했다. 이 회의에서 그린스펀은 연방자금금리는 0.5%를 낮추어서 1.25%로 하자는 제안을 했고, 위원들은 동의했다. 회의 결과 보고서에는 금리인하와 함께 "리스크가 균형을 이루었다"라는 말이 적혀 있었다. 그것은 앞으로는 금리가 오르기도 하고 내리기도 할 것이라는 의미였다.

이후로 몇 달 동안 경기가 나아졌다. 그러나 2003년 3월 회의가 열릴 때에는 회복 국면이 다시 멈추었다. 놀랍게도 노동부는 2월에 민간 부문의 일자리가 308,000개 줄어들었다고 발표했다. 댈러스 연은 행장 밥 맥티어는 "이런 식으로 회복되면, 침체는 필연이란 말인가?"라고 말했다.

회의가 열리기 며칠 전, 미국은 이라크를 침공했다. 기업과 가계는 전쟁이 어떻게 전개될 것인가를 알기 전에는 투자나 대출을 꺼리고 있었다. 위원회 위원들과 나도 전쟁이 경제에 미치는 영향, 특히 에너지 가격에 미치는 영향에 대해서 확신이 서지 않았다. 그린스펀의 말대로, 우리는 별다른 조치를 취하지 않고 기다리기로 결정했다. 그날 회의 결과 보고서에는 미래가 너무나도 불확실하여 우리는 가까운 시일 내에 경제가 어떻게 전개될 것인지, 통화정책을 어떻게 추진할 것인지에 대한 원칙을 정할 수가 없었다고 언급하고 있다. 아마도 이처럼 전례가 없는 표현은 국민들에게 경제에 대한 불안을 가중시키기만 했을 것이다.

나는 마음속으로는 내가 학자 출신이라는 점이 위원회 토론에 도움이 되기를 기대했다. 특히, 단기금리가 제로 수준에 육박할 때에는 정책에 관한 정확한 의사소통이 대단히 중요하기 때문에, 내가 물가안정목표제(inflation targeting)를 연구했던 경험이 많은 도움이 되고 정책 투명성에 대한 요구가 두드러질 것이라고 생각했다. 2003년 3월, 나는 이러한 주제를 가지고 강연을 하기 시작했다.

FOMC에서 물가안정목표제는 논란의 대상이었다. 내가 이사회 바깥에서 이것을 주제로 강연하면 다른 위원들의 심기를 불편하게 할 수도 있었지만, 나는 개의치 않았다. 연준 이사회 총재들과 연은 행장들은 통화정책과 은행 규제에 이르기까지 다양한 주제를 가지고 수시로 강연을 한다. 때로는 강연 자료를 미리 배부하기도 하는데, 의장이나 다른 위원들에게 사전 검토를 요청하거나 양해를 구할 필요는 없었다. 아주 드문 경우를 제외하고는, 주제나 메시지를 조정하지 않는다. 강연자는 강연 내용이 개인의 견해이지, 위원회의 견해는 아니라는 점을 분명히 밝혀야 한다. 위원회 위원들은 위원회 회의 직전과 직후의 이른바 "침묵 기간"을 지킨다. 침묵 기간에는 통화정책 현안과 경제전망에 관한 토론을 자제해야 한다. 이런 관행은 위원회 회의를 앞두고 시장에 괜한 억측을 불러일으키지 않도록 하기 위한 것이다.

나는 선진국, 신흥시장 국가, 심지어는 공산주의에서 자본주의로 이행하는 국가에서도 물가안정목표제를 향해 가고 있는데, 미국에서만 그 장점을 제대로 이해하는 사람이 별로 없다는 사실을 인식하고는 2003년 3월부터 강연에 나서기 시작했다. "미국 언론에서 물가안정목표제를 토론하는 태도는 미국인들이 미터법을 다루는 것과 비슷합니다. 미국인들은 미터법에 대해서 제대로 알지 못합니다. 그런데도 미터법을 그것이 자기에게 낯설고 맞지 않고 도저히 받아들일 수 없는 것으로만 생각합니다."

이런 회의주의가 만연한 한 가지 이유는 물가안정목표제가 연준이 자신의 이중 책무 중 하나인 물가안정에만 집중한 나머지 다른 책무, 즉 고용 극대화를 무시하는 것처럼 보이기 때문이다. 그러나 이런 명칭에도 불구하고, 물가안정목표제는 물가안정에만 집중하지는 않았다. 일반적으로는 물가안정목표제는 수년이 지나서 달성하도록 설정되기 때문에, 고용을 늘리기 위해서 통화정책을 사용할 여지를 많이 남겨둔다. 이러한 형태의 물가안정목표제―경제학자와 중앙은행은 "유연한 물가안정목표제"라고 부른다―는 단기적으로 허약한 경제에 대응할 유연성을 가지고, 장기적으로 인플레이션 규율을 지키도록 한다. 실제로 물가안정목표를 설정하는 중앙은행은 거의 모두가 "유연한" 물가안정목표를 설정한다.

나는 물가안정목표가 시장과 대중에게 신뢰를 준다면, 경제가 침체되었을 때에 중앙은행이 대응할 여지를 더 많이 가질 것이라고 생각한다. 시장과 대중이 중앙은행이 장기적으로는 물가안정목표를 달성하기 위해서 필요한 행동을 한다는 믿음을 가진다면, 혹은 (경제학자의 표현대로) 대중의 인플레이션에 대한 기대가 물가안정목표 근처에서 "잘 형성되면", 임금과 가격 설정자들은 지나친 요구를 하지 않을 것이다. 이처럼 임금과 가격 설정자들이 적정한 수준의 임금과 가격을 요구하면, 중앙은행은 인플레이션이 극심해질 것이라는 우려에서 벗어나 실업에 공격적으로 대처할 수 있을 것이다.

2003년의 상황에서는, 물가안정목표제에 대한 커뮤니케이션이 특별히 중요했다. 당시 우리는 디플레이션의 가능성에 직면하여 수요를 진작하고 인플레이션을 어느 정도 자극할 필요가 있었다. 그러나 우리는 연방자금금리가 제로 수준을 향해 가고 있는 상황에서 기존의 방식, 즉 연방자금금리를 더욱 인하하는 방식으로는 통화팽창을 위한 여지가 별로 없었다. 어떠한 경우라도 연방자금금리 자체는 상대적으로는 덜 중요하다. 모기지 대출금리 혹은 회사채 금리처럼 경제에서 정말 중요한 금리는 장기금리이다. 이러한 장기금리는 연준이 직접 통제할 수 있는 변수가 아니다. 이런 금리는 금융시장 참가자에 의해서 결정된다.

연방자금금리를 더 이상 인하할 수 있는 여지가 없는 상태라면, 우리는 장기금리를 끌어내리기 위해서 어떠한 방법을 동원해야 하는가? 한 가지 방법은 시장 참가자들에게 우리가 단기금리를 오랫동안 낮게 유지하려고 한다는 믿음을 주는 것이다. 시장 참가자들은 장기금리를 정할 때에 단기금리의 변동에 대한 기대를 반영한다. 따라서 단기금리가 오랫동안 낮을 것으로 예상된다면, 장기금리도 덩달아 낮아지는 경향이 있다. 예를 들면, 연준이 구체적인 물가안정목표를 가지고 있고 실제로 인플레이션이 목표보다 상당히 낮게 형성되고 있다고 하자. 이런 경우, 투자자들은 우리가 단기금리를 오랫동안 낮게 유지하리라고 추측할 것이다. 결과적으로 장기금리는 물가안정목표를 가지고 있지 않을 때보다 더 낮게 형성될 것이다. 그리고 수요는 늘어나고 인플레이션은 목표를 향해서 올라갈 것이다.

물가안정목표제 혹은 일관성이 있는 커뮤니케이션 장치가 없다면, 연준은 이른바 마르셀 마르소(프랑스가 낳은 현대 팬터마임계의 거장/역주) 방식의 커뮤니케이션 전략을 가지는 셈이다. 내가 무슨 말을 하는지가 아니라 무슨 행동을 하는지를 살펴보라는 것이다. 이런 전략은 평상시에는 그런 대로 괜찮다. 시장은 연준이 과거에 했던 행동을 토대로 앞으로 어떻게 행동할 것인지를 추론할 수 있다. 그러나 2002년과 2003년처럼 금리와 인플레이션이 상당히 낮게 형성될 때에는 연준이 과거에 어떻게 행동했는가에 대한 정보를 충분히 가지고 있지 않을 것이다. 이럴 때에는 물가안정목표제가 정보 공백 상태를 채울 수 있다.

사실, 연준에서 물가안정목표제에 관한 논쟁이 한동안 진행된 적도 있었다. 그린스펀은 의회 청문회 증언을 앞두고 FOMC의 입장을 정하기 위해서 1995년 1월의 FOMC 회의에서 물가안정목표제에 관한 이야기를 꺼냈다. 그러나 그는 내가 이사회 총재로 있을 때에는 반대 입장을 분명히 했다. 게다가 그는 7명의 이사회 총재들과 12명의 연은 행장들 사이에서 물가안정목표를 어떻게 설정하고 달성할 것인가에 대한 합의가 형성되는 것까지도 우려하는 것 같았다. 결국 정치적 싸움의 달인은 의회 승인이 없이는 통화정책의 프레임워크를 변경하고 싶지 않다는 뜻을 내비쳤다. 따라서 우리가 효과적인 커뮤니케이션의 필요성을 제기하고 때로는 물가안정목표에 대해서도 언급했지만, 그런 일은 그린스펀이 생각을 바꾸지 않고서는 일어나지 않을 것임을 깨닫게 되었다.

이라크 전쟁이 계속되면서, 불확실성은 어느 정도 사라졌다. 그리고 우리는 경제 상황을 더욱 분명하게 바라보게 되었다. 2003년 5월 회의에서 우리는 인정하고 싶지 않은 통계수치를 보았다. 2월에 고용지표가 크게 낮아진 이후로 계속 낮아지고 있었던 것이다. 4월까지 3개월 동안 사라진 일자리가 자그마치 525,000개에 달했다. 게다가 인플레이션도 지속적으로 낮아지고 있었다. 효과적인 커뮤니케이션 프레임워크가 조성되지 않은 상태에서, 우리는 물가가 올라가고 고용이 확대될 때까지 통화팽창 정책을 유지하겠다는 공약을 전하기 위해서 몸부림을 쳤다.

FOMC의 커뮤니케이션 시스템은 길고도 복잡한 길을 걸어왔다. 1994년까지 위원회는 회의 결과를 알리지 않았다. 심지어는 연방자금금리를 변경하기로 결정할 때조차 그랬다. 시장 참가자들은 단기자금 시장의 변화를 주시하고는 위원회의 결정을 추측해야만 했다. 1994년 2월부터 그린스펀은 회의 후에 "의장 보고서"를 배포했는데, 주로 콘이 그 작업을 맡았다. 그리고 위원들도 이 보고서가 시장에 미치는 효과를 인식하고는 자신들도 보고서 작성에 관여하려고 했다. 또한 위원회가 구체적인 행동을 하기 전에 대중과의 소통을 중요하게 여기면서 보고서의 분량도 점점 더 많아졌다.

2003년 5월 회의 이후로 우리가 발간했던 보고서에는 위원회가 디플레이션을 우려한다는 핵심적인 문장이 새로 들어갔다. "인플레이션은 이미 낮은 수준에 있는데, 이보다 더 올라갈 가능성보다 더 낮아질 가능성이 더 높다. 이는 바람직하지 않은 일이다." 이 표현은 복잡하게 들릴지도 모르지만, 위원회는 지나치게 낮은 인플레이션을 예의 주시하고 있고, 가장 중요한 것은 낮은 인플레이션을 좋은 것으로 생각했던 지난 40년 동안과는 다르게, 상당히 낮은 인플레이션은 달갑지 않게 여긴다는 의미였다. 결과적으로 위원회는 우리는 물가안정목표를 가지고 있으며—구체적인 수치를 밝히지는 않았지만—인플레이션이 그보다 낮아지는 것을 우려한다"는 메시지를 전한 셈이다.

시장은 이런 메시지를 간파했다. 통화팽창 정책을 예상하고(적어도 현재 수준의 통화팽창 정책을 유지할 것을 예상하고), 트레이더들은 장기금리를 낮게 매겼다. 결과적으로 경기를 더 부양하는 효과가 발생한 것이다. 10년짜리 국채의 금리가 위원회 회의 전에는 3.92%였으나, 6월 중순에는 3.13%로 하락했다. 30년짜리 모기지 대출금리는 5.7%에서 5.2%로 떨어졌다. 특히, 우리는 이러한 결과를 단지 말로만 이루어낸 것이었다. 6월 회의에서는 연방자금금리를 1.25%에서 1.0%로 낮추기로 결정했다. 이는 연준이 1960년대부터 연방자금금리를 정책 수단으로 이용하기 시작한 이후로 가장 낮은 수준의 금리였다.

그 무렵, 나는 지나치게 높은 인플레이션뿐만 아니라 지나치게 낮은 인플레이션에 대한 경각심을 일깨우기 위해서 강연을 자주 다녔다. 특히 5월에는 디플레이션의 전형적인 사례 국가인 일본에서도 강연을 했다. 7월에는 캘리포니아 대학교 샌디에이고에서 나는 연준이 디플레이션의 위험이 조금이라도 있다면 이를 심각하게 고려해야 하고 이를 철저히 예방해야 한다고 주장했다. 연준의 정책 의지를 설명하는 것이 중요했다. 당시 나는 "통화정책의 성패는 다른 무엇보다도 중앙은행이 계획과 정책 목표를 가지고 커뮤니케이션을 얼마나 원활하게 하는가에 달려 있다"고 말했다. 물론 나는 물가안정목표의 구체적인 수치가 정책 의지를 분명하게 보여주기 위한 가장 확실한 방법이라고 생각했다.

FOMC는 그럴 준비가 되어 있지 않았다. 그러나 우리는 커뮤니케이션의 구체적인 방법을 두고는 장시간에 걸쳐 논의했다. 8월 회의 결과 보고서에는, 비록 모호하게 들릴 수도 있지만, 통화정책에 관해서 우리가 기대하는 가이드 라인, 즉 "상당 기간" 저금리 기조를 유지할 계획이라는 표현을 담았다. 이는 우리가 단기금리에 대한 시장 기대에 영향을 미쳐서 장기금리를 낮게 유지하겠다는 의지를 보여주는 것이었다.

FOMC가 경기 회복 계획을 밀어붙이자, 정부의 재정정책도 보조를 맞추었다. 부시 행정부는 2001년에 감세정책을 추진한 이후로 2003년 5월에도 또다시 새로운 감세정책을 추진했다. 이러한 감세정책은 임금, 이자 소득, 배당금에 부과하는 세금을 줄임으로써 소비자의 호주머니를 두둑하게 만들었다. 결국 제품과 서비스에 대한 수요가 증가하고, 이에 따라 생산과 고용도 증가할 것이었다.

그해 11월에는 티머시 가이트너가 빌 맥도너의 후임으로 뉴욕 연은 행장으로 취임했다. FOMC의 부위원장직을 겸직하는 뉴욕 연은 행장은 통화정책에서 중요한 목소리를 낼 수 있다. 대형 은행의 본사들이 뉴욕에 많이 있고, 따라서 은행 감독도 주로 그곳에서 이루어지기 때문이다. 나는 결국 티머시의 열혈 팬이 되었지만, 그의 첫인상은 그다지 좋지 않았다. 그는 가냘픈 체구에 목소리도 작았고, 마흔두 살보다 더 어려 보였다. 경제학 박사학위가 있는 것도 아니었고, 은행 감독 경험이 있는 것도 아니었다. 나는 그가 가진 것이라고는 전 재무장관 래리 서머스와 밥 루빈, 뉴욕 연은 이사회 의장이자 리처드 닉슨 시절 상무장관을 지냈고 블랙스톤 사모 펀드 회사 공동 창업주이기도 한 피터 피터슨과 같은 중요 인물의 무조건적인 지원밖에 없다고 생각했다. 또한 그처럼 중요한 자리에 자격이나 실적이 아니라 추천에만 의존해서 사람을 뽑는 것은 문제가 있다고 생각했다.

그러나 훌륭한 인재라는 사실이 금방 밝혀졌다. 티머시는 박사학위가 없었지만, 금융위기 관리 부문에서는 박사나 다름없었다. 그는 헨리 키신저가 이끄는 세계적인 컨설팅 기업에서 경력을 쌓고는 1988년에 재무부 관리가되었다. 그리고는 루빈과 서머스에게서 능력을 인정받아 고속 승진을 거듭했고, 1997년 아시아 금융위기를 비롯하여 전 세계의 금융 재해를 해결하는데에 중요한 역할을 했다.

티머시가 처음 참석한 2003년 12월 위원회 회의 때가 되면 경제는 회복국면에 접어들었다. 특히, 그해 3분기 성장률(잠정치)은 연간 기준으로 8%를 상회했다. 위원회 참석자들은 모두가 고무되었다. 일부는 "상당 기간"이라는 표현이 장기금리를 낮추는 데에 크게 도움이 되었다고 지적했다. 그린스펀은 "우리의 메시지를 전하려는 노력이 성공을 거두었다는 것이 너무나 분명합니다"라고 말했다. 그런데도 인플레이션은 디플레이션 위험이 제거되었다는 확신을 가지기에는 여전히 낮은 수준에서 맴돌았다. 그리고 실업률은 여전히 6%에서 머물렀다. FOMC는 연방자금금리를 계속 1%에 두고,

이러한 정책 기조를 "상당 기간" 유지할 것임을 알렸다.

사실, 나는 2002년 8월에 마이크 켈리의 남은 임기를 대신하여 이사회에 참여했다. 그리고 2004년 1월 31일에 임기가 끝날 예정이었다. 백악관은 확실한 보장을 하지는 않았지만, 내가 새로운 임기를 원한다면, 적극적으로 고려할 것이라고만 말했다. 게다가 프린스턴으로 돌아가기에는 너무 이른 감이 있었다. 2003년 여름, 나는 재지명이 가능한가를 문의했고, 곧 재지명이 받아들여졌다는 연락도 왔다. 학교 측은 휴직 기간을 당초 2년에서 3년으로 연장했지만, 더 이상의 연장은 없을 것임을 분명히 했다.

2003년 10월 14일, 상원 은행위원회에서 나의 새로운 임기를 승인하기 위한 청문회가 열렸는데, 참석자들은 많지 않았다. 4년 임기의 이사회 부의장직을 연임할 예정인 로저 퍼거슨까지 상원의 인준을 받기 위해서 함께 왔는데도 그랬다. 메이저 리그 투수로 명예의 전당에 오른 짐 버닝 켄터키 주 상원의원은 여느 때와 마찬가지로 연준을 향해서 견제구를 던졌다. 게다가 나뿐만 아니라 이후에도 이사회 총재들을 보기만 하면 계속 몸 쪽을 파고드는 높은 공을 던지기만 했다. 그는 퍼거슨과 나에게 그린스펀의 거수기가 아니라는 확신을 어떻게 줄 것인지를 물었다. 나는 이사회의 정책에 대해서는 대체로 동의하지만, 물가안정목표제와 같은 쟁점에 대해서는 나 자신만의 입장을 분명히 밝히고 있다고 대답했다. 로저와 나에 대한 의회 인준은 상원 전체 회의로 넘어갔고, 우리 두 사람은 소리 소문 없이 인준을 받았다.

2004년 1월 말에 그해 첫 번째 FOMC 회의가 열릴 때에도 경제전망은 여전히 밝았다. 2003년 하반기 성장률은 연간 기준으로 6%를 상회했고, 12월 실업률은 5.7%로 조금씩 낮아지고 있었다. 하지만 일자리는 좀처럼 증가하지 않았고, 인플레이션도 여전히 낮은 상태였다. 2002년 9월 통화팽창

정책을 주장하면서 반대 의사를 표명하던 에드워드 그램리치는 이번에는 저금리 상태를 오랫동안 유지하는 데에 반대하는 매파 진영에 가담함으로써 변화를 이끌어가려고 했다. 그는 경제 전반에 걸쳐 활발한 성장이 이루어지고 있고, 이제는 통화팽창 정책에서 서서히 빠져나와야 할 때가 되었다고 말했다. 그린스펀도 경제를 낙관적으로 바라보고 있었다. 그는 통화정책의 도움이 없이도 경제는 계속 좋아질 것으로 내다보았다.

통화팽창 정책에서 커뮤니케이션은 아주 중요했다. 이는 통화긴축 정책에서도 마찬가지였다. 우리는 팽창정책에서 빠져나오기 위한 첫 번째 단계의 일환으로, 회의 결과 보고서에서 저금리 기조를 상당 기간 유지할 것이라는 표현을 없애고, 대신에 통화팽창 정책의 "철회를 허용할" 수 있다는 표현을 집어넣었다. 당시 시장은 우리가 서서히 통화긴축 정책으로 나아가고 있다는 암시를 놓치고 있었다. 장기금리와 단기금리는 크게 변하지 않았다.

2004년 동안 경제는 계속 개선되고 있었다. 한편으로는 우리는 회의 결과 보고서의 표현을 어떻게 바꿀 것인가를 두고 고민했다. 5월 위원회 회의에서는 통화팽창 정책의 철회를 "허용할" 수도 있다는 표현 대신에, 통화팽창 정책을 "신중한 속도를 유지하면서 철회할" 수도 있다는 표현을 집어넣었다. 이제 우리는 금리인상의 타이밍(조만간)뿐만 아니라 인상의 속도(서서히)까지도 암시한 셈이다. 6월 위원회에서는 연방자금금리인상을 말로만 암시하지 않고 실제로 1%에서 1.25%로 인상할 것을 만장일치로 결정했다. 이는 침체가 시작되기 전인 2000년 5월 이후 처음 있는 인상이었다. 물론 고용 창출이 호조를 보이고 디플레이션 위험이 사라지고 있기 때문에 이런 인상이 가능했던 것이다. 연준의 금리인상은 금융시장을 뒤흔들 수도 있다. 그러나 이번 경우에는 시장 참가자들은 이러한 조치를 예상했다. 그들은 회의 결과를 주시하면서 경제가 좋아지고 있음을 감지했고, 통화정책이 어느 방향으로 갈 것인지를 정확하게 예상했다.

나는 6월 회의에서 이렇게 말했다. "지난 몇 년 동안 경제가 상당히 좋아졌습니다. 그리고……우리는 연준이 이런 반전에 기여하게 된 것에 계속 만족하기만 해서는 안 됩니다." 그리고 "우리는 커뮤니케이션 전략의 혁신을 통해서 연준의 정책이 큰 효과를 보도록 했습니다. 이제 우리는 그 정책이 고난의 기간에도 경제에 결정적 도움이 되도록 해야 합니다"라고 말했다.

2003년 하반기부터 2004년까지 경제가 되살아나면서, 고용이 계속 증가했다. 낮은 수준을 맴돌던 인플레이션은 2%에 가까워졌다. 이 정도면 디플레이션에 맞서 완충 역할을 충분히 할 수 있는 수준이었고, 건강하게 돌아가는 경제를 해롭게 할 정도로 높은 수준은 아니었다. 우리가 저금리정책과 커뮤니케이션을 통해서 경기를 부양하지 않았더라면, 회복은 느리게 진행되었을 것이다. 실업률은 오랫동안 높은 수준을 유지했을 것이고 디플레이션 위험도 훨씬 더 커졌을 것이다.*

이후로 FOMC는 회의 결과 보고서의 표현대로 2년에 걸쳐 금리를 "계산된 속도"로 인상했다. 2006년 1월 그린스펀이 마지막으로 주재하는 FOMC의 회의가 열리기까지, 연준은 연방자금금리를 4.5%까지 인상했다. 그럼에도 인플레이션은 적절한 수준을 유지했고 고용은 계속 증가했다. 그가 떠나기 직전 달에는 실업률은 4.7%였고, 인플레이션은 2% 수준을 밑돌았다.

거장은 다시 한번 임무를 완수했다. 2005년 8월 캔자스 시티 연은이 주최하는 연례 잭슨 홀 심포지움(의장으로서는 그의 마지막 심포지움이었다)에서 그는 역사상 가장 위대한 중앙은행가라는 찬사를 받았다.

---

* 수정 데이터에 따르면 인플레이션은 확실히 잡혔지만, 디플레이션 위험은 당시 생각했던 것보다 약간 더 낮아졌다. 물론 정책 입안자들은 당시 입수 가능한 데이터를 근거로 의사결정을 한다. 더구나 경제의 취약성을 감안하면, 인플레이션은 더욱 떨어질 위험이 있었다.

5

서브프라임의 불꽃

⋮

미국이 골디락스 경제(Goldilocks economy : 너무 뜨겁지도 않고 너무 차갑
지도 않은 이상적인 상태의 경제)를 누리고 있었고, 앨런 그린스펀이 경제
를 18년간에 걸쳐 성공적으로 이끌어온 것에 대해서 찬사를 받았더라도,
위험은 여전히 도사리고 있었다. 지금에 와서 돌이켜보면, 이러한 위험은
분명하게 보이지만, 당시에는 그렇지 않았다.

　나는 의장 임기가 끝날 무렵에, 금융위기를 맞이했을 때에 가장 놀라웠던
점은 무엇이었는지에 대한 질문을 많이 받았다. 그럴 때마다 나는 "위기라
고요?" 우리는 그 당시 벌어지는 상황을 완전히 놓치고 있지는 않았으며,
때로는 불완전하게나마 퍼즐의 조각들을 대부분 보고 있었다. 그러나 이러
한 조각들이 모여서 대공황 당시의 금융위기에 비견될 만한 혹은 그것을
능가할 만한 위기를 어떻게 만들어내는지를 이해하지 못했다―"상상하지
못했다"는 표현이 더 나을 것 같다―라고 대답했다.

　다양한 위험신호를 경고하는 사람은 더러 있었지만, 모든 퍼즐 조각을
가지고 일관성이 있는 전체를 만들어내는 사람은 거의 없었다. 노벨상을
수상했던 예일 대학교의 로버트 실러 교수는 2005년 자신의 저서 『비이성
적 과열(*Irrational Exuberance*)』에서 주택 가격의 버블 가능성을 경고했다.
2003년에는 잭슨 홀 회의에서 국제결제은행(Bank for International Settle-

ments, BIS)의 클라우디오 보리오와 윌리엄 화이트가 평온한 시기가 오래가면 투자자와 금융기관은 자기만족에 빠져들어 위험을 지나칠 정도로 수용할 것이라고 주장했다. 그들의 주장은 위기가 없다면, 금융 시스템에 위험이 축적된다고 수십 년 전에 주장했던 경제학자 하이먼 민스키의 생각을 계승한 것이다. 2005년에 열린 잭슨 홀 회의에서는 시카고 대학교의 경제학자 라구람 라잔(나중에 인도 중앙은행 총재가 된다)이 잘못 설계된 보상 시스템이 자산 관리자에게 위험을 과도하게 수용하게 만들 것이라고 주장했다. 물론 항상 그랬듯이, 급격한 인플레이션의 도래 혹은 무역 적자에 따른 달러 가치의 폭락과 같은 위기의 출현을 경고하는 사람들도 많았다.

허리케인이 집을 강타하면, 집 주인은 허리케인의 강도 혹은 집의 구조적 결함을 탓한다. 궁극적으로는 두 가지 요인 모두가 중요하다. 경제를 강타하는 금융위기도 마찬가지이다. 직접적인 요인, 즉 허리케인이 불어닥치터라도, 집의 구조가 튼튼하다면, 즉 시스템 자체가 취약하지 않다면, 엄청난 피해를 입지는 않을 것이다.

2007-2009년의 금융위기에는 여러 가지 요인들이 작용했다. 가장 중요하고도 널리 알려진 요인은 주택 가격의 급등과 이후의 폭락이었다. 주지하다시피, 대출 규정을 무시하는 서브프라임 대출(신용이 나쁜 사람에게 대한 대출)은 주택 가격을 부채질한다.* 또다른 요인으로는 상업용 부동산 개발업자에게 리스크가 큰 대출을 하고, 안전하게 인식되는 금융자산에 대한 수요가 엄청나게 증가한 것을 들 수 있다. 이러한 수요는 월 스트리트에서 복잡하고도 새로운 금융상품을 개발하기 위한 동기를 제공했지만, 결국 이러한 금융상품이 파멸을 초래하게 되었다.

---

* 서브프라임 차입자들은 피코 점수(신용평가회사 FICO[Fair Isaac and Company]가 매긴 신용 점수)가 620점에 미치지 못한다. 따라서 그들은 계약금을 많이 내지 않고는 표준(프라임) 모기지 대출을 받을 자격이 없다.

많은 사람들이 금융위기를 설명하면서 주택 가격의 폭락과 무책임한 서브프라임 대출에서 그 원인을 찾는다. 이러한 원인들은 강력한 허리케인처럼 어떠한 시나리오에서도 파괴적인 영향을 미친다. 그러나 금융 시스템 자체가 튼튼하다면, 허리케인이 경제 전체를 파괴하지는 못할 것이다. 미국의 금융 시스템은 점점 더 복잡해지고 불투명해졌다. 금융규제 시스템은 쓸모도 체계도 없었다. 그리고 지나칠 정도로 부채(특히 단기부채)에 의존하고 있어서 외부에서 자극이 가해지면 쉽게 흔들렸다. 여러 요인들이 대단히 복잡하게 상호작용하고 금융 시스템의 구조가 취약한 상태에서 사람들은 위기의 성격과 강도를 예상하지 못했다.

그러나 주택 가격의 폭락과 서브프라임 대출이 전체 스토리의 일부분이라고 하더라도, 이 두 가지는 상당히 중요한 요인들이다. 따라서 연준이 위기가 발생하기 전에 이 두 가지 요인의 흐름을 어떻게 바라보았는지, 날로 커져가는 위험을 더욱 효과적으로 제거하지 못한 이유는 무엇인지를 살펴보는 것은 중요한 일이다.

우리는 20세기 중반부터 21세기 초반에 이르기까지 금융 시스템에 나타난 각종 변화뿐만 아니라 주택 금융의 변화도 살펴볼 필요가 있다. 지금부터 수십 년 전에는 은행 직원이 주변 사람의 예금을 또다른 주변 사람에게 모기지 대출을 해주는 것이 일반적인 현상이었다. 때로는 은행 직원들은 대출받는 사람을 개인적으로 잘 알고 있을 뿐만 아니라 담보물(주택)에 대해서도 많은 정보를 알고 있었다. 그들은 자신의 대출 실적을 장부에 기록했는데, 이것은 안전한 대출을 하는 데에 도움을 주었다.

2002년 내가 연준에 들어왔을 때에는 과거의 투박한 모기지 대출 모델이 세련된 모델로 이미 대체되었다. 이론적으로는 전통적인 모델을 변화시킴으로써 그것이 지닌 약점을 해결하도록 설계했기 때문에 개선이라고 할 수 있었다. 은행은 새로운 기술(신용 점수를 표준화하여 컴퓨터 프로그램을 통해서 관리한다) 덕분에 모기지 대출 서비스를 저렴한 비용으로 효율적으로 관리할 수 있게 되었다. 게다가 모기지 대출 서비스를 제공하는 금융회사는 예금자를 통해서 모은 대출 자금에만 의존하지 않아도 되었다. 대신에 그들은 모기지 대출을 제3자에게 판매했다. 그러면 제3자는 이러한 모기지 대출을 모아서 새로운 증권을 만들고는 투자자에게 판매했다.(증권화[securitization]라고 한다.) 증권화를 통해서 모기지 대출자가 새로운 대출 자금을 마련하기 위해서 세계적으로 엄청나게 많은 투자자 풀에 접근할 수 있었다. 투자자도 역시 혜택을 보았다. 새로운 주택 담보부 증권(mortgage-backed securities, MBS)은 다각화를 증대하는(예를 들면, 서로 다른 지역의 모기지 대출을 결합하는) 방식으로 설계할 수도 있고, 여러 조각으로, 즉 트랜치(tranche)로 분할해서 판매할 수도 있기 때문이다.

이 모델(때로는 대출 조성 후 분배 모델[originate-to-distribute model]이라고도 부른다)은 대단한 효력을 발휘했다. 그러나 2000년대 초반이 되면서, 이 시스템은 위험하고 무책임한 행동을 조장했다. 모기지 대출자들은 장기 대출을 계속 보유하지 않으려고 했기 때문에, 그들은 이러한 대출의 품질을 관리하지 않았다. 때로는 대출 업무를, 결과에 대해서 더 이상 책임을 지지 않는 중개인에게 위탁했다. 중개인은 수수료를 받고 대출자에게 차입자를 최대한 많이 연결해주기 위해서 노력했다. 전통적인 모델에서는 대출자가 시중은행 혹은 저축대부기관이지만, 때로는 월 스트리트로부터 대출 자금을 지원받아 다양한 형태의 단기대출을 제공하는 비은행기관(이러한 기관의 자금원은 하루아침에 사라질 수도 있다)도 포함되었다.

차입자, 중개인, 대출자, 증권화 중개기관, 투자자에 이르는 연결 고리가 더욱 길어지면서, 모기지 대출의 품질에 대한 책임은 점점 더 분산되었다. 결국 어디에도 소속되지 않은 등급평가기관(민간회사로 증권의 등급을 평가하고 증권 발행자에게서 평가 수수료를 받는다)에 의해서 축복받은 복잡하게 설계된 증권이 미국 연금 펀드, 독일의 은행, 아시아나 중동 국가가 소유한 국부 펀드와 같은 투자자들의 이목을 집중했다. 대부분의 투자자들은 자신이 구매하는 증권에 대해서 독자적으로도 분석하지 않고 위험에 대해서도 제대로 이해하지 못했다. 때로는 비윤리적인 투자회사들이 투자자에게 의도적으로 저질의 주택 담보부 증권을 속여서 판매하기도 했다. 그러나 많은 증권화 중개기관들이 자신이 판매하는 상품의 위험을 스스로 평가하지 못하고 있었다. 어느 연구에 따르면, 증권화 금융(securitized finance)을 담당하는 월 스트리트 관리자들은 2004년부터 2006년까지 주택 가격이 계속 오를 것이라는 기대하에서 투자를 공격적으로 해온 것으로 나타났다.

이러한 분위기는 차입자와 투자자에게 한동안은 좋은 결과를 가져다주었다. 투자자들은 정부 채권보다 수익률이 높은 자산을 구매할 수 있어서 좋았다. 차입자들은 대출 발생 비용이 낮아지고 신용 접근성이 높아져서 좋았다. 실제로 대출 할부금이 (적어도 초반에는) 저렴한 서브프라임 대출이 늘어난 덕분에, 많은 미국인들이 내 집 마련의 꿈을 이루었다. 그렇다면 금리가 높아져서 집 주인이 대출금을 갚지 못하면 어떻게 될까? 주택 가격이 계속 오른다고 가정하면, 집 주인은 새로운 모기지 대출을 통해서 차환하거나 최종 수단으로서 집을 팔아 대출금을 갚을 수 있다. 집 주인이 채무를 불이행하면, 주택 담보부 증권 투자자들은 집값이 모기지보다 더 높기 때문에 보호받을 수 있다. 다각화와 금융 공학의 마법은 위험을 세분화하여 전 세계로 분산시킬 수 있었다.

주택 가격이 급격하게 하락하고 집 주인이 상환을 불이행하면 어떻게 될까? 어느 누구도 이 문제의 진실을 몰랐다. 그러나 진짜로, 진짜로 그런 일이 일어나지 않을 것이라고만 생각했다. 물론 그런 일이 일어날 때까지는.

2001년의 침체 이후 몇 년 동안, 나는 연준 동료들과 함께 주택시장과 모기지 대출시장의 흐름을 유심히 살펴보았는데, 장점뿐만 아니라 단점도 함께 눈에 들어왔다. 주택 산업이 견실하면 경제성장이 탄력을 받는다. 그리고 집값이 오르면, 소비자들은 자신감을 가진다. 그린스펀 의장은 주택 소유자의 지분 대출은 소비 지출의 중요한 원천이 된다는 점을 자주 지적했다. 우리는 은행의 모기지 대출에서 비롯되는 위험보다는 수익성과 재무 상태의 개선에 더 많은 비중을 두고 있었다. 실제로 당시 은행들은 대단히 견실했다. 2005년에는 파산한 은행이 하나도 없었다. 이는 대공황 시기에 연방예금보험공사를 설립한 이후로 처음 있는 일이었다. 은행은 이윤이 높고, 신용 손실은 낮았다.

우리가 주택과 금융 부문의 위험을 완전히 인식하지 못했거나 우려하지 않았던 것은 아니다. 예를 들면, 보스턴 연은 행장 캐시 미네한은 FOMC 회의에서 저금리정책이 투자자들에게 "수익 추구" 성향을 부추겨서 고위험 자산에 투자하게 만들 수 있음을 우려했다. 애틀랜타 연은 행장 잭 권은 플로리다 주(자신의 관할 지역) 주택시장이 과열되어 건설회사에 돈을 빌려준 지역 은행들이 피해를 볼 수도 있을 것이라고 우려했다. 2002년 8월 이사회의 은행감독위원회를 담당하던 수전 비에스도 서브프라임 대출이 대출자와 차입자 모두에게 심각한 피해를 안길 수도 있다고 했다. 에드워드 그램리치와 로저 퍼거슨도 이사회의 이코노미스트들에게 버블의 위험성을 자주 물어보았다.

그린스펀은 금융 위험이 잠재되어 있음을 확실히 인식했다. 그는 2004년 1월 회의에서 신용 상태가 좋지 않은 기업이 발행한 회사채 금리가 낮은 것을 우려하고, 이는 투자자들이 위험을 과소평가하고 있다는 신호라고 했다. 그는 "지금 단계에서 우리는 투자 심리의 극적인 변화에 취약합니다." 라고 말하고는 "우리는 자산 가격 구조에서 이러한 변화를 예의 주시하고 있습니다. 아직은 '버블'이라는 단어로 표현하는 것이 적당한지는 모르겠지만, 자산 가격이 올라가는 속도가 심상치 않습니다"라고 덧붙였다.

나는 금융 시스템에 가해지는 위협을 더욱 체계적으로 감시할 것을 주장했다. 2004년 3월 회의에서는 영국은행과 그밖의 주요 중앙은행들의 선례를 따라 "금융 안정 보고서(financial stability report)"를 분기별 혹은 반기별로 발간해야 한다고 했다. 이 보고서는 투자자들에게는 발생 가능한 위험을 경고하고 정책 담당자에게는 필요한 조치를 취하도록 압박할 수 있었다. 나는 우리가 대중들의 우려를 자극하지 않고 보기에 좋은 그림을 그리고 싶은 유혹을 느낄 수 있음을 인정한다. 그러나 나는 "금융 상황은 변하게 마련이고, 이러한 변화를 감시하고 우리가 본 것을 대중들에게 거짓 없이 알리는 것이 우리의 책임"이라고 말했다.

위원회는 주택 가격이 계속 오르자 이를 더욱 주시했다. 2005년 6월 회의에서는 이 문제에 관하여 이사회의 이코노미스트들의 특별 발표를 들었다. 나는 백악관에 일이 있어 그날 회의에는 참석하지 못했지만, 내가 그 자리에 있던 사람들보다 앞을 내다보는 능력이 더 뛰어났을 것 같지는 않았다. 이제 와서 그날의 회의록을 읽는 것은 고통스럽다. 이코노미스트의 발표는 토론 형식으로 진행되었다. 전국적인 주택 버블의 가능성을 높게 보는 쪽에서는 주택 가격이 임대료보다 훨씬 더 빠르게 상승하고 있음을 지적했다. 사람들이 주택을 삶의 공간이면서 투자의 대상으로 생각한다면, 임대료와 주택 가격은 비슷한 속도로 상승해야 한다. 주택이 수익은 일정하지만 주식 가격이 계속 오르는 기업과도 같다면, 이는 버블을 알리는 신호이다.

다른 한편으로는, 버블의 가능성을 낮게 보거나 버블이 존재하더라도 버블이 일으키는 경제적 위험은 관리가 가능하다고 보는 쪽도 있었다. 그들은 주택 가격의 상승은 소비자에게 소득을 증가시키고 자신감을 주고 모기지 대출금리를 낮추기 때문에, 그리고 지역 건축 규제로 입지가 좋은 곳의 주택 가치가 상승하기 때문에 바람직하다는 주장을 펼쳤다. 또한 주택 가격이 잘못되어 있더라도, 주택시장의 침체기를 거치면서 서서히 제자리를 찾아 간다는 사실을 과거의 경험을 통해서 알 수 있다. 게다가 주택 가격이 하락 하면, 연은이 금리를 인하하여 경제 전체에 가해지는 충격을 완화할 수 있 을 것이다.

그날 회의에 참석한 사람들은 대부분의 이사회 이코노미스트들과 마찬가 지로 위험을 과소평가했다. 이에 반해, 수전 비에스는 다시 상대적으로 보 다 비관적인 견해를 표명했는데, 대출자를 끌어들이기 위해서 초기의 낮은 "티저(teaser)" 금리를 설정한 변동금리 모기지 대출과 "이자만" 내고 원금을 갚지 않아도 되는 대출이 점점 더 많아지고 있음을 걱정했다. 그녀는 이러 한 행위는 다른 대출자와 은행에 손실을 줄 수 있다고 말했다. 그러나 주택 과 은행 부문을 엄청나게 위협할 것이라고는 예상하지 않았다.

2005년 6월 FOMC 회의가 열리기 직전에, 그린스펀은 주택시장에서의 "프로스(froth)"에 관해서 공식적으로 언급하기 시작했다. 부동산업자들의 주문(呪文)이라고 할 "입지, 입지, 입지"라는 말이 그의 입에서도 나왔다. 대도시 지역 한 곳 혹은 미국의 일부 지역에서 주택 버블을 인식하기는 쉽 다. 전국적인 주택 버블은 지역마다 여건이 다르기 때문에 인식하기가 훨씬 더 어렵다.(등급 평가기관은 여러 지역의 모기지 대출을 결합하여 증권화 신용상품을 만들면 투자자를 보호할 수 있다고 생각했다. 이는 크게 잘못된 생각이었다.) 궁극적으로는 주택 버블의 규모는 지역이나 도시마다 크게 다 르다. 예를 들면, "모래가 있는 주"(플로리다, 네바다, 애리조나)는 중서부 지역에 있는 주보다는 버블의 규모가 훨씬 더 크다. 그러나 버블의 규모와 지리적인 범위는 그것이 꺼졌을 때의 효과를 전국적으로 느낄 정도로 크고 도 넓었다.

그린스펀의 "프로스" 발언은 2005년 금융시장과 주택시장에서 불균형이 발생할 수 있음을 알리는 간접적인 경고 중의 하나라고 할 수 있다. 그해 2월 험프리-호킨스 청문회에서 그는 "역사는 상대적인 안정기가 길어지면, 사람들이 도를 넘는 행위를 할 수 있다는 것을 경고합니다"라고 말했다. 또한 8월에는 잭슨 홀에서 "사람들은 주식, 채권, 주택에 지나칠 정도로 많은 관심을 가지고 있습니다. 그러나 이런 자산이 지닌 위험에 대해서는 제대로 알고 있지 않습니다. 역사는 오랫동안 저위험 프리미엄의 기간이 연장되면, 그 후유증을 친절하게 치유해주지 않았습니다"라고 말했다. 한 달이 지나서 그는 서브프라임 차입자를 대상으로 변동금리라는 색다른 형태로 설계된 모기지 대출은 "주택 가격이 광범위하게 급락할 경우 대출자와 차입자 모두에게 심각한 손실을 가져다줄 것이라고 경고했다. 1996년 연말에 그린스펀이 "비이성적 과열"을 공개적으로 경고했을 때에 잠깐 흔들렸던 주택시장은 이번에는 이러한 경고를 대수롭지 않게 취급했다. 2004년 주택 가격은 16% 상승했고, 2005년에는 15% 상승했다. 반면 2005년 연말, 주식시장과 채권시장은 연초 수준을 그대로 유지하면서 장을 마감했다.

나를 포함해서 연준의 총재들은 주택 버블의 강도와 위험을 확실히 과소평가했다. 이는 적어도 두 가지 질문을 하게 만든다. 첫째, 앞으로 비슷한 문제가 재발하지 않으려면, 어떠한 조치를 취해야 할까? 금융 시스템에 대한 감독과 규제를 강화하는 것도 대답의 한 부분이 될 수 있다. 둘째, 이는 훨씬 더 어려운 질문인데, 2003년 혹은 2004년에 주택 버블을 더 잘 인식했더라면, 그때 어떠한 조치를 취했어야 했을까? 특히 주택 버블에 맞서기 위해서 고금리 카드를 꺼내야 했을까? 나는 연준 이사회 총재로 부임한 이후로 처음 했던 강연에서, 대부분의 경우, 통화정책은 자산 가격 버블에 맞서기 위한 적절한 도구가 아니라고 주장했다. 지금도 여전히 그렇게 생각한다. 2001년의 침체 이후로 나타났던 고용 없는 성장과 디플레이션 위험은 심각한 문제였다. 그린스펀은 통화정책에서 우선순위는 고용시장을 지원하고 경제가 디플레이션에 빠져들지 않도록 하는 데에 있다고 믿었는데, 나도 이에 공감했다. 이후로 몇 년이 지나 중앙은행이 자산 가격에 지나칠 정도로 집중했을 때에 무엇이 잘못될 수 있는지를 보여주는 사례가 발생했다. 스웨덴 중앙은행은 2010년과 2011년에 인플레이션이 목표보다 여전히 낮을 것으로 예상되고 실업률이 높은 상태에서, 모기지 대출의 증가와 주택 가격의 상승을 우려하고는 금리인상을 단행했다. 결과적으로 스웨덴 경제는 디플레이션에 빠져들었고, 중앙은행은 이후 3년 동안 금리를 2%에서 0%로 내려야만 했다.*

어떤 사람들은, 특히 스탠퍼드 대학교의 존 테일러는 내가 한편으로는 연준의 물가안정목표와 고용 목표를 달성하는 것과 다른 한편으로는 주택 버블에서 빠져나오는 것을 두고 고심하는 모습을 극명하게 보여준다고 주장했다. 그는 2000년대 초반에 금리를 조금 높게 잡았더라면, 물가안정목표와 고용 목표에 순조롭게 다가가면서 주택 버블을 잠재울 수 있었을 것이라고 주장했다. 또한 그는 연준이 자신이 개발한 간단한 원칙에 따라서 통화정책을 입안했으면, 최악의 주택 버블은 피해갈 수 있었을 것이라고 말했다.

2000년대 초반에 주택 경기를 완화할 수 있을 정도의 통화정책을 추진하면서, 이와 동시에 고용과 물가안정목표를 달성할 수 있을 정도의 통화정책을 또한 추진할 수 있었을까? 받아들이기 힘든 주장이다. 테일러의 원칙에 따라 금리를 조금 높게 잡으면, 주택 가격에는 약간의 효과를 미치면서 경제 회복 속도는 더뎠을 것이다. 2010년 연준의 연구는 테일러의 원칙을 따랐더라면, 2003-2005년에 변동금리의 적용을 받는 대표적인 모기지 차입자가 초기에 매월 납부해야 할 금액은 75달러가 정도가 상승했을 것이라는

---

* 2015년 2월에 스웨덴 중앙은행은 디플레이션과 싸우기 위해서 국채를 매입하기 시작했고 은행의 지급준비금에 마이너스 금리를 부과했다.

것을 보여준다. 당시 실시했던 조사 결과에 따르면, 많은 사람들이 주택 가격에서 10% 이상의 수익을 기대하고 있었다. 따라서 매입자들은 75달러가 올랐다고 해서 커다란 영향을 받지는 않았을 것이다. 어쨌든 연준은 2004년 6월에 통화긴축 정책을 추진하기 시작했지만, 주택 가격은 이후로 몇 년에 걸쳐 가파르게 오르기만 했다.

주택 가격을 통제하기 위해서는 금리를 먼저 인상해야 했다고 주장하는 사람들도 있었다. 그들은 암묵적으로는 통화정책이 지나치게 느슨하면 주택 가격이 오르기 시작할 것이라고 가정한다. 그러나 주택 가격이 오르는 데에는 통화정책 외에도 다른 요인들이 많이 있다. 닷컴 버블과 주택 버블을 정확하게 예측했던 로버트 실러는 주택 버블의 원인을 저금리보다는 주로 심리적 요인에서 찾는다. 2007년에 그는 미국의 주택 가격이 연준이 저금리정책을 추진하기 시작했던 2001년보다 훨씬 전인 1998년을 전후로 급격하게 상승하기 시작했다는 사실에 주목했다. 미국보다 더욱 긴축적인 통화정책을 추진하던 (영국을 포함하여) 다른 국가에서도 거의 비슷한 시기에 주택 가격이 급격하게 상승했다.

또한 1980년대 후반과 1990년대의 현저한 경제 안정 시기―경제학자들은 이 시기를 "대안정(Great Moderation)" 시기라고 부른다―에도 많은 사람들에게 자기만족에 빠져들도록 했다. 이 시절의 통화정책은 대안정에 기여했고, 간접적으로는 버블 심리 조장에도 기여했다. 그러나 통화정책이 미래의 자기만족을 경계하기 위해서 의도적으로 경제 불안정을 조장할 수는 없었다.

주택 버블을 일으키는 또다른 요인은 당시 외환이 미국으로 엄청나게 많이 몰려들었다는 사실이다. 이처럼 외환이 몰려들면―주로 미국의 통화정책과는 관련이 없다―주택 담보부 증권(MBS)에 대한 수요는 증가하고 모기지 금리를 포함한 장기금리의 상승을 억제한다. 스페인처럼 외환이 몰려드는 경험을 했던 국가들도 마찬가지로 주택 버블을 겪었다. 2004-2005년에 연준이 통화긴축 정책을 추진했는데도 장기금리가 상승하지 않자, 그린스펀은 이를 두고, "수수께끼(conundrum)"라고 말했다. 나는 강연을 하면서 이런 수수께끼를 "세계적 과잉 저축"과 연관시켰다. 그것은 세계적으로 적당한 투자처를 찾지 못한 저축이 많아지고, 이러한 과잉 저축의 상당 부분이 미국으로 몰려오는 현상을 말한다. 이러한 외환 유입은 주로 중국처럼 수출을 늘리고 수입을 줄이기 위해서 자국 통화를 저평가하는 (대부분의) 신흥시장 국가들에 의해서 비롯되었다. 자국 통화의 가치를 달러에 비해 인위적으로 낮게 유지하려면 달러 표시 자산을 구매할 준비가 되어 있어야 하는데, 중국은 주택 담보부 증권을 포함하여 수천 억 달러에 달하는 달러 표시 자산을 매입했다.

통화정책이 주택 버블을 다루기 위한 적절한 도구가 아니라면, 그런 도구는 무엇인가? 나는 2002년 강연에서 자산 가격 버블과 금융 위험에 맞서려면, 먼저 금융규제와 감독이 반드시 필요하다고 주장했다. 이처럼 집중적인 도구를 효과적으로 사용하면, 통화정책은 인플레이션을 낮추고 고용을 증대시키는 본연의 역할을 충실히 할 수 있다. 불행하게도 연준과 금융규제기관들은 규제와 감독을 위한 도구를 효과적으로 사용하지 않았고, 바로 이러한 사실이 위기의 심각성을 더욱 키우게 되었다.

은행 규제와 감독의 목적은 은행의 재무 건전성을 확인하고, 소비자를 보호하는 데에 있다. 이사회에서는 은행 감독과 규제에 관한 위원회가 안전성과 건전성을 확보하기 위한 감독과 규제를 행한다. 소비자와 지역사회 문제에 관한 위원회는 소비자를 보호하기 위한 규정을 만들고 은행이 이러한 규정을 준수하고 있는지를 감시한다. 이러한 권한이 주택시장과 모기지 시장에서 위험을 다루는 데에 도움이 될 수도 있었지만, 그렇지 못했다. 그 이유는 무엇인가?

2000년대 초반의 주택 가격 상승은 서브프라임과 같은 위험한 모기지 대출과 함께 나타나는 현상으로 보였다. 하지만 대출 심사가 허술하고(예를 들면, 차입자의 소득을 확인하지 않는다), 재정 상태가 취약한 차입자에게 위험한 모기지 대출(예를 들면, 이자만 내고 차입 원금을 갚지 않아도 된다)을 제공하는 것과도 관련이 있다. 위험한 모기지 대출은 주택 수요를 증가시켜 주택 가격이 상승하도록 한다. 한편으로는 주택 가격이 상승할수록, 대출자의 대출 심사가 그만큼 허술해질 것이다. 주택 가격이 최고에 달하던 2005년과 주택 가격이 반전하기 시작했던 2006년에는 최악의 대출이 이루어졌다. 실제로 2006년과 2007년에는 대출 할부금을 겨우 몇 달만 납부하고는 중단하거나 심지어는 전혀 납부하지 않고 중단한 차입자도 있었다.

예전에도 서브프라임 대출이 있었지만, 2000년대 초반이 되면서 전체 모기지 대출에서 이 대출이 차지하는 비중이 꾸준히 증가했다. 1994년에는 신규 대출 중에서 서브프라임 대출이 차지하는 비중은 5% 미만이었다. 그러나 2005년에는 이러한 수치가 20% 정도로 증가했다. 더구나 2000년대 초반의 신규 서브프라임 대출에서 변동금리 모기지 대출이 차지하는 비중은 상당히 높았다. 변동금리 모기지 대출에서 금리는 처음 2년 혹은 3년 동안에는 보통 낮게 적용되지만, 이후로는 시장금리에 따라서 변동된다. 이처럼 처음에는 낮게 적용되는 티저 금리—많은 경우 계약금도 저렴해진다—덕분에, 신용 상태가 좋지 않은 사람들도 주택을 매입할 수 있었다. 또한 대출자와 차입자는 모기지 대출금리가 높게 조정되기 전에 모기지 대출을 차환할 수 있기를 기대한다. 그러나 그것은 주택 가격이 계속 상승할 때에만(따라서 주택 소유자의 지분이 많아질 때에만) 가능한 옵션이다.

연준을 포함한 규제기관들은 이러한 추세를 알고 있었다. 그러나 지금 돌이켜보면, 우리가 너무 신중하여 늦게 반응했던 것 같다. 나는 반응이 늦은 것이 은행과 가장 가까운 곳에서 일하는 감독관들이 준비가 제대로 되어 있지 않았기 때문이라고 생각하지는 않는다. 다른 기관과 마찬가지로, 연준에는 능력이 뛰어난 직원도 있고, 그렇지 못한 직원도 있다. 그러나 은행 감독을 담당하는 직원들의 수준은 대체로 높다. 또한 그들이 규제 대상 기관의 편이 되어 편의를 봐줄 것이라고도 생각하지 않는다. 그것은 자신의 경력에 흠집을 남길 수도 있고 괜한 오해를 불러일으킬 수도 있기 때문이다. 그러나 그들은 규제에 따르는 부담이 지나쳐서는 안 되고, 경쟁 시장의 힘이 어느 정도는 부실 대출을 방지해줄 것이라고 생각했다. 은행의 안전성과 신용 접근성 간의 적절한 균형을 유지하기란 결코 쉽지 않다. 그리고 아마도 연준을 비롯한 감독기관들이 신용 접근성에 지나칠 정도로 기울어져 있었을 것이다. 감독관들이 대형 은행에서 오랫동안 상주하면, 규제 대상 기관의 가설과 편견을 쉽게 수용할 수도 있다.

연준의 오랜 문제점은 12개 연은의 관할 지역 전체에 걸쳐 일관적이고 엄격한 감독 업무를 유지하기가 어렵다는 것이다. 이사회가 은행 감독의 최종적인 책임을 지지만, 은행을 자주 출입하면서 감독해야 하는 감독관은 연은에서 근무한다. 때로는 연은들이 관할 지역의 여건을 더 잘 안다고 주장하면서 워싱턴에서 보내온 지시를 무시하는 경우도 있다. 실제로 2005년 연은 행장들은 수전 비에스가 감독 업무를 더욱 중앙집권화하려던 계획을 포기시키기도 했다.

비록 연준 내부에서 규제에 관한 철학과 관리상의 문제점이 일정한 역할을 했더라도, 효과적인 감독을 방해하는 가장 큰 장애물은 연준의 외부, 즉 미국의 금융규제 시스템의 구조에 있었다. 금융위기가 발생하기 전의 미국의 금융규제 시스템은 여기저기 흩어져 있었고, 각 기관마다 차이가 컸다. 금융 시스템의 중요한 부분은 충분히 감독되지 않았고, 가장 중요하게는 시스템 전체를 책임지는 기관이 없었다. 이러한 분열에는 역사적, 정치적 원인이 있었다. 역사적으로 보면, 규제기관들은 위기 혹은 특별한 사건에 대응하여 임기응변식으로 만들어졌다. 남북전쟁 시기에 통화감독청이 설립되었고, 1907년의 패닉 이후에 연준이 설립되었고, 대공황 시기에 연방예금보험공사와 증권거래위원회가 설립되었다. 정치적으로 보면, 권한을 가진 정부 기관(의회 위원회 혹은 주와 연방의 규제기관)과 이익 단체(은행산업 단체 혹은 주택 산업 단체) 간의 갈등에 의해서 기존 시스템을 합리화하고 개선하기 위한 시도는 실패로 끝나는 경우가 많았다.

결과적으로 뒤죽박죽이 되어버렸다. 예를 들면, 금융시장(주식시장, 선물시장 등)에 대한 규제 업무는 증권거래위원회와 1974년 의회가 설립한 상품선물거래위원회(Commodity Futures Trading Commission)가 담당한다. 은행에 대한 규제기관은 설립인가서에 명시되어 있다. 연방정부에게서 설립인가를 받은 국법 은행([national bank]이라고 한다)은 통화감독청의 규제를 받지만, 주정부에게서 설립 인가를 받은 주법 은행은 주가 설립한 규제기관의 규제를 받는다. 이와 함께, 주정부에게서 설립 인가를 받은 은행들 중에서 연준에 가입한 은행(state member bank)은 연준의 감독을 받고, 나머지 은행들은 연방예금보험공사의 감독을 받는다. 그리고 연준은 은행지주회사에 대한 감독 업무를 담당한다. 금융위기가 발생하기 전에는 저축기관감독청(Office of Thrift Supervision, OTS)이 저축기관에 대한 규제 업무를 맡았다. 전국신용조합협회(National Credit Union Association)는 신용조합에 대한 규제 업무를 맡는다.

금융기관들은 설립 변경을 통해서 규제기관을 바꿀 수도 있다. 이는 규제기관들이 규제 업무를 덜 엄격하게 진행하도록 만든다. 규제기관의 입장에서는 "고객"과 고객이 납부하는 수수료 수입을 계속 받아야 하기 때문이다. 예를 들면, 2007년 3월, 서브프라임 대출기관인 컨트리와이드 파이낸셜은 저축기관감독청으로부터 규제 업무를 느슨하게 진행해줄 것이라는 말을 듣고는 설립 변경을 통해서 규제기관을 연준에서 저축기관감독청으로 교체했다. 통화감독청도 때로는 은행들에게 국법 은행으로 설립 변경을 하도록 유도한다. 통화감독청과 저축기관감독청은 주법, 지방법, 규정들의 적용 면제를 주장하면서, 규제 대상 기관에게 도움을 준다.

금융규제가 이처럼 뒤죽박죽되는 경우, 연방 규제기관이 금융 시스템 전체를 제대로 감시하기가 어렵다. 예를 들면, 2005년에는 전체 서브프라임 대출에서 불과 20%만이 연방 규제기관의 감독을 받는 은행과 저축기관에 의해서 이루어졌다. 30%는 연방 규제기관의 감독을 받는 비은행 자회사에 의해서 이루어졌고, 나머지 50%는 주정부에게서 설립 인가를 받고 감독을 받는 독립 모기지 회사에 의해서 이루어졌다. 매사추세츠 주와 노스캐롤라이나 주와 같은 몇몇 주에서는 비은행 모기지 대출에 대한 감독을 비교적 잘해왔다. 그러나 자원과 정치적 지원이 부족한 대부분의 주에서는 그렇지 못했다.

모기지 증권화에 대한 감독조차도 여러 기관으로 분산되었다. 연방주택기업감독청(Office of Federal Housing Enterprise Oversight, OFHEO)은 모기지를 증권화하는 기업들 가운데에서 정부 지원을 받는 기업들(예를 들면, 패니 메이[Fannie Mae : 연방 국민 모기지 협회]와 프레디 맥[Freddie Mac: 연방 주택 대출 모기지 공사]. p. 270 참고)을 감독했다. 반면에, 증권거래위원회는 월 스트리트에서 다양한 종류의 모기지 증권을 개발하는 투자은행들을 감독했다. 인디언 우화에 나오는, 코끼리를 만지는 장님처럼 규제자들은 문제의 일부분만을 인식했고, 나머지 부분은 전혀 인식하지 못했다.

돈이 되는 새로운 상품을 개발하여 시장에 출시하는 데에만 몰두하는 금융기관들이 위험을 제대로 측정하지도, 관리하지도 못했던 것은 어쩌면 당연한 일이었을 것이다. 게다가 각자의 정보 시스템을 가지고 있던 금융기관들 간의 합병이 유행한 것도 위험 관리를 더욱 어렵게 만들었다. 대형 은행들은 대차대조표상의 모기지 대출뿐만 아니라 다양한 경로(증권화 자산을 포함한다)를 통해서 모기지 대출자의 채무불이행이라는 위험에 노출되어 있었다. 그들이 위험 노출도를 측정하기 위해서 사용하는 시스템은 자회사의 소유 자산, 위험 노출의 경로, 혹은 위험들이 상호작용하는 정도에서 나타나는 급격한 변화를 따라가지 못했다.

연준을 비롯한 규제기관들은 은행이 위험을 평가하고 측정하는 시스템을 개선하도록 권고했다. 그리고 수전 비에스는 금융 산업 포럼에서 위험을 사업 단위로 부분적으로 평가하기보다는 기업 전체의 관점에서 종합적으로 평가할 것을 권장했다. 그러나 금융위기가 내습하기 불과 몇 년 전까지, 어떠한 은행이나 기관도 은행이 위험한 모기지, 위험한 신용에 노출되어 있는 정도를 충분히 파악하지 못했다. 대안정 시기(p.116 참고)의 경험은 은행이나 규제기관에게 금융위기의 가능성을 과소평가하도록 했던 것이다.

한편으로는 규제기관들은 관료적, 법적, 정치적 장벽에도 불구하고, 금융 상품과 금융영업에서 나타나는 급격한 변화를 따라가기 위해서 열심히 노력했다. 연방 차원의 은행 규제기관(연준, 통화감독청, 연방예금보험공사, 연방저축기관감독청)은 수시로 은행에 공식적인 "지침"을 내리면서 새로운 쟁점에 대응했다. 이러한 지침은 규제와 비교하면 법적인 구속력이 약하지만, 은행 감독관에게 상당한 힘을 실어준다. 금융위기가 닥치기 몇 년 전에도, 규제기관들은 서브프라임 대출에 관한 지침(1999년, 2001년), 저계약금 부동산 담보 대출에 관한 지침(1999년), 부동산 감정 실무에 관한 지침(2003년, 2005년), 약탈적 대출(predatory[abusive] lending : 대출금을 회수할 수 없는 사람의 집이나 자동차를 압류하는 등의 은행에 의한 부당 행위/역주)에 관한 지침(2004년, 2005년), 주택 지분 대출에 관한 지침(2005년)을 전했다. 연방 규제기관들도 2006년 서브프라임 대출 회사들 사이에서 유행하는 "비전통적인" 대출 상품(대출 할부금을 나중에 내는 옵션)에 대한 지침을 마련했다. 그럼에도 이러한 지침의 대부분은 엄격하지도, 시의적절하지도 않았다.

법적, 정치적 장벽뿐만 아니라 관료주의의 폐해도 지침의 시의적절성에 의문을 가지게 하는 데에 한몫했다. 규제기관이 공동으로 지침을 마련하는 경우에는, 먼저 기관 내부에서 합의를 보기 위한 절차가 진행되고 나서, 기관 간의 협의가 진행된다. 규정(때로는 지침도 해당된다)을 공표하려면 복잡한 법적 절차를 거쳐야 한다. 여기에는 관련 당사자의 의견을 듣고 해당 기관이 답변을 하기 위한 기간도 필요하다. 규정이나 지침이 이해관계 집단의 이익을 침해할 때에는 정치적 압력이 뒤따른다. 예를 들면, 2005년 여름에는 규제기관들이 일부 은행(특히 소규모 은행)의 상업용 부동산 대출(대출금은 주로 사무실 건물, 쇼핑몰, 주상복합건물의 신축, 주택 단지 개발 등에 쓰인다)이 지나칠 정도로 많다는 점을 우려한 적이 있었다. 그 기관들은 은행이 위험한 대출을 제한하기 위한 지침을 제안했다. 이러한 지침의 초안은 기존 대출 업무에서 어느 정도의 개선을 유도했지만, 특별히 엄격하지는 않았다. 당시 샌프란시스코 연은 행장 재닛 옐런은 서부의 과열된 시장에서 상업용 부동산 대출에 고삐를 죄려고 했지만, 나중에 지침의 최종 버전을 보고는 쓴웃음을 짓고 말았다. 2010년 그녀는 당시를 회상하면서 이렇게 말했다. "당신은 그것을 꺼내서 파기하고 쓰레기통에 던져도 괜찮았습니다. 우리에게는 아무런 쓸모가 없었지요."

그렇다고 하더라도, 그 지침은 주로 상업용 부동산 대출에 의존하는 지역 은행의 격렬한 저항에 부딪혔다. 지역 은행은 은행 시스템에서 차지하는 비중이 얼마 되지 않지만, 정치적으로는 막강한 영향력을 행사한다. 수천 통의 항의 편지가 몰려왔고, 하원 금융 서비스 위원회가 청문회를 열었다. 규제기관들은 로비스트와 정치인에 맞서서 자신의 뜻을 관철시키려고 했다. 그러나 비평가들(그리고 규제기관 자신)에게 해당 지침이 지역 은행을 위축시키지 않으면서 본연의 목적을 달성할 수 있으리라는 것을 설득하는 데에 수개월이 걸렸다. 규제기관들은 이처럼 밀고 당겨야 하는 과정 때문에 문제를 인식하고 나서 1년 반이 지난 2006년 말이 되어서야 최종 지침을 발표했다.

연준은 은행들을 스스로 보호하도록 하는 한편, 소비자를 은행으로부터 보호하는 일도 맡는다. 연준에서 이 일은 수전 비에스와 에드워드 그램리치 담당이었다. 2002년 내가 이사회에 처음 부임했을 때에 에드워드는 소비자 및 지역사회 문제 위원회 위원장직을 4년 동안 맡고 있었다. 그리고 2005년 이사회를 떠날 때까지 그 일을 계속 담당했다. 나는 부임하고 나서부터 2005년 봄까지 소비자 및 지역사회 문제 위원회의 한 멤버로 일했다. 수전은 세번째 멤버로서 나와 함께 그 시간의 대부분을 일했다. 자상하고 사려 깊은 에드워드는 소비자 보호에 강한 의지를 가졌고, 자유시장이라는 단순한 원리에 회의적이었다. 그런 에드워드가 있었는데도 불구하고, 여기서도 규제와 감독은 제대로 이루어지지 않았다.

의회는 연준에게 규제를 입안하고 공정대출법(Truth in Lending Act)과 같은 금융 서비스 소비자를 보호하기 위한 법을 집행하는 일을 맡겼다. 그러나 연준의 규정을 집행할 책임은 다양한 형태의 금융기관을 감독하는 연방 규제기관과 주 규제기관으로 분산되어 있었다. 연준은 주정부에게서 설립 인가를 받은 은행 중에서 연준에 가입한 은행(2005년 말 현재, 총 7,500개의 시중은행 중에서 약 900개)과 은행지주회사(약 5,000개이며, 이들 중 상당수는 자회사 집단을 보호하기 위해서 만든 이름뿐인 회사들이다)만을 대상으로 규정을 집행한다.

불행히도 이사회에서 소비자 분과가 차지하는 비중은 그다지 크지 않았고, 안정성과 건전성을 감독할 인력도 부족했다. 그린스펀은 소비자 보호에 우선순위를 두지 않았다. 그는 시장이 효율적으로 작동할 수 있도록 소비자에게 중요한 정보를 공개하고 금융 교육을 강화하는 데에는 기꺼이 찬성했지만, 소비자 보호를 금융 서비스 시장에 대한 지나친 간섭이라고 생각했다.

내가 소비자 및 지역사회 문제 위원회에서 맡은 일은 연공서열과도 관계가 있다. 그러나 나는 업무 분장에 반대하지는 않았다. 규제에 관한 경험이 부족했지만, 그 일이 재미가 있었고 미국의 일반 사람들에게 도움을 줄 것이라고 생각했다. 나는 소비자 문제에 관한 이사회 자문위원회 회의와 그밖의 외부 회의에 참석했고, 이사회가 담당하는 복잡한 규정을 공부했다.

철학적으로 나는 규제 찬성론자도 아니고 반대론자도 아니다. 경제학자로서 나는 본능적으로 시장을 신뢰한다. 나는 대부분의 경우, 그린스펀과 마찬가지로, 무조건적인 금지보다는 소비자에게 금융상품에 관한 중요한 정보를 공개하고 금융 교육을 강화하는 데에 찬성한다. 다른 한편으로는 최근에 등장한 행동 경제학자(behavioral economist)와 마찬가지로 경제적 요인뿐만 아니라 심리적 요인이 인간의 행동에 중요한 동기가 된다는 사실도 잘 안다. 실제로 행동 경제학자들은 사람들이 모기지 계약상의 자세한 내용을 모두 숙지할 시간도, 에너지도 없을 것이라고 말할 것이다. 때로는 소비자의 이익에 부합되지 않는 영업 활동을 금지하는 것이 더 나을 수 있다. 예를 들면, 정부가 인화성 어린이 잠옷의 판매를 금지하는 것이다. 확실한 경고 라벨도 금지조치보다 나을 수 없을 것이다. 시간이 지나면서 나는 행동 경제학자들의 생각에 더욱 공감하게 되었다. 나중에 내가 이사회 의장직을 맡게 된 동안에, 연은은 정기적으로 금융기관이 소비자에게 제공하는 정보(예를 들면, 신용 카드의 약관)를 소비자들이 얼마나 잘 이해할 수 있는지를 확인하곤 했다―그것은 규제기관이 취할 수 있는 분명한 조치이자 혁신과도 같은 것이었다. 우리는 일부 금융상품에 대해서는 금융기관이 소비자에게 중요한 정보를 충분하고도 분명하게 제공하는 것이 거의 불가능하다는 사실도 알게 되었다. 일부 금융상품은 인화성 잠옷과 마찬가지로 시장에 나오지 않도록 해야 한다.

나는 연준 이사회 의장직을 맡은 처음 2년 동안(2006년과 2007년)에는 의회 청문회에서 연준이 지난 10년 동안 소비자 보호 측면에서 "직무를 소홀히 해왔다"는 소리를 많이 들었다. 의원들의 비판은 때로는 이사회가 약탈적 모기지 대출 영업을 금지하는 주택소유 및 자산보호법(Home Ownership and Equity Protection Act, HOEPA)에 따라 자신에게 주어진 역할을 제대로 활용하지 못한 점에 집중되었다. 연준과 주택소유 및 자산보호법에 관한 이야기는 결코 유쾌한 이야기는 아니었다. 하지만 거기에는 외부에 알려진 내용보다도 더 많은 것들이 있다.

1994년 연준의 지원을 받아 의회에서 통과된 주택소유 및 자산보호법은 비양심적적인 기업이 차입자들(특히 노인, 소수 민족, 저소득 계층)을 속여서 대출 상품을 판매하는 이른바 약탈적 대출 행위를 규제하기 위한 법이었다. 약탈적 대출의 사례로는 미끼 상품(bait and switch : 차입자는 자신이 듣고 기대했던 것과는 다른 종류의 대출 상품을 제공받는다), 지분 박탈(equity stripping : 궁극적으로는 주택을 압류할 의도를 가지고 대출금을 갚을 만한 소득이 안 되는 고객에게 대출을 제공한다), 차환 반복(Loan Flipping : 고객에게 차환을 반복하도록 하여 대출금을 회수하고 수수료 수입을 챙긴다), 패킹(packing : 대출자에게 불필요한 서비스에 대하여 수수료를 부과한다) 등이 있다.

주택소유 및 자산보호법은 금리가 아주 높은 모기지 대출은 약탈적 대출이 될 가능성이 높을 것이라는 전제에서 출발했다. 이 법에 따르면, 고비용의 대출 상품을 판매하는 대출자는 해당 대출 상품에 관한 정보를 충분히 제공해야 하고, 해당 차입자에게는 추가적인 보호를 제공하도록 한다. 예를 들면, 이 법은 고비용 대출 상품 차입자가 빠져나가지 못하게 하는 조기 상환 벌금의 부과를 제한한다. 이런 벌금은 해당 차입자에게 차환 비용을 높인다. 또한 고비용의 대출 상품을 매입하는 투자자는 위반 행위에 대한 책임을 질 수 있다. 그것은 증권화를 방지하는 효과가 있다. 더욱 중요한 것은 이 법이 연준 혹은 그밖의 연방 규제기관에 의해서 감독을 받는 모기지 대출기관뿐 아니라 그밖의 모든 모기지 대출기관—예를 들면, 독립 모기지 회사—에 의해서 발생된 모기지 대출에 대해서도 적용되는 것이다.

내가 이사회에 부임하기 얼마 전인 2001년 12월, 연준은 고비용 대출 상품의 정의를 법이 허용하는 최대한의 범위까지 확장했다. 따라서 주택소유 및 자산보호법에 의해서 보호받는 대출 상품이 더 많아졌다. 이와 같은 변화는 연준이 주최한 약탈적 대출에 관한 공청회 이후 더욱 두드러졌으며, 주택소유 및 자산보호법이 보호하는 서브프라임 1등급 대출의 비중이 12%에서 26%로 상승하도록 만들었다.

금융위기가 발생하기 전에는 연준에게 "불공정한 혹은 기만적인" 행위로 규정하고 이를 금지할 권한을 부여하는 주택소유 및 자산보호법의 조항을 두고 논란이 일었다. 이러한 조항은 단지 고비용의 대출 상품뿐만 아니라 모든 모기지 대출 상품에 적용되었다. 본질적으로는 주택소유 및 자산보호법에서 이 조항은 연준에게 불공정 행위로 판단되는 모기지 대출을 금지할 수 있는—금지를 집행할 수 있는 권한을 주지 않았다. 집행권은 대출 기관을 감독하는 연방 혹은 주 규제기관에게 있다—자유재량권을 주는 것이었다. 2001년 연준은 고비용의 대출 상품으로 정의되어 보호받는 대출 상품의 범위를 확대했을 뿐만 아니라, 불공정 혹은 기만으로 간주하는 세 가지 영업 행위(가장 두드러지는 것은 차환 반복행위이다)를 금지했다. 그러나 연준은 그밖의 의심스러운 영업 행위(예를 들면, 차입자의 소득이나 상환 능력을 충분히 살펴보지 않고 대출하는 행위)를 금지하지는 않았다.

연준이 일률적으로 금지하지 않았던 것은 은행 규제기관, 소비자 운동 단체, 정치인들이 서브프라임 대출과 약탈적 대출을 뚜렷하게 구분하고 있었기 때문이다. 비난의 대상이 되는 약탈적 대출과는 다르게, 신용에 흠이 있는 대출 신청자에 대한 대출은 권장되었다. 2001년 에드워드 그램리치는 주택소유 및 자산보호법에 의한 보호가 확대 실시되는 것에 대해서 높이 평가하면서, 다음과 같이 말했다. "우리는 합법적인 서브프라임 모기지 대출시장의 전반적인 성장을 저해하지 않도록 제한적, 선별적으로 개정했습니다."

서브프라임 대출을 권장하는 이유는 무엇인가? 역사적으로 보면, 대출자들은 저소득 계층과 소수 민족에 대한 대출을 꺼리는 경우가 많았다. 일부는 특정 지역 전체에 대한 대출 자체를 거부했다. 따라서 그 지역에 거주하는 사람의 모기지 대출 신청은 자동적으로 거부되었다. 1977년 의회는 이러한 폐단을 없애기 위해 지역사회 재투자법(Community Reinvestment Act)을 통과시키고는 은행 규제기관이 은행과 저축대부조합에게 지역 차별을 없애도록 권장하도록 했다. 이 법은 저소득 계층과 소수 민족에 대한 대출이 증가하는 자극제가 되었다. 그러나 다양한 이유로 서브프라임 대출은 이 법의 저촉을 받지 않은 독립 모기지 회사와 같은 대출자들에게도 경제적으로 매력적인 사업이 되었다. 예를 들면, 이자제한법을 폐지하면 대출자는 위험한 차입자에게 높은 이자를 부과할 수 있었다. 그리고 정보기술이 발달하고 표준화된 신용 점수가 개발되어, 대출 결정을 자동적으로 하는 데에 소요되는 비용도 저렴해졌다.

서브프라임 대출은 대출 서비스 거부 지역을 설정하는 행위에 대한 해독제로 널리 인식되었고, 따라서 신용의 민주화에도 중요한 부분이 되었다. 서브프라임 대출은 미국의 주택 보급률이 1995년 64%에서 2005년 기록적인 69%로 증가하는 데에 기여했다. 주택을 새로 소유한 사람들은 주로 흑인, 라틴 아메리카계의 저소득 계층이었다. 2001년 에드워드 그램리치가 말했듯이, 연준을 포함하여 연방 차원의 은행 규제기관들은 부당한 영업 행위가 뚜렷하게 감지되더라도 합법적인 서브프라임 모기지 대출시장에 지장을 주려고 하지 않았다.

그린스펀과 연준의 법률가들은 약탈적 대출과는 대조적으로 서브프라임 대출 금지를 우려하는 수준을 뛰어넘어, 주택소유 및 자산보호법에 따라서 "불공정한 혹은 기만적인 행위"로 간주하는 권한을 공격적으로 적용하는 것을 꺼렸다. 그린스펀은 내가 이사회에 합류하기 직전과 직후에 의회에 보내는 공개 선언에서 각각의 모기지 거래가 지닌 특정한 상황을 고려하지 않고서 특정 범주의 영업 행위를 금지하면, 의도하지 못했던 결과가 생길 수 있을 것이라고 우려한다고 했다. 그리고는 연준은 각각의 영업 행위가 "불공정한 혹은 기만적인" 행위인지를 사례별로 결정했다. 따라서 주택소유 및 자산보호법에 따른 권한이 서류를 제대로 갖추지 않는 것(예를 들면, 소득 자료를 첨부하지 않은 것. 이는 바람직하지 않지만, 반드시 약탈적 대출을 의도한 것이라고는 볼 수 없다)에까지 미칠 수는 없다는 주장이 가능하게 되었다.

나는 총재 시절, 불공정한 혹은 기만적인 행위에 관한 권한을 어떻게 사용할 것인가의 문제에 대해서 정식으로 논의해본 기억이 없다. 그러나 "사례별로" 결정하는 방식에 반대하지 않았다. 범주에 근거하여 금지하면 의도하지 못했던 결과가 나올 수 있기 때문이었다. 예를 들면, 우리가 차입자의 상환 능력을 증빙하는 데에 엄격한 요건을 부과하기 위해서 불공정한 혹은 기만적인 행위에 관한 권한을 사용했다면, 지역 은행들이 차입자에 대한 "평판 대출"을 하기가 어려웠을 것이다. 이는 잠재적으로 신용도가 높은 차입자를 몰아내고, 나아가서는 지역 은행의 경쟁력을 침해할 것이다. 연준은 사례별 접근방식이 특정 불공정 행위에 대한 범주별 금지가 정당성을 가지는지를 결정하는 데에 필요한 정보를 곧 제공할 것으로 판단했다.

이러한 주장이 실제로 혹은 이론적으로 타당한가는 별도로, 우리는 불공정한 혹은 기만적인 행위에 관한 권한을 드물게 사용했지만, 일부 문제가 되는 영업 행위를 근절시키지는 못했다. 여기서 논리상의 허점은 대출 기준을 완화하면, 예외가 원칙이 된다는 것이다. 예를 들면, 은행이 평판 대출을 할 수 있으려면, 서류 심사가 까다롭지 않아야 한다. 그러면 대출자들은 다수가 자신이 잘 모르는 차입자에게서조차 충분한 증빙 서류를 받지 못하게 된다. 마찬가지로, 우리는 특이한 모기지 대출(예를 들면, 차입자가 매월 이자만 납부한다)도 일부 차입자에게는 적합하기 때문에 범주에 근거하여 금지하지는 않았다. 일부 은행은 이러한 모기지 대출을 금융 수단이 없는 사람이나 충분히 관리할 수 없는 사람에게도 제공했다. 기관 간에 효과적인 지침을 신속하게 마련하지 못하도록 하는 관료주의적 장벽을 감안하면, 연준의 불공정한 혹은 기만적인 행위에 관한 권한이 이상적인 도구는 아니더라도, 안전하지 못한 모기지 대출을 다루기 위한, 당시로서는 가장 훌륭한 도구였을 것이다. 내가 의장으로 재임하던 시절의 초기에, 연준은 이러한 권한을 광범위하게 사용했다. 물론, 그때는 피해의 대부분이 발생한 뒤였다.

주택소유 및 자산보호법 논쟁에 의해서 연준이 모기지 대출에 관한 규정을 만드는 권한을 가지게 되었지만, 규정이라는 것은 집행하지 않으면 쓸모가 없다. 집행과 관련해서는 처음에는 에드워드 그램리치가 담당했다. 그는 규제 시스템이 분산되어 있기 때문에, 소비자 보호법의 집행이 매우 공정하지 못한 현실을 수시로 확인했다. 연준을 포함한 연방 규제기관이 예금보험에 가입한 은행과 저축기관을 정기적으로 감독했다. 그러나 은행지주회사는 은행이나 저축기관이 아닌 자회사—예를 들면, 소비자에게 개인 대출을 하는 회사 혹은 월 스트리트로부터 자금을 지원받는 모기지 회사—를 소유한다. 이러한 자회사들은 대체로 주 규제기관(대체로 자원이 빈약하다) 혹은 연방통상위원회(Federal Trade Commission, FTC)의 감독을 받는다. 연방통상위원회도 마찬가지로 자원이 빈약할 뿐만 아니라 금융 문제를 뛰어넘어 독점 금지법을 집행하고 신용 사기를 조사하는 일까지도 한다. 이곳은 주로 민원에 대응하는 기관이지, 정기적인 감독을 하는 기관은 아니다. 최종적으로, 은행도 아니고 은행지주회사가 소유한 기관도 아닌 대출 기관은 연방 차원의 은행 규제기관의 영역을 벗어나서 주 규제기관과 연방통상위원회에 의해서만 감독을 받았다.

에드워드는 독립 모기지 회사, 은행 혹은 은행지주회사의 계열사가 아닌 회사에 대해서는 의회의 조치를 제외하면 연방 차원에서 할 수 있는 일이 별로 없다는 사실을 깨달았다. 대신에 그는 은행지주회사가 소유한 비은행 대출 기관에 집중했다. 연준은 원칙적으로는 은행지주회사의 감독기관으로서 그들의 자회사가 은행이 아니더라도 그 자회사를 상대로 규정을 집행할 권한이 있었다. 그리고 실제로도 한 심각한 경우에는 연준이 개입한 일이 있었다. 2004년 연준은 무담보 개인 대출과 주택 지분 대출을 제공하던 시티 파이낸셜(시티 그룹의 자회사)에게 7,000만 달러의 벌금을 부과하고 시정 명령을 내린 적이 있었다.

그러나 시티 파이낸셜은 예외에 속했다. 의회가 개편한 금융 규정에 따르면, 연준은 은행지주회사의 자회사에 대한 주요 규제기관(예를 들면, 비은행 모기지 회사의 경우에는 주 규제기관)의 결정을 존중하고, 주요 규제기관이 심각한 문제를 간과하고 있다는 증거가 있는 경우에만 자회사에 감독관을 보내도록 되어 있었다. 이러한 개편의 목적은 다른 규제기관의 감독을 받는 금융기관을 상대로 연준이 이중적인 감독을 하지 못하도록 하는 데에 있었다.

에드워드는 연준이 주 규제기관의 규제와 관련하여 명백한 문제가 드러날 때뿐만 아니라 은행지주회사의 비은행 자회사의 소비자 보호법 위반 여부를 정기적으로 심사해야 한다고 생각했다. 그가 사망하기 3개월 전인 2007년 「월 스트리트 저널」과의 인터뷰에서 2000년을 전후로 자신이 이런 생각을 그린스펀 의장에게 전한 적이 있다고 말했다. 그런데 그린스펀은 반대했다고 했다. "그래서 저는 제 생각을 제대로 밀어붙일 수가 없었습니다." 한편, 그린스펀은 에드워드와의 대화가 기억나지 않는다고 말했지만, 자신은 반대 입장에 있었다는 사실을 인정했다. 그린스펀은 규모가 작은 수많은 금융기관들을 심사하는 데에 따르는 비용, 합법적인 서브프라임 대출에 지장을 주게 될 위험, 차입자가 자신을 연준의 심사를 받는 기관이라고 소개하는 대출자의 말에 잘못된 믿음을 가지게 될 가능성을 걱정했던 것이다.

나는 에드워드가 이후에도 심사의 시행과 관련된 쟁점을 이야기하는 것을 들었다. 그러나 내가 기억하기로는 그것을 강력하게 밀어붙이지는 못했다. 아마도 그는 서브프라임 대출의 증가에 복합적인 생각을 가지고 있었던 것 같다. 그의 저서, 『서브프라임 모기지 : 미국의 최근 호황과 불황(Subprime Mortgages: America's Latest Boom and Bust)』(2007)에서 알 수 있듯이, 그는 서브프라임 대출의 위험성을 남들보다 먼저 인식했지만, 주택 마련의 기회를 포함하여 장점도 인식했다. 에드워드는 이후에 벌어지는 모든 일들을 예견한 것은 아니었지만, 이사회의 어느 누구보다도 확실히 더 많은 것을 보았고 더 많은 일들을 했다.

에드워드의 제안대로, 연준이 은행지주회사의 자회사를 상대로 정기적인 심사를 하면 변화를 가져올 것인가? 연준이 약탈적 대출과 서브프라임 대출의 차이를 예민하게 판단하기 때문에 아마도 변화가 있을 것 같다. 이러한 변화가 크지는 않더라도 말이다. 어떠한 경우에라도 연준은 독립 모기지 회사를 심사할 수는 없다. 내가 의장으로 취임한 이후인 2007년에 연준은 연방 규제기관 및 주 규제기관과 제휴하여 은행지주회사의 비은행 자회사의 소비자 보호법 준수를 심사하게 되었다.

그것은 2006년 이후로 그때까지 연준과 여러 규제기관들이 취했던 다양한 조치와 마찬가지로 너무 늦었다. 부실한 감독 덕분에, 탐욕스러운 대출자들이 수없이 많은 나쁜 모기지 대출을 만들어낼 수 있었던 것이다. 이러한 대출은 결국 취약한 금융 시스템의 약점을 드러냈다. 미국 주택 가격은 2006년 봄부터 2009년 봄까지 30% 이상 곤두박질쳤다. 그리고 2012년 초까지도 지속적인 회복세에 접어들지 못하고 있었다. 심각한 연체 상태에 있거나 유질(流質) 상태에 있는 서브프라임 대출의 비중은 2005년 가을 6%를 밑돌았지만, 2009년 말에는 30%가 넘었다. 이러한 모기지는 복합적인 도구에 의해서 잘게 분할되고 묶여져서 전 세계로 확대되었으며, 손실이 어느 곳에서 모습을 드러낼 것인지는 아무도 예상하지 못했다.

6

신인 시절

⋮

2005년 초, 그레고리 맨큐는 하버드로 되돌아가기 위해서 부시 대통령의 경제자문위원회(Council of Economic Advisers, CEA) 의장직을 사퇴할 것이라고 선언했다. 나는 그레고리를 대학원 시절부터 알고 지냈는데, 그는 전화로 내가 그 일을 맡을 생각이 있는지를 물었다.

정책에 관심이 있는 경제학자에게는 경제자문위원회 의장은 물론이고, 위원이 되는 것만으로도 너무나 흥미있는 일이다. 1946년에 설립된 위원회는 백악관 내에서 경제 컨설팅 기업의 역할을 한다. 위원회는 의장과 2명의 위원으로 구성된다. 그리고 24명의 이코노미스트들이 자문단을 구성하는데, 그들은 주로 대학, 연준 혹은 그밖의 정부 기관에서 파견된 사람들이다. 그리고 대학원을 갓 졸업한 사람 혹은 대학원 학생이 연구 조교로 근무한다.

위원회는 행정부에 객관적인 입장에서 경제 자문을 하기 위해서 존재하기 때문에, 정치적인 기관으로 인식되지는 않는다. 그러나 초당파적인 입장을 엄격하게 견지하는 연준과 비교하면 확실히 더 정치적이다. 위원회 의장이 정치적인 감각이 둔하면, 곤혹을 치르기 쉽다. 맨큐 자신도 일자리를 다른 나라로 아웃소싱하는 것을 두고 "국제무역을 하기 위한 새로운 방법"이라고 언론에서 호의적인 방향으로 말했다가 논란을 일으킨 적도 있었다.

나는 그 일이 나한테 적합한지를 생각해야 했다. 백악관에서는 나를 염두에 두면서도 나의 워싱턴에서의 경력이 일천한 관계로, 어느 누구도 나를 정치적으로 시험하는 데에는 관심이 없었다. 나의 정치 성향에 대한 심사는 내가 공화당원으로 등록되어 있는지, 부시 대통령과 학교 위원회에 관해서 어떤 대화를 주고받았는지를 확인하는 정도였다.

나는 나 자신을 온건파 공화당원이라고 생각한다. 사회적 쟁점에 대해서는 진보적이지만, 재정정책과 국방 문제에서는 보수적이다. 가능하다면, 시장의 힘에 의존하려고 하는 점에서는 일반적인 경제학자의 성향을 지녔다. 십대 시절에는 그린스펀이 추종하던 에인 랜드의 책을 읽었지만, 자유지상주의(libertarianism)에 결코 열광하지는 않았다. 나는 개인의 권리에 대한 존중은 가정과 공동체에 대한 지원, 사회의 가치를 증진하고 공익을 제공하는 기관에 대한 지원과 조화를 이루어야 한다고 믿는다. 나는 부시 대통령의 시장친화적인 입장을 제외하고는 그의 "온정적인 보수주의"와는 잘 어울린다고 생각한다. 나는 백악관의 관점을 따라야 한다는 사실을 잘 알았다. 내가 완전히 동의하지 않더라도 말이다. 그러나 경제자문위원회에서는 이상적인 경제분석이 거칠고 어지러운 정치와 만나서 경제정책을 만들어가는 모습을 직접 볼 수 있을 것이었다. 그리고 방금 재선된 대통령과 함께 새로운 정책을 개발할 수 있을 것이었다.

두 아이들은 대학생이 되어 집을 떠나 있었기 때문에(앨리사는 아나폴리스에 있는 세인트 존스 칼리지를 다녔다), 애나는 변화를 맞이할 준비가 되어 있었다. 우리는 의회 의사당에서 동쪽으로 조금 떨어진 곳에 있는 집을 장만했다. 애나는 워싱턴 북서부에 있는 사립여학교인 내셔널 캐시드럴 스쿨에서 스페인어 교사 자리를 얻었다. 프린스턴 3년 휴직 기간 중 마지막 해에 내가 새로운 직장을 얻은 것은 종신교수직을 사임하는 것을 의미했다. 고용 안정의 측면에서 보면, 내가 정반대 방향으로 움직였던 것이다. 종신

교수에서 14년 임기의 연준 총재로 그리고 이제는 대통령의 뜻을 따라야 하는 경제자문위원회 의장으로 가게 되었으니까 말이다. 그러나 나는 백악관에서 일하고 싶은 의욕이 샘솟았다.

나는 경제자문위원회 의장으로 지명되자, FOMC 회의에는 참석하지 않았다. 통화정책에 행정부가 영향을 미치는 듯한 모습으로 비쳐질 수도 있기 때문이었다. 연방자금금리를 2.75%로 인상했던 2005년 3월 회의가 총재로서 참석한 마지막 회의였다. 나는 그해 5월 25일 상원 은행위원회에 참석했고, 6월 21일 상원 전체 회의의 인준을 받았다. 맨큐가 떠나고 내가 상원의 인준을 받기까지, 하비 로젠(프린스턴 경제학과 교수. 맨큐 시절 경제자문위원회 위원을 지냈다)이 의장 역할을 대신했다. 하비는 조용한 학자로서 백악관 사람들 사이에서 평판이 좋았고, 나는 이러한 사실을 좋은 징조로 여겼다. 그는 자신의 퇴임 행사에서 부인과 두 자녀를 소개했다. 그 자리에서 그는 "여론조사에 따르면 유대인 4명 중 1명만이 공화당에 표를 준다고 합니다. 우리 가정은 여론조사 결과의 축소판이라 할 수 있습니다"라고 말했다. 그러자 비서실 차장 길 로브가 큰 소리로 웃었다.

나는 위원회의 위원 2명을 뽑아야 했다. 위원회의 사무국장 게리 블랭크와 의논하고는 적임자를 찾았다. 하버드 출신으로 보건 경제학 분야의 떠오르는 스타였던 캐서린 베이커와 다트머스 대학교에서 무역과 세계화 문제를 가르치는 다재다능한 경제학자 맷 슬로터가 떠올랐다. 또한 우리는 학계와 공공 부문 출신의 초빙 이코노미스트로 일할 사람도 뽑았다. 다행스럽게도, 정규직 직원들은 위원회에서 계속 일하려고 했다. 그들 중에는 연준 출신으로 위원회의 거시경제 예측을 혼자서 맡은 스티브 브라운이 있었다.

위원회 사무실은 백악관 옆의 아이젠하워 빌딩에 있었다. 19세기에 지은 프랑스 제국주의 양식의 이 건물에서 국무부, 육군부, 해군부가 상주하던 시절도 있었다. 내 사무실은 백악관 웨스트 윙 입구를 정면으로 내려다보고 있었다. 안타깝게도, 건물 보수 관계로 우리 직원들 중 대다수가 한 블록 떨어진 평범한 건물에서 일했다. 나는 웨스트 윙과 가까운 곳에 있었지만, 직원들과 가깝게 지내고 싶었다. 그래서 백악관 단지와 임시 사무실을 자주 오가곤 했다.

위원회는 상당히 평면적인 조직 구조를 가지고 있었다. 모두가 직책이나 연공서열과는 상관없이 함께 일했다. 나는 때로는 대학교를 갓 나온 연구 조교와도 함께 정책 보고서를 작성했다. 일처리 속도는 연준보다 훨씬 더 빨랐다. 직원이 많은 조직은 아니었지만, 이민과 기후 변화처럼 경제와는 부분적으로만 관련이 있는 문제를 포함하여 다양한 문제를 처리했다. 우리는 불과 몇 시간 만에 다양한 문헌을 참조하면서 심층적인 보고서를 작성하는 데에 상당한 자부심을 가졌다. 또한 경제 데이터와 뉴스를 주시하면서 최신 자료를 백악관에 보고했다. 나는 우리가 웨스트 윙에 보내는 모든 자료를 검토했다. 우리는 경제 전문용어가 나오지 않은, 이해하기 쉬운 자료를 만들기 위해서 많은 고민을 했다. 백악관 참모진 회의는 매일 오전 7시 30분에 열리는데, 비서실 실장 앤드루 카드와 차장 칼 로브가 주재했다.(로브는 회의 시간에 나를 "닥터 데이터(Doctor Data)"라고 불렀는데, 실제로는 공감을 얻지 못했다.) 로브가 나에게 경제 현안에 관한 보고를 요청했기 때문에, 나는 오전 7시에 사무실에 도착하여 밤 사이 일어난 새로운 뉴스를 살펴보아야 했다. 나는 위원회 직원들과 함께 밤늦게까지 일했다.

백악관 경제정책회의는 국가경제회의(National Economic Council, NEC)의 의장인 앨 허버드가 주재했다. 클린턴 행정부 시절에 창설된 국가경제회의는 국가안전보장회의(National Security Council : 백악관의 대외정책과 군사 문제를 다룬다), 국내정책회의(Domestic Policy Council : 교육과 같은 국내의 비경제적인 문제를 다룬다)와 비슷한 역할을 한다. 국가경제회의는 행정기관들의 경제정책에 관한 견해를 취합, 조정하여 대통령에게 보고한다.

훤칠하고 활달한 허버드(글렌 허버드와는 아무런 관련이 없다)는 경제정책에 관한 뛰어난 교통순경이었다. 경제학자라기보다는 사업가 기질이 있는 그는 자기가 모르는 내용이 나오면 이를 기꺼이 인정했다. 그리고 경제와 관련하여 기술적인 문제가 나오면, 주로 내 의견을 따랐다. 또한 경제 쟁점을 논의할 때마다 경제자문위원회가 발언할 기회가 있는지를 확인했다. 나는 부시 대통령과는 특별히 가깝지는 않았지만, 친하게 지냈다.(언젠가 한 번, 오직 한 번이었다. 텍사스 주 코로포드에 있는 부시 대통령의 목장에 초대받은 적이 있었지만, 나는 섭씨 40도가 넘는 그곳에서 달리기를 하는 것이 힘들어서 정중하게 거절했다.) 나는 수시로 대통령 집무실에서 대통령과 부통령에게 경제 현황 보고를 했다. 부시 대통령은 빠르게 이해하고는 좋은 질문을 많이 했지만, 발표 내용이 지나치게 원론적이거나 흥미가 없을 때에는 조급한 모습도 보였다. 때로는 허버드 혹은 허버드의 보좌관 키스 헤네시를 통해서 후속 질문을 하기도 했다.

백악관의 분위기는 좋았다. 부시 대통령은 텍사스 주지사 시절부터 친숙하게 지내던 비서진뿐만 아니라 나처럼 알게 된 지 얼마 안 되는 사람들에게도 친절했다. 그는 수시로 백악관에서 일하는 것이 영광스러운 일이라고 말했다. 경제자문위원회 사무실에 수차례 예고도 없이 방문하여 직원들과 담소를 나누기도 했다.

널리 알려진 사실이지만, 부시 대통령은 사람 놀리기를 좋아한다. 한번은 내가 대통령 집무실에서 발표할 때, 그가 나한테 와서 갑자기 나의 바짓가랑이를 올렸다. 나는 교수 출신답게, 어두운 색상의 옷에다 갈색 양말을 신고 있었다. 대통령은 근엄한 표정으로, "당신도 알다시피, 여기는 백악관입니다. 우리는 여기에 맞는 복장 기준이 있습니다"라고 말했다. 나는 캐주얼 웨어 체인점에서 10달러에 4켤레를 주고 샀다고 대답하고는, 대통령에게 백악관에서 보수적인 지출 습관을 권장하고 있는 것은 아닌지를 물었다.

그러자 대통령은 아무런 표정도 없이 고개를 끄덕였다. 그리고 나는 발표를 계속했다. 그다음 날, 대통령 집무실 회의에 다시 들렀을 때에 체니 부통령을 포함하여 경제팀 멤버 모두가 갈색 양말을 신고 있었다. 대통령은 못 본 척하려고 했지만, 금방 웃음을 터뜨렸다. 키스 헤네시가 장난을 주도했던 것이다.

분위기가 어쨌든, 그 시절은 힘들었다. 무역 협정을 포함하여 대통령이 주도하는 일이 진행되었다. 그리고 고속도로 건설 계획을 두고 대통령이 직접 의회와 협상을 했다. 패니 메이와 프레디 맥(p.270 참고)에 대한 개혁 프로그램이 어느 정도 틀을 잡아갔다. 그러나 부시 대통령이 사회보장제도에 개인 구좌를 도입하려는 제안은 이민법 개혁안과 함께 물거품이 되었다.

2005년 8월, 태풍 카트리나가 뉴올리언스와 멕시코만 연안 지역을 강타하여 1,800명이 넘는 사람들이 목숨을 잃었을 때, 경제자문위원회의 이코노미스트들은 쉴 틈이 없었다. 지금은 듀크 대학교에 있는 에너지 경제학자 리처드 뉴얼은 정유 공장, 파이프 라인, 휘발유 수송 상황을 지속적으로 보고했다. 경제자문위원회는 피해를 입은 도시의 복구 계획을 두고 고심했다. 시-스팬(C-SPAN : 미국 연방의회 중계 방송국)의 뉴올리언스 재건 계획에 관한 특집 프로그램에서 나는 태풍의 경제적 피해와 지역 경제 구호 전략에 관해서 토론하면서 몹시 흥분했다. 첫 번째 전화 참가자는 이렇게 말했다. "저는 당신이 지나치게 숫자에만 몰입한 나머지, 거기에 관련된 사람들을 잊어버리고 있다는 생각이 들었습니다." 나는 정신이 번쩍 들었다. 숫자 뒤에 있는 사람들을 결코 잊어서는 안 된다.

나는 경제자문위원회 의장으로서, 수시로 의회 위원회에서 증언했고, 경제정책의 현안을 설명했으며, 신문기자들을 만났다. 그러나 백악관은 나에게 텔레비전 출연은 자제하고 정치적인 사건에는 절대로 관여하지 말 것을 요구했다. 이러한 요구가 내가 (시-스팬 출연에 알 수 있듯이) 대변인의 자질이 부족해서 나온 것인지 혹은 백악관에서 나를 그린스펀의 후임으로 생각하고 정치적인 인물로 비쳐지는 것을 꺼려서 나온 것인지는 지금도 잘 알지 못한다.

내가 대중 앞에서 이야기를 할 때에는 주택 가격의 급격한 상승이 가장 곤란한 쟁점이 되었다. 나는 주택 가격이 어떻게 변할지를 잘 몰랐기 때문에, 공개적인 자리에서 예측하는 것을 회피했다. 나는 주택 가격 상승의 일부분은 소득 증가와 모기지 대출금리 저하와 같은 펀더멘털 요인 때문이라고 생각했다. 나는 주택도 다른 자산과 마찬가지로 높은 수익을 무한정 제공할 수 없다는 사실을 백악관 내부와 외부의 토론에서 지적했다. 그러나 주택 가격이 급격하게 하락하기보다는 서서히 하락하거나 상승하는 속도가 저하될 가능성이 더 높을 것이라고 생각했다. 그럼에도 스티브 브라운의 도움을 받아, 주택 가격의 급격한 하락과 함께 주택 소유자의 주택 지분도 감소할 때에 나타날 수 있는 결과를 분석했다. 백악관 대통령 집무실 회의에서 스티브와 나는 가게지출에 미치는 영향으로 인해서 2001년의 8개월 동안의 침체와 비슷하거나 그보다 조금 더 심각한 침체가 발생할 수도 있다는 결론을 내렸다. 당시 우리는 주택 가격 하락과 함께 모기지 대출자의 채무불이행이 금융 시스템에 미치는 영향을 충분히 인식하지 못했다.

경제자문위원회 의장이 된 이후, 내가 2006년 1월에 임기가 끝나는 그린스펀의 후임이 될 것이라는 추측이 떠돌았다. 그린스펀에게는 포드 대통령 시절의 경제자문위원회 의장 자리가 연준 이사회 의장이 되기 위한 징검다리였다. 또한 아이젠하워 대통령 시절에 아서 번스의 경우도 그랬다. 결국 내가 이사회 의장이 되었을 때, 프린스턴 대학교 교수이자 「뉴욕 타임스」 칼럼니스트인 폴 크루그먼은 위원회에서 내가 보낸 시간이 "역사상 가장 긴 구직 면접"이었다고 말했다. 그러나 나는 경제자문위원회 의장직을 고려할 때에, 그런 가능성을 심각하게 생각하지 않았다. 언젠가 프린스턴 동료 교수 앨런 블라인더가 내가 연준 이사회 의장이 될 가능성을 물었을 때, 나는 그런 가능성을 중요하게 생각하지 않고서 "그럴 가능성은 아마도 5%나 될까?"라고 대답했다. 나는 이사회 의장이 되기 위해서 정치 운동을 전혀 하지 않았고, 부시 대통령과도 그런 이야기를 전혀 하지 않았다.

그린스펀은 임기가 끝날 무렵에도 꼭 필요한 사람이었다. 1999년 공화당 대통령 예비선거 기간에, 존 매케인은 만약 그린스펀이 사망하면, 그의 눈에 선글라스를 끼우고 집무실 의자에 앉혀 놓을 것이라고 말했다. 나는 부시 대통령이 그린스펀을 재지명할 것으로 생각했다. 당시 그린스펀은 거의 여든이 되었지만, 여전히 총명하고 민첩했다. 그러나 법에 따르면 연준 이사회 구성원은 14년의 전체 임기를 다 채우면 다시 구성원이 될 수 없었다. 그린스펀은 처음에는 이사회에서 잔여 부분의 임기로 임명된 뒤에, 1992년에 7년 전체 임기로 재임명되었다. 이는 그린스펀이 2006년 1월 이후에는 이사회 구성원이 될 수 없고, 따라서 의장직을 계속 수행할 수 없다는 것을 의미한다. 그린스펀은 이사회에서 18년 넘게 일했고, 1950년대와 1960년대의 대부분의 시간을 의장직에 있었던 윌리엄 맥체스니 마틴의 기록을 경신하기에는 4개월이 모자랐다.

부시 대통령은 그린스펀의 후임을 추천하기 위해서 체니 부통령이 이끄는 위원회를 구성했다. 위원회에는 앨 허버드, 앤드루 카드 그리고 백악관 인사담당 리자 라이트가 포함되어 있었다. 나는 그 위원회의 활동에 대해서는 아는 바가 거의 없었다. 기자들(그리고 온라인 베팅 사이트)은 마틴 펠드스타인, 글렌 허버드 그리고 나를 예상했다. 펠드스타인은 하버드 시절 나에게 경제원론을 가르쳤던 분이다. 연구 경력이 뛰어난 학자로서, 레이건 대통령 시절에 경제자문위원회 의장을 지냈다. 당시 그는 레이건의 감세정책에 의해서 발생하게 될 예산적자를 우려하면서 재무장관 도널드 리건과 불협화음을 빚었다. 소문에 따르면, 그는 20년도 더 지난 그때 일 때문에 기회를 잃어버렸을 것이라고 한다. 나는 경제자문위원회 의장직을 마치고 컬럼비아 대학교 경영대학원 원장이 되었던 글렌 허버드에게 의장 자리가 돌아갈 것이라고 생각했다. 그는 부시 대통령과도 가까운 사이였고, 대통령의 감세정책에도 기여했다. 또한 공화당내에서도 활발한 활동을 전개했다. 내 경우에는 주로 이사회 총재라는 비교적 짧은 경험과 통화정책과 재정정책에 관한 저술과 강연 활동을 살펴보았던 것 같다. 펠드스타인과 허버드는 통화정책보다는 재정정책에 관한 활동으로 유명했다.

2005년 9월, 위원회는 부통령 집무실로 나를 불러 인터뷰를 진행했다. 나는 백악관 대기실에서 「월 스트리트 저널」을 읽는 척하면서 초조하게 앉아 있었다. 방문객들이 지나가는 모습을 보면서, 이처럼 감시망을 의식해야 하는 인터뷰 방식은 바람직하지 않다는 생각이 들었다. 면접은 약속 시간보다 거의 20분이 지나서 시작되었다. 면접 자체는 30분 정도 걸렸던 것 같았다. 주로 나의 경력과 자격에 관한 이야기를 나누었다. 나는 내가 의장이 되지 않더라도, 대통령이 원하면 경제자문위원회에서 계속 일하고 싶다고 말했다.

몇 주일이 지났는데도 아무 이야기가 없었다. 그리고 나는 경제자문위원회에서 계속 일하게 될 것으로 생각했다. 앤드루 카드가 오전 회의 전에 잠깐 보자는 말을 했을 때, 나는 내 예감이 맞을 것이라고 생각했다. 그런데 카드는 정말 내가 연준 이사회 의장으로 일할 생각이 있는지를 물어보았다. 나는 몇 시간 동안 생각할 시간을 달라는 말을 했지만, 카드는 그 말을 내가 그 제의를 수용할 뜻이 있는 것으로 들었을 것이다.

나는 카드의 사무실을 나오자마자, 애나에게 전화했다. 애나는 눈물을 흘리며 "정말이에요? 당신한테 그런 일이 일어날까봐 염려했어요"라고 말했다. 애나는 그 일이 우리 두 사람에게 정신적, 정서적, 신체적 스트레스가 따른다는 사실을 나보다 더 잘 알고 있었다. 그러나 내 생각을 존중하기로 했고, 나는 그 점에 대해서 항상 고마운 마음을 가지고 있다. 이후 8년 동안, 애나는 집에서 나와 대화를 나눌 때마다 어떤 기자, 어떤 정치인이 무엇인가를 완전히 잘못 알고 있다고 비판했다. 이때 나는 애나의 편을 들지 않고 그 사람이 **완전히** 잘못 알고 있는 것은 아니라고 말했다가, 애나에게 안 좋은 소리를 듣기도 했다.

10월 24일 부시 대통령, 그린스펀 그리고 나는 카메라 세례를 받으면서 백악관 대통령 집무실로 들어갔다. 애나, 조엘, 앨리사는 먼저 와서 자리를 잡고 있었지만, 기자들에 가려 거의 눈에 띄지 않았다. 대통령은 앞으로 내가 이사회 신임 의장직을 맡을 것이라고 선언했다. 내 차례가 되자, 나는 대통령은 물론이고 "경제정책 형성에서 탁월한 모범을 보여준" 그린스펀 의장에게 감사의 말을 했다. 또한 물가안정목표제를 도입하고 이사회의 투명성을 높일 것임을 비치면서, 최선의 통화정책은 그린스펀 의장 시절에 진화를 거듭했고, 앞으로도 계속 진화하게 될 것이라고 말했다. 그러나 나의 첫 번째 우선순위는 그린스펀의 정책의 연속성을 유지하는 것이라고도 했다. 2004년 6월부터 시작된 금리인상의 기조를 계속 유지할 것이라는 뜻도 암묵적으로 전했다.

이 모든 절차가 끝나는 데는 불과 8분도 걸리지 않았다.

나는 훨씬 더 광범위한 FBI 조사를 포함한 심사 절차를 다시 한번 거쳐서 2005년 11월 15일 지난 3년 반 동안 네 번째로 상원 은행위원회의 인사청문회 앞에 섰다. 그날 분위기는 좋았고, 나는 상원 전체 회의의 인준을 받았는데, 상원의원 버닝만이 반대표를 던졌다고 한다. 상원은 서두르지 않는 것으로 유명하다. 그러나 인준 표결은 그린스펀 임기의 마지막 날인 1월

31일 진행되었다.

그 다음 날인 2006년 2월 1일, 나는 연준 이사회 총재들과 직원들이 보는 앞에서 부의장 로저 퍼거슨이 진행하는 취임 선서를 마치고, 이사회의 14번째 의장이 되었다. 공식 취임 선서식은 2월 6일 에클리스 빌딩 2층에서 있었다. 그 자리에는 가족뿐만 아니라 앨런 그린스펀, 폴 볼커, 부시 대통령도 참석했다. 대통령이 연준을 방문한 것은 1937년 건물 개관식에 프랭클린 루스벨트 대통령이 방문한 이후로 처음이었다.

나는 취임 선서를 마치고, 샹들리에 조명이 우아하게 비치는 의장 집무실로 짐을 옮겼다. 첫 번째 업무 회의에서는 상임 고문 린 폭스의 주도로 전체 직원들이 갈색 양말을 신고 내 집무실로 들어왔다. 옛날에 키스 헤네시와 내가 부시 대통령에게 했던 장난을 이제는 그녀가 나에게 했던 것이다. 집무실 책상은 19세기 골동품인데, 과거 이사회 총재를 지냈고 지금은 고인이 된 존 라웨어가 기증한 것이었다. 컴퓨터 모니터, 블룸버그 단말기, 텔레비전이 곳곳에 긁힌 자국이 있는 나무 책상을 둘러싸고 있었는데, 내 자리는 마치 비행기 조종석과 같은 분위기를 풍겼다. 붙박이 책장에는 프린스턴 연구실에서 가져온 책들이 꽂혀 있었는데, 작은 도서관과 같은 느낌을 주었다. 벽난로 쪽에는 미국 성조기와 연방준비제도를 상징하는 독수리 깃발이 있었다. 높다란 창문으로는 깨끗하게 손질한 잔디밭과 건너편으로는 내셔널 몰이 바라보였다. 벽난로 옆에는 응접실로 가는 문이 있었고, 거기에서는 리타 프록터가 서류철을 준비하고 있었다.

나는 그린스펀 의장과는 다르게 이메일을 쓰려고 했다. 메일이 쇄도하지 않도록 하려면 가명이 필요했다. 이사회의 IT 전문가 앤디 제스터는 에드워드 퀸스를 쓰라고 했다. 그는 "퀸스(Quince)"라는 단어를 어떤 소프트웨어 박스에서 보았고, "에드워드(Edward)"는 멋진 반지가 연상된다고 했다. 나는 그 아이디가 나한테 어울릴 것 같아서, 그것을 쓰기로 했다. 이사회 전화

번호부에는 에드워드 퀸스가 보안팀 멤버로 나와 있다. 이 가명은 내가 의장으로 있는 동안 비밀 유지가 되었다. 우리가 의회 요구 혹은 정보 자유법에 따라서 내 이메일을 공개해야 할 때에는 에드워드 퀸스라는 가명은 지워버렸다.

새로운 자리에 적응하자, 이사회의 금융 긴급사태에 대한 대처 능력을 시험하는 상황이 벌어졌다. 나는 취임 선서를 하기 전에, 이사회 간부들을 만나 만일의 사태를 위한 계획을 논의했다. 9/11테러 이후로 이사회 직원들은 로저 퍼거슨과 도널드 콘의 지휘 아래 이사회의 위기 대처 능력을 크게 개선했다. 나는 이 작업을 더욱 강화하기로 결심하고 주요 금융회사의 상황을 매일 보고하도록 지시했다. 그리고 직원들의 보고 파일을 내 열쇠고리에 꽂혀 있는 USB에 담았다.

나는 이사회가 금융 안정 보고서를 준비해야 한다는 생각을 예전부터 가졌었다. 이에 따라 간부들로 위원회를 구성하고, 금융 시스템 속에 잠재된 위기에 관해서 발표하도록 했다. 티머시 가이트너가 이끄는 뉴욕 연은에서는 이와 비슷한 작업이 진행되고 있었다. 그러나 이 작업을 위한 인력이 많지 않아 정책 선택에 미치는 효과는 제한적이었다.

나는 처음부터 이러한 작업의 정치적인 측면에 집중했다. 나는 당시 원햄블리가 이끄는 이사회 법무실과 협의하면서, 의회의 핵심 의원들을 이사회로 초대하여 조찬이나 오찬을 함께 했다. 먼저 우리는 상원 은행위원회와 하원 금융 서비스 위원회처럼 이사회를 감독하는 위원회 의원들에게 집중했지만, 나중에는 활동 범위를 넓히고 당파를 초월하려고 했다. 나는 취임 선서를 하고 겨우 2주일이 지나서 매사추세츠 주 민주당 하원의원으로서 하원 금융 서비스 위원회 위원장인 바니 프랭크를 만났다. 또한 그들의 보좌관도 수시로 만났고, 위원회에 들러서 현안에 대해서 이야기를 나누기도 했다. 나는 특히 예산 문제, 금융규제를 포함하여 의회 토론과 입법 과정에 대해서 많이 배웠다.

의회와의 유대를 형성하는 데에는 노력이 필요했지만, 백악관 사람들과의 관계는 이미 좋게 형성되어 있었다. 나는 이후로도 대통령, 부통령, 참모진과 수시로 점심을 함께했다. 또한 그린스펀이 그랬던 것처럼, 재무장관과도 매주일 한 번씩 아침 혹은 점심을 함께했다. 처음에는 재무장관 존 스노와 식사를 했는데, 그는 유머 감각이 넘치고 개방적인 인물이었다. 또한 이사회 간부들은 경제자문위원회 간부들과 한 달에 한 번씩 비공식적으로 점심을 함께했다. 내 후임으로 경제자문위원회 의장직을 맡은 사람은 스탠퍼드 시절부터 알고 지내던 노동 경제학자 에디 러지어였다. 또한 앨 허버드와 나중에 그의 후임으로 국가경제회의 의장이 된 키스 헤네시와도 자주 만났고, 행정부 인사들과도 수시로 만났다. 그들 중에는 가까운 곳에 있던 콘돌리자 라이스 국무장관도 있었다.(국무부 건물은 연준 건물과 이웃하고 있다.) 우리는 스탠퍼드에서 교수 생활을 했고, 부시 행정부에서 일했던 공통점이 있었다.

그 다음 우선순위는 외국의 정책 담당자와도 좋은 관계를 유지하는 것이었다. 나는 영국은행 총재 머빈 킹과는 친분이 있었다. 우리 두 사람은 1983년 MIT 초빙 교수로 있으면서 연구실을 함께 썼다. 우리는 3월 말에 연준에서 오랜만에 만나서 점심을 같이 했다. 젊은 교수 시절, 우리 둘이 각자가 세계에서 가장 중요한 통화인 달러화와 파운드화에 대해서 막중한 책임을 맡는 일을 할 것이라고는 서로 예상하지 못했다. 4월 IMF(국제통화기금) 봄 회의가 워싱턴에서 열릴 때, 일본은행 총재 후쿠이 도시히코, 유럽중앙은행 총재 장 클로드 트리셰, 멕시코 은행 총재 기예르모 오르티스와도 처음으로 단독 면담을 가졌다.

중앙은행 총재들이 모이는 국제회의는 업무 시간을 많이 잡아먹는다. 우리는 국제결제은행(Bank for International Settlement, BIS)에서 1년에 여섯

번 정도 모인다.(연준 의장과 부의장이 보통 번갈아 참석한다.) 스위스 바젤에 있는 국제결제은행은 독일의 제1차 세계대전 배상금 지불 문제를 처리하기 위해서 1930년에 창설되었다. 국제결제은행은 독일에게 배상금 지불을 강제하려는 노력이 무산되자, 중앙은행의 은행(예를 들면, 지급준비금 투입)의 역할을 하고, 중앙은행의 공동의 이익을 추구하기 위해서 모이는 장소가 되었다. 우리는 하루 동안 세계경제, 통화정책, 금융규제와 같은 주제를 중심으로 회의를 하고, 만찬 장소에 모여 허심탄회한 대화를 나누었다. 만찬은 네 코스(각 코스마다 와인이 나온다)로 진행된다. 세계의 중앙은행가들은 클럽을 결성하고 수십 년간 유지해오고 있는데, 나도 지금 그 클럽의 회원이 되었다.

재무장관, 의회 의원, 외국 공직자와 점심 약속이 없는 날에는 이사회 식당에서 식사를 했다. 총재 시절에 그랬듯이, 식판을 들고 줄을 서서 음식을 받아 빈자리에 가서 앉았다. 나는 현직 의장이 되었지만, 모든 계층의 직원들과 가깝게 지내는 것이 중요하다고 생각했다. 1주일에 두세 번은 이사회 체육관에 가서 로잉 머신, 웨이트 기구를 가지고 몸을 단련하거나 농구 연습을 했다. 나중에 농구 코트는 스쿼시 코트로 개조되었다.

이사회에 돌아오면서 총재 시절 같이 일하던 미셸 스미스도 다시 만났다. 미셸은 텍사스 출신의 매력이 넘치는 여성으로 재무장관 3명—로이드 벤슨(워싱턴에서 그녀의 첫 일자리를 마련해주었다), 로버트 루빈, 래리 서머스—을 보필한 경험이 있다. 이후로는 앨런 그린스펀이었고, 그 다음에는 나였다. 처음부터 공보 업무에서 뛰어난 역량을 발휘했던 그녀는 내가 재임하던 시절에는 공보실장으로서 나의 일정과 공식 활동을 관리했다. 사교적이고 활달한 그녀는 어떤 총재가 맡은 일에 대해서 불만을 가졌는지, 어떤 직원이 개인적으로 힘든 일을 겪고 있는지를 잘 알았다. 나는 그런 것들이 궁금할 때에는 그녀에게 넌지시 물어보았다.

첫해에 미셸과 나는 12개 연은 방문과 함께 공개 강연을 엄청나게 많이 준비했다. 사실 나는 11개 연은을 방문했다. 애틀랜타 연은 방문은 12월 중국에서 열리는 경제 정상회의에 참석하기 위해서 취소해야 했다. 2월 24일 나는 내가 일하던 프린스턴에서 의장 자격으로서는 첫 공개 강연을 했다. 거기서 나는 교수들과 학생들 앞에서 인플레이션에 맞서 싸우는 전사의 이미지를 전하고 "헬리콥터 벤"이라는 말도 안 되는 이미지를 불식시키기 위해서 낮은 수준의 인플레이션이 주는 경제적 혜택을 집중적으로 설명했다. 총재 시절에 그랬듯이, 나는 강연 준비에 많은 시간을 할애했다―중앙은행가에게는 강연 주제가 단지 정책만이 아니라 정책 도구일 때도 많다―하지만 많은 일정을 소화해야 하는 관계로, 초안이나 교정을 위해서 직원들의 도움을 이전보다 훨씬 더 많이 받아야 했다.

또한 나는 취임 선서를 하고 나서 불과 2주일 만에 1년에 2번씩 하는 의회 증언을 준비해야 했다. 직원들은 연준 업무의 모든 영역을 담은 두꺼운 자료를 건네주었다. 나는 연준의 업무 영역을 뛰어넘는 쟁점에 관한 질문도 있을 것이라고 생각했다. 따라서 마음을 놓을 수가 없었다. 나는 직원들과 만나서 예상 질문을 논의했다. 워싱턴의 정책 입안자들은 대체로 "심사위원회(murder board)"의 형식을 통해서 청문회를 준비한다. 심사위원회에서는 직원들이 의원이 되고, 정책 담당자들은 대답을 연습한다. 나는 그런 역할놀이보다는 직접적인 대화가 더 좋았다. 나는 의회 경험을 통해서 의원들이 자신의 정책 제안을 뒷받침하는 대답을 끌어내려고 유도 질문을 자주 한다는 것을 알고 있었다. 그런 질문을 하는 의원들은 주로 변호사 출신이다. 따라서 그들이 온갖 종류의 목적을 가지고 질문을 하는 것은 당연한 일이다. 그러나 드물게는 대답이 정말 궁금해서 하는 질문도 있다.

그린스펀은 2001년에 새로 출발하는 부시 행정부가 제안한 감세를 지지하는 듯한 대답을 해서 곤혹을 치른 적이 있었다. 의회 증언에서 그는 당시로서는 대규모 예산 흑자보다는 감세가 더 바람직하다고 말했다. 그린스펀의 발언은 부시 행정부의 정책을 드러내놓고 지지하는 정도는 아니었다. 그러나 그가 말하던 많은 단서들은 곧 잊혀졌다. 당시 해리 리드 상원 민주당 대표는 나와 만난 자리에서 화가 난 표정으로 그린스펀이 감세정책을 지지하려고 했다는 말을 전했다. 리드가 전하는 메시지는 분명했다. 나는 재정정책에는 쓸데없는 참견을 하지 말아야 한다.

나는 재정정책을 무시하면서 경제 문제를 현명하게 다룰 자신이 없었다. 그래서 재정 문제에 관해서는 광범위한 용어를 써서 말하기로 했다. 예를 들면, 조세와 지출의 합당한 균형의 필요성을 강조하지만, 이러한 균형을 달성하는 방법은 의회와 행정부가 결정한다는 식이었다. 나는 때로는 산수에 나오는 법칙을 인용하기도 했다. 정부의 예산적자는 세입에서 지출을 뺀 것과 같다. 의원들은 때로는 지출을 늘리고 세입을 줄이면서 적자도 줄일 수 있는 것처럼 말한다. 수학적으로 불가능한 일이다.

부시 행정부가 나를 지명할 때에는 나의 거시경제학과 통화정책에 관한 연구 경력을 높이 평가했고, 은행 감독기관에서의 실무 경험이 부족한 점을 문제 삼지 않기로 결정했을 것이다. 경험이 풍부한 이사회 총재들이 은행감독위원회를 담당하고 있었지만, 나는 그 업무를 중요하게 생각하고 정기적으로 보고하도록 요청했다. 나는 많이 배워야 했다. 처음에는 당시 연방예금보험공사 의장 대행이었던 마틴 그루언버그처럼 은행 감독 업무 경험이 풍부한 사람을 만나서 현안에 관해서 의논했다.

이사회 의장직 수행을 준비하는 데에는 다른 사람의 조언만으로는 충분하지 않았다. 나는 이곳저곳을 다니면서 때로는 힘들게 배워야 했다. 처음에는 의장 식당에서 그린스펀과 조찬을 하기도 했다. 나는 그에게 도움이 될 만한 말을 해달라고 부탁했다. 그는 아무런 표정이 없었지만, 반짝이는 눈빛으로 공식적인 손님과 식사를 할 때에는 시계를 볼 수 있는 곳에 앉는 것이 중요하다고 했다. 그러면 모임이 끝나는 시간을 확인할 수 있다는 것이다. 그가 나에게 준 유일한 조언이었다. 뉴욕 시장 마이클 블룸버그는 더욱 적절한 말을 만찬 자리에서 내게 해주었다. "실수를 하지 말라."

나는 2월 14일 연준 이사회 의장이 되어 처음 행하는 의회 증언을 앞두고 전날 밤에는 잠을 설쳤다. 이후로 8년 동안 수십 차례에 걸쳐 의회 증언을 했지만, 나는 그 일이 항상 부담스러웠다. 의회 증언은 때로는 지구전의 양상을 띠었고, 4-5시간 동안 끊임없는 집중을 요구했다. 나는 증언이 시작되기 적어도 2시간 전부터는 아무것도 마시지 않았다. 그러면 쉬는 시간을 요청하지 않아도 된다. 훨씬 더 힘든 것은 대답을 자세히 분석하는 의원뿐만 아니라 언론, 시장, 대중을 의식해서 대답을 조정해야 하는 일이었다. 교수 시절에 했던 강의 경험은 내가 시종일관 침착하게 대답하는 데에 도움이 되었다. 나는 질문이나 의견을 경청한 뒤에는 과거에 내가 경제학과 학생들에게 어떻게 대응했는지를 생각했다. 나는 그 시절의 나로 돌아가서 적대적인 의견이나 질문 속에 숨어 있는 동기를 무시해버렸다.

첫 번째 청문회에서 나는 대체로 좋은 메시지를 전했다. 2005년 경제는 3% 넘게 성장했다. 실업률은 5% 아래로 떨어졌다. 우리는 2006년과 2007년에도 견실한 성장 기조를 유지할 것으로 내다보았다. 인플레이션은 계속 통제되고 있었다. 경제가 통화정책의 도움이 거의 필요하지 않은 상태에서, 우리는 2004년 중반부터 FOMC가 열릴 때마다 연방자금금리를 0.25% 인상하던 일을 계속하기로 했다. 당시 금리는 4.5%였다.

주택 경기는 둔화되고 있었다. 그것은 예상했던 일이었지만, 나는 다른 부문이 이 부분의 침체를 흡수할 수 있을 것이기 때문에 전체적인 경제성장과도 조화를 이룰 것이라고 기대했다. 그러나 나는 주택 가격과 건설 경기가 지난 수년 동안 급상승한 점으로 미루어볼 때에 우리가 예상하는 것보다 더욱 빠른 속도로 둔화될 수도 있을 것이라고 경고했다. 우리는 주택 경기가 어떻게 전개될 것인지는 모르지만, 나는 연준이 예의 주시할 것임을 약속했다.

의장으로 취임한 뒤의 첫 번째 FOMC 회의는 3월 27일과 28일에 예정되어 있었다. 그린스펀 시절에는 위원회 회의가 주로 하루 동안에 열렸고, 실제로는 회의 시간만을 놓고 보면 4시간이 소요되어, 회의 결과 보고서는 오후 2시 15분에 배포되었다. 매년 1월과 6월에는 이틀이 소요되는 회의가 개최되었는데, 둘째 날에는 특정 현안에 대한 이코노미스트들의 발표가 진행되었다. 나는 토론을 위해서 이틀 회의가 더 많이 개최되어야 한다고 생각했다. 이는 내가 의장으로 부임하자마자 모든 위원들과 가졌던 단독 대화에서 제기했던 내용이다. 우리는 이틀 회의를 두 배로 늘려서 1년에 4회 개최하기로 합의했다.(위원회 회의는 1년에 8회 개최된다.)

나는 회의 형식도 바꾸었다. 그것은 통화정책의 결정은 의장 한 사람이 아니라 위원회의 권한이라는 사실을 분명히 하려는 취지에서 나온 것이다. 나는 위원들이 경제전망에 관해서 자신들의 생각을 먼저 요약해서 말하게 하고, 그 다음에 내 생각을 말하기로 했다. 그것은 내가 그들의 생각을 열심히 듣고 있음을 보여주기 위한 것이었다. 그리고 경제전망에 대한 토론 이후에 정책 토론을 할 때에는 그린스펀처럼 맨 마지막에 내가 발언했다. 그것은 의원들의 생각을 불필요하게 압박하지 않으려는 의도에서 나온 것이었다. 연준은 막강한 영향력과 뿌리 깊은 역사를 가진 조직이었다. 그리고 나는 사람들에게 우리들의 결정은 광범위한 분석과 토론에서 비롯되었음을 알려주고 싶었다.

학자 출신인 나는 거리낌 없는 토론을 중시한다. 이런 토론에서 새롭고도 심오한 아이디어가 나오기 때문이다. 이런 이유로, 나는 위원들이 준비된

자료를 읽기보다는 자연스럽게 의견을 교환할 수 있는 분위기를 만들려고
했다. 나는 학계의 컨퍼런스처럼 참가자가 손을 들고는 간단한 질문이나
발언을 요청하는 관행을 도입했다. 또한 위원들에게 아이디어가 떠오르면
주저하지 말고 그 자리에서 발표하도록 했다. 그것은 도움이 되기는 했지
만, 토론이 내가 바라던 형태로 흘러가지는 않았다. 어쩌면 19명은 격의 없
는 토론을 하기에는 너무 많은 인원인지도 모른다.

　나는 나에 대한 비개인화가 이루어지고 있는 신호를 일찍부터 간파했다.
2006년 8월 앨리사가 개강을 했을 때였다. 한 친구가 앨리사에게 아버지는
무슨 일을 하는지 물어보았다. 앨리사는 "음, 사실은 우리 아빠는 연방준비
제도 의장이셔"라고 대답했다. 그러자 그 친구는 깜짝 놀란 표정으로 "뭐라
고? 아빠가 앨런 그린스펀이라고?"라고 물었다고 한다.

그린스펀이 퇴임하고 2005년 8월에는 에드워드 그램리치가 사임하면서, 7
명의 이사진은 5명으로 줄어들었다. 5명은 로저 퍼거슨(부의장), 수전 비에
스, 마크 올슨, 도닐드 콘 그리고 나였다. 2006년 6월 말, 퍼거슨과 올슨이
이사회를 떠났다. 퍼거슨은 교직원연금보험 이사장으로 갔고, 올슨은 상장
기업회계감독위원회(Public Company Accounting Oversight Board) 위원장
으로 갔다. 이 위원회는 엔론 회계 부정 사건 이후 회계 감사관을 감독하기
위해서 창립된 비영리 기관이다. 그다음 해에는 수전 비에스가 그녀의 집이
있는 사우스캐롤라이나로 돌아가려고 퇴직할 예정이었다.

　2006년 백악관은 3명의 새로운 총재를 지명했다. 나는 이러한 과정에서
나와 긴밀한 상의가 있었다는 사실에 대해서 또 대통령의 선택에 대해서
만족스러웠다. 내가 취임 선서를 하고 나서 한 달 안에 백악관 보좌관 케빈
워시와 시카고 대학교 경제학과 교수 랜들 크로스너가 이사회에 합류했다.
나하고 논문을 같이 썼던 프레더릭 미슈킨은 그해 9월에 들어왔다. 나와

케빈은 백악관에서 함께 일한 적이 있는데, 케빈은 국가경제회의에서 은행과 금융 관련 쟁점들을 담당했다. 그는 백악관에 오기 전에는 투자은행 모건 스탠리에서 인수와 합병 일을 했다. 서른다섯 살의 케빈은 연준 이사회 역사상 가장 젊은 나이에 총재가 되었다. 때로는 그의 젊음이 이사회 부의장을 지냈던 프레스턴 마틴을 포함하여 여러 사람들의 비난을 사기도 했다. 그러나 케빈의 정치 감각, 시장을 보는 눈, 월 스트리트 인맥은 이사회의 매우 소중한 자산이었다.

랜들의 전공은 나와 마찬가지로 은행과 금융이었다. 또한 그는 대공황을 포함하여 경제사에 관심이 있었다. 우리는 이사회에 오기 전에 이미 컨퍼런스에서 만난 적이 있었다. 랜들은 수전이 떠난 뒤에는 이사회의 은행감독위원회 업무를 맡았다.

에너지가 넘치고 때로는 진한 농담까지 자주 했던 미슈킨은 사람들이 생각하는 이사회 총재의 이미지, 곧 착실한 은행원의 이미지와는 정반대가 되는 인물이었다. 그러나 미슈킨과 같이 일을 해본 적이 있는 나는 그가 통화와 재정 문제를 깊이 고민하고 강한 신념을 가진 인물이라는 것을 알았다. 나는 그가 FOMC의 훌륭한 협력자가 되어, 내가 물가안정목표제를 밀고나가는 데에 도움을 줄 것이라고 생각했다.

그리고 백악관은 나의 제안을 받아들여 로저 퍼거슨 부의장의 후임으로 도널드 콘을 임명했다. 도널드와 나는 3년 반 전의 같은 날에 이사회에 들어왔고, 이제는 이사회를 이끌어가기 위해서 협력하게 되었다.

2006년 3명의 총재가 충원되었지만, 2007년 수전이 이사회를 떠나면서 다시 5명으로 줄어들었다. 이후로 3년 반 동안에는 이사회 총재 지명자를 상원에서 인준을 거부함으로써 주로 5명으로 이사회를 꾸려갈 때가 많았다. 2006년 3월, 내가 의장이 되고 나서 처음으로 열렸던 FOMC 회의는 분위기가 좋았다. 가장 좋은 소식은 뜨겁던 주택시장이 냉각되기 시작했다는 것이었다. 건설 경기가 내리막을 걷고 주택 가격 상승이 한풀 꺾인 것은 버블의 조짐에서 벗어나서 경제성장이 지속 가능한 수준으로 유지되고 인플레이션의 위험이 줄어드는 것을 의미한다. 우리는 연방자금금리를 4.5%에서 4.75%로 인상하는 데에 만장일치로 합의를 보았다. 이로써 열다섯 차례 연속으로 0.25%씩 인상하게 되었다.

이때부터 정책 결정이 조금 더 어려워졌다. 연방자금금리는 우리가 생각하는 정상적인 수준에 아주 가까워졌다. 그러나 경제는 여전히 과열되어 있었고, 에너지 가격이 상승하여 인플레이션을 걱정하게 만들었다. 금리인상을 몇 차례 더 하는 것이 타당해 보였다. 그러나 긴축정책의 끝이 보이기 시작했다.

그때 나는 신인이 저지르는 두 가지 실수를 범했다. 나는 2004년 6월 이후로 위원회 회의가 열릴 때마다 0.25%씩 인상하는 패턴에서 벗어나 융통성을 발휘하고 싶었다. 우리는 경제전망을 평가하는 동안에 한두 번의 회의에서 금리를 그대로 유지하는 것이 바람직하다고 생각하게 되었다. 나는 4월 27일에 열렸던 상하원 공동경제위원회(Joint Economic Committee)에서 이러한 가능성을 내비쳤다. 그때 나는 "미래의 특정 시점에서" FOMC는 "경제전망에 필요한 정보를 얻기 위해서 한두 번의 회의에서 아무런 조치를 취하지 않을 수도 있습니다"라고 말하고는 덧붙였다. "물론, 어떤 특정 회의에서 아무런 조치를 취하지 않겠다는 결정이 그 다음 회의에서 어떤 조치를 취하지 못하게 하는 것은 아닙니다."

내가 전하는 메시지는 아주 분명해 보였다. 나는 미래의 특정 시점(반드시 그 다음 회의를 의미하는 것은 아니다)에서 우리는 상황을 평가할 시간을 벌기 위해서 금리인상을 하지 않을 수도 있으며, 그렇게 하는 것이 반드시 긴축정책이 끝나는 것을 의미하는 것은 아니라는 말을 했다. 시장이 내가 하는 말을 액면 그대로 받아들일 것으로 믿은 것이 나의 첫 번째 실수였다. 시장은 숨은 메시지를 찾기 위해서 내가 사용한 단어들을 하나하나 뜯어보았다. 그리고는 내가 금리인상을 즉각 중단할 것임을 선언하는 것으로 판단하고는 급격하게 반응했다. 장기금리가 하락하고 주식가격이 상승했던 것이다. 나는 잘못된 커뮤니케이션을 보면서 적잖이 당황했다. 경제가 가진 타성을 생각하면, 금리를 적어도 한 번은 더 인상해야 한다고 생각했기 때문이다.

그 다음 토요일에, 나는 워싱턴 힐턴 호텔에서 열리는 백악관 출입기자단 연례 만찬회에 참석했다. 이 모임은 워싱턴 정가의 화려한 대규모 사교 모임 중의 하나이다. 나는 이 모든 모임을 다 싫어했지만, 그중에서도 백악관 출입기자단 모임은 **정말로** 싫어했다. 이 만찬은 처음에는 워싱턴 기자들과 정치인들이 편안하게 만나서 어울리려는 취지에서 만들어졌지만, 실제로는 도떼기시장과도 같았다. 이사회 총재 시절 한 번 참석했을 때에는 시끄러워서 다른 사람들과 대화도 나눌 수 없는 분위기에 실망했다.

나는 그날 백악관 출입기자단 만찬이 열리기 전의 한 리셉션에서, CNBC 비즈니스 뉴스 케이블 채널의 저명한 앵커 마리아 바티로모를 만났다. 그녀는 시장이 내가 상하원 공동경제위원회에서 했던 말을 금리인상은 끝났다는 신호로 받아들였다고 했다. 나는 언론에 공개하지 않을 것이라고 생각하고는 시장 참가자들이 쉬운 말을 제대로 이해하지 못하여 유감이라고 했다. 바로 두 번째 실수였다.

그 다음 월요일, 집무실 블룸버그 화면은 주식가격이 갑자기 떨어진 모습을 보여주었다. 나는 크게 당황했지만, 금방 그 이유를 알 수 있었다. 바티로모가 토요일에 나와 주고받았던 대화를 보도했던 것이다. 특히, 그녀는 시장이 내 말을 잘못 이해하고 있어서 내가 우려한다는 점을 강조했다. 시장이 또다시 즉각 반응했던 것이다.

5월 의회 증언에서 버닝 상원의원의 비난을 포함하여 많은 사람들의 비난이 뒤따랐다. 미셸 스미스와 애나가 내가 마음을 추스르도록 도움을 주었지만, 그때 나는 몹시 힘들었다. 내가 시장을 향해서 무심코 내뱉었던 말의 효과는 일시적이었다. 나는 그 말이 경제에 커다란 손상을 입힐 것이라고는 생각하지 않았다. 그러나 나는 전설적인 그린스펀의 발자취를 따라가면서 자신의 신뢰를 쌓기 위해서 노력해왔다. 그 실수는 나 자신의 공신력에 돌이킬 수 없는 손상을 입힐 수도 있겠다는 생각이 들었다. 한바탕 폭풍이 지나가고, 나는 내 말이 지닌 파괴력에 대해서 중요한 교훈을 얻었다.

이후 몇 년이 지나 뉴욕 경제 클럽에서 내가 연설하기 전에 있었던 모임에서 만난 바티로모가 나에게 사과의 말을 했다. 나는 그것은 나의 잘못이지 그녀의 잘못이 아니라고 진심으로 말했다.

우리는 2006년에 5월과 6월에 두 번 더 금리를 인상하여 연방자금금리는 5.25%까지 올라갔다. 주택 경기가 둔화되면서 경제성장률은 적정 수준을 유지했다. 우리는 주택 경기가 빠르게 둔화될 것이라고 보고서에서 지적했다. 그러나 예전과 마찬가지로 주택 경기의 점진적인 둔화는 안정적인 성상과 조화를 이룰 것이라고 생각했다.

한편, 실업률은 5%를 밑돌았고, 인플레이션은 더 높아졌다. 이는 어느 정도는 유가 상승을 반영한 것이다. 이사회의 이코노미스트들은 이런 유가 상승이 전체 인플레이션에 미치는 영향은 일시적일 것으로 내다보았다. 그러나 FOMC 참석자들은 인플레이션이 탄력을 받을 수도 있다고 우려했다. 위원회는 만장일치로 금리인상을 결정했다. 우리는 6월에 "인플레이션 위험이 어느 정도는 남아 있다"고 발표했다. 그것은 아직은 우리가 통화긴축 정책을 중단하려는 결정을 내리지 않았다는 것을 의미한다. 우리의 결정은 경제 상황, 특히 인플레이션이 얼마나 지속되는가에 달려 있었을 것이다.

그 다음 위원회 회의는 8월에 열렸다. 그 회의에서 나는 의장이 되고 나서 처음으로 어려운 결정을 해야만 했다. 데이터와 기업인들이 제공하는 정보는 인플레이션 압력이 에너지 가격의 상승을 제외하고도 지속적으로 형성되고 있다는 것이었다. 당시 우리는 공식적인 물가안정목표를 정하지는 않았지만, 인플레이션 데이터는 위원회 위원들이 안전지대—2% 혹은 이보다 약간 아래—라고 생각하는 영역을 계속 웃돌고 있었다. 임금도 예전보다 더 빠른 속도로 상승했다. 그것은 노동자에게는 좋은 일이었지만, 기업에게는 생산비 상승과 가격 인상을 압박하는 요인이기도 했다. 많은 위원들이 또다시 금리인상에 찬성하거나 적어도 회의 결과 보고서에서 가까운 시일 내에 금리인상이 있을 것이라는 강력한 신호를 주자고 했다.

사실 나는 17번째의 0.25% 인상을 결정하고, 도널드 콘과 티머시 가이트너를 포함하여 여러 위원들의 의견을 듣고 나서는 금리인상 정책을 중단하기로 결심했다. 나는 우리가 금리인상의 가능성을 배제해서는 안 된다고 생각했지만, 추가적인 인상이 있을 것이라는 신호를 강하게 주어서도 안 된다고 생각했다. 경제는 더디게 성장했고, 주택 경기는 계속 둔화되었다. 우리는 주택 경기가 얼마만큼 빠른 속도로 둔화될 것인지, 한풀 꺾인 주택 가격이 주택 소유자의 지출에 얼마만큼 영향을 미칠 것인지를 알 수가 없었다. 금리 변화가 경제에 완전한 영향을 미치는 데에는 시간이 걸린다. 우리는 이미 금리를 여러 차례 인상했다. 그리고 이전의 금리인상이 시간이 지나면서 인플레이션을 진정시키기에 충분할 수도 있었다. 결국 나는 연방자금금리를 그대로 두고, 양쪽에 걸기 위해서 "인플레이션 위험이 어느 정도는 남아 있다"는 문구를 회의 결과 보고서에 계속 넣자고 했다. 시종일관 FOMC의 매파였던, 리치몬드 연은 행장 제프리 래커를 제외하고는 나머지 위원들은 내 생각에 동의했다.

2006년 여름에는 통화긴축 정책의 중단 말고도 중대한 경제정책이 또 있었다. 그해 7월에는 헨리 ("행크") 폴슨이 폴 오닐과 존 스노를 이어 부시 정권의 세 번째 재무장관으로 임명되었다. 다트머스 대학교에서 미식축구 선수를 했던 헨리 폴슨은 그때 "쇠망치(Hammer)"란 별명을 얻게 되었다. 그는 금속 테의 안경을 한 푸른 눈에 거의 대머리였는데, 지칠 줄 모르는 에너지를 발산하여 내가 적응하는 데에는 시간이 좀 걸렸다.

폴슨은 닉슨 행정부 시절 백악관에서 잠깐 일한 적이 있었지만, 투자은행 골드만 삭스에서 오랫동안 근무했고, CEO까지 역임했다. 중국통인 그는 재무장관이 되고 나서는 중국 관리들과 전략적 경제대화(Strategic Economic Dialogue)를 1년에 2차례 개최했는데, 나는 그 자리에 정기적으로 참석했다. 폴슨은 골드만 삭스에서 수억 달러를 모았지만, 나는 폴슨과 그의 부인 웬디가 검소하게 사는 모습이 좋았다. 부부는 여가 시간에 주로 들새를 관찰하고 자연 보호 활동을 했다. 크리스천 사이언스 교파의 신자이기도 한 폴슨은 술과 담배를 하지 않았다.

이전까지 부시 대통령은—정치적인 고려는 별도로 하고서—자신의 첫째, 둘째 재무장관에 제조업계의 거물들을 임명했다. 하지만 그 지리에는 금융업에 경험이 있는 사람을 앉히는 것이 타당했다. 재무장관은 주로 재정정책과 금융정책에 관한 일을 한다. 이 문제에 관해서는 비금융업계의 CEO가 잘 알지 못한다.

폴슨과 나는 매주일 조찬에서 서로가 좋아하는 오트밀을 함께 했다. 우리 두 사람은 성격이나 배경에는 큰 차이가 있었지만, 서로 죽이 잘 맞았다. 우리의 만남은 학문적인 엄격함을 추구하는 사람과 세상 물정에 밝은 사람과의 만남이었다.

제2부

위기

7

첫 번째 진동, 첫 번째 반응

⋮

2007년 8월 15일, 나는 전화 회의를 마치고 시장 상황을 살피다가 몇 분 동안 동생 세스에게 이메일을 썼다. 애나와 나는 다음 주일에 사우스캐롤라이나의 머틀 비치 모임을 취소해야 했다.

나는 동생에게 "아마도 너는 그 이유를 짐작할 수 있을 거야"라고 썼다.

그 바닷가 여행은 예전부터 내려온 집안 전통이었고, 나는 그런 여행을 취소하기가 싫었다. 작은 사업체를 경영했던 부모님은 휴가를 내기가 힘들었지만, 거의 매년 나와 동생들을 데리고 머틀 비치로 휴가 여행을 떠났다. 우리 형제들은 어른이 되어서도 부모님과 아이들과 함께 머틀 비치를 찾는 행사를 계속해왔다. 나는 해변에서 『빌 제임스의 새 야구 약사(*The New Bill James Historical Baseball Abstract*)』을 읽으려고 했다. 그런데 그해에는 그럴 수가 없었다.

세스는 "어쩔 수 없지 뭐. 벌어지고 있는 모든 일이 다 잘 되길 바랄게요"라고 답장을 보내왔다.

"벌어지고 있는 모든 일"은 상당히 조심스러운 표현이었다. 몇 달 동안의 불확실성 뒤에 주택시장은 침체되었고, 서브프라임 모기지 대출은 훨씬 더 심각한 금융 위협으로 다가왔다. 불과 한 달 전에 「포춘」지가 "사상 초유의 가장 거대한 경제 호황(boom)"이라고 선언했던 것과는 엄청나게 다른 양상이 전개되어 더 악화될 조짐이 보였다. 8월 9일에는 프랑스의 대형 은행, BNP 파리바가 미국 서브프라임 주택 담보부 증권을 보유한 투자 펀드 중 3개 펀드에서 투자자들의 현금 인출을 금지했다. 당시 BNP 파리바 은행은 미국 서브프라임 주택 담보부 증권의 "유동성의 완전한 증발" 가능성 때문에 그 펀드의 가치를 결정할 수 없다고 선언했다. 다시 말하면, 투자자들의 서브프라임 주택 담보부 증권에 대한 불신이 너무나도 커서 잠재적인 매입자들이 시장에서 완전히 빠져나갔다는 뜻이다.

결국 전 세계의 시장에서 급매물이 쏟아져나왔다. 투자자들은 서브프라임 관련 증권을 정확하게 누가 소유하고 있는지를 몰랐고, 이러한 증권을 뒷받침하는 대출에 관해서도 정보가 거의 없었다. 그리고 다음에는 어떤 금융 상품이 현금 인출을 거부할 것인지를 예상할 수가 없었다. 프랑스의 BNP 파리바 은행의 선언 이후로, 세계 신용시장은 경제적으로 심각한 결과를 남기면서 정지될 것처럼 보였다. 내가 세스에게 이메일을 보냈던 8월 15일에는 또다른 충격이 있었다. 미국의 대형 모기지 회사인 컨트리와이드 파이낸셜이 파산에 직면했다는 소문이 떠돌았던 것이다. 다우존스 산업 평균지수는 4개월 만에 최저치를 기록했다.

당시 연준은 서브프라임 모기지 냉각—범위를 넓혀서 말하면, 주택 산업의 침체—의 원인과 결과를 분석하고 있었다. 주택 전문가들은 모기지 시장, 주택 판매, 주택 가격, 건설업 동향을 수시로 업데이트했다. 우리는 과열된 부문의 냉각은 불가피한 일이고 심지어는 바람직한 일이라고 생각했다. 그러나 2007년 초기 몇 달 동안, 나의 의장 취임 2년째가 되는 해에는 이러한 냉각이 심각한 징후를 드러내기 시작했다.

내가 2007년 3월에 상하원 공동경제위원회에서 말했듯이, 주택시장은 "실질적인 조정"에 접어들었다. 모기지 대출 연체율은 증가하고 있었고, 특히 변동금리 서브프라임 대출에서 두드러졌다. 그리고 더욱 걱정스러운 것은 조기 연체율(대출이 조성된 직후의 연체율)이 급등하고 있다는 사실이었다. 투자자들이 모기지 증권을 싫어하면, 신용이 좋지 않은 잠재적 주택 소유자는 대출을 받기가 더욱 어려워진다. 그럼에도 전체 경제는 지속적으로 성장하고 새로운 일자리를 만들어내었다. 2007년 2분기와 3분기 경제성장률은 기대치를 웃돌아서 4%에 가까워졌고, 실업률은 낮은 상태를 유지했다. 그렇다면 결론은 무엇인가? 나는 위원회 위원들에게 다음과 같이 잠정적인 결론을 제시했다. "중대한 시기에……서브프라임 모기지 시장의 문제가 더 넓은 경제와 금융시장에 미치는 충격은 억제될 수 있을 것 같다."

8월 중순, 세스에게 이메일을 썼을 당시, 나는 그런 결론이 잘못되었다는 사실을 알았다. "억제될 수 있을 것 같다"는 표현이 내 머릿속을 떠나지 않았다. 그러나 연준 내부뿐만 아니라 대부분의 시장 참가자와 언론들도 당시 내가 제시했던 결론에 동의했다. 우리는 주택시장의 냉각과 서브프라임 모기지 문제가 주로 다음 두 경로를 통해서 경제에 영향을 미칠 것으로 믿었다. 첫째, 건설 산업과 가구와 같은 건설 관련 산업의 고용을 감소시킬 것이다. 둘째, 소비자의 지출에 제동을 걸 것이다.(주택 가격이 하락하면 주택 소유자의 자산이 감소하고 주택 지분을 활용할 수 있는—"현금 확보" 차환을 함으로써 혹은 주택 지분 대출을 통해서—여지가 줄어든다.) 기본 논리는 스티브 브라운과 내가 2005년 경제자문위원회에서 주택 가격 폭락의 효과를 추정하여 부시 대통령 앞에서 발표했을 때의 논리와 다르지 않았다.

스티브와 나의 발표는 서브프라임 모기지가 미국과 세계 금융시장을 뒤흔들 가능성을 간과했기 때문에 틀렸다는 것이 입증되었다. 2007년 초까지만 하더라도 그럴 가능성은 거의 없어 보였다. 연체 상태에 있는 모기지 대출의 약 13%만이 서브프라임 대출이었다. 그리고 고정금리 서브프라임 대출은 프라임과 알트-에이(Alt-A : 신용등급이 서브프라임과 프라임 사이에 있다) 대출과 마찬가지로 문제가 없었다. 변동금리 서브프라임 대출의 경우에는 초기 티저 금리 기간이 끝나고는 연체자가 많이 발생했지만, 연체 상태에 있는 모기지 대출의 약 8%만을 차지했다. 우리는 서브프라임 모기지 대출에서 연체율이 엄청나게 높아지더라도, 금융시장의 피해는 세계 주식시장이 하루 동안 가라앉는 데에 따르는 피해보다는 더 적을 것이라고 예상했다.

더구나 우리는 은행이 주택 부문에서 나오는 어떠한 여파라도 견딜 수 있을 것으로 판단했다. 2006년 말, 연방예금보험공사는 경제의 거의 모든 부문이 계속 강세를 유지하고 있기 때문에 주택 부문의 "뚜렷한 약세"가 은행에 미치는 영향력은 미미할 것이라고 보고했다. 다음은 연방예금보험공사가 작성한 보고서의 한 부분이다. "연방 예금보험에 가입한 금융기관들은 6년 연속으로 최고의 수익률을 갱신하고 있고" "은행의 자기자본 수준은 최고 수준을 유지하고 있으며, 대출 상환 실적은 최고 수준에 약간 못 미치고 있다. 예금보험에 가입한 금융기관 중에서 지난 2년 반 동안 파산한 기관은 한 곳에 불과했다." 은행 주식은 호조를 보였다. 이는 투자자들이 은행을 신뢰하고 있다는 뜻이었다.

연방예금보험공사가 은행의 자기자본 수준이 역사적으로 최고를 유지하고 있다고 보고한 것은 고무적이었다. 자본―은행 소유자들, 즉 주주들의 지분을 의미한다―은 손실에 대해서 완충 역할을 한다. 예를 들면, 모기지 대출 100달러를 제공한 은행이 있다고 하자. 이렇게 제공한 100달러 중에서 고객 예금이 90달러이고, 나머지 10달러가 은행 주주에게서 모집한 자금이라고 하자. 여기서 10달러는 은행의 자기자본에 해당한다. 은행이 모기지 대출에서 5달러만큼 손해를 보았다면, 주주들이 괴로워할 것이다. 지분이 10달러에서 5달러로 감소했기 때문이다. 그러나 은행은 여전히 지급 능력이 있다. 다시 말하면, 고객이 예금을 인출하면, 이를 되돌려줄 수 있다.

이제 은행의 자기자본이 5달러이고, 예금이 95달러라고 하자. 이 경우, 모기지 대출에서 5달러 이상 손해를 보았다면, 주주들은 지분을 다 잃고 은행이 문을 닫을 것이다. 따라서 자기자본이 많다는 것은 은행이 손실을 견디고 가계와 기업에게 계속 신용을 제공할 수 있다는 것을 뜻한다.

2007년 초의 시점에서 보면, 경제는 호조를 띠었다. 서브프라임 모기지 시장은 규모가 비교적 작았고, 은행 시스템은 건전하게 보였다. 따라서 나와 연준의 총재들은 서브프라임 문제가 은행과 주택 부문에서 여전히 주요 관심사이기는 했지만, 경제에 커다란 손상을 입히지는 않을 것이라고 예상했다. 결국 우리는 서브프라임 문제가 비록 새롭고 낯선 형태이기는 했지만, 지난날의 금융 패닉을 다시 일으킬 수 있다는 것을 제대로 예상하지 못했던 것이다.

19세기와 20세기 초반의 금융 패닉은 주로 위기를 일으킬 정도로 심각하지 않았던 것 같은 사건 때문에 발생하는 뱅크런과 함께 시작되었다. 예를 들면, 1907년의 패닉은 대수롭지 않은 원인 때문에 발생했다. 당시 어떤 투자자 집단이 유나이티드 코퍼 컴퍼니의 주식 매점을 시도하다가 큰 손실을 보았다. 그 집단은 뉴욕의 은행과 신탁회사(은행과 유사한 금융기관)와 긴밀한 유대가 있는 것으로 알려져 있었다. 예금자들은 자기가 거래하는 금융기관이 그 집단에게 자금을 제공하고 있는지에 대해서 알 수가 없었다. 따라서 연방 예금보험이 없던 시절에 예금자들은 당연히 예금을 인출하려고 줄을 섰다. 이런 인출 사태가 번지면서, 금융 패닉이 전국을 뒤흔들었고, 결국 심각한 경기침체로 이어졌다. 패닉이 일으킨 경제적 피해는 몇몇 투기자들의 실패한 계획에서 비롯된 피해를 훨씬 뛰어넘었다.

오늘날에는 예금자들이 예금을 인출하려고 은행 문 앞에서 길게 줄을 서는 모습은 좀처럼 찾아보기 힘들다. 1934년 이후로 연방정부는 은행이 파산하더라도 예금자의 예금을 일정 한도까지 보호하기 시작했다. 그러나 이것이 뱅크런의 종식을 의미하지는 않았다. 우리가 2007년 8월에 배웠듯이, 뱅크런은 다른 형태로 다가왔다.

지난 수십 년간, 다양한 비은행 금융기관과 시장의 네트워크는 공식적인 은행 시스템의 곁에서 발전해왔다. 경제학자 폴 맥컬리는 이러한 네트워크를 그림자 금융 시스템(shadow banking system)이라고 불렀다. 그림자 금융 시스템에는 모기지 회사, 소비자 금융회사와 같은 비은행 대출기관, 투자은행처럼 증권시장에서 활동하는 금융기관이 포함된다. 이러한 기관들은 지급을 보장하는 예금보다는 단기 펀드에 의존하여 영업한다. 시중은행도 소위 은행 간의 시장(interbank market)에서 이루어지는 은행 간의 단기대출과 함께, 예금보다는 지급을 보장하지 않는 펀드 판매를 늘리고 있었다.

이처럼 지급을 보장하지 않는 단기금융—주로 단기자금시장펀드(MMF) 혹은 연금 펀드처럼 기관 투자자들이 제공한다—을 소매금융(retail funding)이라고 부르는 은행 예금과 구분하기 위해서 도매금융(wholesale funding)이라고 한다. 그러나 예금보험이 없던 시절의 소매금융과 마찬가지로, 도매금융은 뱅크런과 같은 사태에 직면할 수 있다. 복잡하게 설계된 증권이 금융위기 동안에 골칫거리가 되었는데, 이들에게는 주로 기업어음(commercial paper)이나 환매 조건부 채권 매매(repurchase agreement) 형태의 도매금융을 통해서 자금이 직간접적으로 조달되는 경우가 많았다.

금융기관뿐만 아니라 비금융기관도 사용하는 기업어음—지급 기일이 30일 이내인 단기 채무—의 기원은 적어도 1800년대 중반으로 거슬러올라간다. 통상적으로 기업어음은 예금과는 다르게 지급이 보장되지 않는다—여기서 지급은 담보물이 아니라 채무자의 약속에 근거한다. 따라서 기반이 탄탄하고 신용도가 높은 기업만이 기업어음을 발행할 수 있다. 그러나 금융위기가 발생하기 몇 년 전부터 새로운 형태의 기업어음인 자산 담보부 기업어음(asset-backed commercial paper, ABCP)이 유행하기 시작했다.

자산 담보부 기업어음은 콘듀잇(conduit)이라는 일종의 그림자 은행에 의해서 발급된다. 콘듀잇은 모기지 대출, 신용 카드 대출, 자동차 대출 등 다양한 신용 대출을 유치하고, 구조화 신용상품(structured credit product : 다양한 형태의 대출을 결합하여 복잡하게 설계한 증권)을 판매하기 위해서 은행 혹은 비은행 금융기관이 설립한 법인체를 말한다. 자산 담보부 기업어음은 콘듀잇이 자신이 보유한 대출 상품과 증권을 매각하여 기업어음을 결제한다는 의미에서 자산 담보부라는 말이 나왔다.

환매 조건부 채권 매매(repurchase agreement)─줄여서 레포(repo)라고 한다─는 기술적으로는 증권을 판매하고 다시 사들이는 것을 의미하지만, 실제로는 지급 기일이 아주 짧은(때로는 하룻밤일 때도 많다) 담보 대출 기능을 한다. 기업은 레포 시장에서 현금을 빌리기 위해서 국채, 주택 담보부 증권, 회사채와 같은 금융자산을 담보물로 제공한다. 지급 기일이 되었을 때에, 채무자(예를 들면, 월 스트리트의 투자은행, 즉 헤지 펀드)는 같은 채권자(예를 들면, MMF) 혹은 다른 채권자를 상대로 대출의 갱신, 즉 "롤 오버"를 할 수 있다. 채무자가 대출을 정해진 기일에 갚지 못하면, 채권자는 담보물을 매각할 수 있다.

도매금융에 대해서는 정부가 지급 보장을 하지 않지만, 대부분의 시장 참가자들과 규제기관들은 도매금융이 뱅크런과 같은 사태에 직면하지는 않을 것이라고 생각했다. 특히 레포는 채무 기업이 파산하더라도 담보물이 채권자를 보호해주기 때문에 더욱 안전할 것으로 생각되었다. 그러나 서브프라임 모기지가 부실해지면서, 도매금융 제공자들은 채무 기업과 그 기업이 담보물로 제공하는 복잡하고도 불투명하게 설계된 증권의 위험을 새롭게 인식하게 되었다.

많은 대출자들은 담보물을 평가하기 위해서 신용등급을 참고한다. 스탠더드 앤드 푸어스, 무디스, 피치처럼 널리 알려진 민간 회사가 증권 발행 기관으로부터 수수료를 받고 신용등급을 매긴다. 높은 등급을 받은 모기지 채권에서 손실이 발생하면, 대출자들은 당연히 신용등급을 신뢰하지 않게 된다. 그들은 복잡하게 설계된 증권의 위험을 자체적으로 평가할 수 없기 때문에, 서브프라임 모기지 대출 혹은 그밖의 위험한 모기지 대출이 조금이라도 포함된 증권을 담보물로 인정하지 않으려고 한다. 결국 그들은 식료품 구매자처럼 행동한다. 광우병 기사를 보고 나서는 쇠고기를 아예 구매하지 않으려고 하는 것처럼 말이다.

소매금융에서 뱅크런 사태가 발생하면, 예금자들은 자신의 예금을 인출하기만 하면 된다. 도매금융에서 이런 사태가 발생하면, 도매금융 제공자들은 자신의 자산을 완전히 인출하지 않고 더욱 확실한 보호를 혹은 더욱 유리한 조건을 요구할 수 있기 때문에 상황은 더욱 복잡해진다. 예를 들면, 기업어음을 받는 사람은 지급 기일을 짧게 잡으려고 할 것이다. 레포 채권자는 담보물을 더 많이 요구하거나 위험하거나 복잡한 증권을 담보하여 자금을 빌려주려고 하지 않을 것이다. 그러나 괴기의 뱅그런 사태와 미찬가지로, 결과는 그림자 은행이 자금을 얻기가 점점 더 어려워질 것이다. 결국 그림자 은행은 자산을 매각하거나 새로운 신용 제공을 거부하는 방식으로 사업을 점점 더 축소시켜야 한다.

1907년 패닉에서 소수의 주식 투기자 집단이 입은 손실에서 시작된 뱅크런이 전국적인 신용위기와 경기침체를 일으켰듯이, 2007년 8월 단기금융시장에서 시작된 패닉이 서브프라임 모기지 시장에서의 "조정"을 세계 금융시스템과 세계경제에서의 대형 위기로 변형시켰다.

비록 8월의 지진이 프랑스 은행 BNP 파리바가 서브프라임 모기지 펀드에서 현금 인출을 중단시키는 형태로 발생했지만, 우리는 그해 6월에 앞으로 다가오게 될 위기를 알리는 첫 번째 **진동(tremor)**을 감지했다. 당시 베어 스턴스(Bear Stearns)—월 스트리트에서 5번째 규모의 대형 투자은행이다—의 서브프라임 모기지 헤지 펀드 2개가 엄청난 손실을 입었다. 그 반응(response)으로 이 펀드의 레포 채권자들은 담보를 더 많이 요구하거나 아예 자금을 빌려주지 않으려고 했다. 6월 7일 베어 스턴스는 헤지 펀드 투자자들에게 상환을 동결하기로 결정했다. 베어 스턴스는 독립된 법인체—"장부 외의" 회사—인 헤지 펀드를 구제해줄 법적인 의무가 없었다. 그러나 이 펀드의 채권자(대다수가 다른 투자은행이다)와는 좋은 관계를 유지해야 했다. 따라서 베어 스턴스는 두 펀드 중 하나를 살리기 위해서 16억 달러를 빌려주었다. 7월 31일 두 펀드 모두가 파산을 선언했고, 베어 스턴스는 빌려준 돈의 대부분을 잃었다. 게다가 뱅크 오브 아메리카는 베어 스턴스 펀드의 일부 자산에 대해서 수수료를 받고서 보증을 섰다가 40억 달러가 넘는 손실을 보았다. 베어 스턴스 헤지 펀드의 파산으로 단기자금 투자자들은 모기지 관련 투자를 신중하게 생각하게 되었다. 특히 다양한 형태의 모기지 대출과 신용 대출을 혼합하여 만든 구조화 신용상품에 대해서는 더욱 신중해졌다.

7월 후반기에 서브프라임에 대한 우려는 외국에서 수면으로 떠올랐다. 2002년 독일 은행 IKB는 자산 담보부 기업어음으로 자금을 조달하여 독립된 법인체인 라인란트(Rhineland)를 창설했다. 라인란트 관리자는 미국 모기지(서브프라임도 포함) 증권에 집중적으로 투자했다. 라인란트 채권자들은 이러한 투자 방식을 우려하고는 라인란트가 발행한 기업어음의 갱신을 거부했다. IKB는 라인란트가 조달한 자금의 상당 부분을 보증했다. 그리고 외부 조달자들이 자금을 인출할 때에는 IKB가 실제로 라인란트의 부실자산에 대해서 원치 않은 소유주가 되었다. 그 결과, IKB는 파산 직전에 이르렀다. 마침내, 독일의 규제기관들이 나서서 IKB를 관리하는 은행 그룹이

IKB를 구제하도록 했다. 그러나 라인란트의 파산으로, 투자자들은 자산 담보부 기업어음을 통해서 자금을 조달하는 콘듀잇을 더욱 경계하게 되었다. 이후로 자산 담보부 기업어음 조달 자금은 급격하게 감소하기 시작하여 2007년 7월 말 1조2,000억 달러에서 같은 해 말에는 8,000억 달러로 감소했다. 콘듀잇의 자금이 바닥나면, 설립 기관은 (콘듀잇의 파산 이외에는) 두 가지 선택을 할 수 있었다. 콘듀잇 자산의 일부를 매각하거나 직접 콘듀잇에 자금을 대는 것이다. 둘 다 설립 기관이 손실에 노출될 수 있고 자체 자금의 비중을 높이게 된다.

그해 여름에 우리는 단기자금시장의 긴장을 되짚어보았다. 우리는 증권거래위원회의 감독을 받는 (베어 스턴스와 같은) 투자은행의 내부 자료를 입수할 권한이 없어서 어려움이 많았다. 또한 미국에서 영업하는 (IKB와 같은) 외국 은행이나 규제를 거의 받지 않는 헤지 펀드에 대해서도 그랬다. 우리는 도매금융 제공자가 갑자기 빠져나가면 모기지 자산을 "염가"에 매각하려는 기관들이 많아져서 모기지 자산 가격이 하락하고, 비슷한 자산을 보유한 다른 기관에게도 피해가 갈 것을 우려했다. 안타깝게도, 당시 우리는 시장 상황을 감시하는 것 말고는 더 이상 무엇을 해야 할지 잘 몰랐다. 자금시장의 긴장 상태가 사라질 수도 있었고, 그렇지 않을 수도 있었다.

우리는 8월 7일 열린 FOMC 회의에서 시장의 난기류를 두고 논의했다. 전날에는 미국 10번째 규모의 모기지 회사인 아메리칸 홈 모기지 코퍼레이션이 자신의 특화 상품이라고 할 수 있는 변동금리 모기지 대출에서 큰 손실을 보고는 파산 신청을 했다. 그날 우리는 최근 금융시장의 혼란이 경제에 미치는 위험을 상쇄하기 위해서 결국에는 금리인하를 단행할 수도 있다는 생각을 하게 되었다.

그러나 당장에는 경제가 금리인하를 원하는 상황은 아니었다. 고용은 서서히 증가하고 있었고, 실업률은 아주 낮아서 4.4%를 유지했다. 게다가 석유 가격은 7월 말 배럴당 기록적인 78달러로 급등했고, 2분기 인플레이션율은 연 5.2%라는 불편할 정도로 높은 수준을 기록하고 있었다. 위원회의 비둘기파조차도 금리인하를 통한 성장이 인플레이션을 일으킬 수 있음을 걱정해야 하는 상황이었다. 위원들 중에는 우리가 1년 전에 인플레이션을 잡기 위해서 2년 동안 계속해왔던 금리인상을 중단한 것이 실책이라고 믿는 사람도 있었다.

그날 우리는 연방자금금리를 작년 수준인 5.25%에 두기로 만장일치로 결정했다. 그러나 회의 결과 보고서에는 우리가 서로 모순되는 우려를 하고 있음을 반영했다. 우리는 최근의 시장 변동이 경제성장을 계속 위협하고 있다는 사실을 인식했다. 그러나 인플레이션이 우리의 "우선적인(predominant)" 정책 과제로 남아 있다는 사실을 다시 한번 확인한다. 그날 회의에서는 얼핏 보기에는 편협하게 여겨질 수도 있겠지만, "우선적인"이라는 단어를 넣을 것인가, 넣지 말 것인가를 두고 격렬한 토론이 벌어졌다. 뉴욕 연은 행장 티머시 가이트너와 샌프란시스코 연은 행장 재닛 옐런을 포함한 몇몇 위원들은 시장이 금리인하의 가능성을 인식하도록 "우선적인"이라는 단어를 뺄 것을 주장했다. 나머지 위원들은 "우선적인"이라는 단어를 빼면, 인플레이션에 대해서 크게 우려하지 않는다는 신호를 줄 수 있을 것이라고 걱정했다. 일부는 지금까지 그다지 심각하지 않는 시장 혼란에 과잉 반응하는 것을 우려하기도 했다. 나는 위원회 위원의 대다수가 경제성장에 미치는 위험보다는 인플레이션을 더 많이 우려하고 있다고 믿었다. 따라서 "우선적인"이라는 단어를 유지하는 것이 위원회의 의견을 더 잘 반영한다고 보았다. 위원회 회의 결과 보고서에 나오는 문구를 조금만 바꾸어도 정책에 대한 시장의 기대에 커다란 영향을 미칠 수 있기 때문에, 우리는 단어의 선택만을 가지고도 많은 고민을 하게 된다.

8월 9일 목요일, 해는 거의 2시간 전에 떴고, 기온은 이미 30도에 육박할 때인 오전 7시를 조금 넘어서 나는 집을 나왔다. 나는 검정 SUV 승용차에 몸을 싣고 15분 정도 걸려서 사무실로 왔다. 폴슨과 조찬 약속이 있었다.

그날 아침 일찍 BNP 파리바 은행 소식이 들어왔다. 서브프라임 펀드에서 현금 인출을 중단한 것만큼이나 걱정스러운 것은 펀드에서 문제를 일으키는 자산의 가치를 제대로 평가할 수 없다는 그 은행의 판단이었다. 진퇴양난의 상황이 벌어진 것이다. 투자자들은 자신들이 잘 모르는 증권을 매입하기를 꺼렸다. 그러나 시장 거래가 없으면, 증권의 가치를 판단할 방법이 없다. 나는 폴슨을 만나기 전에, 직원들이 이메일로 보낸 개괄적인 정보와 시장 상황을 살펴보았다. 유럽 시장은 BNP 파리바 은행의 선언에 이미 격렬하게 반응했다. 단기금리는 크게 치솟았고, 주식가격은 폭락했다. 미국 시장은 대부분의 지역에서 아직은 개장하지 않았지만, 그때까지 들어온 정보는 이미 좋지 않는 날을 예고했다.

유럽중앙은행은 혼란에 대처하기 위한 조치를 이미 취해놓았다. 아이로니컬하게도, 미국 서브프라임 모기지 문제가 미국보다는 유럽에서 더욱 강렬하게 인식되었던 것이다. 비록 우리가 미국 시장의 긴장이 대서양을 쉽게 건너갈 수 있다는 사실을 알고는 있었지만 말이다. 7월의 IKB 서브프라임에 대한 우려는 시장이 대부분을 흡수한 상태였다. 그러나 지역 은행인 IKB와는 다르게, BNP 파리바는 세계적인 은행이었다. 이 은행이 서브프라임 바이러스에 감염되면, 그 다음에는 어디가 감염될 차례인가? 다른 종류의 자산 담보부 증권에 대해서는 어떻게 제대로 평가할 수 있다는 말인가? 애초에 증권화는 수천 개의 대출을 증권으로 묶어서 위험을 분산시킨 것이다. 그리고 이 증권은 잘게 분할되어 전 세계로 판매된다. 그런데 이 증권이 전 세계로 전염병을 퍼뜨리는 매개물로 인식된 것이다.

불신이 커지면서, 은행들은 현금을 비축하고 서로에게 마지못해 대출을 해주었다. 결국 연방자금금리(은행이 다른 은행으로부터 하룻밤 빌리는 자금에 대한 금리)는 FOMC가 이틀 전에 발표했던 5.25%를 상회했다. 외국 은행의 달러화에 대한 수요가 증가하면서 긴장은 가중되었다. 나는 폴슨과 아침 식사를 하면서 유럽 상황을 논의한 뒤에 긴밀한 연락을 취하기로 약속했다. 그날 아침, 나는 이사회의 통화사무국장 브라이언 매디건(빈센트 라인하트의 후임)에게 이메일로 뉴욕 연은이 공개시장에서 국채를 대량으로 매입하도록 조치하라고 지시했다. 증권 판매자가 우리에게서 받은 현금이 은행으로 들어가서 은행의 현금 수요를 충족시켜줄 것이었다. 은행이 현금을 빌려야 할 필요성이 사라지면, 연방자금금리는 원래 위치로 돌아가고, 단기자금시장에서의 상승 압박도 사라진다. 모든 일이 잘 돌아가면, 우리가 하루나 이틀 안에 현금 인출에 문제가 없어질 것이었다.

월터 배젓의 최종 대부자 개념에 따르면 중앙은행은 패닉이 닥쳤을 때에 금융기관과 시장을 안정시킬 수 있도록 현금을 기꺼이 대출해야 한다. 그날 아침에 뉴욕 연은은 나의 지시와 배젓의 충고에 따라 현금 240억 달러를 금융 시스템에 주입했다. 비앤비 파리바의 불꽃에 더욱 가까운 유럽 금융 시스템의 상황은 훨씬 더 악화되었다. 그리고 유럽중앙은행은 1,300억 달러나 되는 훨씬 더 많은 현금을 주입했다. 두 중앙은행들의 목표는 금융기관과 비금융기관이 단기자금을 확보하는 데에 어려움이 없도록 하는 것이었다. 그 다음 주일에는 캐나다, 일본, 오스트레일리아, 노르웨이, 스위스의 중앙은행들이 비슷한 조치를 취하였다.

우리는 다음 날인 8월 10일 금요일 아침에 FOMC의 긴급 회의를 개최하고는 회의 결과를 곧바로 발표했다. 그것은 내가 의장이 되고 나서 처음 있는 긴급회의였고, 4년 전의 이라크 전쟁 이후 처음이었다. 그날 회의는 오전 8시 45분에 스페셜 라이브러리라는 어둡고도 곰팡내 나는 방에서 열렸다. 우리는 1914년 연준 이사회가 창립될 당시에 사용하던 테이블에 앉았다.

테이블에는 초창기 멤버의 좌석을 표시했던 금속 명패가 지금도 여전히 박혀 있었다. 연은 행장들은 화상으로 참여했다. 그날 대형 스크린에 비친 연은 행장들의 모습은 내게 예전에 「할리우드 스퀘어스(Hollywood Squares)」라는 텔레비전 게임 쇼를 연상케 했다.

8월 10일 회의 결과 발표문의 관료적인 말투는 그 속에 잠재되어 있는 영향력과는 어울리지 않은 데가 있었다. "연준은 금융시장의 질서를 조성하기 위하여 유동성을 공급하고 있다. 여느 때와 마찬가지로, 재할인창구는 자금 조달원의 기능을 할 것이다." 재할인창구는 연준이 시중은행과 저축대부기관을 상대로 하룻밤 대출을 제공하는 곳을 말한다. 이때 금리를 재할인율(discount rate)이라고 한다. 발표문을 배포하고 나서, 우리는 증권을 매입하여 380억 달러를 추가로 금융 시스템에 주입했다. 한편, 유럽중앙은행은 유럽 시장이 더욱 심각한 긴장감에 빠져들자, 840억 달러(610억 유로)를 추가로 주입했다.

1987년에 주식시장이 폭락했을 때와 2001년에 9/11테러가 발생했을 때에도 연준이 이와 비슷한 발표를 하여 시장을 안정시킨 적이 있었다. 이번에는 문제가 더욱 심각했고, 발표는 원하는 효과를 거두지 못했다. 투자자들은 단기신용을 제공하기를 여전히 꺼렸고, 자산을 단기국채처럼 안전한 유동자산으로 돌렸다. 기업어음(특히 자산 담보부 기업어음)의 발행은 급격하게 감소했다. 또한 투자자들이 자금을 최대한 단기간에 회수하기를 원했기 때문에 지급 기일은 크게 짧아져서 하루 혹은 이틀일 때도 많았다. 불길하게는 서브프라임 모기지 문제가 다른 형태의 신용에 대한 재평가를 촉진했다. 도매금융 제공자들은 알트-에이와 같은 중간 등급의 모기지, 세컨드 모기지(주택 소유자가 주택 지분을 현금화하기 위해서 사용한다), 상업용 부동산 모기지에도 더욱 신중해졌다. 자금 제공 조건이 더욱 까다로워지면서, 이러한 증권을 보유한 회사들은 그 증권을 시장에 염가로 내다팔 수밖에 없었다. 결과적으로 이러한 증권의 가격은 계속 하락했고, 증권을 매각하는 기업이나 그것과 비슷한 자산을 보유한 기업은 자금을 조달하기가 훨씬 더 어려워졌다.

내가 세스에게 휴가를 취소한다는 이메일을 보낼 때에는 연준이 할 일이 많아졌다는 사실이 분명해졌다―그러나 무슨 일을 해야 한단 말인가? 그와 같은 사건이 벌어지면, 사람들은 과거에 벌어졌던 유사한 사건을 찾아본다. 이번 사건도 예외가 아니었다. 문제는 유사한 사건을 잘 골라야 한다는 것이다. 2007년 8월, 연준 안팎의 사람들의 머릿속에서는 다우존스 산업평균지수가 하루 만에 23%나 급락했던 1987년 10월과 러시아가 외채에 대한 채무불이행을 선언한 지 사흘 만에 11.5% 급락했던 1998년 8월의 사건이 머리 속에 떠올랐다. 당시 시장은 연준의 도움으로 경제에 큰 상처를 입히지 않고서 안정을 되찾았다. 그러나 모든 사람들이 이러한 개입을 두고 성공적이라고 평가하지는 않는다. 1998년 가을 연준의 조치―연방자금금리를 0.75% 인하한다―를 두고 닷컴 버블을 키우는 과잉반응이라고도 평가하는 사람들이 있었다. 또한 연준이 주식가격과 그밖의 금융자산 가격하락에 지나치게 반응하는 경향이 있다고 조롱하고는 "그린스펀 풋(Greenspan put)"이라고 부르는 사람도 있었다.(풋은 일종의 옵션 계약으로서 주식이나 증권 가격이 하락했을 때에 매입자를 손실로부터 보호해준다.)

2007년 8월 신문 칼럼들은 헬리콥터 벤이 조만간 그린스펀과 비슷한 "풋"을 제공할 것이라고 추측했다. 많은 사람들이 연준의 개입에 반대하면서, 현실에 안주하고 있는 투자자들이 교훈을 얻어야 한다고 주장했다. 그들의 주장에 따르면, 당시의 혼란을 치유하는 방법은 위험을 재평가하고, 고통스럽기는 하지만 주식, 채권, 주택 담보부 증권을 포함한 자산 가격을 낮추어야 한다는 것이었다. 「월 스트리트 저널」은 8월 7일 FOMC가 금리인하를 단행해서는 안 된다고 주장하면서, "신용 패닉은 결코 좋은 일은 아니다. 그러나 그것은 시장에 대한 두려움과 겸손함을 다시 가지도록 하는 장점이 있다"라고 썼다.

물론 투자자들은 「월 스트리트 저널」이 그들에게 주어지기를 바라는 "두려움과 겸손함"을 가지지 않기 위해서 필사적으로 노력한다. 아마도 느슨한 통화정책에 대해서 가장 거칠게 내뱉은 주장이라고 할 수 있는 것이 8월 6일 CNBC에 출연한 짐 크레이머의 입에서 나왔다. 미셸은 나에게 그러한 사실을 이메일로 전했다. 거기에는 "미리 말씀해두겠는데요, 그 사람은 당신에 대한 예의가 전혀 없어요"라고 쓰여 있었다. 나는 그것이 아주 조심스러운 표현이라고 생각하고는 크레이머가 나오는 방송을 보지 않았다. 비판이 상대방을 헐뜯거나 언어 폭력의 양상을 띠면, 나는 그것을 무시해버린다.

나는 크레이머를 무시했지만, 상황을 예의 주시할 것을 주문하는 다른 사람들의 말에는 귀를 기울였다. 과거에 이사회 총재를 지냈던 라일 그램리는 도널드 콘을 통해서 "모기지 시장은 사상 최악입니다. 그리고 매일 나빠지고 있습니다." 그리고 "저는 지금 늑대가 왔다고 외치는 사람이 아닙니다"라고 덧붙였다. 그램리는 1985년 이사회를 떠난 뒤로, 미국 모기지 은행협회에서 10년 넘게 일했고, 컨트리와이드 파이낸셜 이사회 이사로도 일했다. 그가 전하는 말에는 전문가의 식견이 배어 있었지만, 때로는 과거의 이사회 총재의 관점도 묻어 있었다.

시장 참가자들이 자신의 투자나 이해관계에 유리한 정책을 주장하는 것은 자명한 이치이다. 나는 외부 인사의 의견을 들을 때에는 항상 이러한 사실을 염두에 둔다. 그러나 그램리를 비롯하여 여러 사람들이 전하는 우려를 쉽게 무시할 수는 없었다. 금융이 파열되면 가계와 기업을 신용경색 상태에 빠뜨리고, 최악의 경우에는 경제 전체를 무너뜨린다. 게다가 도덕적 해이(moral hazard : 투자자와 금융기관을 그들의 잘못된 판단에 따른 결과로부터 구제하면, 미래에는 더욱 잘못된 판단을 하게 만들 수 있다)의 위험이 뒤따를 수 있다. 나는 사람들에게 "버냉키 풋"이라는 인식을 심어주고 싶지 않았다.*

우리는 올바른 수단을 원했다. 뱅크런 심리를 불식시키고 시장에 대한 두려움을 진정시키고 주식과 서브프라임 모기지에 이르는 금융자산을 본질 가치에 맞게 값을 다시 매길 수 있는 수단을 말이다. 물론 이러한 과정에서 시장이 얼어붙거나 자산 가격이 오버슈팅(overshooting : 가격 변수가 일시적으로 급등 또는 급락하는 현상/역주)을 하는 일이 없어야 한다. 그때 우리는 과거에는 무시했던 정책을 도입해야 할 상황에 이르렀다. 그것은 바로 은행과 저축기관들이 우리를 통해서 자금을 빌릴 수 있도록 재할인창구 정책을 변화시키는 것이었다.

은행들은 8월 10일 회의 결과 보고서가 전하는 암시를 대체로 간과했다. FOMC는 연방자금금리를 인하할 수도 있지만, 그것은 인플레이션의 가속화를 포함하여 경제에 커다란 영향을 미칠 것이었다. 재할인창구 대출은 우리가 직면한 구체적인 문제, 즉 단기자금의 부족 문제에만 집중하는 더욱 정밀한 수단이었다. 그러나 우리는 그밖에도 두 가지 문제에 직면했다.

첫 번째 문제는 은행이 연준에서 자금을 빌린다는 사실 자체가 오점으로 남는다는 것이다. 우리는 배젓이 전하는 충고에 따라서 재할인창구 대출에 일종의 "징벌"금리("penalty" rate)를 부과했다. 당시 할인율은 6.25%로 연방자금금리보다 1%가 더 높았다. 보통 때라면, 은행은 징벌금리를 적용하는 연준보다는 다른 금융기관을 먼저 찾는다. 그러나 은행이 재할인창구를 통해서 대출을 받는 데에는 부작용이 따른다. 은행은 연준에서 자금을 빌렸다

---

* 도덕적 해이 문제는 보험에 관한 문헌에서 나왔다. 재산이 보험에 가입된 사람은 손실이나 사고를 피하려는 노력을 덜하게 된다는 것이다.

는 사실이 외부에 알려지는 것을 두려워한다. 민간 자금을 끌어들이기가 훨씬 더 어려워지기 때문이다. 탄탄한 은행이라면, 무엇하러 징벌금리까지 내가면서 연준에서 자금을 빌리겠는가? 우리는 재할인창구를 통해서 대출받는 은행에 대해서는 엄격하게 비밀을 유지한다. 그러나 은행들은 자금시장 참여자들이 연준의 대차대조표를 정밀하게 분석하고는 언제 어떤 은행이 재할인창구를 찾았는지를 짐작할 수 있을 것이다. 연준은 담보물을 가진 재정 상태가 건전한 기관에게만 재할인창구 대출을 한다. 실제로 연준은 창립 이후 100년 동안 재할인창구 대출에서는 1센트도 손해 보지 않았다. 그럼에도 재할인창구 대출 자체가 오점으로 인식되는 것은 정책의 효율성에 만만찮은 장애로 남아 있다. 은행이 재정 건전성에 대하여 나쁜 인상을 줄 것을 우려하여 재할인창구 대출을 하지 않는다면, 연준의 최종 대부자로서의 역할은 은행에게 도움이 되지 않을 것이다.

두 번째 문제는 금융 시스템이 재할인창구가 감당하기에는 너무 커졌다는 것이다. 연방준비법에 따르면, 평상시에는 예금기관―은행과 저축기관―만이 연준의 대출을 받을 자격이 있다. 그러나 최근 수십 년 동안, 신용 시장에서는 예금보다는 도매금융에 의존하는 그림자 금융 시스템이 중요한 역할을 하게 되었다. 연준의 재할인창구는 자금 조달에 어려움을 겪는 비은행 기관에게는 직접적인 도움을 줄 수가 없으며, 이러한 사실은 우리가 패닉을 중단시킬 수 있는 능력을 제한한다.

따라서 우리가 재할인창구의 활용을 장려하기 위한 방법을 고민하더라도, 그 방법이 효과를 볼 수 있을지는 미지수였다. 아무도 참석하지 않는 파티를 열 수가 있다는 뜻이다. 우리가 은행이 재할인창구를 찾도록 가시적인 조치를 취하더라도 효과가 별로 없다면, 위기 대처 능력에 대한 신뢰를 잃게 되고 패닉을 더욱 부채질하는 결과를 초래할 수도 있다.

그러나 8월 16일에 금융 상황이 크게 악화되면서 우리는 더욱 공격적인 조치를 취해야 했다. 티머시 가이트너, 도널드 콘과 나는 그날 아침 유럽, 캐나다, 일본의 중앙은행 관계자와 협의했다. 나는 그날 오후 6시에 FOMC 의 긴급 회의를 소집했다. 은행이 연준에서 자금을 빌리는 것이 오점으로 남는다는 문제를 극복하기 위해서, 우리는 재할인창구 대출의 징벌금리를 0.5%로 변경하여 이러한 대출이 활성화되도록 했다. 이제 은행은 연방자금 금리보다 1%가 아닌 0.5%를 더 내고 대출을 받을 수 있었다. 또한 우리는 일부 주요 은행에게 재할인창구 대출을 받도록 설득했다. 그리하여 이러한 대출이 약점이 아니라는 분위기를 조성하려고 했다. 또 재할인창구 대출의 만기일을 최대 30일까지 연장했고, 은행이 원하는 경우에는 대출 갱신이 쉽게 이루어지도록 했다. 그리고 그날 FOMC 회의의 결과 보고서에서는 경제에 위험이 가중되고 있으며, "필요한 경우에는 조치를 취할 준비가 되어 있다"는 표현을 넣었다. 이것은 금융 혼란이 전체 경제로 번지지 않도록 하기 위해서 필요한 경우에는 금리를 인하할 수 있다는 의지의 표현이었다.

우리는 프레더릭 미슈킨의 권고에 따라서 0.5%인 징벌금리를 더욱 인하할 것을 검토했지만, 두 가지 서로 배타적인 관심사를 두고 균형을 유지해야 했다. 우리가 재할인율을 충분히 인하하지 않는다면, 오점을 우려하는 은행들은 대출을 꺼릴 것이다. 하지만 우리가 재할인율을 지나치게 많이 낮춘다면, 주로 소형 은행들—자금시장에서 하루 만에 갚아야 할 자금을 싼 이자로 빌릴 수 없는 은행들—을 주로 상대해야 할 것이다. 이런 은행들은 얼마 안 되는 대출금을 신청할 것이고, 우리는 이런 신청을 행정적으로 처리할 여력이 없다. 따라서 그들의 요구를 외면해야 할지도 모른다.

8월 17일 금요일 오전 8시 15분, 우리는 FOMC 회의의 결과를 발표하고 할인율 인하를 선언했다. 유감스럽게도 단기자금시장은 별다른 반응을 보여주지 않았지만, 주식시장은 반사적으로 상승세를 보였다. S&P 500 지수 선물은 발표가 있고 나서 46초 만에 3.6% 상승했다. CNBC의 밥 피사니는

"시장은 버냉키를 록 스타라고 생각한다"라고 선언했다.(하지만 너무 이른 표현이었다.)

　FOMC 위원들과 나는 서로 전화를 하거나 이메일을 보내면서 정보를 공유했다. 우리가 예상했던 대로, 은행은 여전히 연준의 자금 대출이 오점으로 남는 것을 두려워하고 있었다. 보스턴 연은 행장 에릭 로젠그렌은 스테이트 스트리트 행장 론 로그가 대출을 꺼리고 있다고 보고했다. 스테이트 스트리트는 보스턴 지역에서 규모가 가장 큰 은행이었다. 따라서 보스턴 연은의 재할인창구 대출 규모가 크게 증가했다고 발표하면, 사람들은 자연스럽게 스테이트 스트리트가 그러한 대출을 받았을 것이라고 짐작할 것이다. 로그는 로젠그렌에게, 재할인창구 대출 총액을 매주일 지역별로 발표하는 것을 중단할 생각이 있는지를 물어보았다. 그러나 우리가 사전 예고 없이 회계 절차를 변경하면, 신뢰를 잃을 수도 있었다. 언젠가 텍사스의 어느 행장은 댈러스 연은 행장 리처드 피셔에게 이런 말을 한 적이 있었다. "텍사스 연은이 대형 은행을 설득하여 재할인창구 대출을 받도록 한다면, 오점을 불식시키는 대단한 효과를 발휘할 것입니다."

　그날 오전 10시, 티머시와 도널드는 미국의 주요 은행과 투자은행의 모임인 어음교환소 협회(Clearing House Association)와 전화 회합을 하고는 우리는 재할인창구 대출을 오점이 아니라 강점으로 간주하겠다는 말을 전했다. 그날 밤, 티머시는 시티뱅크가 재할인창구 대출을 받기로 결정했다는 소식을 전해왔다. 8월 22일 수요일에는 시티뱅크가 30일 만기로 5억 달러를 대출받았다고 발표했다. 또한 JP. 모건 체이스, 뱅크 오브 아메리카, 샬럿, 노스캐롤라이나의 와코비아도 각각 5억 달러를 대출받았다는 것을 발표했다. 그 다음 날, 우리가 발행하는 주간 보고서에는 8월 22일 현재 재할인창구 대출이 23억 달러에 달했으며, 1주일 전인 2억6,400만 달러에 비해 급증했음을 보여주었다.

연준 이사회도 시티그룹, JP모건, 뱅크 오브 아메리카에 연방준비법 23A 조항을 일시 면제한다는 내용의 공문을 보냈다. 이 조항은 소비자 금융 혹은 증권거래와 같은 사업을 하는 비은행 계열사에서 재할인창구 대출금을 사용하지 못하도록 하는 조항이다. 우리의 목표는 그림자 금융 시스템에 단기자금을 공급하는 것이었다. 은행과 지주회사의 거래는 은행 예금을 위험에 빠뜨릴 수 있었기 때문에, 연방예금보험공사의 승인이 필요했다.

나는 곧 실라 베어 의장과 연락을 취했다. 2006년 6월 연방예금보험공사 의장으로 취임한 실라는 캔자스 주 공화당원으로 밥 돌 전 상원의원의 후배였다. 그녀는 매사추세츠-앰허스트 대학교 교수 경력이 있었고, 재무부를 포함하여 정부 부처에서 일한 경험도 있었다. 또한 대초원(prairie) 지역의 포퓰리스트로서 월 스트리트의 은행들과 이를 감독하는 정부 기관(특히 연준과 재무부)를 태생적으로 싫어했다. 그녀는 깐깐하게 나올 수도 있었고 같이 일하기 어려울 수도 있었다. 하지만 나는 마지못해 그녀의 에너지, 정치적 통찰력, 언론을 다루는 기술을 칭찬해줄 수밖에 없었다. 그리고 규제 시스템에서 연방예금보험공사가 중요한 역할을 하고 있었기 때문에 감사하게 생각한다는 말도 전했다. 연준, 재무부, 연방예금보험공사 간의 협력이 필요한 상황에서는 이번처럼 가끔 내가 그녀에게 연락을 취했다. 나는 무심코라도 그녀를 등한시한다는 태도를 보이기가 싫었다. 무엇보다도 좋은 정책을 마련하는 일이 중요했던 것이다.

실라는 재할인율 인하를 선언하던 날 밤에, 23A 조항에 대한 면제 요청에 답신을 보내왔다. 나는 신속하게 답신을 보내준 데에 감사의 말을 이메일로 전했다. 그녀는 "작은 신용위기가 큰 혼란을 일으킬 수도 있다니, 상당히 놀랍군요"라고 대답했다.

재할인창구 대출을 증가시키기 위한 시도는 처음에는 성공했지만, 유감스럽게도 오래가지는 못했다. 각각 5억 달러씩 총 20억 달러를 대출받았던

4대 은행이 언론 보도 자료에서 실제로는 그 돈이 필요하지 않았다는 점을 분명히 했다―틀림없이 대출에 따르는 오점을 의식했을 것이다. 그후 5주일이 지났을 때, 재할인창구 대출은 2억700만 달러로 감소했다. 그것은 대출 조건을 완화하기 전보다도 조금 더 감소한 금액이었다.

우리가 재할인율을 인하했을 때에는 미국 모기지 대출의 5분의 1정도를 취급하는 컨트리와이드 파이낸셜의 문제가 중요한 현안으로 남아 있었다. 3개 기관― 연준, 연방예금보험공사, 저축기관감독청― 의 검사관들이 대량의 서브프라임 포트폴리오를 보유한 대출업자가 파산을 면하고 계속 영업을 할 수 있는지를 결정해야 하는 상황이었다.

  8월 16일 초조한 예금자들이 캘리포니아 주 칼라바사스에 있는 컨트리와이드 본사 근처의 저축대부조합(컨트리와이드 계열의 금융회사)으로 몰려왔다. 그들은 연방예금보험공사가 예금의 지급을 보장한다는 말을 듣고는 안심하고 떠났다. 그러나 컨트리와이드는 더욱 커다란 위험에 직면해 있었다. 8월 2일에 기업어음과 레포 채권자들이 갱신을 거부했던 것이다. 자산을 매각하여 자금을 모으더라도 이 문제가 해결될 것 같지 않았다. 컨트리와이드가 보유한 의심스러운 모기지의 가치는 크게 떨어졌다. 컨트리와이드는 파산을 면하기 위해서 이전부터 비상시에 자금을 빌려주던 대형 은행들을 통해서 115억 달러를 조달했다. 이 돈은 컨트리와이드가 끌어들일 수 있는 자금의 전부였다.

  8월 10일, 나는 브라이언 매디건과 은행감독규제국 국장 로저 콜에게 컨트리와이드가 파산하면 금융 시스템 전체를 위험에 빠뜨릴 수 있는지를 물어보았다. "이 회사가 파산하면 주요 은행이나 투자은행은 어떻게 됩니까? 모기지 시장은?"

  대형 금융기관을 두고 그런 질문을 해보기는 처음이었다. 나는 저축기관감독청 청장 존 라이시에게서 이상하리만큼 낙관적인 소식을 듣고는 채 1시간도 안 되어 매디건과 콜에게 이메일을 보냈다. 오랫동안 플로리다 주 상원의원 코니 맥의 보좌관을 지냈고 지방 은행원 출신이기도 한 라이시는 열렬한 규제 철폐론자였다. 라이시는 2003년 연방예금보험공사 부의장 시절에 언론 앞에 당당한 모습으로 등장한 적이 있었다. 당시 그의 손에는 가위가 쥐어져 있었고, 앞에는 그가 집행해야 했던 규제를 상징하는 붉은 테이프로 싼 서류들이 쌓여 있었다.

그는 2주일간의 휴가를 위해서 사무실을 떠나기 전에, 나, 연준 이사회 총재 랜들 크로스너, 실라 베어, 통화감독청 청장 존 듀건에게 컨트리와이드가 파산할 것이라는 소문은 사실무근이라고 말하면서 안심시키려고 했다..그는 컨트리와이드가 유동성에 어려움을 겪는 것은 사실이지만, 최근 많은 모기지 회사들이 파산한 것을 긍정적으로 바라보아야 한다고 주장했다. 그리고는 "그런 모기지 회사들의 경쟁력이 크게 떨어지는 현상은 장기적으로는 바람직하다고 생각합니다"라고 썼다.

그는 얼마 지나지 않아 컨트리와이드의 CEO 앤절로 모질로의 23A 조항에 대한 면제 신청을 지원했다. 23A 조항에 따르면, 컨트리와이드의 지주회사는 자신이 소유한 저축기관을 통해서 재할인창구 대출을 받은 자금을 사용할 수가 없었다. 컨트리와이드를 관할하는 샌프란시스코 연은 행장 재닛 옐런과 마찬가지로 실라와 연방예금보험공사는 회의적이었다. 컨트리와이드에 간접적으로 대출을 제공하는 것은 위험하다는 것이었다. 컨트리와이드는 이미 파산 상태일 수도 있었고, 우리에게 원금을 상환하지 못할 수도 있었다. 재할인율 인하를 결정한 그 다음 날, 도널드 콘은 자넷이 모질로의 23A 조항의 면제 신청을 즉각 거부하기를 바란다는 소식을 전해왔다. 자넷은 모질로가 "자신의 회사 전망에 관해서 부정적이며 회사는 매각 절차를 밟아야 한다"고 생각했다.

컨트리와이드는 8월 22일 뱅크 오브 아메리카로부터 20억 달러의 지분 투자를 받아서 파산을 모면했다. 자넷의 말대로 매각 절차를 밟지는 않았지만, 뱅크 오브 아메리카에게 인수되는 첫발을 내디딘 셈이었다. 컨트리와이드는 8월 30일 목요일, 23A 조항에 대한 면제 신청을 정식으로 철회했다. 그날은 내가 캔자스 시티 연은이 주최하는 경제 심포지엄에 참석하려고 잭슨 홀로 가는 비행기에 몸을 싣던 날이었다. 그날 심포지엄의 주제는 "주택, 주택 금융과 통화정책"이었는데, 오래 전부터 이미 정해져 있었다.

나는 7월에 상원과 하원 청문회에서 통화정책에 관한 보고를 한 이후로는 공식적인 자리에서 경제 현황에 관한 이야기를 하지 않았다. 신용시장 문제가 경제를 위축시키기 시작하면서, 시장은 우리가 단기금리를 인하할 계획을 가지고 있는지를 궁금하게 여겼다. 우리는 확실히 그런 방향으로 나아가고 있었다. 실제로 나는 잭슨 홀로 가기 이틀 전에 도널드, 티머시와 함께 9월 18일 FOMC가 열리는 날까지 기다릴 필요도 없이 금리인하를 먼저 단행할 것인가를 두고 의논한 적이 있었다. 시장은 위원회가 열리기 진까지는 금리인하가 없을 것으로 기대했다. 그리고 우리는 갑작스러운 금리인하가 시장 참여자들에게는 우리가 상황을 그들보다 훨씬 더 심각하게 보고 있다는 믿음을 줄 것도 우려했다.

도널드는 티머시와 나에게 보내는 이메일에서 "서두르면 위험합니다. '시장이 우리가 모르는 무엇인가를 알고 있는지도 생각해보십시오'"라고 썼다. 그는 위원회 회의가 열릴 때까지 기다렸다가 연방자금금리를 일반적으로 예상하는 수치의 두 배인 0.5%를 인하하자는 의견을 냈다.

캔자스 시티 연은이 잭슨 레이크 로지에서 주최하는 이틀 동안의 심포지엄은 수도원 같은 분위기 속에서 지내는 중앙은행 사람들에게 주요 국제 행사였다. 지난 25년 동안 노동절 직전에 열렸던 이 행사에는 정책 입안자,

연준 간부, 세계 각국의 중앙은행 임원들, 학계와 재계의 저명 인사, 미국의 지도적인 경제 저널리스트들이 참석해왔다. 110여 명의 참석자들은 오전에는 말코손바닥사슴 뿔로 만든 샹들리에 아래에서 통화정책과 세계경제의 현황을 논의했다. 오후에는 멋진 경관을 둘러보고, 밤에는 파티와 여흥을 즐겼다. 숙소 뒤편으로는 눈에 덮인 그랜드 티턴이 훌륭한 장관을 연출하고 있었다. 맑은 날에는 잭슨 레이크의 차가운 물을 바라볼 수 있었다. 도널드는 매년 자전거를 타고 산을 오르내리는 이른바 '콘의 죽음의 질주(Kohn Death March)'를 한다. 도널드만큼 체력이 안 되는 사람은 낚시를 하거나 호수에서 보트를 타거나 베란다에 앉아서 멀리 말코손바닥사슴이 고산지대의 초원에서 풀을 뜯는 모습을 바라본다.

나는 프린스턴 교수 시절에 잭슨 홀 행사 초대를 받고는 아주 즐거워했으나 의장이 된 뒤는 이 행사가 성가신 일 중의 하나가 되어버렸다. 나는 경제학 토론을 항상 좋아한다. 언론의 플래시 세례를 받으면서 하는 토론은 그렇지 않다. 내가 무심코 뱉은 말이 크게 확대되는 것을 항상 경계해야 한다. 따라서 이런 행사가 있을 때에는 미리 준비된 말만 하려고 노력했다.

2007년 8월, 불안했던 시장 분위기는 위험을 훨씬 더 키웠다. 미셸 스미스, 도널드, 티머시는 나와 상의하고는 연은 행장들에게 예전과는 달리 언론 인터뷰를 자제할 것을 요청하는 이메일을 보냈다. 물론 대다수가 동의했다. 잭슨 홀 행사 전날에 이사회 총재들이 한명도 눈에 띄지 않는다는 소리가 나오지 않도록 랜들 크로스너가 일찍 그곳으로 갔다. 그리고 컴퓨터 기술자들을 보내서 우리가 그곳에서 벌어지는 상황을 살펴볼 수 있도록 했다.

나는 시장 분석 회의를 마치고 목요일 오후 늦게 잭슨 레이크 로지에 도착했다. 그리고는 금요일과 토요일 회의에 앞서 항상 진행되어왔던 디너 모임을 주재했다. 그때 분위기는 침울했다. 우리의 동료 에드워드 그램리치가 백혈병으로 심각한 상태에 있었던 것이다. 그는 그날 심포지엄에서 연설을 하기로 되어 있었지만, 병환이 위중하여 참석하지 못했다. 최근 애나와 나는 라일 그램리 부부의 초대로 에드워드, 그의 부인 루스와 함께 식사를 한 적이 있었다. 에드워드는 시간이 얼마 남지 않았다는 것을 알고 있었지만, 우리와 함께 즐거운 시간을 보냈다. 나는 디너 모임에서 우리가 에드워드의 통찰력과 따뜻하고도 넓은 도량을 그리워할 것이라고 말했다. 토요일 점심 모임에서는 에드워드의 절친한 친구이자 이사회의 조사국 부국장인 데이비드 윌콕스가 에드워드가 준비한 원고를 읽었다. 주제는 서브프라임 대출의 호황과 불황이었다.

나는 8월 31일 금요일 오전 연설에서, 아슬아슬한 곡예를 해야만 했다. 내 마음 같아서는 당장 그 자리에서 금리인하를 선언하고 싶었지만, 그것은 FOMC에 대한 예의가 아니었다. 위원회의 회의가 있기 전에는 금리인하의 신호를 분명하게 전해서는 안 되었다.

나는 주택 가격의 하락과 이와 관련된 금융시장의 긴장이 경제 전체에 미치는 피해를 설명하고, "금융시장이 잘 작동해야 경제가 발전한다"는 내 생각을 상기시켰다. 또한 나는 FOMC가 월 스트리트에 구제 자금을 지원할지도 모른다는 추측을 불식시키기 위해서, "대출 기관과 투자자를 그들 자신의 투자 결정에 따른 결과로부터 보호하는 것은 연준의 책임이 아닙니다 ─또한 적절한 일도 아닙니다"라고 말한 뒤에 나는 연준이 "금융시장의 혼란이 경제 전체에 미치는 악영향을 최소화하기 위한 조치를 취할 것입니다"라고 말했다. 나는 그 자리에 모인 많은 사람들에게는 연준이 미국의 일반 시민에게 도움을 주려는 기관이라는 말을 전하고, 투자자들에게는 과잉반응을 하여 신용을 회수하지는 말라는 설득까지도 했던 셈이다.

시장은 긍정적으로 반응했지만, 불씨는 여전히 남아 있었다. 트레이더들은 금리인하가 임박했음을 보여주는 명백한 신호를 바라고 있었다. 당시 다우존스 칼럼니스트 로런스 노먼은 이렇게 논평했다. "가난한 집에서 묽은

죽을 받아들일 수밖에 없는 배고픈 올리버 트위스트(디킨스의 소설의 주인공으로 가혹한 운명에 시달리는 고아 소년/역주)처럼 시장은 자신이 더 많은 것을 원한다는 사실을 분명히 했다."

나는 회의 참석자들이 모두 빠져나가기도 전에, 도널드, 티머시와 함께 월 스트리트의 혼란으로부터 미국인의 일자리와 생계를 보호하기 위해서 앞으로 어떻게 할 것인가를 두고 고민했다. 우리는 다음 위원회에서 위원들이 금리인하를 전폭적으로 지지하고 필요하다면 특별한 조치를 취할 것을 원했다. 티머시와 나는 금요일에 잭슨 홀을 떠났다. 도널드는 토요일 아침 연설을 듣기 위해서 그곳에 남기로 했다. 다음 날, 도널드는 이메일로 마틴 펠드스타인의 대단히 우울한 발표 내용을 요약했다. 도널드 자신도 낙관주의자는 결코 아니었지만, 펠드스타인이 너무 어두운 전망을 내놓았다고 생각했다. 그러나 그는 이렇게 말했다. "저는 그 정도로 불안감에 떨지는 않습니다……저는 그것이 FOMC 위원들을 설득하는 데에 유용할 것으로 생각합니다."

우리는 워싱턴으로 돌아와서는 우리가 "블루스카이 싱킹(bluesky think-ing, 창조적 집단사고 회의)"이라고 불렀던 작업에 더 많은 시간을 할애했다. 우리는 위기에 대응하여 표준적인 통화정책보다는 재할인창구 대출에 집중함으로써, 과거의 관습에서 이미 어느 정도는 멀어져 있었다. 그러나 나는 필요하다면 더욱 멀어지기로 결심했다. 이단으로 비치는 두려움 때문에 이용 가능한 수단을 써서 문제를 공략하는 것을 주저해서는 안 되었다. 그 주일의 일요일에, 나는 이사회가 더 많은 역할을 해야 하는 상황을 설명하고 정책 입안자와 직원이 공유하는 아이디어들을 정리한 이메일을 도널드, 티머시, 케빈 워시에게 보냈다.

한 가지 재미있는 제안은 유럽중앙은행과 통화 스왑 협정을 체결하자는 것이었다. 이는 실제적으로 연준이 유로화를 담보물로 잡고서 유럽중앙은행에 달러화를 제공하는 것을 말한다. 이 협정의 목적은 유럽의 금융 혼란으로부터 미국 시장을 차단하자는 것이었다. 유럽중앙은행이 유럽의 통화 시장에 유로화를 공급하지만, 유럽에서 금융 행위의 많은 부분은 달러화로 이루어진다. 유럽중앙은행과 통화 스왑 협정을 체결하면, 유럽중앙은행에 달러화를 제공하고 유럽중앙은행은 이 달러화를 유럽 지역의 시중은행에 대출한다. 결과적으로 외국 은행들의 달러화를 얻기 위한 쟁탈전이 미국 시장을 혼란에 빠뜨리는 상황을 방지할 수 있을 것이었다. 외국 은행과의 통화 스왑 협정은 정치적으로 인기를 끌지 못한다. 그러나 미국 경제를 보호하는 데에는 반드시 필요한 조치일 수도 있다. 도널드는 유럽중앙은행이 자신이 보유한 달러화를 대출하지 못하는 더 나은 경우를 찾아볼 필요가 있다고 말하면서 통화 스왑 협정에 회의적이었다. 그러나 티머시는 개방적인 생각을 했다. 그는 유럽중앙은행과 두세 개의 중요한 중앙은행들이 통화 스왑 협정을 체결하면 미국에서 영업하는 외국 은행들이 연준에서 직접 달러화를 빌리지 않아도 된다고 주장했다. 대신에 외국 은행들은 자국의 중앙은행에서 대출받을 수 있을 것이다. 이때 그 중앙은행들은 이러한 대출을 관리할 책임이 있고, 이에 따르는 손실을 감당해야 한다.

연준의 대출을 경매하기 위한 기관으로 두 기관—한 곳은 예금 취급 기관을 위한 곳이고, 다른 곳은 월 스트리트의 투자은행처럼 비예금 취급 기관을 위한 곳이다—을 설립하자는 제안도 있었다. 지금처럼 재할인율을 고정시키는 것보다 자금을 구하기 위해서 몰려든 잠재 대출자들을 상대로 대출금리를 경매에 부치는 것도 가능하다는 생각이 들었다. 그렇게 하면 연준으로부터 돈을 빌렸다는 사실이 오점이 되지 않을 수도 있다. 경우에 따라서는 차입자가 징벌금리가 아닌 시장금리를 내고 있다고 주장할 수도 있다. 경매를 진행하고 낙찰가를 정하는 데에는 시간이 걸리기 때문에, 차입자가 자금을 늦게 받을 수 있다. 따라서 차입자가 자신이 현금을 필사적으로 원하고 있지는 않다는 사실을 분명히 알릴 수 있을 것이었다.

"블루스카이 싱킹" 리스트의 맨 마지막에는 은행이 정보를 더 많이 공개하도록 하자는 제안이 있었다. 특히 장부 외의 계열사를 이용하는 수단은 그림자 금융의 중핵을 이루고 있는데, 이러한 정보를 공개하도록 하자는 것이었다. 은행이 공개하는 정보가 놀라움을 줄 수도 있지만, 적어도 예금자들은 대출 위험을 현실적으로 평가할 수 있다. 그리고 이러한 평가를 바탕으로 예금을 그대로 둘 수도 있을 것이고 그렇지 않을 수도 있을 것이다. 아마도 두려움 때문에 은행과의 거래를 완전히 끊으려고 하는 사람은 없을 것이다.

여기서 투자은행과 같은 비예금 취급기관이 연준 대출을 받기 위해서 경매에 참여하도록 하는 것은 높은 심리적 장벽을 뛰어넘을 것을 요구한다. 따라서 우리는 비교적 알려지지 않은 연방준비법 제13조 3항을 발동해야 한다. 이 조항에 따르면, 연준은 신용도가 높은 개인이나 법인에게 대출을 해줄 수 있다. 연준은 대공황 이후 이 권한을 한번도 사용한 적이 없었다. 나는 그것이 힘든 일이라는 것을 알았다. 그러나 이 아이디어가 고려 대상으로는 계속 남아 있기를 바랐다.

잭슨 홀 회의가 끝나고 나는 도널드, 티머시, 케빈에게 보내는 이메일에서 "직원들의 아이디어는 내게 생각해볼 만한 가치가 있습니다"라고 썼다. 연준이 예금 취급기관뿐만 아니라 비예금 취급기관에게도 대출하는 것은 비예금 취급기관의 역할이 점점 더 커지는 금융 시스템에서 설득력이 있었다. 나는 "그러나 그것은 헤일 메리(Hail Mary : 원래 '아베 마리아'라는 뜻이지만 미식축구에서 마지막 순간에 상대방 골을 향하여 던져보는 승부수/역주)가 되어야 합니다"라는 말도 덧붙였다.

8
한 걸음 더 나아가서

⋮

8월 금융시장을 내습했던 난기류는 9월 18일 FOMC(연방공개시장위원회) 회의 이후로 조금은 수그러들었다. 주식시장은 다시 활기를 띠었고, 자금시장과 신용시장도 어느 정도 진정되었다.

그러나 상황은 여전히 정상화되지 않았다. 자산 담보부 기업어음의 발행 규모는 더욱 감소했고, 이에 대한 금리는 더욱 상승했다. 레포 시장에서는 채권자가 담보물이 비교적 믿을 만한 양질의 것인데도 더 많은 담보를 요구했다. 그리고 은행은 여전히 겁이 많았다. 은행이 다른 은행에게서 자금을 하루 넘게 빌리는 데에 부과되는 수수료는 계속 오르기만 했다. 은행은 신용 상태가 뛰어난 개인이나 기업에게도 대출을 꺼렸다. 경제 소식도 비관적인 내용 일색이었다. 노동부는 8월 한 달 동안에 일자리가 4,000개가 사라졌다고 보고했는데, 월별로 보면 2003년 이후 처음 있는 일이었다.

위원회 회의가 열리기 며칠 전에, 애나와 나는 에드워드 그램리치 집에서 열리는 작은 추모 모임에 참석했다. 루스는 남편을 잃은 슬픔에도 손님들을 친절하게 대했다. 에드워드는 자신이 준비한 원고를 잭슨 홀에서 다른 사람이 대신 발표하고 나서 불과 며칠 뒤인 9월 5일에 세상을 떠났다. 한 달 뒤에 나는 에드워드의 유지를 받들어 그의 추모식에서 추모사를 하게 되어 있었다. 추모사가 끝나자, 뉴올리언스 재즈 밴드가 "성자의 행진"을 요란스러운 버전으로 연주하면서 교회로 들어왔다.

FOMC 회의가 열리는 날 아침, 워싱턴의 무더웠던 여름 날씨는 물러갔다. 나는 상쾌한 날씨를 뒤로 하고 평소 타고 다니던 SUV를 지하 주차장에 세워둔 뒤에 고급 목재로 장식한 엘리베이터를 타고 이사회 멤버들의 2층 사무실로 올라갔다.

그때까지 나는 위원회가 신용시장의 혼란이 경제에 미치는 영향을 최소화하기 위해서 더 많은 일을 할 수 있도록 힘을 실어주었다. 이번에는 매파와 비둘기파가 힘을 합치려고 했다. 회의가 끝나고 우리는 위원회가 연방자금금리를 0.5% 인하하여 4.75%로 하기로 만장일치의 합의를 보았다고 발표했다. 금리인하는 지난 4년 동안 처음 있는 일이었다. 시장의 기대는 0.25% 인하였다. 따라서 발표가 있자 주식가격은 상승하고, 채권 수익률은 하락했다.

매파 진영의 리치몬드 연은 행장 제프리 래커와 댈러스 연은 행장 리처드 피셔는 인하폭을 줄일 것을 주장했지만, 2007년에는 그들에게 표결권이 없었다. 그해에는 주로 매파 진영에 있던 캔자스 시티 연은 행장 토머스 호니그와 세인트루이스 연은 행장 빌 풀에게 표결권이 주어졌는데, 두 사람 모두 반대하지 않았다. 그들은 이번에 강력한 조치를 취하여 향후에는 금리인하의 필요성과 기대가 사라지도록 해야 한다고 생각했다. 매파 진영은 당시 인플레이션율이 그다지 높지 않았고 위원회의 이코노미스트들이 2008년과 2009년에 2% 아래의 인플레이션을 예측하고 있었기 때문에 어느 정도는 안심하고 있었다.

물론, 우리는 이코노미스트들이 미래를 정확하게 내다보기가 어렵다는 것을 잘 알았다. 이사회 통계연구국장 데이브 스톡턴은 숙련된 예측가이자 탁월한 유머 감각을 지닌 사람이었다. 그는 자기가 하는 일이 얼마나 번잡한지를 보여주기 위해서 이렇게 말했다. "저는 여러분들을 초대할 때에는 헤어네트를 씌우고 정육업자의 작업복을 입혀서 소시지 공장을 둘러보게 하는 것이 좋다고 생각합니다."

연준의 예측 모델은 금융 불안이 경제에 미치는 영향을 제대로 반영하지 못했다. 이는 어느 정도는 금융위기가 (다행스럽게도) 드물게 발생하여 관련 데이터가 부족하기 때문이기도 했다. 2007년 연준 통계연구국은 이러한 어려움을 극복하기 위해서 스웨덴과 일본처럼 비교적 최근에 심각한 금융위기를 겪은 국가들을 살펴보았다. 스톡턴은 통계연구국이 직면한 문제를 논의하다가, 그 부서가 지난 1998년 러시아 채무불이행 선언으로 비롯된 시장 혼란을 반영하여 미국 경제성장률 예측치를 낮게 잡았던 경험을 떠올렸다. 그러나 당시 미국의 신용시장은 크게 영향을 받지 않았고 미국 경제도 어려움을 잘 견디고 있었다. 그 부서는 러시아발 위기가 일어나고 6개월이 지난 뒤, 예측치를 예전 수준으로 되돌려놓았다.

스톡턴은 "저는 1998년 당시 우리가 미국 경제가 견실하게 움직이고 있다는 사실을 제대로 인식하지 못했기 때문에 그런 오류를 범했다고 생각합니다"라고 말했다.

통계연구국은 1998년처럼 금융 혼란을 반영하여 경제성장률을 조금 낮게 잡았다. 그 부서 사람들이 금융 혼란으로 경제가 지나칠 정도로 취약해질 것이라고 예측했던 오류를 되풀이할 것인가? 아니면 반대로 그다지 취약해지지 않을 것이라고 예측하는 오류를 범할 것인가? 2007년 8월에는 일자리가 사라졌다는 보고가 있었지만, 실업률은 4.6%라는 여전히 낮은 수준을 유지하고 있었다. 다른 한편으로는, 1998년에는 금융 혼란이 주로 주식시장과 채권시장에서 두드러지게 나타났지만, 2007년에는 모기지 시장에서 두드러지게 나타났다. 미국의 메인 스트리트 경제에서 주택 가격과 모기지 대출 가능성은 훨씬 더 직접적인 관계에 있었다. 5가구 중 1가구만이 주식을 보유했고, 채권을 보유한 가정은 훨씬 더 적었다. 그러나 3가구 중 2가구는 주택을 보유했다. 주택 가격이 떨어지면 건설 경기가 가라앉고 소비자 지출이 줄어든다. 그러면 경제는 성장 속도가 늦어지고 건설 경기는 더욱 가라앉는다. 나는 이런 악순환이 "피하기 힘든 잠재적인 침체의 동력을 만들 수 있다는 것"을 경고했다.

그린스펀 의장 시절에 나의 자리였던 구석 자리에서 미슈킨은 덤덤한 표정으로 내가 하는 말에 동의를 표시했다. "우리가 공개적으로 말하기는 힘들지만, 침체의 가능성이 아주 높기 때문에 그 단어를 언급해야 할 필요가 있습니다."

신용시장의 혼란은 경제에 커다란 어려움을 초래할 수 있었다. 그러나 우리가 대공황과도 같은 상황을 맞이하게 될 것인지 혹은 그보다는 훨씬 더 부드러운 상황을 맞이할 것인지는 예상하기가 힘들었다. 그때까지 신용시장의 긴장은 1929년 대공황보다는 1998년 러시아의 채무불이행에서 비롯된 긴장과 훨씬 더 가까운 것 같았다. 실제로 뉴욕 연은은 당시의 위기가 1998년의 재연이라는 것을 보여주는 자료를 배포하기도 했다. 나는 시장의 변동성이 최근에 경험했던 범위 이내에 있다는 사실에 안도의 한숨을 쉬었다. 그러나 미래의 전망이 불확실한 상황에서, 우리는 연방자금금리를 평상시보다 더 많이 인하하는 식으로 대비해야겠다고 생각했다. 매파 인사들은 이러한 생각에 동의했지만, FOMC가 더 이상의 금리인하를 단행하지 않겠다는 의지를 분명히 밝혀야 한다고 주장했다. 나는 다음과 같이 더욱 대담한 메시지를 전할 것을 주장했다. "나는 시장이 원하는 것은 우리가 상황을 이해하고 있고, 이곳에 있으며, 필요한 경우에는 조치를 취할 준비가 되어 있다는 것이라고 생각합니다."

8월 회의와 마찬가지로, 우리는 도덕적 해이 문제를 다시 논의했다. 그것은 우리가 경제를 살리기 위한 금리인하를 자제해야 한다는 것이었다. 왜냐하면 이러한 조치가 위험을 잘못 판단한 투자자들이 곤경에서 빠져나오도록 도와주기 때문이었다. 리처드 피셔는 지나친 금리인하는 위험한 금융 행위를 경계하지 않고 이에 빠져들도록 하는 효과가 있다고 경고했다. 그러나 경제 전체에 미치는 위협이 커져가고 있음을 감안하면, 나, 도널드 콘, 티머시 가이트너, 재닛 옐런, 프레더릭 미슈킨을 포함한 거의 모든 멤버들은 그런 주장에 귀를 기울일 여유가 없었다. 나는 "중앙은행으로서, 우리는 시장기능이 정상적으로 움직이고 경제적 안정성을 폭넓게 높여야 할 책무가 있다는 것을 알립니다"라고 말했다.

우리는 금리를 예상보다 큰 폭으로 인하하면서, 다른 전선에서는 행동을 미루고 있었다. 8월에 있었던 블루스카이 싱킹에 따르면, 두 가지 방면에서 제안이 있었다. 첫 번째 제안은 미국에서 활동하는 미국과 외국의 은행 모두를 상대로 28일 만기 재할인창구 대출을 경매하기 위한 새로운 기관을 설립하자는 것이었다. 이 업무는 연준 이사회가 해야 할 일이었다.

두 번째 제안은 FOMC의 주관으로 유럽중앙은행 및 스위스 중앙은행과 통화 스왑 협정을 체결하는 것이었다. 우리는 통화 스왑 협정을 통해서 유로화와 스위스 프랑화를 담보로 잡고 달러화를 두 중앙은행에 제공할 수 있을 것이었다. 그러면 두 중앙은행들은 유럽 지역의 은행과 금융기관에 달러화를 대출할 수 있었다. 유럽중앙은행과 스위스 중앙은행이 우리와 함께 달러화 대출을 경매한다면, 우리가 미국 통화시장에서 감당하는 압박을 줄일 수 있을 것이었다―특히 (동부 시간으로) 오전에 유럽 은행들이 여전히 문을 연 상태에서 뉴욕 시장을 통해서 달러화를 대출받으려고 할 때에는 말이다.

미국과 유럽에서의 달러화 대출 경매 업무와 관련된 세부 사항에 관한 유럽 당국과의 논의는, 그리고 발표의 적절한 시기는 9월 위원회 회의가 열리기 전까지 계속되었다. 특히 유럽중앙은행은 통화 스왑 협정에 대해서는 연준이 유럽 시장의 구원 투수라는 의미를 전할 수도 있기 때문에 상당히 민감했다. 따라서 우리는 연준이 외국의 믿을 만한 중앙은행이 아니라 부실 민간 은행에게 대출을 제공하는 은행이라는 잘못된 추론을 일으키지 않으려고 했다. 유럽중앙은행이 망설이는 듯한 자세를 보이고 금융시장이 어느 정도 개선되자, 우리는 구체적인 논의를 접기로 했다. 경매 프로그램과 통화 스왑 협정은 시일을 두고 좀더 지켜봐야 할 것 같았다.

9월의 금리인하에 대해서는 찬사와 비난이 동시에 쏟아졌다. 「월 스트리트 저널」은 이 조치에 대해서 찬성이나 반대의 입장을 취하지 않았고 처음부터 냉소적인 모습을 보였다. 과거 하버드 시절 경제원론을 강의했고 잭슨 홀에서 대단히 우울한 내용의 발표를 했던 마틴 펠드스타인 교수는 그 다음날 아침에 우리가 만장일치로 바람직한 결정을 내린 것을 축하하는 말을 전했다.

하원 금융 서비스 위원회 위원장 바니 프랭크와 상원 은행위원회 위원장 크리스 도드도 성명을 발표했다. 바니는 일단 금리인하는 환영하지만, 인플레이션 위험을 여전히 크게 의식하고 있는 위원회의 결과 보고는 환영하지 않는다고 말했다. 도드는 8월 21일 나와 폴슨과의 만남을 언급하면서, 자신이 나에게 금리인하 압박을 어느 정도는 강요했다는 뉘앙스를 넌지시 비추었다. 나는 도드를 만난 자리에서 필요하다면, 내가 사용할 수 있는 모든 수단을 동원할 준비가 되어 있다는 말만 했었다. 그리고 도드는 한 달도 채 못되어, 그 말을 금리를 인하하겠다는 철석같은 약속으로 표현했다. 하지만 나는 전혀 그런 의도로 말하지 않았다. 연준은 정치적 외압으로부터 독립적으로 정책을 결정한다. 따라서 나는 그런 말을 듣게 되면, 상당히 불쾌했다.

금리인하를 비판해야 할 사람으로는 영국은행 총재 머빈 킹이 있었지만, 그는 금리인하 소식을 듣고도 의외로 조용했다. 2007년 여름, 그는 중앙은행의 개입에는 강력한 반대 의사를 표명했다. 특히 8월에 연준과 유럽중앙은행이 금융 긴장의 완화를 위해서 금융시장에 수백억 달러화와 유로화를 투입할 때에도, 그는 수수방관만 하고 있었다. 9월 12일 영국은행이 영국 의회에 제출하는 보고서에서 그는 사람 이름을 거론하지는 않았지만, 유럽 중앙은행과 연준을 신랄하게 비난했다. 그 보고서에는 "그러한 유동성 지원은······과도한 위험 부담을 부추기고 미래의 금융위기를 잉태할 씨앗을 뿌리는 것이다"라는 내용이 있었다. 다시 말하면, 그의 영국은행의 사전에는 "풋" 옵션이라는 것은 없었던 것이다. 머빈의 우려는 영국은행이 유럽중앙은행과 스위스 중앙은행이 연준과 통화 스왑 협정을 추진할 때에 무관심했던 이유를 말해준다.

그러나 9월 18일 연준의 선언이 있을 무렵에 머빈은 생각을 바꾸었다. 위원회 회의가 있고 나서 그 다음 날, 영국은행은 처음으로 장기 자금 100억 파운드(약 200억 달러)를 3개월에 걸쳐 영국 금융시장에 투입할 계획이라고 발표했다. 위기 후반기에 나는 "참호 속에 무신론자가 없듯이, 금융위기에도 이데올로기는 없다"고 말했다. 결국 머빈도 참호 속에 머리를 박은 중앙은행가들의 무리에 동참했던 것이다.

머빈이 생각을 바꾸게 된 계기는 글로벌 금융위기가 영국 금융가를 휩쓸었기 때문이었다. 9월 14일 영국은행은 모기지 은행인 노던 록 은행으로 예금자가 몰려드는 사태를 해결하기 위해서 자금 지원을 해야 했다. 이는 1866년 오버엔드, 거니 앤 코(Overend, Gurney and Company)가 파산한 이후 영국에서 처음 있는 뱅크런 사태였다. 이 사건은 배젓이 이제는 고전이 된 저작을 간행하는 계기가 되었다. 노던 록은 지역 예금자보다는 자금시장과 인터넷으로 자금을 모집하여 빠른 속도로 성장해왔다. 그랬던 노던 록이 자금시장에서 자금을 모집하기가 어려워지고 점점 소멸되어가는 증권화 시장에서도 모기지를 판매할 수 없게 되자, 서서히 침몰하기 시작했다. 결국 영국은행은 노던 록에게 자금 지원을 결정했지만, BBC가 이 소식을 전하자

당황한 예금자들이 은행으로 몰려왔다. 이는 중앙은행에서 자금을 빌린다는 사실 자체가 오점으로 남는다는 것을 보여주는 전형적인 사례였다. 영국에서는 정부가 예금 지급을 보장하지 않았다. 금융 지원 프로그램이 있기는 했지만, 예금의 일부만을 보장했다. 영국은행의 개입이 있고 나서 얼마 지나지 않아, 정부는 노던 록의 예금을 전액 보장하겠다고 선언했다. 그리고 2008년 2월에는 노던 록 은행의 국유화 소식이 들려왔다.

FOMC 회의가 있고 나서 이틀 뒤인 9월 20일, 나는 폴슨, 주택도시개발부 장관 알폰소 잭슨과 함께 바니 프랭크가 주재하는 하원 금융 서비스 위원회에서 증언을 했다. 주제는 모기지 유질(流質, foreclosure : 담보물을 찾을 수 있는 권리의 상실/역주)을 저지하는 방법을 모색하는 것이었다—상당히 중요하고도 정치적으로 쟁점이 될 만한 논의였다. 지난 2년 동안 유질—특히 변동금리 서브프라임 모기지에 의한 주택 금융에서 생긴 유질—은 크게 증가했다. 우리는 많은 모기지의 티저 금리가 사실상 재설정되어 상승하면서, 유질이 계속 증가할 것으로 예상했다. 그리고 주택 가격이 하락하면, 주택 지분이 얼마 안 되는 차입자들은 대출 할부금을 줄이기 위한 차환 대출이 어려워진다.

의회 의원들 중 일부는 곤경에 처한 주택 소유자에게 연방정부 지원금을 직접 지급할 것을 주장했지만, 대다수는 이 문제에 납세자가 낸 세금을 쓴다는 것을 영 내키지 않아했다. 행정부는 연방 예산을 신설하지 않고 유질 처분을 줄이기 위해서 할 수 있는 모든 일을 했다. 당시 부시 대통령은 대출 할부금을 제때 내지 못하는 변동금리 서브프라임 모기지 차입자를 지원하기 위해서 대공황 당시의 연방주택청(Federal Housing Administration, FHA)에 관심을 가졌다. 이 프로그램에 따르면, 차입자들은 연방주택청이 보장하는 고정금리 대출로 차환하여 대출 할부금을 줄일 수 있었다. 이 프로그램의 예산은 납세자가 아니라 차입자가 납부하는 모기지 보험료로 충당했다. 또한 대통령은 폴슨 장관과 알폰소 잭슨 장관에게 민간 부문의 유질을 줄일 수 있는 프로그램을 검토해보라는 지시도 내렸다―이 프로그램은 호프 나우(Hope Now)로 불린다―행정부는 모기지 대출자들에게 협조를 요청했는데, 이들은 전체 모기지, 투자자, 사업자 단체, 모기지 상담사의 60%와 관련이 있었다.

우리 연준은 우리가 할 수 있는 일이라면 무엇이든지 하려고 했다. 우리가 도움이 되는 일이라면, 행정부와 의회에 조언도 했다. 나는 연준 내부에서나 외부에서나 "불필요한" 유질 처분은 최대한 자제해야 한다고 주장했다. 대출 할부금을 인하하거나 그밖의 조정을 통해서 차입자가 집을 잃는 일이 없도록 해야 한다는 것이었다. 그러나 재정정책을 수행할 권한이 없는 중앙은행이 곤경에 빠진 주택 소유자를 돕는 데에는 한계가 있었다. 당시 (단기금리를 인하하는 것을 제외하고) 연준이 가진 최선의 수단은 은행 감독 권한이었다. 9월 초에 우리는 모기지 업체에 대한 감독 지침을 다른 규제 기관과 공동으로 마련했다. 모기지 업체는 대출 할부금을 징수하여 주택 담보부 증권 소유자도 포함하는 모기지 소유자에게 전달했는데, 때로는 은행이 모기지 업체를 소유한 경우도 있었다. 또한 대출 할부금 납부 조건을 변경하거나 유질 절차를 밟는 따위의 방식으로 연체 상태에 있는 차입자도 관리했다. 우리는 모기지 업체에게 곤경에 처한 차입자의 입장을 최대한 고려해주기를 촉구했다. 유질은 시간과 경비가 많이 소요되고 유질된 주택을 처분하더라도 제값을 받지 못하기 때문에, 대출 조건을 변경하여 차입자가 주택 소유를 계속할 수 있도록 하는 것이 차입자나 모기지 업체 모두에게 바람직한 일이었다. 또한 우리는 모기지 업체가 주택 소유자에게 대출 할부금 납부 유예 기간을 주더라도, 감독기관으로서 이를 문제 삼지 않을 것이라는 메시지를 전달했다. 각 연은들은 주택 소유자에게 상담과 지원

업무를 하는 관할 지역의 비영리 기관을 상대로 기술 지원도 했다.

안타깝게도, 때로는 제도적 장벽과 운영상의 복잡함 때문에 차입자나 모기지 업체 모두에게 바람직한 대출 변경 업무가 불가능한 경우도 있었다. 예를 들면, 주택 담보부 증권과 관련된 법적 합의에 의하면, 대출 변경 시에는 투자자들의 대부분 혹은 모두가 동의해야 하는데, 실제로는 이러한 동의를 이끌어내기가 아주 어렵다. 차입자들 중에는 퍼스트 모기지 업체가 아닌 다른 모기지 업체를 통해 세컨드 모기지 대출을 받은 이들도 많았다. 이때 각 모기지 업체들은 상대방 모기지 업체의 양해가 없으면, 대출 변경을 해주기를 꺼린다. 모기지 업체들에게는 곤경에 처한 차입자들이 실제로 많았다. 그들을 관리하는 데에는 시간과 전문성이 훨씬 더 많이 요구되었다. 또한 대출 변경 업무를 행하더라도, 얻는 것이 별로 없었다. 따라서 대출 변경 업무를 떠맡을 동기도 부족했고 자원도 별로 없었다. 물론 모든 모기지 대출에 대해서 대출 변경이 적용되는 것도 아니었다. 특히 실직, 질병, 이혼 상태에 있는 차입자들에게는 실질적인 할부금 인하를 위한 금리 변경이 쉽게 적용되지 않았다.

나는 청문회에서 연체 상태에 있는 모기지 대출에 대한 대출 변경은 차입자나 대출자 모두에게 이익이지만, 이를 추진하기 위한 합의가 부족하다는 사실은 이미 지적했다. 정치적인 측면에서 보면, 유질 처분을 저지하는 것은 월 스트리트로부터 미국의 메인 스트리트를 보호하는 것으로 간주된다. 그러나 유권자들은 책임감이 강한 차입자의 희생을 바탕으로 무책임한 차입자를 도와주는 것으로 해석한다.

그다음 날에, 나는 애나와 함께 그린스펀의 회고록, 『격동의 시대 : 신세계에서의 모험(*The Age of Turbulence: Adventures in a New World*)』출간 기념회에 참석했다. 사실 그린스펀은 재직 당시에는 언론과의 접촉을 꺼리는 편이었지만, FOMC가 열리기 전날에 CBS의 시사 프로그램인 「60분(60 Minutes)」에 출연하여 자신이 쓴 책 이야기를 했다. 그는 진행자가 연준이 금융위기에 대처하는 모습을 어떻게 생각하는가를 묻자, 이를 능숙하게 받아넘기고는 자신이 다른 조치를 취했을 것인지는 확실치가 않고 버냉키가 "잘하고 있다"고 대답했다. 나는 그 말이 맞기를 바랐다. 나는 당시에는 그런 바람을 말로 표현하지는 않았지만, 나중에 위기가 더욱 깊어져가면서, 그린스펀의 책 제목이 가지는 아이러니를 떠올리지 않을 수 없었다.

9월 FOMC 회의 이후 몇 주일 동안 금융 상황은 어느 정도 좋아졌다. 도매금융시장에서는 우리가 금리인하를 단행하고 조기에 유동성을 투입한 효과가 있었다. 대출 은행이 채무 은행의 상환 능력을 신뢰하고 있다는 사실은 은행 간 대출금리에서도 나타났다. 주식시장도 계속 탄력을 받았다. 10월 9일에는 다우존스 지수가 14,165라는 사상 최고치를 기록하고서 장을 마감했다.

모든 소식들이 낙관적인 것은 아니었다. 월 스트리트에서는 대형 금융회사들이 곧 발표할 수익 보고를 두고 비관적인 말들이 나돌있다. 9월 28일에는 저축기관감독청이 1996년 애틀랜타 교외 지역에서 설립된 인터넷 은행—미국의 첫 순수 인터넷 은행들 중의 하나—넷 뱅크의 파산을 선언했다. 이는 1980년대 저축대부조합 위기 이후로는 가장 큰 규모의 파산이었다.

10월 중순에는 월 스트리트에서 떠돌던 비관적인 말들이 현실로 나타났다. 신용평가기관인 무디스와 스탠더드 앤드 푸어스는 서브프라임 주택 담보부 증권의 등급을 계속 낮게 매겼고, 이 증권의 가격도 계속 떨어지기만 했다. 10월 15일 월요일이 시작된 주일에는 대형 은행들인 시티그룹, 뱅크 오프 아메리카, 와코비아가 부실 대출과 주택 담보부 증권의 평가 절하 이후로 수익이 크게 떨어졌다고 발표되었다. 10월 19일 금요일에는 주식시장은 1987년 대폭락 20주년을 기념이라도 하듯이 대량 매각으로 장을 마감했다. 다우존스 지수는 367포인트 하락하여 9월 18일 금리인하 이후로는 최저점을 기록했다. 다음 날부터는 어느 정도는 회복세를 보였지만, 이후 몇 년 동안 10월 초에 기록했던 최고점 수준으로는 회복하지 못했다.

10월 19일 주식시장이 장을 마감하고 나서 몇 시간 뒤에 이사회의 케빈 워시가 증권거래위원회의 감독을 받는 메릴 린치 증권의 손실이 예고 자료에 나오는 것보다 훨씬 더 클 것이라는 불안한 소문을 전했다. 케시는 손실 자체보다 수정치가 엄청나게 커졌다는 사실을 더욱 심각하게 생각했다. 이는 신용시장이 빠른 속도로 악화되어 대형 금융회사조차도 자신이 보유한 자산 가치를 평가하는 데에 어려움이 있다는 것을 의미했다. 10월 24일 메릴 린치 증권은 23억 달러의 분기 손실을 발표했는데, 그것은 메릴 린치 93년 역사상 가장 큰 손실이었다. 그리고 150억 달러에 달하는 부채 담보부 증권(Collateralized Debt Obligation, CDO— 서브프라임 모기지 증권과 연계되어 있다)을 보유하고 있다는 사실을 처음으로 공개했다.

이름이 의미하듯이, 부채 담보부 증권은 다양한 형태의 부채로 구성되어 있는데, 이러한 부채를 묶어서 투자자에게 판매한다. 이 증권은 처음에는 투자의 다변화를 촉진하고 위험도를 각 투자자의 선호에 맞추려고 한 목적에서 각광을 받았지만, 이제는 다른 복잡한 금융상품들과 마찬가지로 투자자의 신뢰를 잃어버렸다. 메릴 린치 증권은 투자자에게 판매하기 위한 부채 담보부 증권를 설계하면서, 증권 중에서 위험도가 매우 낮은 트랜치(p.109 참고) 중 일부를 자산으로 보유했다. 위험도 평가가 더 이상 잠재적인 투자자를 안심시키지 못하자, 부채 담보부 증권 트랜치의 가치는 급격하게 떨어졌다. 결국 10월 30일 메릴 린치 회장 스탠리 오닐이 사임했다.

10월 30-31일 이틀 동안 열리는 FOMC 회의가 다가오면서, 월 스트리트의 혼란이 "실물" 경제— 미국인들이 일을 하고 소비하고 미래를 대비하여 저축하는 곳—에 얼마만큼 영향을 미칠 것인가가 중요한 쟁점이 되었다. 뜻밖에도, 소비지출은 이전 수준을 계속 유지하고 있었다. 주택을 제외하고는 그밖의 경제 동향, 예를 들면, 신규 실업수당 청구 건수도 견실한 징후를 보였다. 이사회 통계연구국은 지난 번 회의에서처럼 경제성장률을 조금만 낮게 조정했다.

위원회의 매파들은 그들이 걱정하는 두 가지 사항을 지적했다. 첫째, 달러화의 가치가 계속 떨어지면, 수입 상품 가격이 높아져서 인플레이션이 발생할 수 있다는 것이었다. 둘째, 회의 전날에 원유 가격이 배럴당 93달러를 넘어섰다는 사실이었다. 인플레이션 조정을 하면, 1981년 유가 위기 이후로 가장 높은 수치였다. 그럼에도 이사회의 인플레이션 예측치는 크게 변하지 않았다. 데이브 스톡턴은 달러화 약세는 수입 상품 가격에 지속적인 영향을 미치지 않을 것이고, 원유 가격은 다시 하락할 것으로 예상되기 때문이라고 설명했다.

당시의 상황이 경제성장과 인플레이션에 미쳤던 위험을 고려하면, 우리에게는 통화정책을 위한 두 가지 기본적 선택이 가능했다. 첫째 선택은 불안한 신용시장에서 발생할 위험에 대비하여 하룻밤 금리를 더 인하함으로써 더 많은 "보험"을 드는 것이었다. 둘째 선택은 매파의 주장에 따라서 지금 상태를 유지하면서 앞으로의 추이를 지켜보는 것이었다. 나는 10월 15일에 열린 뉴욕 경제 클럽에서 이 두 가지 선택에 대해서 어떠한 암시도 주지 않으려고 했다. 그럼에도 불구하고 연은이 월 스트리트의 금융회사들을 상대로 한 마지막 조사에 의하면, 시장은 0.25% 인하를 기대하고 있었다.

나는 위원회의 위원들에게 이번 결정은 "아주, 아주 가까스로 이루어진 것"이라고 말했다. 나는 당연히 인플레이션을 우려해야 하고 시장은 우리가 금리를 그대로 두더라도 버텨낼 여력이 있다고 했다. 그러나 나는 금리 인하 쪽을 결정했다. 나는 "가격을 포함한 주택 부문이 실질적으로 악화되면, 하강 위험이 상당히 커질 것입니다"라고 말했다. 그러나 매파 진영의 양보를 얻기 위해서, 앞으로 변화가 없으면 우리가 금리를 다시는 인하하지 않겠다는 의지를 표현하는 쪽으로 합의를 보았다. 나는 나중에 이러한 행동을 후회했다. 결국 우리는 연방자금금리를 4.5%로 낮추고는 "인플레이션의 상승 위험과 경제성장의 하강 위험이 대체적으로 균형을 이루었다"고 자평했다. 어쨌든 캔자스 시티 연은 행장 토머스 호니그는 반대표를 던졌다. 그는 금리를 인하하는 것은 대중들의 지지를 얻을 수 있기 때문에 추진이 쉽지만, 이번 정책이 실패하더라도 금리 인상 추진이 쉽지 않을 것이라고 했다. 위험이 균형을 이루었다는 표현은 다른 매파 성향의 세인트루이스 연은 행장 빌 풀에게는 설득력이 있었다. 결국 금리인하와 우리의 의지 표현에 대한 표결은 9대 1로 나왔다.

FOMC 발표가 있고 나서, 크리스 도드—그는 당시 민주당의 대통령 후보 지명을 받기 위해서 노력하고 있었다—는 또다시 위원회 결정과 지난 8월 자신과 폴슨, 나와의 만남과의 관련설을 유포시켰다. 도드의 이런 행동이 나를 짜증나게 하는 것은 차치하더라도, 당시 내가 걱정하고 있었던 것은 2007년 말부터 2008년까지 연준 이사회 총재 3명을 지명하는 데에 도드가 영향력을 행사하고 있었다는 사실이었다. 2007년 5월 부시 대통령은 공석으로 있던 이사회 총재 두 자리를 충원하기 위해서 버지니아 비치 지역 은행가 출신의 벳시 듀크와 캐피털 원 파이낸스 대표 래리 클레인을 지명했다. 2006년 6월에는 마크 올슨이, 또 2007년 3월에는 수전 비에스가 떠남으로써, 이사회에는 공석이 생겼을 뿐만 아니라 은행 경험이 있는 총재가 한 명도 없었다. 이사회에 참여해왔던 랜들 크로스너는 14년의 새로운 임기의 총재로 지명받았다. 그동안 그는 1월 31일에 끝나는 그램리치의 임기를 대신해왔다. 3명의 지명자들은 8월 2일 열리는 상원 은행위원회 청문회에서 인준을 받아야 했지만, 도드가 그 절차를 진행할 의향을 보이지 않았다.

9월 26일, 나는 이사회 구성원이 다 채워지지 않은 상태에서 불확실한 금융과 경제 현상을 다루어야 한다는 사실을 알았다. 이사회의 법무실에 근무한 브라이언 그로스는 벳시를 통해서 도드가 "3명 모두를 인준하지는 않으려고 한다"는 말을 전해 들었다. 워싱턴에서 오랜 경험을 가지고 있는 브라이언은 유리잔이 적어도 3분의 1이 찼다고 생각했다. 그는 이메일에 "'3명 모두' 온다는 생각을 접어야겠습니다. 저는 적어도 1명은 온다고 생각합니다"라고 이메일에 썼다. 하지만 그때까지 도드는 인준 절차를 보류하고 있었다.

몇 달 동안, 지명자들은 공중에 매달린 채로 있었고, 랜들은 이런 상황에 몹시 지쳐 있었다. 법에 따르면 랜들은 임기가 종료되더라도 다른 총재가 인준을 받을 때까지 총재직을 계속 유지할 수 있었다. 그러나 이런 상황에서는 이사회 구성원으로서 완전한 소속감을 가지기는 어려웠다. 랜들은 이사회의 은행 감독과 소비자 보호 업무를 총괄하고 있었다. 그의 인준 절차가 보류되었지만, 우리는 이사회 구성원을 한 사람 더 잃을 수는 없었다. 나는 1월에 케네디 센터에서 열리는 교향악단 연주회에 랜들을 초대하여 그의 사기를 북돋워주려고 했다. 1914년 연준이 문을 연 이후로 구성원이 5명 미만이 되었던 적은 단 한번도 없었다. 또한 우리는 바로 그 당시에 프레더릭 미슈킨을 잃을지도 모른다는 고민을 해야 했다. 미슈킨은 이사회에 있으면서 자신의 널리 알려진 (그리고 돈벌이가 되는) 화폐 금융 이론 교과서의 신판을 낼 수 있는지를 질의했다. 공직자윤리국의 대답은 불가였다. 나는 그에게 그럼에도 계속 있어 달라는 부탁을 할 수밖에 없었다.

랜들과 미슈킨은 이사회에 꼭 필요한 사람들이었다―하지만 내가 그들의 탁월한 식견을 활용하는 데에는 절차상의 어려움이 따랐다. 공개 회의에 관한 연방법들에 따르면, 이사회는 구성원이 4명 이상 출석할 경우 공식적인 회의로 인정된다. 이러한 회의는 일반에게 알려야 하고, 특별한 규정이 없는 한, 회의 결과를 공개해야 한다. 나는 연준 근무 경험이 많은 도널드 콘 부의장과 월 스트리트와 정가에 폭넓은 인맥이 있으며 금융 현장 경험이 많은 케빈 워시와 함께 이사회의 위기 대처 전략을 마련하기 위해서 수시로 전화 회합을 가졌다. 뉴욕 연은 행장 티머시 가이트너도 전화 회합에 자주 불렀다. 티머시의 경우에는 이사회 구성원이 아니기 때문에, 우리는 연방 공개회의법을 의식하지 않아도 되었다. 전화 회합에 랜들이나 미슈킨을 부르면, 공식적인 회의가 되어서 선샤인 법(sunshine law)을 따라야 한다. 이럴 경우에는 전화 회합이 블루스카이 싱킹이나 전략개발을 위한 좋은 수단이 되지 못했다. 나는 랜들이나 미슈킨과는 점심시간에 만나서 이야기하거나 수시로 이메일을 교환했다.

FOMC의 10월 회의에서, 우리는 내가 그동안 소중하게 품어왔던, 위기 전에 우선적으로 추진해야 할 목표를 처음으로 논의했다―그것은 연준의 통화정책 과정을 더욱 투명하고도 체계적으로 만드는 것이었다. 나는 연준이 융통성이 있는 물가안정목표제를 채택해야 한다는 생각을 늘 간직해왔다― 이 전략은 특정한 물가안정목표치를 설정해야 할 뿐만 아니라 고용 극대화도 함께 고려한 전략이었다. 드디어 나는 말보다 더 많은 것을 할 수 있는 자리에 있었다.

나는 의장이 되고 나서, 도널드 콘에게 물가안정목표제의 채택을 포함하여 연준의 통화정책 커뮤니케이션 개선 방안을 모색하기 위한 FOMC의 소위원회를 이끌어갈 것을 부탁했다. 2003년 도널드와 나는 세인트루이스 연은에서 열린 심포지엄에서 물가안정목표제를 두고 서로 대척점에 있었다. 그러나 도널드는 자신을 반대론자가 아니라 회의론자라고 표현했다. 동료들에게서 존경을 한몸에 받고 있는 도널드가 자신의 입장을 누그러뜨리게 되면, 내 입장으로 다가오게 될 것이고 다른 사람들도 따르게 될 것이었다.

도널드 그룹에는 금융정책가로서 1994-96년 이사회 총재를 지냈던 재닛 옐런과 1985년부터 최장 기간 미니애폴리스 연은 행장을 역임했던 게리 스턴이 있었다. 소위원회는 물가안정목표제의 공식적인 채택을 추천하는 데까지는 가지 않았다. 그러나 나는 2007년 6월 FOMC 회의에서 검토했던 소위원회의 작업을 바탕으로, 위원회 구성원들이 생각하는 "물가안정"에 관한 수치 정보를 공표하고 더욱 광범위한 경제 예측치를 더욱 자주 발표하는 방식으로, 물가안정목표제를 지향할 것을 제안했다. 이 두 가지 방식은 시장이 미래의 통화정책과 금리 향방에 관한 기대를 더욱 정확하게 형성하는 데에 도움이 될 것이었다.

FOMC는 1979년 이후로 의회에 연 2회씩 제출하는 보고서를 통해서 경제 예측치를 발표해왔다. 도널드의 소위원회는 경제 예측치 발표를 연 4회로 하고 발표 일정도 더욱 앞당길 것을 검토했다. 또한 경제성장률, 물가상승률, 실업률에 대한 예측 기간을 2년에서 3년으로 연장할 것을 검토함으로써 공식적인 물가안정목표제를 향한 미묘하지만 의미 있는 진전을 보였다. 적어도 평상의 경우에는 3년은 통화정책이 위원회가 생각하는 바람직한 물가상승률을 달성하기(혹은 가까이 다가가기)에 충분한 시간이다. 위원회는 3년 뒤의 물가상승률에 대한 예측치를 발표함으로써, 시장에 물가안정목표에 관한 구체적인 수치를 효과적으로 알리게 되었다. 물론 간접적인 방식이기는 했지만, 나는 시장 참여자들이 핵심을 잘 이해하리라고 믿었다.

도널드의 소위원회는 고용이 연준의 중요한 정책 목표라는 사실도 잊지 않았다. 그러나 이 문제는 더욱 복잡했다. 궁극적으로는 인플레이션은 통화 긴축 정책을 선택하는가, 통화팽창 정책을 선택하는가에 따라서 거의 전적으로 결정된다. 따라서 FOMC는 물가상승률을 가장 적절한 수준에서 목표로 정할 수 있다. 그러나 지속 가능한 최대한의 고용 수준은 노동력의 인구

통계학적 구성, 숙련 노동자와 비숙련 노동자의 구성, 기술 발전 등 다양한 요인에 의해서 결정되고, 통화정책의 영향을 덜 받는다. 게다가 경제학자들은 지속 가능한 최대한의 고용 수준을 정확하게 알 수가 없고, 과거의 경험을 토대로 추정할 수밖에 없다. 따라서 물가안정목표를 정하듯이 고용 목표를 정하는 것은 실현 가능하지 않다. 그럼에도 불구하고 통화정책 담당자들이 예측하는 3년 뒤의 실업률은 그들이 물가나 임금의 상승을 초래하지 않고 달성할 수 있을 것이라고 생각하는 고용 수준을 개괄적으로 보여준다.

이상적으로는, 위원회 전체가 경제 예측치에 합의할 수 있을 것이다. 영국을 포함하여 몇몇 국가의 정책위원회는 공동의 예측치를 발표한다. 그러나 우리의 경우는 다양하고 (지역적으로 흩어져 있는) 19명의 구성원으로 이루어진 FOMC가 단일 예측치에 합의하리라고 기대하기는 어렵다. 대신에, 우리는 기존의 관행에 따라서 각 구성원에게 자신이 지지하는 통화정책과 함께 경제성장률, 물가상승률, 실업률 예측치를 제출하도록 하고는 각 변수에 대한 예측의 전체 구간과 "중심 경향"을 발표했다.(예측 구간을 정할 때에, 가장 높은 3개의 예측치와 가장 낮은 3개의 예측치는 제외되었다.)

새로운 제도하에서 이루어진 첫 작업에서 위원회 구성원들 대부분의 물가상승률의 3년 예측치는 (2010년에) 주로 1.6-1.9% 사이에 있었다. 실업률의 경우, 2010년 말에는 대다수가 4.7-4.9% 사이에 있을 것으로 보았다. 따라서 우리는 위원회가 물가상승률 목표를 2%보다 조금 더 낮은 수준으로 잡고 있으며, 경제를 과열시키지 않고서는 실업률이 5%보다 크게 낮은 수준으로는 떨어지지는 않을 것이라고 판단한다는 결론을 이끌어낼 수 있었다. 여기서 예측치가 정확한가는 크게 중요하지 않았다. 장기 예측의 목적은, 이상적으로는, 위원회가 경제를 이끌어가는 방향을 보여주는 데에 있었다.

이제 남은 것은 이처럼 새로운 제도를 알리는 것이었다. 9월 중순, 실용주의자 티머시 가이트너는 나에게 2월 의회 증언 때까지 그것을 연기하자는 생각을 전했다. 그는 금융시장이 취약한 시기에 새로운 통화정책 수단을 도입하는 것은 바람직하지 않을 뿐만 아니라 직원들은 위기 대처에만 집중해야 한다고 주장했다. 그리고 "진정한 위험은 이것이 다른 문제에 파묻혀서 길을 잃어버리는 것입니다"라고 말했다. 나는 얼마간 생각하고 나서, 2007년 가을이 가장 알맞은 시기라는 결론을 내렸다.

그레그 입이 10월 25일자 「월 스트리트 저널」에서 우리 계획의 본질을 설명하는 글을 게재했다. 나는 11월 14일을 발표 날짜로 잡고, 보도 자료를 챙겼다. 그리고 같은 날 오전에 자유지상주의 싱크 탱크인 카토 연구소 (Cato Institute)에서 강연하기로 했다.

우리는 발표를 하기 전에 먼저 연준을 감독하는 의회 위원회의 위원장들인 바니 프랭크와 크리스 도드와 접촉할 필요가 있었다. 나는 통화정책의 수행과 관련해서는 중앙은행의 독립성을 강력하게 주장한다. 그러나 우리의 새로운 시도는 의회가 법으로 정한 목표와도 밀접한 관계가 있었기 때문에, 그들과의 협의는 반드시 거쳐야 하는 단계였다. 바니에게는 내가 직접 전화했다. 그리고 법무실장 라리케 블랜차드가 도드가 이끄는 위원회에서 일하는 이코노미스트에게 연락했다. 바니는 물가안정목표제를 설정하기 위한 조치로 인해서 연준이 고용 목표를 덜 중요하게 다룰 수도 있음을 우려했다. 그러나 그는 새로운 시도가 투명성을 제고하기 위한 것이라는 내 생각에는 적어도 잠정적으로는 동의했다. 나는 두 사람과의 접촉을 끝내고, 카토 연구소에서 통화정책의 투명성을 위한 내 생각을 피력했다.

언론과 경제학계는 통화정책에서 새로운 커뮤니케이션 방식을 도입하는 데에 대체로 우호적인 평가를 내놓았다. 그러나 티머시 가이트너의 예상대로 그것은 얼마 지나지 않아서 "다른 문제에 파묻혀서 길을 잃어버렸다."

9
시작의 끝

⋮

11월에는 위기가 더욱 악화되면서, 시장은 롤러코스터를 타기 시작했다. 투자자들의 고민은 주요 금융회사에 집중되었다. 모기지 관련 증권과 그밖의 신용상품 가격이 급락하면서, 금융회사들이 보유한 자산의 가치도 크게 떨어졌다. 한편으로는 미국과 유럽에서 자금 조달 비용은 계속 상승했다.

손실도 엄청났다. 시티그룹은 11월 4일 자사가 보유한 서브프라임 관련 자산의 가치를 80-110억 달러 정도만큼 낮게 평가할 것이라고 밝혔다. 결국 시티그룹의 척 프린스 회장은 "사퇴를 선택할 수밖에 없었다." 프린스 회장은 2003년 샌퍼드 웨일 회장의 후임으로 CEO 자리에 올랐는데, 웨일 회장은 1998년 대형 보험사 트래블러스 그룹과 은행지주회사 시티코프와의 합병을 통해서 시티를 금융 서비스 슈퍼마켓으로 재창조했던 인물이었다. 메릴 린치의 오닐에 이어, 프린스도 위기에 처한 거대 금융 그룹의 회장으로 역사에 기록되었다. 손실의 규모로 볼 때, 그에게 "가장 명예로운 길"은 스스로 사퇴하는 것이었다. 그는 사퇴하기 불과 4개월 전까지만 하더라도, 「파이낸셜 타임스」와의 인터뷰에서 여유를 부리면서 이렇게 말했다. "음악이 멈추면 ⋯⋯사태는 복잡해집니다. 그러나 음악이 계속되는 한, 사람들은 일어나서 춤을 춥니다. 우리는 여전히 계속 춤추고 있습니다."

몇 달 뒤에 분명히 드러났듯이, 시티는 구조화 투자회사(Structured

Investment Vehicle, SIV)라고 하는 장부 외의 기구들을 통해서 사업의 상당 부분을 추진하면서 문제를 계속 키우기만 했다. 이러한 구조화 투자회사의 자산은 시티 자산의 3분의 1을 넘었다. 1988년 시티가 설립했던 구조화 투자회사들은 다소 보수적으로 운영되기는 했지만, 장부 외의 계열사들의 또 다른 하나의 유형과 별로 다를 바가 없었다. 구조화 투자회사는 손실을 흡수할 자본이 별로 없었다. 그러나 자산 담보부 기업어음에 의존하지 않고 지급 기일이 5년에 이르는 장기 차입금을 이용하는 방식으로 자금을 안정적으로 동원할 수 있었다. 또한 보유하고 있는 자산의 종류도 다양했다. 서브프라임 모기지에는 거의 노출되어 있지 않았고, 국채처럼 쉽게 팔 수 있는 (유동성이 높은) 자산을 많이 보유하고 있었다. 따라서 그때까지 구조화 투자회사가 자기 역할을 상당히 잘 하고 있었다는 사실은 그다지 놀라운 일이 아니었다. 2004년부터 2007년까지 구조화 투자회사의 규모는 3배로 커졌다. 그리고 위기 직전까지 36개의 구조화 투자회사가 4,000억 달러의 자산을 보유하고 있었다.

그러나 2007년 후반기가 되면서, 구조화 투자회사들은 압박을 받기 시작했다. 물론 이런 압박을 처음으로 받은 회사가 서브프라임 자산을 많이 보유한 회사였다는 것은 놀라울 것도 없었다. 그러나 투자자들은 서브프라임 자산이 별로 없거나 아예 없는 구조화 투자회사에서도 자금을 회수하기 시작했다. 이는 투자자의 불신이 얼마나 깊은지를 보여준다. 구조화 투자회사들은 자금이 바닥나자, 투자자에게 자금을 돌려주기 위해서 자산을 최대한 빨리 매각해야 했다. 2007년 11월 말까지에는 구조화 투자회사들은 평균적으로 포트폴리오의 23%를 유동화했다. 그 다음 해에는 거의 모든 구조화 투자회사들이 채무불이행 상태에 놓였거나 구조 조정에 들어갔거나 보증 기관의 대차대조표로 넘어갔다.

그러나 이것이 이야기의 끝이 아니다. 흔들리는 구조화 투자회사들이 보증 기관인 시티와 같은 은행들에 직접적인 영향을 미쳤다. 보증 기관은 구조화 투자회사에 자문을 제공하고, 때로는 신용 한도액만큼 지원을 하기도 했다. 서류상으로는 보증 기관은 신용 한도액을 넘어서는 손실에는 노출되어 있지 않았다. 실제로는 구조화 투자회사와 그밖의 장부 외의 회사들은 은행의 마음에 들었다. 은행이 손실에 덜 노출되면, 구조화 투자회사 자산에 대하여 자본을 덜 보유해도 되기 때문이었다. 그러나 보증 은행(그리고 이 은행의 규제기관)은 "평판 위험(reputational risk)"을 계산에 넣지 않았다. 구조화 투자회사들이 외부 자금을 조달하지 못하여 무너지게 되자, 보증 은행은 그들로부터 자신에 대한 평판을 따로 떼어놓기가 쉽지 않았다. 많은 경우, 보증 은행은 투자자들의 평판을 의식하고는 구조화 투자회사를 살리기 위해서 급히 달려갔다. 그러나 그것은 장부 외의 회사가 초래한 손실을 떠맡는 것을 의미했다.

시티 그룹이 자산 가치를 낮게 평가하겠다고 선언한 그 다음 날인 11월 5일, 신용평가기관인 피치는 채권 보증보험회사의 자산 건전성을 평가하고 있다고 선언했다. MBIA, 암벡 파이낸셜 그룹, 파이낸셜 보증보험회사(Financial Guarantee Insurance Company, FGIC)를 포함한 9개 보증보험회사들은 외부에는 널리 알려지지 않았지만, 중요한 역할을 하고 있었다. 이들 보증보험회사들은 보험 가입자에게 채권과 그밖의 증권에 대한 채무불이행이 발생하는 경우, 보험금을 제공한다. 이들 보증보험회사들은 오직 이 한 가지 사업만을 했기 때문에 "모노라인(monoline)"이라고 불린다. 과거에는 주로 회사채와 지방채에 대한 보험을 제공했지만, 시간이 흐르면서 주택 담보부 증권을 비롯하여 다양한 증권에 대해서도 보험을 제공했다. 지진이나 허리케인이 발생하면 재해보험회사가 큰 손실을 기록하듯이, 모노라인들도 서브프라임 모기지 증권을 비롯한 여러 증권으로부터 큰 손실을 기록했다. 바로 이런 사실 때문에 피치가 평가를 서두르게 된 것이다.

만약 평가기관이 모노라인을 트리플 A 등급에서 다른 등급으로 낮추면, 그것은 보험회사에만 영향을 미치는 것이 아닐 것이다. 이 보험회사에 보험을 가입한 기업은 해당 보험 증권의 가치를 낮게 인식하고 이러한 사실을 회계 장부에 반영한다. 바로 여기에서 고전적인 금융 패닉의 또다른 양상, 즉 감염이 발생한다. 부실기업은 자신에게 자금을 빌려주거나 보증을 제공받은 다른 기업을 감염시키게 된다. 모노라인이 어려움에 빠져들면, 그 결과 금융기업의 주식가격은 크게 떨어진다.

피치의 선언이 있고 나서 며칠이 지나, 보스턴 연은 행장 에릭 로젠그렌은 헤지펀드 매니저들과 나눈 대화를 전했다. 특히 그들은 모노라인의 등급 하락으로 지금까지 위기로부터 비교적 안전한 곳에 있던 지방채 시장이 크게 영향을 받을 것을 우려했다. 모노라인을 통해 보험에 가입한 유가증권 금액 2조5,000억 달러 중에서 1조5,000억 달러 정도가 학교, 도로, 교량을 건설하기 위해서 발행한 지방채였다. 이를 발행한 주, 도시의 재정 상태에 아무런 변화가 없더라도, 모노라인의 등급이 하락하면 지방채 등급도 덩달아서 하락할 수 있었다.

11월 7일에는 화이트-슈 회사(white-shoe firm : 주로 금융, 회계, 법률, 컨설팅 분야의 기업 중에서 오래된 역사와 명성을 가지고 있는, 특히 뉴욕과 보스턴에 있는 기업들/역주)이자 은행가 J. P. 모건의 유산 상속자인 모건 스탠리도 서브프라임 관련 자산의 가치를 37억 달러 정도 낮게 평가할 것이라고 밝히면서 우울한 분위기를 이어가는 데에 일조했다. 12월 19일에는 이보다 2배가 넘는 94억 달러 정도 낮게 평가하겠다고 선언했다. 와코비아와 그밖의 대규모 투자회사들도 손실과 함께 자산의 가치를 낮게 평가했다.

한 가지 긍정적인 움직임은 자본을, 특히 외국에서 그 대부분을 동원하는 금융회사들이 많아졌다는 것이다. 이런 조치를 통해서 대차대조표상의 구멍을 어느 정도는 메워줄 수 있었다. 10월에는 베어 스턴스가 중국의 국영 회사인 중신증권((中信證券, Citic Securities Co.)과 제휴 관계를 맺었다. 11월에는 시티그룹이 아부다비 투자청(Abu Dhabi Investment Authority, ADIA)을 통해서 자본을 동원했다. 12월에는 모건 스탠리가 중국 국부 펀드를 수혈받았고, 메릴 린치가 싱가포르 국영 투자회사로부터 자본을 동원했다. 의회는 이와 같은 외국 정부의 미국 금융회사에 대한 투자를 면밀하게 검토했다. 의회 의원들은 외국 자본이 들어와서 불안정한 미국 금융 시스템을 강화하는 것에 대해서 다행스럽게 생각해야만 했을 것이다. 하지만 그들은 외국 자본이 미국 금융기관에 미칠 영향을 걱정했다. 그러나 이런 투자의 대부분은 소극적 투자였고, 기업의 의사결정은 여전히 기존 주주와 경영진에 의해서 이루어졌다.

10월의 고용시장의 호조를 포함하여 간헐적으로 좋은 소식이 들려왔지만, 10월 30-31일 FOMC의 회의 이후로 몇 주일 동안에 경제전망은 어두웠다. 11월 중순에는 자금 압박이 더욱 강해졌고, 그 후 세 번째 주일에는 주식시장이 8% 정도 하락했다. 더욱 중요한 것은 미국의 메인 스트리트 경제가 금융 혼란의 영향을 점점 더 깊이 느끼고 있다는 것이었다. 모기지 대출이 엄격해짐으로써 유질이 증가하고 주택 가격이 하락하면서 주택 산업은 침체를 거듭했다. 원유 가격이 상승할 뿐만 아니라 가계 소득이 하락하고 주택 소유자의 자신감이 떨어지면서, 가계 지출도 감소했다. 연초부터 지속되던 성장 기조는 더 이상 지속되지 않을 것 같았다.

11월 중순에 시장은 FOMC가 금리를 또다시 인하할 것으로 예측했다. 그러나 세인트루이스 연은 행장 빌 풀의 언론 인터뷰와 이사회 멤버 랜들 크로스너의 강연은 시장이 금리인하를 적어도 일시적으로는 다시 한번 생각하게 만들었다. 9월과 10월의 금리인하에서 찬성표를 던졌던 풀은 11월 15일 다우존스 뉴스와이어스와의 인터뷰에서 (10월 31일 위원회의 성명이 암시한 대로) 인플레이션에 미치는 위험과 경제성장에 미치는 위험이 균형을 이루었다는 것을 말하고는 자신의 생각이 변하려면 새로운 정보가 있어야 한다고 말했다. 랜들은 그 다음 날 뉴욕에서 열린 강연에서 풀의 생각에 공감을 표했다.

내가 보기에는 풀은 자신의 암시를 전하기 위해서 그런 말을 했지만, 랜들은 무심코 했던 것 같았다. 랜들은 경제전망과 통화정책에 관한 FOMC의 가장 최근의 선언(10월 31일의 성명)을 다른 말로 바꾸어 말함으로써, 시장에 신호를 주려고 하지는 말아야 한다는 위원회의 오랜 관행을 지켰다. 그러나 경제와 금융 여건은 크게 변하고 있었다. 그리고 그때까지는 위원회가 주택 가격의 하락과 신용경색을 해결하기 위해서 충분한 조치를 취하지 않은 것 같았다. 더구나 풀과는 다르게 랜들은 매파도 아니고 비둘기파도 아닌 중립적인 입장에 있는 사람으로 알려져 있었다. 연준을 예의 주시하는 사람들은 그의 말을 위원회의 견해에 대해서 더 많은 정보를 제공하는 것으로 해석했다.

나는 FOMC를 민주적인 방식으로 이끌어가려고 했다. 우리가 중요한 정책을 결정하기 때문에 위원들이 다양한 견해와 관점을 고려하기를 원했다. 위원들이 서로 다른 생각을 거리낌 없이 털어놓는 것이 때로는 불협화음을 일으키더라도 전반적으로는 도움이 될 것이라고 생각했다. 그러나 나는 때로는 단호하고도 분명한 메시지가 필요할 때가 있다는 것도 알았다. 경제전망과 우리의 통화정책 방향이 불확실한 상태에서는 그런 메시지가 있어야 한다. 나는 11월 16-18일의 주말에 주요 19개국과 유럽연합의 중앙은행 총재들과 재무장관들이 참여하는 G-20(Group of 20)회의에 참석하기 위해서 남아프리카공화국의 케이프타운에 있었다. 워싱턴 시간으로 19일 월요일 오전 2시 43분, 이사회 소속의 국장 3명의 블랙베리 폰에서 내가 보낸 이메일의 신호음이 울렸다. "나는 시장에 12월의 FOMC를 이끌어갈 우리의 메시지를 좀더 분명하게 전하는 것이 좋다고 생각합니다." 내 생각은 11월 29일의 샬럿 강연을 활용하는 것이었다. 도널드 콘은 전날에 뉴욕에서 강연이 예정되어 있어서 우리의 메시지를 더욱 강하게 전달할 수 있었다.

우리의 메시지는 다음과 같았다. 금융시장의 긴장이 경제전망을 상당히 어둡게 만들어왔다. 이제 우리는 이에 대처할 준비를 해야 한다. 금리인하가 월 스트리트의 금융회사와 대형 은행들에게 그들의 잘못된 판단에 구원의 손길을 뻗치는 것이라고 주장하면서 연준을 비판하는 사람들에게 도널드는 이렇게 대답했다. "우리는 소수의 사람들을 가르치기 위해서 경제 전체를 볼모로 삼아서는 안 됩니다." 나는 경제전망이 "지난 달에 금융시장이 또다시 혼란에 빠져들면서 주목할 정도로 영향을 받았으며" 우리는 현재의 금융 상황을 "최대한 고려해야 한다"고 말했다.

시장은 우리가 전하는 메시지를 분명하게 받아들였다. 다우존스 지수는 도널드의 강연 전날부터 내가 강연한 다음 날까지 400포인트 이상 올랐다. 우리는 주식시장을 열심히 바라보았다. 이유는 주식가격이 많이 오르기를 원해서가 아니라 주식시장의 반응이 우리의 정책 메시지가 잘 전달되었는지를 보여주는 훌륭한 척도이기 때문이었다.

우리가 전하는 메시지는 명료했지만, 경제전망은 불투명했다. 12월 7일 금요일, 고용지표가 호조를 보이자, 시장은 도널드와 내가 주도했던 금리인하에 대한 기대감을 자제하는 분위기였다. 11월 한 달 동안 일자리는 94,000개가 늘었고, 실업률은 4.7% 수준을 꾸준히 유지하고 있었다. 금융 혼란의 악영향이 무엇이든지 간에, 고용시장에서는 그 모습을 완전히 드러내지는 않았다. 고용시장의 건전성은 대다수 미국 시민의 생활에 월 스트리트의 변화보다 훨씬 더 직접적인 영향을 미친다.

이사회 이코노미스트들은 12월 11일 위원회 회의에서 고용시장이 호조를 띠는 데도 불구하고 2008년 경제성장률 예측치를 완만한 1.3%로 낮게 잡았다고 말했다. 데이브 스톡턴은 이처럼 우울한 예측치가 침체를 의미하지는 않기 때문에 지나치게 낙관적인 것으로 판명될 수도 있다고 인정했다. 그는 농담조로 직원들의 약물 테스트 횟수를 높이려는 인사팀의 최근 결정을 개인적으로 수용하지 않는다고 말했다. "나는 당신에게 확신하는데······ 우리는 다이어트 펩시와 자판기의 트윙키 과자에 의지하여 매일 야근을 하면서도 뇌기능이 손상되지 않은 상태에서 예측 결과를 내놓았으며, 이런 야근은 약물보다도 더 강한 효력이 있습니다." 그들이 제정신인 상태에서 예측을 했든 그렇지 않았든, 그들의 예측은 잘못된 것으로 나타났다. 1년이 지나서 사후약방문격이 되었지만, 국가경제연구소는 지금 우리가 대침체(Great Recession)라고 부르는 사태가 2007년 12월에 시작된 것으로 보았다.

돌이켜보면, 당시 우리는 신중하게 움직였다. 12월 위원회는 9대 1로 연방자금금리를 0.25% 인하하여 4.25%가 되었다. 위험들의 균형(balanced risks)이라는 표현은 금리를 또다시 인하하지는 않겠다는 인상을 주기 때문에 이를 삭제했고, 또다른 금리인하를 약속하는 듯한 표현도 자제하기로 했다. 이번에는 비둘기파의 에릭 로젠그렌이 반대표를 던졌다. 그는 미슈킨과 함께 0.5% 인하를 주장했다. 미슈킨도 반대표를 던질 생각이었지만, 내가 찬성표를 던지도록 설득했다. 나는 취약한 시장에 복합적인 메시지를 전하지 않으려면 위원회 위원들의 생각이 한 곳으로 몰리는 모습을 보여줄 필요가 있다고 생각했던 것이다. 미슈킨은 얼마 지나지 않아서 나의 후원을 받으며 지속적인 금융 스트레스가 경제에 미치는 위험을 주제로 강연했다.

나는 금리인하를 두고 고민을 많이 했다. 마침내 위원회에 0.5% 인하하는 경제가 심각할 정도로 어려운 지경으로 비쳐지기 때문에 0.25% 인하를 요청했다. 나는 위원들에게 "사실은 고민을 많이 했습니다. 다음 회의가 다시 인하하는 좋은 기회가 될 수도 있을 것이라고 생각합니다"라고 말했다.

우리는 두 번째 안건을 위해서 지난 9월에 덮어두었던 재할인창구 대출을 경매에 부치는 문제와 중앙은행들 간의 통화 스왑 협정 체결 문제를 오랜만에 꺼냈다. 우리는 토론을 하는 과정에서 위기와 관련된 약어를 여러 개 만들었다. 예를 들면, TAF는 Term Auction Facility(기한부 경매 대출)의 약어이다.("term"은 대출 기간이 하룻밤보다 더 길다는 사실을 의미한다.) 우리는 중앙은행의 기준에서는 비교적 작은 금액을 가지고 시작했다. 대출 만기일이 한 달인 200억 달러짜리 재할인창구 대출 2건을 경매에 부칠 계획을 세웠다. 우리는 구체적인 대출 금액이 확정되지 않았지만, 1월에도 경매를 2건 더 실시하고 이 일을 계속할 것인지를 검토할 것이라고 말했다. 유럽 달러 자금시장의 압박을 덜기 위해서 한시적으로 6개월 동안, 유럽중앙은행과는 200억 달러, 스위스 중앙은행과는 40억 달러 한도에서 통화 스왑 협정을 체결할 계획도 세웠다.

우리는 TAF와 통화 스왑 협정을 추진하면서, 도널드 콘이 말했던 미지의 해역으로 들어가고 있었다. 우리는 실패의 위험을 정확히 인식했다. TAF는 중앙은행에게서 돈을 빌리는 데에 따르는 오점을 불식시키려는 목적에서 나왔다. 그러나 이러한 오점이 경매에도 적용될 수 있지 않을까? 또한 은행에 단기대출을 제공하면, 자금 압박을 줄일 수는 있지만 서브프라임 모기지에서 발생하는 손실을 해소할 수는 없었다.(물론 이런 대출은 자금 압박을 받는 금융기관이 자산을 매각하지 않도록 하여 주택 담보부 증권 가격의 급격한 하락을 방지할 수 있다.) 또한 시험적으로 추진하는 통화 스왑 협정이 유럽 자금시장의 긴장을 완화하기에는 한도액이 턱없이 부족할 수도 있었다. 나는 FOMC 위원들에게 "이 사업이 효과를 발휘하지 못할 수도 있습니다. 우리가 지나치게 선전할 필요는 없다고 봅니다"라고 말했다. "우리가 이 사업을 추진하게 된다면, 어떤 결과가 발생하는지를 파악하는 데에 의의가 있습니다."

우리는 12월 11일 회의에서 채택한 조치들이 투자자들의 기대와도 부합할 것으로 생각했다. 그러나 시장은 그렇지 않다는 것을 당장 보여주었다. 그 날 다우존스 지수는 294포인트나 떨어졌다. 확실히 시장은 금리인하의 폭이 더욱 클 것으로 기대했었다. 그리고 많은 사람들이 그날 회의 결과 보고에서 금리를 또다시 인하할 것이라는 더욱 강력한 암시를 기대했다. 이미 침체를 예측하기 시작했던 모건 스탠리의 이코노미스트 데이비드 그린로는 "연준이 사태를 제대로 인식하지 못하고 있다고 생각합니다"라고 말했다.

부정적인 반응은 주로 커뮤니케이션의 잘못에서 비롯되었다. 우리는 위원회 회의가 끝나자마자, 통화 스왑 협정 체결이나 TAF의 출범을 선언하지는 않았다. 비록 기자들이 12월 초순부터 자금시장을 겨냥하여 새로운 조치가 있을 것으로 예상하기는 했지만 말이다. 시장 참여자들은 무선언을 무조치로 해석하고는 연준이 사전 대책을 충분히 강구하지 않고 있다고 걱정했다.

사실 우리는 6개국의 다른 중앙은행들과의 조율을 원했기 때문에 새로운 조치의 선언을 그 다음 날 오전까지 미루어야만 했다. 우리의 통화 스왑 협정 파트너인 유럽중앙은행과 스위스 중앙은행은 관할 지역 은행에 달리 자금 공급 계획을 선언할 예정이었다. 반면에, 영국은행과 캐나다 중앙은행은 자국 통화로 유동성을 공급하기 위한 새로운 조치를 선언할 예정이었다. 스웨덴과 일본의 중앙은행은 아무런 조치를 취하지 않았지만, 지지 입장을 표명할 예정이었다. 나는 우리의 선언을 이들 6개 중앙은행과 조율하는 것이 시장에는 더욱 명료한 메시지를 전하고 외국 은행에게는 신뢰를 줄 것이라고 생각했다.

그러나 실행 결정에는 숨은 의미도 도사리고 있었다. 유럽중앙은행 총재장 클로드 트리셰는 통화 스왑 선언은 연준이 유럽을 지원하는 것이 아니라 미국 자신의 문제를 해결하기 위한 수단이라는 인상을 주려고 했다. 그는 유럽 은행들이 달러 자금 확보에 어려움을 겪고 있다는 사실을 드러내고 싶지 않았다. 프랑스 중앙은행 총재를 지냈고 공직 경험이 많은 장 클로드는 외교적인 수완이 뛰어난 인물로서 항상 대중들의 반응을 의식하고 있었다. 후덕하게 보이는 모습 뒤에는 정치적인 투사로서의 탁월한 역량과 시장 심리에 대한 뛰어난 판단력이 감추어져 있었다.

나는 장 클로드의 우려에 어느 정도는 공감했다. 금융위기의 핵심에 있는 서브프라임 모기지 증권은 미국에서 나온 것이다. 그러나 솔직히 말하면, 달러 자금시장에서의 혼란은 그에게도 문제가 되었다. 통화 스왑 협정을 통해서 240억 달러가 유럽으로 건너갔을 뿐만 아니라, TAF 경매에서 400억 달러 중 370억 달러가 미국에서 영업하는 유럽 은행들(특히 독일 은행들)과 다른 외국 은행들로 들어갔다. 미국에서 영업하는 외국 은행 지사들은 미국 예금보험에 가입할 자격이 없었다. 따라서 미국 은행과는 다르게 고객 예금을 안정적으로 확보하기가 어려웠다. 그러나 법에 따르면, 연준의 재할인창구는 미국에서 영업하는 모든 은행에게 열려 있었다. 이는 미국 사업자와 가계는 미국 은행뿐만 아니라 외국 은행을 통해서도 대출을 받을 수 있기 때문에 이치에 맞았다. 미국에서 영업하는 외국 은행이 유동성 경색에 시달린다면, 미국 고객에게도 좋지 않은 일이다.

나는 12월의 FOMC 회의가 끝나고 얼마 지나지 않아서 도널드 콘, 티머시 가이트너, 케빈 워시, 미셸 스미스와 함께 다음 회의가 열릴 때까지 시장 기대가 급격하게 변동하지 않도록 하는 방안에 대해서 브레인스토밍을 했다. 기자 회견을 정기적으로 개최할 필요가 있다는 의견도 나왔다. 기자 회견은 워싱턴 정가에서 수시로 열리고, 다른 나라의 중앙은행의 경우에도 마찬가지였다. 그러나 연준의 경우에 흔치 않은 일이었다. 1979년 10월 6일 토요일 폴 볼커가 인플레이션 퇴치 운동을 선언하기 위해서 기자 회견을 개최한 적이 있었지만, 극히 드문 일이었다.

이미 나는 연준 의장의 발언은 잘못 이해되거나 과대 해석되는 경우가 많다는 사실을 뼈저리게 느껴왔다. 그리고 기자 회견이 계속 열리기 시작하면, 이를 중단하기도 어려울 것이다. 그렇지만 나는 기자 회견을 추진하고 싶기도 했다. 도널드는 서서히 시작할 것을 제안했다. 매년 2회, 4월과 10월에 개최하면 2월과 7월에 열리는 통화정책에 관한 의회 증언 사이에 생기는 공백을 메울 수 있다는 것이었다. 나도 2개월에 1번씩 언론사와 인터뷰를 가지자는, 적어도 연준에서는 독특한 아이디어를 냈다. 유럽중앙은행 총재는 통화권 국가를 순방하면서 정기적으로 언론 인터뷰를 한다. 12월 위원회가 열렸던 주일에는 조심스러운 분위기가 감돌았다. 나는 도널드, 티머시와 함께 시장이 정책에 대한 기대를 형성할 수 있도록 강연 시기를 전략적으로 조정한다는 결정을 내리고 논의를 마무리지었다.

12월의 FOMC 회의 다음 주일에는 내가 의장으로 부임할 때에 했던 공약 즉, 모기지 차입자를 보호하기 위한 규정을 강화하는 약속을 가지고 논의했다. 연준의 감독을 받지 않는 금융회사들이 대부분의 모기지 대출을 제공하지만, 연준의 규정은 모든 금융회사에 적용되었다. 일부 예외를 제외하고는 연준은 "주택소유 및 자산보호법(HOEPA)"에 의거하여 "불공정한" 혹은 "기만적인" 행위로 간주되는 것들을 모두 나열하기보다는 "사례별로" 접근하려고 했다. 실제로 특정 행위를 전면적으로 금지하면, 공정한 대출을 불법으로 간주하거나 적어도 대출 자체를 어렵도록 만드는 것처럼 의도하지 않았던 결과가 발생할 수 있었다.

그러나 2007년 후반기에는 의도하지 않았던 결과가 발생했든 그렇지 않았든, 어떤 행위는 금지되어야 한다는 것이 분명해졌다. 12월 18일 이사회에서는 대출자가 차입자의 상환 능력을 고려하지 않는 대출을 금지하고 차입자의 소득이나 자산을 확인하도록 하는 규정을 제안했다. 주택 경기가 과열되거나 대출자가 문제를 주택 담보부 증권의 구매자에게 전가하는 시스템에서는 이와 같은 약간의 상식은 완전히 무시되었다. 또한 우리는 모기지 대출을 일찍 상환하는 차입자에게 부과하는 조기상환 수수료를 제한했다.

규정을 만들고 공청회를 거치는 과정은 참으로 지루하게 진행되었다. 우리는 주택소유 및 자산보호법 규정을 새로 작성하고는 2006년 여름 랜들 크로스너의 주도로 공청회를 실시했다. 2007년 12월까지는 새로 작성한 규정을 더 이상 건드리지도 않았다. 이 규정은 2008년 7월까지도 채택되지 않았다. 2009년 10월이 되어서야 이 규정이 전면적으로 실시되었지만, 서브프라임 대출은 거의 사라진 상황이었다.

새로운 주택소유 및 자산보호법 규정을 제안한 이사회 회의는 연준의 개방을 향해 가는 첫걸음으로도 기억되었다. 이사회가 회의 장면 전체를 텔레비전 카메라로 녹화하는 것을 허락했던 것이다. 과거에는 이사회 결과는 주로 인쇄 매체를 통해 보도되었고, 화면으로는 처음 몇 분 동안의 회의 장면만 육성이 들리지 않는 상태로 보도되었다.

나와 애나는 바쁜 가운데도 시간을 내어 워싱턴에서 휴일을 보냈다. 매년 크리스마스가 오기 전의 금요일에는 경호원들과 함께 점심을 했다. 24시간 경호를 받는 우리는 밥 애그뉴와 그의 부관 에드워드 매컴버와는 엄청나게 많은 시간을 함께 보내면서, 친구처럼 생각하고 지냈다. 애나는 때로는 경호원들의 집안과 출신 학교에 관해서 말해주기도 했다. 경호원들은 나한테는 그런 이야기를 결코 하지 않았다. 내가 부엌에서 엄지손가락을 벨 때나 상공회의소가 주관하는 디너 행사에서 자칭 독립 기자가 다가와 말을 걸 때에도, 경호팀은 항상 내 곁에 있었다. 2008년 4월에는 인종적, 경제적 정의를 주장하는 네트워크인 전국국민행동(National People's Action) 소속의 시위대 600여 명이 내 집 앞에서 시위를 벌였다. 그때에는 찰스 브리스코가 혼자서 우리 집 현관 앞에 서서 시위대를 저지했다. 그는 경찰을 부르지 않고 20분 정도 시위대를 설득하여 돌려보냈다.

티머시와 도널드와 나는 휴가지에서도 전화 협의를 하거나 이메일을 교환하면서 의견을 계속 교환했다. 12월 31일 오후에 나는 도널드와 티머시에게 장문의 이메일을 보내면서 어려움을 토로했다. 그때 내가 보낸 이메일에는 "나는 우리의 정책 금리가 너무 높다고 생각합니다……이것이 경제성장에 미치는 위험이 점점 커지고 있지만, 아무런 대책이 없습니다"라는 내용이 있었다. 당시 시장 참여자들은 위기가 커져가고 있지만, 우리가 지나치게 우유부단하고 대처 속도가 너무 늦다고 비난했다. 정치인들도 곧 비난의 대열에 동참할 것이라고 나는 예상했다. "이번 게임에서는 자신감이 중요합니다. 어쩔 줄 모르고 머뭇거려서는 안 됩니다."

나는 12월 회의에서 0.25% 인하와 0.5% 인하를 두고 어려운 선택을 해야 했다. 이제 와서 돌이켜보면 0.5%를 선택했어야 했다. 12월 28일에 어느 기관이 발표한 보고서에 따르면, 11월 신축 주택 판매량이 9%나 하락하여 지난 12년에 걸쳐 가장 낮은 수치를 기록했다. 건설 경기 붕괴와 신용 문제는 상호 악영향을 미치면서 경제는 보다 전반적인 하강의 늪에 빠져들었다. 나는 도널드와 티머시에게 주택 가격이 소비자와 함께 "침몰하기 시작했다"고 말했다. 조사 결과에 따르면, 소비자의 자신감은 지난 번 침체 때의 수준으로 떨어졌다. 나는 FOMC의 특별 화상 회의를 제안했다. 경제지표, 특히 고용지표가 여전히 양호하다면, 1월 화상 회의에서 금리를 0.25% 인하하고, 1월 29-30일 회의에서 다시 한번 0.25% 인하하려고 했다. 티머시와 도널드는 따로 보낸 답장에서 정기적으로 열리는 위원회들 사이의 시간에서 금리를 인하하는 데에는 신중해야 한다고 말했다. 긴급한 경우에만 이러한 조치를 취해야 한다는 것이었다. 티머시는 1월 초순에 금리를 갑작스럽게 인하하는 것이 시장을 안정시킬지 아니면 뒤흔들지를 판단하기 어렵다고 적었다. "시장은 민첩함과 강인함을 요구합니다. 그러나 예측 가능성과 안정도 원합니다"라는 말도 덧붙였다.

우리는 새해 첫 날에도 장거리 토론을 계속했다. 나는 1월 말 위원회 회의에서는 매파 진영의 댈러스 연은 행장 리처드 피셔와 필라델피아의 찰스 플로서가 표결권을 가지게 된다는 사실을 지적했다. 우리는 0.5% 인하 — 혹은 필요하다면 0.75% 인하 — 에 대한 반대표를 최소화하려면, 1월에 위원회를 2차례 개최하는 것이 바람직했다. 도널드는 1월 초에 전화 회의를 가질 필요가 있다는 데에는 동의했지만, 1월에 위원회를 2차례 여는 데에는 판단을 보류했다. 그는 "[시장의] 신뢰가 명백하게 사라졌다면, 나는 더 만족스러울 것입니다"라고 적었다.

1월 9일 오후 5시에 위원회 화상 회의가 열렸을 때에, 나는 금리인하를 직접 결정하지는 않았다. 대신에 회의 소집을 통해서 다음 회의에서 그러한 금리를 큰 폭으로 인하하는 데에 공감대를 얻을 수만 있다면, 금리인하와 거의 같은 효과를 얻을 것이라고 생각했다. 그리고 다음 날 열리는 강연에서도 강한 신호를 전달할 수 있었다. 나는 위원회에서 침체를 향해 가고 있는 조짐이 보인다고 말했다. 이사회 통계연구국에서는 2008년 경제성장률을 또다시 1% 이하로 낮추었고 실업률은 3월 4.4%에서 12월 5%로 높였다. 1% 성장률은 경제가 침체에 빠지지 않고서는 생각할 수가 없었다. 실업률이 그만큼 상승했으면 앞으로는 훨씬 더 상승할 것임을 예고했다. 나는 "내가 걱정하는 것은 하강뿐만 아니라 그보다도 훨씬 더 심각한 상황이 일어날 가능성입니다"라고 말했다.

내가 생각하기에는, 도널드와 티머시는 내가 화상 회의에서 금리인하를 제안했더라면, 아마도 비둘기파 재닛 옐런과 에릭 로젠그렌과 마찬가지로 찬성했을 것 같다. 그러나 다른 위원들은 리치몬드 연은 행장 제프리 래커와 마찬가지로 단 하나의 경제 보고서만 가지고 반응을 보이지는 않으려고 했다. 1월 4일 노동부는 12월에 새로 나온 일자리가 실망스럽게도 18,000개에 불과하다고 발표했다. 나는 그날 오후에 노동부 발표와 부시 행정부가 확대 재정정책을 고려하고 있다는 기사를 읽고서 백악관 회의에 참석했다. 부시 대통령, 폴슨 장관을 비롯하여 고위 경제 관료들이 모여 있었다. 화상 회의 때에는 이사회 간부진뿐만 아니라 미니애폴리스 연은 행장 게리 스턴을 포함한 다른 위원들까지도 연준이 백악관 회의가 끝나고 1주일도 안 되어 금리인하를 발표하는 것은 중앙은행의 독립성 "이미지"에 영향을 미칠 것이라고 우려했다.

오후 7시 경에 화상 회의는 종료되었다. 나는 그 다음 날에 있을 오찬 강연 원고를 마무리해야 했다. 그날 밤과 그 다음 날 아침, 나는 도널드, 티머시, 케빈을 포함하여 이사회 간부진과 원고 내용을 두고 의논했다. 우리는 모든 단어를 가지고 고심했다. 추가적인 금리인하가 "필요할 것이다"라고 말해야 할 것인가? 아니면 "반드시(well) 필요할 것이다"라고 말해야 할 것인가? 성장을 돕기 위해서 "의미 있는(meaningful) 추가 조치"를 취할 것이라고 말해야 할 것인가? 아니면 "실질적인(substansive) 추가 조치"를 취할 것이라고 말해야 할 것인가? 토론이 터무니없어 보이기는 했지만, 우리는 때로는 단어 하나가 엄청난 파급 효과를 지닌다는 사실을 뼈저린 경험을 통해서 알고 있었다. 목표는 시장에 최대한 분명하고도 강력한 신호를 전달하는 것이었다. 필요하다면 방향을 바꿀 수 있도록 해석의 여지를 충분히 남기면서 말이다.

나는 그 다음 날 강연에 앞서, 이사회 이발소에 들러서 레니 길레오에게 머리 손질을 부탁했다. 마틴 빌딩 지하의 작은 가게를 임차하고 있었던 레니는 내가 이사회에 들어온 2002년부터 내 머리를 손질해왔다. 예전에는 앨런 그린스펀, 폴 볼커, 아서 번스의 머리를 손질했던 그는 나에게 정치,

통화정책, 야구에 관해서 현명한 지혜를 빌려주었다. 이발소 벽에는 "나의 화폐 공급은 당신의 성장률에 달려 있다(My money supply depends on your growth rate)"라고 쓴 액자가 걸려 있었다.

나는 사무실로 돌아와서는 더욱 강한 뉘앙스를 전하기 위해서 "반드시 필요할 것이다", "실질적인 추가 조치"로 결정했다. 메시지는 먹혀들었다. 나는 메이플라워 호텔(1965년에 전국 철자 경기 대회가 열렸던 곳. 나는 이 대회에 출전하여 초라한 성적을 거두었던 경험이 있다)에서 열린 강연을 통해서 월 스트리트 애널리스트들에게 1월 말에는 금리를 0.25%가 아닌 0.5%를 인하할 것이라는 기대를 강하게 심어주었다.

그날 강연뿐만 아니라 뱅크 오프 아메리카가 경영난에 시달리는 모기지 대출업체 컨트리와이드를 인수할 것이라는 뉴스가 들리면서, 주식가격은 다시 올랐다. 낙관주의자들은 뱅크 오브 아메리카가 컨트리와이드를 40억 달러라는 비교적 저가에 인수한 것은 서브프라임 모기지 위기가 바닥을 쳤다는 신호이며, 이는 뱅크 오브 아메리카를 위해서도 좋은 소식이라고 해석했다. 반면, 비관주의자들은 예금 규모로 볼 때 미국에서 가장 큰 은행인 뱅크 오브 아메리카가 미래 손실의 시한폭탄을 떠안게 되는 것은 아닌지를 우려했다.

연준이 침체의 늪에 빠져드는 상황에 대처하기 위해서 공격적인 통화정책을 펼치는 동안, 행정부는 확대 재정정책을 계획하고 있었다. 11월부터 폴슨과 나는 확대 재정정책(예를 들면, 사회보장 및 의료보장 세금의 일시 인하)이 경제에 활력을 불어넣을 수 있는가를 두고 의논했다. 나는 그 시점에서 광범위한 감세정책이 모기지 차입자들이 대출 할부금을 충당하는 데에 크게 도움이 될 것이라고 말했다. 또 연방정부의 대출 보증 제도를 활용하는 방안, 연방정부와 주정부가 고용 창출 프로젝트를 추진할 수 있도록 인센티브를 제공하는 방안을 제안했다. 하지만 경제자문위원회는 두 번째 방안은 비현실적이라는 말을 전해왔다. 반대 이유는 당장 착수할 수 있는 충분한 "건설" 프로젝트가 여의치 않다는 것이었다.

연준은 정치적으로 독립된 중앙은행으로서 위험한 줄타기를 해야 했다. 우리는 의회가 정한 목표를 달성할 책임을 지면서, 정치적인 간섭을 받지 않고 통화정책을 수행하는 것이 국가를 위해서 가장 큰 도움이 된다고 생각했다. 그리고 우리가 연준의 권한 밖에 있는 재정정책에 영향력을 행사하려고 나선다면, 정치권에서는 독립된 중앙은행이라는 오랜 전통을 존중하지 않을 것이었다. 한편으로 우리는 연준에서 전문성을 쌓아왔다. 나는 정당정치에 휘말리지 않으면서 도움을 줄 수 있다면, 적어도 개인적으로는 의회에 기꺼이 조언해야 한다고 생각했다. 나는 이런 생각을 가지고 1월 4일에 폴슨 장관과 부시 대통령을 만날 때와 마찬가지로, 1월 14일에는 민주당 지도자인 하원 의장 낸시 펠로시를 개인적으로 만났다. 그녀는 1월 8일에 경기 부양 법안 제정을 요구한 적이 있었다. 그런데 얼마 지나지 않아서, 블룸버그 뉴스는 내가 확대 재정정책을 지지하는 것으로 보도했다. 그런 보도가 나오게 된 것은 이름을 알 수 없는 한 민주당 의원 보좌관 때문이었다. 나는 1월 17일 하원 예산위원회 증언에서 단서를 달고 밝혔듯이, 때로는 경기 부양 정책이 바람직하다는 생각을 가지고 있었다. 그러나 익명의 그 보좌관은 내가 달았던 단서를 빼먹었던 것이다. 짜증이 났지만, 놀라지는 않았다. 원래 워싱턴 정가는 그런 방식으로 돌아가고 있었기 때문이었다.

이사회 간부들은 처음에는 확대 재정정책에 관해서 어떠한 입장도 밝히지 않는 것이 좋겠다고 내게 말했다. 그 다음에는 내가 그들의 충고를 거스르자, 그들은 실업자 수처럼 객관적인 지표를 제시하고서 경기 부양 정책을 지지하는 것이 좋겠다고 충고했다. 그들은 2008년에는 경제가 침체의 늪에 철저하게 빠져들기보다는 단순히 하강하는 정도로만 예상했다. 그리고 경기 부양 정책이 꼭 필요하다고도 생각하지 않았다. 클린턴 행정부 시절 재무부에서 근무했고 이사회의 어떤 이코노미스트보다 날카로운 정치적 감각을 지녔던 데이비드 윌콕스는 "의장의 입에서 긍정적인 단어가 나오면 이 기관차는 강하게 추진되어 역을 빠져나가게 될 것입니다"라고 경고했다. 나는 이번 증언에서는 확신이 서지 않았다. 내가 하는 말이 그린스펀과 같은 무게를 지녔다고는 생각하지 않았다. 그리고 의회는 정치적 이해관계와 이데올로기에 의해서 움직이는 곳이지, 이사회 의장을 포함하여 전문가들의 충고에 의해서 움직이는 곳이 아니라고 생각했다.

결국 나는 "재정정책은 원칙적으로 도움이 됩니다. 신속하게 추진하고 단기간에 경제에 영향을 미치는 데에만 집중하고 장기적인 적자를 기록하지 않도록 일시적으로 추진한다면 말입니다"라고 증언했다. 나는 경기 부양 정책을 추진하기 위해서 세금을 줄일 것인지 정부 지출을 늘릴 것인지, 두 가지 방법 모두를 동원할 것인지에 대해서는 생각을 밝히지 않았다. 공화당 정부의 지명을 받은 나는 당파성을 띠지 않은 기관에서 일하지만 클린턴 행정부 시절 재무장관 래리 서머스가 상하원 공동경제위원회에서 전했던 바로 그 메시지를 함축적으로 전하고 있었다. 그는 "경기 부양 프로그램은 적기에 목표를 겨냥하여 일시적으로 추진되어야 합니다"라고 말했다. 의회 증언이 있고 나서 그 다음 날인 1월 18일에는 부시 대통령이 1,500억 달러의 경기 진작 프로그램을 제시했는데, 주로 가계, 기업을 위한 일시적인 감세정책으로 구성되어 있었다.

나는 의회의 예산 증언을 준비하면서, 1주일 전에 열렸던 화상 회의에서 금리인하를 주장하지 않은 것이 후회되었다. 우울한 금융 소식이 계속 들려왔다. 메릴 린치와 시티그룹은 또다시 자산을 낮추어 평가했고, 보증보험사들은 경영난을 겪고 있었고, 주식가격은 떨어지기만 했다. 경제는 더욱 흔들리고 있었고, 12월 소매판매고도 떨어졌다. 소매판매고가 발표되는 1월 15일에 나는 도널드와 티머시에게 이메일을 보냈다. "나 혼자서 [금리인하를] 결정할 수 있다면, 바로 이번 주일에 했을 것입니다." 그날 아침 그들은 나를 진정시키려고 했다. 나는 다음 회의가 열릴 때까지 기다릴 수가 없었다. 그러나 나는 다음 회의에서 적어도 0.75%씩 인하할 수 있도록 지원군을 얻은 셈이었다. 그 다음 주일에는 예상하지 못했던 일—얼마 전에 도널드가 말했던 시장의 "신뢰가 명백하게 사라지는"일—이 일어났다. 그것은 우리가 행동할 이유가 되었다.

이사회는 1월 21일 월요일, 마틴 루터 킹 데이에는 쉰다. 그날 아침에 나는 집무실에 있었다. 나는 아버지를 닮아서 그런지 내 시간을 제대로 활용하지 못하면 마음이 산란해지고 우울해진다. 이런 성격 때문에 결혼 초기에는 애나와 긴장 관계를 만들기도 했다. 그러나 나는 애나와 한 가지 거래를 했다. 그것은 내가 주말과 휴일의 오전에는 일을 하고 오후에는 가족과 시간을 함께 보내겠다는 것이었다. 그러나 이처럼 특별한 휴일에도, 나는 밤이 깊도록 집에 들어가지 않았다.

나는 집무실에 들어서자마자, 블룸버그 화면을 확인했다. 극동 지역에서 시작된 팔자 주문이 유럽 주식시장을 휩쓸었다. 선물시장에서는 다음 날 미국 주식시장이 개장하자마자 3.5% 하락할 것을 예상했다. 먼저 티머시에게 전화했는데, 그는 이런 사실을 이미 알고 있었다. 케빈 워시는 이메일을 보내왔다. "시장에 상황을 알려야 되지 않을까요?" 나는 그의 말에 동의했다. 그리고 도널드에게 전화했다. 그는 운전 중이었는데, 오전 11시에는 전화할 수 있다고 했다. 그 다음에는 도널드, 티머시, 케빈, 미셸 스미스, 빌 더들리(뉴욕 시장 담당), 브라이언 매디건에게 이메일을 보냈다. 브라이언은 당장 집무실로 달려왔다(나는 브라이언이 언제 잠드는지를 모른다. 밤이든 낮이든 이메일을 보내면, 그는 항상 10분 안에 답장을 보낸다).

우리는 그날 오후에 FOMC의 화상 회의를 소집하고 회의 결과 보고서에는 1월 말에 금리를 다시 인하할 뜻을 암시하면서 당장은 0.75% 인하할 것을 제안하기로 했다. 나는 컴퓨터 단말기 앞에 앉아서 보고서의 초안을 급하게 작성하여 위원들에게 돌리고는 의견을 물었다. 브라이언은 화상 회의를 준비하면서 이사회 총재 2명과 연은 행장 11명의 행방을 찾고 있었다. 3시 15분까지 프레더릭 미슈킨을 제외하고는 모든 사람과 연락이 닿았다. 필라델피아 연은 행장 찰스 플로서는 플로리다로 여행을 떠났지만, 애틀랜타 연은의 잭슨빌 지사의 회선을 이용하여 회의에 참여할 수 있었다. 미니애폴리스 연은 행장 게리 스턴은 시카고에서 참여했다. 우리는 오후 6시에 회의하기로 했다. 브라이언은 오후 4시가 되어서야 미슈킨과 연락이 닿았다. 미슈킨은 레이크 타호에서 크로스컨트리 스키를 즐기고 있었는데, 그 시간에는 산꼭대기에 있었다. 따라서 6시까지는 회의에 참여하기가 힘든 상황이었다.

화상 회의는 빌 더들리의 시장 보고와 함께 시작되었다. 평소에 붙임성이 있고 얼굴에는 웃음기가 가득한 빌은 버클리 대학교에서 경제학 박사학위를 받았다. 골드만 삭스에서 10년 동안 수석 이코노미스트로 재직하던 중, 티머시 가이트너의 부름을 받아 디노 코스의 후임으로 뉴욕 연은 공개시장 트레이딩 데스크 수석직을 맡았다. 거시경제학과 통화정책을 전공한 그는 월 스트리트의 생리를 잘 알고 있었다.

빌은 새해 3주일 동안 미국의 주식 가치는 거의 10% 하락했고, 선물 가격은 화요일에 주식시장이 개장하자마자 추가로 5% 하락할 것을 예고한다고 말했다. 우리는 무엇 때문에 최근의 팔자 주문의 물결이 일어났는지를 알 수가 없었다. 빌은 지난 주에 메릴 린치와 시티그룹이 자산을 낮게 평가한 것과 경영난을 겪고 있는 보증보험회사가 지방채 시장에 영향을 미친 것을 꼽았다. 빌과 연락을 주고받는 유럽 사람들은 미국발 침체의 가능성과 그것이 유럽 경제에 미칠 영향을 우려하고 있었다.

　나는 주식 투자자들을 보호하는 것이 위원회가 할 일은 아니라고 말했다. 그러나 주식가격이 폭락하면 "미국이 깊고도 오랜 침체에 빠질 것이라는 믿음을 높일 것"이라고 말했다. 이러한 믿음은 투자자에게는 자금을 회수하고 대출자에게는 대출 원금을 회수하도록 만든다. 우리는 연방자금금리를 크게 떨어뜨려서 이런 흐름을 당장 잡아야 한다.

　나는 "우리는 잠재적으로 광범위한 위기에 직면하고 있습니다. 이제는 더 이상 꾸물거려서는 안 됩니다. 우리는 이 위기에 대해서 경고해야 합니다. 이번 위기를 수습해야 합니다. 그렇지 않으면, 걷잡을 수 없는 상황이 전체적으로 벌어질 것입니다"라고 말했다.

　빌 풀이 "정기 위원회의 회의와 회의 사이의 시간에서 이런 조치를 취하면, 선례를 남기게 됩니다"라고 말하면서 반대했다. 이 말은 "시장은 주식가격이 크게 떨어질 때마다 연준이 금리를 인하할 것으로 예상한다"는 뜻이었다. 또다른 매파인 토머스 호니그는 찬성도 반대도 아닌 입장이었다. 그는 시장이 좋지 않은 심리를 떨쳐버리도록 하고 계속 나빠지는 경제를 바로잡는 데에는 공감하지만, 여전히 인플레이션을 걱정했다. 도널드, 티머시, 로젠그렌, 케빈 워시, 랜들 크로스너와 시카고 연은 행장 찰리 에번스는 내 생각을 지지했다. 조정자의 역할을 해왔던 도널드는 "우리는 패닉을 맞이할 수 있습니다……그러나 더 큰 위험은 아무 행동도 하지 않는 것입니다"라고 말했다.

　FOMC가 연방자금금리를 (4.25%에서) 3.5%로 낮추고 회의 결과 보고서에는 "필요한 경우에는 시의적절한 조치를 취한다"는 표현을 넣기로 하는 안건을 표결에 부친 결과, 8대 1이 나왔다. 풀은 반대표를 던졌고, 호니그는 찬성표를 던졌다. 위원회는 1982년 이후 가장 큰 폭의 인하를 결정했고, 정기 위원회의 회의와 회의 사이의 시간에 이런 조치를 취하기는 2001년

9월 11일 이후 처음이었다. 우리는 시장이 열리는 화요일 이전에 이러한 결정을 공표했다. 다우존스 지수는 464포인트 하락했다가 반등하여 128포인트, 즉 1% 하락하는 것으로 장을 마감했다.

어떤 비평가들은 우리의 결정을 평가하면서 나의 리더십 스타일의 변화에 초점을 맞추었다. 그들이 상황을 어떻게 보는가에 따라서 이번 금리인하 조치는 시장의 압박에 직면하여 새로운 결단력을 보여주는 것이기도 했고 우유부단함을 보여주는 것이기도 했다. 나는 내가 변한 것이 아니라 상황이 변한 것이라고 믿었다. 몇 달 전만 하더라도 나는 합의를 도출하기 위해서 다양한 견해를 존중했다. 그러나 위기가 닥치면 협력보다는 강력한 지도력이 빛을 발한다. 나는 필요하다면 이런 지도력을 발휘할 생각이었다.

1월 24일에는 우리의 결정에 의문을 던지는 뉴스가 나왔다. 프랑스에서 규모가 두 번째로 큰 소시에테 제네랄 은행(SocGen)이 자사 소속 트레이더 제롬 케르비엘의 무허가 선물 거래로 72억 달러에 달하는 세전 손실을 입었다는 소식이었다. 소시에테 제네랄은 1월 19일 케르비엘을 심문하고 나서야 손실을 알게 되었지만, 문제를 해결할 시간을 벌기 위해서 외부에는 알리지 않았다. 따라서 마틴 루터 킹 데이에 유럽에서 일어난 팔자 주문은 적어도 일부는 1회성의 사건 때문일 수도 있겠다는 생각이 들기도 했다. 우리는 로그 트레이딩(rogue-trading : 회사의 허가 없이 투기하다가 입은 막대한 손실을 감추는 행위/역주) 폭탄이 하늘에서 떨어지고 있는지는 잘 몰랐다. 실제로 파리 시간으로 1월 19일 오전에 소시에테 제네랄 은행 파리 본사의 선임 매니저와 뉴욕 지사의 선임 매니저는 연준 감독관과의 전화 회의에서 4분기에는 서브프라임 모기지 자산을 낮게 평가했음에도 흑자를 기록했다고 보고했다.

심지어는 우리가 쓸데없는 짓을 했다고 말하는 사람들도 있었다. 그러나 나는 마틴 루터 킹 데이의 시장 혼란이 발생하기 전부터 우리가 금리를 큰 폭으로 인하여 그와 같은 혼란을 미리 잡아야 한다고 생각했다. 어떤 사람들은 개인적인 문제를 걸고넘어졌다. 나는 의장직을 2년간 수행했고, 앞으로 2년이 남아 있었다. 그런데도 그들은 내가 새로운 대통령에 의해서 다시 지명받을 수 있을 것인가를 두고 추측하기 시작했다.「뉴욕 타임스」기자는 대통령을 꿈꾸던 애리조나 주 공화당 상원의원 존 매케인에게 내가 잘 하고 있는지를 물어보았다. 매케인의 대답은 "아직은 잘 모르겠소"였다. 로이터는 한걸음 더 나아가서 민주당 후보가 승리하면 나 대신에 재닛 옐런이나 래리 서머스나 나의 전 프린스턴 동료 앨런 블라인더를 지명할 것이라고 내다보았다.

당시 로이터는 하원 금융 서비스 위원회 위원장 바니 프랭크가 민주당 출신 대통령은 "민주당 정책과 더 잘 화합할 수 있는 사람을 찾을 것이다"는 말을 한 것으로 보도했다. 바니는 이 기사를 보자마자 선임 보좌관을 불러 이사회 법무 담당 책임자 스콧 알바레스에게 당장 전화하여 자신이 나한테 불만이 있는 것도 아니고 다른 사람으로 교체할 것을 요구하는 것도 아니라는 말을 분명히 전하도록 지시했다. 그는 내 임기가 종료되면, 새로운 대통령은 새로운 의장을 지명할 권한이 있다는 원칙적인 이야기만 했을 뿐이라고 전했다. 나는 그런 말을 전하는 사람이 바니가 아니었다면, 그런 해명을 믿지 않았을 것이다. 바니는 독설가이기는 했지만, 직선적이고 정직한 사람이었다. 바니가 당신을 비난한다면, 에둘러서 말하지 않을 것이다. 그 다음 날, 그는 장문의 해명을 내놓았다. 결론은 "풋내기의 오보"에 당혹감을 금치 못한다는 내용이었다. 워싱턴 정가에서는 이런 사과문을 보는 것은 아주 드문 일이다. 나는 바니의 이런 점에 감탄한다.

나는 1월 29-30일 FOMC 회의가 열리기 전 주일에 후속적인 금리인하를 위한 기반을 조성하는 작업을 추진했다. 이사회 이코노미스트들은 여전히 철저한 침체보다는 저성장 정도로만 예상했다. 그러면서도 성장률 예측치는 조금 올려놓았다. 그러나 내 눈에는 성장률 하락의 위험이 뚜렷하게 보였다. 결국 우리는 연방자금금리를 0.5% 인하하여 3%로 하고 회의 결과 보고서의 문구를 조정했다. 우리는 앞으로도 추가 인하의 가능성은 얼마든지 있지만, 최근의 금리인하가 급격하게 이루어졌고 당분간은 이 정도 수준의 인하로도 충분할 것으로 인식했다.

표결은 9대 1로 나왔다. 리처드 피셔는 많은 고민을 했지만, 다수파에 가담할 수가 없다고 말했다. 그는 2007년 하반기에 식료품과 에너지 가격을 제외하고도 물가가 오르는 것을 보고 인플레이션을 걱정했다. 그리고 금융 혼란에 반응하기가 싫었다. 그는 이렇게 말했다. "과열과 냉각을 오락가락 하는 시장이 냉각되었을 때에는……정책을 만들어내는 것이 자바 더 헛(Jabba the Hutt : 영화 「스타워즈」에 등장하는 악당 캐릭터/역주)에게 먹이를 주는 것과 같다. 위험하지는 않더라도 부질없는 짓이다. 그 놈은 단지 더 많은 것을 요구할 것이기 때문이다."

다수파 내에서도 우리가 금리를 충분히 인하했는가를 두고서도 의견이 분분했다. 대다수가 경제가 침체를 피해서 이코노미스트들의 예측대로 흘러간다면, 더 이상의 금리인하는 필요하지 않다는 데에 동의했다. 그러나 미슈킨은 이러한 낙관주의를 비웃었다. "갑자기 몬티 파이턴의 「브라이언의 삶(Life of Brian)」이라는 영화 속의 한 장면이 생각납니다. 모두가 십자가에 매달려서 '항상 삶의 밝은 면을 보자'고 노래하는 모습 말입니다."

미슈킨의 본능은 정확했다. 그러나 당시 우리는 상충되는 우려를 조정해야 했다. 다시 말하면, 인플레이션을 걱정해야 했다. 또한 금융 혼란이 경제 전체에 미치는 영향을 평가하기가 어려웠다. 금융 긴장에 지나치게 반응하고 싶지 않았고, 결과적으로 도덕적 해이 문제를 더욱 악화시켰다. 그럼에도 우리는 2007년 8월부터 2008년 1월까지 6개월 동안 금리를 5.25%에서 3%로 인하했다. 그것은 다른 중앙은행들보다 더욱 신속하게 반응한 것을 말해준다. 또한 우리는 자금시장의 압박을 완화하기 위해서 혁신적인 대출 프로그램도 개발했다. 2008년 1월 말에는 우리가 목표물을 정확하게 조준한 것처럼 보였다. 우리는 비록 확신은 하지 않았지만, 위기의 끝에 도착했을 것이라고 희망했다. 나중에 알게 된 일이지만, 우리는 오직 시작의 끝(end of the beginning)에 있었을 뿐이었다.

10

베어 스턴스 : 아시아 시장 개장 직전

⋮

상원 은행위원회는 청문회 장소를, 덕슨 상원 건물의 1층에 위치했고 한때에는 강당으로 사용했을 정도로 넓은 G50 룸으로 변경했다. 그 넓이에도 2008년 4월 3일 오전에는 사람들로 가득 찼다. 나는 텔레비전의 밝은 조명을 의식하면서 내가 증인석에 앉아 있다는 사실을 실감했다. 나는 증권거래위원회 의장 크리스 콕스, 재무부 차관 밥 스틸(폴슨 장관은 중국에 출장 중이었다), 티머시 가이트너와 함께 앉아 있었다. 상원의원들은 높은 곳에 자리잡은 단에서 우리를 내려다보고 있었다. 증인석과 단 사이의 바닥에서 수십 명의 사진 기자들이 좋은 자리를 잡으려고 가벼운 몸싸움을 했다.

나는 준비한 자료 위에 손을 가지런히 포개놓고서 앉아 있었다. 왼쪽에는 유리잔이, 오른쪽에는 거위 목처럼 생긴 마이크와 타이머가 있었고, 앞에는 작은 명패가 놓여 있었다. 나는 마음을 차분하게 가다듬으려고 애썼다. 왁자지껄한 가운데 헝클어진 은발이 전형적인 상원의원의 모습을 상징하는 크리스 도드 위원장이 의사봉을 치면서 질서를 잡으려고 했다. 청문회장은 갑자기 조용해졌고, 청문회는 예정된 시간보다 10분이 지난 10시 10분에 시작되었다.

도드는 "우리는 G50 룸으로 장소를 옮겼습니다. 여기에 모인 사람들의 규모가 그 이유를 말해줍니다"라고 말문을 열었다.

상원의원들과 청중들은 3월 중순(도드는 이 시기를 "이처럼 중대한 나흘 간"이라고 표현했다)에 연준이 월 스트리트에서 5번째 규모의 설립된 지 85년이 지난 투자은행 베어 스턴스의 파산을 막기 위해서 300억 달러에 달하는 세금을 지원한 경위를 직접 들으려고 모였다. 또한 우리는 금융시장의 패닉을 잡으려고 주로 시중은행과 저축은행을 위해서 월 스트리트에서 베어 스턴스와 경쟁 관계에 있는 투자은행들에게도 대출을 제공할 계획이었다. 우리는 이 두 가지 조치를 통해서 "이례적이고 긴급한" 상황이 도래했음을 선언했던 것이다.

도드는 이러한 상황을 즐기기라도 하듯이, "패닉 직전에서 흔들리던 금융시장을 안정시키기 위해서 취해진 이런 조치들이 폭풍같은 논란을 일으킨 것은 확실합니다"라고 말했다. 나는 그가 우리의 좋은 의도를 인정하는 것처럼 보여서 만족스러웠다. 그 다음에 그는 "그런 조치가 금융시장의 구조적 붕괴를 저지하기 위해 타당했는지가 궁금합니다. 메인 스트리트의 국민들은 모기지를 갚으려고 허덕이는 상황에서, 월 스트리트의 일개 기업을 위해서 혹자가 말하는 것처럼 300억 달러의 납세자의 구제자금을 써야만 했습니까?"라고 질문했다.

위원회 의원들이 모두 발언하게 되면서, 도드의 질문은 대답 없는 질문이 되고 말았다. 앨라배마 주 공화당 상원의원 리처드 셸비는 법률적인 문제에 치중했다. 그는 연준이 지금까지 보호받은 적이 없는 투자은행까지 정부의 안전망을 확대할 "일방적인 규제 권한"이 있는 것인지를 물었다. "오늘 우리 위원회는 연준 혹은 정책 입안자 집단이 광범위한 그런 비상 권한을 발동할 수 있는지를 논의해야 할 것입니다"라고 또박또박 부드럽게 말했다.

모든 의원들의 발언이 끝나자, 도드는 나에게 분위기를 가볍게 하려는 듯이 이렇게 말했다. "버냉키 의장, 최근 며칠 동안 의장님은 의회에서 제법 많은 시간을 보냈습니다. 청문회에 앞서 나는 의장님이 그 며칠 동안 너무 자주 여기에 나타났기 때문에 의회에 의장실이라도 마련해야겠다는 것을 사적으로 제안한 바 있었습니다."

나는 감사의 말을 전하고는 3월 15일과 16일까지 일어난 일에 대해서 설명하기 시작했다.

그처럼 중대한 주말인 3월 15일 토요일과 16일 일요일을 기준으로 불과 6주일 전에 우리는 금리를 사상 유례가 없을 만큼 빠른 속도로 여러 번 인하했고, 대출 권한을 창조적으로 가동했다. 그리고는 경제와 금융 시스템이 좋아질 것으로 생각했다. 1월 미국에서 갑자기 사라진 일자리가 17,000개나 달했다는 이후의 보고를 감안하면, 그 달의 금리인하는 적절했다. 재정정책도 경기를 부양시키는 방향으로 나아갔다. 부시 대통령은 세금 신고 기간을 앞둔 2월 13일에 초당파적인 입장에서 감세정책에 서명했다. 4월과 7월 사이에 국민은 세금을 300달러까지 환급받을 것이었고, 자녀를 둔 가정은 1,200달러까지 환급받을 것이었다.

부시 대통령이 감세정책을 선언한 다음 날, 나는 상원의 증언에서 균형을 유지하려고 했다. 나는 "성장률이 둔화되다가, 통화정책과 재정정책의 효과가 나타나는 올해 후반기를 기점으로 다소 높아질 것으로" 예상했다. 그러나 하방 리스크(downside risk : 경제 지표 등이 떨어져서 위험해지는 상황/역주)는 여전히 남아 있으며, 연준은 성장을 뒷받침하기 위해서 시의적절한 조치를 취할 것을 약속했다. 그날 금융 통신에는 앨런 그린스펀이 휴스턴 컨퍼런스에서 경제는 침체의 "가장자리에 놓여 있다"고 선언한 것이 헤드라인을 장식했다.

당시 나는 하방 리스크가 분명하게 드러나더라도 가급적이면 침체(recession)라는 단어를 공식석상에서 사용하지 않으려고 했다. 나한테는 지금의 그린스펀처럼 일반 시민으로서 누리는 표현의 자유가 없었다. 존 메이너드 케인스는 때로는 감정이 경제적 결정을 좌우하는 상황을 관찰하고는 이러한 현상을 "야성적 충동(animal spirits)"이라고 했다. 나는 현실적인 그림을 그리고 싶었다. 하지만 케인스의 통찰을 인식하고 16년 만에 최저점에 이르렀던 소비심리지수를 바라보면서도, 이런 이야기를 통해서 우울한 분위기에 쓸데없이 일조할 생각은 없었다.

확실히 2월과 3월에는 야성적 충동, 즉 소비심리가 경제와 금융 현상에 관한 이야기의 중심에 자리 잡고 있었다. 소비심리는 계속 위축되었고, 금융시장에서도 마찬가지였다. 초조한 매입자와 대출자는 서브프라임 모기지 증권과는 아무런 관련이 없는 지방채, 학자금 대출 담보부 증권, 기업 매수 시 자금 조달을 위해서 발행하는 낮은 평가 등급의 채권까지도 기피했다. 이처럼 식별 능력이 결여되는 현상을 설명하는 방법은 한 가지뿐이다. 패닉이 도래했다는 것이다. 그리고 신용시장은 파괴적인 피드백 루프에 점점 더 빠져들었다. 경제가 나빠졌다는 소식이 금융 혼란을 자극하고 이러한 혼란이 경제 활동의 동력이라고 할 수 있는 신용 흐름을 끊어버렸다.

특히 모노라인 보증보험회사들(p.211 참고)의 부실이 심각해지고 있었다. 1월 18일 초대형 모노라인 보험회사 암벡 파이낸셜 그룹이 AAA 등급을 더 이상 유지하지 못했다. 급기야 뉴욕 주 보험 규제기관이 나서서 8개 대형 은행과 월 스트리트 금융회사와 함께 구제 방안을 협의했다. 1월 30일에는 또다른 모노라인 보험회사인 FGIC도 등급이 떨어졌고, MBIA가 그 다음 차례가 될 것으로 보였다. 연준은 나, 도널드 콘, 티머시 가이트너, 케빈 워시를 비롯하여 브라이언 매디건, 스콧 알바레스로 구성된 위기 관리팀을 한시적으로 꾸리고는 상황을 예의 주시하고 있었다.

모노라인 보험회사들의 등급이 떨어진 것은 주로 서브프라임 증권 보증 때문이었다. 그러나 모노라인 보험회사들은 지방채도 보증했기 때문에, 투자자들은 지방채에 대한 경계심을 늦추지 않았다. 우리는 금융시장의 혼란으로 불똥이 튄 무고한 지방채 시장에 대한 지원 방안을 논의했다. 연준은 뉴욕 연은의 시장 거래를 통해 만기일이 6개월 이하인 단기 지방채를 매입할 권한이 있었지만, 주정부나 시청에 대출을 해주려면 연방준비법 제13조 3항의 권한을 활용해야 했다. 도널드는 규제기관 사람들과 재무부 관리들을 만난 뒤에, 지방채 시장에 대한 구제자금 지원에 조심스럽게 반대하는 여론을 다음과 같이 전했다. "관련 당사자들을 모니터링하고 돕는 것은 연방정부가 해야 할 일이지만, 그들은 명시적인 지원이나 구제가 필요하지 않았다." 케빈도 "나는 개입을 암시하는 듯한 발언을 할 필요는 없다고 생각한다"고 말하면서 도널드를 거들었다.

금융 혼란은 또다른, 이목을 집중하지는 않지만, 중요한 신용시장인 경매채권(Auction Rate Security) 시장으로 번져갔다. 이 채권의 상당수는 보증보험에 가입되어 있었다. 1980년대 중반에 등장한 경매채권은 20-30년 만기의 장기채권이지만, 구매자 입장에서는 안전하고도 쉽게 판매할 수 있는 단기 채권의 역할을 했다. 주로 주정부, 시청, 학자금 대출 기관, 병원과 같은 비영리 단체에서 이 채권을 발행했고, 기업, 퇴직 펀드, 부유한 개인이 매입자였다. 결과적으로 발행 기관은 장기채권을 발행하여 자금을 조달했지만, (대체로 낮은) 단기금리를 기준으로 이자를 지급했다. 투자자들은 다른 저위험 단기 채권에 비해 이자를 조금 더 많이 받았다. 경매채권의 금리는 1-7주일마다 열리는 경매를 통해서 새로 결정된다. 투자자들은 이러한 경매를 통해 새로운 투자자에게 채권을 판매하여 현금을 얻을 수 있었다. 만약 새로운 투자자들이 등장하지 않는다면, 채권 발행자는 원치 않는 채권을 보유한 투자자에게 징벌금리를 지급해야 했다.

경매는 거의 실패한 적이 없었다. 만약 매입자가 별로 없다면, 경매채권을 지원하는 투자은행이나 시중은행이 입찰에 개입한다. 하지만 지원 기관들은 2008년 2월 중순에는 개입을 하지 않으려고 했다. 당시 지원 기관들은 이미 복잡하게 설계되고 판매가 어려운 채무 증서로 가득 찬 대차대조표에 경매채권까지도 포함시키기를 꺼렸다. 2월 14일에는 경매채권의 80%가 투자자의 관심 부족으로 새 주인을 찾지 못했다. 신용이 양호한 채권 발행 기관들은 아무런 잘못도 없이 갑자기 엄청난 징벌금리에 직면해야 했다. 예를 들면, 뉴욕-뉴저지 항만관리청은 4.2%의 거의 5배인 20%에 달하는 이자를 지급해야 했다.

이런 금융 도미노 현상은 다른 시장으로 이어졌다. 2월 11일에는 유서 깊은 보험회사인 AIG가 증권거래위원회에 제출한 자료에서 서브프라임 모기지와 연계된 파생상품(주식이나 채권과 같은 기초 자산의 가치에 따라 자산 가치가 결정되는 금융상품)의 자산 가치를 50억 달러나 낮게 평가했다. 3일 후에는 스위스의 금융회사 UBS가 2007년 4분기에 113억 달러의 손실이 발생했다고 보고했다. 그중에서 20억 달러는 알트-에이 모기지 증권(p.163 참고)의 자산 가치가 떨어졌기 때문에 발생한 것이다. UBS가 알트-에이 모기지 증권의 자산 가치를 낮게 잡으면서 이와 비슷한 증권을 보유한 금융회사들이 그 뒤를 따랐다. 투자자의 불신과 변덕스러운 회계 원칙 덕분에, 가장 비관적인 기업과 투자자들이 업계의 자산 가격을 결정하는 양상을 보였다.

2월 28일에는 자산 규모가 30억 달러가 넘는 런던의 헤지펀드 펠로턴 파트너스가 파산을 선언했다. 3월 3일에는 뉴멕시코 주 샌타페이의 자산 규모가 360억 달러에 달하는 손버그 모기지 회사가 마진 콜(margin call, 추가 증거금 청구)을 막지 못했다. 손버그는 신용 점수가 높은 고객에게 변동금리 점보 모기지 대출(41만7,000달러를 넘는 모기지 대출로서 프레디 맥과 패니 메이가 매입했다)을 제공해왔다. 그러나 손버그는 가치가 급락하는 알트-에이 주택 담보부 증권도 매입했다. 사모 펀드 운용사인 미국의 칼라일 그룹의 파트너 중에는 워싱턴 정가의 쟁쟁한 인사들이 많았다. 그런데 3월 6일에는 칼라일 그룹이 후원하는 투자 펀드도 마진 콜을 막지 못했다. 이 220억 달러의 포트폴리오 펀드는 거의 전부가 패니 메이와 프레디 맥이 발행하고 보증하는 주택 담보부 증권으로 구성되어 있었다. 투자자들은 패니 메이와 프레디 맥이 사실상 연방정부의 지원을 받기 때문에 이 펀드가 매우 안전할 것으로 생각했다. 그러나 이 펀드는 자본금 1달러 당 30달러가 넘는 부채를 동원하여 증권을 매입했다. 따라서 아주 약간의 손실만을 흡수할 수 있었다. 3월 10일 월요일, 이 펀드는 거의 60억 달러어치의 자산을―염가로―매각했다.

펠로턴, 칼라일, 손버그는 공통점이 있었다. 레포 시장의 채권자들이 과거와는 달리 이들의 자산을 담보물로 받아들이지 않았던 것이다. 지난여름까지는 레포가 안정적이고 믿을 수 있는 자금 조달방식으로 여겨졌다. 특히 손버그와 같은 회사는 모기지라는 장기 자산을 확보하기 위해서 레포 시장을 편안한 마음으로 활용했다. 장기금리가 단기금리보다 더 높기 때문에, 이러한 전략은 수익성이 있었다. 그는 고객이 언제라도 인출할 수 있는 예금을 가지고 수개월 혹은 수년 동안 돈을 빌려주는 은행이 하는 업무와도 같았다.

그러나 손버그는 물론 은행이 아니었다. 손버그가 조달한 자금은 정부가 지급을 보장하지 않았다. 손버그 자산에 대한 우려가 커지면서, 과민해진 레포 채권자들은 주춤하기 시작했다. 그들 중 일부는 채권 만기일을 단축하고 담보물을 더 많이 요구했다. 또다른 일부는 더 이상 자금을 빌려주지 않았다. 손버그는 모기지 사업을 위한 자금 조달이 어렵게 되자, 예금보험이 없던 시절에 뱅크런에 직면한 은행처럼 심각한 어려움에 빠져들었다.

뉴멕시코 주 상원의원 제프 빙거먼은 3월 3일 오후에 손버그 공동 설립자 개럿 손버그를 대신하여 나에게 연락을 취해왔다.(의회 의원이 지역 유권자를 위해서 특별 청원을 하는 것은 있을 수 있는 일이었고, 위기가 지속되면서 더욱 빈번하게 발생했다.) 빙거먼이 전화했을 때, 나는 은행가들의 모임에서 유질 처분의 완화를 촉구하는 연설을 하기 위해서 플로리다 주 올랜도로 가는 길이었다. 그는 연준이 연방준비법 제13조 3항을 발동하여 손버그처럼 레포 시장에서 AAA등급의 담보물을 이용할 수 없게 된 금융기관에 대출해줄 의향이 있는지를 알고 싶어했다. 연준 직원들은 회의적으로 생각했지만, 나는 헤일 메리(p.189 참고)를 해야 할 시점이 거의 다가왔다고 생각했다.

나는 브라이언 매디건에게 말했다. "딱 잘라서 거절하지는 마세요." 그는 연준 입장에서 개릿 손버그에게 전화할 준비를 하고 있었다. "그 문제에 대해서 최소한 검토는 해봐야 합니다"라고 나는 말했다. 나는 강연을 마치고 워싱턴에 와서 손버그에게 전화했다. 나는 그에게 동정적이었다. 회사는 패닉에 빠져들었지만, 회사가 자초한 일은 아니었다. 하지만 제13조 3항을 발동하려면, 공익에 부합해야 한다는 사실이 분명해야 한다. 그 회사가 도움을 받을 자격이 되는가는 당면 문제와는 직접 관련이 없었다. 손버그에게 대출을 제공하는 것은 제13조 3항의 발동을 자제했던 60년 동안의 관행을 뒤집는 것이었다. 이런 관행은 비은행 금융회사가 스스로 받아들였던 위험의 결과로부터 보호받는 도덕적 해이를 방지하겠다는 생각에 바탕을 둔다. 또한 의회는 13조 3항의 권한을 가장 긴급한 상황에서만 인정한다. 손버그의 파산은 경제에 광범위한 충격을 가할 것 같지는 않았다. 따라서 우리는 13조 3항에 따라서 대출을 제공하는 것은 정당하지 않다는 결론을 내렸다. 우리가 대출을 제공하지 않으면, 손버그는 파산할 것이다.

의회가 연방준비법에 제13조 3항을 신설한 것은 수많은 은행들이 파산하여 신용이 증발했던 1932년의 일이었다. 제13조 3항에 의해서 연준은 민간 부문에 대출을 제공할 수 있게 되었다. 신용시장이 긴급한 상황이라는 결정을 내리는 데에는 이사회 총재 5명의 동의가 필요하다. 대출을 제공하는 연은들은 차입자에게 다른 방법으로는 자금을 마련할 수 없다는 사실을 입증하도록 한다. 그리고 가장 중요한 것은 연은들이 13조 3항에 따라서 대출을할 때에는 재할인창구 대출과 마찬가지로 연은에 대한 "변제를 보증하는"것이어야 한다. 다시 말하면, 연은이 확실한 상환을 기대할 수 있도록 차입자는 담보물을 충분히 제공해야 한다. 이 마지막 요건은 납세자를 보호하기위한 것이다. 13조 3항에 의한 대출에서 손실이 발생하면 연준이 매년 재무부에 납부하는 수익금이 줄어들고, 결국 재정적자에 일조하게 된다. 그러나이 요건은 연준의 개입 방법도 제한한다. 제13조 3항은 연준이 금융기관에자본을 투입하거나(예를 들면, 금융기관의 주식을 매입한다) 금융기관의 자산 손실에 대해서 이를 보증하는 방식의 개입을 허용하지 않는다.

연준은 대공황 시기에만 제13조 3항의 권한을 조심스럽게 사용했다. 1932년부터 1936년까지 연준이 이러한 권한에 따라서 대출한 것은 123건에이르지만, 금액 규모는 대부분 아주 작았다. 타자기 제조업자에게 30만 달러를 대출한 것이 가장 큰 금액이었고, 식물 재배업자에게 25만 달러를 대출한 것이 두 번째로 큰 금액이었다. 1930년대 후반부터 경제와 신용시장이좋아지면서, 제13조 3항에 의한 대출은 중단되었다.

2월 말이 되면서, 나는 주로 레포와 기업어음에 의존하는 그림자 금융업체들의 자금 조달 문제를 해결해야 할 필요성을 느꼈다. 그 무렵, 리먼 브라더스 CEO 딕 펄드는 이사회에 우리의 정기적인 재할인창구의 기한부 경매대출(TAF)에 시중은행뿐만 아니라 월 스트리트 투자은행도 참여할 수 있도록 해줄 것을 촉구했다. 이는 바로 13조 3항의 발동을 의미하는 것이다. 2월 28일에는 골드만 삭스의 로이드 블랭크파인(폴슨 재무장관의 후임CEO)이 전화로 기한부 경매 대출의 문턱을 낮추는 것이 투자은행뿐만 아니라 자금시장 전체를 위해서 도움이 될 것이라고 말했다. 그 무렵 나는 자금

시장을 가장 많이 우려했다. 자금에 목이 마른 금융회사들은 증권을 비롯하여 다양한 형태의 자산을 마구 내다팔기 시작했다. 자산시장에는 팔려는 사람들만 있었지, 사려는 사람을 찾기가 힘들었다. 당연히 가격이 급강하게 마련이었다. 나는 티머시 가이트너에게 보내는 이메일에서 "우리의 상황이 날마다 꼬여만 가고 있는 것 같습니다"라고 썼다.

3월 7일 금요일 오전 8시 30분에는 이미 취약해진 금융시장은 우리가 전날 밤에 쉬쉬하면서 알게 된 사실을 감지했다. 1월에 이어 2월에도 취업자 수가 감소하여 일자리는 63,000개나 줄어들었다. 데이브 스톡턴은 그해 상반기에는 침체가 시작될 것이며, 하반기에도 성장을 기대하기가 어려울 것으로 예상했다.

고용 관련 뉴스는 금융이 취약해짐으로써 신용 흐름이 원활하지 못하고 소비자들이 자신감을 상실하여 경제가 극심한 어려움에 처할 것임을 예고했다. 우리는 다음 주일까지 기다리지 않고 금요일 시장이 열리기 전에 단기자금의 공급을 지원하기 위해서 두 가지 새로운 조치를 취할 것을 선언하기로 했다. 첫째, 3월에 경매로 실시되는 28일 만기 재할인창구 대출의 규모를 당초 1주일 전에 발표했던 600억 달러에서 1,000억 달러로 늘리기로 한다. 둘째, 투자자들이 패니 메이와 프레디 맥이 발행한 주택 담보부 증권에 불안감을 가지지 않도록, 통화정책 추진 시에 뉴욕 연은이 정기적으로 거래하는 28개 딜러로부터 이러한 유가 증권을 매입할 것을 약속한다. 28개 프라이머리 딜러 중에는 골드만, 모건 스탠리, 메릴 린치, 리먼, 베어 스턴스와 같은 대형 투자은행도 포함되어 있었는데, 이들은 패니 메이와 프레디 맥의 채권을 담보로 연준으로부터 28일 동안 현금을 빌릴 수 있게 되었다. 국채만을 가지고 통화량을 조절하던 뉴욕 연은이 모기지 증권을 취급한 것은 새로운 변화였다. 그리고 뉴욕 연은은 1주일에 100억 달러씩 매입할 계획을 했다. 나는 목요일 밤 FOMC에 급하게 배포된 자료에서 이 숫자를 확인하고는 모기지 시장의 규모를 생각하면 이 숫자가 너무 작다는 생각이 들어서 티머시에게 이메일을 보냈다. 그러자 티머시도 내 생각에 동의했다. 30분 후에 우리는 1주일에 250억 달러, 즉 3월 한 달 동안 1,000억 달러로 계획을 잡았다.

금요일에는 암울한 고용지표와 연준의 유동성 공급 조치가 시장의 관심을 끌었다. 다우존스 지수는 147포인트 떨어졌다. 하지만 새로운 조치에 대한 기대감을 반영하듯이, 패니 메이와 프레디 맥이 발행한 주택 담보부 증권의 금리와 국채의 금리의 차이가 좁혀졌다. 그것은 투자자들이 주택 담보부 증권을 더 이상 기피하지는 않는다는 신호였다.

우리는 3월 11일 화요일에 추가적인 조치를 발표할 계획이었다. 현재, 외국의 중앙은행들과는 통화 스왑의 한도를 50%씩 증액할 예정이었다 — 유럽 중앙은행과는 300억 달러, 스위스 중앙은행과는 60억 달러까지. 더욱 중요하게는 2주일 동안 연준이 보유한 국채를 28개 프라이머리 딜러에게 최대 2,000억 달러까지 대출한다는 것이었다. 1969년 이후로 연준은 만기일과 발행일이 다른 여타의 국채들과 교환하여 일정한 금액 한도에서 국채를 대출해왔다. 트레이더들은 그들의 요구를 가장 만족스럽게 충족시키는 국채를 보유할 수 있었다. 우리는 이처럼 새로운 조치를 통해서 패니 메이와 프레디 맥의 주택 담보부 증권뿐만 아니라 민간 부문의 투자은행을 비롯한 금융회사의 모기지 증권을 담보로 국채를 대출할 계획이었다.

우리는 지난 몇 달 동안 이러한 조치를 가지고 논의해왔었다. 이 조치에 따르면 딜러와 그밖의 시장 참가자들은 레포 시장에서 담보물로 환영받는 국채를 손에 쥐게 된다. 국채를 손에 쥐면 레포 시장에서 자금을 쉽게 끌어들일 수 있었다. 우리는 딜러들이 자금 조달에 어려움을 겪지 않도록 지원함으로써, 그들이 가계와 기업에 자금을 대출할 수 있게 되어 신용이 원활하게 흘러가도록 지원할 수 있었다. 또한 우리는 민간이 발행한 AAA등급의 모기지 증권을 낮은 가격에서라도 담보물로 받아들여 도매금융 제공자들이 이러한 증권에 대한 신뢰를 가지도록 했다. 이처럼 프라이머리 딜러에게 민간 부문의 모기지 증권을 담보물로 하여 대출을 제공하는 것은 제13조 3항의 발동을 의미했다.

주말에 바젤에서 열리는 중앙은행가 회의에 참석한 도널드 콘은 통화 스왑 협정 국가를 확대하기 위한 기반을 조성하고 미국과 통화 스왑 협정을 체결하지 않은 외국의 중앙은행들에게 미국과 비슷한 유동성 공급 조치를 취하도록 권고했다. 나는 워싱턴에서 FOMC 위원들을 상대로 프라이머리 딜러에게 다양한 종류의 모기지 증권을 담보로 국채를 대출하도록 요청했다. 우리는 TSLF, 즉 기한부 국채 임대 대출창구(Term Securities Lending Facility) ― 연준의 가장 최근의 두문자어(頭文字語)였다 ― 라는 새로운 프로그램을 제안했다. 나는 이메일에서 "이것[새로운 프로그램]은 예외적인 프로그램입니다. 하지만 시장 상황도 예외적입니다." 그리고 "저는 이 계획을 우리가 추진할 것을 강력히 권고합니다"라고 썼다. 이 프로그램을 추진하려면, 이사회 총재 5명의 찬성표가 필요했다. 또한 뉴욕 연은을 비롯하여 기타 연은들의 협력도 필요했기 때문에, FOMC 위원들의 다수가 찬성표를 던져야 했다.

3월 10일 월요일 오후 7시 15분에 예정에도 없던 FOMC를 소집하면서, 나는 우리가 새로운 역사를 만들어가고 있다고 생각했다. 새로운 시장 혼란의 일부는 경제 보고서의 암울한 내용에 따르는 자연스러운 반응이지만, 내가 말했던 "자기충족적인 유동성의 힘"에 기인한 것이기도 하다고 설명했다. 다시 말하면, 두려움이 두려움을 낳는다는 것이다. 지난 금요일에 발표했던 조치와 화요일에 발표할 조치는 이러한 유동성의 힘을 경감시키거나 중지시키는 데에 그 목적이 있었다. 빌 더들리는 펠로턴, 손버그, 칼라일의 등장과 함께 나날이 악화되어가는 금융시장 상황을 평가하고는 "오늘은 베어 스턴스가 자금 압박에 시달리고 있다는 소문이 돌고 있습니다"라고 말했다. 베어 스턴스의 자산 규모는 펠로턴, 손버그, 칼라일 펀드를 합친 것의 6배에 달하는 4,000억 달러에 이르렀다. 제프리 래커는 기한부 국채 임대 대출창구에 반대 의견을 냈다. 그는 연준의 정책이 특정 자산—이 경우에는 모기지 증권—을 겨냥하는 데에 반대하면서, 이러한 선례를 남기면 의회가 다른 부문에도 구제금융을 지원하라고 압박할 경우에 거부하기가 어려울 것이라고 주장했다.

도널드 콘은 주말에 바젤에서 만났던 한 중앙은행가의 말을 인용하면서, 말했다. "가끔은 생각할 수 없는 것을 생각해야 할 때가 있습니다." 그리고 "바로 지금이 우리가 생각할 수 없는 것을 생각해야 할 때인 것 같습니다"라고 덧붙였다.

나는 "우리는 어떤 경계를 넘고 있습니다"라고 말했다. "우리는 지금까지 해본 적이 없던 일을 하고 있습니다. 다른 한편으로는 이번 금융위기는 8개월째 지속되고 있습니다. 앞으로의 경제전망은 상당히 어둡습니다……나는 우리가 참으로 엄청난 시련을 맞이하여 융통성과 창의성을 발휘해야 한다고 생각합니다."

FOMC는 기한부 국채 임대 대출창구에 대해서 9대 0으로 찬성했다. 그해에는 래커에게 표결권이 없었다. 매파 진영의 댈러스 연은 행장 리처드 피셔와 필라델피아 연은 행장 찰스 플로서는 걱정을 하면서도 찬성표를 던졌다. 마틴 루터 킹 데이에 긴급 호출을 했을 때에 연락이 닿지 않았던 프레더릭 미슈킨은 이번에도 핀란드에서 스키를 타느라고 회의에 참석하지 못했다. 그는 화요일 오전 회의 결과를 발표하기 전에 제13조 3항을 발동하는 데에 동의했다. 미슈킨은 이메일에서 "이 무슨 악연입니까?"라고 썼다. "이제 저는 이사회를 결코 떠나지 말아야겠습니다. 그렇게 해야 금융 상황이 좋아질 것 같습니다."

3월 11일 회의 결과 보고서에는 기한부 국채 임대 대출창구에 관한 설명이 담겨져 있었고, 비상시에 발동할 수 있는 제13조 3항의 비상 권한에 관한 설명은 부족했다. 대공황 당시처럼 비상 권한의 발동을 널리 알리면, 패닉을 더욱 악화시킬 것이라고 생각했기 때문이다. 그러나 시장 참가자들은 새로운 제도에 찬사를 보냈다. 그들은 연준이 이 제도를 통해서 비은행 금융기관에게도 대출을 제공할 의지가 있음을 보여주었다고 생각했다. 단, 여기서 말하는 비은행 금융기관이란 신용 흐름을 촉진하여 금융시장이 원활하게 작동하는 데에 중요한 역할을 하는 기관을 말한다. 그날 다우존스 지수는 417포인트나 상승했다. 지난 5년 동안 가장 높이 상승한 수치였다. 이런 잠깐 동안의 흥분에도 불구하고 베어 스턴스 주식가격은 겨우 67센트 상승하여 62.97달러에 그쳤다. 이는 14개월 전의 일간 최고치인 172.69달러와는 비교할 수 없는 가격이었다. 베어 스턴스 주식가격은 그날 오전에도 급락했지만, 증권기래위원회 의장 크리스 콕스가 기자들에게 증권거래위원회가 베어 스턴스를 포함한 5대 투자은행의 완충 자본 덕분에 "크게 안도하고 있다"는 말을 전한 이후로 회복하기 시작했다.

　그러나 베어 스턴스의 상황은 개선되지 않았다. 무디스는 베어 스턴스의 알트-에이 모기지 펀드가 보증하는 15개 채권의 등급을 하향 조정했지만, 베어 스턴스 자체의 등급을 하향 조정하지는 않았다. 그럼에도 베어 스턴스가 채권자에게 지급할 현금이 부족할 것이라는 두려움이 널리 퍼졌다. 베어 스턴스의 CEO이었던 여든 살의 앨런 그린버그는 건장한 체격에 머리가 벗어진데다가 시가를 씹는 노인이었는데, CNBC 케이블 방송에 나와서는 베어 스턴스가 자금 압박에 시달리고 있을 것이라는 소문은 "전적으로 터무니없는 소리"라고 말했다.

베어 스턴스는 1923년 조지프 베어, 로버트 스턴스, 해럴드 메이어가 공동 창업한 이후로 월 스트리트에 계속 눌러 앉았다. 이 회사는 1929년 주식시장이 폭락하던 때에도 종업원을 한 사람도 해고하지 않고 살아남았다. 이후로 몇 년 동안에는 시장에서 위험을 기꺼이 수용하는 공격적인 투자회사라는 명성을 얻었다. 제2차 세계대전 동안에 프랭클린 루스벨트 대통령이 철도 시설을 군사 시설로 징발할 때, 베어 스턴스는 철도회사들이 발행한 채권을 아주 싼값에 사들였다. 전쟁이 끝나고 철도회사들이 국유화되지 않을 것이라는 사실이 분명해지자, 그 채권을 큰 수익을 남기고 팔았다. 베어 스턴스는 경쟁 기업이 알아보지 못하는 유능한 아웃사이더들을 뽑아왔다. 그린버그는 그런 아웃사이더들을 "부족하지만, 성공을 향한 높은 열정을 가진 똑똑한 인재"라고 평가했다. 오클라호마 시티의 의류상 집안에서 태어난 그는 1949년 베어 스턴스의 직원으로 출발하여 1978년 CEO 자리까지 올랐다. 또한 그는 브리지 카드 게임을 좋아하고 특히 카드 속임수에 능한 아마추어 마술사 같다는 점에서 에이스(Ace)라는 별명까지도 얻었다. 1993년 그는 CEO 자리를 프로 브리지 카드 게임 선수 출신으로서 1969년 주식중개인으로 입사한 제임스 "지미" 케인에게 넘겼다.

대학을 중퇴한 케인은 1998년 14개 대형 은행과 투자회사들이 헤지펀드인 롱텀 캐피탈 매니지먼트(Long-Term Capital Management, LTCM)에 36억 달러의 구제금융을 제공하는 데에 불참함으로써 베어 스턴스가 지닌 아웃사이더의 명성을 더욱 굳건히 했다. 베어 스턴스가 LTCM 계좌를 통해서 거래를 결제하는 데도 말이다. 뉴욕 연은은 러시아가 채무불이행을 선언한 이후 LTCM와 같이 여러 기관이 긴밀하게 연관된 펀드의 매매 전략이 무너졌을 때에 민간 부문에 구제금융을 지원키로 결정했다. 그린버그는 케인이 CEO가 된 뒤에도 2008년 3월 현재 이사회 회장으로 남아 있었다. 결국 이 두 사람이 베어 스턴스가 모기지 사업에 뛰어들기로 결정했던 것이다.

미국 주택 가격이 2년 동안 크게 하락하기 시작했던 시점은 베어 스턴스의 주식가격이 최고점을 찍은 시점이기도 했다. 베어 스턴스는 모기지를 증권화하여 이를 시장에 판매했을 뿐만 아니라 자회사를 통해서 모기지 대출을 제공하고 주택 담보부 증권을 직접 보유했다. 베어 스턴스의 관리자들은 서브프라임 대출과 구조화 신용상품 판매에 공격적으로 나섰다. 이 사업은 베어 스턴스가 2006년까지 5년 연속 최고의 수익을 올리는 데에 견인차 역할을 했다. 그러나 2007년 6월, 베어 스턴스는 서브 프라임 모기지 헤지 펀드 2개가 실패하면서 투자자의 신뢰를 잃기 시작했다. 결과적으로 베어 스턴스는 단기자금을 동원할 때에 무담보 기업어음보다는 담보를 제공하더라도 레포에 더 많이 의존하게 되었다. 베어 스턴스의 상황이 악화되더라도 레포 채권자들이 기업어음 채권자에 비해 자금 회수에 덜 나설 것이기 때문이었다. 2007년 말 현재 베어 스턴스는 레포 시장에서 1,020억 달러를 빌렸지만, 기업어음을 발행하여 빌린 자금은 40억 달러에도 못 미쳤다.

베어 스턴스는 2007년 4분기에 처음으로 손실을 기록했다. 케인은 1월에 일흔세 살의 나이로 CEO 자리에서 물러났다. 그는 베어 스턴스가 무너져가고 있는 서브프라임 모기지 펀드를 취급할 때에 브리지 토너먼트나 골프 경기를 즐기느라고 사무실에 없을 때가 많았다. 이후로 세련된 투자은행가 앨런 슈워츠가 베어 스턴스의 인수 합병 업무를 처리하기 위해서 케인의 후임으로 들어왔다. 그는 두달 동안 CEO직을 맡았다.

3월 10일 월요일 현재, 베어 스턴스가 보유한 현금은 약 180억 달러였다. 슈워츠는 이날 이후로 1주일 동안 베어 스턴스의 현황을 파악하면서 악몽과도 같은 경험을 했다. 수요일 업무가 종료될 때에 베어 스턴스가 보유한 현금은 120억 달러로 감소했다. 목요일에는 베어 스턴스의 현금이 본격적으로 빠져나가기 시작했다. 헤지 펀드사와 중개업자들이 자금을 회수하기 시작했고, 베어 스턴스와 파생상품을 거래하던 회사들이 거래를 거부했고, 채권자들은 다음 주일 월요일에 레포의 갱신을 거부할 태세였다. 베어 스턴스의 생존 자체가 불확실해지자, 일부 레포 채권자들은 가장 안전하다고 여겨지는 국채조차도 담보물로 인정하지 않으려고 했다. 그날 회사에 남은 현금은 약 20억 달러였지만, 다음 날에는 바닥날 것임이 분명했다. 베어 스턴스가 먼 과거의 은행이었다면, 예금자들이 문 앞에 줄을 서 있었을 것이다. 오늘날에는 과거의 아우성이 컴퓨터 장치를 통해서 울려 퍼지지만, 그것은 과거의 뱅크런만큼이나 위험하다.

그날 밤에는 슈워츠와 함께 일하는 변호사가 JP모건 체이스 CEO 제이미 다이먼에게 전화하여 베어 스턴스가 금요일에 문을 열 수 있도록 자금 지원을 요청했다. 2007년 말 현재 미국 3번째 규모의 은행지주회사인 JP모건은 베어 스턴스와는 어음 교환 협정 은행으로서 베어 스턴스와 레포 채권자 간의 중개인 역할을 하고 있었기 때문에, 베어 스턴스의 자산 현황에 대해서 잘 알고 있었다. JP모건은 베어 스턴스가 보유한 금융자산 혹은 영업 분야의 일부를 사들이는 데에 관심이 있다는 말은 했지만, 확답은 하지 않았다. 슈워츠는 티머시 가이트너에게 전화하여 베어 스턴스는 유동성 부족으로 다음 날 아침에 파산 신청을 할지도 모른다고 했다. 티머시는 다이먼과 마찬가지로 베어 스턴스의 회계장부를 살펴보기 위해서 팀을 급파했다.

다음 날 아침에 베어 스턴스가 파산 신청을 내면 어떻게 되는가? 나는 자정이 가까워지면서 도널드, 티머시, 이사회 간부진과 함께 충격을 조금이나마 줄일 만한 대책을 찾으려고 했다. 브라이언 매디건이 몇 가지 제안을 제시했는데, 그중에서 가장 강력한 제안은 "예외적이고 긴급한 상황"이 도래했음을 선포하고 제13조 3항을 발동하여 월 스트리트의 투자은행에게 직접 대출을 제공한다는 것이었다. 그러면 우리는 뱅크런과 같은 상황이 다른 투자은행에게로 번지지 않도록 할 수 있었다. 나는 지금까지는 기한부 국채 임대 대출의 시급성이 강조되지는 않았지만, 이제는 많은 사람들이 이에 동의하리라고 생각했다. 티머시는 할인율을 0.5% 인하하여 연방자금금리 수준으로 맞추면, 자금을 빌리기 위해서 연준을 찾는 은행이 더 많아질 것이라고 말했다.

그다음 날 아침에 뉴욕 연은과 JP모건 팀이 보내온 소식은 끔찍했다. JP모건 측은 베어 스턴스의 대차대조표가 독성물질로 가득차 있어서 자산 가치를 평가하는 데에는 시간이 좀더 걸릴 것이라고 말했다. 한편으로는 연준의 지원이 없다면, 베어 스턴스에 자금을 대출할 수 없다는 말을 우리에게 전했다. 자산 규모가 1조6,000억 달러로 베어 스턴스의 4배에 달하고 "요새(要塞) 같은 대차대조표"를 자랑하던 JP모건조차도 혼자서는 지원하지 않을 뜻을 분명히 밝혔다.

JP모건 체이스의 기원은 미국 역사의 초기로 거슬러올라간다. 지금의 JP모건 체이스는 2000년 JP모건 앤 컴퍼니와 체이스 맨해튼 코퍼레이션의 합병의 산물이다. 체이스의 역사는 에런 버가 알렉산더 해밀턴의 뉴욕은행과 경쟁하기 위해서 맨해튼 코퍼레이션을 설립한 1799년으로 거슬러올라간다. JP모건 앤 컴퍼니는 1907년 패닉 때에 월 스트리트를 구원했던 J. P. 모건에 의해서 1871년에 설립되었다.

비교적 젊은 나이에도 은발이었던 제임스 "제이미" 다이먼은 2005년 말부터 JP모건 체이스의 CEO로 일해왔다. 그리스 은행가의 손자이기도 한 그는 일찍부터 성공가도를 달려왔다. 베어 스턴스의 변호사가 그에게 전화하던 날 밤에, 그는 그리스 레스토랑에서 가족과 함께 자신의 52회 생일을 기념하고 있었다. 1982년 하버드 대학교에서 MBA를 받았고 아메리칸 익스프레스에서 샌퍼드 웨일의 보좌역으로 금융계에 입문했던 그는 웨일이 시티그룹을 설립하여 금융 서비스 슈퍼마켓으로 성장시킬 때, 웨일의 일을 열심히 도왔다. 다이먼은 1998년 이후 웨일과 사이가 틀어진 뒤에는 시카고에서 경력을 쌓았고 2000년에는 당시 미국 5번째 규모의 은행 뱅크원의 CEO가 되었다. 그는 JP모건이 뱅크원을 합병하던 2004년에 뉴욕으로 돌아왔다. 2005년 말에는 합병한 기업의 CEO가 되었고, 1년 뒤에는 이사회 의장이 되었다. 나는 다이먼이 똑똑하고도 강인한 사람이라고 생각했다. 그의 강한 뉴욕 악센트가 그러한 인상을 주었다. 그는 일찍부터 위기의 심각성을 알고 있었고, 이러한 혼란의 소용돌이 속에서도 JP모건 체이스를 잘 이끌어 갔다.

나는 뉴욕에서 상황이 한창 진행되던 목요일 밤에 잠자리에 들었지만, 몇 시간 동안 잠을 제대로 이루지 못했다. 그리고 도널드, 케빈, 티머시, 폴슨 장관, 밥 스틸 차관과 전화하기 위해서 새벽 5시에 일어났다. 나는 내가 사는 캐피톨 힐 타운 하우스 식탁에서 전화를 걸었다. 아무래도 베어 스턴스가 그날 특단의 지원이 없이는 버텨내기는 힘들 것 같았다. 베어 스턴스가 국채를 대출받을 수 있는 기한부 국채 임대 대출창구는 3월 27일이 되어야 시행된다. 따라서 우리는 이 옵션을 활용할 수 없었다.

티머시는 뉴욕 연은의 법무 담당 책임자 톰 백스터의 생각을 따라 베어 스턴스 구제계획이 제13조 3항의 발동을 요구하지 않을 것이라고 말했다. 베어 스턴스와 레포 채권자 사이에서 어음 교환 협정 은행의 역할을 하는 JP모건은 금요일에 베어 스턴스의 증권을 다량 보유하게 되었다. 백스터는 우리가 재할인창구 대출이 가능한 예금은행인 JP모건에 대출을 제공하는 방안을 제시했다. 다시 말하면, JP모건은 베어 스턴스의 증권을 담보물로 잡고 연준에서 대출받은 현금을 베어 스턴스에 대출하게 된다. 우리가 제공하는 대출금을 베어 스턴스가 상환하지 않고 JP모건이 빠져나가버리면 베어 스턴스의 증권을 떠안아야 한다는 의미에서 비소구 금융(非遡求 金融,

nonrecourse financing)에 해당한다. 기본적으로 이 계획에 따르면 연준이 베어 스턴스와의 거래를 끊으려는 레포 채권자의 역할을 대신하게 된다. 그러나 이사회의 법무 담당 책임자 스콧 알바레스는 이와는 다른 법적 해석을 내놓았다. 그는 이런 대출이 실질적으로는 베어 스턴스를 위한 대출이기 때문에, 우리가 제13조 3항을 발동해야 한다고 주장했다.

나는 법의 정신에서 보면, 스콧의 해석이 타당하다고 생각했다. 그래서 그의 충고에 커다란 믿음을 보여주었다. 나는 법조인은 형식주의에 얽매인 사람으로 생각했지만, 스콧은 법에 내재된 논리와 법이 구현하고자 하는 정책을 깊이 이해하고 있었다.

한 시간 정도 지나서 증권거래위원회 간부들이 전화 회합에 참여했지만, 아마도 연락이 닿지 않았던 것 같은 크리스 콕스는 참여하지 않았다. 전화 회합은 날이 밝아질 때까지 거의 두 시간 정도 이어졌다. 어느 시점엔가, 경호원이 초인종을 눌렀다. 그들은 내가 1시간 전에 나와 있을 것으로 예상하고 나한테 별일이 없는지를 확인했다. 나는 그들에게 잠시 대기하라고 말하고는 도널드, 티머시, 폴슨 장관과 함께 앞으로 해야 할 일을 계속 논의했다. 베어 스턴스가 덩치가 크고 여러 기관들과 깊이 연계되어 파산할 경우, 패닉을 엄청나게 악화시키고 어쩌면 다른 주요 금융기관까지도 파산시키지 않을까? 다시 말하면, 베어 스턴스가 금융 시스템에 막대한 영향을 미치지 않을까? 우리는 이번 일은 손버그와는 차원이 다르다고 생각했다. 따라서 베어 스턴스 사태는 판단하기가 훨씬 더 어려웠다.

나는 여느 때와 마찬가지로 어려운 결정을 내려야 할 때에는 과거의 선례를 살펴본다. 내 머릿속에는 두 가지 사건이 떠올랐다. 1990년 미국 정부는 드렉셀 버넘 램버트가 정크 본드 관련 스캔들로 파산할 때에 개입하지 않으려고 했다. 당시 드렉셀 버넘 램버트는 2008년의 베어 스턴스와 마찬가지로 미국 5번째 규모의 투자은행이었다. 그러나 드렉셀의 문제는 독특한 데가 있었고, 금융 시스템의 위기와는 아무런 관련이 없었다. 더구나 드렉셀은 베어 스턴스와 비교하면 파생상품 계약이나 그밖의 금융 계약을 통해서 주요 금융기관과 연계된 정도가 훨씬 덜했다. 앨런 그린스펀 시절의 연준은 드렉셀의 상황을 면밀히 검토하고 이 회사가 파산하더라도 금융 시스템에 큰 위험을 초래하지 않을 것이라고 판단했다. 그리고 이러한 판단은 나중에 정확했던 것으로 밝혀졌다. 당시 연준은 드렉셀을 그냥 내버려두었다. 한편, 1998년 연준은 아시아의 금융위기와 러시아의 채무불이행 선언의 여파로 시장이, 여러 기관들과 복잡하게 얽혀 있는 롱텀 캐피탈 매니지먼트의 파산을 감당하기에는 역부족이라고 판단했다. 따라서 빌 맥도너가 이끌던 뉴욕 연은은 정부가 아니라 민간 부문이 구제금융을 제공하도록 주선했다. 그러나 그후 이 헤지 펀드는 2년도 안 되어 조용히 청산 절차를 밟았다.

그날 아침에 우리는 민간 부문이 베어 스턴스를 구제하도록 주선할 시간이 없었다. 그러나 우리는 베어 스턴스의 예기치 못한 파산 신청이 훨씬 더 심각한 패닉을 일으킬 것으로 확신했다. 베어 스턴스는 거의 400개의 자회사를 거느리고 있었고, 영업 활동을 통해서 거의 모든 주요 금융기관들과 관련을 맺고 있었다. 거래 기관은 무려 5,000곳에 달했고, 이행 중인 파생상품 계약은 750,000건에 달했다. 우리는 베어 스턴스처럼 규모가 큰 금융기관이 어려움에 처할 때에 흔히들 '대마불사(大馬不死, too big to fail, TBTF)'라는 표현을 쓴다. 그러나 규모만이 문제가 아니었다. 베어 스턴스는 덩치가 크지만, 대형 시중은행과 비교하면 그 정도로 크지는 않았다. 오히려 '난마불사(亂麻不死, too interconnected to fail, TITF)'라는 표현이 더욱 정확했다.

베어 스턴스의 채권자 중에는 영세 자영업자들을 위한 유명한 MMF도 있다. 우리는 이처럼 매우 안전하게 생각했던 펀드가 손실을 입기 시작하면서 투자자의 신뢰가 무너질 가능성을 걱정했다. 파산 절차가 진행되면, 수

많은 채권자들의 현금이 심지어는 수년 동안 묶여버린다. 게다가 베어 스턴스의 파생상품 포지션이 풀리면, 일단 파생상품 계약이 많고 계약 자체가 복잡할 뿐만 아니라 계약 당사자들이 자기 자산의 위험을 헤징하기 위한 새로운 방법을 찾아 몰려오기 때문에 대혼란이 초래될 수 있다.

그러나 가장 큰 위험은 2조8,000억 달러에 달하는 삼자 간 레포(tri-party repo) 시장에 있었다. 삼자 간 레포 시장에서는 어음 교환 협정 은행이 레포 대출자와 채권자 사이에서 중개인 역할을 한다. 규모가 크고 상당히 불투명하게 움직이는 양자 간 레포(bilateral repo) 시장에서는 투자은행을 비롯한 금융회사들이 그들 사이의 레포 거래를 주선한다. 베어 스턴스는 주로 삼자 간 레포 시장에서 자금을 조달했다. 베어 스턴스의 레포 채권자들이 대출 갱신을 거부했을 때, 어음 교환 협정 은행인 JP모건은 냉혹한 선택에 직면했다. JP모건 주주들의 수백억 달러에 달하는 자본금을 위험에 빠뜨리면서 베어 스턴스에 대출을 제공할 것인가? 아니면 베어 스턴스 채권자들을 위해서 담보물을 팔아치울 것인가? 담보물을 염가에 처분해야 하는 결정은 증권 가격을 더욱 하락시켜 자산가치 하락과 손실이라는 새로운 파장을 몰고올 가능성이 있었다. 더욱 나쁘게는 삼자 간 레포 시장 참가자들이 손실이 발생하거나 자금이 묶이는 상황을 두려워한 나머지, 어느 누구에게라도 대출을 하지 않기로 결심할 수 있었다. 그러면 나머지 4대 주요 투자은행들이 영향을 받을 것이다. 그리고 베어 스턴스의 파산으로 채권자들은 이들 은행에서도 자금을 회수하려고 몰려올 수 있다. 나는 베어 스턴스의 파산으로 레포 시장이 완전히 붕괴되어 신용이 얼어붙고 자산 가격이 급락하여 금융시장에 재앙을 초래하는 상황이 가장 두려웠다.

톰 백스터의 대출 계획은 베어 스턴스가 주말까지 살아남을 수 있는 방법을 제공하기 때문에 우리는 한숨을 돌리고 장기적인 해결 방안을 모색할 수 있을 것이었다. 그러나 우리는 스콧 알바레스의 해석에 따라, 베어 스턴스에 대출을 제공하기 위해서 제13조 3항을 발동하는 데에 필요한 추가적인 조치를 취하려고 했다. 그리고 나는 연준이 행정부의 동의가 없이는 더 이상 나아갈 수 없을 것이라고 주장했다. 우리가 베어 스턴스에 담보 대출을 제공하게 되면, 당연히 대출 원금을 돌려받을 수 있을 것이라는 자신감도 있었다. 그럼에도 베어 스턴스에 대출을 제공한다는 사실 자체는 위험한 결정이었다. 대출 원금을 돌려받지 못하면, 납세자들에게 피해가 간다. 따라서 논의 중인 대출 계획은 적어도 부분적으로는 재정정책과도 연관되었다. 그러자 폴슨 장관은 잠시 동안 부시 대통령의 재가를 받고는 전화 회합에 복귀했다. 이제 우리는 부시 대통령의 재가를 받은 상황이 되었다.

오전 7시경, 레포 시장이 개장하는 시간이 다가오고 있었다. 티머시는 레포 시장이 7시 30분에 열린다고 했다. 오직 연준만이 개입할 권한을 가졌고, 나는 연준의 수장이었다. 나는 전화 회합을 가지면서 다른 사람들의 이야기에 열심히 귀를 기울였다. 다양한 위험이 존재했지만, 일반인들에게는 비교적 덜 알려진 레포 시장의 위험이 가장 크게 다가왔다. 나는 "그렇게 합시다"라고 말했다. 몇 가지 실무적인 문제를 논의하고는, 전화를 끊고 마음을 다졌다. 그리고 현관문을 나와 대기 중이던 경호원에게 다가갔다. 리타 프록터에게 "머핀 2개와 오렌지 주스를 준비해주세요. 10분 안에 도착하겠소"라는 이메일을 보냈다.

그날 열린 이사회에서 오전 9시 15분에 뉴욕 연은이 JP모건에 대출하는 방식으로 베어 스턴스에 자금을 제공하는 안건에 대한 승인을 4대 0으로 가결했다. 우리가 제13조 3항을 발동했기 때문에, 베어 스턴스에 직접 자금을 제공할 수도 있었지만, 뉴욕 연은은 백스터의 제안에 따라 평행적 대출에 의거하여 서류를 밤새도록 준비했다. 우리는 서류를 새로 작성할 시간이 없었다. 또한 이사회는 뉴욕 연은의 증권회사에 대한 대출을 승인하는 이사회의 고유 권한을 나에게 위임했다. 적어도 그날 금요일에는 그럴 일이 없었다. 우리가 기한부 국채 임대 대출을 추진하기 위해서 제13조 3항을 발동했지만, 베어 스턴스에 대한 신용 제공은 1936년 이후로 자금을 제공하는 권한을 처음으로 활용한 사례였다. 미슈킨은 이번 표결에도 불참했다. 그는 핀란드에서 오고 있는 중이었다. 연방준비법에 따르면 5명의 동의가 필요했지만, 참석이 불가능한 사람이 1명 있었던 것이다. 9/11테러 이후 사전 대응 조치의 일환으로 추가된 수정 조항에 따르면, 제13조 3항에 의거한 조치를 취할 경우에는 "참석 가능한 모든 구성원들의 동의"가 필요했다. 9/11테러 당시에는 이사회 구성원 중 로저 퍼거슨만이 유일하게 워싱턴에 있었다.

뉴스가 나가자, 주가가 처음에는 급락했다. 다우존스 지수는 300포인트나 떨어졌다가 이후 조금 회복했다. 투자자들은 그 다음 차례는 누가 될 것인지를 궁금하게 여겼다. 베어 스턴스 주가는 57달러에서 30달러로 떨어졌다. 채권자들과 고객들이 자금을 회수하기 위해서 달려왔다. 그날 우리는 베어 스턴스에 130억 달러를 제공했다. 그리고 주말이 다가왔다. 그때부터는 "아시아 시장 개장 직전"에 장기적인 해법을 찾아야 했다. 특히 월요일 아침(뉴욕 시간으로 일요일 저녁)에는 아시아에서 가장 큰 도쿄 주식시장이 열린다.

나는 사무실에서 몹시 바쁜 주말을 보냈다. 간부진들과 대화를 나누면서 사태 흐름을 주시했다. 월 스트리트를 향한 연준의 눈과 귀가 되어왔던 티머시는 다이먼과 끊임없이 연락을 취했다. 우리는 JP모건이 베어 스턴스를 인수하거나 베어 스턴스를 안정시킬 만한 투자를 하기를 원했다. 민간 투자 회사인 J. C. 플라워스도 오퍼를 할 것인가를 두고 고민하고 있었다. 그러나 얼마 지나지 않아 JP모건만이 월요일 전까지 거래를 성사시킬 수 있는 자금을 보유한 사실이 분명해졌다. 토요일 밤에 다이먼은 티머시에게 베어 스턴스 주식을 8-12달러에 구매할 의향이 있다고 전했다. 한편, 이사회 은행감독규제사무국 부국장 데버러 베일리가 뉴욕 연은이 증권거래위원회와 함께 다른 대형 투자은행의 현금 상황을 살펴보기 위해서 직원들을 파견할 계획이라고 보고했다. 그녀는 "월요일은 일부 투자은행에게는 아주 힘든 날이 될 것입니다. 특히 리먼 브라더스에게는"이라고 적었다. 당시 미국에서 4번째 규모의 투자은행 리먼 브라더스는 베어 스턴스가 문을 닫으면, 그 다음 사냥감이 될 것이라는 예상이 널리 퍼져 있었다.

일요일에 티머시에게서 전화가 왔다. 그는 다이먼과 대화를 수차례 대화를 나누었지만, 교섭은 결렬되었다고 전했다. 다이먼은 베어 스턴스가 보유한 서브프라임 모기지 자산을 인수할 의지가 없었던 것이다. 티머시는 폴슨 장관과 다이먼과 계속 연락을 취하면서 다이먼의 결심을 바꾸기 위한 방법을 찾고 있었다. 내가 이 소식을 듣고 있을 때, 미셸 스미스가 전 재무장관 래리 서머스가 보낸 이메일을 전달했다. 래리 서머스는 클린턴 행정부 시절 미셸 스미스가 모시던 상관이었고, 티머시가 모시던 상관이기도 했다. 지금은 하버드 대학교 경제학과 교수로 재직하면서 D. E. 쇼 헤지펀드사의 이사이기도 한 래리 서머스는 티머시에게 이메일을 보냈지만, 답장이 없자 미셸에게 내게 메시지를 전해달라는 부탁을 했다.

무뚝뚝하기로 소문난 래리 서머스는 얼핏 보기에 베어 스턴스에 구제금융을 지원하는 데에 반대할 것 같아 보이는 사람이었다. 그는 토요일에 베어 스턴스 출신 인사와 긴 대화를 나누었다. 그가 미셸에게 보낸 이메일 중 일부를 발췌하면 다음과 같다. "연준은 이번 행로에서 (1)시스템에 내재된 위험을 억제하는 데에 실패할지도 모르고, (2)당연히 '우호 세력'으로부터 온갖 비난을 자초할지도 모르고, (3)도덕적 해이에 부정적인 영향을 미칠지도 모릅니다. 당신과 버냉키, 티머시를 비롯하여 여러 사람들에게 바로 이 말을 전하려고 했습니다. 적어도 버냉키에게만은 다음 이야기를 꼭 전해주세요. 베어 스턴스에게 사상 유례가 없는 구제금융을 제공하는 경우 연준은 반드시 성공해야 합니다. 그렇지 않으면 신뢰는 땅에 떨어질 것입니다." 그리고 "여러분 모두에게 행운을 바랍니다"라고 끝맺었다.

4월 3일 청문회장에서 크리스 도드가 언급했던 "논쟁의 대폭발"은 래리가 보낸 이메일과 함께 이미 시작되었다. 래리가 도덕적 해이를 지적한 것은 옳았다. 그러나 그가 우리에게 도덕적 해이를 설명할 필요는 없었다.(또한 우리가 실패하면, 우리에 대한 신뢰가 땅에 떨어진다는 점도 마찬가지였다. 우리는 그러한 사실을 이미 알고 있었다.) 우리는 액수가 많든 적든 금융기관에 자금을 제공하는 채권자들이 자기 돈을 신중하게 투자하기를 바랐다. 그들이 파산 기업에게 구제금융이 제공되리라는 기대하에서 신중하게 투자하지 않는다면, 바로 거기서 도덕적 해이 문제가 발생한다. 그러나 먼저 우리가 레포 시장과 그밖의 자금시장에 패닉을 일으킬 수도 있는 모험을 할 수가 없었다. 이러한 모험이 궁극적으로는 미국 경제와 미국 시민들을 위한 선택이라고 하더라도, 우리 모두가 잘 알다시피 신용경색을 일으킬 수 있었다.

도드 상원의원은 고맙게도 주말에 다이먼의 친구 빌 데일리에게 전화하여 다이먼이 협상 테이블로 돌아올 수 있도록 설득해주기를 부탁했다. 다이먼은 클린턴 행정부 시절 상무부 장관이자 시카고 시장이었던 리처드 데일리의 동생이기도 한 빌 데일리와는 뱅크원 시절부터 잘 알고 지내는 사이였다. 사실, 우리는 이른 오후에 티머시와 폴슨 장관이 다이먼과 협상을 마쳤기 때문에 다이먼과 연락하기 위해서 도드의 도움이 필요하지는 않았다. 그날 JP모건은 베어 스턴스를 1주당 2달러에 인수하기로 했다. 베어 스턴스 주식은 2007년 1월까지만 하더라도 주당 173달러였다. 폴슨 장관은 도덕적 해이 문제를 염두에 두고는 아주 낮은 가격을 제시했다. 그는 연준이 베어 스턴스 주주들을 위해서 구제금융을 제공하는 듯한 인상을 주지 않으려고 했다. 더욱 중요하게는 앞으로 몇 주일에 걸쳐 양사 주주들의 승인을 기다리는 동안에 JP모건이 베어 스턴스의 부채를 모두 뒷받침해줄 것이었다. 확실한 지급보증이 없는 상태에서 베어 스턴스 채권자들이 자금 회수를 결심한다면, 베어 스턴스는 인수 절차가 끝나기도 전에 파산할 수 있었다.

무엇 때문에 다이먼은 마음을 바꾸어서 베어 스턴스를 인수했을까? 그 답은 협상에서 가장 논쟁이 될 만한 부분이었다. 우리는 협상을 진행하기 위해서 베어 스턴스의 자산, 즉 신용평가기관이 투자 적격이라고 평가한 모기지 관련 증권을 300억 달러로 평가하고 소구권(溯求權)이 없이 최대 300억 달러까지 우리의 채권으로 바꾸어 대출하는 데에 합의했다. 다이먼은 그렇지 않을 경우에는 거래 규모가 너무 커서 너무 위험하다는 점을 분명히 했다. 뉴욕 연은은 월 스트리트의 베테랑 애널리스트 래리 핑크가 이끄는 자산 관리회사 블랙록(BlackRock)에게 자산 평가를 의뢰했다. 블랙록은 연준이 해당 자산을 몇 년 동안 보유하면 그 돈을 회수할 수 있을 것이라고 보았다. 실제 대출을 담당하는 뉴욕 연은 행장 티머시는 블랙록의 평가를 검토하고는 그 대출이 연은에 대한 "변제를 보증하는" 것이라고 판단했다. 자산가치에 대한 우리의 판단은 우리가 결국에는 금융 시스템을 안정시킬 수 있다는 자신감에 근거했다. 우리가 성공하면, 우리가 대출을 제공하면서 가져온 자산의 가치는 대출 원금과 이자를 합한 금액을 상환하는 데에 충분할 것이었다. 우리가 성공하지 못하면, 결과는 불확실했다. 연준이 손실을 입으면 재무부에 납부하는 수익금이 감소하기 때문에, 결국에는 재무부가 대출에 대한 지급 보증을 한 셈이 될 것이다. 그러나 의회의 승인이 없이는 재무부가 그렇게 할 권한이 없었다. 우리는 폴슨 장관에게서 행정부의 지원을 약속하는 문서를 받기로 하고, 이 문제를 매듭지었다.

그날 오후와 밤에 나는 도널드와 함께 우리의 움직임에 촉각을 곤두세우는 주요 국가들의 중앙은행 총재들에게 전화로 우리 계획을 알렸다. 내가 맡은 사람들은 유럽중앙은행 총재 장 클로드 트리셰, 영국은행 총재 머빈 킹, 일본은행 총재 후쿠이 도시히코였다. 그들 모두가 성원을 아끼지 않았고, 베어 스턴스가 파산을 모면했다는 소식에 안도의 한숨을 쉬었다. 또한 우리는 (언론이 자주 인용하는) 전임 의장에게도 사태의 흐름과 앞으로의 계획을 설명했다. 도널드가 그린스펀에게 전화했고, 내가 볼커에게 전화했다. 그린스펀은 내게 호의적이었다고 한다. 볼커는 내가 상황을 자세히 설명했는데도, 곧 공개적으로 우려를 표명했다.

이사회는 일요일 오후 3시 45분에 개최되었다. 그날 이사회는 예외적이고 긴급한 상황을 선포하고 베어 스턴스의 자산 300억 달러를 담보로 하는 대출을 제공하는 안건을 승인했을 뿐만 아니라, 새로운 대출 제도인, 프라이머리 딜러 신용 대출(Primary Dealer Credit Facility, PDCF)을 승인했다. 이 제도에 따르면, 프라이머리 딜러는 시중은행과 마찬가지로 연준에서 자금을 빌릴 수 있었다. 그리고 PDCF가 인정하는 담보물은 기한부 국채 임대 대출창구가 인정하는 담보물보다 훨씬 더 범위가 넓었다.

우리는 프라이머리 딜러의 파멸적인 파산 위험을 줄이기 위해서 PDCF를 시행했다. 그리고 PDCF는 프라이머리 딜러가 금융 자산을 활발하게 거래하도록 하여 "시장 활성화"를 촉진하게 될 것이었다. 결과적으로 자금시장 전체가 활발하게 움직이고, 자산 가격은 안정적으로 움직이게 될 것이었다. 또한 우리는 레포 채무자(프라이머리 딜러는 레포 채권자이기도 하고 레포 채무자이기도 하다)를 위한 보강 자금원을 효과적으로 공급하여 시장에 신뢰를 불어넣고 시장이 지속적으로 작동되기를 기대했다.

우리는 PDCF뿐만 아니라 시중은행을 대상으로는 재할인창구 대출의 만기일을 최대 30일에서 90일로 연장하여 유동성 마개를 열어주었다. 그리고 재할인율(재할인창구 대출금리)을 0.25% 인하하여 3.25%로 설정했다. 연방자금금리보다 겨우 0.25% 높았다.

뉴욕 연은은 아시아 시장 개장 직전의 선언이 있고 나서 몇 달 동안 우리가 우리를 최대한 보호하기 위해서 담보물로 잡아놓은 자산을 가지고 격렬하게 협상했다. 한편, 베어 스턴스 주주들이 주가가 2달러로 폭락한 데에 격분하자, 다이먼은 주주총회가 열리는 날에 모든 계획이 뒤틀어지지는 않을까를 걱정했다. 그는 재협상을 통해서 주당 10달러에 합의했고, 3월 24일 베어 스턴스 주주들은 이를 받아들였다.* 티머시와 나는 다이먼이 높은 금액을 제시하자, 시큰둥한 반응을 보였던 폴슨 장관을 설득했다. 물론 낮은 금액은 우리가 기업의 소유주가 아니라 시스템을 보호하기 위해서 개입한다는 메시지를 더욱 강력하게 전했다. 그러나 베어 스턴스 주주들이 협상을 거부하면, 3월 13일 밤부터 벌어졌던 일이 처음부터 반복될 것이었다. 그때 우리는 미국 금융 시스템이 며칠 이내에 붕괴될지도 모른다는 두려움에 떨었다.

　우리는 연준을 위해서도 좋은 거래를 했다. 베어 스턴스 자산 300억 달러는 뉴욕 연은이 설립한 유한책임회사에 두기로 했다. 따라서 우리는 제13조 3항에 따라 담보물을 확보하고 대출하는 요건을 충족시킬 수 있었다. 우리는 유한책임회사의 이름을 요새처럼 생긴 뉴욕 연은 건물이 있는 남부 맨해튼의 도로명을 따서 메이든 레인 유한책임회사라고 했다. 우리가 메이든 레인에 290억 달러를 대출했고, JP모건이 10억 달러를 대출했다. JP모건은 이 10억 달러를 손실로 처리할 수도 있었다. 물론 불편한 이야기이기는 하지만, 메이든 레인은 과거 시티그룹이 실제로는 서브프라임 자산을 보유하면서도 이를 드러내지 않기 위해서 설립한 장부 외의 회사인 구조화 투자회사(Structured Investment Vehicle, SIV)와 비슷한 형태였다. 한 가지 큰 차이

---

* 다이먼은 오퍼 금액을 올려야 할 처지에 있었다. JP모건은 변호사의 서류 작성상의 실수로, 베어 스턴스 주주들이 합병을 부결하더라도 베어 스턴스 부채를 최대 1년 동안 떠안을 수도 있었다. 이런 실수가 베어 스턴스 주주들의 협상력을 키웠다.

점은 우리는 메이든 레인 자산을 연준의 대차대조표에 포함시키고 그것의 시장 가치를 분기별로 보고하는 데에 있었다. 이번 거래는 결국 연준과 납세자 모두에게 좋은 결과를 가져왔다. 우리는 이자 7억6,500만 달러와 함께 원금을 모두 돌려받았고, 2015년 초 현재, 메이든 레인이 보유한 자산의 가치가 17억 달러나 증가하여 연준과 납세자를 위한 수익을 창출했다. 여기서 중요한 사실은 대출 원금의 상환이 아니라 금융 시스템과 경제가 적어도 당분간은 엄청난 붕괴를 모면했다는 것이다.

그럼에도 우리가 베어 스턴스를 구제하려고 나서자 엄청난 비난이 쏟아졌고, 특히 다이먼이 베어 스턴스 주식에 대한 오퍼 금액을 인상한 이후에는 더 많은 비난이 쏟아졌다. 이러한 비난은 주로 우리가 아무런 조치를 취하지 않았을 때에 나타나는 결과보다는 월 스트리트에 대한 구제금융의 불공평한 측면(나는 이러한 정서에 동의한다)에 집중되었다. 폴 볼커는 4월 강연에서, 연준은 이번에 베어 스턴스 위기를 처리하면서 "중앙은행에 오랫동안 뿌리내린 원칙과 관행을 넘어서서 합법적이고도 함축적인 권한의 경계를 확장하는" 조치를 취했다고 논평했다. 나는 폴 볼커가 우리가 합법적인 권한의 경계를 넘어갔다는 말을 하지 않아서 약간의 위안이 되었다. 사실 그는 민간 부문의 무절제와 빈약한 규제가 "모든 위기의 근원"이라는 사실을 경고하고 있었다. 나는 볼커의 생각에 동의한다. 그리고 우리는 합법적이고도 함축적인 권한의 경계까지 간 적이 있었다. 내가 우려하는 바는 이러한 권한이 우리가 그 경계를 확장했다고 해도 다음 파산을 다루기에는 충분하지 않을 수도 있다는 사실이었다.

JP모건이 베어 스턴스 인수에 합의한 이후 이틀이 지난 3월 18일에 FOMC가 열렸다. 데이브 스톡턴과 그의 통계연구국 직원들은 이제 경제가 침체 국면으로 진입하게 된 이유를 설명했다. 나는 경제전망이 암울하고 금융 긴장이 가중되기 때문에, 연방자금금리를 0.75% 인하하여 2.25%로 낮추자는 제안을 했다. FOMC는 매파 진영의 리처드 피셔와 찰스 플로서가 반대했지만, 가결했다. 4월 30일 FOMC는 금리를 또다시 0.25% 인하하여 2.0%로 낮추었다.

베어 스턴스 위기 이후 금융시장은 비교적 평온한 시기를 보냈다. 3월 하순, 투자은행들은 시장의 기대를 뛰어넘는 수익을 보고했다. 미국 금융 시스템에 대한 신뢰도 조사에서는 대형 시중은행과 투자은행이 6월 말까지 신규 자본을 1,400억 달러나 확충할 수 있을 것이라고 했다. 금융회사들의 자금 상황도 개선되었다. 3월말에는 PDCF를 통한 프라이머리 딜러 대출 실적이 370억 달러를 훌쩍 뛰어넘었지만, 7월이 시작하면서 제로가 되었다. 주식시장은 신용시장의 개선된 분위기를 반영했다. 3월 31일 다우존스 지수는 베어 스턴스 위기 이전의 수준과 거의 일치하는 12,263에 마감했다. 5월 다우존스 지수는 13,058까지 상승하여 2007년 10월 최고치와 비교하면 거의 8% 이내로 좁혀졌다. 가장 중요한 것은 경제가 낮은 수준이나마 성장의 조짐을 보였다는 것이다. 7월 31일 상무부는 1분기 성장률이 거의 1%이고 2분기 성장률은 2%에 약간 못 미치는 것으로 보고했다. 저금리와 일시적인 감세정책 덕분에 우리는 경제가 결국 침체를 피해가리라는 약간의 희망도 생겼다.

4월 3일 내가 베어 스턴스 위기에 관한 상원 청문회에서 카메라 세례를 받으면서 우리가 개입하게 된 이유를 설명할 때에는 이 모든 것들이 미지의 상태였다. 좀더 사려 깊은 의원이라면, 우리의 결정을 이해할 수도 있었겠지만(나중에 상원의원들 중 일부는 나에게 그렇게 말했다), 정치적인 성과를 남기려는 유혹을 뿌리치기가 어렵다는 사실을 나는 알고 있었다. 미국의 수많은 일반 시민들이 도움을 요구했던 시기에 우리는 무엇 때문에 월 스트리트에 구제금융을 지원해야 했는가?

월 스트리트와 메인 스트리트는 긴밀하게 연관되어 상호의존적이다. "베어 스턴스 위기가 세계경제와 금융 시스템에 미치는 엄청난 영향력을 생각하면, 베어 스턴스의 채무불이행으로 인한 피해는 극심할 뿐만 아니라 이를 막아내기도 매우 어렵습니다"라고 나는 설명했다. 그리고 이러한 피해는 금융시장을 뛰어넘어 경제 전체로 확대될 수 있었다. 사람들은 신용을 제공받지 못하면, 자동차도 집도 구매할 수 없다. 그리고 기업은 성장할 수가 없고, 심지어는 운영비조차 마련할 수가 없다. 고용과 소득에 미치는 부정적인 영향은 전파 속도가 빠르고 강력하다.

우리는 무슨 이유로 도덕적 해이를 감수하면서까지 실패한 기업을 구제했는가? (버닝 의원은 "그것은 사회주의다!"라고 큰 소리로 외쳤다.) 나는 우리가 그런 조치를 취하기는 했지만, 베어 스턴스는 다른 사람의 손에 넘어갔고 주주들은 손해를 엄청나게 많이 보았고 1만4,000명에 달하는 종업원들 중 상당수가 조만간 직장을 잃을 것이라는 사실을 지적했다.

나는 사우스다코타 주 상원의원 팀 존슨에게 "저는 이러한 상황을 기꺼이 감당하려는 어떤 기업도 없다고 생각합니다"라고 말했다. "여기서 중요한 목표는 금융 시스템과 미국 경제를 보호하는 일입니다. 그리고 저는 미국 국민들이 우리가 월 스트리트의 그 누군가를 위해서가 아니라 미국 경제를 지키기 위해서 노력한 사실을 인정하면, 우리가 왜 그런 조치를 취했는지를 더 잘 이해할 것입니다."

여기서 한 가지 사실이 분명해졌다. 이제부터 우리는 위기를 관리하기 위해서 두 가지 과제에 직면해야 했다. 첫째, 올바른 일을 해야 한다는 것이다. 둘째, 우리가 하는 일이 왜 올바른지를 일반 대중과 정치인에게 설명해야 한다는 것이다.

돌이켜보면, 그 일은 올바른 일이었단 말인가? 일부 경제학자들은 그것이 잘못된 일이라고 주장한다. 우리는 금융시장을 어느 정도 안정시켰지만, 이러한 안정은 6개월을 가지 못했다. 결국에는 베어 스턴스가 파산하면 벌어지게 될 일들의 대부분이 2008년 9월 리먼 브라더스가 파산하면서 벌어졌다. 일부는 지난 일을 되씹으면서 베어 스턴스의 구제금융으로 발생한 도덕적 해이가 리먼 브라더스와 같은 기업에게 자본 확충과 고객 확대에 대한 절박함을 사라지게 만들었다고 말했다.

2008년 3월에 우리가 그런 결정을 할 때에는 나중에 드러나게 되는 일들을 모두 다 알 수는 없었다. 그러나 지난 일을 돌이켜보더라도, 나는 지금도 여전히 우리가 개입한 것은 옳았다고 생각한다. 9월 리먼 브라더스의 파산으로 경제가 무너진 현상은 지난 3월에 한 주요 투자은행의 파산(누군가의 주장처럼 말만 요란하고 실속이 없는 사건은 전혀 아니다)이 금융 시스템과 경제 전체에 심각한 손상을 입힐 것이라는 우리들의 판단을 뒷받침한다. 우리는 베어 스턴스 위기에 개입함으로써, 금융 시스템과 경제는 비교적 작은 대가를 치르고 거의 6개월 동안 안정 기간을 가질 수 있었다. 유감스럽게도 6개월이라는 안정 기간은 이미 경제가 입은 손상을 회복하거나 가을에 또다시 발생하는 패닉을 막기에는 충분하지 못했다.

나는 베어 스턴스 구제금융으로 발생한 도덕적 해이가 9월 위기가 재발한 원인이라는 주장에는 지나친 면이 있다고 생각한다. 내가 상원의원 존슨에게 말했듯이, 어떤 기업도 베어 스턴스와 같은 운명을 원하지 않는다. 그리고 리먼 브라더스를 포함하여 금융회사들은 실제로 여름에 자본 확충을 위해서 많은 노력을 기울였다. 더구나 베어 스턴스와 마찬가지로 리먼 브라더스도 채권자들이 자금 회수에 나서게 되면서 결국 무너지고 말았다. 이처럼 채권자들이 자금 회수에 나선 이유는 리먼 브라더스에게는 구제금융이 지원되지 않을 것이라고 생각했기 때문이었다. 달리 말하면, 리먼 브라더스는 시장 규율의 지배를 받았다.

물론 이 모든 일들이 어려운 문제임에는 틀림없었다. 그리고 우리는 2008년 봄이 지나고 여름을 맞이하면서 이 문제에 대해서 진지하게 검토해야 했다.

11

패니 메이와 프레디 맥 : 길고도 뜨거웠던 여름

⋮

베어 스턴스에 구제금융을 지원한 이후 비교적 안정적인 시기를 맞이했지만, 우리는 여전히 마음을 놓을 수가 없었다. 강력하고도 파괴적인 세력이 서서히 움직이고 있었다. 주택 가격은 계속 하락했다. 대출 연체자가 늘어나고 유질 처분이 뒤를 이었다. 이는 모기지 관련 증권의 가치가 하락하는 것을 의미했다. 우리는 이러한 손실이 그 규모가 어느 정도가 될지, 어디에서 그 모습을 드러낼지를 알 수가 없었다. 그러나 어쨌든 우리는 이런 일이 앞으로 계속될 것이라고 생각했다.

연준의 은행 감독관들은 여름 내내 좋지 않은 소식을 전해왔다. 캘리포니아 주 패서디나에 위치하고 미국에서 7번째 큰 규모의 저축대부조합인 인디맥(IndyMac)이 휘청거리고 있었다. 인디맥은 서브프라임보다 한 단계 높은 알트-에이 모기지 시장에 깊이 개입되어 있었다. 인디맥은 저축기관감독청의 감독을 받지만, 정부가 지급을 보증하는 예금을 취급하기 때문에, 연방예금보험공사의 감독도 받았다. 평상시에는 연준이 관련되지는 않지만, 인디맥이 재할인창구 대출을 신청할 가능성도 있기 때문에, 샌프란시스코 연은은 감독관 2명을 급파했다. 7월 1일 이사회의 은행 감독규제 부서의 데버러 베일리는 감독관들이 작성한 보고서에 근거하여 인디맥이 파산할지도 모른다는 소식을 전했다. 그녀는 이메일에서 "금요일부터 예금이 빠져나가고 있습니다. 이 회사는 시간 별로 예금 현황을 추적하고 있습니다"라고 쓰고 덧붙였다. "회사는 계속 위축되고 있고, 자산을 최대한 빨리 팔고 있습니다." 이제 금융위기가 있고 나서 거의 1년 만에 보험에 든 예금자들조차도 공포에 떨었다. 연방예금보험공사의 은행 심사 전문가들이 마치 죽음의 신처럼 인디맥을 잡아갈 때가 되었다.

우리는 인디맥과 같은 민간 대출자보다는 세계의 양대 주택 모기지 업체이자 정부 지원기업인 패니 메이(Fannie Mae, Federal National Mortgage Association, 연방 국민 모기지 협회)와 프레디 맥(Freddie Mac, Federal Home Loan Mortgage Corporation, 연방 주택 대출 모기지 공사)을 훨씬 더 많이 우려했다. 의회는 주택 보급률을 높이기 위해서 패니 메이와 프레디 맥을 설립했다. 두 업체 모두가 연방 기관으로 출발했는데, 패니 메이는 대공황 시기인 1938년에, 프레디 맥은 1970년에 각각 설립되었다. 나중에 의회는 1968년에는 패니 메이를, 1989년에는 프레디 맥을 각각 주주 소유 형태의 기업으로 전환했다. 두 기업은 법적으로는 민간 기업이지만, 연방정부의 통제를 받으면서 밀접한 관계를 유지했다. 또한 주세(州稅)와 지방세를 면제받았고, 재무부로부터는 여신한도를 지정받았다.

이처럼 민간 기업이기도 하면서 사실상 정부 기관이기도 한 입지가 설립 당시부터 약점이 되었다. 실제로 이러한 입지는 "동전의 앞이 나오면 내가 이기고 뒤가 나오면 당신이 진다"는 상황을 초래하여, 주주들은 회사가 벌어들인 수익금을 챙겼지만, 납세자는 손실을 책임졌다.

패니 메이와 프레디 맥은 주택 보급률을 높이는 데에는 어느 정도 성공을 거두었다. 두 회사는 은행이나 저축조합에서 모기지 대출을 사들여 이를 결합하여 주택 담보부 증권을 만들어서 보험회사에서부터 연금 펀드, 외국의 중앙은행에 이르기까지 다양한 매입자에게 판매했다. 매입자들이 신용 위험에 직면하지 않도록, 두 회사는 판매 수수료 수입을 가지고 차입자의 채무불이행에 대해서 자신들의 주택 담보부 증권을 보증했다. 따라서 증권 매입자는 신용 위험에 직면하지 않았다. 패니 메이와 프레디 맥은 모기지들을 묶어서 설계한 증권을 판매하여 전 세계의 저축을 미국 주택시장으로 끌어들였다. 이처럼 막대한 자금이 정확하게 얼마나 되는가는 논란의 여지가 있지만, 미국으로 유입되면서 모기지 대출이 더욱 저렴해지고 얻기가 쉬워져서 주택 보급률이 높아졌다.

패니 메이와 프레디 맥의 수익은 주택시장, 금융 시스템, 납세자에게 심각한 위험을 초래했다. 가장 큰 위험은 의회가 패니 메이와 프레디 맥을 설립할 때에 의도적으로 그 정체성을 모호하게 만든 데에서 나왔다. 공식적으로는 패니 메이와 프레디 맥이 파산하면, 미국 정부가 이 회사들의 채권자 혹은 이 회사들이 판매한 주택 담보부 증권의 매입자를 보호할 의무는 없었다. 결과적으로 연방정부의 예산은 이 회사들에게 구제금융을 지원해야 할 위험을 인식할 필요가 없었다. 공식적인 숫자가 현실이 되어버리는 워싱턴에서는 이처럼 발생 가능한 비용을 예산에서 빠뜨리면서 차기 의회나 행정부가 이를 무시하는 일이 벌어지게 된다.

그럼에도 투자자들은 정부가 패니 메이와 프레디 맥의 파산이 미국의 주택시장, 금융시장, 더 넓게는 미국 경제에 미치는 손실을 두려워했기 때문에, 이들 두 회사의 파산을 결코 좌시하지는 않을 것이라고 생각했다. 이처럼 정부가 구제금융을 지원할 것이라는 암묵적인 믿음은 패니 메이와 프레디 맥이 정부가 자금을 빌릴 때의 금리보다 크게 높지 않은 금리로 자금을 조달할 수 있도록 했다. 패니 메이와 프레디 맥의 감독기관인 연방주택기업 감독청은 의회의 지시에 따라 이들 두 회사에게 손실에 대비하여 약간의 완충 자본을 보유할 것을 오랫동안 요구해왔다. 그럼에도 투자자들의 두 회사에 대한 믿음, 특히 정부가 지원할 것이라는 믿음은 경제와 주택시장이 불안정한 모습을 보이더라도 흔들리지 않았다.

패니 메이와 프레디 맥은 자금을 저렴한 금리로 빌릴 수 있었기 때문에 평상시에는 엄청난 수익을 남겼다. 그들은 수익 전략의 일환으로 이렇게 벌어들인 수익금을 주택 담보부 증권을 매입하는 데에 사용했는데, 이러한 자산의 가치는 그들이 발행하고 보증하는 주택 담보부 증권을 포함하면 수천억 달러에 달했다. 패니 메이와 프레디 맥이 보유한 주택 담보부 증권의 수익률은 그들이 자금을 빌릴 때에 적용받는 암묵적인 지원 금리보다 높았다. 이는 마치 공짜 점심─위험이 없는 수익의 지속적인 발생─과도 같았다. 의회도 패니 메이와 프레디 맥에게 수익금의 일부를 의원들의 선거구민을 위한 주택 프로그램 지원에 사용하도록 요구했기 때문에 이러한 공짜 점심을 함께 나누는 셈이 되었다. 패니 메이와 프레디 맥도 수익금의 일부를 로비 활동이나 정치 자금에 사용하여 정치인과 좋은 관계를 유지하려고 했다. 그들의 영향력은 2003년부터 2006년까지 일련의 회계 스캔들이 터지는 시기에 회사가 수익을 과장하여 최고위 임원진에게 엄청난 보너스를 제공했는데도 보호받을 수 있을 정도로 막강했다.

패니 메이와 프레디 맥은 우리가 그들이 일으키는 위험에 대해서 우려를 수시로 표명했는 데도 불구하고 (어쩌면 그러한 우려 때문에) 우리와 좋은 관계를 유지하려고 노력했다. 우리는 그들이, 예를 들면, 집만큼이나 안전하다는 결론을 이끌어내는 연구 보고서를 정기적으로 받았다. 이러한 보고서들 중에는 그들이 저명한 경제학자들에게 의뢰한 것들도 있었다. 나는 의장 부임 초기에 패니 메이와 프레디 맥의 임원진과 이코노미스트들을 여러 차례 만나서 주택시장과 이들 두 회사의 현안 문제를 논의했다. 당시 두 회사의 CEO들은 부임한 지가 얼마 되지 않았다. 전 보스턴 연은 행장 출신의 리처드 사이런은 2003년 말에 프레디 맥 CEO로 부임했다. 안경을 쓰고 보스턴 악센트가 강한 사이런은 프레디 맥과 패니 메이의 입지에서 나타나는 부조화에 대해서 잘 인식하고 있었다.(그리고 이에 대해서 그는 조금은 미안한 마음도 있었다.) 사이런보다 1년 뒤에 프랭클린 레인스(패니 메이 회계 스캔들의 희생자였다)의 사임으로 패니 메이의 임시 CEO로 부임한 대니얼 머드는 해병대 출신으로 훈장까지 받았고 전 CBS 텔레비전 뉴스 앵커맨 로저 머드의 아들이기도 했다. 내가 보기에는 사이런보다는 저돌적인 인상을 풍기는 머드가 자기 회사의 이익을 적극적으로 옹호할 것 같았다.

정부회계감사원(Government Accountability Office)과 의회예산처를 포함하여 여러 기관의 전문가들은 정부가 앞으로 프레디 맥과 패니 메이 중 한 곳 혹은 두 곳 모두에게 구제금융을 제공해야 할 가능성을 수시로 경고했다. 앨런 그린스펀도 이사회 간부진의 재촉을 받아들여 이러한 가능성을 분명히 말했다. 나도 의장이 되고 나서 같은 이야기를 계속했다. 프레디 맥과 패니 메이는 회사 규모에 비해 자본금이 얼마 되지 않아 납세자와 금융 시스템 전체에 큰 위험을 일으킬 것이라는 이야기를 말이다.

2007년 모기지 위기가 시작되었을 때에는 처음에는 프레디 맥과 패니 메이가 여러 사람의 기대와 자신들의 약속대로 주택시장의 안정에 기여할 것처럼 보였다. 투자은행과 그밖의 민간 금융기관들은 그들 자신의 무보증 주택 담보부 증권을 출시했다. 많은 경우, 민간 부문에서 출시한 주택 담보부 증권은 프레디 맥과 패니 메이가 증권화하지 않는 모기지(부적합 모기지로 알려져 있다)를 기반으로 설계되었다. 프레디 맥과 패니 메이가 이러한 모기지를 증권화하지 않은 이유는 모기지 금액이 의회가 법적으로 허용하는 최대 금액보다 크거나 프레디 맥과 패니 메이가 정한 품질 수준에 미달하기 때문이었다. 민간 부문에서 새로 출시한 주택 담보부 증권의 기초가 되는 모기지의 품질이 떨어진다는 사실이 밝혀지면, 그 모기지에 대한 수요는 사라질 것이다. 그러면 부적합 모기지를 만든 은행과 그밖의 금융기관들은 그러한 모기지를 보유하는 수밖에 없었다. 모기지 창출 기관들이 이러한 모기지를 보유할 수 있는 역량이나 의지에는 한계가 있다. 그것은 프레디 맥과 패니 메이에게 판매할 자격이 되는 적합 모기지만이 주택시장을 지탱해줄 수 있다는 의미이다. 2008년 여름에 프레디 맥과 패니 메이는 미국 모기지 시장에서 약 5조3,000억 달러 정도를 소유하거나 보증하고 있었다. (모든 연체 모기지의 절반 정도에 해당한다.) 민간 부문의 경쟁자들이 사라지면서, 프레디 맥과 패니 메이는 모기지 시장에서 훨씬 더 필요한 존재가 되었다.

그러나 프레디 맥과 패니 메이는 정말 강한 기업인가? 이 회사들이 자랑하는 보증 기준은 나중에 밝혀지겠지만, 고품질의 모기지만을 매입한다는 사실을 보장하지는 않는다. 프레디 맥과 패니 메이는 서브프라임 모기지나 그밖의 특이한 형태로 설계된 모기지를 설계자로부터 직접 매입하는 허가는 받지 않았다. 그러나 두 회사는 민간 부문에서 출시한 주택 담보부 증권과의 경쟁을 염려하고 저품질 모기지를 통해서 고수익을 올리려는 열망에 사로잡혀서 서브프라임과 그밖의 저품질 모기지가 포함된 민간 주택 담보부 증권을 매입하여 보유했다. 어떤 추정 결과에 따르면, 프레디 맥과 패니 메이는 2004년부터 2006년까지 발행된 저품질 모기지가 포함된 민간 주택 담보부 증권 평가 금액 1조6,000억 달러 중에서 약 3분의 1에 해당하는 금액을 매입한 것으로 나타났다. 두 회사의 CEO들은 이러한 전략을 강력하게 지원했고, 저품질 모기지에서 발생하는 손실이 커지기 시작했는데도 이러한 전략을 단호하게 유지했다.

주택 가격이 계속 하락하자, 연체율은 대공황 이후 가장 높은 수준에 이르렀다. 그리고 이러한 연체는 서브프라임 모기지뿐만 아니라 다른 모기지에서도 관찰되었다. 6월 초에 이사회 이코노미스트들은 2007년에는 주택 150만 호가, 그리고 2008년에는 220만 호가 유질 처분될 것으로 예상했다. 모기지 연체는 프레디 맥과 패니 메이에게 엎친 데 덮친 격이 되었다. 두 회사는 그들이 보유한 모기지에서 손실을 보았고, 자신이 보증한 다른 모기지에서도 손실을 보았다.

프레디 맥과 패니 메이는 손실이 발생하자 주주들의 배당금을 삭감했다. 그리고 주식가격은 급락했다. 주식 투자자들은 정부의 암묵적인 보장을 기대하지도 않았고, 실제로 정부도 보장할 의사가 없었다. 그러나 이러한 암묵적인 보장에 의해서 투자자들은 두 회사의 주택 담보부 증권과 채무를 계속 보유하게는 되었지만, 신뢰는, 특히 외국에서, 사라지고 있었다. 이전에 외국의 중앙은행과 국부 펀드(특히 산유국의 수익금을 투자하는 펀드)는 프레디 맥과 패니 메이가 발행한 주택 담보부 증권을 미국 국채의 대체재이자 유동성이 높은 자산(손쉽게 매매가 가능한 자산)으로 간주하고는 집중적으로 사들였었다. 2008년에는 중국에서만 7,000억 달러가 넘는 프레디 맥과 패니 메이의 주택 담보부 증권을 보유했는데, 그것은 중국이 보유한 미국 국채보다 조금 더 많은 금액이었다.

프레디 맥과 패니 메이에 대한 불신이 커지면서, 폴슨 장관과 나는 각국 중앙은행 총재, 국부 펀드 매니저, 동아시아와 중동 국가의 정부 관료들로부터 전화를 받았다. 두 회사는 안전한가? 미국 정부가 지원할 것인가? 일부는 미국 정부가 이미 프레디 맥과 패니 메이를 보증하지 않는다는 사실을 아직 몰랐다. 그들은 뉴스를 듣고 위험을 인식했다. 나는 최대한 그들을 안심시키려고 했지만, 내가 암묵적이든 그렇지 않든 보증할 입장은 아니었다.

큰 위험이 시스템에 여전히 존재하는 상황에서, 나와 폴슨 장관은 의회가 금융규제의 결함에 관심을 집중하도록 노력했다. 7월 10일 우리 두 사람은 바니 프랭크가 이끄는 하원 금융 서비스 위원회에서 전면적인 개혁의 필요성을 증언했다. 폴슨 장관은 금융 부문에 대한 단편적인 감독에서 비롯되는 문제점을 집중 조명하면서, 의회가 연준에게 금융 시스템 전반의 안정에 대한 책임을 지울 것을 제안했다. 그것은 3월 재무부가 제안한 규제 개혁안에서 가장 중요한 특징이었다. 이 제안은 대체로 긍정적인 반응을 얻었다.

(바니는 연준에 그 역할을 맡기는 것이 최선이지는 않지만, 가장 좋은 대안이라고 말했다. 그는 자신의 권한을 코미디언 헤니 영맨이 했던 말에 비유했다. "당신 부인은 어떻습니까?" 영맨이 질문 받고는 이렇게 대답했다. "누구와 비교해서요?") 폴슨 장관과 나는 파산 직전에 있는 대형 금융기관의 영업 활동을 서서히 축소시킬 수 있는 더욱 체계적인 시스템을 요구했다. 바니는 2009년 초까지 법안이 통과되기를 원했지만, 내가 보기에는 실현 가능성이 없었다.

사태는 의회에서 진행되는 토론보다 훨씬 더 빠르게 전개되었다. 의회 증언 직전의 월요일에 어떤 산업 애널리스트가 회계 기준의 변경으로 두 회사는 자본금 수백억 달러를 동원해야 할 것이라는 분석 결과를 내놓자, 프레디 맥과 패니 메이의 주식가격은 급락했다. 두 회사가 느슨한 회계 원칙과 규제 기준 덕분에 그들이 보유하거나 보증한 모기지 자산의 잠재적인 손실에 비해 그 정도로 턱없이 모자라는 자본을 보유하고 있을 것이라고는 아무도 예상하지 못했다.

한편, 연방예금보험공사는 주말에 인디맥을 조사했다. 인디맥이 파산하면, 연방예금보험공사가 떠안는 손실은 약 130억 달러에 달할 것이었다. 이런 상황이 벌어지자, 저축기관감독청장 존 라이시와 뉴욕 주 상원의원 척 슈머가 서로를 비난했다. 뱅크런은 슈머가 라이시와 연방예금보험공사에 보낸 편지에서 인디맥이 "납세자와 차입자 모두에게 심각한 위험"을 초래했다는 말을 했던 6월 26일 이후에 본격적으로 시작되었다. 라이시는 보도자료에서 슈머의 편지가 인디맥의 뱅크런을 자극했다고 주장했다. 슈머는 뱅크런은 인디맥의 "결함이 많고 느슨한 대출 관행"을 방지하지 못한 규제기관의 잘못으로 야기된 것이라고 반박했다. 두 사람의 말은 다 옳았다. 인디맥은 어려움에 처해 있었고, 어쨌든 파산할 것 같았다. 그러나 금융위기에서 정부 관료가 하는 말에는 엄청난 힘이 실려 있었다.

프레디 맥과 패니 메이는 버팀목이 필요했다. 비록—인디맥의 파산에서 알 수 있듯이—재무부와 연준은 구체적으로 인정하지는 않으려고 조심스럽게 처신했더라도 말이다. 암묵적인 보장에도 불구하고 투자자들은 프레디 맥과 패니 메이가 발행하는 새로운 채권을 경계했다. 그리고 시장에는 연준이 곧 프레디 맥과 패니 메이에 재할인창구 대출을 제공할 것이라는 소문이 나돌았다. 분명히 말하지만, 나는 그렇게 하고 싶지 않았다. 연준이 지난 수년 동안 비난의 표적이 되어왔던 프레디 맥과 패니 메이에게 도움의 손길을 뻗친다는 것은 역설적인 일이었다. 더구나 나는 그들의 문제는 의회와 행정부의 책임이라고 생각한다. 7월 11일 로이터가 내가 리처드 사이런에게 프레디 맥과 패니 메이에게 재할인창구 대출을 제공할 것이라는 말을 했다는 소문을 보도한 뒤에, 나는 각 연은 행장들에게 이메일을 보냈다. 나는 이메일에서 "그 소문은 절대로 사실이 아닙니다. 나는 이 점을 분명히 밝히고자 합니다"라고 썼다. 대신에 나는 우리 조사관들에게 누구의 간섭도 받지 않고 프레디 맥과 패니 메이의 상황을 평가하도록 할 생각이었다. 우리가 어떠한 선택을 하더라도, 그것은 최선의 가능한 정보에 바탕을 두어야 했다.

연준과 통화감독청은 프레디 맥과 패니 메이의 감독기관인 연방주택기업감독청과 함께 두 회사가 직면한 위험에 대해서 "상호 이해를 증진시킨다"는 합의를 보았다. 다시 말하면, 은행 규제기관들은 두 회사의 회계장부를 자세히 들여다볼 것이었다. 도널드 콘은 이러한 노력이 시장에 불안을 조성하지 않고 조용히 진행되기를 바랐다. 연준과 통화감독청 조사관들은 이 점을 명심하고 두 회사에 직접 가지 않고 연방주택기업감독청에서 두 회사의 자료를 검토했다.

내가 프레디 맥과 패니 메이에 대한 보장에 반대하려고 한 생각은 오래가지 못했다. 인디맥이 파산하던 날, 프레디 맥과 패니 메이 주식가격(특히 패니 메이의 주식가격)은 부시 대통령과 폴슨 장관의 두 회사에 대한 지원 발언에도 불구하고 급격하게 떨어졌다. 불과 1주일 만에 두 회사의 가치는 절반 정도로 떨어졌다. 한편, 예금자들이 인디맥에서 돈을 찾으려고 줄을 서 있는 모습이 텔레비전 화면에 계속 비쳤고, 원유 가격은 배럴당 145달러까지 치솟았다. 이처럼 우울한 소식이 전해지는 가운데, 폴슨 장관이 나한테 전화로 의회에 프레디 맥과 패니 메이에 대한 지원을 요청하는 것을 부시 대통령이 재가했다는 말을 전했다.

폴슨 장관은 나에게 의회와의 진행 상황, 프레디 맥과 패니 메이 경영진과의 대화 내용을 수시로 전했다. 모기지 자산에서 손실이 커지고 투자자들의 프레디 맥과 패니 메이에 대한 신뢰가 떨어지면서, 그는 의회에 두 회사를 안정시키기 위한 어떠한 형태의 재정 지원이라도 승인해줄 것을 요청하는 방법 외에는 다른 대안이 없다고 생각했다. 하지만 그는 정부가 깊은 우려를 표명하면서 법안을 제안하는 행위 자체에 의해서 두 회사의 채권자들이 자금 회수를 위해서 몰려들지 않을까 걱정했다. 그는 나에게 법률안이 시행될 때까지 연준이 프레디 맥과 패니 메이에 일시적으로 신용을 제공할 수 있는지를 물었다.

나는 마지못해 동의했다. 은행이 아니기 때문에 재할인창구 대출을 받을 자격이 없는 프레디 맥과 패니 메이에 신용을 제공하려면, 우리는 거의 사용된 적이 없는 또다른 대출 권한인 연방준비법 제13조 13항을 발동해야 했다. 제13조 13항의 권한은 우리가 베어 스턴스를 구제하기 위해서 사용했던 제13조 3항의 권한보다 더욱 제한적이었다. 제13조 13항에 따르면, 연준은 국채 혹은 프레디 맥과 패니 메이와 같은 "기관"이 보증하는 증권을 담보물로 확보하고 신용을 제공해야 한다. 그러나 두 권한은 예외적이고 긴급한 상황에서만 사용되어야 한다. 제13조 3항은 법에 명시된 권한이고, 제13조 13항은 이사회 규정에 명시된 권한이다. 폴슨 장관은 우리가 제공하는 신용이 일시적이고 사전 예방적 조치라는 점을 강조했다. 그리고 연준이 제공하는 다른 모든 대출과 마찬가지로, 담보물을 충분히 확보한 상태에서 신용을 제공해야 했다. 나는 이 문제를 이사회 총재들과 논의했는데, 모두가 프레디 맥과 패니 메이의 안정을 유지하는 것은 가장 중요한 문제라는 데에 의견을 같이 했다. 7월 13일 일요일에 열린 이사회에서는 13조 13항을 발동하고, 뉴욕 연은이 프레디 맥과 패니 메이에 대한 대출을 진행하도록 했다. 보도 자료에서 우리는 "지금처럼 금융시장이 혼란스러운 상황에서 주택 모기지 신용의 이용도를 증진하기 위해서 프레디 맥과 패니 메이의 안정을 도모하는 데에 이바지한다"라고 썼다.

폴슨 장관은 7월 15일 상원 은행위원회에서 의회의 승인을 요청했다. 증권거래위원회 의장 크리스 콕스와 나는 그의 옆에 앉아 있었다. 폴슨 장관은 의회에 행정부가 프레디 맥과 패니 메이의 증권과 주식을 구매할 수 있는 "명시되지 않은"—무제한적— 권한을 요청했다. 그는 이러한 무제한적 권한이 시장을 다시 안정시켜서 결과적으로 그 권한을 사용하지 않을 수도 있을 것이라고 설명했다. 그는 "당신 호주머니에 분사기가 있다면, 당신은 꺼내야 합니다. 당신이 바주카포를 가지고 있고 사람들이 그러한 사실을 안다면, 당신은 바주카포를 꺼내지 않아도 됩니다"라고 말했다. 때로는 시장이 가지는 두려움은 자기충족적일 수도 있었다. 강력한 시위는 최악의 사태를 피할 수 있게 해준다. 그 자리에서 나는 "압도적인 힘의 우위"가 적에게 항복을 재촉하여 사상자를 최소화할 수 있는 방법이라고 가르치는 군사교리가 머리 속에 떠올랐다.

당파를 초월하여 프레디 맥과 패니 메이를 보장하는 조치는 7월 23일 하원을 통과했고 7월 26일에는 상원을 통과했다. 그리고 부시 대통령은 7월 30일에 이 법안에 서명했다. 또한 이 법안에는 프레디 맥과 패니 메이를 비판하는 사람들이 오랫동안 주장했던 개혁 조치—자본 요건 강화, 연방주택기업감독청을 대신하여 연방주택금융청(Federal Housing Finance Agency, FHFA, 워싱턴의 엘리트층이 쓰는 표현으로는 "fuff-a")과 같은 더욱 강력한 규제기관의 신설—도 포함되어 있었다. 5년 전이라면, 프레디 맥과 패니 메이를 비판하는 사람들은 이러한 개혁을 실질적인 발전이라고 치하했을 것이다. 그러나 2008년 여름 프레디 맥과 패니 메이와 금융시장 상황을 생각하면 이러한 개혁은 적절하지 못한 것으로 입증되었다. 여기서 중요한 것은 오직 지원이었다.

2008년 8월 5일에 개최된 FOMC는 프레더릭 미슈킨에게는 마지막 회의였고, 2007년 5월 캐피털 원 파이낸셜의 래리 클레인과 함께 부시 대통령에게서 이사회 총재 지명을 받은 벳시 듀크에게는 첫 번째 회의였다. 나는 미슈킨이 컬럼비아 대학교로 돌아가게 되어 많이 안타까웠다. 그는 처음부터 금융 혼란에 맞서려면 강력한 조치를 취해야 한다고 주장했다. 그를 보내는 오찬 자리에서 분위기를 가볍게 만들기 위해서 내가 할 수 있는 것이라고는 과거에 미슈킨이 FOMC에서 했던 말들을 모은 어록을 읽는 것이었다. 예를 들면, 언젠가 그는 FOMC에서 찬성과 반대가 비슷하게 나온 표결에 대해서 상반되는 감정을 이렇게 표현한 적이 있었다. "아시다시피, 오른쪽으로 기운 담장에 앉는 것은 해부학적으로 불편한 자세라는 의미에서 앉아 있기에 좋은 자리가 아닙니다."

벳시는 (비록 여러 차례의 인수합병 과정을 거치면서 나중에는 와코비아 은행에서 일하게 되었지만) 주로 버지니아 주의 한 지역 은행에서 일했다. 그녀가 충원된 것은 이사회로서는 환영할 만한 일이었다—그녀는 친절하고 인정이 많았지만, 자신이 그렇게 해야 할 필요가 있다고 생각하는 경우에는 퉁명스럽기도 했다. 그녀의 뛰어난 분별력은 나에게 많은 도움이 되었다. 그녀는 은행원 출신답게 현실적인 안목이 있었기 때문에, 이사회와

FOMC 이코노미스트들의 부족한 점을 훌륭하게 보완했다. 그녀는 FOMC 가 열리기 직전에 내 앞에서 취임 선서를 했다. 그녀는 상원 인준을 받을 때까지 15개월이나 기다렸다. 그러나 래리 클레인의 지명은 지역사회 활동 가들이 그가 재직하던 회사의 서브프라임 대출 관행을 비난하자 민주당 의원들의 반대로 인준을 받지 못했다. 이후로 클레인은 나에게 여러 차례 전화로 깊은 좌절감과 실망감을 표현했다.

랜들 크로스너는 이사회 임기가 1월 말에 끝났으나, 민주당 의원들은 새로운 임기에 대한 승인을 거부했다. 상원은 벳시의 지명을 예외로 하고 대통령 임기의 마지막 18개월 동안에는 어느 누구도 연준 이사회 총재로 인준하지 않는다는 유감스러운 관행을 만드는 것처럼 보였다.(2000년 대통령 선거가 있기 전인 1999년에는 크리스 도드의 공화당 전임자 중에서 필 그램이 상원 은행위원회 위원장을 맡았는데, 그는 클린턴 대통령이 지명했던 로저 퍼거슨의 새로운 임기를 승인하지 않았다. 선거가 끝난 뒤에 부시 대통령이 그를 재지명했다.) 나는 랜들이 후임자가 취임 선서를 할 때까지 계속 자리를 맡아준 데에 고마움을 표했다. 그러나 주로 정치적인 이유로 두 자리가 채워지지 않았던 탓에 어려운 시기에 우리에게 일손이 부족했던 것은 불행한 일이었다.

FOMC에서는 빌 더들리는 주로 프레디 맥과 패니 메이의 현황 보고에 집중했다. 지난 주에 부시 대통령이 서명한 법률은 프레디 맥과 패니 메이가 보증한 주택 담보부 증권과 이들 두 회사가 포트폴리오 자금을 융통하기 위해서 발행한 채권 때문에 시장이 무너지는 상황을 방지하려는 데에 목적이 있었다. 그러나 주택시장에서는 이러한 조치가 기껏해야 진통제에 지나지 않았다. 새로운 법률이 프레디 맥과 패니 메이가 주택 담보부 증권 포트폴리오를 증가시켜 모기지 시장을 떠받치도록 허용했지만, 두 회사는 위험을 줄이려고 그러한 증권의 보유량을 오히려 축소시켰다. 그리고 법률이

"바주카포"를 암시하는 데도 불구하고, 외국 투자자들은 프레디 맥과 패니 메이 증권을 매입하기를 꺼렸다. 주택 담보부 증권 수요가 감소할 때에는 모기지 금리가 상승한다. 우리가 연방자금금리를 크게 인하했는데도 불구하고, 30년 만기의 모기지 고정금리는 2008년이 시작되었을 때에 5.5%에서 6.5% 주변을 맴돌고 있었다.

나는 더들리에게 뉴욕 연은의 대차대조표 상황을 설명해보라고 했다. 우리는 매우 중요한 문제로 입증될지도 모르는 문제에 직면해 있었다. 우리는 단기금리를 인플레이션을 억제하는 수준에서 유지하면서 금융기관과 시장에 긴급 대출을 계속 제공할 수 있을까? 우리의 정책 프레임워크의 두 가지 핵심 요소―금융 긴장을 완화하기 위한 대출과 단기금리의 설정―는 서로 충돌할 수 있었다.

연준이 증권이나 은행 대출을 담보로 잡고 대출을 제공하면, 대출을 받은 기관은 대출금을 시중은행에 예치한다. 그러면 시중은행은 이러한 예치금의 일부를 연준의 지급준비금 계좌에 예치한다. 은행이 지급준비금을 많이 보유하면 다른 은행에게서 돈을 빌릴 필요가 없어진다. 따라서 은행끼리 단기대출에 부과하는 금리―연방자금금리―가 떨어지게 된다.

그러나 FOMC는 통화정책의 수단으로 바로 이러한 단기금리를 목표로 한다. 상쇄를 위한 조치가 없다면, 우리가 제공하는 긴급 대출은―은행이 연준에 예치한 지급준비급이 증가함으로써―연방자금금리와 그밖의 단기 금리를 하락시키는 작용을 하게 된다. 4월 이후 우리는 고용 촉진과 물가안정목표 간의 균형을 잡기 위해서 연방자금금리를 2%―내가 생각하기에 적절한 수준―로 설정했다. 우리는 긴급 대출을 계속 제공하고, 이와 동시에 연방자금금리가 2% 아래로 떨어지지 않도록 해야 했다.

지금까지 우리는 긴급 대출 1달러에 대하여 우리가 가진 자산에서 1달러 가치의 국채를 판매하는 방식으로 이렇게 잠재된 불일치를 성공적으로 해결해왔다. 국채의 판매는 은행 시스템에서 지급준비금이 빠져나가도록 하여 우리의 대출로 인한 지급준비금의 증가를 상쇄시켰다. 불태화 정책(不胎化 政策, sterilization)이라고 알려진 이러한 과정은 단기금리를 우리가 원하는 수준으로 유지하면서 우리의 필요에 따라서 대출을 제공할 수 있도록 해준다.

그러나 우리는 이 방법을 무한정 사용할 수는 없었다. 우리는 이미 우리가 보유한 국채의 상당 부분을 판매했다. 우리가 제공하는 대출이 계속 증가하면—그리고 우리가 제공하는 대출에 대한 잠재적인 수요가 때로는 무한대에 가깝다면—우리가 보유한 국채는 동이 나서 불태화 정책이 실행 불가능해진다. 이 순간부터 추가되는 대출은 은행의 지급준비금을 증가시키고, 우리는 금리에 대한 통제력을 상실하게 된다. 우리는 이러한 상황을 크게 우려했고, 바로 이러한 우려가 대출 프로그램에서 확대되는 모습을 불편하게 바라보던 FOMC 위원들에게 또 하나의 공격 수단을 제공하게 되었다.*

더들리의 현황 보고에 이어 데이비드 윌콕스가 발표했다. 윌콕스는 부시 행정부의 일시적인 감세정책이 올해 초에 경제가 약간 성장하는 데에 도움이 되었지만, 고용지표가 악화되고 금융 혼란이 다시 일어나서 2008년 후반기 성장률이 0.5% 혹은 이에 조금 못 미칠 것으로 예상했다. 특히 걱정스러운 것은 우리가 분기별로 은행 대출 상담원을 대상으로 하여 설문 조사한

---

* 재무부는 우리가 이러한 딜레마를 해결하는 데에 채권시장에서 자금을 모집하고 수익금을 연준에 예치하는 방식으로 어느 정도 도움을 주었다. 재무부의 금융 보완 프로그램(Supplementary Financing Program, SFP)은 민간 부문에서 현금을 끌어들여 우리가 은행의 지급준비금을 증가시키지 않고도 긴급 대출을 위한 자금을 동원할 수 있도록 했다. 그러나 SFP는 프로그램 규모가 변하고, 정부가 법으로 정한 채무 한도에 가까워지면 축소된다. 따라서 이 프로그램은 우리의 문제에 대한 믿을 만한 해결 방안은 아니었다. 그리고 독립적인 중앙은행 구성원으로서, 우리는 통화정책을 세우는 데에 재무부의 도움에 의존하고 싶지 않았다.

바에 따르면, 은행이 특히 주택 담보 대출의 경우에는 대출 기준을 크게 강화하고 있다는 것이었다. 이사회 이코노미스트들은 지난 4월에 이미 경제가 침체에 진입했거나 곧 진입하게 될 것이라고 예측했다.

한편, 우리는 인플레이션에 대한 우려를 완전히 떨쳐버릴 수 없었다. 원유 가격은 배럴당 지난 7월에 145달러라는 최고 기록을 수립하고는 120달러로 떨어졌다. 그러나 이사회 이코노미스트들은 2분기 물가상승률이 3.5%라는 사실을 여전히 불편하게 여겼다. 그들은 가격 등락이 심각한 식료품과 에너지 가격을 제외하더라도 물가상승률이 2.5% 정도가 될 것으로 예상했는데, 이마저도 FOMC 위원 대다수가 받아들이기에는 높은 수치였다. 다른 나라의 중앙은행가들과 마찬가지로 우리는 항상 가계와 기업이 물가안정에 대한 우리의 공약을 더 이상 믿지 않게 될 가능성을 걱정한다. 실제로 유럽 중앙은행은 불과 한 달 전에 인플레이션 위험을 감지하고는 성장률이 둔화되고 금융 긴장이 지속되는 데도 불구하고 금리를 인상했다. 그럼에도 나는 금융 긴장이 성장과 고용에 미치는 악영향을 우려하는 위원들의 편을 들었다. 우리는 금리를 그대로 두고 추이를 계속 지켜보기로 했다. 댈러스 연은 행장 리처드 피셔만이 연방자금금리를 즉각 인상할 것을 주장했고 반대 의견을 제시했다.

표결 결과는 좋게 나왔다. 그러나 10대 1은 떠오르는 매파의 입지를 위원회가 제대로 반영하지 않은 것이었다. 나는 다음 날 도널드 콘에게 보내는 이메일에서 내 심정을 이렇게 토로했다. "저는 경제와 금융 시스템이 위태로운 상황에 있고 인플레이션/일용품 압박이 완화되는 데도 긴축이라는 무리한 의견을 내세우는 사람들을 설득해야 하는 입장입니다." 이 편지의 주제 문장은 "WWGD?—("그린스펀이라면 어떻게 했을까?"(["What Would Greenspan Do?"])—였다. 이사회 총재가 되기 전에도 그린스펀의 가장 가까운 측근이었던 도널드는 주어진 상황을 고려하면, 내가 FOMC를 기대만큼이나 잘 이끌어가고 있다는 말로 나를 안심시켰다. 그는 "불평이 위원회의 대다수 의견을 나타내고 있는지는 분명하지 않아요"라고 썼다. 그리고 그는 그린스펀 시절에도 일이 항상 원만하게 처리되었던 것은 아니었다고 말했다. 거장은 1987년 반대 의견이 없던 3개월이라는 밀월 기간이 끝나고는 21차례의 회의에서 19차례나 반대 의견에 부딪혔다고 한다.

아슬아슬한 표결이 자주 나타나는 입법부나 사법부를 관심을 가지고 지켜보는 사람이라면, 내가 FOMC—표결권을 가진 사람은 기껏해야 12명—에서 몇몇 반대자가 등장하는 상황에 대해서 우려하는 모습이 이상하게 여겨질 것이다. 그러나 FOMC 전통은 만장일치에 근거한 의사결정을 요구한다. 그리고 이러한 맥락에서 "반대표"는 의견이 다르다는 사실을 강력하게 보여주는 방식이다. 대부분의 외국의 중앙은행들은—총재가 때로는 표결에서 밀리는 영국은행처럼—예외는 있더라도, 단합된 모습을 보여주기 위해서 노력한다. 중앙은행이 금융 시스템—그리고 확대 해석하면 경제 전체—에 영향을 미치는 역량의 일부는 중앙은행이 일관성이 있는 정책 경로를 따를 것이라는 시장의 믿음에 달려 있다. 나는 반대표가 많다는 사실이 우리에 대한 믿음을 손상시키지는 않을까를 걱정했다.

워싱턴에서 8월은 대체로 느슨하게 움직이는 계절이다. 의회는 휴회에 들어가고, 연방 기관 공직자들은 휴가를 떠난다. 그러나 연준은 작년 8월과 마찬가지로 2008년 8월도 바쁘게 움직였다. 나는 가끔은 워싱턴 내셔널스 경기를 보려고 했지만, 휴가를 떠날 생각은 전혀 하지 못했다. 금융위기가 심화되면서, 야구는 내가—적어도 몇 시간 동안—휴식을 취하는 몇 가지 방법 중의 하나였다. 2005년에 몬트리올 엑스포스가 워싱턴으로 연고지를 옮겨 워싱턴 내셔널스가 되고 나서, 나는 내셔널스의 열렬한 팬이 되었다. 유감스럽게도 나는 스마트폰을 꺼놓을 수가 없기 때문에, 때로는 전화를 받으려고 야구장에서 조용한 구석을 찾아야 했다. 어느 일요일 오후에는 야구장 응급 의료 구역에서 도피처를 찾았다. 내가 낮은 목소리로 통화하자, 간호사 2명이 나를 이상한 눈빛으로 쳐다보았다.

8월 6일에는 케빈 워시가 패니 메이 CEO 대니얼 머드와의 조찬 만남을 보고했다. 3분기에는 "절망적인"— 시장의 예상보다 3배에 달하는 손실— 상황이 예상된다는 내용이었다. 머드는 얼마 전까지만 해도 목소리에 자신감이 배어 있었지만, 이번에는 그와는 다르게 자본 부족을 걱정했다. 나는 우리 감독관을 통해서 프레디 맥도 마찬가지로 비록 딕 사이런이 자본 55억 달러를 확충할 예정이라고 계속 주장하더라도 엄청난 손실을 보고할 예정이라고 얘기를 들었다.(패니 메이도 74억 달러를 확충할 예정이라고 밝혔지만, 실현 불가능한 일이었다.) 8월 11일에는 폴슨 장관과 재무부 관리들이 프레디 맥과 패니 메이 문제를 논의하려고 에클리스 빌딩으로 왔다. 그날 빌 더들리를 비롯하여 뉴욕 연은 간부들은 전화로 회의에 참여했다. 7월의 개혁 조치에도 불구하고 프레디 맥과 패니 메이는 앞으로의 손실을 부담할 자본이 부족했다.

7월 법률에는 연준이 프레디 맥과 패니 메이의 새로운 규제기관인 연방주택금융감독청과 두 회사의 재무 상태에 관하여 협의해야 하는 조항이 있었다. 8월 14일 도널드, 케빈, 나는 우리 측의 감독관들과 함께 연방주택금융감독청 제임스 록하트 청장과 그의 직원들을 만나 이번 여름에 합의했던 비공식적인 협의 기구를 만들 계획을 의논했다. 나는 록하트라는 사람이 마음에 들었다. 그는 사회보장국(Social Security Administration) 최고운영책임자 출신으로 가장 신뢰할 만한 사람이었다. 그리고 그는 지금까지 프레디 맥과 패니 메이의 자본금이 부족하다는 사실을 끊임없이 지적해왔다. 하지만 그는 틀림없이 프레디 맥과 패니 메이에 대한 우려와 직원들의 특권을 지켜주려는 기관장의 일반적인 성향 사이에서 마음고생이 심했을 것이다. 대체로 나는 다른 기관들이 자기 세력권에 관해서 우려할 때에는 이해심을 가지고 대처하는 편이다. 그렇게 하는 것이 협력을 증진하고 결국에는 득이 되는 경우가 많았기 때문이다. 그러나 프레디 맥과 패니 메이의 상황은 날이 갈수록 악화되었다. 케빈 워시는 이메일에서 이렇게 적었다. "프레디 맥과 패니 메이는 오랫동안 자본이 부족하고 내부적으로도 기능 장애와 혼란을 겪는 상황이기 때문에, 제가 느끼기에는 이 두 회사가 언제라도 파산할 것 같습니다."

프레디 맥과 패니 메이의 문제는 취약한 금융시장을 더욱 취약하게 만들었고, 주택시장에서 회복에 대한 희망을 짓밟아버렸다. 우리에게는 예외적인 권한을 발동하지 않고도 프레디 맥과 패니 메이가 보증하는 주택 담보부 증권을 매입할 권한이 있었다. 그리고 나는 빌 더들리에게 주택 부문을 지원하기 위한 일환으로 그 권한을 행사해야 하는지를 물어보았다. 더들리는 처음에는 회의적이었다. 우리가 프레디 맥과 패니 메이의 증권을 효과적으로 매입하여 관리하기란 기술적으로 쉽지 않을 수 있었다. 그리고 (그가 FOMC 회의에서 설명했듯이) 우리는 통화정책을 여전히 관리하면서 증권을 계속 매입하기에는 재무적으로 여력이 얼마 남지 않았다. 그러나 그는 나의 제안을 검토하기로 했다.

그해 여름에 우리의 감시망에 걸린 대형 금융기관은 인디맥, 프레디 맥, 페이메이뿐만이 아니었다. 우리는 워싱턴 주의 시애틀 시에 있는 모기지 대부업체 워싱턴 뮤추얼(Washington Mutual)의 동향도 주시하고 있었다. 워싱턴 뮤추얼의 주요 감독기관은 저축기관감독청이다. 워싱턴 뮤추얼이 재할인창구 대출을 신청할 경우에는 샌프란시스코 연은과 마찬가지로 예금보험기관인 연방예금보험공사도 이 회사를 조사하게 된다.

워싱턴 뮤추얼은 시애틀 지역 산업 전체를 파괴했던 대형 화재 이후의 복구 작업을 지원하려는 목표하에서 1889년에 설립되었다. 이 회사는 그 다음 세기에 수차례 상처를 입고도 살아남았다. 예를 들면, 대공황 당시의 뱅크런에서도 살아남았고, 1980년대 저축대부조합의 위기에도 실패를 비웃기라도 하듯이 살아남았다. 1980년대에 워싱턴 뮤추얼이 얻은 교훈은 장기적인 생존 능력은 성장과 다각화를 요구한다는 사실이었다. 이 회사는 성장과 다각화를 주로 다른 기업을 인수하는 방식으로 달성했다. 주식 애널리스트 출신의 워싱턴 뮤추얼 CEO 케리 킬링거만큼이나 이러한 철학을 신봉하는 사람은 없었다. 가지런히 빗어넘긴 갈색 염색 머리가 사람들의 눈길을 끄는 데다 "에너자이저 뱅커"라는 별명을 가진 그는 1990년 마흔 살의 나이에 워싱턴 뮤추얼의 CEO가 되었다. 그는 일련의 주목할 만한 인수합병 과정을 거치면서 워싱턴 뮤추얼을 미국 제일의 주택 모기지 업체로 도약시켰고, 컨트리와이드에 이은 미국 제2의 모기지 업체로 만들었다. 나는 연방준비법에 따라 연준 이사회에 자문을 제공하기 위해서 창설된 연방자문위원회(Federal Advisory Council, 각 연은 관할 지역에서 활동하는 은행가 1명이 포함되어 있다) 회의에서 그를 우연히 만난 적이 있었다. 케리 킬링거는 이처럼 조용한 회의에서도 자신의 에너지와 단호한 태도를 유감없이 드러냈다.

성장 속도가 지나치게 빠르면, 위험할 수가 있다. 2004년 초에는 저축기관감독청이 워싱턴 뮤추얼이 그처럼 많은 인수업체들을 충분히 통합할 수 있을 정도로 성장하고 있는지에 대해서 우려를 표했다. 설상가상으로 워싱턴 뮤추얼은 성장 전략의 일환으로 서브프라임 모기지 대출에 뛰어들었다. 그리고 곧 엄청난 손실을 입기 시작했다. 2008년 3월에는 우리 감독관들에게서 워싱턴 뮤추얼이 회사 매각을 포함하여 가능한 조치를 논의하기 위해서 긴급 이사회를 소집했다는 보고가 들어왔다. 그 이사회는 리먼 브라더스에게 매수자를 찾는 작업의 지원을 의뢰했다.

2008년 여름에는 워싱턴 뮤추얼의 생존 자체가 의문시되었다. 그럼에도 저축기관감독청은 워싱턴 뮤추얼의 문제가 심각하기는 해도 관리가 가능하다고 믿었다. 저축기관감독청보다는 보수적으로 생각하는—예금보험 자금에 발생하는 어떠한 위험에 대해서도 항상 민감하게 반응하는—연방예금보험공사는 개입을 결정했다. 우리는 연방예금보험공사 편을 들었다. 나는 저축기관감독청이 고객을 지나칠 정도로 보호하고 금융 시스템 전반에 미치는 위험을 충분히 고려하지 않아서 걱정이 되었다. 나는 8월 2일 존 라이시에게서 킬링거가 자리에서 물러날 것이라는 이야기를 듣고는 다행스럽게 생각했다. 그 말은 저축기관감독청이 결국 문제를 심각하게 바라보고 있다는 소리처럼 들렸다.

도널드 콘은 워싱턴 뮤추얼을 계속 주시하면서 수시로 보고했다. 존 라이시가 이끄는 저축기관감독청과 실라 베어가 이끄는 연방예금보험공사 간의 긴장 관계는 계속되었다. 베어는 워싱턴 뮤추얼이 인수자—가능하다면 한두 곳 이상—를 적극적으로 찾아보기를 원했다. 그렇게 해야만 워싱턴 뮤추얼이 합당한 가격에 팔리고 연방예금보험공사에게 지출을 발생시키지 않을 수 있었다. 베어는 저축기관감독청에게 자기가—만일의 경우에 대비하여—웰스 파고와 JP모건에 인수 의사를 타진할 것이라고 알렸다. 그러나 도널드의 보고에 따르면, 저축기관감독청 직원은 이에 "격분하여" 연준과 연방예금보험공사를 "JP모건의 앞잡이"라고 비난했다고 한다. 결국 베어는 잠시 뒤로 물러섰다.

8월 후반기가 되어 잭슨 홀 회의가 다가왔다. 그해에는 많은 사람들이 나의 강연 내용에 촉각을 곤두세우고 있었다. 나는 이사회 직원들과 총재들에게 원고를 성가실 정도로 여러 번 읽어보도록 부탁했다. 나는 강연 내용이 매우 높은 수준의 불확실성을 인정하면서도 통화정책의 로드맵을 전달하기를 원했다.

8월 21일 목요일에는 컨퍼런스 참가자 중에서 선택된 사람들이 잭슨 레이크 로지에 모였다. 8월에도 정상에는 여전히 눈이 덮인 그랜드 티턴의 장관은 언제나 경외심을 주기에 충분했다. 또한 옛날과도 달라진 것은 없었다. 하늘을 향한 접시 모양의 위성 안테나를 장착한 언론 차량, 인터뷰를 위해서 테라스에 설치된 텐트, 산을 배경으로 서서 카메라를 향해 말하는 텔레비전 리포터.

연준 기술자들은 예전과 마찬가지로 회의실에 인포메이션 센터를 설치했다. 워시, 가이트너, 콘과 나는 공식 회의장을 수시로 빠져나와 최근의 시장 동향과 프레디 맥과 패니 메이의 움직임을 논의했다. 우리는 남들의 눈에 띄지 않으려고 회의장을 따로 빠져나왔다. 또한 나는 외국의 중앙은행가들과도 만나서 사태의 진전 상황을 알리고 그들의 생각과 관심사를 들었다.

프레디 맥과 패니 메이에 관한 뉴스는 좋지 않았다. 연준과 통화감독청 감독관들은 두 회사에 대한 현실적인 평가는 그냥 파산하도록 내버려두는 것이 좋다는 데에 뜻을 같이 했다. 투자은행 모건 스탠리가 보낸 팀이 재무부를 대신하여 프레디 맥과 패니 메이의 회계장부를 검토했는데, 비슷한 결론에 이르렀다. 개입이 필요하다면, 가장 가능성이 높은 대안은 재산관리제(파산), 그렇지 않으면 파산의 대안으로 두 회사가 규제기관의 감독하에서 영업을 계속하는 정부관리제가 될 것이었다.

금요일 오전에, 나는 지속적인 금융 긴장, 악화 일로의 경제, 인플레이션의 확대가 "내가 기억하기로는 가장 어려운 경제 정책 여건"을 조성하고 있다는 말로 강연을 시작했다. 나는 시장이 안정적인 통화정책을 기대하도록 노력했다. 우리는 경제를 뒷받침하려고 통화팽창 정책을 계속 유지했다. 그러나 물가안정을 위해서 필요한 조치도 취했다. 또한 나는 우리가 베어 스턴스 사태에 개입한 이유, 미래의 위기를 예방하기 위한 계획을 설명했다. 예전과 마찬가지로, 나는 금융규제는 지금의 단편적인 규제와 감독이 놓칠 수 있는 위험과 약점을 탐지할 수 있도록 시스템 전반에 걸쳐 더욱 체계적으로 추진되어야 한다고 주장했다.

내 강연이 끝나고는 그 다음 강연자들은 주로 금융위기의 원인과 결과에 집중했다. 예일 대학교의 게리 고튼 교수는 우리는 금융 패닉을 19세기와 20세기 초반의 패닉과 세부적으로는 다르지만, 구조적으로는 비슷하게 바라보고 있다고 주장했다. 나는 이에 동의했다. 사실 우리는 패닉에 대한 우리의 조치를 최종 대부자라는 고전적인 중앙은행의 역할을 수행하는 것으로 생각했다. 다른 강연자들과 컨퍼런스 참석자들은 그다지 관대한 시각을 가지지 않았다. 우리가 베어 스턴스 사태에 개입한 것은 좋은 비난거리가 되었다. 몇몇 참석자들은 거대 금융기업을 파산하도록 내버려두는 것이 금융 시스템에 좋은 일이라고 주장했다. 런던정경대학의 윌렘 뷰이터는 우리의 통화정책과 대출 프로그램을 무자비하게 공격했다. 주로 지나친 통화팽창 정책은 심각한 인플레이션을 초래한다는 내용이었다. 나는 미셸 스미스와 데이브 스키드모어에게 보낸 이메일에서 농담 반 진담 반으로 뷰이터와 내가 내년의 물가상승률을 두고 공개적으로 내기를 할 계획이라고 했다. 그들은 내 생각을 극구 말렸다.(그러나 내기를 했더라면 내가 이겼을 것이다.) 컨퍼런스에서 경제나 지금까지 우리가 취한 조치에 관해서는 어떤 합의도 없었다. 그리고 앞으로 전개될 상황에 관해서도 뚜렷한 의견이 나오지 않았다.

나는 금요일 밤에 다른 컨퍼런스 참석자와 함께 전 세계은행 총재이자 폴 볼커의 사업 파트너인 제임스 울펀슨의 집에서 열리는 저녁 식사 모임에 참석했다. 우리는 지난 이야기를 나누었다. 울펀슨은 참석한 사람들에게 지금 우리가 겪는 일이 미래의 경제학 교과서에서 한 장을 차지할 것인지, 각주를 차지할 것인지를 물어보았다. 대다수가 각주를 차지할 것이라고 생각했다. 나는 답변을 사양했다. 그러나 나는 지금도 여전히 각주가 될지도 모른다는 실낱같은 희망을 걸어본다.

9월 1일 노동절이었다. 그러나 프레디 맥과 패니 메이의 상황이 긴급하게 돌아갔기 때문에 우리는 휴일에도 일을 했다. 재무부, 연준, 연방주택금융감독청 대표들은 사흘간의 연휴 동안 계속 3층에 있는 재무부 장관실 맞은편의 대형 컨퍼런스 룸에서 만났다. 편안한 복장의 관계자들이 그곳을 드나들었다. 연준에서는 나를 포함하여 도널드 콘, 케빈 워시, 스콧 알바레스가, 그리고 연준에서 프레디 맥과 패니 메이의 회계 검토를 담당했던 은행감독관 팀 클라크가 출근했다.

재무부는 군사령부 상황실이라고 표현해도 좋을 것 같았다―결국 의회는 폴슨 장관에게 바주카포를 선물했다. 폴슨 장관은 쟁점을 옮겨가면서, 해결 방법과 더욱 치밀한 분석을 재촉할 때에, 나는 왜 그가 유능한 CEO인지를 알 수 있었다. 폴슨 장관은 마치 적지에서 기습공격을 계획하는 장군처럼―우리가 논의하는 대상에 대해서 서투른 비유가 아니기를 바란다―우리가 모든 가능성을 염두에 두고 있는지를 확인하려고 했다. 우리는 우리가 프레디 맥과 패니 메이를 장악하는 것이 그 회사들의 조직을 안정시키기위한 유일한 방법이라고 믿었다. 주말에 사전 통보나 귀띔도 없이 그렇게하는 것은 상당히 어려울 것 같았다. 그러나 폴슨 장관은 재무부와 연준관리들에게 두 회사를 인수한 이후에 어떻게 효과적으로 경영할 것인가를검토하도록 지시했다. 변호사들은 우리들에게 인수 방법에 관해서 설명했고, 우리는 프레디 맥과 패니 메이의 부채와 그들이 보증한 주택 담보부증권을 재무부가 보증하는 방식을 두고 논의했다. 고민해야 할 사항은 그것말고도 많았다. 프레디 맥과 패니 메이가 다른 기관에 의한 인수를 거부하면 어떻게 할 것인가? 그들이 저항한다면, 법적으로 불확실한 기간에 어떠한 피해가 발생하는가? 우리가 두 회사가 주요 직원을 계속 보유하도록 하려면, 어떤 조치를 취해야 하는가?

인수에 따른 파급 효과는 예상하기 힘들었다. 예를 들면, 소형 은행들은 프레디 맥과 패니 메이 주식을 엄청나게 많이 보유하고 있었고, 나는 그런 주식의 가치를 더욱 떨어뜨리면 지역 은행의 파산을 초래할지도 모른다고 생각했다. 나는 우리 직원들에게 지역 은행들이 프레디 맥과 패니 메이 주식을 얼마나 보유하고 있는지를 추정해보라고 지시했다. 그러나 데이터가 한정된 관계로 그들의 내놓은 추정치는 어림짐작으로 계산한 값들이 많았다.

작업은 주중에도 계속되었다. 재무부, 연준, 연방주택금융감독청 팀은 9월 4일 목요일 오전 8시에 다시 회의를 소집했다. 팀 클라크 팀은 프레디 맥과 패니 메이가 사실상 파산 상태라는 사실을 다시 한번 확인했다. 통화감독청과 모건 스탠리에서 온 외부 컨설턴트들도 생각이 일치했다. 이제 바주카포를 쓸 때가 되었다. 폴슨 장관, 제임스 록하트, 나는 프레디 맥과 패니 메이 CEO와 간부진을 만나기로 결정했고, 각자가 해야 할 말들을 정리하기 시작했다.

다음 날 백악관과 재무부에서 한 블록도 채 떨어지지 않은 연방주택금융감독청 본사의 별로 좋은 느낌을 주지 않는 컨퍼런스 룸에서 최종 결말을 짓기로 했다. 우리는 그날 회의가 외부에 알려지지 않도록 했다. 「월 스트리트 저널」 기자 다미안 팔레타가 내가 연방주택금융감독청 정문으로 들어가는 모습을 포착할 때까지는 말이다. 그는 「월 스트리트 저널」의 금융면에 회의 소식을 알렸다. 폴슨 장관이 미국 정부가 두 회사를 정부관리 체제로 전환할 것이라고 말하자, 대니얼 머드와 딕 사이런은 당황한 빛이 역력했다. 재산관리제가 아닌 정부관리제는 두 회사가 주택시장을 지탱하는 중요한 역할을 계속 수행하는 것을 의미했다. 또한 정부관리제는 세계 금융시장에서 패닉이 발생하지 않도록 프레디 맥과 패니 메이의 채권과 주택 담보부 증권의 보유자들을 보호하게 된다. 재무부는 두 회사의 파산을 방지하기 위해서 자본을 투입한다.

그 다음에는 내가 발언했다. 나는 경제 상황의 심각성과 주택시장과 금융시장을 안정시켜야 할 국가적 과제를 강조했다. 시장은 두 회사의 지급 능력을 의심하고 있었고, 여기에는 그만한 이유가 있었다. 우리는 프레디 맥과 패니 메이의 불확실성을 제거하여, 금융시장이 더 이상 불안을 느끼지 않도록 해야 했다. 이와 함께, 미국 주택시장의 안정을 위해서도 두 회사는 계속 남아서 영업을 해야 했다. 다음은 록하트 차례였다. 그는 자신이 파악한 구체적인 내용과 앞으로 연방주택금융감독청이 취하게 될 조치들을 자세히 설명했다. 폴슨 장관은 두 CEO들에게 이사회를 개최하여 회사가 인수될 예정이라는 사실을 전하라고 했다. 폴슨 장관의 말은 설득력이 있었고, 머드와 사이런은 아무런 저항을 하지 않았다.

우리는 두 회사의 CEO들을 교체하기로 결정했다. 폴슨 장관이 금융 서비스 산업에서 평생 동안 쌓아온 인맥이 빛을 발했다. 일요일에 패니 메이의 머드가 물러난 자리에 메릴 린치의 베테랑이자 미국 교직원연금보험 이사장으로 재직 중인 허브 앨리슨이 취임할 예정임을 알렸다. 사이런의 후임으로는 미니애폴리스 소재 US 뱅코프의 데이비드 모펫 부회장이 들어왔다. 폴슨 장관은 앨리슨과 모펫에게 그 일은 공공 부분에서 경험을 쌓을 수 있는 기회가 될 것이라고 생각했다.

최초의 충격이 가시고 나서, 의회 의원들을 포함해서 많은 사람들이 인수 결정을 높이 평가했다. 외국의 중앙은행을 포함하여 투자자들은 프레디 맥과 패니 메이가 발행한 채권과 그 회사들이 보증하는 주택 담보부 증권에 대한 미국 정부의 암묵적인 보장이 명시적으로 나타나는 모습에 안심했다. 또한 재무부는 연준이 제공하는 여신한도를 요구하지 않도록, 주택 담보부 증권을 소량 구매하고 프레디 맥과 패니 메이에 유동성을 보장할 예정이라고 밝혔다.(우리는 사전 예방의 일환으로 이러한 여신한도를 사용하지는 않더라도 계속 존치시킬 것이었다.) 투자자들은 프레디 맥과 패니 메이가 보증하는 주택 담보부 증권을 더욱 안심하고 보유하게 되었다. 그리고 이후 2주일 동안 모기지 금리도 0.5% 떨어졌다. 그러나 프레디 맥과 패니 메이 주식가격은 제로 수준에 가까워졌다. 우리의 예상대로, 프레디 맥과 패니 메이의 주주들 중에는 소형 은행들이 상당히 많았다. 그리고 우리는 소형 은행들이 적절한 자본을 확보하도록 그들 은행의 감독기관의 협력을 약속해야 했다.

전 연준 이사회 의장 폴 볼커는 당시 언론과의 인터뷰에서 진행 상태를 다음과 같이 적절하게 요약했다. "내가 경험했던 금융위기 중에서 이번 위기는 가장 복잡하게 얽혀 있습니다. 그리고 나도 재임 시절에 그런 위기를 몇 차례 경험했습니다." 과거에 볼커는 재임 시절에 1982년 개발도상국의 외채 위기를 비롯하여 1984년 미국 역사상 가장 대규모의 은행 파산(그다지 오래가지 못한 기록이었다)이라고 할 수 있는 컨티넨탈 일리노이의 파산에 이르기까지 몇 차례의 금융 혼란을 처리한 적이 있었다.

12

리먼 : 댐이 무너졌다

⋮

2007년과 2008년의 재난을 겪은 기업 중에서 리먼 브라더스—남북전쟁 이전의 남부로 그 기원이 거슬러올라가는 유서 깊은 투자은행—만큼이나 위기의 쟁점 혹은 상징이 될 만한 기업은 없었다.

리먼은 1850년 면화 중개업을 하는 유대인 삼형제(헨리, 이매뉴얼, 메이어)에 의해서 설립되었다. 그들은 독일의 바이에른을 떠나 앨라배마 주 몽고메리로 이민을 왔다. 이들 삼형제는 1868년 뉴욕으로 본사를 옮겨서, 그곳에서 뉴욕 면화 거래소의 설립 작업을 지원했다. 20세기 초반, 리먼은 항공에서 영화에 이르기까지 미국의 떠오르는 산업의 성장기업에게 자금 조달을 주선하는 투자은행으로 주력 사업을 바꾸었다. 리먼 집안은 뉴욕 정계에서도 중요한 역할을 했다. 메이어의 아들 허버트 리먼은 프랭클린 루스벨트가 뉴욕 주지사 재임 때에 부지사로 일한 적이 있었다. 그리고는 1933년 루스벨트가 대통령이 되었을 때에 그의 뒤를 이어 주지사가 되었다.

1984년 아메리칸 익스프레스가 리먼을 인수한 뒤에 개인 투자자를 상대로 증권 중개업을 하던 시어슨과 합병하여 시어슨 리먼을 설립하자 리먼은 종말을 고하는 듯했다. 그러나 시어슨 리먼과 모기업 임원진 간의 수년에 걸친 다툼이 있은 뒤, 1990년 아메리칸 익스프레스는 해당 사업부에 리먼 브라더스라는 상호를 회복시켜 1994년에는 독립 기업으로 분사시켰다.

리먼의 과거의 영화를 회복하는 책임은 1969년 리먼 브라더스에 기업어음 트레이더로 입사한 새로운 CEO 리처드 펄드에게 주어졌다. 움푹 패인 눈매에 다혈질인 데다가 경쟁심으로 똘똘 뭉친 강단 있는 펄드(별명 : 고릴라)는 투자은행가의 전형이라고 할 수 있는 점잖은 이미지와는 정반대의 인상을 풍겼다. 그러나 그는 자신이 정한 목표는 무엇이든지 성취했고, 회사의 수익을 몇 배나 올려놓았다. 그는 9/11 테러 당시에 세계금융 센터 3동 본사가 파괴되었지만, 최대의 라이벌인 모건 스탠리에게서 맨해튼에 위치한 빌딩을 매입했다. 그리고 한 달 안에 리먼은 다시 일어나서 앞을 향해 달려가기 시작했다. 2006년 「포춘」지는 리먼은 지난 10년 동안 "가장 위대한 발전"을 이룩한 기업으로 평가했다. 「포춘」지는 "펄드는 리먼을 너무나도 완벽하게 쇄신하여 CEO라기보다는 설립자에 가까웠다"라고 썼다. 2008년 여름 현재, 펄드는 주요 월 스트리트 기업의 CEO 중에서 가장 오랫동안 재임한 CEO였다.

펄드가 회사를 위해서 헌신하는 모습은 내가 그를 만날 때나 대화를 나눌 때나 뚜렷하게 느낄 수 있었다. 그는 회사의 성공을 개인의 가치 실현으로 생각했다. 이와 같은 맥락에서, 리먼 주식을 공매도하거나 투자자들이 리먼 자산의 질에 대해서 의문을 제기하는 것은 그에게는 개인적인 모욕으로 여겨졌다.(실제로, 공매도는―주식의 가치가 올라갈 것으로 예상하고 주식을 매입하는 것과는 반대로―주식의 가치가 떨어질 것으로 예상하고 베팅하는 것이다.) 그러나 2008년 여름이 오면서, 펄드의 "가장 위대한 발전"은 종말을 고했다.

리먼 브라더스에게는 두 가지 문제가 있었다. 첫째, 비록 베어 스턴스에 비해 중요한 장점(JP모건이 베어 스턴스를 인수하기로 합의하던 주말에 도입된 프라이머리 딜러 대출창구를 통해서 연준으로부터 대출을 받을 수 있었다)이 있었지만, 베어 스턴스와 마찬가지로 이 회사는 주로 무보험 레포 시장에서 단기자금을 조달했다. 프라이머리 딜러 대출창구는 리먼 브라더스가 예상하지 못한 현금 유출에 대한 취약성을 감소시켰다. 그러나 시중은행을 대상으로 하는 재할인창구 대출과 마찬가지로, 프라이머리 딜러 대출창구도 오점을 남겼다.(어떠한 기업이라도 프라이머리 딜러 대출창구로부터 대출을 받아야 하는 상황을 인정하고 싶어하지 않는다.) 리먼은 3월과 4월에 7회에 걸쳐서 총 27억 달러를 프라이머리 딜러 대출창구로부터 대출을 받았지만, 이후에는 가까이 하지 않았다.

두 번째 문제는 더욱 근본적인 문제로서 5월 말 현재 6,390억 달러에 달하는 자산의 품질 문제였다. 펄드와 리먼 브라더스 임원진은 상업용 부동산, 레버리지 대출(이미 채무가 많은 기업에게 인수나 그밖의 투기적 사업을 가능하게 하는 대출을 제공하는 것)이나 주택 담보부 증권에 뛰어드는 등 금융위기 전의 월 스트리트 기준보다도 더욱 강력한 공격적인 경영을 펼쳤다. 이러한 과정에서 그들은 기업이 정해놓은 위험 관리지침을 무시했다. 엄청난 수익이 발생했고 임원들은 보너스를 두둑이 챙겼다. 그러나 부동산 시장이 무너지면서, 부동산 자산가치가 곤두박질쳤다. 물론 다른 기업들도 손실을 보았지만, 리먼 브라더스의 손실은 특히 심각했다. 그리고 리먼 브라더스의 경우에는 자본금과 현금 보유량이 다른 기업에 비해 적었다. 더구나 펄드와 임원진들은 회사 사정이 나빠지고 있다는 사실을 인정하지 않으려는 것처럼 보였다. 동종 업계의 다른 기업들과 비교할 때에 리먼 브라더스는 문제가 되는 부동산 자산의 가치를 나중에 가서야 낮게 평가했다. 투자자들과 경쟁사들은 헤지 펀드인 그린라이트 캐피털의 역투자(逆投資) 매니저인 데이비드 아인혼과 같은 비판적인 사람들의 말을 듣고는 리먼 브라더스의 자산 가치에 대해서 점점 더 회의적인 생각을 가지게 되었다.

리먼 브라더스의 주요 자회사는 주로 증권 중개업체―증권을 매매하는 회사―인데, 이에 대한 감독기관은 증권거래위원회였다. 미국 법에 따르면, 리먼 브라더스의 모회사 리먼 브라더스 홀딩스는 증권거래위원회나 그 밖의 규제기관의 감독을 받지 않았다. 그러나 리먼 브라더스 홀딩스는 유럽에서 부과한 요건을 충족시키기 위해서, 자발적으로 증권거래위원회의 통합감독 프로그램에 의거하여 감독을 받기로 했다. 이처럼 자발적으로 받는 감독이 법이 요구하는 감독에 비해서 덜 엄격한 것은 당연한 일이다.

증권거래위원회는 진지하게 노력하는 데도 불구하고 투자은행을 감독하기에는 적합하지 않은 기관이다. 증권거래위원회는 주로 법을 집행하는 기관이다. 증권거래위원회 법률가들은 증권 중개업체가 고객 계좌의 자금을 횡령하지 못하도록 하거나 증권 상품에 관한 정보를 정직하게 공개하도록 요구하는 방식으로 법을 집행하고, 위반할 경우에 처벌한다. 그들은 기업 경영을 잘 하도록 감시하기 위한 존재가 아니다. 다시 말하면, 증권거래위원회는 연준 혹은 통화감독청처럼 감독관들이 은행의 전반적인 안전과 고객 보호 규정의 준수 여부를 감독하는 감독기관이 아니다.*

비록 연준은 투자은행에 대한 감독 책임이 없었고 실제로도 그런 권한이 없었지만, 우리는 베어 스턴스를 구제하고 나서 리먼에 접근할 수 있었다. 우리는 프라이머리 딜러 대출창구 제도를 시행한 뒤에 리먼이 우리에게 대출 신청을 원할지도 모르기 때문에 리먼에게 정보를 요청할 권한을 얻게 되었다. 더구나 증권거래위원회는 연준에 도움을 요청하고 있었다. JP모건 체이스가 베어 스턴스를 인수한 이후 뉴욕 연은 직원들이 증권거래위원회와 리먼과 수시로—하루에 세 차례—협의하고 있었다. 결국 우리는 소수의 은행 감독관들을 리먼을 비롯하여 그밖의 투자은행으로 보냈다. 처음에

---

* 2009년 1월 크리스 콕스의 후임으로 증권거래위원회 의장이 된 메리 샤피로는 2010년 3월 의회 증언에서 리먼 브라더스와 그밖의 투자은행들이 자발적으로 신청했던 감독을 증권거래위원회가 제대로 진행하지 못했음을 인정했다. 그녀는 이 프로그램은 "처음부터 인원이 충분히 배정되어 있지 않았고," 증권거래위원회의 "공개와 집행 기능"보다는 "은행 규제기관으로서의 접근을 위해서 더 많은 것을 요구했다"고 말했다.

는 증권거래위원회와의 관계가 순탄치 않았다. 연준 감독관들은 자신이 알게 된 정보를 주로 증권법의 집행을 담당하는 증권거래위원회와 공유하기를 꺼렸다. 왜냐하면 그런 정보를 공유하면, 투자은행 측에서 당연히 협력을 꺼릴 것이기 때문이었다. 7월 7일 나와 크리스 콕스가 행동의 원칙을 정해놓은 양해각서에 서명하자, 두 기관 간의 협력관계가 좋아졌다.

의심할 것도 없이 리먼은 자본을 원하고 있었다. 얼마나 원하는지는 결정하기가 어려웠다. 리먼 측과 리먼을 비판하는 측은 복합적인 투자에 대한 가치를 두고 견해 차이가 대단히 컸다. 투자자와 회계 기준을 정하는 사람들은 시가 평가방식을 더욱 광범위하게 적용할 것을 요구했다. 그러면 그 가치는 공개시장에서의 가격에 의해서 결정된다. 그러나 특정 회사에 개별적으로 빌려준 대출금과 같은 일부 자산에 대해서는 활발하게 움직이는 시장이 존재하지 않을 수도 있다. 혹은 그 시장이 존재하더라도 판매자와 매입자가 매우 소수일 수가 있다. 특히 패닉이 발생할 때에는 이처럼 소규모 시장에서의 가격은 신뢰성이 떨어진다. 때로는 가치평가는 결국 당신이 믿는 가정이 되고 말 것이다.

그럼에도 불구하고 가치평가에 관한 논쟁에서 투자자들이 리먼을 신뢰하지 않는다는 사실이 논란이 되지 않았다. 그러나 결국에는 이런 사실이 가장 중요했다. 특히 티머시 가이트너와 폴슨 장관은 베어 스턴스 사태가 일어나기 훨씬 이전부터 리먼의 생존 가능성을 우려했다. 그리고 폴슨 장관은 적어도 1년 동안에 걸쳐 자본 확충에 힘쓰도록 펄드를 압박했다. 베어 스턴스 사태가 종식되고 리먼의 신용등급이 여러 차례 하향 조정되자, 연준과 재무부는 펄드에게 신규 자본을 확충하거나 지분을 많이 투자하려는 파트너를 찾으라는 식으로 압박을 강화했다. 연준에서는 티머시가 펄드와의 연락을 담당했다. 티머시와 펄드는 3월부터 9월까지 전화 통화를 50여 차례나 했다. 그리고 펄드는 티머시에게 자신의 복안을 계속 알려주었다. 때로는 하루에 수십 번 전화를 하기도 하는 폴슨 장관도 펄드에게 수시로 통화했다. 폴슨 장관과 티머시는 펄드와의 통화 내용을 따져보고는 펄드가 수많은 옵션을 적극적으로 고려하면서도 자기 회사의 가치에 대해서는 현실적으로 파악하지 못하고 있는 것으로 생각했다.

리먼이 중간 규모의 시중은행이었다면, 문제는 간단했을 것이다. 펄드에게 자본을 확충하도록 요구하면 되었다. 리먼이 감독관의 요구에 따르거나 연방예금보험공사가 필요하다고 생각하는 경우에는 리먼을 인수하여 예금자에게 예금을 지급하면 그만이었다. 그러나 연준도 연방예금보험공사도 리먼을 인수할 권한이 없었다. 그리고 연방예금보험공사의 예금보험 기금은 리먼의 손실을 부담할 수 없었다. 법적으로 보면, 리먼이 신규 자본을 확충할 수가 없을 경우에, 정부의 유일한 대안은 리먼이 파산하도록 내버려두는 것이었다. 그러나 그것은 핵폭풍을 몰고온다. 리먼의 규모와, 리먼이 수많은 금융회사와 시장과 관련을 맺고 있는데다가 이미 투자자의 신뢰가 흔들리고 있는 상황을 생각하면, 리먼이 파산하도록 내버려두는 것은 금융 대혼란을 초래하는 일이었다.

6월 9일 월요일, 리먼은 28억 달러의 2분기 손실을 발표했지만(1994년 아메리칸 익스프레스로부터 떨어져나온 이후로 처음 기록하는 손실이었다), 신규 주식을 발행하여 자본금 60억 달러를 확충할 계획이라고 밝혔다. 도널드 콘은 나에게 신규 자본이 "적어도 당분간은 상황을 안정시켜줄 것"이라고 말했다. 그는 "그러나 그보다 더 심각한 문제가 있습니다"라고 경고했다. 거대한 손실이 갑작스럽게 발생하면, 리먼에 대한 신뢰가 손상되어 혹시 리먼이 다른 것을 숨기고 있는 것은 아닐까 하는 의문을 품게 될 것이었다. 도널드는 "헤지 펀드 투자가"에게서 월 스트리트는 리먼이 조만간 파산할 것이라는 조짐이 있다는 말을 들었다고 했다. 그는 이메일에서 "문제는 리먼이 파산할 것인가가 아니라 언제 어떻게 파산할 것인가에 있습니다"

라고 적었다. 나는 다시 한번 자기충족적인 예언을 걱정했다. 리먼의 생존 가능성에 대한 우려가 널리 퍼지면, 다른 회사들은 리먼과의 거래를 중단하게 되고 리먼은 회복이 불가능한 상태가 될 것이다.

우리는 리먼이 레포 시장에 접근이 어렵더라도, 얼마 동안에는 자금을 스스로 조달할 수 있도록 현금과 유동성 자산을 충분히 보유하기를 원했다. 지난 5월에는 뉴욕 연은과 증권거래위원회는 독립적인 투자은행 네 곳(골드만 삭스, 모건 스탠리, 메릴 린치, 리먼)에서 뱅크런과 같은 상황을 버텨낼 수 있는 능력이 있는가를 공동으로 평가한 적이 있었다. 우리는 그들이 3월에 베어 스턴스와 같은 상황에서 살아남을 수 있을 정도의 충분한 유동성을 갖추고 있었는지를 살펴보려고 두 가지 가설상의 시나리오에 대하여 "스트레스 테스트"를 실시했다. 우리는 두 시나리오 중에서 하나를 "베어"—이는 베어 스턴스가 실제로 직면했던 스트레스를 의미했다—라고 불렀다. 다른 하나는 좀더 부드러운 시나리오를 의미하려고 "베어 라이트"라고 불렀다. 우리는 베어 스턴스의 경험을 되살려서 레포 채권자들이 담보물이 충분한 데도 자금을 인출하려고 하는 상황을 가정했다.

투자은행들 중에서 두 곳(모건 스탠리와 골드만 삭스)이 베어 라이트를 극복할 수 있을 정도의 유동성을 갖추고 있었지만, 베어 테스트를 통과한 투자은행은 없었다. 우리는 이들 투자은행에게 이 문제를 해결하도록 권고했다. 특히 리먼에게는 적어도 150억 달러 이상의 유동성 자산을 갖추도록 했다. 리먼은 7월 말까지 유동성 자산을 200억 달러 정도 늘리고, 부동산 일부를 매각할 예정이라고 보고했다. 그러나 나중에 밝혀진 바와 같이, 추가된 유동성 자산(상당 부분은 이미 담보물로 설정되어 있었다) 모두가 긴급한 상황에 동원될 수 있는 것은 아니었다. 그리고 리먼의 대손액이 커지면서, 지급 능력과 장기적 생존 능력에 대한 의문은 여전히 남아 있었다.

8월 하순, 펄드는 리먼을 두 개로 분리하는 방안을 계획하고 있었다. 회사의 우량 자산을 보유한 "우량 은행"과 문제가 많은 상업용 부동산 모기지와 부동산 자산을 보유한 "불량 은행"으로. 리먼 내부에서는 직원들이 두 종류의 계열사를 "클린코(Cleanco)"와 "스핀코(Spinco)"라고 불렀다. 리먼은 불량 은행에 자본을 투입한 뒤에 두 부분을 위해서 자금을 추가로 동원하려고 했다. 폴슨 장관은 당장 정부가 펄드의 제안대로 불량 은행에 자금을 투입할 권한이 없음을 분명히 했다. 우량 은행-불량 은행 전략은 여건이 좋았다면, 성공할 수 있었을 것이다. 불량 은행은 투기적 투자자들을 고금리로 유치하여 자금을 동원할 수도 있고 시간이 지나면 자산을 매각하여 단계적으로 은행 규모를 축소할 수도 있을 것이고, 부실자산을 털어낸 우량 은행은 신규 자본을 모집할 수 있을 것이다. 펄드는 리먼의 부실자산을 매각하고 가장 값어치가 있는 자회사 중의 하나인 자산 운용회사 노이베르거 베르만을 매각하여 손실을 보충하려고 했다. 일부에서는 노이베르거 베르만을 70억 달러 내지 80억 달러에 팔 수 있을 것이라고 생각했다. 그러나 이 계획은 궁극적으로는 실현이 가능하더라도, 완료하는 데에는 수개월이 걸릴 수 있었다. 펄드에게는 시간이 없었다.

펄드가 새로운 계획을 제안했을 시점과 거의 동시에, 한국의 국책 은행인 한국산업은행이 상당한 리먼 지분 인수를 제안했다. 펄드는 수개월에 걸쳐 한국산업은행 측과 대화를 나누었다. 그밖에도 중국의 중신증권(中信證券), 중동 국부 펀드 2곳, 메트로폴리탄 생명보험, 영국의 은행 HSBC도 리먼 인수에 관심을 표명했다. 9월 8일, 한국의 금융감독 당국이 한국산업은행의 리먼 인수에 제동을 걸자, 한국산업은행은 제안을 철회하고 말았다. 그리고 다른 곳들과의 협상도 아무런 결실을 보지 못했다. 펄드는 워런 버핏에게도 접근했지만, 성과가 없었다. 리먼의 주가는 하락을 거듭했고(한국에서 날아든 소식 하나만으로도 하루에 1주당 14.15달러에서 7.79달러로 떨어졌다), 이는 신규 자본 모집을 훨씬 더 어렵게 만들었다.

인수할 것만 같았던 기업들이 결국 리먼을 회피하자, 9월 초에 연준과 재무부는 리먼을 인수할 다른 기업을 찾는 데에 집중했다. 폴슨 장관은 투자은행을 찾는 것으로 알려진 뱅크 오브 아메리카의 CEO 켄 루이스와 접촉을 시도했다. 루이스는 불필요한 모험을 하지 않았다. 그는 리먼에 관심을 가질 수도 있었지만, 결국은 리먼의 상황에 달려 있었다. 어쩌면 정부가 리먼을 지원하려는 의지에 달려 있는지도 몰랐다. 루이스는 또다른 우려를 제기했다. 비록 그는 컨트리와이드를 인수할 때에는 정부의 압력을 받지 않았지만, 그렇게 하는 것이 금융 시스템의 안정에 기여하는 것이라고 생각했다. 내가 우리 은행 감독관에게서 듣기로는, 루이스는 자기 은행을 직접 감독하는 리치몬드 연은이―그가 생각하는 연준의 약속과는 달리―자기 은행에게 자본을 확충하라는 압박을 가한 것에 대해서 몹시 화가 나 있었다. 그처럼 비판적인 자세로 미루어볼 때, 그는 연준이 자신이 리먼을 인수하는 것을 보고만 있을 것인지를 알고 싶어하는 것 같았다.

이사회 법무 담당 스콧 알바레스와 나는 루이스의 불평을 검토했다. 리치몬드 연은의 우려는 타당해 보였다. 뱅크 오브 아메리카는 최근에 자본금 200억 달러를 조달했다. 그러나 컨트리와이드를 인수한 뒤에 잠재적으로 커다란 모기지 손실에 노출되었다. 리치몬드 연은이 뱅크 오브 아메리카에게, 예를 들면 수익금을 더 많이 보유하고 주주에게 배당금을 덜 지급하는 식으로 자본금 확충을 권고한 것은 설득력이 있었다. 더욱 중요한 것은 리치몬드 감독관들은 입수 가능한 정보를 바탕으로 뱅크 오브 아메리카에게 타당한 경우라면, 또다른 인수 가능성을 배제하지 않았다는 것이다. 그것은 좋은 소식이었고, 리먼의 파산을 피하기 위한 최선의 옵션 가운데 하나가 여전히 남아 있음을 의미했다.

펄드는 회사를 살리려고 미친 듯이 움직였지만 아무런 성과가 없었고, 게임은 끝나가고 있었다. 9월 9일 이사회 이코노미스트 패트릭 파킨슨은 나에게 9월 18일 리먼이 다시 한번 엄청난 손실—3분기에 기록한 39억 달러—을 발표할 예정이라고 말했다. 그는 티머시와 콕스가 펄드에게 자본을 확충하지 않으면 파산을 면치 못할 것이라는 말을 전할 예정이라고 덧붙였다. 그들의 목표는 펄드에게 행동하도록 충격을 주려는 것이었다. 또한 우리는, 리먼이 약 2,000억 달러를 금융기관 간 레포 시장에 의존하고 있는 것을 포함하여, 자금 조달의 불확실성을 우려했다. 뮤추얼 펀드 사업에 넓은 인맥이 있었던 에릭 로젠그렌은 주요 대출자들이 이미 리먼에게서 자금을 회수하고 있다고 보고했다. 에릭은 이메일에서 "그들은 더 빨리 움직입니다. 하지만 그들은 사건을 일으켰다는 비난을 받지 않으려고 합니다"라고 적었다. 한편, 리먼이 레포 시장에서 자금 조달을 위해서 어음 교환 협정을 맺은 JP모건은 리먼에게 50억 달러에 달하는 담보를 추가로 요구하게 되었다.

9월 10일 수요일은 더욱 우울한 전화 회합과 회의로 하루를 시작했다. 리먼이 자본을 확충할 것 같지는 않았다. 로젠그렌은 신용평가 기관들이 리먼의 등급을 낮게 잡으면, 일부 대출자들은 자금을 전액 회수할 것이라고 전했다. 리먼을 인수할 기업—혹은 적어도 리먼의 많은 부분을 매입할 한 주요 투자자—를 찾는 것만이 리먼의 파산을 막기 위한 유일한 방법이라는 사실이 점점 더 유력해졌다. 새로운 인수자는 더 이상 나타나지 않았다. 켄 루이스와 뱅크 오프 아메리카는 여전히 최선의 대안이었다.

돌아가는 모든 상황을 고려하면 공교로운 일이었지만, 나는 예전부터 세인트루이스 연은 방문을 약속했다. 평상시라면, 연은 방문—그리고 지역의 이사회 임원, 직원, 업계 주요 인사와의 만남—은 유익한 일이었다. 그러나 리먼 문제가 해결되지 않았고 FOMC가 다음 주일에 열리는 상황에서, 나는 이런 약속을 잡은 것이 후회스러웠다. 그날 밤 나는 세인트루이스 연은의 전현직 이사들을 만나기 위해서 만찬장으로 갔다. 그 다음 날 이른 아침에,

나는 호텔 방에서 옷도 제대로 챙겨 입지 않은 채 폴슨 장관의 전화를 받았다. 그는 루이스가 꽁무니를 빼고 있어서 걱정이라고 말했다. 그에게 전화를 해야 한단 말인가?

나는 루이스에게 전화해서 20분쯤 이야기를 나누었다. 나는 그에게 리먼 회계 장부를 검토하고 리먼이 뱅크 오브 아메리카에 적합한 매물인지를 따져보라고 설득했다. 나는 우리 감독관이 이미 전했던 메시지—뱅크 오브 아메리카는 자본금을 쌓아둘 필요가 있다. 그러나 우리는 뱅크 오브 아메리카의 현재 자본금 상태는 리먼 인수가 사업상 괜찮은 거래일 경우에 인수를 배제할 정도는 아니라고 판단한다—를 다시 한번 반복해서 들려주었다. 루이스는 리먼 인수를 계속 검토하고 뉴욕으로 팀을 보내겠다고 말했다. 나는 그의 말에 고무되었다. 그가 금융 혼란에 보여준 반응은 꽁무니를 빼기보다는 흥정을 하자는 것이었다.

루이스는 안경을 쓴 조용하고 과묵한 사람이었다. 그럼에도 그는 전임자였던 휴 매콜의 저돌적인 스타일을 유지했다. 매콜—사우스캐롤라이나 주에서 태어난 해병대 출신—은 플로리다와 텍사스를 비롯한 남부를 무대로 일련의 공격적인 인수를 통해서 노스캐롤라이나 내셔널 뱅크를 네이션스 뱅크라고 하는 지역 최강의 은행으로 변모시켰다. 의회가 주 경계에 은행 지점을 설치하는 것에 대한 제한을 크게 완화하고 나서 4년이 지난 1998년, 매콜의 은행은 전설적인 A. P. 지아니니가 1904년 샌프란시스코에서 설립한 뱅크 오브 아메리카를 인수하고는 처음으로 전국적인 영업망을 갖추게 되었다. 비록 네이션스 뱅크가 뱅크 오브 아메리카를 인수하기는 했지만, 네이션스 뱅크는 사람들에게 더 많이 알려진 뱅크 오브 아메리카를 은행 이름으로 사용하기로 했다. 2001년 매콜이 은퇴하고, 미시시피 주 출신의 루이스가 그 자리를 이어받았다. 루이스는 조지아 주립대학교를 고학으로 졸업하고 1969년 NCNB에 신용등급 조사원으로 입사했다. 그는 비록 2004

년 자신이 인수했던 플리트보스턴이 뉴잉글랜드 주에서 뱅크 오브 아메리카의 거점이 되도록 했지만, 매콜의 주도하여 인수했던 기업을 강화하는 데에 더욱 힘을 집중했다.

나는 9월 11일 목요일 워싱턴으로 돌아갔다. FOMC 회의는 9월 16일 화요일에 열리기로 되어 있었다. 그리고 나는 리먼 문제에만 집중했기 때문에 평소만큼 회의 준비가 되어 있지 않았다. 따라서 도널드가 도움을 주었다. 우리 두 사람은 금요일에 연은 행장들에게 전화로 정책 선택에 관해서 논의했다. 그리고 나는 이사회 총재들과도 만났다.

8월 이래로 경제전망은 거의 변하지 않았다. 고물가와 저성장의 조합은 전통적인 중앙은행가에게는 영원한 딜레마였다. 우리는 고금리 정책을 통해서 물가를 잡고, 저금리 정책을 통해서 성장을 자극하는 일을 동시에 할 수는 없다. 소비자 물가는 제품 가격의 상승과 물가 상승을 향한 광범위한 압박을 반영하여 1년 전에 비해 5.4%나 상승했다. 그러나 이와 동시에, 봄에 반짝 성장하던 경제는 확실히 활력을 잃었다. 8월 실업률은—지난달 5.7%에서 6.1%로—크게 상승했다.

물가 상승은 FOMC의 매파 진영을 자극했다. 8월 5일 회의가 열리기 전에, 연은 3곳—캔자스 시티, 댈러스, 시카고—의 민간 부문 이사들이 금리 인상을 권고한 적이 있었다. 일반적으로 민간 이사들은 지역 연은 행장들의 견해에 크게 영향을 받는다. 따라서 이러한 "권고"는 적어도 위원회 위원 세 사람의 입장을 반영한다. 매파는 우리의 "무분별한 완화"를 격렬하게 비난하던 「월 스트리트 저널」을 포함하여 일부 용의자들에게서 지원을 받았다. 비둘기파는 계속 반격을 가했다. 그들은 공개적인 자리에서 금융 혼란은 통화정책 처방의 효과를 희석시키고 있으며 더욱 강력한 처방이 필요하다는 주장을 펼쳤다. 그들은 은행들이 신용기준을 강화하고 자동차 대출

금리처럼 중요한 금리가 연방자금금리만큼 떨어지지 않고 있는 점을 지적했다.

나는 FOMC 위원들과 대화를 나누었는데, 위원회의 중심은 최소한 당분간은 정책을 지속적으로 시행하는 쪽에 있다는 결론을 얻었다. 나는 이러한 견해를 공유하고 매파의 승리를 저지하려고 했다. 외국에서도 관망파가 다수를 점하고 있었다. 유럽 중앙은행은 7월에 금리를 인상한 이후로 8월에는 기존 정책을 고수했다. 캐나다 중앙은행과 영국은행도 주요 금리를 그대로 유지했다.

9월 12일 금요일, 언론은 리먼 사태에 대한 해법을 찾기 위한 정부의 노력을 폭넓게 보도했다. 펄드는 우량 은행-불량 은행 전략과 노이베르거 베르만의 매각 가능성을 계속 설명했다. 그러나 시장은 그가 하는 말에 귀를 기울이지 않았다. 리먼 주식의 가격은 목요일 시장 문을 닫을 무렵에는 2월의 7%에 불과한 4.22달러였다. 설상가상으로 뱅크런과 같은 사태가 광범위하게 진행될 조짐을 보였다. 너무나도 많은 고객들과 거래 당사자들이 현금이나 추가 담보를 요구하게 되자, 리먼은 이를 감당할 수 없었다.

금요일 아침에 나는 재무부에서 폴슨 장관과 조찬 회동을 가졌다. 우리는 금융 시스템에 혼란을 일으키는 리먼의 파산을 막기 위해서 우리가 할 수 있는 모든 일을 해야 한다는 데에 의견의 일치를 보았다. 나는 그가 말했던 정부 자금을 리먼에 투입할 생각이 없다는 취지의 발언을 재무부가 흘린 것에 대해서는 아무 말도 하지 않았다.* 나는 그러한 발언이 한편으로는

---

* 폴슨 장관은 자기가 기억하기로는 티머시 가이트너가 이 문제를 자신에게 거론했다고 한다. "티머시는 정부 지원과 관련해서 내가 공식적인 입장을 표명하는 데에 우려를 나타냈어요. 그는 우리가 결국 리먼 인수자를 지원해야 한다면, 내가 신뢰성을 잃을 것이라고 말했습니다. 그러나 나는 우리가 거래를 하는 데에 도움이 된다면, '정부 지원이 없음'을 분명히 말할 의지가 있어요. 우리가 주말에 입장을 바꿔야 한다면, 뭐,

그가 가졌던 좌절감―당연히 그는 월 스트리트 구제금융을 상징하는 인물이 되기가 싫었다―에서 그리고 다른 한편으로는 민간 부문에서 해법을 내놓기를 권고하려는 전략에서 비롯되었다고 생각한다. 또한 나는 정부 자금이라는 것이 재무부가 아니라 연준에서 나오리라는 사실도 알고 있었다.

가장 중요하게는, 나는 폴슨 장관이 리먼의 파산이 몰고올 끔찍한 파장을 피하기 위해서는 자신이 할 수 있는 것은 무엇이든지 할 사람이라는 사실을 그와 같이 일을 해본 경험을 통해서 잘 알고 있었다. 3월에 우리는 베어 스턴스를 구하기 위해서 함께 일했다. 그리고 우리는 그것이 올바른 결정이라고 믿었다. 리먼은 인수되기 전날의 베어 스턴스보다 규모가 50%가 더 컸고, 적어도 그만큼은 더 많이 다른 금융회사와 얽혀 있었다.(리먼의 파생상품 "장부"는 베어 스턴스보다 두 배가 더 두꺼웠다.) 더구나 지금 금융시장과 경제는 그때보다 더 많이 취약하다. 우리는 여전히 레포 시장의 안정―내가 베어 스턴스의 구조를 지원하게 된 가장 중요한 동기―을 걱정했다. 리먼이 레포 시장을 통해서 조달한 자금은 베어 스턴스의 두 배였다.

리먼의 운명은 주말에 결정될 것 같았다. 티머시 가이트너는 금요일 밤 뉴욕 연은 회의에 주요 금융사의 CEO들을 모았다. 리먼과 리먼의 잠재적인 인수자인 뱅크 오브 아메리카는 제외되었다. 참석자들 중에는 JP모건 체이스의 제이미 다이먼, 시티 그룹의 비크람 판디트, 뉴욕 멜론 은행의 밥 켈리를 포함하여 미국의 주요 은행의 행장들뿐만 아니라 주요 투자회사의 CEO―골드만 삭스의 로이드 블랭크파인, 메릴 린치의 존 테인, 모건 스탠리의 존 맥―도 포함되어 있었다. 외국 은행의 행장들도 참석했는데, 그중에는 크레디트 스위스(브래디 도건), 프랑스 은행 BNP 파리바(에버렛 솅크), 로열 뱅크 오브 스코틀랜드(엘런 알레마니), 스위스 은행 UBS(로베르트 볼프)

그렇게 하지요."

도 있었다.

티머시가 회의를 소집한 목적은 리먼을 구제하기 위한 거래였다. 그 과정은 두 개의 경로를 따라가도록 되어 있었다. 첫 번째 경로에서는 전문가팀이 리먼이 보유한 자산을 평가하고 진정한 가치를 결정한다. 뱅크 오브 아메리카에서 보낸 팀이 이미 작업을 시작했다. 우리는 새로운 곳, 즉 영국의 바클레이스가 리먼에 관심을 보이자 무척 고무되었다. 뱅크 오브 아메리카와 마찬가지로 세계에서 가장 크고 오래된 은행 중 하나(그 기원은 1690년으로 거슬러올라간다)인 바클레이스는 투자은행계에서 자신의 존재감을 과시하고 싶어했다.

두 번째 경로에서는 월 스트리트 CEO들이 연준, 재무부, 증권거래위원회와 협력하여 리먼에 대한 대안이 될 만한 계획을 도출한다. 주말이 시작되면서 우리가 생각했듯이, 가장 가능성이 높은 대안은 CEO들이 뱅크 오브 아메리카가 되든 바클레이스가 되든 리먼을 인수하는 기업을 지원하기 위해서 자금을 제공하거나 이를 보증하는 것이다. 또다른 대안으로는 인수하려는 기업이 없을 경우에는 우리가 나서서 금융업계 전체가 리먼의 파산과 이로 인한 혼란을 방지하기 위해서 협력하도록 주선하는 것이다. 나는 롱텀 캐피탈 매니지먼트에 구제금융을 제공하던 일을 다시 한번 떠올렸다. 지금부터 거의 10년 전에, 뉴욕 연은은 금융업계 CEO들에게 회의 장소(그리고 샌드위치와 커피)를 제공했지만, 직접적인 금융 지원은 하지 않았다. 연준은 협력을 주선하기만 했고, CEO들은 롱텀 캐피탈 매니지먼트가 사업을 서서히 축소할 수 있도록 자금을 충분하게 추렴했다.

2008년 9월 우리는 롱텀 캐피탈 매니지먼트의 경우처럼 민간 부문이 리먼에 대한 해법을 찾아주기를 원했다. 그러나 이번에는 CEO들이 자기 회사의 안정을 훨씬 더 많이 걱정했다. 더구나 메릴 린치와 거대 보험사 AIG의 불안은 점점 더 크게 느껴졌다. 그리고 일부는 리먼 사태가 일련의 시장 충격 중에서 겨우 첫 번째를 의미하는 것은 아닌지를 우려했다. 그들에게서 특히 경쟁자를 돕기 위한 자금 지원을 기대하기는 어려운 것으로 드러났다.

한편, 리먼의 주말(Lehman weekend)로 알려진 날이 다가오면서, 일반 시민, 정치인, 언론인의 생각은 연준과 재무부가 리먼의 파산을 막기 위한 특단의 조치를 취하는 데에 반대하는 쪽으로 확실히 기울었다. 그들이 인내할 수 있는 가장 실현 가능한 조치는 아마도 우리가 민간 부문에서 인수자를 찾는 일이었을 것이다. 9월 초에 열렸던 공화당 대통령 후보 지명 대회에서 평당원들은 분명한 입장을 보였다. 구제금융 반대. 공화당 상원의원이자 상원 은행위원회 위원장인 리처드 셸비는 이러한 입장을 재천명했다.(부시 대통령과 공화당 대통령 후보 상원의원 존 매케인은 미묘한 차이가 있는 입장을 취했다.)

언론은 분명한 논조를 취했다. 런던의 권위지 「파이낸셜 타임스」는 2주일 전에 미국 정부가 패니 메이와 프레디 맥을 인수한 사실을 지적하고는 "더 이상의 구제금융은 전염병처럼 생각하고 피해야 할 것"이라고 보도했다. 「월 스트리트 저널」은 이렇게 보도했다. "연준이 베어 스턴스, 패니 메이에 이어 리먼에게도 구제금융을 제공하면, 이제 우리는 위기가 발생할 때는 더 이상 예외가 없게 될 것이다. 연방정부는 월 스트리트를 사실상 보증하는 새 정책을 수립했고, 이 정책은 위험을 훨씬 더 무모하게 수용하도록 장려할 것이다." 주말에 우리에게 주어진 과제는 리먼 문제의 해법을 찾는 것뿐만이 아니었다. 우리는 혹독한 비난을 무릅쓰고 그 일을 해야 했다.

비난하는 사람들 중 일부는 이데올로기 신봉자들(자유시장은 항상 옳다)이거나 무지한 사람들(월 스트리트 기업 몇 개가 응분의 대가를 치른다고 해서 경제가 무너지지는 않는다)이었다. 또다른 일부는 가난한 소시민이 아니라 월 스트리트의 거대 기업에 제공되는 구제금융이 공평하지 못한 것을 두고 격렬하게 비난했다. 나는 개인적으로 그들의 주장에 크게 공감했다 ("나의 세금은 어디로 갔는가?"라고 적힌 자동차 스티커를 볼 때마다 마음이 상당히 아팠다). 그러나 그들이 깨달았든 깨닫지 못했든, 많은 사람들의 관심은 금융 시스템이 무너지면서 발생하는 대재난으로부터 경제를 어떻게 보호할 것인가에 있었다.

구제금융에 반대하는 사람들의 주장의 핵심은 구제금융이 단기적으로는 도움이 되더라도, 어떤 기업이 스스로 선택한 위험의 결과로부터 그 기업을 보호하는 정책은 궁극적으로는 더욱 위험한 선택을 하도록 한다는 데에 있었다. 나는 자본주의 시스템에서 시장은 잘못된 선택을 하는 개인이나 기업에게 응분의 대가를 치르게 해야 한다는 주장에 확실히 동의한다. 우주 비행사 출신이자 이스턴 항공(파산한 기업)의 CEO였던 프랭크 보먼은 25년 전쯤에 이와 관련하여 의미심장한 말을 한 적이 있었다. "파산이 없는 자본주의는 지옥이 없는 기독교와 같다(Capitalism without bankruptcy is like Christianity without hell)." 그러나 2008년 9월에 나는 금융위기 도중에 도덕적 해이를 상기시키는 것은 잘못되었을 뿐만 아니라 위험하기 짝이 없다고 생각했다. 폴슨 장관과 가이트너도 이런 생각에 확실히 동의했을 것이다.

나는 나중에 어떤 인터뷰에서 이렇게 말한 적이 있다. "침대에서 담배 피는 이웃이 있다고 합시다……그 사람 집에서 불이 났습니다. 당신은 이렇게 말할지도 모릅니다……'소방서에 연락하지 않을 거야. 그냥 타도록 내버려둬야지. 나하고는 아무런 상관이 없는 일이잖아.' 하지만 당신 집이 목조건물이라면 어떻게 하시겠습니까? 그리고 당신 집이 그 집 바로 옆에 있다면 어떻게 하시겠습니까? 마을 전체가 목조건물이라면 어떻게 하시겠습니까?" 2008년 9월의 「파이낸셜 타임스」와 「월 스트리트 저널」이라면 아마도 그 집이 그냥 타도록 내버려두라고 주장했을 것이다. 졸면서 담배 피는 사람을 구조하면, 다른 사람도 침대에서 담배를 피게 할 수 있다는 식의 논리이다. 그러나 일단 불을 끄고, 그 다음에 담배 핀 사람을 처벌하는 것이 훨씬 더 좋은 방법이다. 그리고 필요하다면, 화재 예방을 위한 규정을 새로 만들어서 시행해야 할 것이다.

이런 비유는 리먼 브라더스에게도 똑같이 적용된다. 리먼의 파산이 금융 시장을 붕괴시켜 리먼의 주주, 경영인, 채권자뿐만 아니라 이로 인한 경제적 충격으로 전 세계의 수많은 사람들에게 엄청난 피해를 입힐 것이라는 것은 의심의 여지가 없었다. 나는 리먼이 파산하도록 내버려두더라도 재앙이 일어나지 않을 것이라고 말하거나, 리먼이 그냥 파산하도록 내버려두어도 된다고 말하는 연준 혹은 재무부 사람들을 그동안 만나보지 못했다. 우리는 먼저 불부터 꺼야만 했다.

물론 협상에서 강하게 발언할 필요는 여전히 있다. 민간 부문의 참가자들이 정부가 해결책을 가지고 갑자기 나타날 것이라는 확신을 가진다면, 그들은 자금 지원을 약속할 동기가 생기지 않을 것이다. 티머시가 금요일 밤 회의를 준비하면서 작성하여 나에게 보고한 회의 계획서에는 그 자리에 모인 CEO들에게 리먼의 파산을 막기 위한 그들 나름의 계획을 제시하도록 강력한 동기를 부여할 예정이라는 내용이 있었다.

티머시는 그 자리에 모인 CEO들에게 "갑작스럽고도 무질서한 해소거래 (unwind : 비교적 복잡한 투자 포지션을 처분하는 것/역주)는 자본시장에서 자산 가격이 곤두박질칠 위험과 함께 광범위한 역효과를 낳을 수 있다. 금융권이 힘을 합쳐 질서를 회복하기 위한 해결 방법을 찾아야 한다……그렇지 못할 경우에 발생하는 피해를 방지할 방법이 나한테는 없다"는 말을 할 생각이었다. 티머시는 리먼이 그냥 파산하도록 내버려두는 데에 따르는 위험을 분명히 밝혔다. 그리고 나는 그 자리에 모인 CEO들의 대부분 혹은 모두가 그런 위험을 충분히 인식하리라고 믿었다.

티머시가 원하는 것 아니 우리 모두가 원하는 것은 CEO들이 자발적으로 더 많은 관심을 가지고 정부와 협력하는 것이었다. 티머시가 CEO들에게 하려는 말의 핵심은 우리에게 바로 그들의 분석 능력을 빌려주고, 필요하다면 자금을 지원해달라는 것이었다. 연준은 이에 필요한 규정을 마련하고 (우리의 권한 범위에서) 일반적인 담보 대출을 제공할 것이지만, "특별한 신용 지원"은 하지 않을 것이었다. 여기서 "특별한 신용 지원"이라는 표현은 모호한 측면이 있는데, 내가 짐작하기로는 티머시는 의도적으로 그랬던 것 같다. 아마도 그 자리에 모인 CEO들은 리먼이 파산하더라도, 정부가 구멍을 메우기 위한 방법을 찾을 것이라고 추측했을 것이다. 우리는 대출은 제공하겠지만 특별한 신용 지원은 하지 않을 것이라는 말을 함으로써, 그런 추측을 불식시키려고 했다. 우리는 중앙은행으로서 다양한 담보물을 잡고서 대출을 제공할 권한이 있다. 그러나 부실자산에 대해서 초과 지급하거나 리먼의 손실을 떠맡을 법적인 권한은 없다.

주말에는 한치 앞을 내다볼 수가 없는 상황이 전개되었다. 폴슨 장관, 티머시, 콕스, 케빈 워시가 협상을 위해서 뉴욕에 있었다. 이사회가 주말에 리먼의 인수를 승인하기 위한 회의를 개최할 가능성 때문에, 나는 워싱턴에 남아서 대부분의 시간을 사무실에서 보냈다. 미셸 스미스가 샌드위치를 가져왔다. 우리는 재무부, 연준, 증권거래위원회가 합심하기 위해서 수시로 전화 회합을 가졌다.(이제는 사무실 커피 테이블에 놓여 있는 스피커폰이 꿈속에 나오기 시작했다.) 나는 짙은 홍색의 사무실 가죽 소파에 몸을 기대어 선잠을 잤으나, 금요일과 토요일 밤에는 집에 잠깐 들렀다.

금요일 밤과 토요일 아침에는 몹시 실망스러운 보고를 받았다. 뱅크 오브 아메리카와 바클레이스가 리먼 대차대조표에서 예상보다 훨씬 더 큰 손실을 발견했다는 소식이었다. 두 은행은 정부가 신규 자본으로 400억-500억 달러를 투입해주기를 기대했다. 나는 티머시에게 그처럼 부풀려진 금액이 더 나은 거래를 이끌어내려는 속셈에서 나온 것인지, 아니면 협상을 끝내려는 핑계에서 나온 것인지를 물었다. 티머시는 그럴 가능성을 인정했지만, 골드만 삭스와 크레디트 스위스를 포함한 다른 기업들이 광범위한 해결 방안의 한 부분으로서 특정 자산이 판매되거나 대출을 위한 담보물로 사용될 가능성에 대비하여 독자적으로 리먼 자산의 일부를 평가하고 있음을 상기시켰다. 제3의 기업들은 이미 독자적으로 리먼 자산—특히 상업용 부동산—의 가치를 리먼이 생각하는 가치보다 훨씬 더 낮게 추정했다.

나는 리먼의 파산을 막으려고 노력했기 때문에, 이런 보고를 듣고서 잠시 생각하다가 두 가지 전략—인수자를 찾거나 컨소시엄을 구성하는 것—을 떠올렸다. 뉴욕 연은에 모인 기업들 중 재정 상태가 좋은 기업은 하나도 없었다. 재정 상태가 불안한 기업을 (하나의 기업에 의하든 컨소시엄에 의하든) 인수하여 더욱 강한 금융 시스템을 만들 것인가, 아니면 나중에 훨씬 더 심각한 파산을 초래할 것인가? 내 생각은 과거 1930년대의 대공황을 연구하던 시절로 되돌아갔다. 1931년 5월 오스트리아의 최대의 은행, 크레디탄슈탈트(Kreditanstalt)의 도산은 당시로서는 가장 큰 금융 재앙을 일으킨 사건이었다. 이 은행의 파산으로 다른 은행들도 파산했고, 아마도 미국과 유럽에서 막 시작되려고 했던 경제 회복을 뒤틀어지게 했을 것이다. 크레디탄슈탈트가 파산하게 된 한 가지 이유는, 예전에 재정 상태가 더 취약한 오스트리아의 어떤 은행을 억지로 인수한 적이 있었는데, 이 은행이 안고 있던 손실이 크레디탄슈탈트를 벼랑 끝으로 몰아갔기 때문이다.

위기의 이 시점에서 미국에서 신용도에 대한 우려를 일으키지 않고 대출을 받아 투자할 능력이 있고 재정 상태가 가장 건전한 기관은 연방정부였다. 내가 판단하기로는 이번 위기를 종식시키기 위한 유일한 방법은 납세자의 돈이 미국 금융기관에 투자될 수 있도록 의회를 설득하는 것이라고 점점 더 강하게 생각하게 되었다. 나는 주말 전화 회합에서 이러한 생각을 피력하기 시작했다.

토요일이 지나갈 무렵, 급매물 시장과 비유동성 자산시장에서 리먼이 보유한 자산을 인위적으로 낮게 평가할 가능성을 감안하더라도, 리먼의 파산은 분명하게 다가왔다. 나중에 펄드는 리먼이 파산하지는 않았다고 주장할지도 모른다. 그러나 그가 말하는 자본 규모는 리먼이 최대한 부풀렸던 자산가치와 자본에 근거했다. 이제는 연준이 제공하는 대출만으로는 리먼의 파산을 막을 수가 없는 상황이었다. 우리가 제13조 3항이라는 비상 권한을 발동하더라도 충분한 담보물을 확보한 상태에서 대출을 제공해야 했다. 연준에게는 완전한 상환을 합리적으로 확신할 수 없는 상태에서 자본을 투입하거나 (이와 어느 정도는 비슷한 성질의) 대출을 제공할 권한이 없었다.

우리는 인수를 촉진하기 위해서 우리의 대출 권한을 사용할 수도 있었다. 그러나 리먼의 취약한 재정 상태는 인수를 고려하는 기업에게 큰 걸림돌이 되었다. 리먼의 사업을 가져와서 장기적으로는 수익을 얻을 수 있다고 하더라도, 인수자는 당장 리먼의 손실을 떠안아야 하는 어려운 과제에 직면한다. 나는 티머시가 주관한 회의에 모였던 CEO들에게서 어느 정도의 도움을 받을 수 있기를 원했다. 그러나 그들은 자신의 자원도 한정되어 있었고, 위기가 악화되면 이러한 자원이 자신의 생존에 반드시 필요할 것이라는 사실을 예민하게 인식한 상태에서 냉담한 반응을 보였다.

다른 쪽에서도 좋지 않은 소식이 들려왔다. 전 골드만 삭스의 파트너인 억만장자 제이 크리스토퍼 플라워스가 이끄는 사모 펀드 JC 플라워스는 AIG도 심각한 어려움에 처해 있다고 보고했다. 다량의 파생상품 부분에서 손실이 발생하여 상대방으로부터 담보물을 더 많이 요구받게 되었다는 것이다. 그리고 물론 리먼을 제외한 투자은행 3곳―메릴 린치, 모건 스탠리, 골드만 삭스―도 리먼이 파산할 경우에 심각한 고민을 해야 했다. 시장은 남아 있는 자들 중에서 가장 약한 자를 공격할 태세였다.

리먼 다음의 먹잇감은 리먼과 마찬가지로 수많은 투자에 실패했던 메릴 린치가 분명했다. 1914년에 찰스 메릴이 설립한 메릴 린치는 창업자가 외치던 "월 스트리트를 메인 스트리트로 가지고 가자"는 구호를 실천하는 데에 다른 기업보다 더 많은 일들을 했다. 메릴 린치는 제1차 세계대전 이후 영화와 체인 스토어 투자에 성공하면서 발전을 거듭했다. 1929년 주식시장이 붕괴되기 전에 메릴은 고객들에게 빚을 갚아야 한다는 경고를 한 것으로 유명했다. 그의 회사는 대공황에서도 살아남았고, 1941년에는 세계 최대의 증권회사로 성장했다. 그러나 메릴 린치는 부동산 호황이 불황으로 접어드는 바로 그 시점에 주택과 상업용 부동산 모기지 대출에 엄청난 베팅을 했다. 2007년 10월 스탠리 오닐이 CEO에서 물러나고 전 뉴욕 증권거래소 CEO 존 테인이 그 자리에 앉았다.

나는 화요일에 열리는 FOMC 회의를 준비하려고 했지만, 회의 자료에 집중하기가 어려웠다. 나는 뉴욕과 통화한 뒤에 리먼 협상의 진행 과정을 다른 사람들에게 알렸다. 나는 이사회 총재들, 연은 행장들, 의회 의원들과 통화했다. 나는 오도된 낙관을 피하려고 했지만, 패배주의자로 비쳐지고 싶지도 않았다. 나는 토요일 오전 10시에 영국은행의 머빈 킹, 유럽중앙은행의 장 클로드 트리셰, 일본은행의 시라카와 마사아키를 포함하여 외국의 중앙은행장들과 전화 회합을 가졌다. 특히 트리셰는 리먼 사태에 대한 해법을 찾지 못할 가능성을 걱정했다. 그는 리먼의 파산으로 "전면적인 파국"으로 치달을 수도 있다고 했다. 나는 트리셰에게 동의의 뜻을 표하고는 우리가 최선을 다할 것이라고 말했다. 킹은 나에게 중요한 정보를 전했다. 그는 영국의 은행 시스템을 감독하는 금융감독청이 특히 영국의 주요 은행인 바클레이스가 그 자신의 여건 자체도 불확실한 상황에서 리먼의 부실자산이 바클레이스로 넘어오는 시나리오를 대단히 우려한다는 소식을 들었다고 했다. 나는 그에게 자신이 이 문제에 관여할 수 있는지를 물었고, 그는 그렇게 하겠다고 대답했다.

일요일 아침 뉴스는 토요일보다 더욱 좋지 않았다. 이제 뱅크 오브 아메리카는 리먼 인수에서 완전히 손을 뗐다.(켄 루이스는 나중에 자신이 폴슨 장관에게 리먼 자산의 가치는 공식적으로 알려진 평가액보다 600-700억 달러나 낮다는 말을 전했다고 했다.) 그나마 작은 희망의 조짐은 루이스가 메릴 린치를 인수하기 위해서 존 테인과 협상을 진행하고 있다는 소식이었다. 당시 루이스는 메릴 린치가 재무 상태로 보나 뱅크 오브 아메리카와의 적합성으로 보나 리먼보다 더 나은 매물이라고 판단했다. 뱅크 오브 아메리카의 경우에는 소매 금융 부문에서 큰 족적을 남겼고, 메릴 린치의 경우에는 주식 중개인 군단이 "천둥 같은 소떼(thundering herd)"라는 별명을 얻을 정도로 투자은행 중에서 가장 규모가 큰 소매 영업 네트워크를 갖추고 있었다. 폴슨 장관은 테인에게 루이스의 오퍼를 고려하도록 강력하게 권했고, 월스트리트 경험이 풍부한 경영자인 존 테인은 바람이 부는 방향을 잘 알고 있었다. 메릴 린치를 시장에서 떼어내면, 비록 파산의 압박이 나머지 투자은행인 모건 스탠리와 골드만 삭스로 옮겨갈 가능성이 커지지만, 어쨌든 위기에 처할 수 있는 대형 투자은행 하나가 줄어들게 되었다.

더구나 바클레이스가 리먼을 인수할 가능성은 점점 더 희박해졌다. 머빈 킹이 경고한 대로, 영국의 금융감독청은 바클레이스의 리먼 인수에 대한 승인을 꺼렸다. 캘럼 매카시가 이끄는 금융감독청은 바클레이스가 리먼을 인수할 경우에 불량 자산에 대한 책임이 결국 영국 정부의 부담이 되는 상황을 우려했다. 이러한 상황은 리먼 인수가 바클레이스에 대한 구제금융으로 종결되는 경우를 의미했다. 리먼의 파산이 세계의 금융 안정에 미치는 위협의 심각성을 감안하면, 나는 영국의 금융감독청이 마음을 바꿀 수도 있으리라고 기대했다. 그러나 그런 일은 일어날 것 같지 않았다.

미국과 영국의 증권법에서 나타나는 차이도 문제가 되었다. 그것은 처음에는 킹이 나에게 관심을 가지도록 했고, 나중에는 티머시가 확인해주었다.

영국의 증권법에 따르면, 바클레이스는 주주들이 리먼 인수를 승인할 때까지는 리먼의 부채를 보증할 수가 없었다. 그런데 이러한 승인을 받는 데에는 몇 주일 혹은 몇 달이 걸릴 수 있었다. JP모건이 베어 스턴스를 인수할 때에는 JP모건이 주주들의 승인을 기다리는 동안에도 베어 스턴스의 부채를 보증할 수 있었기 때문에 시장이 안정을 되찾았다. 바클레이스가 리먼 인수에 대해서 원칙적으로 합의하더라도, 리먼의 부채에 대한 무조건적인 보증이 없다면, 뱅크런과 같은 사태가 벌어져서 리먼을 파산시킬 수 있었다. 이에 폴슨 장관은 영국 재무장관 앨리스터 달링을 상대로 주주 승인의 요건을 면제해줄 것을 호소했다. 하지만 달링 장관은 그러한 요건을 면제하면, "수백만 명에 달하는 주주들의 권리를 침해하게 된다"는 이유를 달면서 협조를 거부했다. 더구나 그는 바클레이스가 리먼을 인수하면, 미국 기업의 잘못된 투자에 대한 책임을 영국의 납세자들이 지게 되며, 이는 의회를 납득시키기 어려운 결과라는 점에서 매카시와 뜻을 같이 했다.

티머시에게서 온 전화는 남은 희망을 완전히 꺾어놓았다. 티머시는 결국 리먼을 인수할 기업은 나타나지 않았다고 전했다. 그는 뱅크 오브 아메리카가 메릴 린치와 협상을 아직도 진행 중인 사실을 확인시켜주었다. 바클레이스는 리먼의 부채를 보증하는 것과 관련된 규정상의 문제점을 조만간에는 해결할 수가 없었던 것이다. 나는 티머시에게 우리가 담보물의 범위를 최대한 넓게 잡고 리먼에게 대출을 제공할 수 있는지를 물었다.

티머시는 "불가능합니다"라고 대답했다. "우리는 결코 막을 수 없는 뱅크런에 돈을 쏟아붓고 말 것입니다." 그는 리먼의 유동성을 보증하고 생존능력을 확립할 수 있는 인수자가 없다면, 연준의 대출이 리먼을 구조할 수 없을 것이라고 자세히 설명했다. 우리가 리먼에게서 겨우 담보가 될 만한 자산을 담보로 하여 대출하더라도, 리먼의 민간 부문 채권자들과 거래 당사자들에게 자금을 신속하게 회수할 기회를 주는 꼴이 되고 말 것이었다. 더구나 기업 가치의 상당 부분—뱅크 오브 아메리카의 켄 루이스가 처음에 관심을 가졌던 부분—은 전문성, 네트워크, 평판에 기반을 둔 기업의 영업권에 있었다. 이미 상당히 진행 중인 뱅크런 사태가 본격적으로 일어나면, 고객과 전문직 직원들이 리먼을 떠나면서 기업의 영업권의 가치는 거의 순식간에 사라질 것이다. 결국 우리는 가장 신속하게 빠져나가는 채권자들을 상대로 선택적으로 구제금융을 제공하고, 리먼의 부실자산을 떠안게 되었다. 그리고 리먼은 어쨌든 파산한다. 티머시는 "우리의 모든 전략은 인수자를 찾는 데에 기반을 두고 있습니다"라고 말했다. 이는 합법성만큼이나 실현 가능성의 문제였다. 인수자가 없다면 그리고 새로운 자본을 투입하거나 리먼의 자산을 보증할 권한이 없다면, 우리는 리먼을 구할 방법이 없었다.

끔찍하고도 초현실적인 순간이었다. 우리는 절망의 심연을 바라보고 있었다. 나는 티머시에게 대안이 될 만한 해결책을 찾아보라고 했다. 그러나 그에게는 해결책이 없었다. 다음 단계는 일요일 밤 자정 직후에 리먼이 신청하는 파산을 준비하는 것이었다. 티머시는 과연 티머시다운 말투로 "우리가 할 수 있는 것이라고는 활주로에 거품을 뿌리는 일입니다." 이 말은 우리 모두가 아는 내용이었다. 리먼의 파산은 점보 제트기의 동체 착륙과도 같아서 엄청난 사고로 기록될 것이었다. 그리고 우리는 우리가 할 수 있는 일이라면 무엇이든지 할 것이지만, 할 수 있는 일은 많지가 않았다.

리먼의 파산이 단기대출시장을 얼어붙게 하고 현금을 미친 듯이 쌓아두게 만들 것이기 때문에, 우리는 연준이 제공하는 대출의 이용 가능성을 높였다. 이사회는 일요일 정오에 긴급회의를 열어 연준이 대출을 제공할 때에 담보물로 인정하는 자산의 범위를 크게 확대했다. 우리는 레포 시장을 보장하기 위해서 민간 부문의 레포 시장에서 담보물로 수용하는 자산이라면 우리도 수용할 예정이라고 밝혔다. 또한 우리는 대출 프로그램의 일부에 대해서 규모를 확대하고, 은행의 계열 증권사에 대한 자금 지원을 제한하는 제

23A 조항을 일시적으로 완화했다. 배젓의 충고는 여전히 유효했다. 우리는 기본적으로 지급 능력이 있는 금융기관과 시장에 단기신용을 거의 무제한으로 제공함으로써 금융 패닉에 맞서 싸웠다. 또 우리는 바클레이스가 리먼의 증권 중개 계열사(재무 상태가 비교적 건전했지만, 그룹 전체에서 차지하는 비중은 작았다)를 인수할 수 있도록, 리먼이 우리가 수용할 수 있는 담보물을 제공할 때에는 매일 대출을 제공할 생각이었다. 바클레이스는 인수가 완료되면 우리에게 대출금을 갚을 것이었다. 나는 이 모든 절차가 리먼의 파산에서 비롯되는 파장을 줄이는 데에 도움이 될 것이라고 생각했다.

안타깝게도, 우리의 노력은 당장은 대형 화재가 났을 때에 물 몇 양동이를 붓는 격이었다. 리먼의 파산은 금융 패닉의 불길에 기름을 끼얹었다. 그리고 파산 절차는 몇 년을 끌지도 몰랐다. 전통적인 파산 절차는 금융위기가 한창 진행될 때에 파산한 주요 금융기관에게는 적용되지 않는다는 또 하나의 증거가 될 것이었다.

월 스트리트 고참들은 주말의 사건을 보면서 향수를 느낄지도 모른다. 두 차례의 세계대전과 공황에서도 살아남아 월 스트리트를 대표하던 두 기업, 리먼과 메릴 린치가 같은 주말에 갑자기 사라졌다. 나는 향수를 전혀 느끼지 못했다. 나는 두 기업이 스스로 수용하기로 선택했던 위험이 기업 자신뿐만 아니라 세계경제를 위험에 빠뜨렸다고 생각했다.

이사회 총재들과 고위직 중에서 몇몇 사람들은 일요일 밤에도 여전히 사무실을 지키고 있었다. 몇몇 직원들은 리먼의 파산 신청 이후에 발생할 혼란을 조금이라도 줄이기 위해서 파생상품 포지션의 일부를 풀기 위한 작업을 지원하고 있었다. 나는 주변 관계자들에게 상황을 알리고, 외국 중앙은행과 의회에도 전화했다. 다시 뉴욕 연은과 재무부와 전화 회합을 가졌다. 그리고는 집으로 갔다.

13

AIG : "AIG 때문에 나는 분노합니다"

⋮

리먼이 정확하게 2008년 9월 15일 월요일 오전 1시 45분에 파산 신청서를
제출하자, 금융시장은―처음에는 외국에서, 그 다음에는 미국에서―크게
동요했다. 나는 오전 9시에 도널드 콘, 케빈 워시, 티머시 가이트너와 함께
시장 흐름을 분석하기 위해서 전화 회합을 가졌다. 그날 다우존스 지수는
504포인트나 떨어져서, 지난 7년 동안 1일 하락폭 부문에서 유지해왔던 기
록을 갈아치웠다. AIG 주가는 반토막에도 못 미쳤다. 그리고 남아 있는 두
투자은행, 모건 스탠리와 골드만 삭스의 주식 가치는 8분의 1정도가 사라
졌다.

그날 밤 금융 뉴스는 평소처럼 주식시장에 집중되었지만, 우리는 레포
시장과 기업어음 시장을 비롯한 자금시장을 훨씬 더 많이 걱정했다. 월요일
레포 시장과 기업어음 시장에서는 대출 비용이 두 배나 높아졌다. 주식가격
의 변동은 적어도 단기적으로는 경제에 미치는 영향이 크지 않다. 그러나
금융 부문과 비금융 부문을 막론하고 기업에 중요한 신용을 공급하는 자금
시장이 정상화되지 않으면, 경제는 큰 위험에 직면하게 된다.

월요일에 투자자들은 채무불이행에 빠져들지도 모르는 기업이나 금융기
관에 자금을 빌려주기보다는 매월 겨우 0.21%의 금리를 제공하는 안전한
국채로 갈아타려고 했다. 은행은 현금을 비축하기에 급급했고, 뉴욕 연은이

그날 아침 자금시장에 700억 달러를 주입하기 전에는 연방자금금리가 FOMC의 목표치인 2%보다 훨씬 더 높은 6%까지 올라갔다.

오전 10시에 이사회 이코노미스트들은 FOMC 회의 전날에 항상 그랬듯이, 이사회 총재들에게 경제전망을 보고했다. 우리는 피해를 짐작할 수는 있었지만, 주말의 사건에서 비롯된 피해의 규모를 알기에는 너무 이른 것 같았다. 오후 6시에는 당시 민주당 대통령 후보였던 오바마 상원의원이 사태의 추이를 알기 위해서 전화를 했다. 나는 리먼의 파산이 불확실하기는 하지만, 경제 전반에 매우 심각한 영향을 미칠 것이라고 설명했다. 그는 주의 깊게 듣고는 몇 가지 질문을 했다. 그의 목소리는 차분했다. 그리고 의견이 있더라도 마음속에 담아두려고 하는 것 같았다. 우리는 패니 메이와 프레디 맥에 관한 이야기도 나누었다. 나는 최근에 정부가 두 회사를 인수한 것은 주택시장의 안정을 회복하기 위한 긍정적이고도 반드시 필요한 조치였음을 분명하게 설명했다. 나는 최근의 사태는 의회가 금융규제 시스템을 철저하게 점검할 필요가 있다는 메시지를 분명하게 전하는 것이라고 말했다. 그는 내 말에 동의했고, 1월에 새 대통령이 취임할 때까지는 큰 사건이 일어나지 않을 것이라는 데에도 동의했다.

주말에 리먼 드라마가 방영되었고, 우리는 130개 국가에서 전개하는 보험 영업 규모가 조 단위에 달하는 AIG도 예의 주시했다. 시티그룹에서 오랜 경력을 쌓고 3개월 전에 AIG CEO가 된 로버트 윌럼스태드는 지난 금요일 티머시에게 AIG가 곧 현금 부족에 봉착할 것이라고 말했다. AIG 경영진은 금요일 밤에 이사회 구성원들에게 AIG가 연준에게서 대출이 가능한지를 문의했다. 그들은 곧 AIG의 신용등급이 떨어지면 채권자들이 채무불이행 사태에서 자신을 보호하려고 현금이나 담보물을 훨씬 더 많이 요구할 것이라고 말했다.

우리는 AIG를 규제하거나 감독한 책임이 없었다. 그럼에도 우리는 여름 내내 AIG를 주시했다. AIG의 주력 사업은 생명보험과 재해보험이었다. 그리고 주 규제기관들이 AIG가 미국에서 추진하는 영업을 감독했다. 이러한 규제기관들은 AIG 계열사들이 적절하게 운영되고 있는지, 피보험자들에게 보험금을 제대로 지급할 준비가 되어 있는지를 확인했다. 그러나 (해외 영업과 보험과는 무관한 사업들을 포함하여) AIG가 추진하는 다양한 사업들을 총괄하는 지주회사는 보험 규제기관의 감독을 받지 않았다. AIG가 소규모 저축대부조합을 보유하고 있었기 때문에, 이 거대한 지주회사는 규모가 작고 인력이 많지 않은 저축기관감독청의 규제하에 있게 되었다. 이는 전문성과 자원에서 엄청난 부조화였다. 저축기관감독청은 AIG가 서브프라임 모기지 관련 증권에서 엄청난 손실을 기록한 뒤인 6월에 윌럼스태드가 CEO가 되었는데도 리먼의 주말에 이르기까지, AIG가 심각한 어려움에 처해 있을지도 모른다는 언질을 주지 않았다.

AIG는 모험심이 강한 스물일곱 살의 캘리포니아 출신의 대학 중퇴자 코닐리어스 반더 스타가 일본 요코하마의 증기선 회사 생활을 그만두고 중국 상하이에서 사업을 시작한 1919년에 출범했다. 그는 상하이의 방 2개의 사무실에서 아메리칸 아시아틱 언더라이터즈(American Asiatic Underwriters)라는 보험회사를 설립했다. 스타는 이후 수십 년에 걸쳐 눈부신 발전을 이룩했고, 1967년에 북아메리카, 유럽, 라틴 아메리카, 중동, 아시아 지역 사업을 총괄하는 AIG 지주회사를 설립했다. 1968년에는 모리스 행크 그린버그가 스타의 뒤를 이어 CEO로 부임했고, 1년 뒤인 1969년에 AIG를 상장회사로 변모시켰다. 뉴욕 시의 브롱크스에서 택시 운전사의 아들로 태어난 그린버그는 열일곱 살 때에 제2차 세계대전에 참전하려고 집을 뛰쳐나왔다. 그리고는 다하우 강제 수용소 해방에 공을 세웠다. "강압적이고 영리하고 다혈질이고 조급하고 통제하려 하고 강박관념에 사로잡힌 듯한" 사람으로 알려진 그는 AIG를 세계 최대의 보험회사로 성장시켰다.

AIG가 미국의 금융 안정을 위협하게 된 것은 일상적인 보험 영업이 아니라 파생상품 사업에 대규모로 뛰어든 데에서 비롯되었다. 1987년 그린버그는 AIG 파이낸셜 프로덕츠(AIG Financial Products, AIG FP)라는 자회사를 설립했다. 비록 AIG FP가 다양한 금융상품을 취급했지만, 1990년 후반까지만 해도 AIG FP의 주요 사업은, 모회사와 상호가 다를 뿐, 보험 판매였다. 주요 고객은 미국과 유럽의 은행과 금융기관들이었는데, 이들은 다양한 형태의 민간 부채(여기서는 주로 모기지와 그밖의 부동산 관련 부채)를 묶은 부채 담보부 증권(Collateralized Debt Obligation, CDO)에서 커다란 손실이 발생할 가능성에 대비하여 보호받기를 원했다. AIG는 정기적으로 납부금—본질적으로 보험료—을 받고서 이러한 증권에서 일정 금액이 넘는 손실이 발생할 경우에 보험금을 지급했다. 이러한 보험은 신용 부도 스왑(credit default swap)이라는 파생상품을 통해서 제공되었다.

사업 모델은 윈윈 계획처럼 보였다. AIG가 신용등급이 높기 때문에, 부채 담보부 증권 보험 고객들은 AIG가 손실에 대비하여 지급준비금을 많이 비축할 것을 요구하지 않았다. 한편, 이러한 보험에 가입한 은행과 금융기관들은 자신의 규제기관에게 부채 담보부 증권에서 발생하는 큰 손실의 가능성에 대비하고 있는 모습을 보여줌으로써 규제기관의 요구를 충족시킬 자본금 수준을 줄일 수 있었다. AIG는 보험을 판매하면서 자본금을 늘리지 않았다. 따라서 부채 담보부 증권을 지탱하는 금융 시스템에서 자본금 총액은 실제로는 줄어들었다.

규제기관의 주의 깊은 감독을 받고 잘 운영되는 보험사는 자본금과 지급준비금을 충분히 보유하고 어떤 위험이라도 이에 대한 노출을 제한하고 위험의 일부에 대해서는 다른 보험사(재보험사)에 가입하는 식으로 엄청난 손실의 위험에 대비했다. 경제적인 관점에서 보면, AIG FP는 보험을 판매하고는 있지만 실제로는 규제를 받지 않았다. AIG FP의 거래는 전통적인 보험을 지배하는 규정을 적용받지 않았다. 그리고 AIG FP는 스스로 대비책을 강구하지도 않았기 때문에, 위기의 충격에 무방비 상태였다.

행크 그린버그는 AIG FP의 파생상품 포지션이 가지는 위험을 오랫동안 인식하고 있었다. 1993년 이 계열사가 크게 흔들리면서 단번에 1억 달러의 손실이 발생하자, 그는 자회사의 사장 하워드 소신을 교체하기로 결심했다. 그린버그는 신임 사장 톰 새비지에게 이렇게 말한 것으로 알려져 있다. "당신은 AIG FP에 가서 나의 트리플 A 등급에 맞는 사업을 해야 합니다. 그리고 나는 쇠스랑을 가지고 당신 뒤를 쫓아다닐 것입니다." 그러나 그린버그는 AIG FP의 위험한 활동을 저지할 의지도 능력도 전혀 없었다. AIG FP를 재난에 빠뜨린 신용 부도 스왑의 대부분은 2003년부터 2005년 사이에 만들어졌다. 결국 그린버그는 2005년 3월 CEO에서 물러났다. 증권거래위원회와 법무부가 AIG의 회계부정을 발견하자 결과적으로 회사 등급이 하락하고 16억 달러의 벌금을 납부하게 되었고, AIG 이사회는 그에게 사퇴를 명령했다. 그린버그 후임으로는 AIG에서 오랫동안 임원으로 일했던 마틴 설리번이 뽑혔다. 그리고 설리번이 물러난 뒤에는 AIG 이사회 임원이었던 윌럼스태드가 CEO 자리에 올랐다.

AIG FP의 위험은 이 회사의 매우 복잡한 포지션에 대한 가치를 평가하기가 어려워서 더욱 증폭되었다. 그것은 어느 정도는 이 회사가 보증하는 증권 자체가 복잡하고 가치를 평가하기 힘들기 때문이기도 했다. 1998년 「포춘」지는 보도했다. "실제로 월 스트리트 사람들은 이 회사의 분석을 사실상 포기해버린다. 이 회사는 너무 복잡하여 도무지 알 수가 없다고 생각한다. 그들은 단지 믿음에 의지할 뿐이며, 그린버그는 계속 수익을 낼 것이라고 그들 자신에게 말한다." 윌럼스태드는 CEO가 되면서, 핵심 보험 사업에 집중할 것이라고 선언했다. 이런 계획이 완료되었더라면(윌럼스태드는 9월이면 완료될 것이라고 말했다), 이 회사의 항공기 대여업처럼 특이한 사업을 하는 계열사와 함께 AIG FP는 매각되거나 서서히 해체되었을 것이다.

AIG의 명목상의 감독기관인 저축기관감독청은 AIG FP의 위험성이나 불투명성에 그다지 관심을 가지지 않았다. 저축기관감독청은 2007년 7월의 평가 보고서에서 AIG FP의 위험 관리 프로그램을 적정한 것으로 판단했고, 신용 위험의 수준을 보통으로 평가했다. 저축기관감독청은 AIG FP가 보증하는 증권은 신용평가기관에 의해서 높은 등급을 받았고 2005년 12월부터는 서브프라임에 노출된 거래에 대한 보험 제공을 중단했다고 발표했다. 저축기관감독청은 이러한 평가 결과에 바탕을 두고 아무런 조치를 취하지 않았다. AIG는 2005년 이후 그러한 영업을 중단했지만, 기존의 서브프라임 노출을 축소하거나 헤징하기 위한 조치를 취하지 않았다.

윌럼스태드는 '리먼의 주말'에 바쁘게 움직였다. AIG는 당장 많은 현금이 필요했다. 그는 AIG 지주회사가 계열사로부터 200억 달러를 동원할 목적으로 뉴욕 주 보험회사 감독관 에릭 디날로와 협의했다. 또한 그는 JC 플라워스 앤 코와 콜버그 크라비스 로버츠(KKR)를 포함한 사모 펀드사를 통해 자금을 동원하려고 했다.

리먼과 마찬가지로 AIG는 사태의 심각성을 일찍 깨닫지 못했다. 도널드 콘은 토요일 오전에 AIG가 JC 플라워스와 KKR에 손을 벌리고 있는 상황인데도 불구하고, 자신이 처한 곤경을 일시적인 현금 부족으로만 생각하고 핵심 자산(보험 계열사 중 하나)을 매각하거나 투자자를 찾으려고 하지 않는다고 보고했다. 나는 AIG가 자신의 상황을 심각하게 인식하지 않는 것을 우려하고 도널드에게 그들이 문제를 해결하기 위한 구체적이고도 신뢰할 만한 계획을 세우도록 독려하라고 말했다. 이런 말은 하고 싶지 않지만, 나는 이미 우리가 개입해야 할 가능성을 염두에 두고 있었다. 나는 도널드에게 보내는 이메일에서 "우리가 그들에게서 스스로 젖을 떼고 안정을 회복하기 위한 조치에 관하여 명백하고도 공식적인 약속을 받아낸다면, 괜찮은 담보물을 잡고서 대출을 제공할 생각이 있습니다"라고 적었다.

도널드는 폴슨 장관과 티머시가 리먼 사태를 처리하던 때의 전략을 참작하여 민간 부문에서 해결 방법을 찾도록 기다리고 지켜볼 것을 권했다. 그는 결국에는 연준이 AIG의 유동성 위기를 해결하기 위한 단기대출을 제공해야겠지만, 우리가 이러한 상황을 예방하기 위해서 가능한 모든 것을 해야 할 것이라고 말했다. 나는 그의 말에 동의했다.

리먼이 파산을 목전에 두고 있던 일요일에도 AIG는 또다시 우리의 관심을 사로잡았다. 우리가 AIG와 민간 부문에서 AIG를 인수할 생각이 있는 기업을 통해서 소식이 들릴 때마다, AIG에 필요한 현금은 점점 더 증가했다. AIG가 보증하는 증권의 가치는 하락하고 있었다. 그리고 채권자들은 AIG가 채무를 이행하지 못할 경우에 대비하여 더 많은 담보물을 요구했다. 더구나 AIG는 어리석게도—또다른 계열사를 통해서—민간 주택 담보부 증권에 대량 투자하는 방식으로 모기지 시장에 더블로 베팅을 했다. 설상가상으로 이러한 주택 담보부 증권의 가치도 급격하게 떨어지고 있었다. AIG는 계열 보험사가 보유한 증권을 담보물로 사용하여 증권 대차(貸借)—실제로는 레포 시장에서 자금을 빌리는 것과 동일하다—라고 불리는 자금 조달 방식을 통해서 민간 주택 담보부 증권을 매입하여 보유했다. AIG에 자금을 제공하는 사람들은 하루 전에 통지하고는 현금을 돌려받을 권리가 있었다. 그리고 AIG의 안전에 관한 우려가 커지면서 그들 중 대다수가 그러한 권리를 행사했다. 일요일 밤에는 AIG가 계약상의 의무를 이행하려면, 600억 달러의 현금이 필요할 것 같았다. 월요일 아침에는 AIG가 필요한 현금이 800억 달러를 상회할 것으로 예상하는 이들도 있었다.

한편, AIG와 잠재적인 투자자와의 협상은 아무런 성과가 없었다. 일요일 아침에는 JC 플라워스와 콜버그 크라비스 로버츠가 AIG의 일부 사업에 대해서 오퍼를 했지만, AIG 이사회는 이를 적절하지 않다는 이유로 거부했다. 그리고 AIG가 필요한 현금 추정치가 계속 커지자, 잠재적 투자자의 관심은 사라졌다. AIG는 채권자들에게 현금을 지급하지 못하는 날이 얼마 남지 않게 되자—시카고 대학교 경제학과 교수 출신이자 이스라엘 중앙은행 총재를 역임했던 부회장 야코브 프렝켈을 포함하여—AIG 경영진은 도널드 콘을 비롯한 관계자들에게 AIG가 살아남기 위해서는 연준의 자금 지원을 받아야 할 상황이라고 말했다.

우리는 월요일이 되면서 AIG가 처한 위험의 정도가 심각하다는 사실을 의심하지 않았다. AIG는 덩치가 엄청나게 크고 금융 시스템과 긴밀하게 연관되어 있었기 때문에, 이 회사의 파산은 예측 불허의 엄청난 파장을 일으킬 것이었다. 금융시장이 이미 혼란에 빠져 있는 상황에서 세계에서 가장 큰 보험사가 파산하면 투자자의 신뢰에 어떠한 영향을 미칠 것인가? 실제로 그 자체만으로도 금융 시스템에서 많은 부분을 차지하는 보험산업에 대한 대중과 투자자의 신뢰에 어떠한 영향을 미칠 것인가? 나 자신은 이런 문제를 알고 싶지도 않았다.

월요일 이른 오후에, 폴슨 장관은 백악관 기자 회견에서 정부가 AIG에 대출 제공을 검토 중이라는 소문을 부인했다. 그는 "지금 뉴욕에서 벌어지는 일은 정부의 브리지 론(bridge loan : 장기 융자가 결정되기 전의 단기 융자/역주)과는 아무런 관계가 없습니다. 뉴욕에서 벌어지는 일은 민간 부문에서의 노력입니다"라고 말했다. 그 순간 리먼을 구원하지 못한 우리의 무능함에 대해서 좌절하고 구제금융에 대한 들끓는 분노와 금융 시스템의 붕괴에 대한 우려 사이에서 진퇴양난의 상황에 빠진 폴슨 장관은 여전히 민간 부문에서 AIG 문제를 해결할 것이라는 가능성이 없는 희망을 계속 품고 있었다. 그러나 그러한 가능성은 점점 더 희박해지고 있었다.

월요일 오후 5시, 이사회 이코노미스트였다가 나중에 이사회 은행 감독 부서의 수석이 된 마이크 깁슨은 자신과 이사회 직원이 AIG, 뉴욕 주 보험 규제기관, 뉴욕 연은과 전화했던 내용을 알려주었다. AIG의 계획은 계속 변했다. 마이크는 그쪽 경영진이 사모 펀드사와의 교섭에 관해서는 더 이상 말하지 않았다고 했다. 이제 그들은 항공기 대여업과 스키 리조트 사업에 이르기까지 다양한 담보물을 제공하면서 연준의 대출을 희망했다.

패닉이 악화되면 문제는 다른 곳으로 전이된다. 나는 샌프란시스코 연은 으로부터 S&P와 피치가 워싱턴 뮤추얼의 신용등급을 낮출 계획이라는 보고서를 받았다. 보고서에는 "예금이 빠져나가고 있다. 혼란의 경계 혹은 징후는 보이지 않지만, 예금이 줄어들고 있다"라고 적혀 있었다. 도널드는 자신이 랜들 크로스너와 함께 저축기관감독청에서 존 라이시와 연방예금보험공사에서 실라 베어와 회합한 내용을 전했다. 실라는 워싱턴 뮤추얼이 예금 보험 기금에 위험을 일으킨 것을 우려하고 기업 매각을 계속 압박하고 있다고 전했다. 비금융기업들도 이러한 압박을 느끼고 있었다. 나는 일상 업무에서 필요한 자금을 조달하기 위해서 기업어음 시장에 의존하던 포드 자동차가 자금 조달의 어려움을 우려하고 우리와의 대화를 원한다는 보고도 받았다. 나는 마치 수류탄을 가지고 곡예를 부리는 것 같았다. 금융 패닉은 금융 시스템의 작동에 반드시 필요한 신뢰를 집단적으로 상실하는 것을 의미한다. 우리가 곧 상황을 안정시킬 방법을 찾지 못한다면, 금융 패닉은 더욱 악화될 것이었다.

뉴욕 연은에서는 티머시 가이트너와 직원들이 AIG에 대한 해법을 찾으려고 월요일 밤 늦게까지 일했다.(티머시의 에너지와 장시간 동안의 집중력은 항상 놀라웠다. 그 순간 그의 신진대사는 더욱 빠르게 진행되는 것 같았다. FOMC 회의의 휴식 시간에 그는 도넛을 게걸스럽게 먹어치우곤 한다.

그럼에도 여전히 날씬한 몸매를 유지하고 있다.) 미셸 스미스는 티머시가 AIG 구조가 실패로 돌아갈 "가능성이 실제로 굉장히 높다"고 생각한다고 보고했다. 나는 티머시에게 전화를 걸어 다음 날 아침에 열리는 FOMC 회의에 참석하지 말고 뉴욕에 머물면서 AIG 문제에 계속 집중하도록 부탁했다. 다음 날 회의에서는 그의 선임 행장 크리스틴 커밍이 뉴욕 연은 대표로 참석했다.

화요일 아침, FOMC가 열리기 1시간 전에, 나는 폴슨 장관, 티머시, 이사회의 케빈 워시, 벳시 듀크와 AIG 문제에 관해서 전화 회의를 가졌다. 사모펀드사는 빠져나가고 AIG 자산을 검토하던 투자은행들에게서는 아무런 소식이 없는 상황에서, 결국 해결 방안은 연준이 대출을 제공하는 쪽으로 기울고 있었다. 티머시는 밤새도록 고민했던, AIG를 구하기 위한 계획을 설명했다. 폴슨 장관과 나는 티머시에게 그 계획을 추진하고 최대한 신속하게 보고할 것을 요구했다.

전화 회합은 오랫동안 계속되었고, 나는 FOMC 회의장에 거의 30분 정도 늦게 들어갔다. 나는 평소에는 9시 정각에 회의장에 들어갔다. 그날 아침에 회의장에 모인 사람들은 내가 허둥거리면서 자리에 앉자, 궁금한 표정으로 나에게 인사했다. 나는 너무나도 많은 문제들이 미해결 상태에 있고 이미 회의 시간도 많이 지나서, 시장이 "계속 심각한 긴장 상태에 있고," AIG에 대한 우려가 점점 커지고 있다고 말하는 것 외에는 많은 내용을 공유하지 못했다. 이 말은 티머시가 자리를 비운 이유를 설명하는 것이기도 했다.

회의 시간에는 통화정책과 리먼의 파산 말고도 다른 안건도 다루었다. 나는 예정대로 위원회에 다른 중앙은행과의 통화 스왑 확대를 제의했다. 외국에서의 달러 부족은 미국과 외국 은행 모두가 단기금리를 상승시키는 여러 요인 중의 하나였다. 통화 스왑 프로그램을 확대하면 우리가 외국 중앙은행에 달러를 더 많이 공급할 수 있었다. 그러면 외국 중앙은행들은 자국의 자금시장을 안정시키려고 시중은행에 달러를 대출할 수 있을 것이다. 위원회는 유럽중앙은행, 스위스 중앙은행과의 통화 스왑 한도를 확대하고 영국은행, 캐나다 은행, 일본은행과의 통화 스왑 협정 체결을 승인했다.

빌 더들리의 시장 보고는 끔찍했다. 다우존스 지수는 월요일 거의 4.5%나 하락했고 이러한 추세를 이어갔다. 단기대출 비용은 급격하게 상승했다. 골드만 삭스와 모건 스탠리가 겪는 자금 압박도 거세졌다. 그들의 자금은 점점 메말라가고 있었다. 많은 기업들이 그들과의 파생상품 계약을 꺼렸다. 그리고 헤지 펀드와 그밖의 중요한 고객들은 두 곳 중에서 하나 혹은 모두가 리먼의 길을 따를 것을 우려하고 그들의 계좌를 다른 곳으로 옮겼다. 어쩌면 가장 나쁜 것은 두려움에 떠는 투자자들이 MMF(단기자금시장 펀드)의 일종인 리저브 프라이머리 펀드(Reserve Primary Fund)에서 자금을 회수하고 있다는 소식이었다. 만약 자금을 회수하려는 분위기가 다른 MMF로 옮겨간다면, 위기의 새로운 국면이 전개될 것이었다.

증권거래위원회의 감독을 받는 MMF는 단기국채와 신용등급이 매우 높은 기업어음처럼 매우 안전하고 유동성이 높은 자산에 투자하는 뮤추얼 펀드를 말한다. MMF는 개인 수표 발행이 가능하고 한 주당 가격을 1달러에 고정함으로써—투자자들은 무손실을 기대할 수 있다—은행계좌와도 비슷하다. 개인 투자자들은 현금의 일부를 보통 증권계좌와 관련하여 MMF에 예치한다. 기업, 지방정부를 포함한 각종 기관, 연금 펀드도 MMF를 현금을 잠깐 예치하기에 편리한 장소로 생각한다.

리저브 프라이머리 펀드—1971년 MMF를 처음으로 출시한 리저브 매니지먼트사가 관리한다—는 다른 MMF보다 더욱 큰 위험을 수용했다. 물론 이러한 위험은 이 펀드가 평균적으로 더 높은 수익을 제공하도록 한다. 고수익은 투자자들을 끌어들여, 펀드 규모가 급격하게 커지도록 한다. 그러나

332

우리는 리저브 프라이머리 펀드가 리먼이 발행한 기업어음에 약 7억8,500만 달러를 투자한 사실을 알게 되었다. 지금은 휴지조각이 되어버린 기업어음을 가지게 된 리저브 프라이머리 펀드의 자산은 한 주당 가격이 1달러에도 못 미치게 되었다. 이 펀드는 월 스트리트의 은어인 "1벅짜리 주식(the buck : buck은 달러와 같다/역주)"을 14년 만에 처음으로 기록한 뮤추얼 펀드가 되었다. 투자자들이 리저브 프라이머리 펀드 매니저들이 한 주당 1달러 가격 정책을 중단하기로 결정하기 전에 먼저 현금으로 인출하기 시작하면서, 뱅크런과 같은 사태가 벌어졌다. 화요일 시장을 마감할 때에는 약 400억 달러가 빠져나갔는데, 이는 리저브 프라이머리 펀드 가치의 거의 3분의 2에 해당했다. 이후에도 현금 인출 분위기는 다른 MMF로 번져가면서 금융 산업의 안정을 위협했고 가계, 기업, 비영리 기관의 현금성 자산을 위태롭게 했다. 그리고 MMF에서 자금이 빠져나가면서, 금융기관들과 비금융기업들은 모두가 직원에게 임금을 지급하고 그밖의 자금을 조달하기 위해서 발행하던 기업어음을 판매하는 데에 어려움을 겪게 되었다.

그러나 이에 대한 우려는 심각하기는 했지만, 당시 우리가 직면했던 가장 큰 우려는 아니었다. 빌은 "물론, 우리는 AIG 문제에 직면했습니다"라고 말을 이어갔다. AIG는 은행은 아니지만, 뱅크런과 같은 상황에 직면했다. 대출자를 비롯한 거래 당사자들은 AIG와의 거래를 점점 더 꺼렸다. 그리고 부채 담보부 증권에 대하여 AIG 보험에 가입한 기업들은 AIG가 보험금 지급 의무의 이행을 보증할 담보로서 더 많은 현금을 요구했다. 이야기의 진행 방향은 해결 방법을 찾기 위한 것이었다. 그러나 빌이나 나나 아직은 내세울 만한 구체적인 방법이 없었다.

회의 시간이 많이 지난 관계로, 회의의 나머지 부분은 빠르게 진행되었다. 참석자들은 경제가 앞으로도 계속 침체되고 인플레이션에 대한 우려는 조금은 사라질 것으로 보았다. 나는 아마도 우리가 이미 침체기에 접어들었는지도 모른다는 생각을 다시 한번 밝혔다. 우리는 토론의 끝부분에서 시장의 흐름에 주목하는, 미리 준비했던 회의 결과 보고서를 수정했지만, 연방자금금리를 2%로 고정하는 데에는 만장일치로 합의를 보았다.

 돌이켜보면, 이러한 결정은 확실히 잘못되었다. 우리가 그러한 선택을 한 이유는 부분적으로는 시간이 부족했기 때문이었다. 회의 시간 자체가 부족했고, 리먼의 파산이 미치는 영향을 판단하기 위한 시간도 부족했다. 지난 주일에 도널드와 나는 목표 금리를 고정하려는 비교적 중립적인 선택에 합의를 보느라고 많은 고민을 했다. 이러한 선택은 당시에 우리가 알고 있던 정보에 근거하면 옳은 결정이었던 것 같다. 짧은 회의 시간에 금리를 변경하려면 논란과 분열을 일으킬 수가 있다. 또한 리먼 사태의 전개 과정을 자세히 알 때까지는 좀더 지켜보기만 하자는 생각을 가진 사람들도 많았다. 결과적으로 나는 금융시장 참가자들이 우리가 금리를 인하할 것이라고 예상했지만, 금리인하를 밀어붙이지는 않았다.

우리가 워싱턴에서 통화정책을 논의할 때에, 뉴욕에서는 티머시와 그의 참모들이 AIG의 파산을 막기 위한 현금 대출 조건—최대 850억 달러에 달한다—을 급하게 작성하고 있었다. 리먼과는 다르게, AIG는 연은에 대한 "변제를 보증하는" 법적 요건을 충족시킬 만한 담보물이 되기에 충분히 가치 있는 자산—즉, 국내와 외국의 보험 계열사와 그밖의 금융 서비스 회사—을 보유하고 있었다. 그럼에도 우리가 AIG에 대출을 제공하면서 새로운 경계를 넘어선 것은 AIG가 보험회사라는 이유뿐만이 아니었다. 연준은 위기 시에 대출을 제공하면서 대출 자산 혹은 증권 자산이 아니라 특정 기업의 영업권을 담보물로 확보한 것이었다. 따라서 AIG가 제공하던 담보물은 다른 담보물과는 다르게 가치를 산정하거나 매각하기가 어려웠다. 그리고 AIG 지주회사가 파산하면 담보물로 제공된 계열사도 그 가치의 상당 부분을 잃을 것이기 때문에 이러한 담보물의 보증 역할도 크게 약화된다. 그러나 우리에게는 대안이 없었다. AIG가 받을 수 있는 대출 규모를 생각하면, AIG가 보유한 시장에 팔 수 있는 증권 자산만으로는 담보물이 되기에는 충분하지 않았다.

티머시가 제안한 대출 조건에는 약 11.5%에서 출발하는 변동금리─티머시가 민간 부문의 AIG에 대한 금융 지원을 끌어들이기 위해서 접촉했던 은행들이 상당히 긍정적으로 검토할 만한 수준이었다─가 포함되어 있었다. 또한 그는 AIG에게 거의 80%에 달하는 소유 지분을 정부에 넘겨주도록 요구했다.

AIG에게는 어려운 조건이 적용되었다. 우리가 AIG에 대하여 비교적 생소하게 여기는 측면, AIG FP의 복잡하게 설계된 파생상품 포지션에 대한 가치 평가의 어려움, 극단으로 치닫는 금융시장 여건을 생각하면, 이처럼 엄청난 금액을 대출하는 데에는 필연적으로 심각한 위험이 따르게 마련이었다. 그것은 민간 기업이 수용하기 어려운 위험임에 틀림없었다. 납세자들은 이러한 위험을 감수하는 대가로 충분한 보상을 받을 자격이 있었다. 특히 AIG가 소유권의 상당 부분을 양도해야 하는 조건은, 이 회사가 정상을 회복하면, 납세자들이 수익을 공유하도록 보장하기 위한 장치였다.

마찬가지로 중요하게는 이처럼 어려운 조건은 구제금융에서 비롯되는 도덕적 해이 문제를 완화하고 특히 다른 회사가 아닌 AIG를 지원하는 데에 따르는 형평성에 관한 문제 제기에 대처하는 데에도 도움이 되었다. AIG와 비슷한 상황에 처한 기업 경영자들이 정부에게서 구제금융을 쉽게 받을 수 있다고 생각한다면, 자본을 확충하거나 위험을 줄이거나 기업의 자산이나 기업에 대한 시장 오퍼를 수용할 동기가 사라지게 될 것이다. 연준과 재무부는 정확하게 같은 이유로 베어 스턴스, 패니 메이, 프레디 맥 주주에게도 수용하기 힘든 조건을 압박했다. 우리가 어떤 선택을 하든, 정치적으로 거센 반발에 부딪히게 되겠지만, 우리는 납세자들을 위해서 최선의 거래를 하고 구제금융이 AIG와 AIG 주주에게 뜻밖의 횡재가 되지 않도록 노력하고 있다는 것을 보여줄 필요가 있었다.

내가 하는 일은 이 거래를 워싱턴 관료들이 납득할 수 있도록 최대한 돕는 것이었다. 우선 가장 중요하게는 이사회를 납득시키는 것이었다. 나는 FOMC의 휴회 시간에 이사회 총재들에게 AIG 사태와 뉴욕 연은에서의 작업 과정에 관해서 설명했다. 그리고 FOMC 회의가 끝나자, 이사회—처음에는 내 사무실에서 진행했고, 나중에는 연은 행장들이 공항으로 간 뒤에는 이사회 회의실에서 진행했다—를 시작했다. 회의 장소를 이사회 회의실로 옮기던 순간에, 우리는 티머시가 제안한 거래 조건의 사본을 받았다. 그리고 티머시는 전화로 회의에 참여했다.

여기서 중요한 문제는 850억 달러에 달하는 여신한도가 실제로 AIG를 구제할 수 있는 금액인가에 있었다. 우리 입장에서 가장 큰 재앙은 이처럼 엄청난 금액을 빌려준 뒤에도 AIG가 파산하는 모습을 바라보는 것이었다. 우리는 앞으로의 일을 확실히 알지 못했지만, 대내외적인 평가에 근거하여 AIG가 당장에는 현금이 부족하더라도 전체적으로는 생존이 가능할 것으로 믿었다. AIG FP는 거대 보험회사 위에 앉아 있는 헤지 펀드와도 같았다. 그리고 AIG의 증권 대차라고 불리는 자금 조달방식과 함께 AIG FP는 AIG가 현금이 부족한 주된 요인이었다. AIG FP가 독립 기업이라면, 아무런 희망이 없었을 것이다. 그러나 AIG의 보험 계열사와 그밖의 소유 기업체는 대체로 재정 상태가 건전했고, 그 가치는 우리가 제공하는 대출금의 상환을 확실하게 보증할 수 있는 담보가 될 수 있었다.

여기서 순환성이 엿보인다. AIG에 제공하는 대출이 금융시장을 안정시킨다면, AIG의 계열사와 자산은 시간이 지나면서 대출금을 상환할 만한 충분한 가치를 가지게 될 것이다. 그러나 금융 여건이 더욱 나빠져서 경제가 더욱 침체되면, AIG의 자산 가치도 역시 떨어질 것이다. 그리고 이러한 경우에는 대출금 상환에 대한 희망이 사라진다. 우리는 더 나은 결과를 얻을 수 있도록 기대해야 한다.

또한 우리는 AIG를 그냥 내버려두고도 금융시장을 안정시킬 수 있는지도 검토했다. 리먼의 파산 소식에 금융시장이 흔들리는 모습을 보았을 때, 적어도 나한테는 대답은 분명했다. AIG는 규모에서 리먼과 베어 스턴스를 합친 것과 같았다. 그리고 두 회사와 마찬가지로 세계 금융 시스템과 긴밀하게 연관되어 있었다. AIG가 파산하면 여러 측면에서 큰 혼란이 일어날 것이다. 다수가 중요한 금융기관들인 채권자와 파생상품 계약자는 AIG의 지급 능력에 의심을 품게 되고, AIG의 기업어음 보유자들은 손실을 보게 되고(리먼의 기업어음 보유자들이 손실을 보게 되면서, MMF 자금이 급격하게 빠져나갔다), 보험회사의 파산으로부터 고객을 보호하기 위해서 주정부가 적립한 기금에서 현금이 고갈된다.(때로는 주정부가 보험산업에 대한 사후 평가에 바탕을 두고 이러한 보장성 기금을 적립하기도 한다. 따라서 주정부는 다른 보험사에게서 직접 현금을 충당해야 한다.) AIG가 파산을 선언하면, 주 규제기관이 AIG의 보험 계열사를 압류할 것이고 주정부가 조성한 보장성 기금이 고갈될 것이다. 그렇게 되면 나머지 보험산업 전체에 대한 신뢰가 무너질 것이다. 결국 보험 계약을 해지하려는 사람들이 줄을 이을 것이고, 나머지 보험회사들이 자금 위기에 빠질 것이다. AIG가 추진하는 다양한 영업 활동에는 퇴직 연금 펀드들의 인기를 끄는 투자 상품에 대한 보험도 포함되어 있었다. AIG 자산이 신속하게 매각되면, 주식가격과 채권 가격도 더욱 하락하여 더 많은 기업들이 채무불이행에 빠져들 수 있다. 그리고 우리가 생각조차 못했던 결과가 틀림없이 발생할 것이다.

나한테는 AIG 이사회가 우리의 조건을 수용한다는 전제에서 AIG에 대출을 제공하는 것 외에는 다른 대안이 없었다. 5명의 이사회 총재 모두가 이러한 대출이 제13조 3항의 요건을 충족한다고 생각했으며, AIG 대출에 찬성표를 던졌다. 이사회 회의록에는 비록 투박한 어조이기는 하지만, 우리가 주어진 상황에서 대출을 제공하게 된 근거가 다음과 같이 적혀 있다. "이사회 멤버들은 AIG의 무질서한 파산은 이미 심각할 정도로 취약해진 금융시장 전반에 걸쳐 영향을 미칠 것으로 판단하고, 최선의 대안은 AIG가 지급 기일에 질서정연하게 의무를 이행할 수 있도록 대출을 제공하는 것이라는 데에 합의하게 되었다. 또한 이사회 멤버들은 대출 조건이 미국 정부와 납세자의 이익을 보호해야 한다는 데에도 합의했다."

끝이 없어 보이던 화요일에 그 다음 들러야 할 곳은 오후 3시 30분의 백악관 회의였다. 폴슨 장관과 나는 대통령에게 시장 상황을 보고하기로 사전에 약속했다. 그날 우리가 보고해야 할 내용은 예상했던 것보다 훨씬 더 많았다. 회의에는 체니 부통령, 크리스 콕스 증권거래위원회 의장, 월트 루켄 상품선물거래위원회 의장, 에릭 시리 증권거래위원회 이사, 재무부 관리들과 그리고 대통령 비서실장을 비롯한 백악관 관리들, 조시 볼턴 전 관리예산국장, 에디 러지어 경제자문위원회 의장, 짐 너슬 현 관리예산국장이 참석했다. 우리는 사람들이 꽉 찬 방에서 현황 보고를 했다. 부시 대통령은 몇 가지 질문을 하고는 우리가 필요한 조치를 취해야 하며, 자신은 정치적 지원을 아끼지 않을 것이라고 말했다. 또한 우리에게 의회 보고도 제안했다.

폴슨 장관과 나는 오후 6시 30분에 해리 리드 상원 다수당 대표, 존 베이너 하원 소수당 대표, 크리스 도드 상원 은행위원회 위원장을 포함한 의회 지도급 인사들을 만났다. 다선의 저드 그레그 상원 예산위원회 공화당 의원은 넥타이도 매지 않은 채로 도착했다. 하원 금융 서비스 위원회 위원장 바니 프랭크는 구겨진 셔츠의 끝을 바지 속에 완전히 집어넣지 않은 모습이었다. 모두가 서 있었다. 회의실은 너무 작아서 테이블이나 의자가 많지 않았다.

폴슨 장관과 나는 상황을 간단히 설명하고 다시 질문을 받았다. 나의 기억으로는 개입의 필요성에 대해서 이의를 제기하는 의원은 없었던 것 같다. 바니 프랭크 의원은 연준이 AIG에 대출할 850억 달러를 어떻게 마련할 것인지를 물었다. 나는 은행 지급준비금 창출 메커니즘을 설명할 때가 아니라고 생각했다. 나는 위기 전의 연준의 대차대조표 규모를 언급하면서 "우리는 8,000억 달러를 보유하고 있습니다"라고 대답했다. 바니는 놀란 표정을 지었다. 그는 연준이 마음대로 사용할 수 있는 돈이 그만큼이나 되어야 하는 이유를 알지 못했다. 나는 연준이 제13조 3항에 따라 금융위기를 막기 위해서 필요하다면 대출을 제공할 권한이 있다고 설명했다. 그리고 그것이야말로 바로 지금 우리가 추진하려는 일이었다.

해리 리드가 분명히 말했듯이, 우리는 스스로 책임을 지면서 그 일을 해야 할 것이다. 나는 그 자리에 모인 사람들 대다수가 우리에게는 선택이 달리 없는 이유를 이해했을 것으로 믿었다. 그러나 우리는 의회의 공개적인 지지를 기대하기가 어려웠다.

이런저런 회의들과 회의들 사이에, 나는 뉴욕에서의 전개 과정에 관해서 몇 차례 보고받았다. 윌럼스태드는 AIG 이사회에 티머시가 제시하고 연준이 승인한 조건을 설명했다. 논의가 진행되던 도중에, 폴슨 장관은 윌럼스태드에게 1999년부터 2005년까지 올스테이트 CEO를 지냈던 에드워드 리디가 AIG CEO를 맡을 것이라고 말했다. 나는 윌럼스태드의 짧은 재임 기간을 감안하면, 그가 AIG 문제를 피하기 위해서 훨씬 더 많은 일을 할 수 있었을 것이라고 생각하지 않았다. 그러나 우리는 AIG 사태의 규모를 생각하면, 새로운 리더십이 필요할 것으로 믿었다. 윌럼스태드는 이러한 결정을 아무런 저항 없이 수용했다.

AIG 이사회 구성원들은 티머시의 조건에 낙담한 반응을 보였다. AIG가 자신, 연준 그리고 가장 중요하게는 미국 금융 시스템과 경제에 일으킨 엄청난 사태를 감안하면, 그들이 당혹스러운 반응을 보여서는 안 되었다. 윌럼스태드는 이사회에서 "우리는 두 가지 나쁜 선택에 직면하여 있습니다. 그것은 바로 내일 아침에 파산 신청을 할 것인가 아니면 오늘 밤에 연준이 제시한 조건을 수용할 것인가 입니다"라고 말한 것으로 전해진다. 이사회는 티머시에게 조건에 대하여 협상이 가능한지를 물었는데, 티머시는 단호하게 '아니오'―우리는 AIG가 조건을 거부하면, AIG를 그냥 내버려둘 준비가 되어 있었다―라고 대답했다. 나는 티머시의 입장을 강력하게 지지하고 그렇게 하라고 말했다. 이제 우리는 할 수 있는 만큼 했다. 그리고 우리가 제시한 조건은 상황을 감안하면 충분히 타당했다. 그럼에도 나는 티머시의 포커 플레이어와도 같은 냉철한 자세에 감탄했다. 우리 모두는 AIG의 파산을 막는 일이 얼마나 중요한지를 알고 있었다.

티머시가 정한 시한인 오후 8시 직전에, 윌럼스태드는 전화로 우리가 제시한 조건을 수용하겠다는 의사를 밝혔다. 티머시는 이러한 사실을 전화로 나에게 알렸다. 이제 필요한 모든 일은 보도 자료를 작성하는 것이었다. 나는 미셸 스미스와 보도 자료를 검토하기 전에, 다시 한번 우리가 하고 있는 일에 관해서 생각해보았다. 상황은 빠르게 돌아가고 있어서, 심사숙고할 시간이 별로 없었다. 그러나 나는 다른 선택이 없다는 결론을 내렸다. 오후 9시에 AIG에 대한 구제금융 소식이 금융 뉴스 시간에 흘러나왔다.

(나를 포함하여) 어느 누구도 AIG에 대해서 동정하는 마음은 없었다. AIG가 어려운 상황에 빠진 것은 자업자득이었다. 어떠한 안건에 대해서도 합의를 이끌어낼 능력이 별로 없는 의회는 이러한 구제금융을 두고 신랄한 비난을 퍼붓는 데에는 금방 단합된 힘을 발휘했다. 이후 몇 달 동안, 나는 화가 난 의원들을 앞에 두고 왜 우리가 구제금융을 제공해야 했는지를 설명하려

고 여러 차례 의회를 찾았다. 물론 의회는 미국의 여론을 반영하는 곳이다.

더구나 다음 몇 분기에 걸쳐 AIG가 초래한 엄청난 손실 때문에, 우리는 거래 조건을 여러 차례 조정해야 했다. 결국 미국 정부(연준과 재무부를 합친 표현)는 AIG의 파산을 막으려고 총 1,820억 달러에 달하는 투자와 대출 약정을 했다. 우리가 AIG를 구조하러 처음 나섰을 때에, 나는 감정을 최대한 억누르고 어떤 문제를 풀 듯이 상황을 분석적으로 바라보려고 했다. 그러나 AIG 경영진이 얼마나 무책임한지를(혹은 멍청한지를) 알고는 부아가 치밀었다. 나중에 나는 어느 텔레비전 인터뷰에서 "AIG 때문에 나는 분노합니다. 나는 AIG 문제를 의논하면서 수화기를 꽝하고 내려놓았던 적이 한두 번이 아닙니다"라고 말했다. "나는 미국 국민이 분노하는 이유를 잘 압니다. 납세자가 낸 돈이 이처럼 멍청한 짓을 하는 회사를 살리는 데에 쓰이는 것은 공정하지 않습니다……그러나 우리는 금융시장을 안정시키는 것 외에는 다른 선택이 없습니다. 그렇지 않으면, 금융 시스템뿐만 아니라 미국 경제 전체도 엄청난 충격을 받을 것입니다."

지금 와서 지난 일을 돌이켜보면, 나는 정부가 AIG에 제공한 돈을 전부 그리고 그 이상으로 돌려받게 되어서 마음이 어느 정도는 홀가분하다. 연준과 재무부는 거의 230억 달러에 달하는 수익을 실현했다. 이는 AIG의 새로운 리더—에드워드 리디의 후임 CEO 로버트 벤모셰를 포함하여—와 대출 제공 이후 AIG를 계속 감독해왔던 연준과 재무부 팀이 그들의 역할을 훌륭하게 수행했음을 입증한다. 그러나 보다 중요한 것은 우리의 개입으로 AIG와 그밖의 금융기관들이 안정을 되찾았고 궁극적으로는 금융 시스템도 안정을 회복했다는 것이다.

전 AIG CEO를 지냈고 AIG에 많은 지분을 보유한 투자회사 스타 인터내셔널의 회장인 행크 그린버그는 3년 뒤에 대담하게도 구제금융에 따른 징벌적 조건의 부당성을 주장하면서 미국 정부를 상대로 250억 달러의 소송을 제기했다. AIG의 무책임한 행동이 AIG가 곤경에 처하게 된 근본 원인이며 AIG 이사회가 연준의 조건을 자발적으로 수용한 사실에도 불구하고, 그는 파산이 주주에게 모든 것을 잃게 만든다는 사실을 인식하면서도 이러한 주장을 펼쳤다. 이미 알려진 바와 같이, AIG 주주들은 결국 구제금융 덕분에 수익을 창출하는 기업에 대한 지배권을 회복할 수 있었다. 손버그 모기지처럼 다른 수많은 기업들은 위기를 맞이하여 이와 비슷한 도움을 받지 못했고 결국 파산했다.

결국 리먼-AIG 주간이 되었던 리먼의 주말은 이미 1년 동안 지속되던 매우 심각한 위기를 미국 역사상 최악의 금융 패닉으로 변모시켰다. 리먼은 파산했지만, AIG는 살아남았기 때문에 질문은 사라지지 않았다. 미국 정부는 의도적으로 리먼이 파산하도록 내버려두었을까? 그렇다면 AIG를 구제하러 나선 이유는 무엇이었을까? 또한 리먼이 어쨌든 구제되었다면, 이후에 전개되었던 위기는 상당 부분 피해갈 수 있지 않았을까?

　많은 사람들이 리먼도 베어 스턴스나 AIG처럼 구제될 수 있었고, 리먼이 파산하도록 내버려둔 것은 정책의 중요한 실패라고 주장한다. 그러나 연준과 재무부는 리먼이 파산하도록 그냥 내버려두지는 않았다. 리먼은 우리가 다른 구제에서 사용하던 방법을 쓸 수가 없었기 때문에 구제되지 않았던 것이다. 리먼의 경우에는 베어 스턴스와는 다르게 리먼을 인수할 기업―리먼의 부채를 보증하고 시장이 리먼의 생존을 확신시켜줄 수 있는 안정적인 기업―이 없었다. 재무부는 패니 메이와 프레디 맥의 경우와는 다르게, 의회가 승인하는 자금 지원 수단이 없었다. 또한 연준으로부터 대출을 많이 받을 수 있는 담보물이 충분했던 AIG와도 다르게, 리먼은 안정을 되찾기 위한 그럴 듯한 계획도 없었고 대출을 많이 받을 수 있는 담보물도 충분하지 않았다. 그리고 2010년 파산 심사관의 보고에 따르면, 리먼의 상황은 아마도 당시 보도된 내용보다 더 나빴을 것이다. 우리가 알다시피, 리먼은 자산 대비 자본 비율을 부풀리기 위한 계정 거래를 시도한 흔적이 있었다. 또한 채권자에게 지급하기 위해서 비축한 현금 보유액을 심각하게 부풀리기도 했다. 결국 리먼이 파산하자, 채권 소유자는 27% 정도만을 돌려받았고, 담보물을 확보하지 않은 채권자들은 겨우 25% 정도만을 돌려받았다. 채권자의 손실은 총 2,000억 달러에 가까웠다.

어떤 사람들은 리먼을 나중에 다른 투자은행을 대상으로 그랬던 것처럼, 은행지주회사로 전환시켰다면, 파산하지 않았을 수도 있었다고 주장했다. 그러나 그렇다고 하더라도 리먼의 문제를 해결하지는 못했을 것이다. 리먼은 이미 연준으로부터 프라이머리 딜러 대출이라는 단기대출을 받을 수 있었다. 단기적인 현금 주입만으로는 리먼의 문제를 해결하기에 충분하지 않았다. 손실의 규모를 생각하면, 리먼은 인수자, 장기 투자자 혹은 투자자 컨소시엄을 찾아야 했다. 펄드는 몇 달에 걸쳐 장기 투자자를 찾으려고 했지만, 아무런 성과를 거두지 못했다. 그리고 마지막 운명의 주말에도 그런 투자자는 나타나지 않았다.

리먼을 구제할 방법이 존재하더라도, 당시에 사용이 가능한 수단을 감안했을 때, 우리는 정신없이 바쁘게 돌아가는 주말에 그런 방법을 충분히 검토할 수 있을 정도로 머리가 민첩하게 돌아가지 않았다. 뉴욕과 워싱턴에서는 수십 명이 리먼 사태와 관련하여 바쁘게 움직이고 있었지만, 어느 누구도—예를 들면, 베어 스턴스 사태와 AIG 사태에서도 우리가 그랬던 것처럼—폴슨 장관, 티머시, 내가 리먼을 구제할 것인가, 그냥 내버려둘 것인가를 두고 직접 만나거나 전화로 논의하고 있었던 사실을 알리지 않았다. 우리는 이미 리먼을 구제해야 할 필요성은 인식하고 있었다. 그러나 우리에게는 그렇게 할 방법이 없었다.

나는 일부 사람들이 리먼의 파산은 일종의 선택이라고 주장하는 이유를 안다. 어떤 면에서는 그것은 비꼬는 듯한 칭찬이었다. 내 주변에도 이에 못지않은 임기응변의 재능을 보여준 사람들이 있었다. 그들은 우리가 리먼 사태에 대해서 어떠한 해법을 내놓을 수가 없었다는 것은 상상하기가 어렵다고 말한다. 심지어는 2008년 9월 FOMC에서 참석했던 세인트루이스 연은 행장 짐 불러드, 리치몬드 연은 행장 제프 래커, 캔자스 시티 연은 행장 토머스 호니그—이들 중 어느 누구도 리먼의 주말에 벌어졌던 논의에 참여하지 않았다—는 만족스러운 듯이 리먼을 그냥 내버려둔 것은 피할 수 없는 결과가 아니라 일종의 선택이었다고 생각했다.

'리먼의 주말'과 그 이전에, 정부 예산을 리먼을 구제하는 데에는 쓰지 않겠다는 폴슨 장관의 선언은 우리가 리먼이 파산하도록 내버려두기로 결정했다는 일부의 믿음을 분명히 부채질했다. 폴슨 장관이 그런 말을 하게 된 데에는 그 자신이 이른바 대마불사의 기관에 제공하는 별로 인기가 없는 구제금융의 상징이 된 것에 대해서 불편한 개인적, 정치적 감정을 포함한 여러 가지 이유가 있었다. 그러나 나는 폴슨 장관의 선언은 전술적인 고려가 중요한 요인이었다고 확신한다. 우리는 리먼을 구제하는 데에 인수가 되었든, 민간 기업의 컨소시엄이 되었든, 민간 부문이 주도적으로 나서기를 강력하게 원했다. 그러나 민간 부문은 정부가 결국 개입할 것이라는 확신을 가지게 되면, 문제 해결에 따르는 비용을 부담할 동기를 거의 가지지 않을 것이다. 따라서 폴슨 장관은 단호하게 말할 필요가 있었다. 마지막으로 폴슨 장관의 발언은 연준의 대출이 유일한 정부 자금이라고 표현한 점에서 어느 정도는 타당하지 않은 측면도 있었다. 리먼을 구제하기에 충분한 규모의 대출이 실현 가능하다는 판단이 섰다면—폴슨 장관도 아니고 재무부도 아닌—연준이 대출 제공 여부를 결정했을 것이다.

리먼의 파산 직후에 열린 의회 증언에서, 폴슨 장관과 나는 우리가 리먼을 구제할 수 있었는가에 관한 질문에서 의도적으로 상당히 모호한 답변을 했다. 우리는 금융회사들의 경우에는 베어 스턴스의 파산보다는 리먼의 파산에 대비할 시간이 더 많았다는, 정확한 사실이지만 결국에는 무의미한 사실에 관해서 이야기했다. 그러나 우리는 우리에게 리먼을 구제할 능력이 없다는 사실을 인정했을 때, 시장의 신뢰를 무너뜨리고 그밖의 다른 취약한 기업을 압박할 것을 크게 우려했기 때문에, 사전에 모호하게 이야기하기로 합의를 보았던 것이다. 지금 나는 우리의 모호한 태도가 우리가 리먼을 구제할 수도 있었다는 잘못된 생각을 조장할 뿐만 아니라 또다른 이유로도 우리가 더욱 적극적으로 진실을 밝혔어야 했을 것이라는 생각을 하기도 한다. 당시 우리가 골드만 삭스, 모건 스탠리를 비롯하여 그밖의 다른 기업에서도 채권자가 몰려오는 사태가 벌어질 것을 우려한 데에는 충분한 이유가 있었다. 그럼에도 우리가 리먼이 파산하게 된 이유에 대하여 진실을 밝히지 않은 것은 미래의 구제 기준에 대한 혼란을 일으키게 되었다. 우리가 리먼을 구제할 능력이 없었다고 인정했다면, 시장의 신뢰를 위해서 더욱 바람직하지 않았을까? 아니면 우리가 그랬던 것처럼, 우리에게는 여전히 미래에 개입할 역량이 있다는 암시를 주면서, 모호한 태도를 유지하는 것이 더욱 바람직했을까? 나는 어느 쪽이 더 나은지를 잘 모르겠다.

우리가 리먼을 구제하기 위해서 할 수 있는 모든 일을 하는 동안에, 나는 리먼의 파산을 막는 것이 피할 수 없는 파산을 늦추기만 할 뿐이라는 생각을 했다. 지금 나는 그때의 내 직감이 옳았다고 확신한다. '리먼의 주말'에는 연준이 의회의 지원이 없이 연준 혼자서 주요 금융회사들을 계속 구제할 수 있는 능력을 빠르게 소진하고 있었다. 빌 더들리가 FOMC 회의에서 강조했듯이, 연준의 대차대조표는 우리가 통화정책을 수행할 능력에 대한 타협이 없이는 무한히 팽창될 수 없었다. 그러나 더욱 중요한 것은 밀턴 프리드먼과의 공동 저자 애나 슈워츠가 연준의 "악한(惡漢)" 작전이라고 불렀던 것에 대한 정치적인 관용도 한계에 이르렀다는 것이다. 요컨대, 연준이 혼자 힘으로 리먼을, 그리고 어쩌면 AIG까지도 구제하는 것이 어느 정도는 가능했더라도, 미래의 금융구제를 떠맡을 능력을 가지거나 정치적인 지원을 얻을 수는 없었을 것이다.

우리가 가진 자원을 모두 소진해가던 바로 그 순간, 금융 시스템은 점점 더 약화되어—손실이 계속 발생하고 자본이 부족하고 신뢰가 사라졌다— 리먼을 훨씬 뛰어넘는 사태가 우려되었다. 미국은 과거 몇 년 동안 극심한 허리케인 시즌을 수차례 겪었다. 그리고 나는 리먼의 주말에 일련의 허리케인이 해안선을 향해 잇달아 몰려오는 모습을 상상했다. 그러나 이런 허리케인의 이름은 카트리나, 리타, 구스타브가 아니라 AIG, 메릴 린치, 모건 스탠리, 골드만 삭스, 워싱턴 뮤추얼, 와코비아, 뱅크 오브 아메리카, 시티그룹……이었다. 연준이 어떻게 이처럼 거대한 위기를 여분의 자원도 없고 정치적 지원도 없는 상태에서 혼자 힘으로 감당할 수 있었겠는가? 내가 리먼의 주말에 전화 회합에서 말했던 것처럼, 우리는 바보와도 같은 짓을 그만두어야 했다. 의회로 가야 할 때가 온 것이다. 납세자의 세금을 동원하지 않고, 우리의 노력을 뒷받침하려는 정치적 의지가 없는 상태에서 이와 같은 규모의 금융위기를 해결했던 역사적 선례는 없었다.

이미 밝혀진 바와 같이, 한 세기에 한 번 오는 경제와 금융 재앙의 위험이 닥쳤는데도 의원들은 이데올로기와 단기적인 정치적 이해관계를 뛰어넘지 못했다. 의회는 리먼의 파산 이후에 닥쳤던 혼란과 이 혼란이 경제에 미치는 명백한 결과에도 불구하고 위기를 종식시키기 위한 자금을 제공하는 법안을 통과시키는 데에 두 차례 회의를 거치느라고 2주일 이상을 보냈다. 일부 대규모 금융기업의 파산과 이와 관련하여 금융 시스템에 미치는 손상이 없었더라면, 의회는 결코 움직이지 않았을 것이다. 이러한 의미에서, 리먼과 같은 사태는 아마도 피할 수 없었을 것이다.

결국 역사가들이, 리먼을 구제한다고 해서 이후에 다른 기업이 파산하거나 경제위기가 악화되거나 결과적으로 침체가 발생하거나 의회에 수천 억 달러에 달하는 납세자의 세금을 요구하거나 하는 상황을 피할 수 없었을 것이라는 데에 동의한다면, 아마도 리먼의 주말에 리먼의 파산이 피할 수도 있었는지의 여부는 아무런 가치가 없는 질문이 되고 말 것이다. 그럼에도 불구하고 나는 리먼의 파산은 피할 수도 있었고, 이러한 파산이 정책 선택의 결과라는 견해가 세상의 일반 상식이 되는 것을 원하지 않는다. 왜냐하면 그것이 진실이 아니라는 간단한 이유 때문이다. 우리는 리먼의 파산이 대단한 파괴력을 지닐 것이라고 믿었다. 우리는 이러한 파산을 막으려고 우리가 생각할 수 있는 모든 것을 다 했다. 같은 논리가 AIG를 구제하는 데에도 적용되었다. 그런데 AIG의 경우는 (리먼과는 달리) 우리의 임시 변통책만으로도 충분했던 것으로 입증되었다.

14

의회에 도움을 청하다

⋮

9월 17일 수요일 신문에는 AIG 구제금융 소식이 주로 선전포고를 하려고 비워둔 첫 페이지를 휩쓸었다. 정치권과 언론은 지난 며칠 동안에 벌어지는 사건에 관하여 일반 사람들이 품고 있는 믿음에 영합하려고 했다. 그리고 빠른 결과 보고는 우리에게 호의적이지 않았다. 월요일과 화요일에는 논설위원들과 경제학자들이 리먼을 파산하도록 내버려두어야 한다는 그들이 생각하는 원론적인 결정을 뒷받침했다. 결과적으로 많은 사람들이 AIG에 대한 뒤이은 결정을 일관성이 없는 반전(反轉)으로 생각했다. 그것은 다른 상황에 대한 다른 반응이라고 생각하지 않고서 말이다.

심지어는 연준에 대체로 호의적이던 경제학자들조차도 비판적으로 돌아섰다. 이사회 금융정책국장직에 있으면서 나하고는 논문 몇 편을 같이 썼던 빈센트 라인하트는 "정부는 리먼과 선을 긋고 그 다음에는 그 선의 일부를 지워버렸다"고 말했다. 영국은행에서 비둘기파의 대표적인 인물이자 나하고도 논문을 같이 썼던 애덤 포센도 "그것은 아주 나쁜 소식이자 혼란스러운 선례로 남을 것이다. AIG는 수개월 동안 자본과 유동성 자산을 짜냈다. 옳은 생각을 가진 사람이라면 퇴출시켰을 것이다"라고 적었다. 그리고 카네기 멜론 대학교 교수이자 전 리치몬드 연은 이코노미스트로서 나하고도 잘 아는 마빈 굿프렌드는 연준에 대해서 "그들은 아무런 원칙이 없으며, 게임

348

도중에 원칙을 정하려고 한다"라고 말했다. 나는 우리가 올바른 판단을 했다고 믿었지만, 나하고 잘 아는 사람들에게서 나오는 적대적인 반응에 주의를 기울였다. 우리는 의회, 언론, 대중을 설득하느라고 힘든 시간을 보냈다. 또한 나는—라인하트, 포센, 굿프렌드처럼—나하고 잘 아는 사람, 혹은 일을 같이 했던 사람이 우리의 선택을 선의로 해석하지 않으려는 모습을 보면서 적잖이 당혹스러웠다.

정치인들은 여느 때와 마찬가지로 두 가지 방식으로 이해하려고 했다. 한편으로는 그들은 구제금융이 아주 인기가 없다는 사실을 잘 알았다. 그리고 그들 중 대다수가 재무부와 연준이 메인 스트리트보다는 월 스트리트를 먼저 생각한다는 인식을 이용하기(그리고 강화하기) 위해서 열심히 노력했다. 짐 버닝은 말이 안 되게 연준을 베네수엘라의 사회당 독재자 우고 차베스에 비유하기도 했다. 다우존스 와이어 스토리는 이러한 분위기를 다음과 같이 묘사했다. "지금처럼 정치적으로 중요한 선거철에 적어도 하루 동안은 의사당의 민주당 의원과 공화당 의원들이 화해한 것처럼 보인다. 그들은 당장 벤 버냉키를 조준했다." 다른 한편으로는 바니 프랭크처럼 사려 깊은 의원들은 자신이 얼마 지나지 않아 인기가 없는 결정에 연루될 수도 있다는 사실을 깨달았다. 따라서 그들은 더욱 신중하게 처신하려고 했다.(그러나 바니는 평소와도 같이 자신의 유머 감각을 억제하지 못했다. 그 주일에 열렸던 청문회에서 그는 9월 15일 월요일—리먼의 파산과 AIG에 대한 구제 사이에 있는 날—을 "자유시장의 날"로 지정할 것을 제안했다. 바니는 "자유시장을 향한 미국의 약속은 하루 동안 지속되었습니다. 그날이 바로 월요일입니다"라고 말했다.)

금융권에서는 단기자금시장이 거의 작동하지 않았다. 은행은 대출보다는 현금을 쌓아두고 있었다. 그리고 MMF—특히 금융기업과 비금융기업이 발행하는 기업어음을 포함하여 주로 다양한 단기 자산에 투자하는 이른바

프라임 MMF―시장에서는 인출에 가속도가 붙었다. 프라임 MMF에서 흘러나오는 현금의 대부분은 국채와 그밖의 공채처럼 매우 안전한 곳에만 투자하는 "공채 전용(government-only)" MMF로 옮겨갔다. 9월 10일부터 10월 1일까지 3주일 동안에, 프라임 MMF에서는 4,390억 달러가 흘러나왔는데, "공채 전용" MMF로는 3,620억 달러가 흘러들어갔다. 사상 유례가 없는 이동이었다.

나는 9월 17일 오전 7시에 출근했다. 필라델피아 애슬레틱스의 명감독 코니 맥의 증손자이자 이름도 같은 플로리다 주 하원의원 코니 맥과 오래 전부터 약속한 조찬을 마치고, 연준 안팎의 관계자들에게 AIG 구제금융에 관한 새로운 소식을 전했다. 9시 45분에는 도널드 콘, 케빈 워시, 티머시 가이트너가 합류했고, 전화 회합을 통해서 캐나다 은행 총재(마크 카니), 영국은행 총재(머빈 킹), 유럽중앙은행 총재(장 클로드 트리셰), 일본은행 총재(시라카와 마사아키)와 이야기를 나누었다. 모두가 리먼의 파산 이후 우리가 AIG의 파산을 막을 수 있었던 데에 기쁨을 표시했다. 또한 여러 기관과 얽혀 있는 대형 금융회사의 또다른 무질서한 파산은 반드시 막아야 한다는 데에 모두가 뜻을 같이 했다. 나는 AIG와의 거래가―어쩌면 내가 생각하는 것보다 더―좋은 결과를 낳을 것이라는 믿음을 표시했다.

리먼이 파산하고 AIG가 파산지경에 이르는 사태에서 비롯되는 충격의 여파로 전 세계의 금융시장이 요동쳤다. 그리고 각국의 중앙은행 총재들은 패닉을 진정시키려고 대출을 늘렸다. 우리는 화요일 FOMC가 승인한 통화 스왑의 확대를 유럽의 목요일 개점 시간에 공동으로 선언하는 데에 만장일치로 동의했다. 나는 각국의 중앙은행 총재들에게 성원을 아끼지 않은 점에 대해서 감사의 말을 전했다. 이는 단순히 입에 발린 말이 아니었다. 우리 모두는 정치권과 언론이라는 눈에 보이지 않는 위험뿐만 아니라 우리가 직면한 책임을 예민하게 인식하고 있었다. 그리고 우리가 떨어져서 움직이지 말고 협력하면, 이러한 도전에 더욱 효과적으로 대처할 수 있을 것이라고 생각했다.

나는 국제 전화를 끝내고, 미셸 스미스의 이야기대로 화상 회의를 통해서 FOMC 위원들에게도 상황 보고를 했다. 미셸은 아침 시간 내내 자세한 상황을 알고 싶어하는 연은 행장들의 전화에 시달렸다고 말했다. 그들은 언론의 질문과 그쪽 이사회 멤버들의 전화에 시달리면서 어떻게 대응해야 하는지를 알고 싶어했다. 나는 AIG에 제공하는 대출 조건과 그런 조건을 제시한 이유를 설명했다. 티머시와 빌 더들리도 부연 설명을 하고 질문을 받았다. 나는 연은 행장들의 반응을 헤아리기가 어려웠다. 대다수가 특별한 상황에 특별한 조치를 취하는 것을 인정하는 듯했다. 그러나 일부는 연준에 대해서 정치권에서 이미 형성되고 있는 반발뿐만 아니라 일관성이 없어 보이는 우리의 조치 자체에도 우려를 표했다.

이사회가 긴급 대출 권한인 13조 3항의 발동 여부를 결정하기 때문에, 이러한 결정 이후에 연은 행장들에게 자세한 사항을 설명하는 것은 전적으로 타당한—그리고 현실적으로도 필요한—과정이다. 그럼에도 나는 화상 회의를 하는 동안에 우리가 위기 전반을 다루고 있다는 비장함을 느꼈다. 나는 유용한 조언과 더 많은 지원을 얻으려고 주변 동료들을 최대한 많이 관여시키고 싶었다. 그러나 이처럼 위기가 가장 격렬하게 전개되는 순간에는 신속하게 움직여야 할 필요성이 때로는 폭넓은 협의의 장점보다 더 중요할 수가 있었다.

점심 식사 뒤, 미셸의 요청대로 나는 기자들의 전화를 받았다. 우리가 여론의 법정에서 우리의 입장을 고수하려면, 그 입장을 밖으로 알려야 한다. 나는「월 스트리트 저널」의 존 힐전래스,「이코노미스트」의 그레그 입,「파이낸셜 타임스」의 크리슈나 구하,「워싱턴 포스트」의 닐 어윈,「블룸버그」의 존 베리, CNBC의 스티브 리스먼,「뉴욕 타임스」의 에드 앤드루스처럼 주로 연준 담당 기자와 많은 시간을 보냈다. 나는 그들과 같은 전문기자들이 우리가 했던 일과 왜 그렇게 했는지를 가장 잘 이해하고 설명해줄 것으로 생각했다. 다른 기자들은 그들이 썼던 기사를 주로 참고했다.

그렇다고 해서 이들 전문기자들이 우리가 하는 말을 곧이곧대로 믿는다는 의미는 아니다. 「월 스트리트 저널」 편집자이자 칼럼니스트인 데이비드 웨슬은 언젠가 나에게 어떤 기자가 일을 잘하면 그 기자의 취재 대상인 공직자는 그 기자가 다른 일을 맡아야 마음이 놓인다고 했다. 지난 수년 동안에 내가 만났던 기자들 중 일부는 웨슬의 기준에 잘 부합되었다. 그러나 전체적으로 보면, 나는 연준 담당 기자들이 기사를 공정하게 써왔다고 생각한다. 아마도 연준을 취재한 적이 별로 없고 따라서 잘 모르는 기자가 쓴 기사라면 공정하지도 정확하지도 않았을 가능성이 더 높았을 것이다.

우리는 수요일에는 특히 골드만 삭스와 모건 스탠리를 주목했다. 이렇게 남아 있는 두 개의 독립 투자은행은 면밀하게 관찰해야 할 대상이었다. 두 회사들은 베어 스턴스, 리먼, 메릴 린치보다는 강력한 프랜차이즈와 건전한 대차대조표를 보유했다. 그러나 다른 회사들과 마찬가지로 두 회사는 증권 자산을 보유하고 담보물에 대한 요구를 충족시키려고 날마다 자금을 동원해야 했다. 지금 우리가 충분히 인식하고 있듯이, 채권자, 고객, 거래 당사자는 안정이 의심스러운 기업과의 거래를 꺼린다. 기업에 대한 신뢰가 사라지면, 남아 있는 두 투자은행에서도 뱅크런과 같은 사태가 발생할 수 있었다.

골드만 삭스와 모건 스탠리는 오랜 역사를 가지고 있다. 골드만 삭스는 독일 바이에른에서 소 판매업을 했던 한 유대인의 아들 마커스 골드만이 1869년 남부 맨해튼에서 설립했다. 1882년 골드만은 이 회사를 사위인 새뮤얼 삭스에게 물려주었다. 그리고 회사는 20세기를 맞이하여 엄청나게 성장했다. 골드만 삭스는 1929년 주식시장의 붕괴 이후 거의 파산지경에 이르렀지만, 학교를 중퇴하고 열여섯 살에 골드만 삭스에서 건물관리인의 조수로 일을 시작했던 시드니 와인버그의 리더십으로 회생했다.

골드만 삭스는 정치권과도 오랫동안 관련을 맺어왔다. 따라서 어떤 사람들은 골드만 삭스를 "거번먼트 삭스(Government Sachs)"라고도 부른다. 시드니 와인버그는 프랭클린 루스벨트 대통령의 막역한 친구였다. 그리고 아이젠하워 대통령과 존슨 대통령도 재무장관을 임명할 때에는 그의 추천을 참고했던 것으로 알려져 있다. 클린턴 대통령 시절 재무장관을 지냈던 밥 루빈은 폴슨 장관과 마찬가지로 골드만 삭스 CEO 출신이었다. 중앙은행권에서는 마리오 드라기(이탈리아 은행 총재, 나중에 유럽중앙은행 총재 역임), 마크 카니(캐나다 은행 총재, 나중에 영국은행 총재 역임), 빌 더들리(뉴욕 연은 시장 담당, 나중에 행장으로 승진)가 모두 골드만 삭스 출신이었다. 당시 선물거래위원회 의장이었던 게리 겐슬러도 골드만 삭스에서 근무한 적이 있었다. 이처럼 정부와의 긴밀한 관계가 부당 압박에 대한 우려를 낳는 것은 놀라운 일이 아니었다. 나는 이런 우려를 이해한다. 다른 한편으로는 정부 기관에 시장이나 산업과 관련된 경험을 가진 사람이 없다면, 이를 효과적으로 규제하기를 기대하기가 어렵다. 나는 내가 함께 일했던 골드만 삭스 출신들은 정부의 일에 현실 금융에 관한 전문성을 접목했을 뿐만 아니라 공익에도 크게 기여했다는 말만 해두겠다.

지금 골드만 삭스의 CEO 로이드 블랭크파인과 나는 하버드 학부 동창이다. 비록 그 시절에 그를 잘 알지는 못했지만 말이다. 그는 하버드에서 법학을 전공했고, 몇 년 동안 변호사 일을 하다가 골드만 삭스에서는 런던에서 귀금속 중개 직원으로 일했다. 그는 브루클린의 (주로 저소득 세대를 위한) 주택 단지에서 자랐다. 아버지는 우체국에서 우편물 분류를 담당했고, 어머니는 도난경보기 회사에서 접수 담당 직원으로 일했다. 나는 이사회 의장 시절에 블랭크파인을 수시로 만나서 골드만 삭스와 관련된 문제를 의논하고 시장과 경제에 관한 그의 의견을 들었다. 블랭크파인은 확실히 머리가 아주 좋은 사람이었다. 특히 시장 흐름에 관한 그의 직관은 나에게 많은 도움이 되었다. 그건 그렇다고 치고, 나는 월 스트리트 사람이라면 어느 누구와도 개인적으로 친밀한 관계를 의도적으로 만들지 않으려고 했다. 이는 연준의 규제 업무 때문이기도 했고, 금융 권력의 전당에서 자주 발생하는 집단 사고(groupthink : 너무 많은 사람들이 관여함으로써 생기는 개인의 창의성이나 책임감의 결여/역주)에 의해서 영향을 받지 않으려고 했기 때문이기도 했다.

모건 스탠리는 시중은행 업무(대출 업무)와 투자은행(증권 인수 업무) 업무의 분리를 요구하는 글라스-스티걸 법(Glass-Steagall Act)이 통과된 이후 1935년 JP모건 앤드 컴퍼니에서 떨어져나오면서 탄생했다. J. P. 모건의 손자 헨리 모건과 J. P. 모건의 파트너 해럴드 스탠리는 순식간에 월 스트리트의 엘리트 반열에 오른 새로운 기업에 그들의 이름을 빌려주었다. 1997년이 되면서 모건 스탠리는 과거의 사업에서 벗어나서 일반 개인 투자자를 상대로 하는 증권 중개 업무를 하는 딘 위터 레이놀즈를 인수했고 이러한 과정에서 디스커버 신용 카드 프랜차이즈를 인수했다. 그러나 모건 스탠리는 여전히 증권 인수와 판매 업무를 계속했다. 비록 모건 스탠리는 닷컴 붕괴 이후 수익이 다른 회사보다는 덜 빠르게 회복되었지만, 1998년 시장 가치 기준으로 미국에서 가장 규모가 큰 증권회사가 되었다. 오랫동안 모건 스탠리의 경영진으로 일해왔던 존 맥이 일련의 권력투쟁 과정을 거치면서 2005년 CEO 자리에 올랐다.

레바논 이민자 집안의 여섯째 아들인 존 맥(원래 성은 마쿨[Makhoul]이었다)은 노스캐롤라이나 주 무어스빌에서 자랐다. 그곳에서 그의 아버지는 잡화점을 경영했다. 그는 듀크 대학교에 풋볼 장학생으로 입학했다. 맥은 업계에서 공격적이고 카리스마가 넘치는 인물로 정평이 나 있다. 그는 금융위기 이전에는 위험을 수용하고 부채를 끌어들여 모건 스탠리의 수익을 크게 올려놓았다. 모건 스탠리에서 처음 직장 생활을 했던 케빈 워시가 이 회사를 긴밀히 주시하면서 우리들에게 상황의 전개 과정을 알려왔다.

한편, 워싱턴 뮤추얼의 문제도 결국 수면에 떠올랐다. 이 회사는 몇 달 동안 중대 발표를 기다리게 했지만, 저축기관감독청과 연방예금보험공사 간의 의견 차이로 결론을 미루고 있는 상황이었다. 연방예금보험공사 의장 실라 베어는 워싱턴 뮤추얼이 자력으로도 생존할 수 있을 것이라고 믿었던 저축기관감독청의 끈질긴 저항에도 불구하고, 워싱턴 뮤추얼에 매각을 압박했다. 인수자로는 JP모건 체이스가 가장 가능성이 높았지만, 몇몇 기업들도 관심을 나타냈다. 주말에는 협상이 마무리될 것 같았다.

그리고 우리는 와코비아도 걱정해야 했다. 이 은행은 몇 년 동안 이렇다 할 실적을 내지 못하고 있었다. 6월에 열린 이 은행의 이사회는 CEO 켄 톰프슨을 퇴임시켰다. 노스캐롤라이나 주의 록키 마운트에서 자란 똑똑하고 사교적인 켄은 고등학교 시절에는 스타급 운동선수이기도 했다. 그는 34년 전에 와코비아 은행의 전신인 퍼스트 유니언 코퍼레이션에서 처음 직장 생활을 한 이후 와코비아 은행에서 계속 근무해왔다. 나는 톰프슨이 연방자문위원회에서 활동할 때에 그를 알게 되었는데, 지식이 풍부하고 사려 깊은 사람이라는 인상을 받았다. 하지만 그는 동료들이 흔히 범하던 실수와 똑같은 실수를 범했다. 와코비아 은행이 위험한 부동산 대출을 적극적으로 제공하도록 했던 것이다. 2006년 와코비아는 골든 웨스트 파이낸셜 코퍼레이션을 250억 달러에 인수한 뒤에 품질이 낮은 주택 모기지 자산을 물려받았다. 골든 웨스트는 대출자의 대출 할부금이 처음에는 얼마 되지 않음으로써 대출 잔고가 감소하지 않고 증가하는 변동금리 모기지로 인기를 얻었다. 와코비아의 골든 웨스트 합병과 뱅크 오브 아메리카의 컨트리와이드 합병은 닮은 점이 너무나도 많았다. 와코비아도 상업용 부동산과 건설 부문 대출을 크게 늘렸다. 그러나 지금은 손실과 자산 가격 할인이 누적되어 와코비아는 무보험 자산이 조금씩 사라지는 모습을 지켜보고만 있었다.

나는 불을 하나씩 차례로 꺼나가는 데에 점점 더 지쳤다. 우리는 위기에 맞서 더욱 종합적인 해결 방안이 필요했다. 그리고 그것은 바로 의회에 납세자의 세금을 요청하는 것이었다. 나는 주말에 전화로 리먼과 AIG 사태를 논의하는 동안에 이런 생각을 분명히 밝혔다. 나는 수요일 밤에 폴슨 장관, 티머시, 증권거래위원회의 크리스 콕스와 그밖의 사람들과 전화 회합을 할 때에도 이러한 생각을 다시 한번 분명히 이야기했다. 연준 혼자서 불을 끌 수는 없었다. 앞날을 생각하면, 상당수의 주요 금융기관들 그리고 실제로는 금융 시스템, 경제 전체가 심각한 위험에 빠져 있었다. 위기를 종식시키고 걷잡을 수 없는 사태를 예방하려면, 우리는 필요한 권한, 국고의 지원, 민주적인 합법성을 보장받기 위해서 국회로 달려가야 했다.

폴슨 장관은 처음에는 모호한 태도를 취했다. 그는 자신이 입법 제안을 하고 의회를 설득하기 위한 노력을 주도해야 한다는 사실을 알고 있었다. 그러나 그것은 쉽지 않은 일이었다. 구제금융은 유권자들을 화나게 하고, 따라서 정치인도 화를 낸다. 메인 스트리트는 월 스트리트의 재난이 내포하고 있는 전체적인 영향력을 아직 깨닫지 못하고 있었다. 그러나 모든 대안들은 더욱 나쁘게 보였다. 목요일 아침에 폴슨 장관은 우리가 의회의 도움이 없이는 위기를 수습할 가망이 없다는 쪽으로 생각을 바꾸었고, 입법 제안을 하는 데에 동의했다.

한편, 크리스 콕스는 금융회사 주식의 공매도 금지를 요구했다. 리먼의 딕 펄드와 마찬가지로 존 맥은 공매도가 모건 스탠리의 안정을 위협하고 있다고 불평했다. 콕스는 공매도를 중단시키면, 우리는 압박을 받고 있는 기업에 가해지는 한 가지 위협을 제거할 수 있을 것이라고 주장했다.

폴슨 장관은 콕스를 지지할 생각이었다. 내 생각은 달랐다. 공매도는 건전한 시장이 가격을 결정하는 방법의 한 부분이다. 어떤 회사에 대해서 낙관적인 전망을 하는 트레이더는 그 회사의 주식을 매입한다. 그 회사의 주식을 공매도하는 것은 비관적인 전망을 하는 트레이더가 반대 견해를 표현하는 방식이다. 때로 공매도자들은 금융의 바다에서 사는 상어들이다. 그들은 가장 허약한 기업을 잡아먹으면서 번성한다. 그러나 그것은 이런 생태계를 위해서 건강한 현상이다. 주식가격은 광범위한 견해를 반영한다. 반면에, 당시는 평상시라고 볼 수가 없었다. 나는 이런 사실을 감안하려고 했다. 전화 회합에서 나는 맥이 중국 국부 펀드와 2007년 12월 투자에 이은 두 번째 투자를 위해서 진지한 대화를 나누었고, 중국의 한 은행과도 대화를 나누고 있다는 소식을 듣고서 기뻐했다. 모건 스탠리가 시장의 신뢰를 회복하기 위한 가장 좋은 방법은 자본을 모집하는 일이었다.

9월 18일 목요일도 힘든 날이었다. 그러나 전환점이 되는 날이기도 했다. 재수없게도, 나는 그 날을 위장병 전문의 진료실에서 시작했다. 의사는 소화불량이 스트레스일 수도 있다고 했다. 야구 통계의 귀재 빌 제임스에게서 이메일이 왔고 연이어 백악관 경제 자문 척 블라후스에게서도 이메일이 와서 나는 기운을 찾았다. 제임스는 "버냉키 의장님, 꿋꿋이 버텨내십시오. 언젠가는 더 이상 나빠질 수는 없다고 말한 사람이 옳았다는 사실이 밝혀질 것입니다"라고 썼다.

다른 나라의 중앙은행과의 통화 스왑이 확대될 것이라는 발표가 있었다. 국가별 통화 스왑 한도를 모두 합치면, 우리는 전 세계 달러 자금시장의 안정을 위해서 2,500억 달러 정도를 제공할 준비가 되어 있었다.

오전과 이른 오후에 나는 재무부와 증권거래위원회와 통화했다. 콕스는 다시 한번 금융회사 주식의 공매도 금지를 요구했다. 모건 스탠리, 골드만 삭스를 비롯한 금융회사의 주식가격에 대한 압박이 커지고 있었는데, 그것은 어느 정도는 공매도에서 비롯되었다. 비록 나는 여전히 다른 생각을 가지고 있었지만, 일시적인 금지에는 반대하지 않기로 했다. 콕스는 증권거래위원회로 가서 이러한 사항을 논의했다.

우리는 MMF에 관해서도 장시간 논의했다. 가장 규모가 크고 널리 알려진 MMF 중에서도 일부는 심각한 유출을 당하고 있었다. 이러한 유출은 시장 패닉을 가중시킬 뿐만 아니라 대기업들이 그들의 기업어음을 매입하기 위해서 MMF에 의존하기 때문에 경제에 심각한 손상을 입힐 수가 있었다. MMF에서 자금이 빠져나가면서 제너럴 일렉트릭이나 포드와 같은 기업들이 운영비를 조달하는 데에 어려움을 겪었다. 우리는 이미 신용등급이 가장 높은 기업만이 기업어음을 판매할 수 있다는 것을 알고 있었다. 그리고 이러한 경우조차도 만기일은 하루 혹은 이틀에 불과했다. 한편으로는 기업어음 시장에서 따돌림을 받은 (혹은 따돌림을 걱정하는) 기업은 가뜩이나 현금이 부족한 은행들을 압박하여 다른 고객들에 대한 대출을 꺼리도록 만들었고 은행의 여신한도를 줄이도록 했다. 이제는 금융 혼란이 경제의 비금융 부문에 뚜렷한 영향을 미치면서 생산과 고용을 위협하게 되었다.

우리는 출혈을 중단시켜야 했다. 뉴욕 연은과 보스턴 연은 이사회에서는 MMF에 투자자에게 지급해야 할 현금을 제공하려고 새로운 프로그램을 고안하고 있었다. 그러나 그것은 기술적으로나 법적으로나 복잡했다. 우리는 대출을 MMF에 직접 제공하지 않고 은행에 유리한 조건, 즉 은행이 MMF에서 유동성이 낮은 자산 담보부 기업어음—MMF가 보유한 자산 중에서 많은 부분을 차지한다―을 매입한다는 조건으로 제공했다. 이는 연준이 MMF로부터 직접 증권을 구매하는 데에 따르는 법적 제약을 위반하지 않고서도 MMF에 현금을 주입하는 결과를 가져왔다.

폴슨 장관은 그날 아침 전화 회합에서 연방예금보험공사가 은행 예금의 지급보증을 하듯이, 재무부의 외환안정자금을 사용하여 MMF의 지급보증을 제안했다. MMF 투자자들이 자신의 투자자금이 안전하다고 생각하면, 자금을 회수하려고 몰려들 이유가 없었다. 나는 폴슨의 아이디어가 탁월하다고 생각했다. 외환안정자금은 대공황 시기에 재무부에게 외환시장에서 달러화의 가치를 안정시키는 업무를 부여하기 위해서 만들어졌다.(예를 들면, 재무부가 달러화 가치의 급격한 상승을 억제하려면, 달러화를 매도하고 유로화 혹은 엔화를 매입하여 달러화의 공급을 증가시킨다. 달러화 가치의 하락 속도를 줄이려면, 유로화 혹은 엔화를 매도하고 달러화를 매입한다.) 폴슨 장관의 제안이 외환시장 개입을 의미하는 것은 아니지만, 과거에는 외환안정자금이 달러화 가치의 관리와는 간접적으로 연관된 목적으로 사용된 적도 있었다. 가장 두드러지게는 1995년 클린턴 행정부의 재무부를 이끌던 밥 루빈 장관과 래리 서머스 장관 시절에, 외환안정자금을 활용하여 멕시코 정부가 가치가 급락하는 페소화를 안정시킬 수 있도록 200억 달러를 빌려준 적이 있었다.

MMF가 외국 자산도 보유하고 있었기 때문에—MMF는 유럽의 은행들이 달러 자금을 확보하는 주요 원천이다—MMF에서 자금이 빠져나가지 않도록 하는 것이 달러화의 안정에 도움이 된다는 주장을 하는 데에는 어려움이 없었다. 더구나 폴슨 장관의 계획은 실제로 지출하거나 대출하는 일이 발생하지 않을 수도 있었다. 보증 장치가 투자자의 신뢰를 회복하면, 외환안정자금을 지출하지 않고도 투자자들이 자금을 회수하려고 몰려오는 사태는 중단된다. 실제로 MMF에는 이러한 보험에 대한 보험료가 부과되기 때문에, 재무부는 수익을 올릴 것이다.

우리는 의회에 무엇을 요구해야 할 것인가를 두고 논의를 이어갔다. 지금까지는 이번 위기는 연준과 재무부가 의회가 책정한 자금이 없이 관리하기에는 너무나도 심각하다는 데에 모두가 뜻을 같이 했다. 그러나 의회의 동의를 얻더라도, 자금을 할당하기 위한 최선의 방법은 무엇인가? 지난 역사를 돌이켜보면, 정부는 생존이 가능한 은행, 이른바 우량 은행에 자본을 주입하여 (다시 말하면 주식을 매입하여) 은행의 위기를 극복했다. 어려움에 처한 은행이 불량 자산을 새로 설립한 기관—불량 은행—으로 넘기고는 떨어져나오는 방식을 취함으로써 우량 은행으로 변모하는 경우도 있었다. 불량 은행은 재무 관리를 별도로 하고, 시간이 지나면서 자신이 보유한 저품질의 대출 자산을 매각했다. 나는 정부가 신규 주식을 매입하여 은행에 직접 투자하는 것을 포함하는 이러한 방법이 마음에 들었다. 그것은 은행 시스템의 지급 능력을 회복하고 투자자와 일반 시민을 안심시키고 신용이 가계와 기업으로 원활하게 흘러가도록 하는 가장 간단하고도 직접적인 방법이었다.

폴슨 장관은 공적 자금을 금융기관에 제공하는 행위가 내포하는 경제 논리 때문에 몹시 주저했다. 그는 정부가 은행을 부분적으로 소유하는 것이 사회주의 혹은 구제금융 이상의 것으로 비쳐지기 때문에 정치적으로 가능성이 없는 것은 아닌지를 우려했다. 특히, 그는 하원의 공화당 의원들이 정부가 은행을 인수하는 것처럼 보이는 계획을 결코 수용하지 않을 것이라고 믿었다. 의회가 거부할 제안을 가지고 의회를 찾아갔다가는 시장의 신뢰를 무너뜨릴 수도 있었다. 또한 그는 정부가 은행에 자본을 주입하자는 제안이 은행의 기존 주주들을 패닉으로 몰아갈 수도 있음을 우려했다. 그들은 정부 자금의 주입이 국유화—정부가 은행을 완전히 인수하는 것—를 향한 첫걸음이 되면 자신의 소유권이 약해지거나 심지어는 빼앗길 수도 있음을 우려했다. 우리는 프레디 맥과 패니 메이와 AIG의 주주들을 강경하게 다루었지만, 정부 자금의 주입이 정부 인수의 서곡일 수도 있다고 생각하는 은행 주주들을 안심시키는 데에는 아무런 도움이 되지 않았다. 기존 주주들이 겁에 질려 주식을 팔려고 하면, 은행의 주식가격은 더욱 떨어질 것이고, 민간 부문에서 새로운 자본을 동원할 가능성은 아예 사라질 것이다. 결국 폴슨 장관은 (우리 모두가 우려한 바와 같이) 부분적 혹은 전면적으로 국유화된 은행이 수익성을 회복하여 민간의 지위로 되돌아가기가 어려울 것이라고 생각했다.

대신에 폴슨 장관은 은행의 부실자산을 매입하기―실제로는 우량 은행-불량 은행 전략을 구사하기―위한 자금을 책정할 것을 제안했다. 그는 정부가 부실자산을 매입하면 은행의 부실자산을 시스템에서 걷어낼 뿐만 아니라 장부에 남아 있는 비슷한 다른 자산의 가격을 안정시킬 것이라고 믿었다. 이러한 안정을 통해서 은행은 강화되고 민간 투자자로부터 자본을 쉽게 동원할 수 있다. 그의 생각은 어느 재무부 직원의 "'유리를 깨라' 은행 자본 확충 계획"("'Break the Glass' Bank Recapitalization Plan")이라는 제목의 메모에서 나왔다. 4월에 조용히 유포되던 이 메모에서는 은행 안정에 관한 몇 가지 전략을 논의했지만, 경매를 통해서 금융기관으로부터 5,000억 달러 어치의 주택 담보부 증권을 매입하는 데에 초점을 두고 있었다. 정부는 전문 자산 관리자를 고용하여 매입한 증권을 관리하고 그것을 민간 투자자에게 되팔도록 했다. 여기서 목표는 납세자를 위해서 최선의 수익을 올리는 것이었다.

'유리를 깨라'는 메모는 유용한 내용을 담고 있었지만, 구체성이 결여되어 있었다. 특히 정부가 어떤 자산을 어떻게 매입할 것인가, 얼마를 지급하고 매입할 것인가에 관해서 자세한 내용이 없었다. 메모가 유포되고 나서, 연준 이사회의 이코노미스트들은 자산 매입 프로그램의 다양한 유형들을 더욱 심도 깊게 검토했다. 그들은 자산 매입 프로그램이 복잡하고 이를 개발하여 시행하기까지는 오랜 시간이 걸리는 점을 우려했다. 그리고 그들은 이전의 금융위기에서 모델이 될 만한 정확한 선례를 찾을 수가 없었다. 1990년대 스웨덴의 은행위기 동안에, 스웨덴 정부가 부실자산을 매입했지만, 그것은 정부가 은행에 새로운 자본을 주입하는 정책과 함께 시행되었다. 이 정책은 성공적인 정책의 사례로 자주 인용된다.

그럼에도 나는 폴슨 장관이 이러한 접근방법을 선호하는 이유를 잘 이해했다. 그리고 나는 의회가 움직이도록 설득할 사람은 바로 폴슨 장관이기 때문에, 그의 견해는 존중되어야 한다고 믿었다. 내가 워싱턴에서 한 가지 배운 것이 있다면, 경제 프로그램은 이를 뒷받침하는 논리가 아무리 나무랄 데가 없다고 하더라도, 그것이 정치적으로 실현 가능성이 없다면 성공할 수가 없다는 것이었다. 더구나 자산 매입으로 부실자산의 가격이 인상된다면(나는 그럴 수 있다고 생각한다), 시스템은 자본을 간접적으로 확충할 수 있을 것이다. 가장 중요한 것은 폴슨은 자산 매입 권한은, 최선이라는 판단을 하는 경우에는 정부의 은행 주식 매입을 허용할 수 있도록―다시 말하면 내가 좋아하는 방법인데, 정부가 자본을 주입할 수 있도록―충분히 광범위하게 명시되어 있다는 사실을 나에게 확인시켜주었다는 것이다.

우리에게는 계획이 있었다. 그 다음 단계는 그 계획을 공유하는 일이었다. 오후 3시 30분, 폴슨 장관, 콕스, 나는 백악관 루스벨트 룸에서 백악관 비서진과 그밖의 다른 기관 사람들과 함께 대통령을 다시 만났다. 케빈 워시도 참석했다. 모든 사람들이 모이자, 집무실에 있던 대통령이 들어와서 여느 때와 마찬가지로 긴 테이블의 중간 자리에 앉았다. 참석자들은 좌석에 놓여 있는 이름표에 따라 이미 자기 자리를 찾아서 앉아 있었다. 나는 대통령이 그 자리에 모인 사람들을 모두 알고 있으며, 이름표 같은 것은 필요하지 않을 것이라고 생각했다. 그러나 의전은 아주 중요했다. 평소대로 대통령 바로 건너편에는 폴슨 장관, 콕스, 내가 앉았다.

폴슨 장관과 나는 대통령에게 MMF에서 자금이 빠져나가고 있다는 소식과 함께 시장 흐름에 관한 새로운 정보를 보고했다. 우리는 경제에 더 많은 손상이 가해지기 전에 위기를 시급하게 관리해야 할 필요성을 강조했다.

폴슨 장관의 요청대로, 나는 연준이 금융 시스템에 일어나고 있는 자금 회수의 물결을 중단시키기 위해서 동원 가능한 자원은 이미 바닥이 나고 있으며, 의회의 승인하에 자금을 동원하여 위기를 종합적으로 공략하는 것만이 유일하게 실현 가능한 방법이라고 다시 한번 강조했다. 그 다음에 우리는 재무부와 연준이 제안한 MMF에 관한 신뢰 회복 방안과 크리스 콕스가 제안한 공매도 금지를 검토했다. 마지막으로 가장 중요하게는 우리는 부실자산을 매입하기 위한 자금을 의회에 요청하는 폴슨의 제안을 검토했다.

우리는 미국 금융 시스템에 철저하고도 사상 유례가 없는 개입에 대한 지원을 요청하려고 사흘 동안에 두 차례나 부시 대통령을 만났다. 시장이 알아서 하도록 내버려두라는 말을 아주 좋아하는 공화당원인 부시 대통령은 우리의 제안이 달갑지는 않았을 것이다. 그는 공화당의 지지를 받기가 어렵다는 사실을 알고 있었다. 그러나 80년 전에 프랭클린 루스벨트 대통령의 선택했던 방법에 따라서 장기적으로 자유시장을 보존하려면 단기적으로는 정부의 철저한 개입이 필요하다는 데에 동의했다. 부시 대통령은 다시 한번 전폭적인 지원을 약속했다. 우리는 대통령에게 감사의 뜻을 표현했다. 이제 의회는 우리가 다시 한번 찾아야 할 곳이 되었다.

나는 사무실로 돌아와서 하원 의장 낸시 펠로시에게 전화하고는 그날 밤에 폴슨 장관, 크리스 콕스 그리고 내가 의회 지도급 인사들을 만날 수 있는지를 물었다. 그녀는 약속을 잡도록 하겠다고 말했다. 오후 6시에는 상원의원 오바마에게서 전화가 왔다. 나는 그에게 우리의 전략을 설명했고, 그는 최대한 지원을 아끼지 않을 것을 약속했다. 대통령 선거가 겨우 6주일 남짓 남았고 막상막하의 접전인 상황에서는 금융시장과 의회에서 벌어지는 일이 중요한 와일드 카드가 될 수 있었다. 연준으로서는 미묘한 상황이었다. 우리는 행정부와 긴밀하게 협력해야 했고, 당파에 치우치지 않는 모습으로 입법부에 해결을 촉구해야 했다.

연준은 매주 목요일에 연준의 대차대조표를 보고한다. 한때는 지루한 내용에다가 아무도 모르게 발표되던 대차대조표가 우리가 제공하는 대출에 관한 정보를 담고 있는 관계로 세간의 관심을 끌게 되었다. 이번 목요일의 대차대조표는 금융 시스템의 긴장이 심화된 상태를 보여주었다. 증권회사에 제공하는 프라이머리 딜러 대출은 지난 주일에 제로였던 것이 600억 달러로 급증했다.(1주일 뒤에는 1,060억 달러에 달했다.) 한편, 은행에 제공하는 재할인창구 대출은 지난 주일에 비해 100억 달러가 상승하여 335억 달러를 기록했다. 다음 주일에는 재할인창구 대출이 거의 400억 달러로 증가하여, 9/11테러 다음 날의 455억 달러와도 큰 차이가 나지 않았다.

오후 7시가 조금 못 되어, 폴슨 장관, 콕스와 나는 의사당 건물 H-230호에 도착했다. 이 방은 펠로시 의장 집무실 근처에 있는 작은 컨퍼런스 룸이었다. 우리가 목재 테이블이 있는 자리에 앉을 때는 해가 지기 시작할 무렵이었다. 펠로시 의장, 해리 리드 상원 다수당 대표, 존 베이너 하원 소수당 대표가 우리 맞은편에 앉았다. 그밖의 상원 은행위원회와 하원 금융 서비스 위원회의 지도급 인사들도 테이블 주변에 앉았다.(모인 사람들은 대략 10명이 넘었다.) 폴슨 장관이 몇 마디를 하고는, 나에게 우리가 직면한 위험을 자세히 설명하도록 요청했다.

나는 준비된 '말'이 없었다. 메모도 없는 상태에서 말을 했기 때문에, 비록 참석자들이 나중에 내가 했던 말에서 많은 부분을 언론에 전했지만, 나는 내가 했던 말을 모두 기억하지는 못한다. 나는 신속한 조치가 절대적으로 필요하다는 생각을 전하려고 했다. 나는 세계적인 금융위기가 닥칠 위험이 있으며, 이러한 위험이 몇 주일이 아니라 며칠 내에 닥칠 수 있다는 말을 했다. 나는 내가 전하는 모든 단어들을 완전히 믿었고, 그 자리에 모인 사람들이 이를 인식했을 것으로 생각한다. 방은 아주 조용했다.

다음에 나는 금융위기의 (국가와 그들 자신의 선거구에 미치는) 경제적 의미로 넘어갔다. 여기서 나는 균형이 잡히고 심지어는 신중한 견해를 가지려고 했다. 나는 과장되게 말하거나 패닉을 일으키고 있다는 비난을 받고 싶지는 않았다. 비록 나는 실업률이 무려 25%에 달했던 대공황에 비유하기는 했지만, 일본과 스웨덴의 금융위기 이후 나타나고 있는, 대공황보다는 덜 심각하지만, 그럼에도 여전히 심각한 경기침체에 관해서 이야기했다. 나는 이러한 역사적 경험을 바탕으로 신속한 조치를 취하지 않으면, 우리가 급격한 경기침체와 주식시장과 그밖의 자산시장에서 심각한 폭락을 경험할 수 있을 것이라고 말했다. 또한 실업률은 현재의 6%에서 8%나 9%로 상승할 수 있고, 제너럴 모터스와 같은 비금융 대기업도 금융기업의 파산 대열에 들어갈 수 있다는 말을 했다.

나는 그 자리에서 내가 어떤 인상을 남겼다고 말하는 것이 적절하다는 생각이 든다. 또한 내가 전하는 경고가 무서운 만큼이나 잠재적인 손상을 낮게 잡았다고 말하는 것도 적절하다는 생각이 든다. 나는 적어도 대공황 이후 이처럼 대규모의 세계적인 금융위기는 본 적이 없었다. 우리는 이 위기가 남긴 결과의 규모를 평가할 방법이 별로 없다. 그러나 나의 학문적 연구와 역사에 대한 관심으로 볼 때, 그 효과는 크고 심지어는 재앙에 가까울 수도 있었다. 나는 내가 이야기를 했을 때 분위기는 상당히 숙연했다고 기억한다. 앞으로 나아가기 위한 유일한 방법은 최대한 집중하고 신중하고 체계적이어야 한다고 믿었다. 우리는 의원들에게 우리가 유효한 계획을 가지고 있다는 신뢰를 줄 필요가 있었다.

의원들은 여러 가지 질문을 했다. 얼마나 많은 돈이 필요한가? 그 돈을 어떻게 사용할 것인가? 금융회사에 대한 지원 프로그램에는 대출 자격, 임원 보수 제한에 관한 내용이 포함되는가? 위기로 피해를 입은 주택 소유자와 그밖의 선량한 사람들을 돕는 방안은 무엇인가? 행정부는 언제 입법을 제안할 것인가? 우리는 최선을 다하여 대답했다. 폴슨 장관은 은행의 부실 자산 매입 자금을 책정하는 아이디어에 대해서 언급했지만, 자세한 설명은 하지 않았다. 그날 회의는 오후 9시에 끝났다. 나는 기자들에게 붙잡히지 않고 조용히 빠져나왔다. 의회 지도급 인사들은 기자들과 이야기하는 것을 좋아하기 때문에, 내가 그처럼 조용히 빠져나올 수 있었다.

온통 나쁜 뉴스만 들려왔지만, 나는 그날 회의에 고무되었다. 나는 미셸 스미스에게 실천을 향한 합의가 진전되는 모습을 보았다고 말했다. 시장도 기운을 얻었다. 위기에 대처하기 위한 종합 대책이 나올 것이라는 소문이 돌던 날에는 다우존스 산업평균지수가 410포인트나 상승했다.

9월 19일 금요일 이사회는 오전 7시 30분에 열렸다. 나는 재무부가 MMF의 지급 보증을 위해서 외환안정자금을 사용할 생각이 있음을 사전에 알렸다. 그러나 우리는 은행이 MMF에서 자산 담보부 기업어음을 매입하도록 유도하는 우리의 프로그램도 뱅크런과 같은 사태를 종식시키는 데에 도움이 될 것으로 믿고는 이를 승인했다. 이제 MMF는 기업어음이나 그밖의 자산을 침체된 시장에 매각하지 않고도 이미 보유한 현금을 가지고 투자자의 인출 청구에 대응할 수 있게 되었다. 다시 말하지만, 비록 이러한 경우에는 대출을 간접적으로 제공하고 있지만, 우리는 금융 패닉에 맞서서 대출을 제공함으로써 중앙은행의 기본적인 역할을 수행하고 있었다. 대형 펀드의 일부가 보스턴에 있었기 때문에, 우리는 에릭 로젠그렌이 이끄는 보스턴 연은에 이 프로그램을 운영하도록 요청했다.

그동안에, 스웨덴, 노르웨이, 덴마크, 오스트레일리아의 중앙은행이 통화 스왑 협정의 체결을 요청했다. FOMC는 통화 스왑 협정의 체결 권한을 도널드 콘, 티머시 그리고 나로 구성된 위원회에 위임했다. 우리는 이러한 요청을 받아들였고 이를 FOMC 위원들에게 알렸다. 우리는 세부 내용에 관한 협상을 빌 더들리에게 맡겼다. 빌도 다양한 대출 프로그램의 감독을 지원하고 FOMC가 정한 연방자금금리 2%를 유지하기 위해서 연준의 공개시장 조작을 수행하는 등 시장을 감독하느라고 바쁜 나날을 보내고 있었다. 나는 도널드에게 "빌은 팔이 하나밖에 없는 도배장이처럼 바쁜 사람이야"라고 말했다. 사실 우리 모두가 그런 도배장이가 된 것 같았다. 공상과학소설 작가 레이 커밍스가 언젠가 말했듯이, "시간이란 모든 일이 한꺼번에 일어나는 것을 막기 위해서 만든 장치이다." 지난달에는 시간이 본연의 역할을 하지 않았던 것만 같았다.

그날 오전 늦게 백악관 로즈 가든에서 부시 대통령이 패니 메이, 프레디 맥, AIG에 대한 구제금융의 정당성을 설명할 때에 폴슨 장관, 콕스와 나는 대통령 옆에 서 있었다. 부시 대통령은 연준이 대출 프로그램과 다른 나라의 중앙은행들과의 협력을 통해서 "미국 금융 시스템이 절실하게 요구하는 유동성"을 주입한 것에 관해서 설명했다.

부시 대통령은 "그것은 개별 기업의 문제가 훨씬 더 광범위하게 번져가는 것을 우선적으로 막기 위한 조치였습니다"라고 말했다. "그러나 우리 시장의 불안정 뒤에 도사리는 근본 원인— 주택시장이 침체되면서 가치가 덩달아 하락했고 지금은 신용 흐름을 제한하는 모기지 자산— 을 겨냥하지 않았기 때문에, 이러한 조치만으로는 충분치 않습니다." 그날 부시 대통령은 우리가 전날에 루스벨트 룸에서 논의했던 새로운 계획을 설명했다.

시장은 자신이 들은 것을 좋아한다. 제2차 세계대전 이후 가장 낮게 떨어졌던 국채 단기 수익률은 급격하게 상승했다. 목요일 밤 늦게부터 금요일 밤 늦게까지, 3개월 수익률은 0.07%에서 0.92%로 상승했다. 좋은 소식이었다. 트레이더들은 다른 자산을 선호했고, 매우 안전한 국채를 매각하려고 했다. 이와 함께 기업의 자금 조달 비용이 크게 하락했다. 그리고 MMF에서 자금을 회수하려는 움직임은 둔화되었다. 주식시장은 3% 넘게 올라서 다우존스 지수는 리먼의 주말 직전인 1주일 전 마감 때와 비교하면 99%가 넘는 수준으로 회복되었다. 공매도 금지로 혜택을 입을 것으로 기대되던 금융회사의 주식가격은 약 11%나 상승했다. 또한 우리는 뉴욕 연은이 패니 메이와 프레디 맥이 모기지 매입을 위한 자금을 조달하기 위해서 발행하는 단기채권을 매입하여 주택시장을 떠받칠 계획이라고 선언했다. 우리는 금요일에만 80억 달러어치를 매입하여 이러한 채권의 금리를 0.6%만큼 낮추었다. 이처럼 광범위하게 나타나는 긍정적인 반응은 우리가 드디어 (구체적인 요소가 어찌되었든) 위기에 맞서기 위한 종합적인 계획을 가지고 있는 것에 대한 시장의 안도감을 반영한 것이었다.

나는 그날 오후부터는 대통령이 발표했던 제안을 기자, 외국의 중앙은행, 의회에 구체적으로 설명하느라고 바쁜 시간을 보냈다. 의원들의 반응은 읽어내기가 어려웠지만, 나는 이것이 경제안정을 위한 중요한 조치라고 인식하기보다는 납세자의 세금을 월 스트리트에 구제금융으로 쏟아붓는 것이라고 인식하는 그들에게서 협력을 얻어내기가 쉽지 않다는 사실을 이미 알고 있었다.

또한 나는 부실자산을 매입하자는 폴슨의 제안을 더욱 자세히 검토하려고 이사회 총재들과 직원들을 만났다. 재무부는 구체적인 실천 계획을 많이 가지고 있지는 않았다. 그리고 우리는 서로 다른 접근방식 간의 트레이드오프 관계를 알고 싶었다. 우리가 찾아낸 역사적으로 가장 유사한 사례는 1980년대 저축대부조합(S&L) 위기 이후 파산한 저축대부조합의 자산을 성공적으로 매각했던 정리신탁공사(Resolution Trust Corporation, RTC)의 설립이었다. 그러나 정리신탁공사의 설립은 폴슨의 계획과는 크게 달랐다. 저축대부조합이 파산하면 자산은 저절로 정리신탁공사로 오게 되어 있었다. 따라서 이러한 자산에 대하여 얼마를 지급해야 하는지를 계산할 필요가 없었다. 반면에, 폴슨은 지급이 가능한 금융기관에게서 부실자산을 매입하려고 했다. 그렇다면 얼마에 매입할 것인가?

이 문제는 부실자산을 매입하는 데에 가장 큰 걸림돌이 되었다. 정부는 현재 시가로 매입해야 하는가? 아니면 다른 가격으로 매입해야 하는가? 정부가 현재의 낮은 시가로 매입하면(이처럼 기능 장애를 일으키는 여건에서 시장 가격이 결정될 수 있다고 가정하면), 이 프로그램은 은행이 지급 능력을 회복하는 데에 큰 도움이 되지 않았다. 안타깝게도, 모든 금융기관들은 자산 가격을 정부가 제시하는 가격으로 인하할 것을 강요받을 것이다. 그러면 적어도 공식적인 회계 지표 측면에서 재무 상태는 더 나빠질 것이다. 한편으로 정부는 현재 시가보다 높은 가격— 즉 더욱 정상적인 시장 상황에서의 추정 가격—에 매입할 수도 있을 것이다. 정부는 인내심을 가진 투자자가 되어 자산 가치가 자산의 장기적인 수익을 반영할 때까지 기다릴 수 있을 것이다. 그것은 은행에 분명히 도움이 되겠지만, 정부가 자산을 매각할 시점에 손실의 가능성을 염두에 두고서 현재 시가를 상회하는 가격에 매입하는 것이 납세자에게 공정할 것인가? 앞으로 다가오는 주일들에는 연준과 재무부는 경매를 시행하고 자산 가치를 측정하는 방법을 철저하게 분석하겠지만, 최선의 매입 가격을 어떻게 설정할 것인가는 여전히 중요한 문제로 남아 있었다.

우리가 직면한 복잡한 문제들과 함께 여러 방면에서 시급하게 처리해야 할 문제들이 터져나오면서 우리 모두는 지쳐 있었다. 그 주일에 이사회 간부들은 밤늦도록 일했다. 우리는 우리의 선택이 아주 중요하다는 사실을 알았다. 캘리포니아 버클리 대학교 경제학과 교수 브래드 드롱이 자신의 블로그에서 말했듯이, "버냉키와 폴슨은 둘 다 1929년과 똑같은 실수를 저지르지 않으려고 레이저 광선처럼 집중하고 있었다……그들은 그들 자신의, 독창적인 실수를 저지르기를 원했다."

금요일 밤에, 나는 연준의 은행 감독관에게서 골드만 삭스가 증권지주회사에서 은행지주회사로 법적 지위를 변경하기를 원한다는 보고를 받았다. 은행지주회사는 이름이 의미하는 바와 같이, 하나 혹은 여러 개의 은행을 소유한 회사를 말한다. 골드만 삭스는 유타 주에 이른바 제조업 대부 회사로서 작은 예금 취급기관을 소유했다. 제조업 대부 회사는 은행으로 쉽게 변경될 수 있었기 때문에, 골드만 삭스가 은행지주회사가 되기 위한 최소한의 조건을 충족시켰다. 이러한 법적 지위의 변화는 결과에 한 가지 영향만을 미쳤다. 골드만 삭스는 증권거래위원회가 아니라 연준의 감독을 받게 된다는 것이다. 골드만 삭스 경영진은 연준이 그들의 영업 활동을 감독한다는 사실 하나만으로도 단기자금에 대한 뱅크런의 위험을 줄일 수 있을 것이라고 생각했다. 당시 그들의 목적은 연준에서 대출을 받기 위한 데에 있다고 잘못 보도되었다. 그러나 증권 중개업을 하는 골드만 삭스의 자회사는 연준에서 이미 프라이머리 딜러 대출을 받고 있었다.

일요일에는 이사회가 골드만 삭스의 신청을 승인했다. 그리고 그들 자금의 안정을 크게 우려하는 모건 스탠리가 제출한 이와 비슷한 신청도 승인했다. 우리는 법적 지위의 변경이 즉시 효력을 가지도록 했다. 또한 이사회는 런던에 본사를 두고 증권 중개업을 하는 골드만 삭스, 모건 스탠리, 메릴린치의 자회사에게도 프라이머리 딜러 대출을 허가했다. 이들 회사의 뉴욕 사무소에서는 이미 프라이머리 딜러 대출을 받을 수 있었다. 우리의 이러한 조치는 이 회사들이 런던에서 보유 중인 담보물을 뉴욕으로 이전하지 않고도 담보물로 사용할 수 있도록 한 것이다. 따라서 골드만 삭스와 모건 스탠리는 자금 압박을 덜 받게 되었다. 나는 이 같은 현상이 적어도 이 두 회사들에 대해서는 이번 위기가 패닉의 자기충족적인 측면—투자자들은 대출을 거부하고 거래 당사자들은 더 이상의 거래를 거부한다. 그 이유는 단지 다른 사람이 그렇게 하는 것을 두려워하기 때문이다—을 지닌다는 사실을 보여주는 증거라고 생각한다. 리먼의 파산과 베어 스턴스와 메릴 린치의 인수와 함께 골드만 삭스와 모건 스탠리가 은행지주회사로 바뀐 것은 독립적인 투자은행에 닥친 갑작스러운 결론이었다.

골드만 삭스와 모건 스탠리는 그들의 안정을 확보하기 위해서 은행지주회사라는 새로운 지위에만 의존하지는 않았다. 두 회사는 새로운 전략적 투자자를 찾으려고 했다. 1주일 뒤에 골드만 삭스는 워런 버핏이 50억 달러를 투자한 사실을 공표했다.

내가 알지 못했던 사실이지만, 위트 있고—돈이 엄청나게 많은 데도—겸손한 오마하의 현인(the Sage of Omaha) 워런 버핏은 워싱턴 정가와도 인연이 있었다. 그의 아버지는 의회 의원이었다. 따라서 어린 시절의 워런은 첫 번째 사업을 워싱턴에서 시작했다. 워런에 따르면, 소년 시절에 여러 건의 신문 배달을 하나의 사업으로 구성하여 다른 신문 배달 소년들을 처음으로 고용했다고 한다. 그는 나에게 매년 12월에 자신이 고객들에게 보낸 크리스마스 카드에는 다음과 같은 내용이 적혀 있었다고 했다. "메리 크리스마스. 세 번째 알림입니다!" 워런은 금융위기 동안에 연준을 지속적으로 지지했고, 이후에도 연준의 정치적 입지와 나의 사기를 높이기 위해서 노력했다. 나는 워런의 지속적인 지지를 그의 개인적인 호의로 생각했다. 그러나 힘든 상황의 정책 입안자들을 위한 지지가 시장 분위기를 개선하여 경제에도 도움이 되고 결과적으로 워런 자신의 투자에도 도움이 되기 때문에 그에게 손해가 되는 것은 아니었다. 확실히 워런은 이처럼 특별한 순간에 골드만 삭스에 투자함으로써 미국 경제에 대한 신뢰에 중요한 지지표를 던져서 골드만 삭스가 받는 압박을 크게 덜어주었다.(그리고 간접적으로는 모건 스탠리에 대해서도 마찬가지였다.) 그가 상당히 좋은 조건으로 투자한 것은 그의 주주에게도 상당히 좋은 일이었다.

모건 스탠리의 경우에는 중국과의 거래가 성사되지 않았다. 그러나 10월 중순에 일본 최대의 금융 그룹 미쓰비시 UFJ의 90억 달러 투자 선언이 있었다. 미쓰비시 UFJ는 투자약정서에 서명하기 전에, 폴슨 장관에게서 미국 정부는 차후에 모건 스탠리에 대한 일본 지분을 강제로 사들이지 않는다는 확약을 요청하고 재가를 받았다. 새롭게 만들어진 두 은행지주회사들은 일본 금융 그룹과 워런 버핏의 투자로 우리의 (그리고 시장의) 근심을 크게 덜어주었다.

일요일에 열린 이사회가 의미하듯이, 연준(혹은 재무부)에서 주말은 더이상 큰 의미가 없었다. 나는 일요일 오후에는, 내셔널스 경기 티켓을 가지고 있었지만, 폴슨 장관, 여섯 명의 공화당 상원의원들과 함께 상원의원 밥 코커 의원실에서 회의를 하고 있었다. 우리는 재무부의 제안과 실현 가능한 대안들을 설명했다. 이번 토론은 유용했지만, 연준에 항상 적대적이었던 상원의원 버닝이 비난을 하고는 나가버렸다. 그의 주장은 연준의 지나친 통화 팽창 정책과 잘못된 규제 때문에 금융위기가 일어났는데도 연준에 위기 수습을 맡기는 것은 믿음이 가지 않는다는 내용이었다.

금요일 밤에, 재무부는 폴슨 장관이 제안한 법안을 3페이지로 요약한 보고서를 의회 지도급 인사들에게 보냈다. 폴슨 장관은 부실자산의 매입을 위해서 7,000억 달러를 요청했다. 이 숫자는 상당히 임의적인 것이었다. 엄청나게 큰 금액이었지만, (폴슨 장관이 지적한 대로) 상업용 부동산과 건설업 대부 같은 그밖의 부동산 관련 자산을 제외하고도 연체 상태에 있는 약 11조 달러에 달하는 주택 모기지에 비하더라도 작은 금액이었다. 이는 엄청난 문제였다. 그리고 이에 대한 반응은 크기에 비례할 것이다. 다른 한편으로는 7,000억 달러는 일반적인 의미에서 정부 지출이 아니라 오히려 금융 자산을 취득하기 위한 것이었다. 모든 일이 잘 되면, 정부는 자산을 매각하여 7,000억 달러의 대부분 혹은 전부를 되찾을 수 있을 것이다.

의회 의원들은 재무부의 제안에 경악을 금치 못했다. 폴슨 장관은 설명 도중에 3페이지 보고서는 토론을 위한 요약문이며, 의회가 자세한 내용을 채워주기를 기대한다고 말했다. 그러나 의원들은 주로 법안의 초안 형태로 적힌 간단한 제안을 의회의 감시가 없는 무한한 권력을 요구하는 것으로 간주했다. 이번 제안은 폴슨 장관의 처음 기대와는 달리 설득력을 얻지 못 했다. 부실자산구제계획(Troubled Asset Relief Program, TARP)이라고 명명 한 이번 제안은 출발이 순조롭지 못했다.

15

"50퍼센트는 절대 반대"

⋮

폴슨 장관과 내가 로즈 가든에서 대통령과 함께 서 있던 일이 있은 지 나흘이 지난 9월 23일 화요일, 우리 두 사람은 다시 한번 나란히 서게 되었다. 우리 앞에는 잔뜩 화가 난 표정의 상원 은행위원회 의원들이 앉아 있었다. 그들은 부실자산구제계획(TARP) 제안을 무척 회의적으로 받아들였다. 7,000억 달러 프로그램이 얼마나 효과가 있을까? 미국의 일반 시민들에게는 어떤 혜택이 돌아갈까?

나는 카메라 플래시가 터지고 의원들이 험악하게 노려보는 가운데, 이전에는 결코 경험하지 못했던 그리고 앞으로 의회 청문회에서 다시는 경험하지 못할 일을 하고 있었다. 나는 준비된 문장이 아니라 그날 아침에 급하게 대충 적어놓은 메모를 가지고 즉흥적으로 이야기를 이어나갔다. 나는 부실자산 매입에 동의했고, 나는 내가 어떻게 납세자들을 공정하게 대하면서 금융기관을 강화하고 금융 시스템을 안정시킬 것인가를 설명할 수 있는 적합한 인물이라고 믿었다. 나는 이렇게 말하면서 경제학 교수 시절로 되돌아가고 있다고 느꼈다.

"한 가지 질문을 하면서 이야기를 시작하겠습니다. 금융시장이 제대로 작동하지 않는 이유는 무엇일까요? 금융기관과 그밖의 기관들은 복잡하게 설계된 증권을 수십억 달러어치나 보유하고 있습니다. 그중에는 상당 부분이 모기지 관련 증권입니다. 그러면 이러한 증권이 두 종류의 서로 다른 가격을 가지고 있다고 잠깐 생각해봅시다. 첫 번째는 염가로 팔 때의 가격입니다. 이는 비유동성 자산시장에서 증권을 재빨리 팔아치우려고 할 때에 받을 수 있는 가격을 말합니다. 두 번째는 만기보유 증권의 가격을 말합니다. 이는 만기까지 증권을 보유하여 수익을 얻을 수 있을 때에, 이 증권의 가치를 의미합니다. 이러한 증권은 복잡하게 설계되고 경제와 주택시장의 심각한 불확실성 때문에, 상당수에 대해서 활발한 시장이 조성되어 있지 않습니다. 따라서 지금은 염가로 팔 때의 가격이 만기보유시의 가격보다 훨씬 더 낮습니다."

나는 이야기를 이어갔다. 정부가 염가로 팔 때의 가격과 만기보유시의 가격 사이의 어느 지점—즉 낮은 가격이지만 적절하게 작동하는 시장에서 매도자가 받을 수 있는 가격에 가까운 시점—에서 가격을 지급하면, 자산 매입은 도움이 될 수 있을 것이다. 금융기관들은 이러한 중간 가격에서 자산을 매도할 수 있다. 그리고 장부에 남아 있는 자본을 고갈시키는 손실을 기록하지 않고도 이러한 가격에서 자산의 가치를 반영한다. 이와 함께, 장기의 만기보유시의 가치보다 가격이 더 낮은 것은 우리가 기대하는 바와 같이 이 프로그램이 경제와 주택시장을 되살릴 때에 납세자가 그들이 낸 세금을 돌려받을 수 있도록 보장하는 장치이다.

정부는 염가로 팔 때의 가격과 만기보유시의 가격을 계산하지 않아도 될 것이다. 이 두 가지 극단 사이의 가격은 어쩌면 민간 부분의 매입자와 함께 정부가 유력한 매입자로 참여하는 경매에서 자동으로 결정된다. 자산 매입을 제안하는 것만으로도 서브프라임 모기지 자산의 가격이 상승했다는 보고가 있는데, 이는 자산 매입이 효과가 있음을 입증한다.

당시 나는 자산 매입에 관한 이러한 접근방식이 가장 타당하다고 생각했고, 지금도 그렇게 생각한다. 실라 베어도 내 생각을 지지했다. 물론 아주 복잡하고 가치를 산정하기 어려운 증권에 대해서 공정하고도 효율적인 경매 절차를 수립하는 일은 개념상으로나 운영상으로나 어려운 문제를 제기한다.

상원의원들은 질문을 하기도 하고 그들 나름의 의견을 제시하면서 거의 5시간 동안 우리를 압박했다. 금융 분야에 해박한 로드아일랜드 주 민주당 의원 잭 리드는 자산 매입으로 금융회사의 주식가격이 상승하면, 납세자가 수익을 공유해야 한다고 주장했다. 청문회 도중에 위원장 크리스 도드는 폴슨 장관이 놓친 부분을 간단하게 지적했다. 이 법안에는 정부가 금융회사의 주식지분 취득을 금지하는 내용이 없다는 것이다. 리드와 도드의 지적은 그들이 정부가 은행을 부분적으로 소유하는 데에 꼭 반대하지는 않는다는 뜻이 있었다. 비록 그들이 정부가 은행을 부분적으로 소유하는 것을, 은행에 대한 구조조정을 강화하거나 정부 통제권을 부여하기 위한 수단이라기보다는 납세자가 공유할 수익을 높이기 위한 방법으로 생각하더라도 말이다. 나는 이러한 지적에 대응하여 상원의원들이 7,000억 달러를 사용하는 방법에 대해서는 정부가 상황 변화와 다양한 접근방식에서 나오는 결과에 따라 폭넓은 융통성을 발휘할 수 있도록 해줄 것을 설득했다.

상원의원들은 자산 매입이 미국의 메인 스트리트에 과연 공정한가의 문제를 계속 요란하게 제기했다. 와이오밍 주 공화당 의원 마이크 엔지는 정부에 팔 수 있는 부실자산을 보유하지 않은 소형 은행에 관해서 질문했다. 우리가 대형 금융기관의 최악의 대출에서 생긴 자산을 매입함으로써 실패에 대한 보상을 제공하는 것은 아닌가? 실제로 많은 소형 은행들이 부실자산을 보유하고 있었다. 그러나 엔지는 부실이 깊은 은행들이 이 프로그램에서 혜택을 가장 많이 보게 되는 사실을 지적함으로써 금융 시스템을 구제하기 위한 행위와 도덕적 해이를 방지하는 행위 간의 또 하나의 충돌 사례를 조명했다. 몇몇 상원의원들은 이 프로그램에서 혜택을 보는 금융기관에서 일하는 임원들의 보수를 제한해야 한다고 말했다. 도드를 포함한 다른 상원 의원들은 자금을 한꺼번에 풀기보다는 트랜치에 따라 조금씩 풀어야 한다고 주장했다. 그러면 자산 매입의 성과가 만족스럽지 못할 경우에는 의회가 이 프로그램을 중단시킬 수 있을 것이다. 그날 청문회는 길고도 힘들었지만, 나는 우리가 진전을 보고 있다고 생각했다.

그다음 날인 9월 24일 수요일에는 잔인하고도 드문 형벌이 가해지고 있다는 느낌마저도 들었다. 더욱 혹독한 청문회 두 건이 나를 기다리고 있었다. 하나는 상하원 공동경제위원회와의 청문회였고, 다른 하나는 바니 프랭크가 이끄는 하원 금융 서비스 위원회 이전의 청문회였다. 게다가 하원 공화당 의원 총회—기본적으로 하원의 모든 공화당 의원들이 참여한다—와 상원 민주당 간부회의도 있었다. 그 전날 아침에는 하원 공화당 의원들이 체니 부통령, 백악관 고위 보좌관 조시 볼턴, 국가경제회의 키스 헤네시, 연준의 케빈 워시가 포함된 대표단의 호소를 거칠게 거절하는 일이 생겼다.

폴슨 장관과 나는 하원 공화당 의원들을 상대로 최선을 다했지만, 체니 부통령이 이끄는 대표단보다 운이 더 많이 따르지는 않았다. 의회 의원들은 대형 코커스 룸 곳곳에서 마이크를 앞에 두고 연이어 열변을 토했다. 그들이 전하는 메시지는 다음과 같았다. 월 스트리트의 배부른 자본가들에게 구제금융을 제공하는 것은 미국의 메인 스트리트가 월 스트리트에게 선물을 주는 것으로 대단히 정의롭지 못한 일이다. 어떤 의원은 자신의 지역구에 사는 소형 은행의 은행원, 자동차 딜러를 비롯하여 여러 사람들과 미국의 "현실" 경제를 주제로 이야기를 해본 적이 있다고 했다. 그는 지금까지 그들은 월 스트리트의 고통에서 비롯되는 의미 있는 영향력을 깨닫지 못하고 있었다고 말했다. 나는 그에게 "그 사람들은 영향력을 깨닫게 될 것입니다"라고 말했다. 또한 나는 그들은 월 스트리트의 움직임을 멀리서 바라보지만, 그 움직임이 소규모 기업과 사업가에게 신용을 차단함으로써 경제를 마비시킬 가능성이 있다고 말했다. 그러나 의원들 대다수가 회의적인 반응을 보였다. 나는 의회가 경제적인 피해가 뚜렷하고 크고 돌이킬 수 없을 가능성이 보일 때에만 단호하게 움직이지 않을까 하고 우려했다.

그날 나는 하루 종일 신용 상태가 악화되면 심각한 위협이 될 것이라는 생각을 강조했다. 나는 하원 금융 서비스 위원회에서 "신용은 경제의 생명줄입니다"라고 말했다. 금융 여건이 개선되지 않는다면, "실업률이 높아지고, 일자리가 줄어들고, 성장이 둔화되고 주택에 대한 유질 처분이 늘어날 것입니다……그러면 일반 시민들에게 실질적인 영향을 미치게 될 것입니다."

금융위기가 메인 스트리트와는 관계가 없다는 인식은 우리만의 문제가 아니었다. 자산 매입 계획은 여전히 설명하기가 어려웠고 그밖의 여러 가지 이유로도 논쟁이 일어났다. 일부 아웃사이드 경제학자들은 (자산을 낮은 가격에 매입하면) 도움이 되지 않거나 (자산을 높은 가격에 매입하면) 납세자에게 공정하지 않을 것이라고 말했다. 이러한 비판은 경매가 염가로 팔 때의 가격과 만기보유시의 가격 사이에서 가격이 결정되도록 한다는 나의 주장을 무시한 것이다. 또다른 경제학자들은 매입하게 될 증권의 복잡성과 다양성 때문에 경매 방식을 설계하는 데에 따르는 문제를 지적했다. 나는 이런 지적은 타당한 면은 있지만, 역시 해결이 가능한 문제라고 생각했다. 그러나 우리는 자산 매입을 뒷받침하려고 최선을 노력을 기울였지만, 이에 찬성하는 합의는 좀처럼 이루어지지 않았고 자산 매입의 효과에 관한 혼란만 확산되었다.

나는 자산 매입을 설명하면서도 행정부의 융통성을 지키려고 했다. 나는 필요한 경우에는 변화시킬 권한이 있는 감독위원회를 두는 것을 생각했다. 나는 앞으로 위기가 어떻게 전개될 것인지를 몰랐다. 따라서 어느 정도는 두 가지 입장에서 태도를 분명히 취하지 않으려고 했다. 정부의 직접적인 자본 주입 혹은 그밖의 방식에 대한 선택을 유지하면서도 폴슨 장관의 전략을 지지했다.

폴슨 장관과 내가 의사당에서 민주당 상원의원들을 만났을 때, 이제는 그들이 재무부 계획에 공화당 의원보다 더 많은 지지를 보내지 않았다. 놀라운 일은 아니었지만, 중요한 차이는 공화당 의원들은 정부가 일을 덜하기(옆에 비켜나서 시스템이 스스로 조정되도록 내버려둔다)를 원하지만, 민주당 의원들은 정부가 일을 더 하기(미국의 일반 시민들을 돕기 위한 일을 직접 나서서 하고 월 스트리트 임원들의 보수를 줄이기 위해서 직접 행동한다)를 원하는 데에 있었다.

나는 마지막 회의를 마치고는 지친 몸을 이끌고 풀이 죽은 모습으로 귀가했다. 애나와 나는 텔레비전으로 부시 대통령의 대국민 연설을 보았다. 나는 이번 위기를 종식시키기 위해서 대통령이 단호한 행동을 호소하는 것은 효과가 있다고 생각했다. 그러나 바로 이 순간, 이러한 쟁점에서 나는 객관적인 관찰자가 아니었다.

9월 25일 목요일 오전에는 시장 상황이 조금은 나아졌다. MMF를 안정시키기 위한 재무부와 연준 프로그램이 제대로 작동하는 것 같았다. 프라임 MMF에서 자금 유출이 크게 줄어들었다. 기업어음 시장도 제대로 작동되고 있었다. 그럼에도 금융회사와 비금융회사는 자금을 동원해야 하는 과제에 계속 직면했다.

한편 대통령은 폴슨 장관에게 의회와의 협상에서 자유재량권을 부여했다. 폴슨 장관은 왕복 외교로 바쁜 나날을 시작했다. 독립성과 비당파성의 연준은 정치적 거래 과정에 적극적으로 개입할 입장이 아니었다. 따라서 우리는 상황을 예의 주시하면서 질문에 대응하고 의견을 개진할 준비만을 했다. 나는 의회 의원들에게서 전화를 자주 받았는데, 대부분이 정치적으로 수용 가능한 방법을 찾으려는 전화였다.

이 시점에서 주요 질문은 어떻게 하면 자산 매입을 최선의 방법으로 추진할 것인가, 우리가 자산 매입 대신에 자본 주입 혹은 그밖의 방법에 집중할 수도 있는가에 관한 것이었다. 그러나 토론이 점점 더 논쟁으로 흘러가면서 대다수의 의원들은 핵심 쟁점을 해결하려고 노력할 의지가 없거나 그럴 능력이 없어 보였다. 대신에 폴슨 장관은 자신이 다양한 영역에서 발생하는 부수적인 쟁점을 협상하고 있다고 생각했다. 임원들의 보수에 대한 제한, 트랜치별로 TARP 기금의 배분, 어려움에 처한 모기지 차입자에 대한 지원 (아주 중요한 쟁점이기는 했지만, 이 쟁점이 붕괴를 피하기 위해서 위기를 제때에 종식시킬 것 같지는 않았다), 프로그램 감독에 관한 자세한 사항, 소형 은행의 취급 문제.

임원 보수에 관한 논쟁은 정치적으로나 경제적으로나 긴급한 요구들의 대립을 보여주었다. 의원들의 대다수가 납세자의 세금에 의해서 혜택을 보는 금융기관의 보수에 상한선을 정하기를 원했다. 정치적 호소력은 다시 한번 분명했고, 나는 사람들이 왜 분노하는지를 확실히 이해했다. 위기 발생 전에도 많은 사람들이 금융회사의 임원들이 받는 엄청난 보수를 불공정한 것으로 여겼다. 지금처럼 그들이 위험을 지나치게 수용하여 경제를 파탄 지경에 이르게 한 상황에서는 이런 불공정이 더욱 극명하게 드러났다. 그러나 현실적으로, TARP에 참여하는 조건이 지나치게 부담스럽다면, 금융회사는 가급적 이 프로그램에 접근하지 않으려고 할 것이다. 우리는 은행에 강제로 자본을 확충시킬 수는 없었다. 강한 은행이 TARP에 접근하지 않으면, 약한 은행도 참여하지 않으려고 할 것이다. 만약 참여하면, 고객이나 채권자의 눈에는 약한 은행으로 비쳐지기 때문이다. 이런 역학은 우리의 노력을 수포로 돌아가게 만들 것이다. 더구나 임원 보수에 대한 제한을 자세히 살펴보면, 금융회사의 실패한 경영자와, 혼란을 바로잡으려고 노력하는 후임 경영자 간의 차이를 인정하지 않았다. 우리는 유능하고 경험 많은 전문가가 나타나서 어려움에 처한 기업의 구조조정을 신속하게 해주기를 원했다. 하지만 연봉 1달러에 AIG를 경영을 맡은 에드 리디와 같은 사람은 많지 않았다.

나는 이번 계획에서 정치적인 측면보다 현실적인 측면을 더 많이 걱정하면서 점점 무감각해지고 있었다. 그러나 폴슨 장관과 티머시를 포함하여 최전선에 있는 나의 동료들은 나와 생각을 공유하고 있었다. 특히 티머시는 눈앞에 다가오는 재앙을 피하기보다는 징벌을 하는 데에 관심이 더 많은 정치인의 "구약 성서"와도 같은 태도에 불만이 많았다. 그렇지만 나쁜 사람은 응분의 대가를 받아야 한다는 주장에 동의하더라도, 책임과 죄에 대한 심판은 불을 끌 때까지 미루는 것이 좋다고 생각했다. 나는 지난 수년 동안 워싱턴에서 거짓으로 분노하는 모습을 많이 보아왔지만, 그렇게는 살고 싶지 않았다. 나는 우리가 직면한 문제를 해결하는 데에만 집중했고, 대중들의 인기에만 영합하여 은행가들을 비난하는 정치가들에게는 관심이 없었다. 어느 정도 나는 연준과 그밖의 규제기관에 대해서 의회에서 비난의 움직임이 널리 확산되어 있는 것을 알았기 때문이기도 했다. 어쩌면 내가 스스로 자제하는 접근방식을 취한 것은 정치적으로 우리를 해롭게 할 수도 있었지만, 나한테는 다른 접근방식이 편하지가 않았다.

대통령 선거는 상황을 더욱 복잡하게 만들었다. 공화당 상원의원 존 매케인은 경솔하게도 워싱턴에 오기 위해서 선거운동을 일시 중단하는 우를 범했다. 아마도 위기 문제 때문에 그랬던 것 같다. 그러나 이번 위기는 대통령 후보라고 하더라도 한 상원의원이 해결하기에는 규모가 너무나도 컸고 복잡했다. 우리는 두 대통령 후보들이 위기를 정략적으로 이용하여 의회와의 협상을 복잡하게 만들 것을 우려했다.

부시 대통령은 매케인의 요청대로 목요일 밤에 백악관 회의를 소집했다. 나는 가지 않기로 결정했다. 나는 의원들의 분쟁에 휘말리면서까지 연준의 정치적 독립성을 손상시키고 싶지 않았다. 대통령, 폴슨 장관, 두 대통령 후보, 양당 의회 지도자들을 포함하여 주요 인사들이 그 자리에 참석했다. 그들은 타협할 기회를 얻었다. 두 대통령 후보들은 폴슨 장관의 계획을 폭넓게 지지했다. 그리고 상원 은행위원회는 금융회사 임원들의 보수를 제한하고 정부가 구제금융을 받는 기업의 주식지분을 가지는 것을 포함하여 초당적인 원칙을 천명했다. 부시 대통령은 이번 회의에서 합의를 이끌어내려고 했지만, 결과는 고통과 혼란뿐이었다. 결국 선거 정치와 특히 하원에서 공화당의 저항으로 합의를 보지 못하고 말았다. 민주당은 심각한 우려를 표시했을 뿐만 아니라 공화당 행정부가 제안한 인기 없는 조치를 통과시키는 데에 동참해야 하는 것을 두고 분노했다. 매케인은 자신이 회의를 요청했는데도 불구하고 해법을 찾은 데에는 적극적인 모습을 보이지 않았다.

자산 매입 프로그램을 보험 프로그램으로 대체하자는 에릭 캔터와 몇몇 공화당 하원의원들의 제안도 걸림돌이 되었다. 그것은 정부가 수수료를 받고 자산의 손실에 대해서 보험금을 제공하는 것이다. 나는 이러한 제안이 설득력을 가지는 이유를 잘 모르겠다. 캔터는 자신의 제안으로 납세자의 돈이 절약될 것이라고 주장했지만, 결국에는 문제의 핵심이라고 할 수 있는 복잡한 증권에 대해서는 효과가 없음을 인정해야 했다. 이러한 자산에 대한 보험은 보험료의 공정한 부과뿐만 아니라 그 가치를 설정할 것을 요구한다. 이는 자산 매입보다 더 복잡했다. 더구나 보험은 자산 매입과는 다르게 자산의 가치가 인정되더라도 납세자에게 이에 걸맞은 결과를 제공하지 않는다. 최종 법안에는 공화당이 유권자들의 표를 조금 더 얻기 위해서 캔터 계획의 옵션 버전을 포함시켰지만, 전혀 사용될 것 같지가 않았다.

좌파 쪽에서는 의회 의원과 경제학자들이 자산 매입보다도 어려움에 처한 주택 소유자에 대한 지원을 촉구했다. 확실히 나는 불필요한 유질 처분을 피하는 것이 차입자와 경제 전체에 도움이 된다는 생각을 하고 있었고,

이런 이야기를 자주 했다. 그러나 모기지 지불금을 성실하게 내는 차입자에게 불공정하지 않으면서도 비용 효과적인 프로그램을 개발하는 데에는 엄청난 시간이 소요될 것이었다. 금융 시스템이 며칠 안에 혹은 몇 주일 안에 붕괴될 위험한 상황에서는 우리가 신속하게 조치를 시행해야 했다.

두 후보 진영이 연준과 접촉했지만, 매케인보다는 오바마가 내 생각에 더 많은 관심을 보였다. 오바마는 나에게 전화로 상황의 흐름을 물었고, 7월 말에는 내 집무실에도 들렀다. 그는 이미 당시 여론조사에서 앞서고 있었다. 나는 이사회 주차장에서 그를 맞이하여 함께 작은 엘리베이터를 타고 내 집무실로 올라왔다. 엘리베이터 안은 경호원과 직원들로 발 디딜 틈이 없을 정도였다. 우리는 최근 위기의 동향과 함께 그가 대통령이 되면 금융규제를 개혁하고 경제를 강화하기 위해서 취하게 될 조치에 관해서도 이야기를 나누었다. 나는 그가 연준의 독립성을 중시하고 지지하여 기분이 좋았다.(또한 그는 리타 프록터와 그밖의 행정직원과도 즐겁게 대화를 나누었다.)

한편, 매케인은 정치적으로 우파의 입장을 반영하려고 했다. 나는 그가 바른 말을 잘하고 유능한 상원의원이라는 점에서 좋은 인상을 받았다.(그리고 애나와 나는 캐피톨 힐의 해병 막사에서 열린 해병 의장대 시범 공연에서 그의 어머니 로버타 여사와도 만난 적이 있다. 당시 로버타 여사는 거의 100살에 가까웠다.) 군대 경력을 감안하면, 그는 경제 문제보다는 대외 정책과 군사 문제를 더 잘 다룰 수 있었을 것이다. 그러나 그는 금융 시스템이 곧 붕괴되면 자유방임 정책이 제대로 작동하지 않는다는 사실을 알 만큼 노련하고 똑똑한 사람이었다. 그러나 공화당원들이 구제금융처럼 보이는 정부 정책을 싫어했다는 사실과, 위기와 이에 대한 조치가 공화당 집권 시기에 발생했다는 사실이 그에게 약점으로 작용했다.

그가 선거운동을 중단하고 워싱턴으로 오기로 한 것은 충분히 생각하고 내린 결정이 아니었던 것이 분명했다. 그는 공화당 의회 지도자들의 확실한 지원이 없는 상태에서 도착했다. 백악관 회의가 끝난 토요일에 그는 나의 집으로 전화해서 몇 가지 질문을 하고는 재무부의 제안을 지지한다고 했다. 그리고 자신의 개입에서 초래된 몇 가지 문제점에 대해서 유감을 표시했다. 그는 "머리를 낮추고 지내겠다"고 약속했다. 언젠가 그는 금융 부문에서 재현되는 위기를 사제 폭발물에 비유한 적이 있었다.

이사회 간부들은 재무부와 뉴욕 연은 간부들과 함께 효과적인 자산 매입 프로그램을 설계하기 위해서 열심히 일했다. 나는 이 작업에 대해서 자세히 살펴보았다. 이사회 간부들은 나의 지시에 따라서 경매 시스템의 설계에서는 외부 전문가를 참여시켰다. 이러한 노력에도 불구하고 이사회 간부들 중에는 정부가 폴슨 장관의 기대대로 위기를 진정시킬 수 있을 정도로 신속하게 자산을 충분히 매입할 수 있을까를 우려했다. 데이비드 윌콕스는 나에게 보내는 이메일에서 이렇게 적었다. "문제는……수사(修辭)와 현실 간의 부조화에 있습니다. 저는 자본을 대량으로 주입해야 할 날이 점점 더 가까워지고 있다고 생각합니다. 저는 우리가 아직은 그런 상황에 놓여 있지는 않지만, 그런 상황에 가까이 다가가고 있다고 생각합니다."

목요일 백악관 회의는 좋은 결과를 보지 못하고 끝났다. 그날 도널드 콘은 실라 베어에게서 들은 소식을 전했다. JP모건이 워싱턴 뮤추얼의 인수에 나섰다는 소식이었다. JP모건이 워싱턴 뮤추얼을 인수하면 연방예금보험공사에 아무런 피해가 가지 않고 기업이나 지방자치체처럼 보험을 적용받지 않는 예금자들에게 손실이 발생하지 않기 때문에, 실라는 이러한 사실을 무척 반겼다. 그러나 인수 조건을 보면, 워싱턴 뮤추얼의 주주뿐만 아니라 이 회사의 우선순위 부채—다른 무담보 부채를 갚기 전에 제일 먼저 갚아야 하는 부채—의 채권자들은 엄청난 손실을 감수해야 한다.

나, 티머시, 랜들 크로스너를 비롯한 연준 사람들은 정상적인 시기에 적절한 결정을 했던 강제적인 우선순위 부채 채권자들에게 손실을 떠안도록 하는 것은 현재 상황에서 잘못된 결과가 될 수도 있음을 우려했다. 그렇게 되면 정부가 파산 기업을 처리하는 방식에서 훨씬 더 큰 불확실성을 낳고 은행들이 새로운 채권을 발행하기가 더욱 어려워질 것이었다. 예를 들면, 패니 메이와 프레디 맥, AIG의 경우에는 우선순위 부채가 보호되었다. 실라와의 관계가 잘해야 긴장 관계인 티머시는 이번 결정을 두고 특히 괴로워했지만, 연준은 이번 쟁점에서 영향력을 발휘할 수가 없었다. 이번 거래는 주로 연방예금보험공사와 JP모건의 협상으로 진행되었다. JP모건은 워싱턴 뮤추얼의 우선순위 부채를 떠맡아야 한다면, 이번 거래는 성사되지 않을 것이라고 분명히 밝혔다. 그리고 실라는 우선순위 부채 채권자를 보호하려고 예금보험 기금을 지출하는 것은 단호하게 거부했다.(실라는 집요할 정도로 예금보험 기금을 지키려고 했다. 이는 칭찬받을 만한 일이었다. 하지만 때로는 그 돈을 더욱 광범위한 금융 시스템의 이해관계보다도 우선시하는 것 같았다.) 실라는 자신의 입장을 정당화하려고 1991년 제정된 연방예금보험공사 강화법(Federal Deposit Insurance Corporation Improvement Act of 1991, FDICIA)을 내세웠다. 이 법에 따르면 연방예금보험공사가 파산 기업을 처리할 때에는 예금보험 기금에서 지출을 가장 적게 발생시킬 것을 요구한다. 연방예금보험공사, 연준, 재무부 모두가 이러한 요건의 준수가 금융 시스템의 안정을 위태롭게 만들 것이라고 합의할 때에만 이 요건을 중단시킬 수 있었다. 이러한 "시스템 리스크 예외(systemic risk exception)" 조항은 지금까지 한번도 발동된 적이 없었다.

저축기관감독청은 우선순위 부채와 그밖의 부채에 대한 채무불이행을 허용하고는 불가피한 상황을 인정하면서 워싱턴 뮤추얼을 폐쇄시켰다. 연방예금보험공사는 워싱턴 뮤추얼의 자산을 몰수함으로써 보호받아야 할 예금자를 안심시켰다. JP모건은 워싱턴 뮤추얼의 은행 업무와 대출 자산에 대한

대가로 연방예금보험공사에 19억 달러를 지급하고 거래를 순식간에 마무리
지었다. 이 사건은 미국 역사상 가장 큰 은행 파산이었다. JP모건은 자신의
입지를 강화하기 위해서 보통주를 새로 발행하여 자본 115억 달러를 추가
로 동원했다. 제이미 다이먼의 은행이 이러한 환경에서도 자본을 동원할
수 있다는 사실 자체가 튼튼한 체력을 과시하는 것이었다.

연방예금보험공사가 워싱턴 뮤추얼의 우선순위 부채 채권자에게 손실을
준 결정이 위기를 심화시켰는지의 여부는 논란의 여지가 있다. 실라는 이러
한 결정을 강력하게 옹호했다. 그녀는 2010년 4월 상원 회의에서 이러한
결정은 무리 없이 진행되었다고 증언했다. 그리고 그해 열렸던 어느 포럼에
서도 이렇게 말했다. "그때의 결정은 1면에 실렸지만 자리는 하단이었습니
다……당시 진행되던 다른 모든 사건에 비하면, 그것은 일시적인 현상에 불
과합니다."

나와 랜들 크로스너를 포함하여 이사회 사람들이 보기에는 워싱턴 뮤추
얼에 대한 결정은 재앙은 아니라고 하더라도 그 다음 금융 도미노의 붕괴—
와코비아—를 재촉할 것 같았다. 폴슨 장관이 이끄는 재무부에서 21개월
동안 국내 금융을 담당했던 골드만 삭스 출신의 밥 스틸 차관이 당시 와코
비아를 이끌고 있었다. 2008년 7월, 그는 와코비아에서 밀려난 켄 톰프슨의
자리에 올랐다. 와코비아의 근본적인 문제는 저품질 모기지 자산이 많다는
것이었다. 워싱턴 뮤추얼의 우선순위 부채 채권자가 손실을 본 이후로, 무
담보 채권자들은 와코비아뿐만 아니라 살아남으려고 노력하는 다른 은행으
로도 몰려가기 시작했다. 워싱턴 뮤추얼이 파산한 그 다음 날 정오에는 채
권자들이 와코비아의 기업어음과 레포를 포함하여 단기자금에 대한 부채
상환 연장을 거부했다.

9월 26일 금요일 오전, 나는 재무부에서 폴슨 장관과 조찬 모임을 가졌
다. 폴슨 장관은 TARP에 대한 합의를 낙관했다. 중요한 것은 이제는 폴슨

장관도 정부가 민간 부문과의 공동 투자 혹은 특정 형태의 경매를 통해 금융기관에 자본을 주입하는 데에 개방적인 태도를 보였다는 것이다. 나는 집무실에 돌아와서 당장 티머시, 도널드, 크로스너뿐만 아니라 윌콕스를 포함한 간부진에게 이메일을 보냈다. "폴슨 장관은 지금까지 자본 주입에 반대 입장을 분명히 보여왔습니다. 오늘 그는 입장을 바꾸어서 자본 주입이 좋은 아이디어라고 생각한다고 말했습니다." 그러나 폴슨 장관은 자신의 입법 전략을 바꾸지는 않을 것이라고 말했다. 그는 공개 토론에서 TARP 기금의 사용에서 최대한의 융통성을 요구하면서, 동시에 자산 매입을 계속 강조했다. 그럼에도 나는 연준 간부들에게 공적 자본의 주입을 위한 최선의 방법을 결정하는 데에 더욱 노력해줄 것을 당부했다. 나는 "자본 주입이 실제로 적절하다는 사실을 보여줄 아주 좋은 기회"라고 썼다.

스콧 알바레스, 브라이언 매디건 그리고 이사회 법무 팀은 TARP 법안의 추가 조항을 검토했다. 이러한 조항은 우리의 개입이 외국 중앙은행과의 통화 스왑처럼 우리의 대차대조표 규모를 키우면서 우리에게 단기금리를 조절할 권한을 부여했다. 2006년 의회는 연준에게 은행이 연준에 예치한 지급준비금에 이자를 지급할 권한을 부여했다. 그러나 예산상의 이유로 이러한 권한은 5년이 지난 2011년에야 비로소 효력을 발휘했다. 하지만 우리는 TARP 법의 일부로서 우리가 지급준비금에 이자를 곧 지급할 것을 요구했다.

우리는 처음에는 기술적인 이유로 지급준비금 이자 지급을 요구했다. 그러나 2008년 우리에게는 점점 더 심각해지는 문제를 해결할 권한이 필요했다. 우리의 긴급 대출이 은행의 지급준비금을 증가시키는 부작용을 초래하여 단기금리가 우리가 목표로 잡은 연방자금금리보다 더 낮아지고 따라서 통화정책에 대한 통제력을 상실할 위험이 있었다. 은행이 지급준비금을 많이 보유하면, 다른 은행에게서 자금을 빌리지 않아도 되며, 결국에는 이러한 대출에 따르는 금리―연방자금금리―가 하락하는 것이다.

이때까지 우리는 우리의 대출이 지급준비금에 미치는 영향을 상쇄시키기 위해서 우리가 보유한 국채를 판매했다.(이러한 과정을 불태화[不胎化, sterilization]라고 한다.) 그러나 우리의 대출이 계속 증가하면, 이러한 미봉책은 우리가 판매할 국채가 고갈되어 언젠가는 더 이상 동원할 수가 없게 될 것이었다. 이때가 되면, 법적인 조치가 없이는 우리가 개입의 정도를 줄여야 하므로 금융 시스템에 대한 신뢰 상실을 초래하거나 통화정책의 주요 수단인 연방자금금리에 대한 통제력을 상실할 수 있었다. 우리가 지급준비금에 대하여 이자를 지급할 권한을 가지면(다른 나라의 주요 중앙은행은 이미 이러한 권한을 가지고 있었다), 이 문제를 해결하는 데에 도움이 될 것이었다. 은행이 연준에 지급준비금을 예치하면, 우선 돈을 떼일 위험이 없고 연준의 이자보다 다른 은행에 훨씬 더 적은 이자를 받으면서 대출을 제공할 동기가 없어질 것이다. 따라서 연준의 지급준비금에 대한 금리를 충분히 높게 잡으면, 우리가 대출을 아무리 많이 제공하더라도 연방자금금리가 크게 하락하는 상황을 방지할 수 있을 것이다.

나는 폴슨 장관과 아침 식사를 마치고 머빈 킹과 장 클로드 트리셰에게 공동으로 금리를 인하할 아이디어를 전하려고 전화를 했다. 내가 알기로는 주요 중앙은행들이 금리인하를 공동으로 추진한 적이 없었다. 그리고 나는 이러한 공동 행동이 세계가 협력하고 있다는 강력한 신호를 전달할 것이라고 생각했다. 처음에는 개입을 탐탁지 않게 보던 머빈은 우리의 공격적인 행동을 지지하고 나섰다. 그리고 내 생각에는 장 클로드보다 더 많은 관심을 보였다. 그들은 이 문제를 생각해보기로 약속했다. 나는 도널드와 티머시에게 금리를 공동으로 인하하는 것이 가능해 보이지만, 특히 유럽중앙은행에 대해서는 좀더 설득해야 할 것 같다고 말했다. 도널드는 자기가 이 문제를 두 중앙은행의 부총재와 의논할 생각이며, 캐나다와 일본 쪽과도 협의하는 것이 좋겠다고 말했다.

미국만이 혼자서 취약한 금융기관과 시장 문제를 안고 있는 것은 아니었다. 지난 9월에 노던 록 은행이 뱅크런 사태를 겪은 이후, 영국과 유럽 대륙 국가들은 대형 금융 화재를 진화하기에 바빴다. 우리는 금요일에 네덜란드와 벨기에가 합작한 거대 금융회사로 자산 규모(은행업과 보험업 합계)가 7,750억 유로에 달하는 포티스가 부채 담보부 증권 투자와 네덜란드의 ABN 암로 은행의 사업 부문을 잘못 인수함으로써 심각한 어려움에 처해 있다는 소식을 들었다. 토요일에는 도널드 콘이 유럽중앙은행 부총재 루카스 파파데모스가 전화로 전해준 이야기를 알려왔다. 간단히 요약하면, "포티스가 혼란에 빠져 있다"였다. 파파데모스는 도널드에게 ING, 암스테르담에 본사를 둔 한 다국적기업, 2007년 8월에 서브프라임 모기지 펀드에서 현금 인출 금지를 선언하여 금융위기 발생에 일조했던 프랑스 은행 BNP 파리바가 포티스에 대한 경매에 참여한 사실을 전했다. 그러나 그는 도널드에게 이번 거래는 주말에 완료되지는 않을 것이고, 유럽중앙은행은 시장의 반응을 우려하고 있다는 말도 덧붙였다.

유럽 사람들은 파파데모스가 기대하는 것보다 더 신속하게 움직였다. 일요일에는 벨기에, 네덜란드, 룩셈부르크 정부가 일괄적으로 112억 유로(160억 달러)가 넘는 자본을 포티스에 주입했다. 유럽중앙은행도 연준과의 통화 스왑에 의지하여 포티스에 달러를 대출했다. 이보다 규모가 훨씬 더 큰 개입도 있었는데, 독일 제2의 상업용 부동산 대부업자인 하이포 부동산 (Hypo-Real-Estate)이 총 350억 유로(500억 달러)에 달하는 정부와 민간의 보증을 받은 사실도 있었다. 그밖에도 문제가 있는 금융기관으로는 영국의 대출자 브래드퍼드 앤드 빙글리(9월 말에 노던 록에 적용했던 절차에 따라 부분 국유화가 이루어졌다)와 독일-아일랜드 은행 데파(하이포 부동산의 계열사로 독일 정부가 국유화했다)가 있었다. 데파에 거액의 대출을 제공했던 벨기에의 데시아 은행에 대해서는 9월 28일 구제금융이 이루어질 예정이었다.

미국에서는 와코비아가 우리의 예상보다 훨씬 더 빠르게 악화되고 있었다. 당시에 미국 4번째 규모의 은행지주회사인 와코비아가 금융시장에 미치는 파괴력은 워싱턴 뮤추얼이나 리먼보다 훨씬 더 컸다. 와코비아의 계열사 은행들은 무담보 채권, 도매금융, 해외 예금을 포함하여 무보험 부채가 엄청나게 많았다. 더구나 워싱턴 뮤추얼과는 다르게 와코비아는 은행 계열사의 범위를 뛰어넘어 증권회사와 같은 계열사 혹은 지주회사 자체에서 상당히 많은 사업을 전개했다.(결과적으로 500억 달러가 넘는 장기채권을 발행했다.)

와코비아의 파산에 따르는 위험을 정확히 인식하고 있었던 실라 베어는 와코비아 그룹(모기업, 비은행 계열사, 은행 계열사) 전체를 인수할 기업을 찾고 있었다. 케빈 워시는 골드만 삭스와 와코비아의 합병 가능성을 평가하고 있었다. 그러나 골드만 삭스가 와코비아의 대차대조표에 나타난 손실을 염려하게 되면서, 이러한 가능성은 사라지고 말았다.

시티코프와 웰스 파고도 많은 관심을 보였다. 와코비아와 또다른 대형 은행 간의 합병은 이상적이지 않았다. 그것은 이미 대형 은행이 주도하는 은행산업의 집중화를 가속화시키고 매수회사(acquiring company)를 약화시킬 수 있었다. 그럼에도 당시의 상황과 점점 좁아지는 선택 범위를 감안하면, 그것이 최선의 해결 방안으로 보였다. 시티코프와 웰스 파고가 와코비아가 장악하고 있던 남동부 지역에서는 존재감이 별로 없는 사실이 한 가지 위로가 되었다. 결과적으로 시티코프와 웰스 파고 중 어느 한 곳이 와코비아를 인수하면, 예금과 대출 부문에서 지역 경쟁력이 약화되지는 않을 것이었다.

우리는 주말에 와코비아 문제를 처리하느라고 시간을 보냈다. 9월 28일 일요일부터 29일 월요일까지 지주회사, 잠재적 매수 회사, 규제기관 세 곳 —연방예금보험공사, 연준, 통화감독청(와코비아의 감독기관)—이 참여하는 밤샘 협상이 진행되었다. 일요일 아침에는 시티코프(당시 미국에서 가장 규모가 컸던 은행지주회사로 자산 규모가 와코비아의 2.5배에 달했다) 혹은 웰스 파고(자산 규모가 여섯 번째로 와코비아의 약 4분의 3수준이었다) 중 하나가 깔끔하게 인수할 가능성이 높았다.

시티코프의 새 CEO 비크람 판디트는 당시 쉰하나의 온화하고 세련된 인물로 와코비아 인수에 적극적이었다. 비록 몇몇 규제기관 사람들은(특히 연방예금보험공사 사람들은) 시티코프를 이끌 판디트의 능력에 대한 판단을 유보하고 있었지만, 내가 보기에는 머리가 예리하고 합리적인 사람이라는 인상을 받았다. 그는 직장 생활의 대부분을 시중은행이 아니라 모건 스탠리에서 증권 거래 업무를 한 사람이었다. 그는 2007년 12월 ("우리는 여전히 춤추고 있다"는 말로 유명세를 얻은) 척 프린스가 퇴직하고 시티코프의 CEO 자리에 올랐다. 인도 중부 지역에서 어린 시절을 보낸 그는 열여섯 살에 미국으로 왔다. 학부에서는 전기공학과를 졸업했지만, 대학원에서는 전공을 경영학으로 바꾸어서 컬럼비아 대학교에서 재무학 박사학위를 받았다. 시티코프에서 그에게 주어진 임무는 시티코프의 부실자산을 분리하고 위험 관리를 개선하고 어려움에 빠진 이 거대 시중은행에게 글로벌 시중은행의 강점을 되살리도록 하는 것이었다.

와코비아 인수 과정에서 판디트의 경쟁 상대는 웰스 파고의 다혈질이고도 완고한 베테랑 CEO 딕 코바세비치였다. 그는 시티코프 은행원으로 출발했다. 그리고 그는 미니애폴리스에 본사를 둔 노르웨스트코프의 CEO였던 1998년에 샌프란시스코에 본사를 둔 웰스 파고와 자신의 회사를 합병하면서 웰스 파고의 이름을 쓰기로 했다. 그는 두 은행의 업무 통합을 능숙하게 이루어냈고, 경쟁자들을 어려움에 처하게 했던 가장 위험한 서브프라임 모기지 대출을 하지 않았다. 2007년에 그는 자신을 오랫동안 보좌해왔던 존 스텀프에게 CEO 자리를 물려주고는 그해 연말에 완전히 은퇴했다. 그러나 자신의 예순다섯 살 생일을 한 달 앞두고 와코비아와의 협상이 진행되는 동안에, 그는 또 하나의 큰 거래를 찾게 되었다.

코바세비치는 처음에는 열정을 보였지만, 일요일이 되면서 와코비아의 상업 대출(commercial loan : 기업의 상품구입과 판매촉진 등을 위한 운전자금으로서 대출되는 보통 3개월 만기의 은행 융자/역주)에서 발생할 손실을 우려하고는 발을 빼기로 결정했다. 웰스 파고가 협상장에 다시 나타날 것인가, 그렇다면 어떠한 조건을 제시할 것인가는 불확실했다. 따라서 시티코프만이 유일한 입찰자가 될 가능성이 많았다.

와코비아가 대형 은행 계열사를 보유하고 있었기 때문에, 정부는 리먼에게 사용할 수 없었던 도구를 이용했다. 연방예금보험공사는 이 은행의 자산 일부를 매입하거나 보증할 수 있었고, 이러한 사실은 우리가 이 은행에 더 많은 관심을 가지게 할 수 있다. 그러나 워싱턴 뮤추얼의 경우처럼, 법은 연방예금보험공사에 예금보험 기금을 최소로 지출하면서 이 은행 문제를 해결할 것을 요구한다. 이러한 규정의 적용을 중단시키려면, 금융 시스템에 가해지는 막대한 위험을 방지하기 위한 지출이어야 했다. 그렇게 하려면 연방예금보험공사 이사회와 연준 이사회에서 3분의 2의 동의가 필요했고, 재무장관은 대통령과의 협의를 거쳐 이를 승인해야 했다.

실라는 나에게 이번 와코비아 협상은 정부의 도움이 없이도 잘 진행될 수 있을 것으로 생각한다고 말했다. 그러나 연준 이사회는 만일의 경우에 대비하여 일요일 오후에 17년 전 연방예금보험공사 강화법이 제정된 이후 처음으로 시스템 리스크 예외를 승인했다. 우리는 이러한 사실을 연방예금보험공사에 알렸다. 한편, 폴슨 장관도 대통령의 승인을 받았다. 도널드와 나는 이제 금융 시스템은 주요 금융기관이 하나 더 파산할 경우에 이를 감당할 수가 없으며 시스템 리스크 예외를 발동하면 협상에서 소중한 융통성을 발휘할 수 있다고 실라를 설득했다. 대통령 고위 보좌관 조시 볼턴은 일요일 밤에 실라에게 전화로 시스템 리스크 예외를 발동하기 위해서 백악관이 지원할 것이라고 말했다. 이번에는 실라가 우리의 주장을 받아들였다. 그 다음 날 아침에 연방예금보험공사 이사회가 개최되고 필요한 승인 절차를 마쳤다.

일요일 밤샘 협상은 이미 피로에 지친 직원들에게 또다시 여러 번 전화하고 회의에 참석하게 만들었다. 코바세비치는 뉴욕 시에 위치한 칼라일 호텔에서 모습을 드러내지 않은 채 상황을 주시하고 있었다. 시티코프 경영진의 열의가 더 높아 보였다. 그들은 와코비아의 3,300개가 넘는 지점, 거의 4,200억 달러에 달하는 예금, 신뢰할 수 있는 저비용 자금원을 몹시 탐내고 있었다. 그러나 시티코프는 몇 가지 문제를 안고 있었고, 와코비아에게서 물려받게 될 손실의 한도를 연방예금보험공사가 정해주기를 원했다. 실라는 연준과 재무부에 위험의 일부를 맡아줄 것을 요청했다. 나는 이에 공감했고 이번 거래를 성사시키는 데에 열의를 가지고 있었지만, 당시에는 연준이 도움을 줄 만한 방법이 보이지 않았다. TARP 법안이 통과되지 않은 상태였고, 재무부도 자금이 없었다. 결국 연방예금보험공사는 와코비아의 420억 달러가 훨씬 넘는 3,120억 달러에 달하는 대출 포트폴리오에서 발생하는 손실을 보장하는 데에 합의했다. 연방예금보험공사는 이에 대한 대가로 시티코프에게서 주식을 추가 매입할 옵션을 통해 시티코프 주식가격의 상승에서 얻을 수 있는 수익뿐만 아니라 우선주를 받기로 했다.

이와 함께, 시티코프는 와코비아의 대출 자산뿐만 아니라 총부채—예금과 부채—를 모두 인수하기로 합의했다. 실라는 직원들에게서 연방예금보험공사가 이번 인수에서 손실을 보지 않을 것이라는 보고를 접하고 회계 추정 결과가 이러한 결론을 뒷받침하자, 합의안에 서명했다. 폴슨 장관이 자신의 회고록에서 지적했듯이, 자신이 금융 시스템을 지원하려고 의회로 부터 7,000억 달러를 얻어내기 위해서 열심히 노력하는 동안, 연방예금보험 공사는 한 은행의 대출 자산, 2,700억 달러를 보증하는 데에 합의했으나, 어느 누구도 이에 관심을 가지지 않는 것 같았다. 이번 경우에는, 나는 실라 가 예금보험 기금을 보호해야 할 책임과 금융 시스템의 위기를 극복해야 하는 요구 간의 균형을 잘 유지했다고 생각했다. 나는 그녀와 연방예금보험 공사 직원들에게 축하의 말을 전했다.

그러나 이야기는 여기서 끝나지 않았다. 월요일에는 와코비아가 시티코 프에 매각될 것이라는 선언이 있었지만, 협상이 종결되기 전에 코바세비치 와 웰스 파고 측이 연방예금보험공사의 손실 보증을 요구하지 않는 조건의 오퍼를 가지고 돌아왔다. 웰스 파고가 다시 등장하는 데에는 그들이 와코비 아 인수를 통해서 기대했던 세제 혜택의 증가를 포함한 9월 30일자 국세청 공지가 어느 정도 작용했다. 실라는 연방예금보험공사의 위험이 감소하고 웰스 파고를 더 나은 협상 상대로 생각했기 때문에 웰스 파고의 오퍼를 크 게 반겼다. 그녀는 와코비아와 웰스 파고에게 재협상을 권유했다.

연준과 연방예금보험공사는 다시 한번 불편한 관계에 놓였다. 우리는 예 금보험 기금을 지키기 위하여 더 나은 거래를 하려는 실라의 요구가 다른 중요한 고려 대상보다 우선순위에 있다는 것은 이해했다. 그러나 정부가 거래를 조정하려고 시티코프와 했던 합의를 지키지 않는다면, 앞으로의 협 상이 위태로워질 수 있었다. 그리고 우리는 기존 합의를 무시하면 이미 와 코비아 인수를 프랜차이즈 강화의 계기라고 떠들썩하게 선전하던 시티코프 에 대한 시장의 공포를 부채질할 것을 염려했다.

10월 2일 목요일 밤에, 도널드는 실라가 와코비아와 웰스 파고의 합병을 재촉하고 있다고 알려왔다. 도널드는 실라가 기존 합의의 취소로 나타날 수 있는 시티코프에 대한 시장 불확실성이나 "경매 과정의 성실성을 완전히 무시하고" 있다고 전했다. 이 말은 또 하나의 기나긴 협상의 밤을 알리는 서곡처럼 들렸다. 와코비아와 웰스 파고의 변호사들은 대단히 바쁘게 움직였다. 한편, 시티코프는 사태의 흐름을 전혀 깨닫지 못하고 있었다. 자정 직전에 케빈 워시가 밥 스틸(어쩌면 실라와 함께)이 와코비아 이사회가 웰스 파고와의 거래를 승인하고 시티코프 측에 전화할 것이라는 내용의 이메일을 보내왔다. "시티코프가 격노하여 오전 중에 법적 소송 제기를 위협할 것 같습니다……메시지 : 웰스 파고는 와코비아에 (우리가 반기지 않는) 오퍼를 냈습니다. 그리고 연방예금보험공사는 그들의 오퍼를 인정했습니다."

10월 3일 금요일 오전 3시, 도널드 콘이 이메일을 보내왔다. "실라와 밥이 비크람에게 전화했습니다……비크람은 미친 듯이 화를 냈습니다. 실라는 '기금'을 지키기 위한 더 나은 거래라고 말하고는 이번 결정을 옹호했습니다……다루기 힘든 시장에서 오전부터 어떤 일이 벌어질지 모르겠습니다." 나중에 비크람은 나에게 전화하고는 열변을 토했다. 비크람은 연준이 나서서 와코비아와 웰스 파고의 거래를 무효로 만들 것을 요구했다. 은행지주회사들이 합병을 하려면, 연준 이사회의 승인이 필요하다. 그는 이번 거래가 무산되면, 이제는 시장이 시티코프가 살아남으려면, 와코비아의 예금이 필요하다고 믿게 되어 시티코프가 위험할 수 있다고 경고했다. 나는 재무부 장관을 지냈고 지금은 시티코프의 선임 고문이자 이사회 구성원인 로버트 루빈의 이야기도 들었는데, 그는 시티코프가 게임을 이전 상태로 되돌리기 위해서 오퍼 조건을 수정할 수 있을 것이라고 생각했다.

티머시는 시티코프의 편에서 논쟁에 끼어들었다. 그는 웰스 파고의 오퍼가 월등하게 유리하지만, 이 시점에서 시티코프와 와코비아의 거래를 무효로 만들면 신뢰할 만한 중개자로서의 정부에 대한 믿음이 깨질 것이라고 주장했다. 그는 정부가 임의로 취소하면 바나나 공화국(과일 등의 무역이나 외자에 대한 의존도가 높고 정치적으로 불안정한 중남미 등 열대 지방의 작은 나라들(역주)처럼 보일 것이라고 말했다. 워싱턴 뮤추얼의 인수와는 대조적으로, 은행지주회사의 합병에 대해서 연준의 권한은 어느 정도 영향력이 있었다.(워싱턴 뮤추얼은 저축기관이었고, 이를 인수한 JP모건은 통화 감독청의 규제를 받는 국법 은행이었다. 이런 경우에는 연준의 승인이 불필요하다.) 그러나 법에 의하면 은행지주회사의 합병을 거부할 경우에는 구체적인 사유를 밝혀야 한다. 예를 들면, 우리는 어떤 합병이 지역 은행 시장에서의 경쟁을 해치거나 합병에 관련된 은행들이 지역 공동체에 투자할 책임을 충족시키지 못하는 사유를 찾아야 한다. 이러한 기준들은 시티코프가 웰스 파고보다 더 낫다는 근거를 충분히 제공하지는 못했다. 진정한 쟁점, 즉 와코비아가 웰스 파코의 오퍼를 수용하는 것이 시티코프와의 잠정적인 합의를 위반하는가는 법의 문제이지, 연준의 문제는 아니라는 것이다.

우리는 타협점을 찾으려고 했다. 우리가 시티코프를 무마하려면, 시티코프가 미국 북동부의 와코비아 지점을 인수하여 예금 기반을 확대할 수 있도록 해야 할 것이었다. 시티코프는 비록 웰스 파고를 상내로 600억 달러에 달하는 손해배상 소송을 계속하더라도, 이에 대한 대가로서 웰스 파고와 와코비아의 합병을 저지하지 말아야 할 것이었다. 연준은 10월 9일 와코비아와 웰스 파고의 합병을 승인했다. 나는 노스캐롤라이나 주 상원의원과 하원의원에게 이번 합병에도 불구하고 샬럿에서 은행이 앞으로도 계속 주요 고용인의 역할을 할 것이라는 사실을 확인시켜주느라고 몇 시간을 소비해야 했다. 또한 나는 그들에게 와코비아의 파산을 막는 것이 미국 경제에 훨씬 더 심각한 영향을 미치는 결과를 방지할 수 있을 뿐만 아니라, 지역 은행의 일자리를 지킬 수 있다는 말도 덧붙였다.

규제기관들이 와코비아 협상에 몰두하는 동안, 폴슨 장관은 TARP에 대해서 의회 지도자들과 협의를 계속 진행했다. 9월 29일 월요일 이른 아침에, 그는 전화로 밤 1시에 협상을 마무리지었다는 소식을 전했다. 폴슨 장관이 월 스트리트에서 쌓았던 거래 해결 경험이 빛을 발하는 순간이었다. 그는 법안이 크게 바뀌지 않도록 성공적으로 버텨냈다. 기금은 두 트랜치(p.109 참고)에 대해서 각각 3,500억 달러가 지급될 예정이었다. 의회는 두 번째 트랜치에 배정된 3,500억 달러가 법안을 통과하고 대통령의 거부권을 뛰어넘는 방식으로만 사용되는 것을 금지할 수 있었다. TARP를 시행하고 나서 5년 뒤에 손실이 발생하면, 대통령은 금융 서비스 산업에 부과하는 수수료를 통해서 손실 회복을 위한 프로그램을 제시해야 할 것이었다. 그리고 특별 감사관, 의회 내의 감시 패널, 자금을 최선으로 활용하는 방안을 자문하는 각료급 공직자로 구성된 이사회(결국 내가 의장이 될 것이다)를 포함하여 복수의 감시 기구를 둘 것이었다.

이번 협약에서는 참여 기업이 되살아날 경우에 납세자에게 수익의 일부를 제공할 수 있도록 주식 매수권(보통주를 고정 가격에 매입할 권리)을 활용하자는 잭 리드 상원의원의 아이디어도 포함되었다. 또한 재무부에게는 어려움에 처한 모기지 차입자를 지원하기 위한 계획을 수립할 것을 요구했다. 재무부가 의회에 제출했던 3페이지의 계획이 이제는 100페이지가 넘는 법률이 되었다. 재무부 제안의 핵심 내용—기금의 승인과 필요에 따라 융통성을 발휘하여 사용하는—은 전혀 건드리지 않았다. 최종 법안에는 연준이 지급준비금에 이자를 지급할 권한의 발효일을 앞당기는 조항도 포함되었다. 폴슨 장관이 협약을 발표하자, 두 대통령 후보들은 조심스럽게 지지했다.

한편, 월요일 아침에 FOMC 회의가 열렸다. 나는 이 자리에서 연은 총재들에게 와코비아 인수와 관련하여 최근에 벌어진 사건들을 설명하고 지급준비금에 이자를 지급할 권한이 곧 주어질 것이라고 말했다. 나는 위원회 위원들에게 외국 중앙은행과의 통화 스왑 한도를 2배 이상 증액하여 6,200억 달러로 할 것을 제안했고, 위원들은 찬성했다. 은행 위기는 미국 은행보다는 유럽 은행에게 훨씬 더 강하게 다가왔다. 앵그로 아일랜드 은행의 주식가격은 월요일에만 46%나 하락했고, 데시아 은행은 30%가 하락했다. 독일의 코메르츠 방크와 도이체포스트 방크는 각각 23%와 24%가 하락했고, 스웨덴의 스웨드 은행은 19%가 하락했다. 나는 반대 의견이 나올 것이라는 상상은 할 수가 없었다.

그러나 9월 29일의 가장 중요한 사건은 TARP에 대한 의회 표결이었다. 미국인들은 우리가 금융위기를 종식시켜주기를 원했다. 그러나 우리는 수천억 달러의 세금을 금융 시스템에 투입하는 것만이 해결 방법이라고 그들을 설득할 수가 없었다. 애리조나 주 상원의원 존 카일은 나에게 자신의 지역구 유권자들은 TARP를 50대 50으로 바라본다고 전했다. "50%는 반대하고, 나머지 50%는 절대 반대합니다." 신문의 사설과 논평은 이 법안을 지지했지만, 때로는 엄지손가락과 집게손가락으로 콧구멍을 틀어막고 있는 듯했다. 「워싱턴 포스트」는 "이처럼 불완전하고 불확실한 프로그램에 대한 대안은 훨씬, 훨씬 더 나쁘다"라고 썼다.

나는 양당 지도자들이 승인하면 이번 법안이 통과될 것 수 있다고 생각했다. 그러나 월요일 아침 늦게 의사당의 동향을 주시하던 케빈 워시가 걱정스러운 이메일을 보냈다. "참고하시기 바랍니다. 우리가 원치 않는 일이 벌어질지도 모릅니다. 하원 공화당 표가 많이 모이지 않습니다. 따라서 하원의장의 지원이 필요한 상황입니다." 메일은 급하게 쓴 관계로 조금은 혼란스럽게 읽히기는 하지만, 전하는 메시지는 분명했다. 공화당 의원들의 지지도가 낮고 민주당이 TARP 정당으로 비쳐지는 모습을 싫어하는 펠로시 의장이 그 차이를 메워주지 않으려고 한다는 내용이었다.

케빈의 이메일을 받고 나서 2시간이 지나자, 하원은 분명히 법안을 부결시킬 것 같았다. 하원 지도자들은 원래 15분으로 예정된 시간을 40분으로 연장하여 반대의사를 가진 의원들을 설득하려고 나섰다. 의사봉을 친 것은 오후 2시 10분이었다. 찬성 205표, 반대 228표였다. 나는 집무실 텔레비전을 통해서 진행 과정을 지켜보았다. 그리고 블룸버그 스크린을 통해서 시장 반응을 지켜보았다. 나는 마치 트럭에 부딪힌 것 같은 기분이었다. 주식시장도 마찬가지였다. 다우존스 지수는 778포인트나 떨어졌다─포인트 기준으로는 하루에 가장 많이 떨어졌고, 이 기록은 아직도 깨지지 않았다. 퍼센트 기준으로는 7%가 떨어졌는데, 이는 9/11테러 다음 날 이후 가장 많이 떨어진 기록이었다. 한편, S&P 500 지수는 거의 9%가 떨어졌다. 미국 주식시장에서 하루 동안에 총 1조2,000억 달러가 증발한 셈이었다.

하원 표결은 위기를 종식시키려는 우리의 노력에 찬물을 끼얹는 것이었다. 그러나 설문 조사에 의하면, 많은 유권자들이 자신의 401(k) 퇴직 연금 계좌─혹은 201(k) 퇴직연금 계좌(최근 경기침체의 여파로 대폭 축소된 퇴직연금제도를 지칭한다. 기존 제도인 401[k]가 반토막 났다는 뉘앙스의 표현이다/역주)─가 줄어드는 모습을 보고는 TARP를 지지하는 쪽으로 돌아선 것으로 나타났다. 결국 문제의 심각성을 깨달은 의회 지도자들이 다시 모이기 시작했다. 그들은 예금보험을 계좌당 10만 달러에서 25만 달러로 일시적으로(나중에는 영구적이 된다) 증액하여 법안을 유권자들의 뜻에 맞추어 수정했다. 10월 1일 수요일에 열린 상원에서는 이 법안을 74대 25로 통과시켰고, 10월 3일 금요일에 열린 하원에서는 263대 171로 통과시켰다. 그날 오후에 대통령이 이 법안에 서명했다.

행정부는 강력한 신형 무기를 얻었다. 그리고 결과적으로는 이제는 금융 안정을 회복해야 할 책임이 연준에게만 부과된 것이 아니었다.

16
찬바람

⋮

대통령이 부실자산구제계획법(TARP법 : 공식적인 명칭은 긴급경제안정법
[Emergency Economic Stabilization Act]이다)에 서명하고 나서도 그 주일에
는 금융시장에서의 출혈이 계속되었다. 주식가격은 때로는 1시간 동안에
몇백 포인트씩이나 등락을 거듭하여, 시장 변동성 지표가 최고 수준을 기록
하기도 했지만, 지배적인 추세는 항상 하락이었다. 10월 3일 금요일에서 10
일 금요일까지, 다우존스 지수는 1,874포인트가, 18%가 하락했다. 나는 반
짝이는 붉은 숫자 때문에 마음이 혼란스러워지지 않도록 집무실의 블룸버
그 스크린을 옆으로 돌려놓았다.

TARP법이 통과되었는데도 불구하고, 시장의 금융회사에 대한 신뢰는 거
의 사라졌고 견실한 비금융회사조차도 신용을 얻는 데에 어려움을 겪었다.
지난 주일에는 금융 부문과 비금융 부문을 모두 갖춘 최고의 복합기업 제너
럴 일렉트릭은 채권자들이 기업어음의 만기연장을 하기 전에 워런 버핏에
게서 자본 30억 달러를 동원해야 했다. 회사채 금리와 기업의 채무불이행에
대한 보험 비용은 폭등했다. 그것은 트레이더들이 경기침체로 많은 기업들
이 도산할 것으로 예상하고 있다는 신호였다.

나는 공식석상에서 지금의 현실을 "대공황 이후 최악의 금융위기"로 표
현했지만, 개인적으로는―파산하거나 파산을 눈앞에 두고 있는 주요 금융

기관들의 수, 파산이 금융시장과 신용시장에 미치는 광범위한 영향, 세계적인 범위를 감안하면— 인류 역사상 최악이라고 생각했다. 금융위기가 대공황 이후 가장 심각한 경기침체를 초래할 것인지 혹은 그보다 훨씬 더 나쁜 상황을 초래할 것인지는 앞으로 두고볼 일이었다. 현실 데이터는 경제가 계속 침체되고 있는 모습을 보여주었다. 연준이 10월 상반기에 은행 대출 상담원을 대상으로 조사한 바에 따르면, 은행은 대출 조건을 매우 엄격하게 적용하고 있었고, 가계와 기업에 제공되는 신용은 고갈되고 있었다. 9월에는 일자리 159,000개가 사라졌다— 일자리는 9개월 연속 감소했다. 아직은 조금 올라서 6.1%를 기록한 실업률은 분명히 크게 오를 것이었다.

이러한 침체는 정부 통계뿐만 아니라 우리가 기업이나 전국의 지역사회 지도자에게서 들은 이야기를 통해서도 실감할 수 있었다. 10월 중순에 이사회의 벳시 듀크는 샌프란시스코 연은 이사회의 민간 부문 이사진과 주로 지역 기업가로 이루어진 자문 위원단을 만나기 위해서 그곳으로 갔다. 벳시는 나에게 보낸 이메일에서 "그들은 너무나 충격적이고도 놀라운 이야기를 합니다"라고 썼다. "기업들은 모두가 '잔뜩 웅크리고' 있습니다. 그들은 투자 프로젝트뿐만 아니라 재량권을 가지고 실시하려고 했던 프로그램을 모두 취소하고 있습니다. 신용은 경색되어가고 있습니다……중소기업과 비영리 기관은……직원을 줄이고 문을 닫습니다. 저는 금융 시스템에 대한 신뢰를 회복하는 일이라면, 무엇이든지 해야 한다고 간곡히 요청합니다."

이번 위기의 경제적 효과는 국경을 뛰어넘어 빠른 속도로 번져갔다. 11월에 상파울루에서 국제회의가 열리는 동안, 나는 시간을 내어 브라질의 주요 은행과 기업 대표자들을 만났다. 한 사람이 나에게 "9월 초순에는 모든 것이 좋았습니다"라고 말했다. "그러다가 갑자기 모든 것이 중단되었습니다. 대출도 중단되었고, 투자도 중단되었습니다. 경제에 찬바람만 부는 것 같습니다."

폴슨 장관과 나는 몇 주일에 걸쳐 어려움에 처한 은행을 상대로 부실자산 매입과 자본 주입을 비교하면서 장점을 따져보았다. 폴슨 장관은 나하고 개인적으로 이야기를 나누고는 내가 선호하는 전략—정부가 주식을 인수하여 은행을 부분적으로 소유하는 자본 주입—쪽으로 생각이 기울었다. 자본 주입은 손실을 흡수할 수 있는 완충 역할의 자본을 증가시켜 은행을 직접적으로 강화시킬 것이었다. 이에 반해, 부실자산 매입은 은행이 보유한 자산의 가격을 끌어올린다는 의미에서 은행을 간접적으로 강화시킨다.

10월 1일에는 우리가 부시 대통령과 오찬을 함께 할 때, 폴슨 장관은 은행의 자산을 매입할 뿐만 아니라 은행에 신규 자본을 제공하기 위해서 TARP 기금의 사용 가능성을 제기했다. TARP법은 두 가지 전략들을 모두 허용할 정도로 적용 범위가 광범위했다. 그리고 폴슨 장관은 자신의 선택을 열어놓았다. 그러나 대통령이 TARP법안에 서명하고 1주일이 지난 뒤, 폴슨 장관은 자산 매입 전략에 반대하는 입장으로 돌아섰다. 이론상 자산 매입 전략의 장점이야 어떻든지 간에, 금융시장과 경제는 아주 빠른 속도로 악화되고 있었다. 자산 매입 프로그램을 효과적으로 입안하여 시행하기에는 시간이 충분하지 않았다.

아마 고든 브라운 총리(전 재무장관)가 이끄는 영국 정부가 대형 은행의 주식을 매입하여 자본을 주입하는 쪽으로 방향이 바뀐 것도 도움이 되었을 것이다. 영국 정부는 10월 8일 이 계획을 선언했다. 같은 날 폴슨 장관은 언론인들을 만나서 무엇보다도 TARP법은 재무부에 은행을 대상으로 자본을 주입할 권한을 부여하고 있다고 지적했다. 그는 "우리는 규모를 막론하고 금융기관에 자본을 주입하는 것을 포함하여 효과를 극대화하기 위해서 우리가 가진 모든 수단을 활용할 계획입니다"라고 말했다.

경제학자와 언론인들은 은행에 자본을 주입하는 데에는 대체로 찬성하는 입장이었지만, 정치인들은 거세게 반발했다. 폴슨 장관과 나는 의회 의원들을 만나서 변화에 적응하려면 융통성이 있어야 한다고 역설했다. 언론에서는 TARP법안이 자본 주입을 포함하여 다양한 접근방식을 포괄하고 있다고 보도했다. 상원 은행위원회 위원장 크리스 도드도 9월 23일 열린 청문회에서 이러한 사실을 지적했다. 그럼에도 의원들은 자본 주입을 미끼 상술이라고 생각했다. 이러한 인식은 옳고 그름을 떠나서 정치인들의 TARP법에 대한 반감을 더욱 키웠다.

돌이켜보면, 내가 폴슨 장관보다 더욱 일찍, 더욱 강력하게 의회를 상대로 자본 주입을 설득했는지는 확실하지가 않다. 어쩌면 그랬는지도 모른다. 비록 정치적 실현 가능성과 시장의 반응에 관한 폴슨 장관의 주장이 당시에는 나에게 그럴 듯하게 들렸더라도 말이다. 어쨌든, 처음에 자산 매입을 강조한 것은 계략이 아니었다. 연준과 재무부는 자산 매입 프로그램을 시행하려고 많은 노력을 기울였다. 연준 직원들은 금융시장을 안정시키고 납세자에게 대해서 공정한 접근방법을 찾으려고 부단히 노력했다. 그러나 복잡하고 다양한 자산을 대상으로 공정한 가격을 정하는 것은 어렵기 때문에, 우리는 재무부가 효과적인 프로그램을 수립하는 데에는 몇 주일이 걸릴지도 모른다는 결론을 내렸다. 우리의 또다른 우려 사항은 부실자산이 점점 더 많아지는 상황에서, 독성을 품은 자산에 TARP 기금 7,000억 달러를 모두 주입하더라도 금융 시스템을 안정시키기에는 충분하지 않을지도 모른다는 것이었다. 그러나 다른 한편으로는 7,000억 달러의 신규 자본을 공급하면, 은행 시스템에 자본을 50% 혹은 그 이상을 증가시켜 은행의 채권자와 고객을 안심시키고 은행 스스로도 자신감을 가지고 대출할 수가 있을 것이었다. 금융기관의 체질을 강화하여 민간 투자자들이 은행에 자본을 투자하도록 자극하면, 더욱 좋은 일이었다.

폴슨 장관이 자본 주입에 더욱 개방적인 자세를 보여주면서―데이비드 윌콕스가 이끄는― 이사회 팀은 대안의 실행 전략들을 개발했다. 그중 하나는 민간 투자자들이 참여하는 공동 투자 프로그램이었다. 재무부와 은행 규제기관들은 자본이 필요한 은행을 결정하고, 이러한 은행은 민간 투자자를 찾을 기회를 가지게 되는 것이다. 이러한 기회를 가지지 못한 은행들이 TARP를 통해서 자본을 얻을 수 있을 것이었다. 폴슨 장관은 공동 투자 아이디어가 마음에 들었지만, 결국에는 2008년 가을에 자본시장이 대부분의 은행에게는 실질적으로 폐쇄된 것과 다름없다는 이유로 이보다 더욱 간단한 정부만의 단독 투자 계획을 선택했다. 그러나 윌콕스 팀이 개발한 접근 방식은 나중에 다시 등장하게 된다.

나는 폴슨 장관이 TARP를 통해서 은행에 자본을 주입할 준비가 된 것을 기뻐했다. 또한 나는 은행에 완충 역할을 하는 자본이 많아지면 파산 위험이 감소하여 시장의 패닉도 줄어들 것으로 기대했다. 그러나 자산 가치의 변동이 심각하고 혼란스러운 상황에서는 자본 증가만으로는 신뢰를 회복할 수 없었다. 이럴 경우에는 정부가 나서서 보증을 해야 할 필요가 있었다. 한 달 전에 재무부의 보증에 의해서 MMF에 발생한 뱅크런이 종결되었고, 연방예금보험공사의 보증에 의해서 예금주들은 위기 기간에 예금을 계속 보유했다. 그러나 21세기의 은행 시스템에서 예금은 은행 금융의 한 가지 수단에 불과했다. 영국, 아일랜드, 그리스에서는 이런 사실을 인식하고 예금뿐만 아니라 은행의 모든 채권(장기부채 포함)을 보증하기 시작했다.

연준은 좋은 담보물을 잡고서 은행에 대출을 제공했지만, 은행의 부채를 직접 보증할 권한이 없었다. 나는 연준 직원들과 함께 금융 거래에서 아주 작은 부분을 차지하는 은행 간 단기 대출을 간접적으로 보증하는 아이디어를 검토했다. 이러한 아이디어에 따르면, 은행들은 서로 대출을 직접적으로 제공하는 대신에, 연준을 매개체로 활용할 수가 있을 것이었다. 대출 은행은 연준에 예금을 예치하고, 연준은 이 예금을 차입 은행에 제공한다. 이처럼 연준을 매개체로 활용하면 (차입 은행을 위해서) 대출 은행의 채무불이행에 따른 예상하지 못한 결과를 방지하고 은행 간 단기대출시장을 되살릴 수 있을 것이다. 이러한 전략은 법적으로 가능하지만, 빠른 시일 내에 실행하기가 어렵고 운영상으로도 번거로워 보였다. 다행스럽게도 더 좋고 자연스러운 대안이 등장했다. 연방예금보험공사에게는 활용하기로 마음만 먹는다면, 광범위한 보증 권한이 주어져 있었다.

10월 8일 수요일, 재무부에서 폴슨 장관과 나는 (티머시 가이트너는 스피커 폰으로 참여했다) 실라 베어를 만났다. 우리는 실라에게 예금보험 기금을 통해서 은행 시스템 전체의 부채를 보증해줄 것을 설득하려고 했다. 그렇게 하려면—우리가 시티코프의 결국 무효가 된 와코비아 인수를 촉진하기 위해서 하려고 했던 것처럼 단지 하나의 은행이 아니라—모든 은행에 대한 시스템 위험 예외를 발동하는 데에 재무부, 연준과 함께 연방예금보험공사 이사회가 참여해야 할 것이었다. 실라는 자신이 생각하는 안전지대에서 벗어날 것을 권고하는 압박에 대해서 발끈하면서, 이번 만남을 일종의 "매복 공격"으로 묘사했다. 나는 그렇게 부르고 싶지 않았다. 이번 경우에 우리가 했던 일은 권한을 가진 정책 입안자에게 건의하는 것에 불과했다. 우리는 당장 어떤 약속을 기대하지는 않았다.

그리고 실라는 실제로 자기 입장을 밝히려고 하지 않았다. 그녀는 시스템 위험 예외에 대한 선언이 있고 나서도, 자신이 모든 은행의 부채를 보증하는 법적 권한을 가지고 있다고 생각하지는 않는다고 말했다. 또한 그녀는 350억 달러의 예금보험 기금이 수조 달러에 달하는 은행 부채와 예금을 위한 신뢰할 만한 버팀목이 될 것이라고 생각하지도 않았다. 이에 대해서, 우리는 광범위한 보증이 미래의 은행 파산을 예방할 수 있다면, 예금보험 기금은 훨씬 더 안전할 것이라고 주장했다.

그다음 날 아침에, 실라는 폴슨 장관, 티머시, 나에게 이메일을 보냈다. 그녀는 이 문제를 곰곰이 생각했지만, 금융 시스템 전체를 일괄적으로 보증할 필요는 없다는 결론을 내렸다고 했다. 연방예금보험공사 직원들은 은행이 미래의 손실을 부담하려면, 자본과 수익을 충분히 확보해야 할 것이고, 바로 이렇게 하는 것이 시간이 지나면서 신뢰를 회복하기 위한 방법이 될 것이라고 생각했다. 그녀는 은행 보증이 MMF에서의 자금 인출을 포함하여 의도하지 않았던 결과를 초래할 수 있음을 우려했다.(나는 재무부가 나서서 MMF를 보증하게 되면서 이러한 우려를 덜어주었다고 생각했다.) 또한 실라는 약한 은행이 위험에 모든 것을 걸면서 예금보험 기금을 이용할 수도 있음을 우려했다. 다시 말하면, 운이 좋으면 이익을 다 챙기고, 운이 나쁘면 손실을 예금보험 기금에 떠넘길 수 있다는 뜻이었다. 그녀는 TARP 기금을 은행 주식에 투자하고 재무부가 필요하다고 생각하는 경우에 은행 부채를 보증하는 데에 사용하는 것이 더 낫다는 결론을 내렸다. 그러면 연방예금보험공사는 개별 은행의 파산을 처리하는, 자신의 정상적인 기능을 수행할 수 있을 것이었다. 그것은 실라가 여전히 관리가 가능할 것으로 보는 기능이었다.

실제로는 실라가 연방예금보험공사는 그런 권한이 없다고 주장하는 내용은 이메일의 어느 부분에도 없었다. 그리고 그녀의 주저하는 태도에도 불구하고, 연방예금보험공사는 나름의 보증 계획을 심각하게 검토하고 있었다. 실라는 금요일에 반대 제안을 보내왔다. 그 내용은 연방예금보험공사는 시스템 위험 예외를 발동하여—기존의 채권도 아니고 은행지주회사가 발행한 채권도 아닌—신규 발행된 은행 채권에 대해서만 보증한다는 것이었다. 이러한 보증은 투자자에게 10%의 공동 부담을 요구했다. 다시 말하면, 은행이 이런 보증이 제공되는 채무를 불이행하면, 투자자는 10%의 손실을 보게 될 것이었다. 또한 연방예금보험공사는 우선순위 부채만을 부담하고 후순위 부채는 부담하지 않을 것이었다.(우선순위 부채가 모두 변제되고 나서 후순위 부채에 대한 변제가 이루어진다.) 은행은 연방예금보험공사에 보증 수수료를 납부할 것이었다. 또한 연방예금보험공사는 지금까지는 예금 보험이 제공되지 않았던 비즈니스 당좌예금 계좌와 같은 계좌에 대해서도 예금보험을 제공하게 될 것이었다.

연준은 과거에는 도덕적 해이 문제가 커진다는 이유로 예금보험 확대에 반대해왔다. 그러나 위기 시기에는 사업자, 지방자치체, 비영리 기관이 사용하는 당좌예금 계좌에 대한 예금보험은 적어도 일시적으로는 상당한 의미가 있었다. 지금 설명하는 예금보험이 없으면, 이러한 기관들은 위험하다고 생각하는 소형 은행에서 대마불사로 생각하는 은행으로 예금을 신속하게 옮겨놓을 것이었다. 그러나 부채 보증에 10%의 공동 부담을 지우고 은행지주회사의 부채를 제외한 것은 해결 방법이 되지 않았다. 은행 부채의 잠재적인 구매자들은 대안으로서 특히 유럽 은행 부채를 매입하고는 자신의 자금에 대하여 10%의 위험조차도 부담하려고 하지 않았다. 그 이유는 유럽의 일부 국가에서는 국가가 은행의 모든 부채를 이미 완전히 보증하고 있었기 때문이었다.

이 문제에 관한 협상은 그 뒤 며칠 동안 계속 진행되었다. 결국 많은 사람들이 열심히 노력하여 합의에 이르렀다. 10월 13일, 연방예금보험공사 이사회는 시스템 위험 예외를 발동하는 데에 만장일치로 합의하고 광범위한 보증을 승인했다. 같은 날 연준 이사회도 이러한 예외 조항을 발동했다. 이로써 연방예금보험공사는 은행과 은행지주회사가 신규로 발행하는 만기일 30일 초과 3년 미만의 우선순위 부채에 대해서는 (10%의 공동 부담이 없이) 완전한 보증을 제공하게 되었다. 공식적으로 임시 대출 보증 프로그램 (Temporary Loan Guarantee Program, TLGP)이라고 불리는 정책에 의해서 첫 번째 달에는 무료로 보증을 제공했다. 은행은 마음만 먹으면 이 프로그램에서 탈퇴할 수 있었다.(그렇게 하는 은행은 거의 없었다.) 이 프로그램에 참가한 은행들이 납부하는 보증 수수료는 저렴한 편이었고, 장기부채에 대한 보증 수수료는 이보다 더 높았다. 이 프로그램은 실라가 처음 제안한 대로 기업, 정부, 비영리 기관이 사용하는 계좌에도 예금보험을 제공했다. 나는 실라에게 연준 감독관들이 부채를 보증받은 은행들이 위험한 행동을 하지 않도록 철저히 감독할 것을 약속하는 공문을 보냈다.

얼마 지나지 않아서 122개 은행과 은행지주회사들이 이 프로그램에 가입하여 3,460억 달러에 달하는 채권을 발행했다. 이로써 은행은 장기자금을 조달할 수 있었고, 은행 시스템 전체에 대한 신뢰는 어느 정도 회복되었다. 연방예금보험공사는 은행의 부채 보증에 1억5,000만 달러, 예금보험의 범위를 확대하는 데에 21억 달러를 지출했지만, 110억 달러가 넘는 수수료 수입을 올렸다. 결과적으로 예금보험 기금은 90억 달러가 증가한 셈이었다.

모든 일들이 여전히 동시에 진행되는 것 같았다. 자본 주입과 은행 부채 보증에 관한 논의가 진행되는 동안, 연준 직원들은 기업어음 시장을 지원하기 위한 새로운 프로그램을 개발하느라고 바쁜 나날을 보냈다. 2007년 위기가 발생한 이후, 대출자들은 기업어음 매입에 상당히 몸을 사리면서, 가장 믿음이 가는 기업이 발행하는 기업어음만을 매입했다. 리먼이 발행한 기업어음이 채무불이행이 되자, 특히 MMF가 기업어음 매입을 꺼리는 상황이었다. 리먼의 주말 직전부터 10월 중순까지, 미지급 기업어음은 6분의 1정도, 즉 3,000억 달러 정도가 감소했다. 기업어음 만기일은 하루 혹은 이틀로 줄어들어 차입자들이 만기연장을 할 수 없는 위험이 점점 더 커졌다.

기업어음 시장이 제대로 작동하지 못하여 연준이 처음으로 개입한 시기는 2008년 9월이 아니라 1970년 6월이었다. 당시 철도회사인 펜 센트럴은 갑자기 파산을 선언하고 기업어음에 대해서 채무불이행을 단행했다. 두려움을 느낀 채권자들은 다른 기업의 기업어음에 대해서 만기연장을 거부했다. 기업어음 시장에서 기업의 차입 금액은 이후 3주일 동안 9% 이상 감소했다. 연준은 은행에 재할인창구 대출을 제공하여 은행이 기업어음 시장에 접근하기 어려운 고객에게 대출을 제공하도록 독려하는 방식으로 이러한 감소를 줄이려고 했다.

그러나 2008년에는 재할인창구 대출이 도움이 될 것 같지가 않았다. 은행은 대출 자체를 최대한 자제하려고 했다. 우리는 기업어음 시장을 뒷받침할 더욱 직접적인 방법이 필요했다. 우리는 긴급한 시기에는 제13조 3항을 발동하여 기업어음의 만기연장이 불가능한 기업에 대출을 직접 제공할 권한이 있었지만, 극단적인 조치일 것 같았다. 우리는 기업어음 시장이 본연의 기능을 되찾기를 원했지만, 연준의 대출로 대체하기를 원하지는 않았다.

우리는 베어 스턴스에 구제금융을 제공할 때에 베어 스턴스의 위험 자산의 일부를 보유하게 될 법인체를 만들었고, 연준이 이러한 법인에 대출을 제공했다. 연준과 뉴욕 연은은 블루스카이 싱킹을 위한 회의를 여러 차례 개최하고는 이와 비슷한 해결 방안을 제시했다. 연준 이사회는 기업어음 매입기금(Commercial Paper Funding Facility, CPFF)이라는 새로운 기관을 만들었고 제13조 3항의 권한에 따라 연준이 제공하는 기금으로 기업어음을 매입했다. 폴슨 장관과 나는 10월 1일 대통령과 함께 오찬을 같이 하면서 이에 관한 기본 아이디어를 논의했다.

우리는 불과 며칠 동안만 대출을 제공하려고 기업어음을 (매입하려는 의지라도 있다면) 매입하는 사람들의 생각을 바꿀 필요가 있었다. 만기일을 아주 짧게 잡고 기업어음을 매입하는 사람들은 일이 잘못되면 맨 앞에 줄을 서려고 한다. 만기일을 길게 잡으면 모든 책임을 혼자서 지게 되는 것이다. 이는 뱅크런 심리가 가지는 또 하나의 단면이다. 연준이 만기일이 긴 기업어음을 포함하여 기업어음을 뒷받침한다면, 우리는 채무자나 채권자 모두에게 신뢰를 회복시킬 수 있을 것이다.

우리는 곧 예기치 않았던 장애에 부딪혔다. 연준이 제공하는 대출의 경우에는, 실제로 대출을 제공하는 연은—기업어음 매입기금의 경우에는 뉴욕 연은—이 "변제를 보증해야" 한다. 기업어음을 발행하는 기업들은 법적으로 채무를 상환해야 할 의무가 있지만, 기업어음의 경우에는 시장성이 높은 증권처럼 분명한 담보물을 제공하지 않는 오랜 관행이 있다. 자산이 기업어음으로만 이루어진 법인체인 기업어음 매입기금에 제공하는 대출은 충분히 안전할 것인가?

우리는 기업어음 매입기금 설립 계획을 선언하면서, 이 문제에 대한 해결 방법이 있다고 생각했다. 나는 폴슨 장관에게 TARP 기금을 기업어음 매입기금에 투입할 수 있는지를 물었다. TARP 기금이 최전선에 나서서 손실을 흡수하면, 기업어음 매입기금에 제공하는 연준 대출이 충분한 안전성을 확보하여 법적 요건을 충족시킬 수 있었다. 폴슨 장관은 긍정적인 반응을 보였다. 그리고 우리는 TARP 기금이 기업어음 매입기금이 움직이도록 할 것이라는 기대를 가졌다. 그러나 유감스럽게도, 내가 폴슨 장관을 오해했든지, 폴슨 장관과 재무부 직원들이 생각을 바꾸었다. 그 다음 며칠 동안에, 연준과 재무부 직원들이 만나서 대화를 나누었지만, 합의를 이끌어내지는 못했다. 나중에 폴슨 장관은 TARP의 첫 번째 추진 사업 대상이 기업어음 시장을 뒷받침하기 위해서 새로 개편한 기관이 되는 것을 꺼려 TARP 기금을 기업어음 매입기금에 투입하는 데에 반대했다고 썼다. 하지만 나는 이것이 그토록 중요한 고려 대상이 되는 이유를 잘 모르겠다. 그러나 폴슨 장관은 우리가 제안했던 종합적인 접근방식은 선호했다. 그리고 그것이 나중에 연준-재무부의 협력 모델이 되었다.

우리는 이미 기업어음 매입기금의 설립을 선언했는데, 지금은 예상외로 TARP 기금을 사용할 수 없게 되었다. 우리는 기업어음 매입기금에 제공하는 대출에 대해서 충분한 안전성을 확보할 방법을 찾아야 했다. 여러 차례에 걸쳐 회의와 전화 회합을 가져야 하는 일이었지만, 결국 우리는 사용

가능한 공식을 찾았다. 첫째, 우리는 기업어음 매입기금이 등급이 가장 높은 기업어음(유감스럽게도 일부 중요한 기업이 발행하는 기업어음을 제외하게 된다)만을 매입할 것을 규정했다. 또한 기업어음 매입기금에 기업어음을 판매하려는 기업에게는 선취 수수료와 함께 상황을 정상화하면서 정규 시장으로 신속하게 복귀할 수 있도록 높은 금리를 내도록 했다. 선취 수수료는 손실에 대비한 예비금으로 적립된다. 둘째, 우리는 기업이 기업어음 매입기금에 판매할 수 있는 기업어음의 상한을 정함으로써 위험을 제한했다. 연준 이사회와 뉴욕 연은은 이러한 규정들을 시행하면 기업어음 매입기금에 제공하는 대출의 안정성을 충분히 확보할 수 있을 것으로 생각했다. 기업어음 매입기금은 자신이 존재하는 동안에 손실을 입지 않고 8억4,900만 달러의 수수료 수입을 올려 납세자에게 돌려주었다.

의회에서는 TARP 기금을 놓고 논쟁을 벌였는데, 많은 의원들(특히 민주당 의원들)이 주택이 유질 처분될 상황에 놓여 있는 사람들을 지원하는 데에 열렬히 찬성했다. TARP법이 통과되어, 이 법은 정부가 자산 매입을 통해서 얻은 모기지 자산의 변경을 요구했다. 더욱 중요하게는 이 법은 유질 처분 방지 프로그램을 위해서 TARP 기금을 사용할 수 있도록 했다.

이러한 조항은 유질 처분이 만연한 상태에서 무엇인가를 해보려는 최근의 노력에서 비롯되었다. 7월 의회는 '내 집 마련을 위한 희망(HOPE for Home-owners)' 프로그램을 통과시켰다 — 전년에 민간 부문에서 시작된 자발적인 프로그램인 호프 나우(Hope Now)와 혼동하지 말기 바란다. 워싱턴의 엘리트층에게는 H4H로 알려진 이 새로운 프로그램은 연방주택청에 민간 부문의 모기지 자산 보유자에게 손실을 부과하고 최대 3,000억 달러에 달하는 부실 모기지의 차환을 지원할 권한을 부여한다. 연준에서는 바니 프랭크를 비롯한 의원들이 주장하는 접근방식을 바람직하게 생각했다. 차환은 차입자의 월 납부금을 감소시키는 한편, 부실 모기지 자산이 대출자의 장부에서 (손실을 적절하게 인식한 뒤에) 빠져나가도록 했다. 연준은 다른 기관과 함께 이 프로그램에 대한 감독 의무를 부여받았다. 이 프로그램에 관해서는 주택 문제를 담당하고 있던 벳시 듀크가 연준 이사회를 대표했다.

이 프로그램은 실패하고 말았다. 이 프로그램에 신청서를 제출한 차입자는 겨우 수백 명에 불과했다. 결정적으로는 의회가 대출 변경에 많은 기금을 지출하기를 꺼렸던 것이다. 대출자들은 연방주택청 차환 지원 조건에 별다른 흥미가 없었기 때문에 이 프로그램에 대거 불참했다. 의회가 인색한 태도를 보인 것은 재정의 투명성 때문이기도 했지만, 많은 사람들이 부실 주택 소유자를 지원하는 것을 두고 무책임한 행위자에 대한 "또 하나의 구제금융"으로 생각하는 사실을 반영하기 때문이기도 했다. 나는 이러한 태도에 주목할 필요가 있다고 생각했다. 이번에 유질 처분은 주택을 장만할 여유가 안 되는 사람이 자신의 이러한 사정을 알고도 주택을 매입한 경우를 훨씬 뛰어넘어 광범위하게 행사되었다. 경제가 나빠지고 신용이 고갈되는 상태에서, 수많은 사람들이 모기지 지불금을 내지 못하거나 주변에 그런 사람을 보게 되었다. 더구나 부실 차입자를 지원하는 것은 차입자 자신뿐만 아니라 유질 처분, 주택시장의 침체(유질 처분과 강제 매각이 주택 가격을 떨어뜨리고 건설 경기를 하락시킨다), 경기침체로 상처받은 이웃에게도 혜택이 되었다.

연준이 국내에서 새로운 프로그램을 실행에 옮기는 동안, 나는 외국의 경제와 금융 시스템을 예의 주시했다. 찬바람은 외국 특히 유럽에서도 강하게 불고 있었다.

나는 주요 국가의 중앙은행에게 금리인하에 동참하기를 계속 호소했다. 나는 금리인하가 세계의 경제성장을 뒷받침하고, 단합된 모습이 시장에 활력을 불어넣을 것이라고 생각했다. 나는 9월 26일 머빈 킹과 장 클로드 트리셰와 이야기를 나누면서, 그들이 금리인하에 관심은 있지만, 유보적인 태도를 보이고 있음을 알았다. 특히 유럽중앙은행은 여전히 인플레이션을 걱정했다. 그러나 금융 상황과 경제 변수가 악화되면서, 금리인하에 대한 저항은 사라졌다. 다른 중앙은행들도 금리인하에 동참할 뜻을 보였다.

공동의 금리인하는 다루기 힘든 기술적인 문제를 제기했다. 금리인하에 동참하는 중앙은행들은 저마다의 정책위원회와 협의를 해야 했다. 그 다음에 우리는 타이밍과 선언문의 내용을 조정해야 했는데, 이 모든 과정이 뉴스가 나가기 전까지는 아무도 눈치 채지 못하게 이루어져야 했다.

10월 7일 화요일 오후 늦게 FOMC가 화상 회의로 열렸다. 당시 매파 진영의 두 위원들—리처드 피셔와 찰스 플로서—은 뉴욕에 있었다. 그래서 그들은 티머시와 함께 뉴욕 연은에서 화상 회의에 참여했다. 티머시는 "오늘 저는 뉴욕에서 저를 사이에 두고 매파 진영 두 위원들의 역사적인 결합을 주선했습니다"라고 농담을 던졌다. 텍사스의 애국주의자 피셔는 무표정한 얼굴로 "의장님, 우리는 제3세계 국가 방문을 즐기고 있습니다"라고 거들었다. 플로서는 "우리가 피셔의 측면을 공격하려고 했습니다만, 성공하지 못했습니다"라고 맞받아쳤다.

가벼운 농담을 주고받기는 했지만, 그날 회의는 전체적으로 어두운 분위기에서 진행되었다. 빌 더들리는 "대단히 위험하고도 취약한" 금융 여건을 설명했다. 우리는 다른 중앙은행과의 통화 스왑 한도를 2배 이상으로 늘려서 6,200억 달러로 설정한 것에 더하여, 미국에서 영업하는 은행을 상대로 경매 방식을 거쳐 제공하는 재할인창구 대출의 한도를 6배인 9,000억 달러로 증액했다. 여느 때와 마찬가지로 목표는 신용시장의 동요에도 불구하고 은행의 자금 동원을 지원하는 것이었다. 이처럼 엄청난 금액은 문제의 심각성을 보여주었다. 그러나 우리의 노력에도 불구하고 패닉은 사라지지 않았고 신용은 여전히 얼어붙기만 했다.

나는 FOMC에서 금융 상황이 경제에 커다란 위험을 주고 있다고 말했다. 연준이 혼자서 움직이기보다는 주요 중앙은행들의 결의와 협력을 바탕으로 통합된 노력을 기울여야만 미국과 세계경제에 강력한 효력을 발휘할 수 있을 것이었다. 또한 나는 이러한 통합된 노력은 다른 중앙은행 특히 독일 중앙은행인 분데스방크의 매파 전통을 이어받은 유럽중앙은행에 금리인하를 위한 구실을 제공할 수 있을 것이라고 생각했다. 그날 FOMC는 만장일치로 연방자금금리를 0.5% 인하하여 1.5%로 결의했다.

다른 중앙은행들과 함께 추는 춤은 나, 트리셰, 킹, 캐나다 은행 총재 마크 카니, 일본은행 총재 시라카와 마사아키가 참여하는 전화 회합에서 절정에 달했다. 마침내, 10월 8일 뉴욕 시간으로 오후 7시에 연준, 유럽중앙은행, 영국은행, 스위스 중앙은행, 스웨덴 중앙은행이 금리를 0.5% 인하하기로 선언했다.* 일본은행은 정책 금리를 거의 제로 퍼센트에 두고 있었기 때문에 강력한 지지만을 표명했다. 우리는 중국의 인민은행과는 협력하지 않았지만, 그날 아침에 인민은행도 금리를 인하했다. 우리는 중요한 현장에서 그처럼 어려운 과제를 처리하게 되어 기분이 좋았다. 나는 세계의 주요 중앙은행들이 협력하여 움직이고 있는 사실 자체에서 비롯되는 심리적 효과가 금리인하가 가지는 경기 진작 효과만큼이나 중요할 것으로 기대했다.

그러나 세계의 중앙은행들이 합심하여 성취한 금리인하가 극적인 효과를 가지기는 했지만, 세계의 금융 시스템의 근본적인 문제를 해결하지는 못했다. 패닉은 사라지지 않았고 주요 금융기관의 건전성에 대한 불안감을 커져가고 있었다. 한편, 세계의 중앙은행들이 일제히 금리를 인하하자, 다우존스 지수는 당장 180포인트 상승했지만, 189포인트 하락하는(즉 2% 하락하

---

* 이렇게 금리를 인하하고 난 뒤의 다른 중앙은행들의 정책 금리는 다음과 같았다. 유럽 중앙은행, 3.75%; 영국은행, 4.5%; 캐나다 은행, 2.5%; 스웨덴 중앙은행 4.25%.

는) 것으로 그날 장을 마감했다. 시장은 명백한 신호를 전하고 있었다. 더욱 강력한 정책을. 그것도 빠르게 내놓기를.

지금까지—중앙은행을 제외하고는—세계의 반응은 국가별로 그때그때 다르게 나타났다. 유럽은 미국보다 훨씬 더 많은 금융기관에 구제금융을 제공했지만, 종합 대책을 내놓지는 않았다. 독일은—하이포 부동산과 IKB에 구제금융을 제공했지만—구제금융 자체에 대해서 도덕적 해이 문제를 거론하면서 유럽 대륙의 협력을 어렵게 만들었다. 한편, 일부 국가들은 파급효과를 우려했다. 9월 29일 아일랜드가 은행의 예금과 부채를 보증할 것이라고 발표하자, 영국은 아일랜드 은행이 영국은행의 예금을 흡수할 것을 걱정했다. 마침내 영국도 9일이 지나서 은행의 부채를 보증할 것이라고 발표하기에 이르렀다.

대형 은행이 있었지만, 규모가 작은 일부 국가들은 혼자 힘으로 헤쳐 나갈 자원이 부족했다. 예를 들면, 인구 30만 명의 아이슬란드에는 북유럽 국가, 영국, 네덜란드에까지 영업망을 가진 세 대형 은행의 본사가 있었다. 10월 초에는 이 세 은행이 모두 파산하여 주식 보유자들(주로 아이슬란드인)과 채권 보유자들(주로 외국인)을 경악시켰다. 우리는 유럽중앙은행과 영국은행과는 다르게 아이슬란드 은행이 요청했던 통화 스왑 협정 체결을 거절했다. 아이슬란드의 금융기관은 미국 금융기관과는 밀접한 관계에 있지 않았고, 그들의 문제는 통화 스왑 협정으로 해결하기에는 너무나도 심각한 상황이었다.

국제통화기금(IMF)과 세계은행 회원국의 재무장관과 중앙은행 총재가 가을 정기 총회를 가지기 위해서 워싱턴에 모였던 10월 10일 금요일은 국제적 협력을 강화하는 기회가 되었다. 1944년 뉴햄프셔 주 브레턴우즈에서 열린 국제회의에서는 세계경제 협력을 증진하기 위해서 이 두 기관들을 설

립하기로 결정했다. 당시 IMF는 경제와 금융의 안정, 세계은행은 개발도상
국가의 성장 촉진에 목표를 두었다. 188개에 달하는 회원국이 참여하는 이
두 기관들은 국제 협의와 정책조정을 위한 중요한 장소가 되었다.

일련의 소규모 회의들도 다양한 모임의 기회를 제공했다. 우선, 금요일에
는 G-7(the Group of Seven) 회의가 개최되었다. 미국, 캐나다, 일본, 프랑
스, 독일, 이탈리아, 영국. 토요일에는 이보다 규모가 큰 G-20(The Group
of Twenty) 회의가 개최되었다. 여기에는 주요 산업국가뿐만 아니라 한국,
중국, 인도, 브라질, 멕시코, 러시아를 포함한 신흥시장 국가도 참여한다.
신흥 시장 국가들이 세계경제에서 차지하는 비중이 높아지면서, G-20의 정
책 기능은 점점 더 커져갔다. 그러나 대형 금융기관의 본사와 금융시장이
주로 G-7 국가들에 있었기 때문에, 나는 이번 경우에는 G-7 회의가 더욱
중요하다고 생각했다. 실제로 이번 G-7 회의는 이사회 의장 시절에 내가
참석했던 국제회의 중에서 가장 중요한 회의였다.

G-7 대표단은 재무부의 캐시 룸에서 만났다. 재무부 현관 바로 맞은편에
있는 캐시 룸은 거대한 놋쇠 샹들리에가 돋보이는 2층 대리석 홀이었다.
이곳은 1869년부터 업무용으로 쓰이다가 1976년부터는 은행가는 물론, 일
반 시민이 금융 거래를 하는 장소로 사용되기도 했다. 지금은 주로 공식적
인 행사와 사교 모임이 열리는 장소가 되었다. 그곳 관계자들은 G-7 회의를
준비하기 위해서 긴 테이블을 준비하고 좌석마다 국가 명패를 올려놓았다.
통역도 제공되었지만, 미국 대표단에게 필요한 것은 아니었다. 모든 토론은
영어로 진행되었다. 비서진이 캐시 룸을 끊임없이 드나들고, 경호원을 포함
한 그밖의 지원 인력이 복도 주변을 서성거리고 있었다. 관례에 따라 개최
국의 재무장관인 폴슨이 회의를 주재했다.

국제회의는 때로는 따분한 행사이다. 정책 입안자들이 외국의 관계자와
교류하기 위한 좋은 기회이기는 하다. 똑같은 안건이 회의마다 계속 반복되

기도 한다. 따라서 진부한 이야기를 계속 들어야 한다. 비서진이 회의가 끝나고 발표할 공식 선언문을 미리 합의하여 작성한다. 이 선언문은 만장일치를 염두에 두고 모호하고도 관료적인 문구로 작성된다.

그러나 이번 국제회의 분위기는 결코 따분하지 않았다. 세계경제는 1930년대 이후 유례가 없을 정도로 위험에 처해 있었다. 그 자리에 모인 재무장관들과 중앙은행 총재들은 위기를 미국 탓으로 돌렸다. 어느 나라가 금융규제를 철폐하여 세계를 "카우보이 자본주의"의 약탈에 짓밟히게 만들었는가? 어느 나라의 서브프라임 모기지가 전 세계의 금융기관이 보유한 자산을 감염시켰는가? 누가 리먼을 파산하게 내버려두었는가? 마지막 질문에서 장 클로드 트리셰가 리먼의 주말 이후로 자금시장이 크게 악화된 모습을 보여주는 차트를 가리키면서 특유의 윙윙거리는 프랑스 악센트의 영어로 했던 말은 특히 설득력이 있었다. 다른 사람들도 장-클로드에 동조했다. 그리고 잠시 동안 회의는 미국을 손가락질하는 자리가 되었다.

과거에는 세계경제에 위기가 닥치면 미국이 지도자 역할을 했다. 그러나 미국의 위상과 신뢰는 땅에 떨어지고 말았다. 처음에는 다른 선진국들이 미국이 겪는 위기를 바라보면서 일종의 쾌감을 느꼈지만, 위기의 영향력이 세계로 퍼지면서 확장되자 쾌감은 분노로 변했다. 다른 나라에 조언을 하는 우리는 어떤 나라인가? 우리는 G-7 회의에서 이런 말을 많이 들었고, 토요일에 신흥시장 국가들이 참여하는 G-20 회의에서는 어쩌면 훨씬 더 많이 들었을 것이다.

이러한 긴장 관계에도 불구하고, G-7 대표자들은 협력하기로 결정했다. 그들이 최소한 협력하는 모습조차도 보이지 않고 워싱턴을 떠나기에는 위기에 처한 일들이 너무나도 많았다. 분노를 표출하는 발언이 나오기는 했지만, 그 자리에 모인 사람들은 서로를 존중했다. 우리는 우리 자신이 이러한 출혈을 중단시킬 수 있는 몇 안 되는 사람 중 한 사람이라는 사실을 알고 있었다. 우리는 지난 수년 동안 유지되어왔던 관례를 깨고 회의 안건을 무시하고 자유롭고 실질적인 토론을 시작했다.

한동안 나는 무엇을 해야 할 것인지를 생각해보았다. 회의가 열리기 전인 수요일에는 G-7 회의에서 채택되기를 바라는 몇 가지 원칙을 작성했다. 이러한 원칙은 기본적인 것이었지만, 나는 과거부터 패닉을 진정시켰던 조치들을 포괄시키는 것을 생각했다. 간단히 말하면, 나는 그 자리에 모인 사람들이 금융시장을 안정시키고, 신용 흐름을 회복시키고, 세계경제의 성장을 지원하기 위해서 협력할 것을 서약해주기를 원했다. 그 자리에 모인 국가들은 이러한 목표를 달성하기 위해서 은행이 요구하는 단기대출과 자본을 제공하고, 전 세계를 대상으로 영업하는 은행을 감독하는 데에 협력하고, 금융 시스템에서 중요한 위치를 차지하는 기관이 더 이상 파산하지 않도록 해야 했다. 그리고 나는 우리가 주택 담보부 증권, 기업어음, 은행 간 대출을 위해서 중요한 시장을 재가동할 것을 약속해주기를 원했다. 나는 재무부의 지지를 받은 뒤에 정책 공약을 담은 리스트를 공동 선언문 작성을 담당하는 비서진에게 주었다.

이 원칙은 다른 사람들이 제안한 아이디어들과도 잘 어울렸다. G-7 국가들이 발표한 최종 선언문에는 내가 처음 작성한 리스트에 있던 내용들이 다섯 가지 주제로 요약되어 있었다. 첫째, 회원국은 더 이상의 리먼 사태가 발생하지 않도록 하는 데 합의한다. 다시 말하면, 금융 시스템에서 중요한 위치를 차지하는 기관이 더 이상 파산하지 않도록 한다. (미국은 TARP법을 시행함으로써 이러한 약속을 확실히 할 수 있었다.) 둘째, 회원국은 자금시장의 해빙을 위해서 노력한다.(연준의 기업어음 매입기금이 바로 이러한 노력의 사례였다.) 셋째, 회원국은 신용 흐름을 원활하기 위해서 은행의 자본을 확충한다. 넷째, 회원국은 일반 예금자를 보호하고 은행에 대한 신뢰를 유지하기 위해서 예금보험 제도를 시행한다.(이것은 미국이 오랫동안 연방예금보험 제도를 시행하고 있기 때문에 내가 제출한 리스트에는 없었다. 그러나 종합적인 예금보험이 부족한 유럽에서는 쟁점이 되었다.) 다섯째, 회원국은 증권화를 재개하기 위해서 노력한다. 그리하여 투자자들이 모기지와 그밖의 형태의 신용에 자금을 제공할 수 있도록 한다.

G-7 참석자들은 이러한 결의를 다지고는 회의장을 떠났다. 미국에서는 리먼 사태 이전의 임시적인 조치를 뛰어넘는 방향으로 움직였다. 전시 동원은 더디게 진행되었지만, 나는 이제 우리가 이번 위기를 세계적인 수준에서 체계적으로 공격할 준비를 갖추게 되었다고 생각했다.

세계의 정책 담당자들은 약속을 지키려고 했다. 가장 중요하게는 일요일 밤에 유로화 지역 국가들이 은행에 자본을 주입하고 은행 예금에 대한 지급보증을 실시하기로 합의했다. 오스트리아, 프랑스, 독일, 이탈리아, 네덜란드, 포르투갈, 스페인, 스웨덴은 미국의 연방예금보험공사처럼 은행 부채를 보증하기로 선언했다. 규모가 훨씬 더 큰 집단이 예금보험 시스템을 확대하고 있었던 것이다. 노르웨이, 스웨덴을 포함한 몇몇 국가에서는 자산 매입을 선언했다. 월요일에는 영국이 스코틀랜드 왕립은행과 HBOS와 같은 대형 은행 2곳을 기본적으로 국유화했다. 이러한 계획들의 대부분은 G-7 원칙을 따르는 것이었다.

미국에서는 은행에 자본을 주입하기 위한 재무부 플랜에 따른 작업은 콜럼버스 기념일—그 해는 10월 13일 월요일—까지도 계속되었다. 이 플랜의 공식 명칭은 자본매입 프로그램(Capital Purchase Program, CPP)이었다. 폴슨 장관이 마음을 바꾸면서, 연준과 재무부는 이제 은행에 자본을 주입해야 할 필요성에 관해서는 같은 생각을 가지게 되었다. 그리고 연방예금보험공사와 통화감독청은 이러한 접근방식을 지지하기로 결정했다. 우리는 우리가 추진하는 플랜의 치명적인 약점이라고 할 수 있는 은행에 오점을 남기는 결과가 발생하지 않도록 취약한 은행뿐만 아니라 모든 은행을 유인할 만한 프로그램을 만들고 싶었다. 자본매입 프로그램에 신청함으로써 자본을 주입한 사실이 취약함의 신호로 간주된다면, 은행은 이런 방식의 자본 주입을 피하기 위해서 자신이 할 수 있는 모든 노력을 기울이게 되어, 우리는 패닉을 종식시키고 신용 흐름을 재개하기 위해서 금융 시스템에 자본을 충분히 주입시킬 수가 없을 것이다. 우리는 납세자에게 공정하면서도 강한 은행에게도 아무런 거리낌이 없이 자본을 주입받을 수 있는 조건을 설정할 필요가 있었다.

또한 우리는 폴슨 장관이 처음 우려했던 것처럼 정부가 은행 시스템을 인수한다는 인상을 주지 말아야 했다. 우리는 자본 주입을 정부가 의결권이 없는 신규 발행 우선주를 매입하는 방식으로 진행하기로 결정했다. 정부는 의결권이 없는 주식을 보유하기 때문에, TARP법이 요구하는 경영자의 보수 제한을 제외하고는 도움을 받는 은행의 영업을 통제할 수가 없었다. 또한 정부는 우선주를 보유하기 때문에, 보통주 보유자보다 배당금을 먼저 받게 되었다. 게다가 이 법의 요구대로, 정부는 은행 주식가격이 오르면 납세자가 수익을 공유하도록 하는 권한이 있었다. 정부는 은행 주식에서 3년에 걸쳐 매년 5%의 배당금을 받게 되었다. 그 다음에는 은행이 정부 자본을 민간 자본으로 대체하도록 매년 9%의 배당금을 받게 되었다. 우리는 이때가 되면 민간 자본이 풍부해질 것으로 기대했다.

강한 은행을 포함하여 많은 은행들이 참여하도록 독려하려면, 우리는 대형 은행을 끌어들여야 했다.(나는 2007년 8월에 재할인창구 대출을 제공하려고 은행을 유치하던 시절이 떠올랐다.) 폴슨 장관은 콜럼버스 기념일 오후에 자신의 대형 컨퍼런스 룸에서 9개 행장들을 불러모았다. 이 방에 놓여 있는 타원형 모양의 긴 테이블의 한쪽 편에는 JP모건의 제이미 다이먼, 웰스 파고의 딕 코바세비치, 시티그룹의 비크람 판디트, 뱅크 오브 아메리카의 켄 루이스, 골드만 삭스의 로이드 블랭크파인, 모건 스탠리의 존 맥, 메릴 린치의 존 테인, 스테이트 스트리트의 로널드 로그, 뉴욕 멜론 은행의 밥 켈리가 앉아 있었다. 이들 맞은편에는 폴슨 장관, 실라 베어, 티머시 가이트너, 통화감독청장 존 듀건과 내가 자리를 잡았다. 폴슨 장관과 나는 강한 은행과 약한 은행이 모두 참여하는 것이 중요하다고 말했다. 실라는 그 자리에 모인 CEO들에게 은행 부채 보증에 관해서 설명했다. 티머시는 권장 자본—각 은행의 위험 가중 자산의 최대 3%—에 관해서 설명했다. 폴슨 장관은 CEO들에게 필요한 경우에는 연준 이사회와 협의하여 자본 확충에 관한 서약을 해줄 것을 요청했다.

모건 스탠리의 존 맥은 당장 서약서를 작성하고는 우리에게 내밀었다. 항상 거침없이 행동하는 웰스 파고의 딕 코바세비치는 자기 은행은 자본이 필요하지는 않다고 주장했지만, 결국에는 이사회와 협의하는 데에는 동의했다. 비크람 판디트는 이번 자본은 저렴하게 유치할 수 있기 때문에, 자본 확충이 가능하다면 은행은 기뻐해야 할 일이라고 말했다. 뱅크 오브 아메리카의 켄 루이스는 그 자리에 모인 사람들에게 세세한 사항을 가지고 옥신각신할 것이 아니라 금융 시스템 전체의 이익을 위해서 협력해야 할 것이라고 말했다. 마침내 모든 은행들이 자본매입 프로그램에서 최초 약속한 금액, 2,500억 달러의 절반인 1,250억 달러에 달하는 권장 자본을 수용했다. 그해 후반기에 엄청난 손실을 선언한 메릴 린치는 뱅크 오브 아메리카에 인수될 예정이었지만, 자신의 위험 등급에 맞는 권장 자본량을 수용하기로 했다.

유럽의 뉴스와 미국의 새로운 자본 프로그램에 관한 소식은 주식시장을 달아오르게 했다. 월요일 다우존스 지수는 936포인트(11%)가 상승하여 9,387을 기록했다. 지난 주일에 하락했던 1,874포인트를 어느 정도 회복한 수치였다. 그것은 퍼센트 단위로는 76년 만에 하루 동안에 가장 큰 상승폭을 기록한 것이다.

화요일 아침에, 폴슨 장관, 실라, 나는 캐시 룸에서 열린 기자 회견에 참가했다. 폴슨 장관은 새로운 자본매입 프로그램에 관해서 설명했다. 그러나 그 프로그램은 여전히 검토 중이었지만, 뒤로 미루어지고 있었다. 실라는 연방예금보험공사의 보장 범위가 확대된 예금보험 제도와 은행 부채 보증 프로그램을 설명했다. 마지막으로 나는 연준이 2주일 뒤인 10월 27일부터 기업어음을 매입하게 될 기업어음 매입기금에 관해서 자세히 설명했다.

우리가 안정을 회복하려면 여전히 몇 개월이 걸리겠지만, 외국에서 취해진 조치들과 함께 일관성이 있고 강력한 전략이 마침내 자리를 잡아갔다.

17

과도기

⋮

2008년 11월 4일 버락 오바마가 존 매케인을 물리쳤다. 나는 내가 딜런의 인종 차별 학교를 다닌 지 40년도 안 되어 이 나라에 아프리카계 흑인 대통령이 등장한 사실이 경이롭다. 또한 나는 1932-1933년 후버 행정부와 루스벨트 행정부 사이에 있었던 4개월 동안의 과도기에서 비롯된 경제적 불확실성을 떠올렸다. 당시 이러한 과도기는 선거법 개정을 통해서 대통령 선거와 취임 사이의 대기 기간을 2개월로 줄이는 계기가 되었다. 이처럼 더 짧아진 과도기에도 불구하고 부시 행정부에서 오바마 행정부로의 권력 이양은 아직 제대로 틀이 잡히지 않은 위기관리를 더욱 복잡하게 만들었다. 재무부를 비롯하여 여러 정부 부처에서는 대대적인 인력 교체가 뒤따를 수밖에 없었지만, 이와는 무관한 우리 연준은 정책의 연속성을 최대한 유지하기로 했다.

중요한 결정을 해야 할 시기였다. 부시 행정부는 의회에 TARP 기금의 나머지 절반을 요청해야 할 것인가? TARP 기금을 경영난을 겪는 자동차 회사 지원에 사용해야 할 것인가? 모기지 지불금을 내지 못하는 주택 소유자를 지원하기 위해서 무엇을 할 수 있는가? 부시 행정부와 오바마 차기 행정부는 대통령이 한 임기에는 한 명만 있다는 사실을 유념하면서 이런저런 문제에 대해서 협력 방안을 모색해야 했다.

한편으로는 폴슨 장관은 자본매입 프로그램을 만들고 가동하는 데에 몰두하고 있었다. 10월 13일 재무부 회의에 참석한 9개 대형 은행들은 정부 자본 1,250억 달러를 매입했고, 2,500억 달러의 나머지 절반을 다른 은행에 할당하도록 남겨두었다. 소형 은행들을 상대로 자본을 제공하는 방법을 세부적으로 정하는 데에는 시간이 좀 걸렸다. 은행들이 기꺼이 참여하지는 않을 것이라고는 예상했지만, 은행 규모를 막론하고 TARP 자본에 대한 수요는 많았다. 그리고 2008년 말, 재무부의 은행 투자는 2,000억 달러에 육박했다.

자본매입 프로그램은 은행 시스템을 안정시키기 위한 중요한 조치였다. 그리고 위기 프로그램의 기준으로 보면, 일반 대중들에게 특별히 인기가 없었던 것은 아니었다. 정부 자본을 받아들이는 은행의 경영자 보수 한도는 광범위한 은행의 참여를 가로막을 정도로 엄격하지는 않았지만, 정치적으로 도움이 되었다. 또한 지역 은행을 포함하여 모든 규모의 은행들이 해당 감독기관이 생존 가능하다는 판단을 하는 한, 정부 자본을 이용할 수 있다는 사실도 정치적으로 도움이 되었다. 그럼에도 정치인들은 자신이 TARP 법에 찬성한 것에 대한 정당성을 뒷받침하기 위해서 재무부와 연준에게 자본매입 프로그램이 제대로 시행되고 있는 증거를 요구했다. 가장 흔한 질문은 "은행이 TARP 기금에서 받은 돈을 시중에 대출하고 있는가?"였다.

단순한 질문처럼 보이지만, 사실은 그렇지 않다. 돈은 대체성이 있다. 여기에 있는 달러는 다른 곳에 있는 달러와 같다. 다시 말하면, 특정 대출이 TARP 기금에서 받은 달러를 가지고 이루어졌는지 혹은 대출자가 다른 곳에서 받은 달러를 가지고 이루어졌는지는 중요하지 않다. 더구나 자본의 목적은 손실을 흡수하기 위한 것이다. 따라서 자본이 많으면 은행은 대출에 따르는 위험을 감수한다. 오히려 이 질문을 이런 식으로 하는 것이 더 낫다. "은행이 TARP 자본을 이용할 수 있는 경우에는, 그렇지 않는 경우보다 대출을 더 많이 하게 되는가?"

　사실은 이런 질문조차도 대답하기가 어렵다. 우리가 반사실적(反事實的) 조건—TARP 자본을 이용할 수 없는 경우에는 어떤 일이 발생하는가?— 에 대해서는 어떻게 입증하는가? 분명히 나는 다른 모든 조치들과 함께 TARP가 금융시장의 붕괴를 방지한 것으로 생각했다. 금융시장이 무너지면 경제는 극심하고도 오랜 침체 혹은 심지어는 공황과 같은 상황에 빠지게 될 것이다. 실제로 자본매입 프로그램을 도입한 이후 은행 대출 실적은 위기 이전보다 훨씬 더 낮았지만, 이는 공정한 비교라고 할 수 없다. 우선 경기침체로 신용을 얻으려는 기업과 가계의 수뿐만 아니라 신용을 얻을 수 있는 자격이 되는 기업과 가계의 수가 크게 감소했다.

　연준 이사회의 선임 이코노미스트 넬리 리앙이 이끄는 팀은 데이터를 모으고는 TARP가 은행 대출에 미치는 효과를 평가하기 위한 지표를 개발했다. 그러나 우리는 종합적이면서도 설명하기 쉬운 지표를 찾지는 못했다. 더구나 우리는 은행의 대출 확대를 기대하면서도, 부실 대출을 기대하지는 않았다. 우선, 부실 대출은 우리를 혼란에 빠뜨린다. 이런 이유 때문에, 일부 정치인들의 주장대로 TARP 자본을 받는 은행에 대해서 대출 목표를 설정하는 것은 바람직하지 않았다. 우리의 전략은 정치인의 연설처럼 효과적인 문구로 표현하기는 어렵지만, 경제가 어지러운 시기에 주로 나타나는 은행과 은행 감독관의 지나친 보수화에 반대하는 것이었다. 우리는 연방 차원의 다른 은행 규제기관들과 함께, 은행이 우수한 차입자들에게는 대출을 하도록 권장했다. 또한 우리는 은행 감독관에게 합리적인 신중함과 우수한 차입자들의 대출 가능성 사이에서 적절한 균형을 유지할 것을 권고했다.

　한편, 연준이 창립한 기업어음 매입기금은 제 몫을 단단히 하고 있었다. 영업을 시작한 지 이틀이 지난 10월 29일, 1,450억 달러의 3개월 만기 기업어음을 매입했다. 1주일 이후에는 기업어음 보유액이 2,420억 달러에 달했고, 2009년 1월에는 최고치인 3,500억에 달했다. 이 프로그램에 의해서 중요한 자금시장의 위축은 멈추었고, 기업어음 금리가 정상 수준을 회복했다.

금융 시스템은 이처럼 새로운 도구와 정책 프로그램에도 불구하고 리먼의 충격에서 여전히 헤어나지 못하고 있었다. 1년 전만 하더라도 주로 서브프라임 모기지만을 두려워하던 투자자들은 신용 카드 대출, 자동차 대출과 같은 개인 대출에 자금을 제공하는 것이라면 무조건 기피했다. 그러나 그들은 이처럼 다른 형태의 대출에서 서브프라임 모기지처럼 손실을 보게 될 것이라고 생각해야 할 이유가 별로 없었다. 그리고 실제로도 그들은 이러한 형태의 대출에서 손실을 보지 않았다. 그러나 이러한 형태의 대출은 서브프라임 모기지처럼 증권화를 통해서 투자자에게 판매되면서, 연좌제에 걸려들었던 것이다. 이러한 자산담보부 증권에 대한 투자 수요가 현저하게 감소하면서 경제에 또다른 위험 신호가 나타났다.

우리는 이에 대응하여 랜들과 협력하여 새로운 프로그램을 개발했다. 11월 25일 우리는 또다시 13조 3항을 발동하여 기한부 자산담보부 증권 대출 기구(Term Asset-Backed Securities Loan Facility, TALF) 제노를 시행했다. 그러나 이러한 제도를 시행하는 데에 따르는 복잡한 문제 때문에, 이 제도는 4개월 이후에나 첫 번째 대출을 제공했다. 이 제도에 의해서 우리는 AAA등급의 신용 카드 대출, 학자금 대출, 자동차 대출, 상업용 부동산 모기지, 중소기업청이 보증한 대출 담보부 증권을 매입하는 투자자에게 최대 5년 만기의 대출을 제공했다. 이러한 대출은 차입자가 대출금을 전액 상환하는 대신에 자신이 매입한 자산 담보부 증권을 우리에게 양도할 수 있다는 의미에서 비소구 조건(非遡求 條件)으로 제공되었다. 이는 차입자에게 "하방 보호(downside protection)"의 기능을 했다. 그러나 만기일 이전 증권 양도는 증권 수익이 대출 비용보다 낮을 때에만 타당성이 있었다.

우리는 우리 자신을 보호하기 위한 조치를 취했다. 투자자들은 증권 가격의 일부만을 빌릴 수 있었다. 따라서 그들은 손실을 우선적으로 부담해야 하며, 이러한 의미에서 "게임에서의 책임(skin in the game, p.523 참고)"을 진다. 게다가 TARP 기금을 연준의 기업어음 매입기금 기구에 투입하는 데에 반대했던 재무부는 이번에는 연준의 최대 2,000억 달러에 달하는 대출 자금을 지원하기 위해서 이 기금에서 200억 달러를 제공했다. TARP 기금은 손실을 부담할 때에 민간 부문의 다음 줄에 있게 될 것이다. 나중에 밝혀진 바와 같이, 기한부 자산담보부증권 대출 기구 기금을 통해서 매입한 증권 중에서 연준에게 "손실"을 초래한 증권은 없었다. 이 프로그램은 아무런 손실이 없이 납세자에게 수익을 돌려주는 기능을 했다.

떠나는 부시 행정부나 들어오는 오바마 행정부는 모두가―연준과 연방예금보험공사의 조언을 들으면서―주택에 대한 유질 처분 문제를 고민했다. 주택 소유자가 직장을 잃거나 그들이 소유한 주택 가격이 모기지 대출금보다 낮아지면서 "손실 상태"가 되자, 이 문제가 점점 더 확대되었다. 주로 티저 금리 서브프라임 모기지에만 한정되던 유질 처분은 이제는 평범한 프라임 모기지에서도 흔하게 나타났다. 경제적, 사회적 비용은 대출자의 손실과 집을 잃은 가정의 고통을 훨씬 뛰어넘었다. 유질 처분된 빈 집은 주변 지역을 엉망으로 만들어서, 이웃한 주택들의 가격이 하락하고 세원(稅源)이 축소되었다.

폴슨 장관이 2007년 10월에 유질 처분을 줄이기 위해서 추진했던 자발적인 프로그램인 "호프 나우"는 순조로운 출발을 보였다. 그러나 정부 자금이 없는 상태에서, 프로그램의 범위는 한정될 수밖에 없었다. 이후 2008년 7월에 시행된 내 집 마련을 위한 희망 프로그램은 연방주택청을 통해서 차환을 지원했다. 하지만 의회가 까다로운 요건과 수수료를 부과하여 주택 소유자와 대출자가 참여하지 못하도록 함으로써 실제로는 이 플랜을 방해했다.

한편, 연준은 미국 전역에서 열린 100건이 넘는 유질 처분 반대 행사를 지원했다. 예를 들면, 보스턴 연은은 2008년 8월 질레트 스타디움(뉴잉글랜드 패트리어츠 풋볼 팀의 홈 구장)에서 열린 대규모 워크숍의 기획을 지원했다. 이 행사에서는 대출자, 부동산 서비스 관련자와 함께 곤궁에 처해 있는 차입자들이 2,200명이 넘게 참석했다. 우리는 유질 처분으로 지역사회가 폐허가 되지 않도록 비영리 단체인 네이버 워크스 아메리카와 함께 일을 했다.

대통령 선거가 끝나고 새로운 행정부가 들어오고 유질 처분 구제에 TARP 기금을 사용할 수 있게 되자, 이때가 바로 새로운 아이디어를 찾기에 좋은 시기로 여겨졌다. 실라 베어는 유질 처분 방지에 많은 힘을 기울였다. 2008년 7월 연방예금보험공사는 인디맥을 인계받아 이 회사가 제공한 모기지 대출의 변경을 추진했다. 연방예금보험공사는 어려움에 처한 차입자가 납부하는 모기지 지불금에 대해서 소득의 31%를 상한선으로 정했다. 이는 대출금리 인하, 대출 원금의 일부 탕감, 모기지 대출 만기일 연장(예를 들면, 30년에서 40년으로 연장)을 포함하여 다양한 전략을 통해서 이루어졌다.

연방예금보험공사의 이러한 노력은 가치가 있어 보였지만, 우리가 과도기에 여러 가지 방법을 논의했기 때문에, 성공 여부를 판단하기에는 너무 이른 감도 있었다. 2008년 말 현재, 인디맥 모기지 자산에 대하여 겨우 수천 건만이 변경이 완료되었다. 우리는 이러한 변경이 궁극적으로는 또다른 채무불이행을 초래할 것인지를 알 수가 없었다.(나중에 연방예금보험공사가 조사한 바에 따르면, 심각하게 연체된 인디맥 모기지 대출의 3분의 2가 변경 이후 18개월 이내에 또다시 채무불이행 상태에 들어간 것으로 나타났다.) 그럼에도 불구하고 11월 중순에는 패니 메이와 프레디 맥이 연방예금보험공사의 인디맥 프로토콜이라고 알려진 문서를 일부 수정하여 채택했다. 또한 실라는 대출자가 인디맥 가이드라인을 채택하도록 인센티브의 일환으로 보증을 제공하고, 이를 위해서 행정부가 TARP 기금을 사용할 것을 주장했다. 이러한 주장에 따르면, 차입자가 변경된 모기지 대출을 또다시 갚지 못하면, 정부는 손실의 절반을 떠맡게 되었다.

나는 실라의 생각에 매번 동의하지는 않지만, 그녀의 정치적 수완에 감탄할 때가 많다. 그녀는 행정부의 정상적인 정책 과정을 무시하고는 언론을 이용하고 의회를 상대로 로비 활동을 벌이면서—하원 의장 낸시 펠로시와 상원 의원 도드를 포함하여—(주로 민주당) 의원들에게 자신의 계획을 지지하도록 설득했다. 그러나 실라는 자신의 계획을 전면적으로 지지하지 않는 사람은 유질 처분자 구제에 반대하는 사람으로 생각했다. 나는 폴슨 장관이 실라의 조언대로 즉각 행동하지 않는 재무부를 허리케인 카트리나가 내습한 후의 연방재난관리청에 빗대놓고 비난하는 「뉴욕 타임스」 기사를 보고 아주 괴로워하던 모습이 생각난다.

우리 연준은 실라의 플랜을 충심으로 지지했지만, 구체적인 내용의 일부에 대해서는 문제를 제기했다. 연준의 통계연구국 국장 데이비드 윌콕스는 다양한 대안들을 비교했다. 우선 연방예금보험공사의 보증 플랜은 대출자에게 지나치게 관대한 측면이 있었다. 이 플랜은 대출자에게 현재 상태를 유지할 능력이 안 되는 차입자의 모기지 대출을 변경하도록 인센티브를 지나칠 정도로 제공했다. 그 이유는 차입자가 다시 채무불이행에 빠지면, 정부가 채무를 보증할 뿐만 아니라 대출자는 여전히 주택을 유질 처분할 수 있었기 때문이다.

연준 이코노미스트들은 연방예금보험공사의 인디맥 프로토콜의 변형을 포함하여 다양한 대안들을 제시했다. 그들은 이러한 대안들이 정부에 적은 비용을 부담시키면서도 더욱 지속 가능한 모기지 대출 변경을 할 수 있을 것으로 생각했다. 또한 우리는 연준과 재무부가 대출자와 투자자로부터 위험에 처한 모기지를 대량으로 매입하는 특수 목적의 기관 설립을 제안했다. 우리의 계획에 따르면, 이러한 새로운 정부 기관은 TARP 기금을 통해서 자본금 500억 달러를 지원받고 연준을 통해서도 대출받을 수 있었다. 이 기관이 매입한 모기지 자산은 민간 부문의 대출자나 투자자가 아닌 독립적인 전문가에 의해서 변경되고, 연방주택청에 의해서 차환된다.

폴슨 장관은 변경된 모기지 대출을 부분적으로 보증하기 위해서 TARP 기금을 사용하려는 실라의 플랜에 우리와 마찬가지 이유로 의혹을 품었다. 그러나 재무장관으로서 시간이 얼마 남지 않았기 때문에, 재무부 직원들에게는 자신의 의견을 전하지 않고 다양한 대안들을 분석하도록 지시하기만 했다. 오바마 행정부의 국가경제회의 의장으로 낙점된 래리 서머스는 오바마 참모들과 협의한 뒤에 12월 15일 신임 대통령에게 모종의 메모를 제출했다. 래리는 연준과 마찬가지로 내 집 마련을 위한 희망 프로그램이 대출자와 차입자에게 더욱 매력적으로 다가갈 수 있도록 그 프로그램을 수정할 것을 주장했다. 또한 그는 연준과 마찬가지로 변경된 모기지 대출에서 또다시 채무불이행이 발생했을 경우에 대출자에게 보상하는 연방예금보험공사의 플랜에 대해서 우려했다. 대신에 그는 부실 모기지 대출의 금리를 인하하도록 대출자에게 인센티브를 제공하는 데에는 찬성했다. 래리의 메모에서는 부실 모기지를 대량으로 매입하는 특수 목적의 기관을 설립하자는 연준의 아이디어는 거론하지 않았다. 그러나 그는 우리에게 자신은 정부가 사람들을 집에서 쫓아내는 선택을 하지 말았으면 한다고 알려왔다. 이처럼 사람들을 집에서 쫓아내는 것은 새로운 정부 기관이 모기지 대출 변경에 대한 책임을 질 경우에도 발생할 수 있는 일이었다. 결국 최종 결정이 나오려면, 새로운 대통령과 재무장관이 취임할 때까지 기다려야 했다.

통화정책은 대통령이 바뀌는 과도기와는 아무런 상관없이 시행되었다. 혼란스러운 시장에 관해서는 우리는 대통령 선거 직전인 10월 28일과 29일에 열린 FOMC에서 많은 것을 논의했다. 매입자들은 몸을 완전히 움츠렸다. 9월 FOMC 회의부터 10월 회의 전날까지 다우존스 지수는 거의 2,900포인트나 떨어져서, 주식 가치는 4분의 1정도가 사라졌다. 시장 변동성은 놀라울 정도였다. 다우존스 지수는 크게 하락한 뒤, 회의 첫날에는 상승을 뒷받침할 만한 좋은 소식이 없는 데도 불구하고 거의 900포인트나 상승했다.

주택과 주식가격이 하락하고 신용이 얼어붙자, 경제는 빠른 속도로 침체되었다. 경제성장에 매우 중요한 가계와 기업의 자신감 —"야성적 충동"— 은 땅에 떨어졌다. 미시간 대학교가 실시하는 유명한 가계 조사에서는 소비자 심리 지수가 거의 30년 만에 최저 수준을 기록했다. 이사회 이코노미스트들은 2009년 중반까지는 침체가 계속될 것으로 예상했다. 그들이 예상한 시기는 정확했다. 그러나 이사회 이코노미스트들이나 FOMC 참석자들은 외부 예측 전문가와 마찬가지로 침체의 골이 얼마나 깊은지를 제대로 인식하지 못했다. 미국 경제는 연간 기준으로 2008년 3분기에 2%, 4분기에는 엄청나게도 8.2%(지난 50년 동안에 최악의 실적이었다), 2009년 1분기에 5.4% 마이너스 성장을 기록했다. 이는 대공황 이후 가장 깊은 침체였다. 한편, 물가는 유가가 배럴당 30달러가 떨어지고 경제가 전반적으로 위축되는 현상을 반영이라도 하듯이 빠른 속도로 떨어지고 있었다.

우울한 시장과 경기침체는 신흥시장 국가와 선진 산업 국가를 막론하고 세계적인 현상이었다. 러시아는 주식가격의 하락을 막으려고 주식 거래 자체를 중단시켰다. 그리고 멕시코는 페소화 가치가 더 이상 하락하지 않도록 외환 보유고의 15%를 지출했다. 10월 28일 일본의 니케이 지수는 26년 만에 최저치를 기록했다. 위기의 진원지가 미국이라는 사실을 생각하면, 안전자산을 찾아 헤매는 세계의 투자자들이 특히 국채처럼 달러화 표시 자산을 손에 쥐려고 하는 모습은 상당히 아이로니컬한 일이었다. 이러한 움직임은 달러화 가치를 지난 번 FOMC 회의 이후에 9%나 올려놓았다. 미국 경제가 빠른 속도로 침체될 때에, 달러화 가치의 상승은 좋은 뉴스가 아니었다. 이는 미국 수출품의 가격을 상승시켜서 세계시장에서 경쟁력을 잃게 만든다.

우리는 이번 회의에서 신중하게 선택한 신흥국가 4개국과 통화 스왑 협정을 체결하기로 했다―멕시코, 브라질, 한국, 싱가포르. 우리는 세계 금융과 경제의 안정에 미치는 중요성을 평가하여 이들 국가를 선택했고, 다른 국가들의 요청은 거절했다. 이로써 우리가 통화 스왑 협정을 체결한 국가는 14개국으로 늘어났다. 2주일 전에, 우리는 유럽과 일본에서의 달러화 수요와 이 지역 중앙은행들과의 밀접한 관계를 고려하여, 유럽중앙은행, 영국은행, 스위스 중앙은행, 일본은행에 대한 통화 스왑 한도를 폐지했다.

금리를 인하해야 할 이유가 더욱 분명해진 것 같았다. 나는 위원회 위원들에게 위기를 종식시키기 위해서 지금까지 취한 조치들이 아직은 완전한 효과를 보지 못했다고 말했다. 그럼에도 나는 우리가 깊고도 오랜 침체에 직면하고 있으며, 이는 대담한 조치를 요구한다고 주장했다. 위원회는 연방자금금리를 0.5% 인하하여 1%로 낮추는 데에 만장일치로 합의했다. 2003년 디플레이션에 대한 우려가 극에 달하였을 때의 금리 수준이었다.

FOMC 전날 밤, 나는 평소처럼 연은 행장들과 FOMC 회의 전야 디너 모임을 가졌다. 그들은 우리의 개입, 특히 AIG의 구제금융이 초래할 정치적 위험을 크게 우려했다. 그리고 13조 3항에 따른 대출 프로그램이 FOMC가 아니라 연준 이사회의 책임이지만, 행장들 중 일부는 내가 그들과 충분히 상의하지 않았다고 생각했다. 그들 모두가 공식석상에서 제기되는 피할 수 없는 질문에 대답을 해야 하기 때문에 의사 결정 과정에 자신들을 참여시켜 줄 것을 요구했다. 최근의 사태가 흘러가는 속도를 감안하면, 내게는 내가 평소에 선호하는 신중한 합의 방식을 택하지 않았던 충분한 이유가 있었다. 그러나 행장들이 그처럼 우려하는 것도 또한 당연한 일이었다. 나는 금융,

경제, 의회의 움직임뿐만 아니라 이사회가 하는 일에 관한 최신 정보를 제공할 수 있는 화상 회의를 격주마다 개최할 것을 제의했다.

우리는 TARP에 따른 자본 주입이 휘청거리는 거대 금융기업을 구제하던 공포의 주말을 종식시킬 것이라고 기대했다. 유감스럽게도 악화되어가는 경제 상황과 증가하는 손실이 약한 기업을 계속 압박했다. 9월 연준으로부터 850억 달러의 구제금융을 받았던 AIG가 이들 중 하나였다. 우리는 10월 초에 이미 AIG가 보유한 (정부가 보증하지 않은) 민간 주택 담보부 증권에 자금을 지원하기 위해서 378억 달러를 추가했다. 그러나 이것도 충분하지 않았다. 3분기에 AIG의 손실은 240억 달러를 훌쩍 넘겼다. AIG가 살아남으려면, 9월 구제금융의 어려운 조건의 대출 외에도 자본이 필요했다.

AIG가 파산하도록 내버려두는 것은 2개월 전에 우리가 개입했을 때와 똑같은 이유로 우리의 선택지에 없었다. 따라서 우리는 구제금융의 조건을 다시 정하고, 이러한 과정에서 (재무부 기금을 포함하여) 금액을 1,500억 달러 이상으로 증액했다. 폴슨 장관은 처음에는 연준이 새로운 거래에 필요한 자금을 모두 제공하기를 원했지만, 티머시와 나는 연준 혼자서 부담할 수 없음을 설득했다. AIG는 많은 양의 자본을 주입할 필요가 있었고, 민간 부문의 자본시장이 사실상 폐쇄된 상황에서는 재무부만이 이러한 자본을 주입할 수가 있었다. 11월 10일 연준과 재무부는 구조 조정한 AIG 구제금융을 발표했다. 여기에는 재무부가 400억 달러 어치의 우선주를 매입하는 것도 포함되어 있었다. AIG는 비교적 건전한 기업을 강화하기 위한, 적용 범위가 넓은 자본 매입 프로그램의 자격이 되지 않았다. 우리는 AIG가 재무부가 매입한 주식에 고율의 배당금을 지급하는 것을 포함하여 더욱 엄격한 조건을 수용할 것을 요구했다. AIG는 구조조정의 한 부분으로서, 10월에 연준이 제공했던 추가 대출을 상환했다. 그리고 우리는 AIG에 대한 신용 한도액을 당초 850억 달러에서 600억 달러로 줄일 수 있었다. 그 대신, 우리는 우리가 부과하는 금리를 크게 인하하고 상환 기간을 3년에서 5년으로 연장하는 데에 동의했다.

이사회는 AIG의 안정에 미치는 미래의 위험을 줄이기 위해서 13조 3항을 다시 발동하고 뉴욕 연은이 메이든 레인 II, 메이든 레인 III이라는 새로운 법인체 2개를 신설하여 자금을 제공하도록 했다. 뉴욕 연은은 메이든 레인 II에 225억 달러를 대출하여 AIG에 많은 손실을 초래했던 민간 부문 주택 모기지 증권을 인수하도록 했다. 뉴욕 연은으로부터 300억 달러를 대출받은 메이든 레인 III은 AIG의 거래 당사자에게서 AIG FP가 보증하는 부채 담보부 증권(collateralized debt obligation, CDO)을 매입했다. 우리는 부채 담보부 증권을 매입함으로써 9월에 AIG를 벼랑으로 몰아갔던 보험 증권을 효과적으로 처분했다. 티머시는 AIG의 부실자산 처분에 대해서 출혈을 중단시키는 지혈대에 비유했다. 같은 맥락에서 우리가 제공하는 대출과 재무부가 투입하는 자본은 수혈과도 같았다. 나는 이것이 이 환자의 생명을 구하는 데에 충분하기를 기대했다. 다시 말하지만, 이는 AIG를 보살피기보다는 금융 시스템을 위한 것이었다. 특히, 우리는 AIG의 신용등급이 더 이상 떨어지지 않기를 원했다. 신용등급이 떨어지면 자동적으로 새로운 담보물과 현금을 엄청나게 많이 요구되기 때문이다.

우리는 연준을 보호하기 위해서 외부의 자산 관리자를 고용하여 우리가 인수한 증권의 가치를 평가했다. AIG는 메이든 레인 II에서의 손실을 우선적으로 흡수하기 위해서 10억 달러를 제공했고, 메이든 레인 III에 대해서도 50억 달러를 추가로 제공했다. 이 두 기관들은 그들이 보유한 증권의 시장 가치와 함께 연준의 대차대조표에 등장하고 분기별로 업데이트되어야 했다. 11월 10일 발표 전날인 일요일에는 나는 폴슨 장관 사무실을 방문하여 의회 지도자들에게 전화로 AIG에 대한 새로운 구제금융 투입과 함께 우리가 이를 시행할 수밖에 없는 이유를 설명했다. 그들은 늘 그랬듯이, 처음에는 별로 반대하지 않다가 나중에 반대 목소리를 냈다.

새로운 자본이 투입되고 부실자산을 떨어낸 AIG는 적어도 한동안은 안정을 되찾는 듯했다. 그러나 이번 구조조정도 우리가 처음 구제금융을 제공했을 때와 마찬가지로 반대 여론에 다시 불을 붙였다(일부 의원들은 실제로 화를 냈고, 다른 의원들은 텔레비전 카메라를 의식하면서 화를 냈다). 나는 특히 구제금융이 심각한 침체를 막지 못했기 때문에 그들의 분노를 이해했다. 그러나 나는 위기의 전이를 더 이상 방치하지 않으려면 AIG가 영업을 계속해야만 한다고 생각했다. 더구나 AIG가 살아남도록 지원하는 것은 우리가 이 회사에 투입한 돈을 납세자에게 되돌려주기 위한 최선의—참으로 유일한—방법이었다.

메이든 레인 III이 AIG가 보증한 부채 담보부 증권을 매입하면서 새로운 문제를 일으켰다. 사실 나는 이 문제를 예상했어야 했는데, 그렇지 못했다. 우리는 보험에 든 증권을 매입하면서 AIG의 거래 당사자—주로 대형 금융기관이고 일부는 외국 기관이었다—가 보험의 완전한 혜택을 받도록 했다. 이러한 사실이 알려지면서, 의회와 언론은 "부정한 구제금융"이라고 조롱했다. AIG의 거래 당사자 중에는 골드만 삭스와 같은 회사도 포함되었는데, 왜 우리는 이들에게 손실을 부담하도록 강력하게 주장하지 않았던가?

나는 패닉 통제에만 집중한 나머지, 처음에는 이런 비난이 당혹스러웠다. 뉴욕 연은은 일부 거래 당사자들에게 자발적인 보험금 인하 이야기를 꺼냈지만, 반응은 썰렁했다.(놀랍지 않은 일이었다.) 우리가 여러 번에 걸쳐 지적했듯이, 우리에게는 보험금 인하를 강제할 법적인 수단이 없었다. AIG의 거래 당사자들은 일반적인 보험 증권을 소유한 채권자나 고객과 마찬가지로 보험금을 받기로 계약했다. 많은 사람들이 우리가 AIG의 거래 당사자들에게 보험금 인하를 수용하도록 압박할 것을 주장했지만, 이는 확실히 권한

남용이었다. 그리고 거래 당사자 중에는 우리의 관할권 밖의 외국 기관도 있었고, 때로는 그들 국가의 규제기관들이 보험금 인하 거부를 지지하는 경우도 있었다.

또한 우리가 부채 담보부 증권 거래 당사자의 신원을 즉각 밝히지 않은 것을 두고 비난하는 사람도 있었다. 비록 우리가 합법적인 이유가 있었더라도, 이번 경우에 우리의 결정에는 아쉬운 점이 있었다. 처음 우리는 통일영업비밀보호법(Uniform Trade Secrets Act)의 규정을 준수하는 등 합법성에만 몰두했다. 이 법에 따르면 우리는 거래 당사자의 신원을 일방적으로 밝힐 수가 없다. 그리고 우리는 거래 당사자가 차후에도 AIG와 사업을 계속할 의지를 우려했다. 그러나 우리는 몇 주일 동안에 걸쳐 의회와 언론으로부터 집중포화를 받고는 AIG에 거래 당사자의 신원 공개를 요청했고, AIG는 이를 즉각 받아들였다.

나는 우리의 행동을 설명하고 방어하기 위해서 최선의 노력을 기울였다. 미셸 스미스는 이번에는 연준의 보수적인 커뮤니케이션 전략을 버리려고 했다. 그녀는 나에게 내셔널 프레스 클럽이 주최하는 기자 간담회(나는 2월에 참석한 적이 있었다)를 포함하여 언론과 열심히 접촉하도록 했다. 나는 연준의 위기 대처 방식을 처음으로 심층적으로 다루려는 「뉴요커」 매거진의 존 캐시디와도 많은 이야기를 나누었다. 그리고 나는 우리가 위기에 맞서기 위해서 취하고 있는 조치들과 이러한 조치들을 조합하는 방식을 설명하기 위해서 미국 전역에서 사람들이 많이 모이는 장소를 골라서 강연도 자주 다녔다. 또한 나는 의회 위원회에서 정기적으로 증언을 하고, 의원들과는 지속적으로 비공식 회의를 가지거나 전화 통화를 했다. 나는 주로 정당 지도자, 연준을 감독하는 위원회 사람들과 만났지만, 시간이 허락하는 한, 의원들이 부르는 곳으로는 항상 달려갔다.

집중 치료를 받아야 하는 환자는 AIG 말고도 또 있었다. 몇 주일이 지나서 시티 그룹도 파산 직전에 놓이게 되었다. 1812년 뉴욕 시티 뱅크로 출발한 시티는 미국이 경험했던 거의 모든 금융 패닉과 연계되어왔고, 강하지만 쟁점을 일으키는 금융기관으로 존재해왔다. 시티는 1970년대와 1980년대에 라틴 아메리카 국가들에 대한 대출에서 엄청난 손실을 기록한 뒤 거의 파산지경에 이른 적도 있었다. 1990년대에는 미국 상업용 부동산 대출이 증가했을 때에도 마찬가지였다. 당시 시티는 1991년 사우디아라비아 왕자 알 왈리드 빈 탈랄이 5억9,000만 달러를 투자한 덕분에 살아남았다. 1998년 시티는 트래블러스 그룹과의 역사적인 합병을 통해서 미국에서 규모가 가장 큰 은행지주회사가 되었지만, 2008년 9월 말에는 JP모건 체이스에 1위 자리를 내어주었다. 이후로 시티는 샌디 웨일의 "금융 슈퍼마켓" 비전에서 다소 멀어지기는 했지만, 여전히 자산 규모가 2조 달러 이상의 글로벌 금융 기관이었다.

시티는 세계 수십 국가에서 다양한 분야의 사업을 추진하는 종합 금융기업이었다. 시티 경영자들은 일관적인 전략을 추진하기 위해서 분투했다. 우리 감독관들은 시티가 기업 전체의 위험을 인식하고 측정하는 능력에 대해서 특히 우려했다. 시티의 경영상의 약점과 위험한 투자는 기업을 취약하게 만들었다. 시티의 문제는 구조화 투자회사들 중 일부가 외부 투자에서 손실을 입고 이를 대차대조표에 반영한 이후로 더욱 악화되었다. 실라 베어는 비크람 판디트를 포함한 시티 경영진과 리처드 파슨스가 이끄는 이사회를 신랄하게 비난했다. 시티의 고통에서 판디트가 책임져야 할 부분이 얼마나 되는가는 논쟁의 여지가 있었다. 그는 지난 12월에 CEO가 되었다. 그러나 시티가 취약한 조직이고 연준과 통화감독청이 이를 개선하기 위한 작업을 충분히 하지 않았다는 점에서는 실라의 생각이 옳았다.

콜럼버스 기념일의 재무부 회의에서 판디트는 자본 250억 달러가 투입됨으로써 분위기가 고양되었지만, 이에 따르는 조건이 불안감을 자극했다. 경제가 전반적으로 악화되면서 시티에 대한 시장 우려는 다시 커졌다. 시티의 계열사인 시티뱅크는 5,000억 달러에 이르는 외국인 예금과 도매금융—이 두 가지는 모두가 예금인출에 노출될 위험이 있었다—에 크게 의존했다. 여기서 외국인 예금에 대해서는 연방예금보험공사가 지급 보증을 하지 않는다. 실제로 시티가 와코비아 인수에 나선 것은 미국 기반의, 연방예금보험공사가 지급 보증을 하는 예금 때문이었다. 시티의 불안정한 자금원은 우리가 자주 보았던 패턴에 따라 서서히 빠져나가기 시작했다.

11월 20일 목요일, 나는 이사회 멤버들과 함께 연준의 의장 전용 식당에서 추수감사절 오찬 모임을 가졌다. 즐거운 자리였지만, 그날 오전에 시티 예금자들의 인출이 이미 시작되었고, 이는 주말까지 계속되었다. 시티가 인수자를 찾고 있다는 소문이 떠돌았지만, 과연 그처럼 엄청난 인수를 할 만한 금융기관이 나올 것인지는 확실치가 않았다.

금요일에는 대통령 당선자 오바마가 티머시를 재무장관으로 임명할 뜻을 밝히면서, 일은 더욱 복잡하게 돌아갔다. 그는 오바마의 측근이 아니었지만, 선거 운동 기간 중에 오바마 후보자에게 이번 위기에 관하여 직접 설명한 적이 있었다. 당시 오바마 후보는 분명히 깊은 인상을 받았을 것이다. 이런 선언이 있은 뒤, 티머시는 통화정책의 결정뿐만 아니라 뉴욕 연은의 위기 대처 업무에도 적극적으로 나서지 않았다. 그러나 그는 대통령 당선자의 참모라는 새로운 자격으로 우리와 긴밀한 협력 관계를 유지했다.

우리는 이번에는 티머시가 없이 파산의 위험에 빠진 거대 금융기업을 안정시키는 방법을 또다시 논의했다. 10월 중순에 워싱턴에서 열렸던 G-7 회의에서 우리는 금융 시스템에서 중요한 기관이 더 이상 파산하지 않도록 하겠다고 공약했다. 시티는 이러한 기준을 확실히 충족했지만, 실라는 처음에는 시티가 파산하도록 내버려둘 것을 주장했다. 나는 그녀가 일부러 도발적으로 나오는 것은 아닌지를 의심했다. 어쨌든, 그녀는 결국에는 시티의 파산을 방지하기 위한 우리의 노력에 동참했다. 실라와 나는 시티가 자신의 잘못된 결정에 따른 결과로부터 구제받아야 한다는 데에 뜻을 같이 했다. 그러나 다시 한번 강조하지만, 우리는 시티, 시티의 경영자, 채권자, 월 스트리트 사람이 아니라 경제와 금융의 안정을 위해서 일을 한 것이었다.

우리는 이전처럼 "아시아 시장 개장 직전"의 분위기에 있었다. 전화 회합을 하며 스프레드시트를 바라보았고, 가능할 것 같았던 해법이 나왔다가 폐기될 때에는 모두가 축 늘어졌다. TARP 기금이 있어서 압박은 다소 완화되었다. 다른 한편으로는 우리는 시티와 협상했을 뿐만 아니라 재무부, 연방예금보험공사와도 구제금융에서 각자의 몫을 두고 협상했다. 각 기관의 기관장과 간부들은— 정치적, 재정적, 때로는 신체적—스트레스를 감당하기가 어려웠다. 시티가 우리의 정보 요청에 화가 날 정도로 느리게 반응하는 것도 문제였다. 결국 우리는 이 회사의 경영진에 대한 신뢰가 없어졌다. 언젠가 실라는 나에게 다음과 같은 내용의 이메일을 보내왔다. "원하는 정보를 얻을 수가 없어요. 한마디로 엉망이에요. 시티가 자기 자산을 확인조차 할 수가 없다면, 우리는 무엇을 보장해야 할까요?" 이러한 긴장에도 불구하고, 우리는 일을 계속 진행해야 했다. 나는 실라를 포함하여 협상에 관여하는 사람들 모두가 시티를 그냥 내버려두어서는 안 된다고 생각한다고 확신했다. 우리는 실현 가능한 해결 방안을 찾기 위해서 무엇인가를 양보해야 했다.

우리는 11월 23일 일요일 밤 늦게 시티 그룹 안정화 프로그램을 발표했다. 여기에는 TARP 기금 200억 달러를 우선주 형태로 추가 투자하는 것도 포함되어 있었다. 이에 따르면, 시티는 정부에 자본매입 프로그램이 요구하는 배당금을 5%가 아닌 8%를 지급해야 한다. 또한 우리는 시티가 보유한 주택 및 상업용 부동산 주택 담보부 증권을 포함하여 3,060억 달러에 달하는 부실자산에 대해서는 일종의 "울타리 치기(ring fence)"(보증 지원) 작업에 들어갔다. 시티는 손실에 대비하여 마련한 기존의 준비금 80억 달러를 포함하여 부실자산에서 발생하는 370억 달러의 손실을 우선적으로 부담해야 한다. 정부는 추가 손실의 90%를 부담하는데, 재무부가 (TARP 기금을 통해) 50억 달러를 우선적으로 부담하고, 그 다음에는 연방예금보험공사가 100억 달러를 부담한다. 재무부와 연방예금보험공사는 이러한 보증의 대가로 시티에게서 우선주를 받는다. 가능성은 별로 없지만, 손실이 엄청나게 커서 시티, 재무부, 연방예금보험공사가 약속한 금액을 모두 소진할 경우를 대비하여 연준이 남은 자산의 90%에 상당하는 예비 대출을 마련해놓았다. 이때 연준은 남은 자산을 모두 담보물로 확보한다. 이번 거래의 한 부분으로서 시티는 주식 배당을 사실상 없애고, 불필요한 유질 처분을 축소하기 위해서 실라와 연방예금보험공사가 요구하는 모기지 변경 절차를 추진하기로 합의했다. 연방예금보험공사는 이번 거래에 참여하면서 지출을 가장 적게 발생시키고, 개입해야 하는 요건에 대하여 시스템 위험 예외를 또다시 발동해야 했다. 시장은 적어도 처음에는 이번 거래를 좋아했다. 시티 주식 가격은 거의 60%나 상승했다.

시티에 자본을 더 많이 투입하기보다는 시티 자산에 울타리 치기를 하려는 이유는 무엇인가? 울타리 치기는 시티가 와코비아 인수를 추진할 때 연방예금보험공사가 했던 거래를 본뜬 것인데, 시티를 최악의 상황으로부터 보호하기 위한 것이었다. 우리는 가능성은 많지 않지만, 시티에게 닥칠 수 있는 엄청난 손실의 위험을 제거하여 투자자들을 안심시켰다. 물론 이 과정에서 TARP 기금이 줄어들 수 있는 비교적 작은 공약을 해야 했다.

폴슨 장관은 TARP의 첫 번째 트랜치에 배정된 3,500억 달러 중에서 2,500억 달러를 자본매입 프로그램에, 400억 달러를 AIG에, 200억 달러를 시티를 위한 신규 자본에 책정했다. 그는 주택 소유자와 자동차 회사에 대한 지원 요구에 직면했다. 또 비상시에 동원 가능한 자금을 보유하는 것도 대단히 중요했다. 확실한 해결 방안은 의회에 TARP의 나머지 3,500억 달러의 동원을 요구하는 것이었다. 그러나 부시 행정부는 의회와의 협력 관계를 우려하여 아직 이런 요구를 하지 않았다.

11월 25일 화요일 연준은 시티 사태의 영향으로 위기 대처의 후속 단계를 사전에 알리는 선언을 했다. 우리는 패니 메이, 프레디 맥, 지니 메이(Government National Mortgage Association 정부 국민 모기지 협회)가 보증하는 주택 담보부 증권 5,000억 달러 어치를 매입할 계획을 발표했다.(재무부가 인수하기 전에 민간 주주가 소유했던 패니 메이와 프레디 맥과는 달리 지니 메이는 정부가 소유한 기관이다.) 또한 우리는 패니 메이와 프레디 맥, 그밖의 정부 지원 기관이 자금을 동원하려고 발행했던 채권을 최대 1,000억 달러 어치까지 매입할 계획이었다. 우리는 주택시장도 우려했다. 불확실한 주택시장은 주택 담보부 증권 시장의 구매자들을 몰아냈다. 투자자들은 정부가 패니 메이와 프레디 맥을 얼마나 오랫동안 지원할 것인지 혹은 주택시장이 얼마나 더 나빠질 것인지를 알 수가 없었다. 더구나 일부 금융기관들은 유동자산과 자본이 부족하여 주택 담보부 증권을 헐값에 내놓았다. 결과적으로 모기지 금리가 상승했다. 우리의 매입 프로그램은 패니 메이와 프레디 맥을 비롯한 정부 지원 기관에 대한 정부의 약속을 전하는 동시에 주택 담보부 증권에 대한 수요를 증가시켰다. 우리가 1월까지는 그 증권을 실제로 매입하지는 않지만, 이러한 선언만으로도 투자자의 신뢰 회복에 강력한 영향을 미쳤다. 언론 보도가 있고 나서 몇 분 만에 패니 메이와 프레디 맥이 발행한 주택 담보부 증권의 수익률과 장기국채의 수익률 간의 차이는 0.65%로 좁혀졌다. 이는 엄청난 변화였다. 30년 만기 모기지 금리는 11월 말 6%에서 12월 말에는 5%가 되었다.

모기지 시장이 악화되면서, 나는 주택 담보부 증권 매입 계획을 최대한 빨리 발표하고 싶었다. 우리는 이 프로그램의 승인을 받기 위해서 우리가 해야 할 일을 논의했다. 기존의 FOMC 방침에 따르면, 위원회의 통화 정책 결정에 부합하는 한, 뉴욕 연은이 패니 메이, 프레디 맥, 지니 메이가 보증하는 주택 담보부 증권을 매입할 수 있었다. 이사회 통화사무국장, 브라이언 매디건은 우리가 연방자금금리를 목표 수준에 유지하기 위한 조치를 취할 경우에는 FOMC의 승인을 더 이상 받을 필요는 없을 것이라고 주장했다. 그러나 이사회 법무 담당 스콧 알바레스는 프로그램의 규모나 중요성으로 보아 FOMC와 좋은 관계를 유지하려면 승인을 받아야 한다고 주장했고, 결국 브라이언과 나는 그의 생각을 따르기로 했다. 나는 연은 행장들이 불충분한 협의 과정을 우려한다는 사실을 잊지 않았다.

우리는 FOMC 화상 회의에서 우리의 제안과 근거를 설명했다. 그 다음에 도널드와 나는 위원들이 우리의 제안을 지지하는지, 그렇다면 다음 회의가 열리기 전에 발표해도 괜찮은지를 전화로 확인했다. 우리는 위원들의 지지를 확인하고는 주택 담보부 증권 매입 계획을 발표했다. FOMC는 12월 회의에서 이 프로그램을 공식적으로 승인했고, 주택 담보부 증권의 실제 매입은 한 달이 지나서 시작되었다.

발표 이전에 도널드와 내가 전화를 했지만, 일부 총재들은 여전히 불만스러워했다. 그들은 이번 결정의 중요성을 볼 때, 내가 FOMC의 공식적인 표결이 있기 전에는 이 프로그램을 발표해서는 안 된다고 생각했다. 돌이켜보면, 나는 신속하게 움직이려고 했던 것 같다. 그들의 말에는 일리가 있었다. 2009년 1월 위원회에서 나는 비공식적인 승인만을 가지고 발표한 점을 사과하고 앞으로는 심의 프로세스를 충실히 따를 것을 약속했다. 우리는 자산 매입은 단기금리의 변화와 똑같은 정도로 위원회의 감독 대상이라는 사실을 인정했다.

9월에 뱅크 오브 아메리카의 CEO 켄 루이스는 리먼 인수를 포기했지만, 도미노의 다음 차례였던 메릴 린치를 인수하는 데에 합의함으로써 희망의 빛을 전해주었다. 루이스는 정부의 지원이 없이도 메릴 린치의 CEO 존 테인과 함께 거래를 매듭지었다. 11월 26일 연준은 두 회사의 합병을 승인했고, 12월 5일 두 회사 주주들도 이를 승인했다.

폴슨 장관과 나는 메릴 린치의 안정에 안도의 한숨을 쉬었다. 그런데 우리는 12월 중순에 거래가 취소될 위험에 있다는 충격적인 소식을 들었다. 12월 17일 루이스는 회의를 요청했다. 우리는 뱅크 오브 아메리카가 메릴 린치 인수를 포기할 생각이 있다는 말을 그때 처음으로 들었다. 루이스는 우리에게 최근 4분기 메릴 린치의 손실이 예상보다 훨씬 더 클 것 같다는 말을 전했다.(메릴 린치의 손실은 153억 달러에 달했다.) 루이스는 메릴 린치와의 계약에서 중대한 부정적인 변경(Material Adverse Change, MAC) 조항의 발동을 고려하고 있었다. 이 조항에 따르면, 뱅크 오브 아메리카는 메릴 린치의 상황이 계약서에 서명할 때에 제시된 것보다 훨씬 더 나쁠 때에는 계약을 취소할 수 있었다.

루이스가 전하는 소식은 우리의 위기 관리 싸움에서 또다시 엄청난 타격을 받을 수 있음을 의미했다. 양사의 합병이 성사되지 않으면, 메릴 린치의 투자자, 고객, 거래 당사자는 당장 빌려준 돈을 받으려고 몰려올 것이다. 이런 뱅크런 사태는 뱅크 오브 아메리카에게로도 쉽게 번져갈 수 있었다. 우리가 얼마 전에 봤듯이, 시티의 자금 압박은 어느 정도는 와코비아 인수 실패에 기인했다. 나는 루이스가 메릴 린치 인수를 포기하면, 엄청난 패닉이 내습하여 결과적으로 뱅크 오브 아메리카에게도 좋지 않을 것으로 확신했다. 나는 루이스가 도대체 무슨 생각을 하는지가 궁금했다.

나는 스콧 알바레스와 연준 은행 감독관들과 협의하고 루이스가 MAC 조항을 발동하려는 계획은 타당하지 않을 것이라는 믿음을 훨씬 더 강하게 가졌다. 사업적, 법적 관점에서 보자면, MAC 조항 발동은 근거가 상당히 미약했다. 뱅크 오브 아메리카는 주주들이 표결을 하기 전에 메릴 린치의 자산을 분석할 기회가 많았고—메릴 린치의 자산이 잘못 계산되었다고 주장하는 사람은 아무도 없었다—시장 여건의 변화는 MAC 조항을 발동하기 위한 근거에서 확실히 빠져 있었다. 루이스가 이 조항을 발동하면, 결국은 뱅크 오브 아메리카가 패소하게 될, 장기간에 걸친 소송을 의미하는 것이었다. 소송을 진행하는 동안에, 두 회사는 시장의 강력한 압박을 받을 것이다. 그리고 뱅크 오브 아메리카는 훨씬 더 약화되거나 심지어는 파산한 메릴 린치를 인수해야 할지도 모른다.

연준은 뱅크 오브 아메리카의 지주회사를 감독했지만, 메릴 린치 합병을 강제할 권한은 없었다. 루이스가 나에게 뱅크 오브 아메리카 이사회에 합병의 종결을 지시하는 공문을 보내줄 것을 부탁한 적이 있지만, 나는 거절했다. 법적으로는 합병을 결정할 권한은 뱅크 오브 아메리카에 있었다. 우리는 루이스에게 메릴 린치의 손실, 합병 계획, 정부와의 협상을 주주에게 공개하는 문제에 관해서 조언하고 싶지 않았다. 폴슨 장관과 나는 MAC 조항의 발동은 뱅크 오프 아메리카와 금융 시스템 전체를 볼 때에는 너무나 불합리한 조치라고 생각했다. 또한 우리는 루이스에게 이미 공개적으로 알린 적이 있는 말을 다시 한번 전달했다—우리는 금융 시스템에서 중요한 기관이 더 이상 파산하지 않도록 하는 일이라면, 반드시 그 일을 할 것이다. 루이스는 이러한 원론적인 보장을 받고서 메릴 린치 합병을 승인하도록 이사회를 설득했다. 그리고 합병은 새해 첫 날에 완료되었다.

루이스가 워싱턴을 방문한 이후, 우리는 뱅크 오브 아메리카에 합병된 메릴 린치가 앞으로 생존 능력을 가지는 문제를 논의했다. 나는 루이스가 MAC 조항의 발동을 위협한 목적 중 하나는 정부 지원의 확보에 있었다는 생각도 했다. 이 점은 차지하더라도, 메릴 린치의 손실은 엄청나게 컸고,

이는 루이스가 특히 뱅크 오브 아메리카 자체의 손실도 엄청나게 컸기 때문에 합병 이후의 메릴 린치의 안정을 우려할 만한 이유가 되었다. 우리는 이미 AIG와 시티를 지원한 바 있었다. 다음에는 투자자들이 뱅크 오브 아메리카의 약점을 파헤칠 것이다. 우리는 뱅크런에 의해서 움직여야 하는 상황이 발생하기 전에 미리 손을 써야 했다.

뱅크 오브 아메리카의 일차적 감독기관인 리치몬드 연은 직원을 포함하여 케빈 워시, 감독관, 법무팀 직원의 조언에 따라서 우리는 재무부와 함께 시티 지원 프로그램과 비슷한 프로그램을 마련했다. 폴슨 장관은 메릴 린치에 시티와 AIG처럼 8%의 배당금을 부과하고는 TARP 자본 200억 달러를 투입하기로 했다. 재무부, 연준, 연방예금보험공사는 시티와의 거래에서 했던 것처럼 시스템 위험 예외를 발동했다. 주로 메릴 린치의 자산으로 이루어진 1,180억 달러의 자산에 대하여 울타리 치기를 했다. 뱅크 오브 아메리카는 시티와 마찬가지로 100억 달러의 손실을 우선적으로 부담하고 추가 손실의 10%를, 재무부가 추가 손실을 최대 75억 달러까지, 그 다음에는 연방예금보험공사가 25억 달러를 부담하는 것이었다. 연준은 다른 모든 기금이 소진될 경우, 나머지 자산의 90%에 대하여 대출을 제공하기로 약속했다. 뱅크 오브 아메리카는 울타리 치기의 대가로 정부에 40억 달러 어치의 우선주를 제공했다. 우리는 2009년 1월 16일 지원 프로그램을 발표했다. 케빈 워시는 나에게 보내는 이메일의 마지막에 "즐거운 대통령 취임식을 맞이하여"라고 적었다. 새 행정부에게는 수많은 문제가 쌓여 있었지만, 뱅크 오브 아메리카는 이러한 문제 중 하나가 아닐 것 같이 보였다.

시티와 뱅크 오브 아메리카에 대한 울타리 치기는 시장을 안심시켰지만, 재무부, 연준, 연방예금보험공사에 부담을 전혀 주지는 않았다. 실제로 5월에는 뱅크 오브 아메리카가 자신이 우선적으로 부담해야 할 손실이 100억 달러를 초과하지 않을 것으로 예상하고 정부에 울타리 치기 협정의 폐기를 요청했다. 우리는 이 요청을 받아들였지만, 정부가 울타리 치기 협정 선언 이후로 뱅크 오브 아메리카의 위험의 일부를 떠맡은 대가로 그 은행은 정부에 해지 수수료, 4억2,500만 달러를 지급한다는 조건을 걸었다.

그러나 뱅크 오브 아메리카를 둘러싼 논쟁은 사라지지 않았다. 그 은행의 주주들은 메릴 린치의 손실을 일찍 공개하지 않았던 루이스를 비난했다. 폴슨 장관과 나는 뱅크 오브 아메리카에게 메릴 린치 인수를 강요하면서 권한을 남용했다는 비난에 시달렸다. 뉴욕 주 민주당 의원 에돌퍼스 타운스, 캘리포니아 주 공화당 고참 의원 대럴 이사가 이끄는 하원 정부감시 및 정부개혁위원회는 특히 험난했던 6월 25일 청문회에서 이 문제를 거론했다. 오하이오 주 민주당 의원 데니스 쿠시니치는 청문회 직전에 열린 한 회의에서 의원들이 나한테 "증권법 위반죄를 적용하지는 못하겠지만," 어쨌든 힘겨운 청문회가 될 것이라고 말했다. 폴슨 장관과 나는 선서를 하면서 마치 우리가 형사 재판의 증인과도 같은 생각이 들었다. 나는 우리가 루이스에게 합병을 설득했지만, 메릴 린치의 손실을 주주에게 공개하는 책임과 마찬가지로 합병 결정은 그와 뱅크 오브 아메리카의 이사회가 했던 것이라고 설명했다. 청문회는 온갖 허세와 빈정거림이 난무한 가운데 3시간 반만에 끝났다. 하원 위원회의 비난은 설득력이 없었고, 이 문제를 더 이상 거론하지 않았다. 그러나 2012년 9월, 뱅크 오브 아메리카는 메릴 린치 인수 과정에서 주주들을 기만한 데에 따른 손해배상 문제 해결을 위해서 약 25억 달러를 지출하기로 합의했다.

2008년 12월에는 디트로이트를 대표하는 3대 자동차 회사 임원들과 그들의 대리인들이 의회에 지원을 요청했다. 연준도 앞으로 몇 개월 동안 자기 회사의 생존 문제를 걱정하는 자동차 회사 임원들에게서 지원 요청을 받았다. 이 회사들은 지난 수년 동안의 석유 값 상승에 적응하지 못한 것을 포함하여 경기침체와 그들의 잘못된 전략 때문에 어려움을 겪고 있었다. 그러나 그들은 뱅크런과 비슷한 경험을 하고 있었다. 부품 제조업자와 채권자들이 자동차 회사들이 파산할 것이라는 두려움 때문에 현금 선지급을 요구했다. 의회는 이들을 도우려고 다양한 방법을 찾았지만, 해결 방안은 떠오르지 않았다.

의회가 그들을 도우려는 시도가 실패로 끝나자, 상원 다수당 대표 해리 리드와 하원 의장 낸시 펠로시, 상원 의원 크리스 도드를 비롯한 의원들은 연준에게 자동차 회사를 위한 대출을 요청했다. 우리는 이를 몹시 꺼렸다. 우리는 금융 패닉에 맞서 노력을 집중해야 하는 연준의 원래 목적에 충실하려고 했다. 우리는 문어발식으로 뻗어가는 제조업 부문의 구조조정을 감독하는 기관이 아니다. 우리는 그 부문에 대한 전문성이 없다. 그리고 신속한 조치를 요구하는 금융 산업의 위기와는 다르게, 자동차 산업의 위기는 서서히 전개되기 때문에 의회가 대처 방안을 논의할 시간이 없는 것도 아니었다. 의회가 행동을 결정하지 않는 상황에서, 연준이 나서서 이러한 결정을 하는 것은 적절하지 않아 보였다.

다행스럽게도, 폴슨 장관과 부시 대통령이 GM, 크라이슬러와 이들의 금융 계열사를 지원하려고 TARP 기금을 사용하기로 합의함으로써 이 쟁점은 고려할 가치가 없게 되었다.(포드는 지원 신청을 하지 않았다.) 부시 대통령은 12월 19일 루스벨트 룸에서 이번 투자를 발표했고, 오바마 행정부가 이를 이행했다. 정부는 자동차 회사에 대한 자금 지원 약속으로 TARP 기금의 두 번째 트랜치에 배정된 3,500억 달러를 어렵지 않게 동원할 수 있었다. 뱅크 오브 아메리카 지원 프로그램을 발표하기 나흘 전인 1월 12일, 부시 대통령은 두 번째 트랜치를 요청하여 신임 대통령의 정치적 책임 부담을 덜어주려고 했다. 그리고 의회는 이를 가로막지 않았다.

12월 16일의 FOMC 회의는 아주 중요했다. 따라서 나는 이번 회의 기간을 이틀로 연장하여 12월 15일 월요일에 개최했다. 11월 실업률은 6.7%로 상승했고, 취업자 수는 한 달 동안에 50만 명이 넘게 감소했다. 엄청난 감소였다. 우리는 심연의 나락으로 빠져드는 것만 같았다. 12월 1일, 미국 경제연구소는 미국 경제가 1년 전부터 침체에 진입했음을 공식적으로 확인시켜주었고, 다우존스 지수는 680포인트 하락했다. 이사회의 이코노미스트들은 2008년 4분기와 2009년 1분기에 경제가 크게 위축될 것으로 예상했다. 실업률은 2009년 3월에는 7.75%까지 상승하고, 같은 해 12월에는 8%를 상회할 것으로 예상했다. 이처럼 두려운 예측조차도 상당히 낙관적인 것으로 드러났다.

우리는 1%였던 연방자금금리를 더욱 인하할 생각이었다. 2003년에는 1% 아래로 낮추는 것을 몹시 꺼려하게 되었다. 그것은 부분적으로는 우리가 그처럼 낮은 금리에서는 MMF와 금융기관이 정상적으로 작동할 수 없을 것이라고 우려했기 때문이었다. 그럼에도 이번 FOMC 회의에서는 연방자금금리의 범위를 제로 퍼센트와 0.25% 사이로 잡았다.

금융위기의 시작 이후로 금리인하에 저항해왔던 매파 진영으로서는 수긍하기 힘든 제안이었다. 따라서 회의 시간이 길어졌다. 찰스 플로서는 "약간의 거부감"을 가진다는 말과 함께 찬성표를 던졌다. 리처드 피셔는 처음에는 반대표를 던졌지만, 점심 시간이 지나서 투표 결과를 공식 발표하기 불과 몇 분 전에 나에게 찬성표로 바꾸겠다고 말했다. 나는 점심 식사가 끝나고 위원들이 다시 모였을 때에 리처드가 "통일 전선을 이루기 위해서" 찬성표로 바꾸었음을 알렸다.

이번 결정은 역사적으로 중요한 의미가 있었다. 경제 상황이 제로에 가까운 연방자금금리를 요구한다는 사실을 FOMC가 인정한 것이었다. 이런 측면에서 보면, 미국은 단기금리가 수년 동안 거의 제로 수준을 유지하는 일본이 되었다.

연방자금금리가 제로 수준이 되었기 때문에, 이제 우리는 연방자금금리를 인하하는 방식으로 통화팽창 정책을 더 이상 추진할 수가 없었다. 우리는 다른 방법을 찾아야 했다. 우리는 12월 회의에서 장시간에 걸쳐 가능한 옵션을 논의했다. 결과적으로 우리는 그린스펀 의장 시절에 연방자금금리가 1%이고 디플레이션을 걱정하던 시절에 했던 논의를 되풀이하게 되었다. 또한 이번 논의는 내가 2002년에 디플레이션과 비관행적인 통화정책 도구에 관한 강연에서 헬리콥터 벤이라는 소리를 들어가며 제기했던 주제를 반영한 것이기도 했다. 오버나이트 대출금리는 거의 제로 수준이 되었지만, 장기금리는 이보다 더 높았다. 우리가 장기금리를 낮추려면, 주택, 자동차, 자본 투자에 대한 수요를 자극할 수 있어야 한다. 지출이 증가하면 실업자가 감소하고 디플레이션을 방지할 수 있다.

우리는 두 가지 도구를 생각했다. 첫 번째 도구―대규모 자산 매입(large-scale asset purchases), 우리 직원들의 표현에 의하면 LSAPs―는 수천 억 달러어치의 증권을 매입하여 우리 대차대조표에 기재하는 것이었다. FOMC가 3주일 전에 패니 메이와 프레디 맥의 주택 담보부 증권과 채권 6,000억 달러 어치 매입을 공식 승인함으로써, 우리는 이미 이러한 작업에 들어갔다. 우리는 이러한 증권 매입뿐만 아니라 이미 통화정책 수단의 일환으로 정기적으로 소량 매매했던 국채의 매입에도 나섰다. 나는 몇 주일 전에 텍사스 주 오스틴 강연에서 국채를 조직적으로 대량 매입할 가능성을 내비추었다. 그리고 우리는 12월 FOMC 회의 결과 보고서에서 이러한 가능성을 평가할 것이라고 밝혔다―시장에 상당히 강력한 신호를 전했다. 국채와 같은 장기채권 매입 목표는 이들 채권의 금리를 인하시키고 다른 장기금리의 인하를 유도하여 경기를 진작시키는 것이었다.

두 번째 도구는 커뮤니케이션 전략, 즉 "공개 구두 개입"이었다. 우리는 단기금리를 제로 수준에 가깝게 두는 방식으로 시장과 대중에게 단기금리를 오랫동안 낮게 유지하려는 의지를 표명할 수 있다. 미래의 단기금리에 대한 기대는 투자자가 수용하는 장기증권 수익률에 영향을 미치게 되어 이러한 의지 표명만으로도 장기금리인하에 분명히 도움이 되었다. 또한 우리는 2002년 내가 연준에 들어온 이후로 계속 주장했던, 구체적인 수치로 명시된 물가안정목표를 또다시 거론했다. 지금과 같은 상황에서는— 침체 기간에는 인플레이션이 아주 낮았다—명시적인 목표 설정은 시장에 인플레이션이 목표에 도달할 때까지 통화팽창 정책을 계속 유지할 것이라는 확신을 줄 수 있었다. 하지만 우리는 명시적인 목표 설정이 경제적으로나 정치적으로나 중요한 조치였기 때문에 좀더 논의하기로 했다. 우리는 이번 회의 결과 보고에서는 정성적(定性的) 표현을 쓰기로 했다. 우리는 그린스펀 시절의 "상당 기간", "신중한"과 같은 표현을 떠올리면서, 경제 여건이 취약하여 연방자금금리를 "일정 기간" 특히 낮은 수준으로 유지해야 할 것이라고 예상했다.

티머시는 오바마 행정부로부터 재무장관직 제의를 받고 나서는 조심스럽게 처신하려고 FOMC 회의에 참석하지 않았다. 그러나 우리는 그 위원회를 떠나는 사람에게 늘 그랬던 것처럼, 회의가 끝나고는 티머시와 함께 저녁식사를 하면서 축하의 말과 함께 재미있는 일화들을 나누었다. 나는 「뉴욕 데일리 뉴스」의 "오바마 내각의 섹시한 인물" 기사에 티머시가 나온 것을 가지고 놀리기도 했지만, 마지막에 가서는 지난 1년 반 동안의 수고를 치하했다. 나는 "당신이야말로 금융위기와의 싸움에서 옆에 두고 싶은 사람입니다"라고 말했다. 티머시와는 수시로 지적 논쟁을 벌였던 제프 래커는 연은 행장들을 대표하여 그를 언제라도 누구에게든지 구제금융을 제공할 사람이라고 놀렸다. 티머시도 이에 맞서 제프가 수시로 했던, 다양한 구제금융 자체가 시장 붕괴의 원인이라는 말을 "소방관이 화재의 원인"에 빗대어 표현했다. 위원회 분위기는 밝았지만, 예전과는 다르게 긴장감을 지울 수 없었다.

티머시의 사임은 연준에게 큰 손실이 될 것이다. 나는 그가 회의 때에 거침없이 내뱉었던 신성모독적인 발언, 티머시 특유의 촌철살인과도 같은 경구를 그리워할 것이다. "계획은 무계획을 물리친다", "활주로에 거품을 뿌린다", "구약성서와도 같은 태도" 등. 그럼에도 나는 오바마 행정부에 유능한 파트너가 있게 되어 기뻤다. 오바마 당선자는 티머시를 선택하는 과정에서 자신이 원하는 사람을 얻기 위해서 정치적으로 뜨거운 문제에 직접 부딪히려는 의지를 보여주었다. 티머시는 오바마 당선자에게 재무부의 입장에서 자신이 나쁜 선택이 되는 이유를 차근차근 설명했다. 특히, 대중들에게 인기가 없는 구제금융의 설계자인 자신이 재무부에 짐이 될 것이라고 말했다. 대신에, 그는 자신의 멘토 중 한 사람인 래리 서머스를 추천했다. 그러나 오바마 당선자는 이미 마음을 굳히고는 티머시에게 장관직 수용을 계속 종용했고, 결국 티머시가 이를 받아들였다.

애나와 나는 티머시의 온화하고도 현실적인 부인 캐럴을 잘 알고 있었다. 그녀는 사회사업가이자 청소년 소설 작가였다. 티머시가 장관직 지명을 받았을 때에 캐럴이 보인 반응은 내가 연준 의장 지명을 받았을 때에 애나가 보인 반응과 다르지 않았다. 그 일 자체가 남편과 가정에 무엇을 강요하는지를 알았을 때의 비참한 심정. 캐럴은 애나와 마찬가지로 국가정책을 담당하는 사람의 아내라는 세간의 부러움에는 전혀 관심이 없었다. 이때까지 나는 캐럴과 애나의 걱정을 잘 이해하고 있었다. 티머시가 재무장관에 지명된 사실이 알려지면서 당장 주식가격이 올랐고, 나는 그에게 농담 삼아 "가이트너 주가 반등"을 축하했다. 티머시와 나는 시장(그리고 언론)의 판단이 얼마나 변하기 쉬운지를 잘 알고 있었다.

티머시에게 고통은 곧 나타났다. 그는 IMF에서 잠깐 근무하던 시절에 세금 계산을 잘못한 적이 있었는데, 이 문제가 승인 청문회에서 중요한 쟁점이 되었다. 이런 사실을 포함하여 몇 가지 장애물이 있었지만, 티머시는 난관에 직면하여 침착함을 잃지 않았다. 티머시는 재무부 직원 시절부터 어떠한 난관에 부딪히더라도 올바른 정책을 도출하기 위해서 대단한 집중력을 발휘했다. 그것은 티머시가 지닌 대단한 강점이었다. 그는 똑똑하고 헌신적인 사람들을 끌어들였다. 그리고 팀워크를 강조했다—그는 "무능하거나 허세를 부리거나 불평하는 사람"을 선택하지 않았다. 나는 워싱턴에서 허세를 부리거나 사실을 왜곡하는 사람을 보면 참지 못하는 티머시의 성격을 좋아했다. 때로는 이런 성격이 재무장관으로서 새로운 정치적 역할을 효과적으로 수행하는 데에 방해가 되더라도 말이다.

나는 오바마 당선자가 경제정책을 맡길 또다른 후보에 대해서도 믿음을 가졌다. 내가 래리 서머스를 알게 된 지도 수십 년이 되었다. 대학 시절, 내가 경제학을 우연히 알게 되었을 때에, 래리는 경제학 분야에서 어린 아이가 스타로 양육되는 것만 같았다. 래리의 부모님들도 경제학자였고, 집안에는 노벨 경제학상 수상자—삼촌 폴 새뮤얼슨, 외삼촌 케네스 애로—도 있었다. 국가경제회의 의장 시절, 래리는 부시 행정부에서 정책의 교통순경 역할을 훌륭하게 수행했던 전임자 앨 허버드와는 다르게 자기 생각을 분명히 전달하려고 했다. 그의 분석 능력, 특히 어떤 주장에서 약점을 찾아내는 능력은 주변 사람들이 더 나은 정책을 도출하는 데에 많은 도움이 되었다.

오바마 당선자는 내가 예전에 맡았던 경제자문위원회 의장으로는 프린스턴 교수 시절에 나의 동료 교수였고 뉴저지 주 록키 힐의 이웃이었던 크리스티나 로머를 지명했다. 그녀는 지금은 버클리 대학교에서 저명한 경제사학자로서 나처럼 대공황에 관한 논문을 여러 편 발표한 바 있다. 그녀는 수동적이고 관행적인 정책이 대공황을 크게 악화시켰다고 진단했고, 금융과 경제의 안정을 압박하는 가공할 위협에 직면하여 나처럼 능동적이고도 비관행적인 정책을 선호했다.

또한 오바마 대통령 당선자는 연준 이사회의 새 총재로 대니얼 터룰로를 지명했다. 그는 2009년 1월에 이사회를 떠나야 했던 랜들 크로스너―랜들은 자신의 새로운 임기에 대하여 상원 승인을 받지 못했다―자리에 올 예정이었다. 금융규제를 전공한 조지타운 대학교 법학과 교수 대니얼은 클린턴 행정부 시절에 다양한 역할을 수행했고, 과도기의 경제 문제 워킹 그룹을 이끌었던 경험도 있다. 대니얼과 같이 일해본 적이 없던 나는 그와 만남의 자리를 가졌는데, 연준에 대한 해박한 지식과 관심에 깊은 인상을 받았다. 나는 그가 랜들이 맡았던 은행감독위원회 일에 적임이라고 생각했다. 나는 경제학자들이 즐비한 FOMC에서 법학자 대니얼이 얼마나 잘 적응할 것인지는 확신이 서지 않았지만, 그는 특히 노동시장 문제를 깊이 파고들었을 뿐만 아니라 통화정책에서도 확고한 입장을 견지했다. 1월 27일 의회가 대니얼―표결은 96대 1로 나왔고, 상원 의원 버닝만 반대표를 던졌다―을 인준함으로써 이사회는 벳시 듀크, 케빈 워시, 대니얼 터룰로, 도널드 콘 그리고 나까지 5명으로 구성되었다. 그러나 여전히 두 자리는 공석이었다. (랜들이 퇴임하고 대니얼이 취임 선서를 하던 주일에, 이사회의 구성원이 역사상 처음으로 4명이었다.)

물론 정권이 바뀌는 과도기에도 옛 얼굴의 퇴임과 새로운 얼굴의 취임은 어김없이 이루어졌다. 1월 5일 월요일, 나는 폴슨 장관을 연준으로 초대하여 디너 파티를 조촐하게 열었다. 그 자리에는 두 명의 전직 재무장관(밥 루빈과 래리 서머스), 재무장관 예정자(티머시 가이트너), 전직 연준 의장(폴 볼커와 앨런 그린스펀), 이사회 부의장 도널드 콘이 참석했다. 폴슨 장관은 많은 생각에 잠겨 있었다. 재임 시절에 많은 일들이 일어났고, 그는 그 일이 끝나서 안도하는 듯했다. 그는 후임 장관과 긴밀하게 일해왔고, 자신이 티머시와 재무부 직원들에게 위기에 맞서 계속 싸울 도구—특히 TARP 기금의 두 번째 트랜치에 배정된 기금—를 만들어주었다고 생각했다.

폴슨 장관은 시카고 근처의 집으로 돌아와서는 자신의 열정—중국, 환경 보호—을 추구할 자유를 얻었다. 그는 시카고 대학교에서 미국과 중국 간의 사업 발굴과 문화교류에 공헌하는 연구소를 창설했다. 이후 그는 중국을 수시로 방문했고 중국의 경제적 기회에 관한 책을 발간했다. 환경 보전과 관련해서는 그와 그의 아내 웬디는 취미 활동(그들은 열렬한 들새 관찰자들이다)과 자선 활동을 계속했다. 그들은 조지아 주 연안의 리틀 세인트 사이먼스 섬 보존 활동을 추진하는 재단에 자금을 지원했다.

2009년 1월 20일, 애나와 나는 의회 의사당에서 열린 신임 대통령 취임식에 참석했다. 우리가 대통령 취임식에 참석하기는 그때가 처음이었다. 내 경호원들은 의사당 건물의 작지만 화려하게 장식된 방까지 우리를 따라왔다. 거기서 우리는 FBI 국장 로버트 뮬러, 그의 아내 앤과 함께 대기했다. 경호원들은 우리가 사회자 연단 뒤에 자리를 잡을 때까지 계속 우리 곁에 있었다. 우리 앞에는 수많은 군중이 의사당 광장을 뒤덮고 있었다. 우리는 영하 2도의 추운 날씨와 매서운 찬바람에 몸을 떨면서 기다렸다. 드디어 취임식이 시작되었다. 아레사 프랭클린이 "나의 조국"을 불렀고, 연방 대법원장 존 로버츠가 취임 선서를 주재했다. 그리고 신임 대통령이 자신의 첫 번째 취임 연설을 시작했다.

신임 대통령은 경제 재앙에 직면한 미국에 선거운동을 통해 희망을 전파했다. 그는 희망의 메시지를 다시 한번 전했다. 그는 "우리는 여전히 지구상에서 가장 번성하고 강력한 국가입니다"라고 말했다. "우리 근로자들은 이번 위기가 시작될 때나 지금이나 생산성은 감소하지 않았습니다. 우리의 창의성도 마찬가지입니다. 지난 주일 혹은 지난 달, 혹은 작년에 비해 우리의 제품과 서비스에 대한 요구도 감소하지 않았습니다. 우리의 능력은 사라지지 않았습니다……오늘, 우리는 훌훌 털고 힘을 다하여 출발합시다. 그리고 미국을 다시 만드는 과업을 시작합시다."

나는 애나와 함께 단상에 앉아 취임 연설을 들으면서 이번 취임식은 미국과 세계경제의 번영을 회복하기 위해서 우리의 힘과 결의를 다시 끌어모으는 계기가 되기를 희망했다.

18

금융위기에서 경제위기로

⋮

정신없이 바빴던 2008년 가을은 연준의 전체 직원들과 간부진의 용기와 능력을 시험했다. 압력이 증가하는 가운데 나쁜 소식이 끝없이 들려왔을 때, 모든 직원들의 얼굴은 지친 기색이 역력했다. 간부들은 하루 24시간, 일주일의 대부분 시간을 대기 상태에 있었고, 직원들은 필요한 만큼 오랜 시간 동안 작업할 태세를 갖추고 있었다. 밤낮으로 사무실에서 근무한 브라이언 매디건의 안색은 매우 창백해져 동료들은 그의 건강을 걱정했다. 가정과 개인 생활은 뒷전으로 밀려났다. 어느 주말에는 미셸의 여섯 살 난 아들 헨리가 계속 울려대는 엄마의 블랙베리 폰을 감추어두었는데, 그녀가 그것을 찾아냈을 때, 아이는 풀이 죽은 모습이었다. 그러나 우리의 사기는 여전히 높았다. 직원들은 그들이 중요한 일을 하고 있다는 사실을 알았고, 자신의 뛰어난 기량과 전문지식을 자랑스럽게 생각했다. 가급적 기회가 있을 때마다 우리는 문제 해결책을 찾는 블루스카이 싱킹 모임을 자유롭게 진행했다. 이런 회의를 통해서 우리는 최선의 아이디어 몇 가지를 생각해냈고, 아무런 성과가 없을 때더라도 계속 초점을 유지할 수 있었다. 한 그룹의 이코노미스트들이 자신들에게 "아홉 멍청이들(nine schmucks)"이라는 호칭을 자랑스럽게 붙였는데, 한번은 오랜 시간에 걸친 집단사고 모임을 마치고 메모 작성과 업무 배정을 할 때 나는 "어떻게 아홉 멍청이들만 번번이 일을 전부 떠맡아요?"라고 농담을 했다. 그러나 우리가 그런 노력을 얼마나 오래 계속할지 나는 걱정이 되었다.

나는 가끔 몹시 심란해질 때가 있었으나, 침착하고 신중한 태도를 유지하려고 노력했고, 실제로도 그랬다.(가이트너는 의중을 알기가 어려운 사람이지만, 그는 언젠가 나를 "중앙은행의 부처"라고 불렀다.) 내가 여러 안건에 관한 반응을 살피는 풍향계처럼 이용한 미셸에게 말한 바와 같이 금융 패닉은 상당한 심리적 요인을 내포한다. 침착함과 합리성 및 확신을 가지는 것이 싸움의 절반이다. 관련된 이해관계를 너무 많이 생각하는 것은 사람의 기를 죽이고 심지어 생각을 마비시키기 때문에, 나는 연설문을 준비하거나 회의 계획을 세우는 등 구체적인 업무에 가급적 초점을 맞추었다.

애나는 우리의 가정을 오아시스로 만들었고 내가 건강을 돌보고 휴식을 취하도록 권유했다. 그녀의 권유에 따라서 의사의 진찰을 받은 뒤 평소의 식단에서 글루텐을 제거했고 위기 초기 때부터 나를 괴롭혔던 소화불량 문제가 완화되었다. 아내는 열성적인 야구팬이 아니었으나, 내셔널즈의 경기 때는 항상 즐겁게 나와 함께 야구장에 갔다. 그에 대한 보답으로 나는 케네디 센터에서 열리는 그녀의 무용 공연에 동행했다. 그녀는 우리 집 실내를 로즈마리와 라벤더 및 그 외의 향기로 채우기 위한 아로마 요법 방향제 구입 같은 소소한 일도 했다.(아내가 알려주지 않으면, 보통 나는 그런 사실을 알아채지 못했다.) 또한 그녀는 항상 내가 공명심에 들뜨지 않도록 붙잡아주었다. 저녁 식사 때 나는 연준이 취한 수십억 달러의 조치에 관한 이야기를 들려주면 아내는 한결같이 "잘된 일이군요"라고 말한 다음, 내가 쓰레기와 재활용 물품을 내어가도록 일깨워주었다. 우리는 주말이면 함께 식료품 가게에서 장을 보았는데, 경호원들이 뒤를 따라다녔기 때문에 남의 시선을 끌지 않으려는 노력은 헛수고가 되었다.

우리 집에서 키우는 두 마리의 개 스캠퍼(유서 깊은 비글-바세트 종)와

팅커(몸집이 작고 붙임성이 있었으며 종류는 미상이었다)를 보면 나는 어느 정도 기분 전환을 할 수 있었다. 개들은 아침에 현관문에서 나의 출근을 배웅한 다음 정원을 내려다보는 거실 창문 옆의 평상시의 자기네 자리로 돌아갔다. 위기가 계속되는 동안 나는 사무실 출근을 거르고 개들과 하루 종일 앉아 있었으면 하는 생각을 한 적이 한두 번이 아니었다.

2008년에 애나는 오랜 꿈을 실현하여 워싱턴 시의 아이들을 교육하는 프로그램을 시작했고 찬스 아카데미라는 이름을 붙였다. 그후 수년 동안 이 프로그램에 참여하는 아이들의 수가 늘어나자 아내는 시간제 교사들을 추가로 채용했고 부모들은 소액의 수업료를 지불하는 대신 자원봉사를 했다. 우리는 비용의 대부분을 자비로 충당했는데 가끔 친지들과 몇몇 재단으로부터 도움을 받았다. 애나는 무보수로 이 사업에 매주일 60시간 이상을 바쳤고 자신의 일을 사랑했다. 퇴근한 나는 아내가 하루 동안 겪은 일을 들으면서 위안을 찾았다. 나는 연준이 사람들을 도와주고 있다고 믿었지만, 애나는 자기 학생들의 발전과 행복을 지켜보면서 자신의 노력에 따르는 혜택을 훨씬 더 구체적으로 곧장 확인할 수 있었다.

대통령 취임식이 위기와의 싸움에서 실질적인 새로운 국면전환의 계기가 되었다. 그의 팀은 다른 일련의 아이디어를 제시했으나, 보다 큰 변화는 위기 자체의 성격이 순수하게 금융적인 측면이 줄어들면서 더욱 경제적으로 변한 점이다. 마침 오바마 대통령은 첫 번째 주요 정책을, 이제 1년 이상 지속된 파괴적인 경제 위축의 저지에 초점을 맞추었다. 신(그리고 구)케인스파 학자들은 민간 수요─소비자 지출, 주택 구입, 자본투자─의 붕괴에 의해서 생산과 고용이 휘청거리게 되었다고 주장했다. 케인스가 1930년대에 처음 견해를 밝힌 바와 같이 경기침체 때에는 공공지출이 일시적으로 민간지출을 대신할 수 있었다. 경제가 여전히 자유낙하하고 단기금리가 이미 제로에 근접하고 있는 상황에서 경제는 분명히 정부 재정의 지원, 즉 정부의 지출 증가나 민간 지출을 확대하는 세금 감면 혹은 두 가지 모두를 필요로 했다. 「월 스트리트 저널」의 사설에서 내가 사실상 오바마 후보를 지지했다고 주장할 정도로 나는 (나의 평상시 신중한 중앙은행 관련 발언의 일부였지만) 가을에 그렇게 말했다. 나는 어떤 후보를 지지한 것이 아니었고 계획을 지지한 것이었다. 이런 나의 태도는 부시 대통령의 재정적인 경기부양 조치(세금 감면 형태를 취했다)를 지지한 것과 마찬가지였다. 이 부양 조치는 2008년 초에 통과되었다.

취임 후 한 달도 채 되지 않은 2월 17일 오바마는 2009년의 대규모 재정 종합대책인 미국의 경제 회복 및 재투자 법에 서명했다. 규모가 7,870억 달러인 이 법에는, 대부분이 교육 및 메디케이드(Medicaid : 빈곤층에 의료 혜택을 제공하는 정부의 주요 계획)에 대한 지출을 돕는 주 및 지방 정부 지원용인 1,440억 달러는 물론 소비와 투자 촉진을 지원하는 세금 감면 2,880억 달러—사회보장 급여를 일시 줄인 것이 가장 주목할 만하다—가 포함되었다. 나머지 3,550억 달러는 다양한 연방 지출 계획에 분산되었는데, 그중에는 400억 달러의 실업급여 연장과 1,050억 달러의 인프라 투자가 포함되었다.

이 경제 회복법이 일자리를 만들고 경제위축의 완화에 기여했다고 나는 확신한다. 우리 직원들과 초당파적인 의회예산처가 이 결론에 동조했다. 그럼에도 불구하고 회복은 느렸고 지연되었다. 돌이켜보면, 몇몇 경제학자들(오바마 대통령의 경제자문위원회 의장 크리스티 로머가 포함된다)은 경기부양 종합대책의 규모가 너무 작았다고 말했다. 연준 내부에서는 우리의 재정 전문가 몇 명이 그런 우려를 당시에 이미 표명했다. 다음 몇 년 동안 나는 순수하게 경제적인 관점에서 볼 때, 이 경기부양 계획은 규모가 지나치게 작았을 가능성이 있었다는 데에 동의하게 되었다.

나는 7,870억 달러 규모의 종합대책이 작은 규모가 아니라는 사실을 알았지만, 그 규모는 15조 달러 규모의 미국 경제가 70년 만에 겪은 최악의 경기침체를 막는 것을 돕는 종합대책의 목적과 비교할 필요가 있었다. 또한 몇 가지 고려 사항이 부양계획의 효과를 감소시켰다. 첫째 언론매체의 제목에 뽑은 수치는 이 계획의 실질적인 규모를 어느 정도 과장했다. 예를 들면, 이 대책에 포함된 메디케이드의 지출 일부와 특정 세금에 대한 조정은 경기부양과 무관하게 시행되었을 가능성이 높았다. 둘째, 대책의 효과 대부분이 주 및 지방 정부의 지출 삭감과 세금 인상에 의해서 상쇄되었는데, 이 점이 특히 중요했다. 경제 활동이 줄어들게 됨으로써 소득, 판매, 재산에 부과된 주 및 지방 정부의 세수가 급격히 감소했다. 이들 정부들의 다수는 균형예산을 의무화하는 법에 따라서 가동되므로, 수입 상실에 대해서 근로자 해고(수천 명의 교사, 경찰, 소방관이 포함된다), 세금 인상 및 자본투자 프로젝트의 취소로 대응했다. 연방정부의 종합대책은 주 및 지방 정부를 지원했지만, 그들이 직면한 예산 부족을 메우기에는 역부족이었다.

경기부양 대책의 옹호자들은 이 대책이 정치적으로 실현 가능한 최대의 선택이었다고 주장한다. 그들의 말이 아마 옳을 것이다.(상원에서는 공화당 의원 3명이 지지했고 하원에서는 전원이 반대했다.) 유권자들은 일반적으로 세금감면과 사회복지 프로그램 및 인프라에 대한 지출을 환영한다. 적어도 자신들이 직접적인 혜택을 받을 때는 그랬다. 그러나 종합대책—그리고 침체로 초래된 세수 감소와 자동적으로 증가한 사회복지 지출(예를 들면, 실업수당과 식료품 할인 구매권에 대한 지출)—으로 초래된 엄청난 규모의 정부 예산적자에 대해서 많은 미국인들이 걱정했다. 일부 유권자들이 경기부양을, 자체의 장점과 무관하게 의원들이 좋아하는 사업에 자금을 지원하는 "크리스마스 트리"로 간주할 가능성은 경제위기 해소에 아무런 도움도 되지 않았다. 종합대책이 초점을 더 분명하게 맞추고 미국의 인프라를 강화하고 경제의 장기적인 생산 잠재력을 향상시키는 방법으로 받아들여졌다면, 아마도 더 폭넓은 국민의 지지를 받았을 것이다. 그러나 경기부양의 결말이 어떻게 될지 알기는 어려웠다.

또한 오바마 행정부는 취임 초 몇 주일 동안 모기지 유질(流質, foreclosure) 처분을 줄이는 계획을 시행하는 데에 초점을 맞추었다. 전임 행정부와 신임 행정부 사이의 인수인계가 진행되는 동안 광범위한 대화와 토론을 한 후 티머시와 그의 대통령직 인수단은 한 가지 전략을 정했다. 2월 18일 오바마 대통령은 내 집 마련을 위한 지원 대책을 공개했다. 이 대책은 두 가지 요소로 구성되었다. 첫 번째 구성요소에는 주택 담보대출 차환 프로그램(Home Affordable Refinance Program, HARP)이란 명칭이 붙었는데, 그것은 현재 손실 상태에 있는 주택 소유자들이, 대출조건이 더 좋고 월 불입금이 더 낮은 모기지로 갈아타도록 돕는 것이었다. 이 계획은 컬럼비아 대학교 교수 크리스토퍼 메이어와 글렌 허버드의 제안의 몇 가지 측면을 반영했다.(연준 이사회 총재 자리 면접에 나를 부른 사람이 부시 대통령의 보좌관이었던 허버드였다.) 모기지 할부금 지출 부담에 시달리던 주택 소유자는 이런 지불금 인하로 형편이 나아졌을 것이다. 그러나 정부의 통제를 간접적으로 받았던 패니 메이와 프레디 맥이 소유했거나 보증한 모기지에만 자격이 있었다.

두 번째 구성요소인 주택 담보대출 조정 프로그램(Home Affordable Modification Program, HAMP)은 이미 지불금을 미납한 주택 소유자들을 표적으로 삼았다. HARP와 달리 HAMP는 TARP에 의해서 자금이 공급되고 패니 메이와 프레디 맥이 소유하지 않은 모기지의 주택 소유자들을 포함시켰다. 월 총소득의 31%를 넘는 채무 부담을 매달 지는 채무자들은 시험적으로 대출을 변경하는 자격을 부여받게 되었는데, 만약 채무자들이 시험 기간 동안 지불을 계속할 수 있을 경우 이런 시험적인 변경은 영구적인 변경으로 전환될 수 있었다.

HAMP는 민간 모기지 관리자들이 영구적인 변경을 성사시킨 건수대로 관리자들에게 일정 금액을 지불하게 되었다. 또한 채무자들이 변경된 모기지를 계속 유지할 수 있는 능력을 입증할 경우, 관리자들이 계속 지불을 받게 되었는데, 그것은 지속이 가능한, 대출조건 변경을 장려하는 데에 목적이 있었다.

주택 소유자들을 돕는 이 정책이 금융기관에 대한 구제금융보다 정치적으로 인기가 더 높지 않은 것을 보고 나는 당혹했다. 그러나 미국인들은 월 스트리트를 긴급 구제할 마음이 없는 것만큼이나 자기 이웃들을 구제할 마음이 없는 것이 분명했다. TV 명사인 릭 산텔리가 CNBC 케이블 채널에 출연하여 주택 소유자 구제를 질타해서 유명해진 장면이 티파티 운동(Tea Party movement : 작은 정부와 적은 세금을 지향하는 미국의 보수주의 정치 운동/역주)을 촉발시켰다고 생각하는 사람들도 더러 있었다. 2009년 2월 산텔리는 시카고 상업거래소(Chicago Mercantile Exchange) 객장에서 진행한 뉴스 논평 때 거래자들을 향해 (문법을 무시한 채) 고함을 질렀다. "여러분들 가운데서 몇 명이, 가외의 욕실이 딸린 집에 살면서 대출금 청구서 대금을 지불할 능력이 없는 이웃사람의 모기지 할부금을 대신 지불하기를 원합니까?" 객장에서 "노(No)!"라는 함성이 이구동성으로 터져나왔다. 그는 "오바마 대통령, 당신께서는 이 소리를 듣고 계십니까?"라고 물었다.

새 행정부의 가동 초기 몇 달 동안 금융 시스템의 안정을 마무리하는 것은 여전히 최우선 과제가 되었다. 주로 연준의 대출 계획 때문에 단기자금시장은 현저하게 개선되었다. 그러나 새로운 TARP 자본과 시티와 뱅크 오브 아메리카를 떠받치기 위한 몇 가지 조치에도 불구하고 시중은행에 대한 시장의 신뢰는 계속 위태롭게 흔들렸다. 초대형 은행들의 주가는 1월과 2월에 급락하여 시티와 뱅크 오브 아메리카의 경우 근 80%가 폭락했고 다른 대형 은행들은 절반 혹은 그 이상 폭락했다. 대형 은행들의 채무불이행을 막기 위한 은행 부채 보험의 비용 또한 걱정될 정도로 여전히 높았는데, 이는 시장 참가자들이 또다른 대형 금융기관의 파산 가능성을 아주 높게 보고 있다는 것을 의미했다. 취약한 경제와 걱정되는 은행의 손실 지속이 아마도 시장이 우려하는 이유의 주된 배경이었을 것이다. 그러나 새 행정부의 각종 계획이 은행 투자자들 및 채권자들에게 어떤 의미가 있는지 불확실한 것 역시 도움이 되지 않았다.

정권 인수인계 기간 및 대통령 취임 후 며칠 동안 티머시는 우리가 선택 할 대안을 논의하기 위해서 재무부, 연준 이사회, 연방예금보험공사, 통화 감독청의 연석회의를 자주 소집했다. 다수의 초대형 은행지주회사들을 감독했던 뉴욕 연은은 전화로 회의에 참여했다. 연방예금보험공사의 실라 베어와 통화감독청의 존 듀건은 새 행정부에서 유임되었다. 빌 더들리는 공개 시장거래국장직을 사임하고 티머시의 후임으로 뉴욕 연은 행장이 되었다.

처음에 우리와 신임 재무부 관리들은 금융 시스템을 뒷받침하는 전략에 초점을 맞추었는데, 그 가운데에는 자본의 추가 투입, 자산 매입, 새로운 형태의 보증이 포함되었다. 12월 말에 도널드 콘은 이 모든 분야에서 뉴욕 연은이 시행한 작업을 보고했고, 대통령 취임식 다음 날 연준 이사회 직원들은 잠재적인 전략의 긴 목록을 나에게 제출했다.

실라와 연방예금보험공사 역시 부실자산 "통합 은행(aggregator bank)"의 창설을 포함한 몇 가지 제안서를 진전시켰다. 이 은행은 기본적으로 국영이 며 부실 은행 자산을 사들이거나 보증하게 된다. 실라는 또한 은행이 연방 예금보험공사의 보증을 받는 소위 커버드 본드(covered bond)를 발행하도록 허용하자고 제안했다. 유럽에서는 흔하지만 미국에서는 보기가 드문 커버드 본드는 은행이 발행하는 채권인데, 구체적이고 품질이 높은 자산, 보통은 모기지로 뒷받침된다. 만약 커버드 본드를 뒷받침하는 대출이 부실화될 경우 해당 은행은 그것을 또다른 건전한 대출로 바꿀 필요가 있다. 결과적으로 커버드 본드는 담보 자산의 채무불이행이 투자자의 손실을 초래할 수 있는 표준적인 자산 담보부 증권보다 투자자들에게 더 안전하다.

은행에 대한 더 많은 자본의 투입을 지지했던 연준은 또한 커버드 본드를 받아들이는 입장이었다. 우리는 실라의 부실자산 통합 은행 창설 계획에 한 가지 우려를 했다. 그녀는 연준이 제13조 3항에 따라 이 은행에 자금을 지원하기를 원했다. 그럴 가능성을 배제한 것은 분명히 아니었으나, 우리는 부실자산 통합 은행에 대한 대출이 우리의 대차대조표(당시 대략 2조1,000억 달러로 위기 이전 수준의 2배가 넘었다)를 더욱 확대시키고 금융 시스템의 지급준비금을 증가시킴으로써 우리의 통화정책 시행을 더욱 복잡하게 만들 가능성이 있다는 것을 알았다. 이 문제를 해결하기 위해서, 우리의 단기채권(우리는 임시로 연준 어음이라고 불렀다)을 국민들에게 직접 매각하도록 허용하는 입법조치를 지지해줄 수 있는지 여부를 재무부 관리들에게 문의했다. 다른 많은 중앙은행들의 관행처럼, 연준의 자체적인 단기채권 발행은 은행 지급준비금 창출 없이도 우리에게 대출의 재원 마련을 허용하고 따라서 연방자금금리의 통제를 더욱 쉽게 만든다. 재무부 관리들은 회의적이었다. 그들은 의회의 승인에 회의적이었고(나는 어쩔 수 없이 동의했다) 시장에서 국채와 경쟁하는 새로운 유형의 국채의 창출을 꺼렸다. 이런 경쟁은 재무부의 국가 부채 재원 마련을 복잡하게 만들 수 있었다. 경쟁에 대한 그들의 우려 또한 그들이 실라의 커버드 본드를 회의적으로 보도록 만들었다. 그녀의 제안에 따르면, 이 채권은 미국 정부의 "충분한 신뢰와 신용"에 입각하여 판매될 것이고 따라서 사실상 미국 정부의 채권과 같았다.

이런 논의에서 항상 돌출하는 문제는, 의회가 두 번째 분할 지출금 3,500

억 달러를 방출했음에도 불구하고, 은행의 손실이 TARP의 능력을 능가할 수도 있다는 우려였다. 따라서 TARP 기금으로 본전을 충분히 뽑는 것이 중요했다. 자산 매입 대 자본 투입에 관한 원래의 논쟁과 마찬가지로 그런 고려는 은행에 대한 추가 자본 투입을 지지하는 쪽으로 기울어지는 듯이 보였다. 즉 자본 매입 계획의 광범위한 방식보다는 필요에 따른 방식 쪽으로 기운 것 같았다.

　재무장관 인준을 받게 되자 티머시는 기금 지출의 최종 결정권자가 되었다. 그는 부처 간의 활발한 의논과 창의적 사고를 권고했으나, 우리가 비교적 단순한 대책이라고 평가한 옵션들 중 다수를 결국 버렸다. 그는 우리가 원래 "가치평가 문제(valuation exercise)"라고 불렀고 나중에 "스트레스 테스트"란 명칭이 붙여진 절차를, 시스템적으로 중요한 초대형 은행들이 거치도록 하자고 제안했다. 이 테스트는 금융시장의 현저한 추가 악화와 더불어 우리가 경험하고 있던 것보다 정도가 더 심각한 경기침체를 견디기 위해서 어느 정도의 자본이 그런 은행에 필요한가를 추산하는 작업이다. 만약 시장 분석가들이 그 추산을 믿을 만하다고 판단할 경우 이 스트레스 테스트는, 그 테스트를 통과한 은행에 대한 신뢰를 높이게 된다. 자본이 부족한 것으로 드러난 은행들은 개별적으로 증자하는 기회를 가지게 된다. 만약 증자에 실패할 경우 재무부가 TARP 기금으로 구멍을 메워준다. 둘 중 어느 방식이 됐든 고객과 거래 상대방 및 잠재적 투자자가 은행들의 독자 생존 가능성을 알 수 있게 되기를 우리는 희망했다.

　티머시는 스트레스 테스트에 덧붙여 연준의 기한부 자산 담보부 증권 대출 창구(TALF) 프로그램—자산 담보부 증권 시장의 동결을 해제하기 위해서 창설되었다—의 능력을 (2,000억 달러에서) 최고 1조 달러까지 대폭 확대하고 활동의 폭을 넓혀 사업용 장비의 재원 마련을 위한 대출 등 더 많은 자산을 취급 대상에 포함시킬 것을 제안했다. 도달할 가능성이 없어 보였던 새로운 상한선은, 자산 담보부 증권 시장처럼 중요한 시장의 동결을 해제하겠다는 정부의 강력한 의지를 보여준다는 취지에 따른 것이다. 손실이 발생할 경우 연준을 보호하기 위해서 재무부가 기한부 자산 담보부 증권 대출창구의 자본을 추가로 제공하는 조건으로 우리는 그 창구의 확대에 찬성했다.

티머시는 또한 기존의 자가 상표 모기지 증권과 같은 더 오래된 "유산(遺産, legacy)" 자산의 가격 인상 및 유동성 개선을 위해서 그런 자산을 기한부 자산 담보부 증권 대출창구에 포함시키고 싶어했다. 우리는 연준의 대차대조표의 규모에 미치는 각종 영향을 걱정했고, 그 프로그램이 주로 신규 신용 연장에 초점을 맞추기를 원했기 때문에 그 조치에는 반대했다. 결국 우리는 상업용 부동산 모기지를 담보로 한 유산 증권(legacy security) 가운데 금리가 높은 것만을 제한적인 예외로 만들었다. 다른 모기지의 가치평가를 최신 평가로 대체하도록 만전을 기하기 위해서 우리는 그 등급을 재산정하고 재포장하여 새 증권으로 변형시키도록 의무화했다. 우리는 기존의 상업적 주택 담보부 증권(MBS) 시장을 지원하는 조치가, 당시에 무기력했던 시장의 재활성화를 돕고 따라서 새로운 상업적 프로젝트를 위한 신용의 흐름이 다시 시작되는 것을 돕는다고 믿었기 때문에 그런 예외를 만들었다.

추가로, 티머시는 연준이 관여하지 않는, 유산 자산을 대상으로 삼는 재무부의 새 프로그램을 만들었다. PPIP—관민 투자 프로그램(Public-Private Investment Program)—아래에서 민간 투자자들은, 자가 상표의 주택 담보부 증권과 금융위기 전에 창출된 구조화 신용상품 같은 기존의 자산에 대한 자금 제공을 위해서 TARP의 대출을 받게 된다. 투자자들은 또한 자기 돈에 리스크를 걸 수 있으며 민간 투자자들과 정부는 미래의 자산 매각으로 생기는 모든 수익을 나누게 된다. 이 프로그램은 정부가 아니라 민간 투자자들에게 매입할 자산의 종류 및 대금 지불 방법을 결정하는 책임을 줌으로써 정부는 독성 자산의 가격을 결정하는 것을 피할 수 있었다. 투자자들은 스스로 선택하는 자산과 자산 획득 비용을 낮추는 자신의 능력에 따라 수익이 좌우되기 때문에 현명한 선택을 해야 할 인센티브가 강해진다. 그것은 먼 미래의 일이었으나, 재무부는 부실자산 매입을 위한 TARP 기금을 사용한다는 폴슨의 당초 비전을 지나친 대가를 지불하지 않고도 실현하는 길을 마침내 찾게 되었다.

티머시는 대리석 벽의 재무부의 캐시 룸에 세운 밀집대형 깃발 앞에서 2월 10일 행한 연설에서 기한부 자산 담보부 증권 대출창구 확대 및 관민 투자 프로그램 창설과 더불어 스트레스 테스트 개념을 공개적으로 소개했다. 이 전략은 아직 완성품이 아닌 미완의 상태였으며 금융시장은 그 세부사항이 제시되지 않은 것에 대해서 부정적으로 반응했다. 다우는 그날 382 포인트가 내려갔다. 나는 사전 브리핑을 위해서 FOMC에 전화를 걸어 시장이 세부사항이 제시되지 않은 것에 대해서 거부감을 보일 것이라고 예상한 바 있었다. 그러나 은행에 대한 신뢰가 매일 하락하는 상황에서 나는 무언가를 긴급하게 발표해야 할 필요성이 절실하다는 점을 이해했다. 세부사항이 제시되는 데는 오랜 시간이 걸리지 않았다. 티머시가 연설한 지 2주일 후에 연준과 다른 은행 규제기관들은 스트레스 테스트 실시 계획을 발표했다. 3월 3일에 우리는 기한부 자산 담보부 증권 대출창구 확대에 관한 추가 정보를 제공했고, 3월 말에는 재무부가 관민 투자 프로그램의 윤곽을 구체적으로 밝혔다.

그러나 스트레스 테스트를 실시하는 데는 시간이 걸렸고 우리가 결과를 기다리는 동안 금융 시스템에 대한 각종 의구심이 끈질기게 계속되었다. 티머시와 래리 서머스의 활발한 백악관 토론의 대상이 되었던 당시의 문제는, 남은 TARP 기금으로 메울 수 없을 정도로 자본의 구멍이 깊다는 사실이 테스트 결과 밝혀지면, 어떤 조치를 취할 것인가였다. 비관적이었던 서머스는 만약 스트레스 테스트에 신빙성이 있을 경우 TARP를 압도할 만큼의 재앙적인 손실이 드러나게 될 것이라고 추정했다. 따라서 그는 일부 부실 은행의 국유화를 지지했다. 즉 정부가 부실 은행을 몽땅 인수하자는 것이었다. 이 아이디어는 6개월이나 8개월 전보다는 덜 이상하게 보였다. 티머시가 스트레스 테스트 계획을 발표하고 일주일 후 다름 아닌 자유시장 옹호자인 앨런 그린스펀이 일부 은행의 잠정적 국유화 가능성을 제기하고 이런 조치는 백년에 한번 정도로 필요할 가능성이 있다고 말했다. 「뉴욕 타임스」의 폴 크루그먼과 같은 저명한 시사평론가들도 그런 조치가 필요할 가능성에 동의했다. 그러나 티머시는 최소한 국유화를 피하고 싶어했고, 나는 그의 편을 들었다. 나는 2월 25일 하원 금융 서비스 위원회에서 "우리는 그런 것은 계획하고 있지 않습니다"라고 말했다. 나는 재무부와 백악관 회의에서도 이런 견해를 거듭 밝혔다.

나는 국유화가 다소 정치적 호소력을 발휘할 가능성이 있다는 점을 알았다. 국유화는 구제금융과 거리가 멀어 보였고, 우리는 민간기업의 이사회 및 주주들을 상대하지 않고도 국유화된 금융기관의 개혁을 시행할 수 있을 것이었다. 그러나 패니 메이와 프레디 맥 및 AIG를 준국유화했던 경험을 바탕으로 나는 실제로는 국유화가 악몽이 될 것이라고 믿었다. 일단 국유화된 은행들은 여러 해 동안 정부의 피보호자가 될 수 있었다. 정부는 은행을 효율적으로 경영할 전문지식이 없으며 민간 투자자들은 정부가 통제하는 은행에 예금하고 싶어하지 않을 것이다. 또한 정치가 거의 틀림없이 개입할 것이다. 예를 들면, 국유화된 은행들은 정부가 지지하는 단체들에 대한 신용을 연장하라는 압박을 받을 가능성이 있다. 신용도와 상관없는 이런 압력은 추가 손실과 구제금융으로 이어질 수 있다.

그러나 국유화 이외의 실행 가능한 대안이 존재하느냐 하는 여부는 스트레스 테스트의 결과에 달려 있었다. 대형 은행지주회사들의 감독기관인 연준이 앞장을 섰다. 이사회 감독국 차장 코랸 스테판손이 포괄적인 검토 작업을 조직했다. 2009년 2월부터 5월까지 우리 직원들과 다른 기관의 직원들은 이례적으로 많은 업무를 담당했다. 연준의 150명이 넘는 조사관, 분석관, 이코노미스트가 10주일 동안 야근과 주말 근무를 했다. 우리는 1,000억 달러 이상의 자산을 보유한 미국인 소유의 초대형 은행 19개에 초점을 맞추었다. 그들의 자산을 모두 합치면 미국 금융 시스템 자산의 약 3분의 2와 대출의 절반을 차지했다.

스트레스 테스트 자체는 새로운 개념이 아니었다. 여러 해 동안 은행과 은행 조사관들은 기존의 자산 목록이 불리한 제반 조건하에서 어떤 실적을 올릴 것인지 분석하는 기법을 사용해왔다. 그러나 우리는 모든 대형 은행들과 그들의 자산을 동시에 모두 포함하는 1회의 엄격한 테스트를 하되 동일한 기준을 사용하는 것을 목표로 삼았는데, 그것은 몹시 지나친 욕심이었다. 그런 방식으로 우리와 시장은 모두 각 은행의 전반적인 건전성을 평가하고, 각 은행을 나머지 은행들과 비교할 수 있었다.(데이비드 윌콕스와 그의 팀은 2008년 10월 폴슨이 재무부에 제출했던 공동투자 계획의 일부로서 금융 시스템에 대한 스트레스 테스트를 제안했었다.) 우리는 각 은행에 향후 2년 동안 두 가지 가상 경제 시나리오 속에서 가능한 손실과 수입의 상세한 추정치를 제출하도록 요청했다. 하나는 민간 부문 전문기관들의 일치된 전망에 대응하는 기준적인 시나리오였고, 다른 하나는 경제 및 금융 여건의 현저한 악화를 상정하는 역경의 시나리오였다. 우리의 감독관들과 이코노미스트들은 자료를 분석하는 통계 및 경제 모델을 사용하여 일관성과 개연성을 확인하기 위해서 보고된 결과를 집중적으로 검토했다. 우리가 수입 및 손실의 추정치에서 만족했을 때 다음 단계로 우리는 특정 은행이 두 가지 시나리오에서 각각 어느 정도의 자본을 필요로 하는지를 계산했다.

그런 다음 재무부와 조율한 우리는 은행들에게 역경의 시나리오에서도 독자 생존이 가능하고 정상 대출을 지속하는 데에 충분한 자본을 앞으로

6개월 동안 조달하라고 통보했다. 만약 은행들이 필요한 자본을 6개월 안에 민간시장에서 조달할 수 없을 경우, 그들은 재무부가 부과하는 조건에 따라 TARP으로부터 자본을 빌리게 된다.

우리는 또한 각 은행의 스트레스 테스트 결과를 상당히 상세하게 공개하기로 결정했다. 공개 내용 중에는 각 은행의 자산 유형별 추정 손실 액수가 포함되었다. 은행들은 테스트 결과의 공개를 강력하게 반대했고, 우리의 일부 선임 감독관들도 불편하게 생각했다. 이런 정보의 공개는, 연준 및 다른 모든 은행 규제기관이 몇 세대에 걸쳐 지켜온 조사관행에 배치되었다. 관행은 "감독상의 기밀"을 신성불가침으로 간주했다. 정상 시에는 기밀의 보장이 자신의 소유권 관련 정보가 경쟁사들에게 입수될 것이라는 우려를 덜어줌으로써 은행들은 조사관들에게 자발적으로 더 많이 협조하게 된다. 2009년 초에 팽배했던 두렵고 불확실한 분위기 속에서 우리는 은행의 약점 공개가 추가로 신뢰를 잠식하고 새로운 예금인출 사태와 은행 주가의 추가 폭락으로 이어질 수 있는 가능성을 배제할 수 없었다. 그러나 연준 이사회 의 총재들은 가급적 많은 정보의 공개가 은행의 금융 건전성에 관한, 시스템을 마비시키는 불확실성을 줄이는 최선의 방법이라는 데에 동의했다.

우리의 테스트는 투명하면서 엄격했고, 시장은 결과의 신뢰성이 매우 높다고 판단했다. 이런 판단이 나온 부분적인 이유는 우리가 많은 외부 분석가들의 평가보다 더욱 심각한 손실 예상치를 발표한 데에 있었다. 예를 들면, 우리는 가상의 역경의 시나리오에서 은행들이 향후 2년 동안 9%의 대출 손실을 볼 것이라고 추산했는데, 이 수치는 대공황 기간을 포함하여 1920년 이후 어떤 2년 동안의 실제 손실보다도 컸다. 그러나 TARP에서 제공하는 정부의 자본이 심각한 경영난에 빠진 특정 은행의 구제에 이용될 수 있다는 점 역시 마찬가지로 중요하다고 나는 생각했다. 방화벽 역할을 하는 자본의 조달이 규제기관들에게 올바른 인센티브를 제공하게 되었다.

이런 인센티브가 없을 경우 우리는 예금인출 사태를 우려하여, 보다 취약한 은행들에 대한 자본 공급이 부족하지 않을까 하는 의구심을 느낄 가능성이 있었다. 이런 방화벽이 존재하면, 우리가 부실 은행들에게 안정 유지에 필요한 모든 자본을 공급받도록 강요하는 데에 만전을 기하기 위해서 강력한 자세를 취해야 할 충분한 이유를 가질 수 있다는 것을 투자자들이 알 수 있을 것이다.

대부분의 은행이 충분한 자기자본을 보유하거나 합리적으로 충분한 자기자본 보유에 근접한 사실이 확인되었기 때문에 스트레스 테스트는 금융 시스템에 대한 신뢰를 상당히 높였다. 5월에 결과가 발표되고 나서 민간 부문은 미국의 은행들에 다시 투자할 뜻을 가지게 되었다. 테스트를 받은 은행들은 그들의 총자본을 11월까지 770억 달러 늘렸다. 19개 금융기관들 가운데 10개는 추가 자본이 필요했는데, 제너럴 모터스의 금융 자회사인 GMAC만이 유일하게 증자에 실패했다. 재무부는 TARP의 자본 38억 달러를 GMAC(나중에 앨리 파이낸셜로 회사 이름을 변경했다)에 주입했다. 이 자본 주입은 이미 공급한 125억 달러에 추가되었다. 신뢰가 회복됨으로써 대형 금융기관의 채무불이행을 막기 위한 보험 비용은 급격히 떨어졌다.

스트레스 테스트는 결정적인 전환점이 되었다. 그 이후 미국의 금융 시스템은 꾸준히 강화되었고 결국 경제가 그 뒤를 따랐다.

금융위기가 가장 심각했던 시기가 끝나고 6년 후 내가 글을 쓰고 있을 때 정치인들, 언론인들, 학자들은 위기의 원인과 결과를 놓고 계속 논쟁을 벌이고 있었다. 위기가 일어난 원인은 무엇이었을까? 위기를 악화시킨 원인은 무엇이었을까? 정책 대응은 옳았을까? 만약 여러 나라의 정부가 결국 위기를 진압하지 못했다면, 어떤 사태가 벌어졌을까?

1960년대에 글을 쓴 밀턴 프리드먼과 애나 슈워츠가 대공황에 대한 우리의 이해를 근본적으로 변화시켰듯이 앞으로 새로운 통찰들이 분명히 나올 것이다. 그러나 우리가 유달리 복잡했던 위기와 싸울 때 우리는 학계의 논쟁 진행을 기다리는 사치를 누릴 수 없었다. 우리는 우리의 대응책의 지침이 되는 뚜렷한 프레임워크가 필요했다.

통화 및 금융의 역사를 전공한 나로서는 2007-2009년의 위기를 19세기 및 20세기 초에 발생했던 고전적인 금융 패닉의 후예로 이해하는 것이 최선이었다. 물론 최근의 위기는 훨씬 복잡하고 통합된 세계 금융 시스템에서 나타났고, 우리의 규제 시스템은 대부분 그런 변화를 따라가지 못했다. 그 때문에 역사 속의 유사점을 파악하기가 더 어려워졌고, 효과적인 대응책을 강구하는 것 역시 더욱 어려워졌다. 그러나 이미 일어난 사태를 역사의 맥락 속에서 이해하는 것은 매우 소중한 것으로 드러났다.

역사적인 유사점을 바탕으로 나는 그때나 지금이나 극심한 패닉 자체—책임의 정도는 (가장 두드러진 사례가 서브프라임 모기지 대출의 남용과 주택 가격 거품 같은) 즉각적인 촉발 원인들과 같거나 더 심각했다—가 위기에 수반된 엄청난 금융적, 경제적 대가에 대해서 책임이 있다고 믿는다. 우리가 초보적인 대응 수단을 사용하면서 일한다는 느낌이 가끔 들었음에도 불구하고, 우리의 여러 가지 정책(그리고 재무부 및 연방예금보험공사의 정책)은 금융 패닉과 싸우기 위해서 고전적인 처방에 크게 의존했는데, 그런 처방이 결국 위기를 완화시켰다. 만약 그런 처방이 듣지 않았다면, 이 나라는 우리가 견딘 매우 심각한 경기둔화보다 훨씬 더 악화된 경제적 붕괴를 경험했으리란 것을 역사적 경험이 시사하고 있다.

미국에서 과거에 일어난 몇 차례 금융 패닉의 세부사항은 실질적으로 각기 다르지만, 대규모 패닉은 일관된 줄거리를 따르는 경향이 있다. 많은 패닉 때, 대출자와 차입자 모두가 금융업계에서 발생하는 충격에 취약하게 되는 여신 팽창이 나타났다. 또한 대부분의 패닉은 1907년의 패닉을 촉발했던, 증시에서의 투기 계획 실패처럼 예금자들이 거래 은행을 걱정하도록 하는 하나 이상의 사건들과 더불어 시작되었다.

패닉 때에 소수 은행의 예금인출은 곧 감염 현상을 일으킨다. 감염은 몇 개의 경로를 통해서 일어날 수 있다. 예를 들면, 한 은행에 관한 나쁜 뉴스가 보도되면, 비슷한 자산을 보유하고 있거나 사업 모델이 유사한 다른 은행들도 경영난에 빠질 가능성이 있다고 예금자들은 판단하기 마련이다. 또한 금융기관들은 정기적으로 상호 대출을 하고 다양한 사업 관계를 통해서 거래를 하기 때문에 상호 연결되어 있다. 결국 도미노 현상이 나타나고 한 금융기관의 파산이 다른 기관의 파산을 초래한다.

그러나 감염의 가장 위험한 경로는 아마도 자산의 염가 판매일 것이다. 예금인출 사태에 직면한 금융기관들은 예금자들이나 채권자들을 안심시키기 위해서 현금을 신속하게 조달할 필요가 있다. 만약 그들이 필요한 현금을 빌릴 수 없을 경우, 자산을 팔아야 할 것이다. 우선 그들은 국채처럼 팔기 쉬운 자산부터 처분한다. 다음에는 개인 사업체에 대출한 것과 같은 팔기 어려운 자산을 현금화하기 위해서 노력한다. 만약 많은 금융기관들이 팔기 어려운 자산을 동시에 처분하려고 할 경우, 그 자산의 시장 가격은 폭락할 것이다. 자산 가치가 떨어지면, 금융기관의 재정 여건이 더욱 나빠지고 채권자들의 두려움이 커져서 더욱 광범위한 예금인출 사태로 이어질 가능성이 있을 것이다.

당면한 채무를 갚을 현금을 보유하지 않은 회사를 비유동적인 회사라고 한다. 비유동적인 회사가 반드시 지급불능 상태는 아니다. 즉 준비된 현금은 없지만, 회사의 자산 가치가 아직도 채무 가치보다 큰 것이다. 그러나 패닉 상황에서는 비유동적인 것과 지급불능 사이의 구분이 금방 불분명해진다. 한편으로는 예금자들과 다른 단기 채권자들이 거래 은행의 파산과 그로 인한 채무불이행을 예상하지 않을 경우, 그들은 예금인출 사태를 빚지 않을 가능성이 있다. 다른 한편으로는 패닉 상황에서는 패닉으로 인한 급매 및 경기침체가 자산 가치를 떨어뜨리게 되면, 당초 건전했던 회사라도 불가피하게 지급불능 상태에 빠질 수 있다. 대규모 패닉에서는 비유동적 상태와 지급불능 둘 다 나타나며 따라서 이런 패닉을 끝내기 위해서는 단기대출 및 자본 주입 두 가지가 모두 필요해질 수 있다.

심각한 패닉이 발생할 때 광범위한 경제적 피해가 발생하는 것은 거의 불가피하다. 공포와 불확실성의 와중에서 투자자들은 가장 안전하고 유동적인 자산만을 보유하려고 한다. 채권자들은 극도로 보수화하고 따라서 신용이 사라지거나 혹은 잔존하더라도 높은 비용과 엄격한 조건으로 인해서 신용은 최선의 차입자에게만 돌아간다. 주식과 회사채 같은 위험부담이 더 큰 자산의 가격 또한 폭락하여 가계의 재산과 회사의 새로운 자본 조달을 축소시킬 가능성이 있다. 신용이 경색되고 자산 가격이 떨어짐으로써 기업들과 가계들은 중지 버튼을 누른다. 고용, 투자, 지출이 급격히 떨어지고 경제는 침체에 빠진다.

이 기본적인 시나리오는 대공황의 개혁 특히 예금보험 제도의 도입 때까지 미국에서 여러 차례 반복되었다. 그후 미국의 금융 시스템은 장기간 비교적 평온한 시기에 접어들었으나, 현저한 금융위기가 일본, 북유럽 국가들, 라틴 아메리카 및 아시아의 여러 신흥시장에서 발생했다. 경제학자들은 아시아와 라틴 아메리카의 1980년대 및 1990년대의 위기를 집중적으로 연구했으나, 그런 나라들의 체험은 미국과는 특별한 관련이 없다고 생각했다. 신흥시장 국가들은 금융 시스템이 저개발 상태에 있었고 국제무역과 투자에 의존하는 경제 규모가 작은 나라들은 국제자본의 흐름의 급격한 변화와 같은 소위 외부 충격에 아주 취약했다. 나를 포함한 경제학자들은 또한 북유럽 국가들과 일본의 경험도 연구했으나, 우리는 제도적, 경제적, 정치적 차이점들을 감안하면 그런 나라들은 특수한 사례라고 결론지었다. 역사는 똑 같이 되풀이되는 것이 아니라 비슷하게 반복된다고 말했다고 알려진 마크 트웨인의 주장에 우리가 귀를 기울일 필요가 있었다. 최근의 위기는 근본적으로 다른 금융 및 경제의 맥락 속에서 발생했지만, 과거의 패닉과 비슷했다.

대부분의 이전의 패닉과 마찬가지로 2007-2009년의 패닉은 신용팽창에 뒤이어 발생했다. 이번 경우의 신용팽창은, 신용 점수가 낮은 차입자들에게 제공된 모기지에 집중되었으나, 상업용 부동산과 같은 다른 분야에서도 나타났다. 또한 과거의 패닉처럼 이번 패닉은, BNP 파리바의 2007년 발표처럼 식별이 가능한 몇 개의 기폭제에 의해서 시작되었다. 이 회사는 당시 발표에서 자사의 3개 펀드로부터, 투자자들이 투자금을 철수하는 것이 허용되지 않는다고 선언했다. 이 발표와 다른 몇 가지 요인이, 서브프라임 모기지와 서브프라임 모기지들을 묶어서 만든 구조화 신용상품이 높은 신용등급에도 불구하고 상당한 손실을 볼 수 있다는 투자자들의 점증하는 인식에 부채질을 했다.

패닉의 뚜렷한 특징은 금융회사에서 광범하게 발생하는 예금인출이다. 미국은 1934년 연방예금보험 제도의 도입으로 뱅크런의 가능성이 제거된 것으로 간주되었다. 하지만 그런 판단은, 위기에 앞선 여러 해 동안 단기자금 조달 시장이 진화한 사실을 고려하지 않았다. 특히 레포와 기업어음 같은 도매금융의 성장을 고려하지 않았다.

현금 보유 관리를 개선하는 길을 찾는 기업들 및 기관 투자자들에 의한 조사가 도매금융의 성장에 기름을 부었다. 남에게 빌려줄 수 있는 여분의 현금을 가진 사람은 언제든지 은행에 예금할 수 있으나, 예금보험(위기 이전에는 계좌 당 10만 달러로 제한되었다)은 훨씬 많은 돈을 가진 전주들을 보호하지 못한다. 기업, 연금 펀드, MMF, 보험회사, 증권 딜러는 은행 예금의 대안을 찾았다. 기업어음과 레포는 둘 다 보험 혜택이 없는 은행 예금보다 훨씬 더 편리하고 안전한 것으로 널리 간주되었다.

한편 시장의 반대편(기업들의 현금 차입)에 있는 도매금융 자금조달에 대한 관심도 또한 증가되고 있었다. 은행들은 도매금융이 일반 예금을 보완하는, 값싸고 탄력적인 (그리고 규제도 덜 심한) 수단이란 사실을 알게 되었다. 그림자 금융 시스템(shadow banking system)의 핵심에 자리잡은 비금융기관들(투자은행, 증권 딜러, 구조화 투자기관 등)은 보험 혜택이 있는 예금을 접수할 수가 없다. 도매금융에 크게 의존하는 그들은 도매금융을 이용하여, 장기 비유동성 증권을 포함한 보유 주식의 자금을 마련했다. 이번 위기가 발생하기 직전에, 금융 시스템의 도매금융 의존이 보험예금의 이용을 능가했다. 2006년 말 보험예금 총액이 4조1,000억 달러였던 데에 비해 금융기관들의 도매금융 자금 조달 규모는 레포 3조8,000억 달러에 기업어음 1조8,000억 달러를 포함하여 5조6,000억 달러에 이르렀다. 그에 덧붙여 은행들은 비보험예금(외국인 예금과 대규모 양도성 예금증서[CD]가 포함된다)을 3조7,000억 달러 보유하고 있었다.

많은 도매금융 자금조달―자산 담보부 기업어음 및 레포가 포함된다―은 직접적으로나 간접적으로나 담보물 보증이 되어 있었기 때문에 기업들과 규제기관들은 예금인출 위험이 적은 것으로 보았다. 그러나 품질이 좋고 쉽게 팔릴 수 있다는 점이 알려져 있을 경우에만 담보물이 대출자들을 안심시킬 수 있었다. 유동성 시장에서 거래되고 신용 리스크가 없는 국채는 이상적인 담보물이었다. 그러나 도매금융 자금조달 규모가, 확보 가능한 국채와 다른 고품질 담보물의 공급보다 더 빠르게 증가했다. 그와 동시에 안전과 유동성을 원하는 외국 중앙은행들과 국부 펀드를 포함한 전 세계 투자자들은 고품질 증권을 대단히 중시했다. 그 결과는 안전하고 유동성을 갖춘 자산의 부족 현상이었다.

수익의 기회를 보고 대응에 나선 월 스트리트 회사들은 위험 부담이 더 크고 유동성이 적은 자산들을 안전하게 보이는 자산으로 대규모 전환시키기 위해서 금융 공학자들을 고용했다. 그렇게 하기 위해서 그 회사들은 신용 품질이 다양한 대출 및 증권을 패키지로 묶은 다음 이 패키지를 품질이 더 낮거나 더 높은 부분으로 분리했다. 이 고품질의 트랜치는 AAA 신용등급을 받는데, 그 등급을 부여하는 신용평가기관들은 증권 발행자들로부터 대가를 받으며 증권의 설계에 관해서 발행자들과 협의하는 경우가 흔했다. 이런 구조화 신용상품을 통해서, 새로운 담보물과 매력적으로 보이는 자산이 전 세계의 투자자들에게 공급되었다. 투자자들 가운데는 고수익을 노리는 동시에 높은 등급의 증권을 원하는 다수의 금융기관들이 포함되었다.

그러나 구조화 신용상품이 안전한 자산에 대한 대규모 수요를 일시적으로 충족시키는 듯이 보였지만, 이런 상품은 중요한 결함을 안고 있었다. 즉 이런 상품이 투자자들에게 제공하는 현금의 흐름은 수백 혹은 수천 가지로 다양화된 대출 혹은 증권의 실적에 복잡한 방식으로 의존하는 약점을 가지고 있었다. 이런 복잡성으로 인해서 투자자들이 독자적으로 구조화 신용상품의 품질을 판단하는 능력이 감소되었다. 일부 잠재적인 매입자들은 더 많은 정보와 더 높은 투명성을 요구했지만, 대다수는 쉬운 길을 택했고 독자적인 판단 대신 신용등급에 의존했다. 서브프라임 모기지를 포함시킨 AAA 등급의 증권들이 부실화되기 시작했을 때, 투자자들은 의존할 수 있는 자체 분석을 할 수 없었다. 감염이 추악한 머리를 들었다. 1907년의 예금자들이 파산한 주식 투기꾼들과 관련된 낌새를 보기만 하면 어느 은행에서나 예금 인출 사태를 일으켰던 것처럼 1세기 뒤의 투자자들도 서브프라임 바이러스에 감염되었을 가능성이 있는 구조화 신용상품에서 대규모로 철수했다.

가장 심각한 예금인출 사태는 자산 담보부 기업어음 시장에서 발생했다.

이 시장은 2007년 8월 BNP 파리바의 발표 뒤에 급속도로 축소되었다. 레포 시장에서는 예금인출 사태가 항상 대출의 완전한 거부 형태를 띤 것은 아니었다. 예를 들면, 레포 대출자들은 대출금 전액에 대한 추가 담보물을 요구하거나 특정한 종류의 증권을 담보물로 받기를 거부하거나 장기대출보다는 1일 대출을 선호했다. 또한 레포 대출은 담보물 시장가치의 시세에 바탕을 두기 때문에 자산 가치의 하락은, 레포를 통한 자금조달의 즉각적인 감소로 이어졌다. 모든 금융기관들의 도매금융 자금조달 총액은 2006년 말의 5조 6,000억 달러에서 2008년 말 4조5,000억 달러로 하락했는데, 당시 하락의 대부분은 은행 이외의 금융기관에서 발생했다.

시티그룹의 구조화 투자회사들처럼, 복잡한 구조화 증권을 보유하기 위해서 설립된 투자회사들은 예금인출 사태의 타격을 특히 많이 받았다. 대다수 품목은, 그것을 만든 금융기관들의 지원을 받는 도리밖에 없었다. 결국 장부 외의 회사들에서 발생한 손실은 거의 모두 그들의 후견업체들이 흡수하게 되었다.

도매금융의 예금인출 사태에 덧붙여서 금융회사들은 또다른 현금 수요에 직면했다. 기관 및 법인 고객들에게 신용한도액을 제공했던 은행들은 이제 그런 신용한도액이 한계에 도달한 것을 깨달았다. 파생상품 계약의 거래 상대방들은 추가 담보물을 요구했다. 헤지 펀드들과 투자회사들의 기관 고객들은 자신들의 계좌를 폐쇄하고 현금과 증권을 철수했다. 은행들은 은행 간 시장에서 상호 대출을 거부했다. 패닉 상황에서는 현금이 왕이다. 투자자들과 기업들은 안전한 단기 유동성 자산의 보유를 극대화하기 위해서 애썼다.

자금 부족으로 염가 판매가 불가피해졌으며, 원하는 사람이 없는 구조화 신용상품의 경우가 특히 그랬다. 그런 자산의 가격은 추락했고 금융기관들은 그들의 장부에 남아 있는 비슷한 자산의 가치를 낮추는 수밖에 없었다.

패닉이 계속되는 가운데 비유동성은 반제 불능으로 변했다. 자본화를 극대화했거나 혹은 최대의 리스크를 감수했던 회사들은 파산하거나 반제 불능의 위기에 직면하게 되어 시장의 두려움이 커져갔다.

금융 시스템의 상호연관성 또한 감염을 조장했다. 리먼의 파산이 MMF의 자금 인출 사태를 직접적으로 촉발했다. 왜냐하면 펀드 가운데 하나인 리저브 펀드가 자신이 보유하고 있던 리먼의 기업어음에 의해서 심각한 손실을 보았기 때문이었다. 투자자들은 신용 카드와 학자금 대출 부채 및 정부 보험에 든 중소기업 부채 등은, 시장 전체가 감염되는 경우를 제외하고는 두려워할 이유가 없는 자산이었다. 투자자들은 모기지와 완전히 무관한 이런 자산 담보부 증권에 자금을 대는 것까지 결국 거부했다.

담보가 없는 은행 간 대출 비용의 급격한 상승은 위기의 진로를 반영했다 (도표 1). 일반적으로 한 은행이 다른 은행으로부터 빌리는 대출금의 금리는 모든 채무자들 가운데서 가장 안전한 정부가 단기국채에 지불하는 금리보다 약간(1% 포인트의 5분의 1과 2분의 1 사이) 더 높았다. 은행 간 단기대출 금리와, 그 금리에 대비되는 국채 금리와의 사이의 스프레드(TED 스프레드 [TED spread]라고 알려져 있다)는 2007년 여름까지 정상 범위를 유지했는데, 이는 은행에 대한 전체적인 신뢰가 서브프라임 모기지에 관한 불리한 뉴스에도 불구하고 여전히 강력했다는 것을 보여준다. 그러나 패닉의 첫 번째 징후가 금융시장을 동요시키자 스프레드는 2007년 8월 중순에 근 2.5% 포인트까지 급상승했다. 스프레드는 2008년 3월에 (베어 스턴스 구제에 대한 반응으로) 다시 급상승했고 여름에 약간 내려간 다음 리먼이 파산했을 때 급상승하여 2008년 10월 중순에는 4.5% 포인트 수준에서 보합세를 이루었다. 정부의 정책 대응이 효과를 발휘하기 시작함으로써 스프레드는 2009년 중반에 정상적인 수준으로 내려갔다.

이 모든 금융 혼란은 미국의 메인 스트리트에 여러 가지 직접적인 영향을

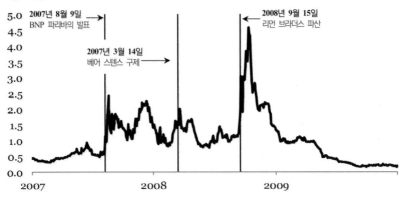

도표 1 위기 기간 동안 은행 차입 비용의 추세

꺾인 선은 대출시장이 겪는 어려움의 측정치인 TED 스프레드의 변동을 나타낸다. TED 스프레드는 런던 은행 간 대출금리(London Interbank offered Rate, 리보 금리)로 표시되는 3개월 만기 은행 간 대출에 지불되는 금리와 3개월 만기 국채의 금리 사이의 차이이다. TED 스프레드는 위기의 주요 시점에서 신용 리스크가 급상승한 것을 보여주었다. 자료: 세인트루이스 연은

미쳤다. 침체는 위기 시작 후 몇 달이 지난 2007년 12월에 시작되었다. 그럼에도 불구하고 일자리 상실(도표 2)은 2008년 초가을에 패닉이 가속화되기 전까지는 비교적 완만한 속도로 이루어졌다. 그 뒤에 고용시장은 붕괴되었다. 2008년의 마지막 4개월 동안에 240만 개의 일자리가 사라졌고, 2009년 상반기에 추가로 380만 개가 사라졌다. 급여 근로자의 수는 그해 남은 기간 동안 계속 줄어들었으나 속도가 급격하지는 않았다.

일반 가정의 소비 또한 금융위기의 진로를 따라갔다. 인플레이션을 반영했을 경우, 소비는 2008년 상반기에 평행을 유지했다. 그러나 2008년 3/4분기에 소비가 (연간 비율로 환산하여) 2.9% 하락했고, 리먼이 파산했던 9월에는 낙폭이 가장 컸다. 위기가 심화되면서 소비는 4/4분기에 4.7%나 폭락했다. 이는 지미 카터의 신용 통제(인플레이션 억제를 위한 대책이었다)로 인한 1980년의 소비자 지출 폭락 이후 최대의 1분기 폭락이었다. 소비는

도표 2 위기 악화 후 일자리 시장의 붕괴

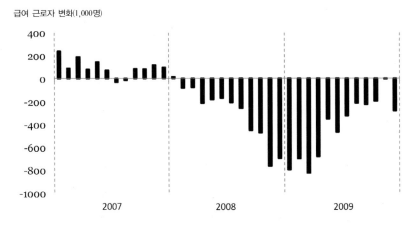

급여 근로자 변화(1,000명)

막대는 미국의 급여 근로자 수가 2007년에 완만하게 늘어나다가 대긴축이 시작되면서 완만하게
줄어든 다음 2008년 9월에 위기가 심화될 때 급격히 떨어지는 것을 보여준다. 안정이 회복되면서
일자리 상실이 둔화되었다. 자료: 노동통계국

2009년 상반기에 대략 1.6%에서 계속 하락했다. 기업의 자본 투자는 더 급
격히 떨어졌으며, 2008년 4/4분기와 2009년 상반기에 최대 낙폭을 기록하
게 된다. 간단히 말해서 금융위기의 악화와 제반 경제여건의 악화 사이에
존재하는 밀접한 연관성은, 위기의 절정 때 패닉의 강도가 대침체의 강도에
미치는 가장 중요한 이유라는 강력한 증거를 제시한다. 여러 가지 학문적
연구(대공황 당시 국제사회의 경험에 관한 나의 연구도 포함된다)를 통해서
정리된 많은 나라들의 경험은 심각한 금융위기에는 깊고 장기적인 경기하
강이 전형적으로 뒤따른다는 것을 보여주었다.

　금융 패닉이 경제에 심각한 상처를 주었다는 결론은, 침체에 기여한 다른
원인들을 배제하지 않는다. 패닉에 앞서 일어난 주택 거품의 붕괴가 주택
소유자들의 재산 가치를 낮춤으로써 주택 건설을 줄였고, 가계의 재산과
지출을 떨어뜨린 것은 분명했다. 금융위기와 수반되는 침체를 연결시키는,

동일한 역사적, 국제적 증거에 따르면, 위기가 부동산 가격의 폭락과 결합하는 경우에 그런 침체가 더욱 심각해진다는 사실이 일반적으로 드러났다.

그러나 일부 경제학자들은 주택 가격 버블 하나만으로도 침체의 깊이와 지속을 설명할 수 있으며, 뒤이은 경제위기는 부차적인 현상에 불과하다고 믿는다. 그것은 학문적인 논쟁을 뛰어넘는다. 그런 해결책은 우리가 2007-2009년의 패닉과 싸우는 과정에서 취한 선택들과 미래의 정책 입안자들이 내릴 가능성이 있는 결정과 관련하여 강력한 의미를 지니게 된다. 만약 대부분의 위기가 진실로 부차적인 현상이라면, 정책 입안자들은 금융 시스템의 안정에 너무 많은 노력과 자원을 바쳤을 것이다. 이런 견해에 따르면, 정책 입안자들은 주택 가치가 모기지보다 낮아진 주택 소유자들을 거의 전적으로 돕는 작업에 초점을 맞추어야 마땅했다.

도움에 필요한 효과적인 정책을 입안하는 것은 많은 사람들의 생각보다 더 어려웠지만, 나는 주택 소유자들을 돕기 위해서 더 노력할 필요가 있었다는 데에 동의한다. 그러나 금융위기가 경기침체와 별 관계가 없었을 가능성은 희박한 것 같다. 타이밍 하나만 놓고 보아도 그런 가정을 반박할 수 있다. 2007년 8월의 위기 발생에 뒤이어 2007년 12월에 침체가 시작되었고 이 침체가 실제로 심각한 침체로 변한 것은 패닉이 절정에 달한 뒤인 2008년 9월과 10월이었다. 패닉의 절정에서 4/4분기 경제활동이 곤두박질한 것은 반세기 중 최악이었다. 금융위기가 진정된 직후인 2009년 6월에 경제 위축은 끝났다.

뿐만 아니라 주택 문제가 유일한 원인이란 관점은 이 기간의 급격한 주택 가격 하락을 기정사실로 받아들였다. 금융위기가 없었을 경우에도 주택 가격이 그처럼 대폭적으로 빠르게 내려갔을 것인지 여부는 알 수 없다. 주택 가격은 2006년에 부진했지만, 당초에는 그리 많이 내려가지는 않았다(도표 3). 2007년에 위기가 나타났을 때 주택 가격은 2006년 초 가격보다 불과

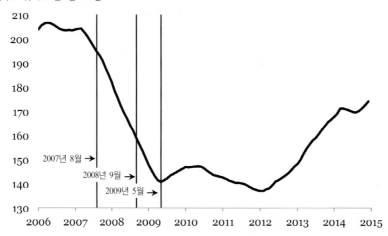

인덱스 지수 (2000년 1월 = 100명)

도표는 20개의 미국 주요 도시의 주택 가격이 위기가 시작되던 2006년 초부터 2007년 여름까지 완만하게 하락하는 것을 보여준다. 하락은 위기 동안에는 급격했으나, 위기가 누그러지던 2009년 5월에는 가격이 안정을 되찾았다. 주택 가격은 2012년 초에 반등하기 시작한다. 자료: S&P 케이스 -실러 20개 대도시 주택 가격지수. 주기적으로 조정된다.

4% 가량 낮았다. 상상하건대, 패닉이 없었을 경우 주택 버블은 연준의 전문 가들이 기대한 것처럼 좀더 점진적으로 꺼졌을 수도 있다.

그러나 베어 스턴스가 2008년 3월 JP모건에 팔릴 때쯤에는 주택 가격이 위기 이전 수준보다 근 10%가 떨어졌고, 리먼이 도산했을 때는 추가로 9% 가 떨어졌다. 2008년 9월의 리먼 사태부터 2009년 5월까지 주택 가격은 11%가 추가로 하락했다. 회복이 시작되기 전인 2011년 내내 주택 가격은 기본적으로 수평을 유지했다. 이 패턴은 주택 가격 하락의 속도 및 깊이 가운데 적어도 일부는 위기 및 그 경제적 영향력에 기인했을 가능성이 있다 는 것을 시사한다. 영향력 가운데는 고용과 소득 및 신용의 긴축과 신뢰의 붕괴가 포함된다. 위기 및 침체의 역학 때문에 주택 가격이 추가로 더 하락 한 것으로 보일 가능성도 실제로 있다.(주택 가격은 2009년 5월부터 2015년 초까지 25% 이상 올랐다.) 간단히 말해서 금융위기가 주택 가격의 하락을 현저히 가속화시키고 악화시킨 것 같다.

연준이 위기를 인식하고 심각성을 가늠하는 데에는 시간이 걸렸다. 대응에 나선 우리는 인플레이션 상승에서부터 금융시장의 도덕적 해이 증가에 이르기까지 다른 잠재적 리스크를 회피할 필요가 있었다. 우리가 더욱 명확히 이해하는 가운데 과거의 금융 패닉에 관한 우리의 지식이 새로운 위기의 진단에 길잡이가 되었고, 우리가 적용한 치료법에 영향을 미쳤다. 연준의 대응은 네 가지 주요 요소, 즉 경제를 지원하기 위한 금리인하, 금융 시스템의 안정을 목표로 한 긴급 유동성 대출, 주요 금융기관들의 무질서한 도산을 막기 위한 구제금융(가능할 때는 재무부 및 연방예금보험공사와 협력했다), 은행들의 상태를 점검한 스트레스 테스트(재무부 및 다른 은행 감독기관들과 공동으로 실시했다) 결과의 공개로 구성되었다.

2007년 9월, 월 스트리트의 금융 혼란이 메인 스트리트를 위협할 수 있다는 점이 분명히 드러나자, 우리는 연방자금금리의 목표를 낮추기 시작했다. 우리는 연방자금금리의 목표를 제로 가까이로 낮출 때까지 계속 낮추었고 더 낮출 수도 있었다. 거기서부터 우리는 장기금리를 낮추는 방법을 찾았고, 주택 담보부 증권의 대규모 매입 발표를 시작으로 하여 미지의 세계로 모험을 떠났다. 여행은 극도로 불안했으나, 동료들 대부분과 나는 연준이 1930년대에 저지른 실수를 되풀이하지 않겠다는 각오를 다졌다. 당시 연준은 대공황을 실질적으로 악화시켰던 급격한 디플레이션을 피하기 위한 금융 도구의 사용을 거부했었다.

우리의 긴급 유동성 대출은 여러 가지 참신한 형태를 취했다. 의회가 1913년 연준을 창설했을 때 의회는 연준이 패닉에 빠진 은행에 대출하여 최종 대부자 역할을 하는 구상을 했다. 그뒤 백년에 걸친 금융 시스템의 각종 변화에 의해서, 우리는 예금자들이 아닌 도매금융 대출자들 및 다른 단기 채권자들의 자금 인출 사태에 대응할 필요가 있었고, 따라서 단지 은행뿐만이 아니라 광범위한 다른 여러 금융기관들에게 대출을 하게 되었다. 가끔 창조적인 집단사고에서 나온 아이디어에 바탕을 두었던 우리의 노력은 창의적이고 과감하기까지 했던 것으로 널리 인식되었다. 그러나 본질적으로 우리는 의회가 연준을 창설할 때 의도했던 것과, 월터 배젓이 1세기 반 전에 했던 조언에 따르는 한편 패닉의 와중에서 중앙은행들이 반드시 해야 했던 일을 했다. 금융기관들이 자금줄을 상실할 때, 중앙은행들은 담보물이 붙은 대출로써 상실한 부분을 대체했다. 그렇게 함으로써 염가 판매로 자산 헐값 처분 압력을 줄였다. 배젓은 자산 담보부 증권이나 레포 같은 말을 들어본 적이 없었으나, 우리가 감염을 막기 위해서 적용한 여러 가지 원칙을 이해했을 것이라고 나는 생각한다.

배젓은 아마도 중앙은행이 타국에서도 최종 대부자 역할을 할 가능성은 고려하지 않았을 것이다. 그러나 달러의 세계적 역할은 해외의 혼란이 미국 시장으로 흘러들어오는 것을 의미한다. 따라서 우리는 14개국과 체결한 스왑 라인을 통해서 유럽, 아시아, 라틴 아메리카의 달러 표시 자금시장을 지원했다. 이 스왑 라인은 우리의 단일 최대 프로그램으로 절정에 달한 때에는 근 6,000억 달러에 이르렀다. 세계적인 감염을 막는 데에 스왑이 중요하다는 것이 밝혀졌을 것이다.

몇 가지 경우에 우리는 파산위기에 처한, 베어 스턴스와 AIG를 포함한 대형 금융기관을 구제하기 위해서 우리의 대출 권한을 사용함으로써 배젓을 넘어섰다. 위기 당시에 강조했던 것처럼 우리는 그런 기관의 주주, 임원, 직원을 조금이라도 고려하여 그런 조치를 취한 것이 아니라, 그런 기관의 파산이 분명히 더 큰 금융 감염으로 이어지고, 이미 시장에 만연하여 맹위를 떨치고 있던 공포와 불확실성을 더욱 부채질할 것이기 때문에 조치를 취한 것이다.

끝으로 재무부 및 다른 금융 관련 기관들과 일하는 동안 우리는 2009년 봄의 스트레스 테스트를 통해서 금융 시스템에 대한 신뢰를 회복시키는 데에 도움을 주었다. 은행의 수익 및 손실 전망에 관한 신뢰할 수 있는 정보를 제공함으로써, 우리는 금융 시스템에 대한 민간투자의 길을 여는 데에 도움을 주었다.

패닉이 진행되던 기간의 대부분 동안 연준은 초보적인 대응 수단으로 위기와 맞서 싸우는 부담을 혼자서 도맡았다. 그 가운데는 시스템에서 중요한 금융기관들의 파산을 막는 것이 포함되었다. 2008년 7월에 시작된 의회의 조치에 의해서 훨씬 포괄적인 대응을 원활하게 할 수 있었다. 재무부는 패니 메이와 프레디 맥에 구제금융을 할 수 있는 권한을 부여받았고, 나중에는 TARP를 통해서 미국 금융 시스템의 자본 재구성을 시작했다. 재무부의 MMF에 대한 보증과 연방예금보험공사의 은행 부채에 대한 보증 역시 시장을 진정시키는 데에 도움이 되었다.

금융 패닉이 2009년에 진정되었음에도 불구하고, 위기에 의한 손실은 갈수록 분명해졌다. 침체는 대공황 이후 최악의 경제 하강으로 악화되었다. 실업률은 2009년 10월에 10%로 절정을 이루었다. 주택 소유자들의 4분의 1이 자기 주택 값보다 더 높은 모기지를 안게 되었다. 대출기관들은 2008년에 170만 건의 유질 처분을 했고, 2009년에 210만 건을 추가했으며, 2010년에는 180만 건을 추가했다. 가장 최악이었던 것은, 위기 및 위기로 인한 경제적 결과가 미국인들의 신뢰에 심각한 타격을 가함으로써 위기가 자기 충족적인 예언이 될 위험을 제기한 것이었다. 시장은 진정되었으나, 우리의 일은 여전히 남아 있었다.

제3부

여파

19
양적 완화 : 정통 이론의 종말

⋮

2009년 3월 7일, 나는 사우스캐롤라이나 주의 내 고향 딜런에 다시 돌아왔다. 내가 연방준비제도 이사회 의장에 취임한 초기에 딜런이 '벤 버냉키의 날'을 만들어 취임을 환영한 뒤에 2년 반이 지났다. 이번에는 내가 중심가의 허름한 벽돌 상점가 앞의 공터를 걸어갈 때 CBS 방송 프로인 「60분」의 스콧 펠리가 동행했다. 그날 낮에 나는 TV 카메라가 뒤따르는 가운데 딜런 고등학교 학생들을 만났고 제퍼슨 가에 있는 유년시절의 집을 찾아보았으며—리 가족이 떠난 후 그 집은 주인이 몇 차례 바뀌었고 유질(流質) 처분을 한 차례 당했다—나에 대한 존경의 표시로 내 이름을 붙인 고속도로 분기점의 헌정식에 참석했다. 벤 버냉키 분기점의 출구를 나온 운전 기사는 95번 주간(州間) 고속도로를 벗어나서 내가 한때 종업원으로 일했던 '사우스 오브 더 보더' 식당을 지난 다음 딜런으로 가게 된다. 나는 "벤 버냉키 분기점 부근의 교통량이 적다"는 라디오 보도를 언젠가 듣기를 희망한다.

우리 집 약국이 있던 자리 부근에 있는 나무 벤치를 향해 펠리와 함께 인도를 천천히 걸어갈 때 나는 연준이 하는 일과 금융위기 대처 및 나의 경제전망에 관해서 설명하려고 애썼다. 그러나 프로그램이 방영된 후 내가 많은 사람들로부터 들은 바와 같이—내가 희망했던—딜런 중심가 풍경의 인상이 사람들의 기억 속에 더 오래 남았다. 나는 펠리에게 이렇게 말했다.

"아시다시피 나는 메인 스트리트 출신입니다. 그곳이 내 배경입니다. 또한 나는 월 스트리트에서 일한 적이 없습니다. 나는 한 가지 이유 때문에 월 스트리트에 관심을 가집니다. 월 스트리트에서 일어나는 사태가 메인 스트리트에 중요하다는 단 한 가지 이유 때문입니다." 우리가 금융시장을 안정시키고 신용 흐름에 다시 시동을 거는 데 실패할 경우, 원래 약국에서 한 블록 떨어진 곳에 더 큰 약국을 새로 짓기 위해서 과거 자금을 대출받았던 우리 아버지 같은 사람이 불운을 당할 것이라고 나는 설명했다. 내가 현직 연준 이사회 의장으로서는 이례적인 TV 회견을 하는 이유가 무엇이냐고 펠리가 물었을 때, 나는 이렇게 대답했다. "지금은 비상시국입니다. 이번 회견은 내가 미국 국민들에게 직접 말할 수 있는 기회입니다."

나는 연준이 모기지 금리를 내리고 은행들이 다시 대출할 수 있도록 은행들을 강화하고 MMF의 안정을 돕는 방식에 관해서 설명했다. 나는 이렇게 말했다. "그런 새싹들이 다른 여러 시장에서 나타나기 시작하고—신뢰가 어느 정도 회복되기 시작할 때—우리의 경제를 되살리는 긍정적인 힘이 발휘되기 시작할 것입니다." 어떤 사람들은 "새싹(green shoots)"이란 말에서 내가 2009년 3월에 경제의 강력한 회복이 임박한 것을 예상했다는 것을 의미했다고 말했다. 물론 나나 연준의 내 동료들은 그런 회복의 조짐을 예상하지 못했다. 나는 모기지와 다른 금융시장의 그 얼마 전의 상황 호전을 언급한 것이었다. 나는 그런 호전이 경제회복의 시작을 결국 도울 것으로 믿었다. 당시의 예측은 그리 나쁘지 않았다. 회견 후 불과 이틀 뒤인 3월 9일에 다우존스 산업 평균지수가 바닥을 쳐 근 12년 중 최하인 6,547에 장을 마감한 다음 장기간에 걸친 상승이 다시 시작되었다. 금융시장의 여러 가지 여건은 봄 동안 계속 호전되었는데, 이는 다른 어떤 요인들보다도 우리의 통화정책에 따른 조치와 은행 스트레스 테스트를 반영한 결과였다. 실업률은 10월 중에도 계속 상승했지만, 경제 위축은 그해 6월에 끝나게 되었다.

텔레비전 프로 「60분」이 연준에 관한 이야기를 광범위한 시청자들에게 전달했으며, 이는 우리에게 절실히 필요했던 일이었다. 내가 연준에 왔을 때 나는 투명성 옹호자였는데, 시장과 국민이 우리의 생각을 이해하면 통화 정책의 효율성이 더 높아질 것으로 생각했던 것이 그 주된 이유였다. 그러나 연준 및 우리 정책에 관한 투명성은 또한 국민의 신뢰를 얻는 보다 큰 싸움에서 필수적이란 것이 증명되었다. 우리의 공보 담당이었던 미셸 스미스는 연준의 스핑크스 같은 이미지는 이제 도움이 안 된다고 믿었다. 「60분」 측의 초청에 관해서 우리가 내부 토의를 벌일 때 그녀는 이렇게 썼다. "출연합시다. 국민과 언론은 개인과 정책 선택 및 제도 자체에 관해서 더 많이 배울 기회를 제공받을 자격이 있습니다."

그것은 시작에 불과했다. 그 해에 나는 몇몇 대학에서 학생들의 질문을 받았고 연준의 조치를 설명하는 기명 칼럼을 집필했고 PBS의 짐 레러가 진행하여 전국에 방영된 공청회에 출연했다. 특히 TV 출연은 내 전문 분야가 아니었다. 나는 연준에서 물러난 뒤 택할 가능성이 있는 일자리 목록에서 「투나잇 쇼(The Tonight Show)」 진행자 역할은 삭제했다. 그러나 우리가 국민들에게 다가설 수 있었던 것을 나는 기쁘게 생각한다. 비판적인 언론보도가 소나기처럼 쏟아지는 가운데 연준의 입장 설명만 하자고 나선 것은 아니었다. 2009년 초의 여러 가지 경제 여건은 두려움을 느끼게 했고, 만약 내가 진행되는 사태의 진실을 설명하고 미래에 관해서 국민을 안심시킬 수 있다면, 반드시 도움이 될 수 있었다.

FOMC는 주택 담보부 증권을 사들이는 작업을 진행하는 가운데 2009년의 1차 회의에서 추가 조치를 취하지 않았다. 이사회에는 불과 4명의 총재들만이 참석했다. 랜들 크로스너가 그 얼마 전 이사회에서 사임했고 대니얼 터룰로는 아직 취임 선서를 하기 전이었다. 티머시의 후임으로 뉴욕 연은 행장이 된 빌 더들리는 또한 FOMC의 부의장이 되었다.

우리는 이제 중복되는 기관들 사이의 협력을 강조하기 위해서 모든 회의를 이사회와 FOMC의 연석회의로 진행했다. 위원회의 소수 위원들은 우리 대출부서의 매우 난해한 용어를 여전히 불편하게 생각했다. 리치몬드 연은 행장 제프 래커는 주택 담보부 증권(MBS) 매입을 포함한 우리의 여러 가지 계획이 불필요하게 시장을 왜곡시키고 있다는 점을 자주 걱정했다. 애덤 스미스 이후 경제학자들은 자원을 효율적으로 배분하는 시장의 힘을 믿는 것이 일반적이었다. 그러나 동료들 대부분과 나는 금융 패닉 사태 속에서 공포와 리스크 회피 때문에 금융시장이 중요한 기능을 발휘하지 못하는 것을 깨달았다. 현재로서는 우리의 개입이 여전히 필수적인 것이라고 나는 주장했다. 연은 행장들 대부분의 지지를 받은 이사회는 비상 대출기관의 활동 기간을 10월까지 6개월 연장했다.

FOMC에서 우리의 경제 관련 논의는 무미건조했으며 참석자 대다수는 우리가 일련의 새로운 조치를 조만간에 취할 필요가 생길 것이라고 예상했다. 미국의 경기침체 심화가 전 세계적으로 확산되고 있었다. 위원회가 6개월 전에 열렸을 때 중요한 관심 대상이었던 인플레이션은 지출이 곤두박질치고 물가가 하락하는 가운데 급속히 떨어지고 있었다. 경제가 개선될 전망은 어디에도 보이지 않았다. 나는 "우리가 상당 기간 제로[금리]를 유지할 수 있다는 점을 인정해야 할 것으로 나는 생각합니다"라고 말했다.

의장이 되기 전 나는 단기금리가 제로에 도달한 뒤 통화정책에 관해서 발언한 바 있었다. 금리가 일단 제로에 도달하면, 그것은 통화정책 선택의 고갈을 나타내는 표시라는 비교적 광범위한 견해에 대한 나의 생각을 밝혔다. 나는 그때 반대 견해를 주장했다. 이제 나의 생각을 실천에 옮길 때가 되었다. 우리는 정통 이론의 종말에 도달했다.

우리가 수천억 달러의 증권을 매입한 조치는 아마도 우리가 채택한 가장 중요하고도 분명히 가장 심각한 논란의 대상이었을 것이다. 우리는 일반적으로 그런 매입 조치를 대규모 자산 매입(large-scale asset purchase, LSAP)이라고 부르지만, 금융업계는 그 도구를 양적 완화(QE*)라고 부르기를 고집했다. 2008년 12월 패니 메이와 프레디 맥의 부채 매입 및 2009년 1월 주택 담보부 증권의 매입은 우리가 이런 매입 방식을 처음 사용한 경우였다. 국채의 매입이 뒤따르게 된다.

우리의 목표는 30년 만기 모기지와 기업 채권의 금리 같은 장기금리를 낮추는 것이었다. 만약 우리가 장기금리를 낮출 수 있다면 예컨대 주택 부문 및 기업의 자본투자 지출을 자극할 가능성이 있었다. 특히 우리가 계획한 6,000억 달러의 주택 담보부 증권의 매입은, 많은 투자자들이 이런 증권을 기피하는 상황에서 이 증권에 대한 수요를 늘리자는 취지에 입각했다. 우리는 특히 주택 담보부 증권에 대한 수요를 증가시킴으로써 이 증권의 수익률을 낮추어 그 결과 개인 모기지 담보 차입자들이 지불하는 금리가 떨어지도록 유도하기를 희망했다. 실제로 금융시장이 미래를 기대하는 가운데 모기지 금리가 우리의 발표 뒤이지만, 실제 매입이 이루어지기 전에 ─2008년 11월 말에─ 떨어지기 시작했다.

10년 이상 만기의 증권 같은 장기국채를 우리가 매입했을 때, 이런 증권의 수익률이 이와 비슷하게 낮아지는 경향을 보였다. 물론 가장 안전한 채

---

* 나는 언론과 시장이 "신용 완화(credit easing)"라는 용어를 사용하도록 유도했으나, 성공하지 못했다. 데이브 스키드모어가 "양적 완화(quantitative easing)" 대신에 쓰자고 제안한 용어이다. 양적 완화는 2000년대 초기에 일본이 자국의 (성공하지 못한) 계획에 붙인 용어이며 우리의 증권 매입과 여러 가지 면에서 달랐다. 특히 일본의 양적 완화 계획은 통화공급을 증가시키는 것을 목표로 한 데 비해 연준은 장기금리 축소를 위한 수단으로 장기국채 및 주택 담보부 증권 매입에 초점을 맞추었다.

무자인 재무부와 동일한 금리로 돈을 빌리는 사람은 민간 부문에 존재하지 않는다. 그러나 국채의 수익률 인하는 다른 장기금리로 흘러넘어가는 것이 일반적인 현상이다. 예를 들면, 회사채를 고려할 때 투자자들은 유사한 만기의 국채에서 벌 수 있는 돈과 비교하여 그 채권의 수익률을 평가하는 것이 일반적이다. 만약 국채의 금리가 떨어질 경우 투자자들은 일반적으로 회사채의 수익률 하락 또한 받아들인다. 뿐만 아니라 연준의 매입이 국채의 매입 가능한 물량의 공급을 줄일 경우 투자자들은 주식과 같은 다른 자산으로 전향할 수밖에 없으며 이런 전향은 그런 자산의 가격 상승을 유도한다. 국채를 매입할 때 우리의 궁극적인 목적은 신용거래 비용*의 광범위한 축소를 촉진하는 것이었다.

2009년 3월 18일에 열린 다음 FOMC 회의에서는 매파와 비둘기파 모두 비관론을 배제했다. 찰리 플로서는 이렇게 말했다. "현재 어떤 상황이 진행되고 있는지 나는 자신할 수 없습니다. 상당히 암울해 보입니다." 재닛 옐런은 "최근의 경제 및 금융 관련 뉴스는 매우 어둡습니다"며 동의했다. 은행제도의 안정성에 대한 두려움이 시장에 만연했다. 더욱 강력한 여러 은행의 주가조차 연초 이후 낙폭이 컸다. 실제로 다우는 18개월이 채 안 되는 기간에 절반가량이 떨어졌다. 시장의 손실은 엄청난 규모의 구매력을 파괴했을 뿐만 아니라 경제의 가공할 만한 전대미문의 하락 가능성을 끊임없이 상기시키고 있었다. 두려움을 느낀 고용주들이 점점 빠른 속도로 근로자들을 해고함으로써 급여 근로자의 수가 2월에 65만 명이나 급격히 줄었다. 전 세계적으로 경기침체에 빠져드는 나라의 수가 증가함으로써 국제 무역량은 폭락했다. 우리는 추가 조치를 취할 필요가 있었다.

---

* 우리는 그런 증권의 금리에 직접 영향을 미치는 회사채와 민간 차원의 주택 담보부 증권 같은 민간 부문의 부채를 매입하려고 했다. 그러나 대다수 중앙은행들과 달리 연준은 제13조 3항을 적용하지 않고는 그럴 권한이 없었다.

우리가 취할 수 있는 가장 강력한 조치는 우리의 증권 매입 확대였다. 주택 담보부 증권의 매입 확대와 국채의 매입 개시 양자 가운데 어느 쪽을 먼저 선택할 것인지 나는 확신이 서지 않았다.(아마도 주택부문에서는 주택 담보부 증권을 매입하는 것이 비교적 더 효율적인 반면에 국채 매입의 효과는 더욱 광범위할 것이다.) 내가 회의석상에서 제시한 정책 대안들 가운데에는 두 가지 선택이 모두 포함되어 있었다. 회의에서 토의한 결과—매우 비관적인 기업과의 거래 실적에 바탕을 둔 연은 행장들의 보고서가 포함되었다—내가 예상했던 것보다 경제 상황에 대한 불안이 더욱 심각하다는 사실이 드러났다. 댈러스 연은의 리처드 피셔는 "실제로 나에게 전화를 걸어 '좋은 소식을 바랍니까?'라고 물은 사람도 있었습니다. 그래서 내가 '부탁합니다'라고 말하자 그 사람은 '다른 데 알아보시지요'라고 대답했습니다"라고 보고했다. 조치를 취하겠다는 위원회의 의욕은 강력했다. 찰리 에번스는 "우리가 무언가 큰 조치를 취하는 것이 중요하다고 생각합니다"라고 말했다. 결국 우리 두 사람은 주택 담보부 증권을 추가로 매입하면서 국채의 매입을 개시하는 데에 의견을 모았다. 우리는 이제 적극적인 채권 매입에 나설 의사를 완전히 굳혔다. 이 매입 계획은 나중에 제1차 양적 완화(QE1)라고 불리게 되었다.

이 종합대책은 시장의 관심을 끌기 위해서 고안되었으며 효과를 발휘했다. 우리는 패니 메이와 프레디 맥 및 지니 메이가 보증한 주택 담보부 증권의 매입을 2009년에 7,500억 달러 증가시켜 1조2,500억 달러로 확대하는 계획을 수립했다고 발표했다. 우리는 패니 메이와 프레디 맥이 재원 마련을 위해서 대출받은 부채를 매입하기 위해서 이미 계획했던 자금 규모를 1,000억 달러에서 2,000억 달러로 두배 증액했다. 우리는 또한 국채 매입에 처음 진출하여 향후 6개월 동안 3,000억 달러어치를 매입할 예정이었다. 끝으로 우리는 연방자금금리인 우리의 기준금리 운용 계획과 관련된 지침을 강화했다. 1월에 우리는 연방자금금리가 "상당 기간" 이례적으로 낮은 수준을 유지할 것으로 예상된다고 발표했다. 3월에 "상당 기간"은 "장기간"으로 바뀌었다. 우리는 단기금리에 관한 이 새로운 신호가 장기금리를 낮추는 데에 도움이 되기를 희망했다. 위원회는 종합대책을 만장일치로 승인했다. 주택담보부 증권의 매입으로 인해서 신용의 흐름이, 주택 부문 이외의 자격이 있는 차입자들에게 도달하지 않을 것을 우려하던 제프 래커조차도 이 대책을 지지했다.

통화정책 행동주의(monetary policy activism)의 새 시대가 도래했고 우리의 발표는 여러 가지 강력한 효력을 발휘했다. 회의 전날부터 연말까지 다우는 3,000포인트 이상―40% 이상―올라 10,428에 도달했다. 우리의 발표로 장기금리는 하락하여 10년 만기 국채의 수익률은 하루 동안에 약 3%에서 약 2.5%로 내려갔는데, 그것은 매우 큰 변동 폭이었다. 여름 동안 장기 수익률은 상승세로 돌아서서 대략 4% 위로 오르게 된다. 우리는 그런 상승을 성공의 표시로 보게 되었다. 수익률의 상승은 투자자들이 추가 성장과 인플레이션의 상승을 기대한다는 것을 시사했는데, 그것은 경제를 되살리는 우리의 목표와 일치했다. 실제로 경제가 4개 분기 동안 위축된 뒤에 수정된 자료는 경제가 3분기에 1.3% 성장하고 4분기에는 3.9% 성장하리라는 것을 보여주었다.

다른 나라의 중앙은행들도 양적 완화를 채택하게 되었다. 영국은행은 우리의 2009년 3월 양적 완화 계획 확대 발표와 거의 때를 같이하여 국채 매입을 시작했다. 결국 영국은행의 계획은 국채 매입을 강조한 점과 경제 대비 매입 규모 양면에서 우리의 계획과 비슷해 보였다. 2000년대 초에 양적 완화를 선구적으로 실시했던 일본은행은 신용 흐름을 장려하기 위한 국채 매입 및 다른 일련의 계획들을 동시에 착수했다. 그러나 이 기간 유럽중앙은행은 양적 완화 대신 은행에 대한 장기대출 증액에 초점을 맞추어 단지 제한된 자산 매입에만 착수했다.

한편 AIG는 당초 850억 달러의 구제금융을 받았으나, 6개월 뒤에 사업 범위가 방대한 이 거대 보험회사는 다시 비틀거리기 시작했다. 우리는 첫 번째 구제금융 조치를 보완하기 위해서 2008년 10월에 추가로 380억 달러의 대출을 제공했다. 그해 11월 우리는 재무부와 협력하여 부실자산구제계획(TARP)의 400억 달러 자본투자를 포함시키기 위해서 구제금융 계획을 재조정했다. 그러나 안정은커녕 이 회사는 4분기에 놀랍게도 620억 달러의 손실을 내면서 2008년도 손실 총액이 990억 달러를 기록했다. 이는 미시시피 주의 경제 생산량과 대략 맞먹는 규모였다. 새로운 ―파산을 유도할 가능성이 있는― 현금 유출을 촉발하게 되는 AIG 신용등급의 하락을 피하기 위해서 연준과 재무부는 2009년 3월 구제금융 계획을 다시 재조정했다. 우리는 이 회사의 거대한 4분기 손실 발표가 나오기 하루 전 일요일인 3월 1일에 새로운 처리를 마쳤다. 새로운 거래 가운데에는 TARP의 추가 투자금 300억 달러가 포함됨으로써 투자 총액은 미국 의회 예산 지출 총액의 10%인 700억 달러에 이르렀다. 그 수치에는 연준의 대출 지원이 포함되지 않았다.

미국 정부가 AIG를 안정시키는 다양한 계획을 통해서 약속했던 1,800억 달러 이상의 자금이 여론의 불만을 부채질했으나, 이 액수의 대략 1,000분의 1에 해당하는 수치가 훨씬 더 거센 여론의 비판을 촉발했다. 3월 15일 일요일자 일간신문들은 정부 고위 관리의 말을 익명으로 인용하면서 AIG를 파산 직전에 몰아놓은 악명 높은 금융상품부의 임원들과 전문가들에게 1억6,500만 달러의 보너스를 지급할 예정이라고 보도했다. 여론의 분노가 뒤를 이었다. 공화당의 아이오와 주 출신 상원의원 척 그래슬리는 AIG의 임원들이 사과한 다음 사임하거나 자살함으로써 "일본인들의 모범"을 따라야 한다는 견해를 밝혔다. 민주당의 뉴햄프셔 주 출신 하원의원 폴 호즈는 "나는 이제 AIG가 오만, 무능, 탐욕의 상징이 되었다고 생각한다"고 말했다. 신디케이트 칼럼니스트 찰스 크라우트해머는 "시범으로 한두 명의 목을 매달라"고 촉구했다. 실제로 폭력 행사의 가능성이 엿보였다. 잇단 살해 협박으로 회사는 금융상품부의 코네티컷 교외 사무실 건물 주변과 AIG 임원들이 사는 동네의 보안을 강화했다. 하원은 TARP의 기금을 50억 달러 이상 받는 기업들이 지불하는 보너스에 90%의 가혹한 세금을 부과하는, 합헌성이 다소 의심되는 법안을 가결했다.(이 법안은 상원에서 통과되지 못했다.)

보너스 지급 계획에 관한 뉴스가 보도되자 우리의 정치적 위상 하락은 가속화했다. 바니 프랭크 의원이 위원장으로 있던 하원 금융 서비스 위원회는 구제금융 실시 후 6개월 동안 AIG 청문회를 열지 않았으나, 이 보너스 때문에 프랭크 의원이 티머시 가이트너와 빌 더들리 및 나를 3월 24일 청문회에 소환했다. 코드 핑크(Code Pink : 원래 이라크 전쟁에 반대하기 위해 결성된 여성 단체) 회원들이 분홍색 셔츠와 구명조끼를 입고 우리 뒤에 앉아 있었다. TV 카메라가 우리 쪽으로 향했을 때 시위자들은 "내 일자리는 어디 있는가?" "나에게 구제금융을 제공하라"고 적힌 팻말을 들어올렸다. 바니 위원장은 의사봉을 두드려 회의를 시작하면서 이렇게 선언했다. "본 회의는 매우 중요한 공개 청문회입니다. 어떤 방해도 용납되지 않을 것입니다. 의사진행 방해가 있어서는 안 될 것입니다." 잠시 후 가이트너가 가지고 온 성명서를 읽는 도중에 바니 위원장이 끼어들어 시위자 한 사람에게 경고했다. "저 뒤에 앉은 분께서는 나이에 걸맞은 행동을 하셔서 팻말 흔드는 행동을 중지해주시기 바랍니다."

청문회에서 설명한 것처럼 나는 보너스에 관한 사실을 3월 10일에야 알았다. 그날 이사회의 법무 담당 스콧 알바레스가 나에게 그 소식을 전했다. 나는 AIG가 정치와 홍보상의 재앙 하나를 우리에게 또다시 안겨주었다는 것을 즉각 깨달았다. 나는 보너스 지급을 막으려고 시도했으나, 연준의 법률가들로부터 보너스 지급이 합법적인 계약에 따른 것으로 독단적인 취소가 불가능하다는 말을 듣게 되었다. 만약 우리가 패소할 경우, AIG(그리고 납세자들)가 코네티컷 주의 법에 따라서 징벌적 손해배상을 하게 되므로 보너스 지급을 막기 위한 소송 제기에 신중을 기하라는 조언도 했다. 우리가 패소할 가능성이 있다는 것이었다. 결국 나는 AIG의 CEO 에드 리디에게 보너스를 줄이는 방안을 찾아보라고 촉구하는 방식으로 해결책을 찾았고, 그런 요청을 하는 내용의 편지를 보내라고 빌 더들리에게 부탁했다.

흔히 있는 경우지만, 금융위기 기간 AIG 보너스 지급의 이면은 처음 보기보다 덜 명확한 것으로 변하게 된다. 그 대부분이, 회사를 파산위기로 몰아넣은 논란 대상의 행위와 관련이 없는 핵심 요직의 직원들을 계속 확보하기 위해서 제시된 보너스 지급 약속은 구제금융 이전에 이루어졌다. 이런 직원 가운데 다수는 AIG의 복잡한 입장을 안전하게 해소하는 데에 필요한 지식의 전문가들이었다. 그들은 이 회사에 대한 납세자들의 투자를 보호하는 임무를 띠고 있었다. 따라서 나는 유질 처분에 직면한 주택 소유자와 실직 근로자가 격분하게 된 이유를 분명히 이해하게 되었다. 납세자들의 돈으로 구제금융을 받은 회사의 직원들에게 보너스를 지급하는 것이 부당하다는 것은 누구나 이해할 수 있었다. 시민들이 분노한 것은 당연했다. 실제로 이 보너스 관련 일화는, 경영에 실패한 금융회사들을 서서히 줄이기 위한 법적 권한의 개선이 우리에게 필요한 이유를 하나 더 제공하게 되었다. 그런 권한 가운데에는 기존의 각종 계약을 파기하는 힘이 포함된다.

결국 보너스 수령자들 가운데 일부가 전액 혹은 일부를 자진 반납했고, 재무부는 변호사 켄 파인버그를 임명하여 TARP의 자금을 받은 기업들의 보상정책을 감독하도록 했다. 여론의 분노는 마침내 사그라들었다. 그러나 연준은 이 사건과 그와 유사한 논란의 지속으로 정치적인 타격을 받았다.

2009년 7월 갤럽 여론조사에 의해서 조사 대상의 불과 30%만이 연준의 일 처리가 훌륭하거나 좋다고 생각한다는 사실이 발견되었다. 우리는 9개 연방기관 가운데 꼴찌를 했는데, 40% 지지율의 국세청보다 뒤졌다.

나는 우리가 인기를 얻으려고 임명된 것이 아니라는 점을 종종 스스로 상기했다. 우리는 최선의 능력을 다해서 미국 국민에게 장기적인 이익이 되는 정책을 개발하고 시행하기 위해서 임명되었다. 봄과 여름이 지나는 동안 우리는 경제를 지원하고 금융 시스템을 안정시키는 작업을 계속했다. 나는 일주일 내내 계속 사무실에 출근하고 주말을 이용하여 연설문이나 증언서를 작성하고 편집을 하거나 최근 일어난 사태를 되돌아보았다.

그러나 나는 우리 아들 조엘의 결혼식을 위해서 8월 첫 번째 주말에 휴가를 냈다.(조엘과 약혼녀 엘리스 켄트는 결혼 날짜를 정할 때 8월 말로 예정되었던 연준의 잭슨 홀 회의와 겹치지 않도록 만전을 기했다.) 조엘과 엘리스는 푸에르토리코의 화창한 산 후안에 있는 한 호텔을 결혼식장으로 정했다. 성대하게 치러진 결혼식은 나에게 훌륭한 기분 전환의 기회가 되었다. 하객 가운데 다수는 조엘이 뉴저지의 초등학교 시절부터 사귄 친구들이었다. 일주일 후 신혼부부는 그들이 만난 사이먼스 록 대학이 있는 매사추세츠 주의 그레이트 배링턴에서 피로연을 가졌다. 참석한 하객들 가운데에는 38년 전 나에게 고향을 떠나 하버드에 진학하라고 설득했고 지금은 MIT 교수로 재직 중인 켄 매닝도 있었다. 우리 딸 앨리사는 그때 서던 캘리포니아에서 학점 인정 과정 계획을 이수하고 있었는데, 결혼식과 피로연에 모두 참석했다. 딸은 그 과정을 거쳐 의과대학에 진학할 예정이었다. 애나와 나는 우리 아이들이 워싱턴의 정치인들과 정책 입안자들이 관심을 집중시키는 사건으로부터 멀리 떨어져서 각자의 생활을 하면서 잘 사는 사실에 언제나 만족했다.

내가 기대하던 것처럼 나는 2009년 초에 의장 임기가 얼마나 오래 계속될 것인지 곰곰이 생각했다. 나의 임기는 2010년 1월에 끝나며 나는 대통령이 여름 동안 나의 4년 연임을 결정할 것으로 예상했다. 나는 내가 재임을 원해야 하는지 여부를 놓고 따져보았다. 나는 내가 의장직에 지명되었을 때에 생각했던 것보다 재임 중에 더 많은 경험을 했다. 세계적 금융위기와 심각한 경기침체를 겪었다. 나는 비판자들의 비난을 도맡아 받았고, 그들의 가시 있는 말은 때때로 아주 사적인 것이었다. 나는 비판 받는 것이 내 일의 일부라는 점을 이해했으나, 그럼에도 신경에 거슬리고 괴로웠다. 어쩌면 비판자들이 옳았을지도 모른다. 우리의 모든 노력에도 불구하고 우리는 위기도 침체도 피하지 못했다. 상황이 더욱 암담했던 시기에 나는 자신이 이 일의 적임자인가에 대해서 의구심을 느꼈고, 이 직책을 계속 맡는 것이 나라와 연준을 위해서 옳은지 여부를 놓고 고민했다.

이 시기에 나는 가끔 에이브러햄 링컨의 글을 읽으면서 위안을 찾았다. 이사회의 주차장 관리자 스티브 베스먼이 작은 카드에 적힌 이 글을 나에게 선물했다. 나는 그 카드를 내 컴퓨터 옆에 놓아두었다. 남북전쟁의 와중에서 생긴 군사상의 실책을 의회가 비판했을 때, 링컨은 다음과 같이 말한 것으로 인용되고 있다. "나에 대한 그 모든 비판을 읽으려고 내가 애쓴다면 답변은 고사하고 다른 업무 수행을 위한 대통령의 직무 수행을 포기하는 것이 차라리 나을지도 모른다. 나는 알고 있는 최선의 방법으로 일하고 있다. 즉 최선을 다한다. 만약 결과가 좋을 경우, 나에 대한 비난은 무의미해질 것이다. 결과가 나쁠 경우, 10명의 천사가 내가 옳다고 맹세해도 허사가 될 것이다."

내가 재임을 원하느냐 여부와 상관없이 내가 재임명 제안을 받을 것인지도 불확실했다. 언론은, 재무장관 지명에서 배제되었으나 오바마의 수석 보좌관으로 임명된 래리 서머스가 연준 이사회 의장직 약속을 이미 받았거나 사실상의 약속을 받았다는 추측 보도를 했다. 행정부 안에 광범위한 인맥을 구축하고 있었던 이사회의 대니얼 터룰로는 그가 알기로는 어떤 약속도 없었다고 도널드 콘에게 말했으나, 소문은 끈질기게 계속되었다. 래리가 우리의 위기 대처방식을 거리낌 없이 비판해왔다는 것을 나 역시 간접적으로 들어 알고 있었는데, 그것을 그가 연준 이사회 의장직을 맡기 위해서 운동을 벌이고 있는 표시로 나는 받아들였다.

내가 심사숙고하는 동안 친구들과 동료들이 도와주었다. 미셸 스미스와 도널드 콘 및 다른 사람들은 내가 떠나는 것이 연준에 이익이 될 수 있다는 생각을 일축했다. 정치적 판단력이 매우 뛰어나고 특히 공화당 의원들과 좋은 인맥을 유지하고 있었던 케빈 워시는 나와 의회의 몇 차례 다툼에도 불구하고, 내가 의회 내에서 상당한 존경을 받고 있다고 나에게 말했다. 나의 의회 인준을 확신했으며, 몇 달 후 상원에서 공화당의 지지를 얻기 위해서 노력하게 된다. 외부에서도 나를 지지하는 사람들이 있는 것 같았다. 위기가 절정을 지나고 오래 되지 않은 2008년 11월에 「월 스트리트 저널」은 여론조사에 응한 민간 부문 경제전문가 54명 가운데 4분의 3이 니의 재임명에 찬성한다고 보도했다. 대통령의 고려 속에는 경제 전문가들의 견해 외에도 많은 사항이 포함된다는 점을 나는 충분히 잘 알았지만, 「저널」의 후속 여론조사는 더욱 고무적인 결과를 보여주었다. 재임명은 보장된 것이 분명히 아니었으나, 불가능해 보이는 것도 아니었다.

2009년 봄 내내 이 문제를 심사숙고했던 나는 이번에 떠나게 되면 중요한 과업을 미완으로 남겨두고 가게 될 것이라는 결론에 도달했다. 금융위기의 최악 국면은 지나갔음에도 불구하고, 여러 가지 정상적인 여건 회복을 위해서는 아직 할 일이 많았다. 경제는 대공황 이후 최악의 침체 속에 여전히 빠져 있었고, 통화정책이 회복에 중요한 역할을 하게 될 것이었다. 금융규제 시스템 개혁의 기본 과제 달성은 이제 시작 단계일 뿐이었다. 또한 연준—내가 지극히 존중하는 기관—의 인기는 바닥에 떨어졌고, 좌익과 우익 양쪽의 과격 세력들의 공격 시기가 무르익어가고 있었다.

이런 모든 문제를 해결하는 데 필요한 지식과 능력을 갖춘 사람이 나 한 사람뿐이 아닌 것은 분명했지만, 떠나는 것은 탈영하는 듯한 기분이 드는 것은 어쩔 수 없었다. 지난 몇 년 동안 겪은 험난한 경험 역시 위기 속에서 필요한 지속성을 유지하기 위한 지식과 인간관계 모두를 제공했다. 또한 솔직하게 말해서 나는 인식이 가능한 최강의 방식으로 나의 노력이 인정받기를 원했다. 당초 나를 연준 이사회 의장에 임명했던 대통령과 정치적으로 신조가 다른 신임 대통령에 의한 재임명을 통해서 그런 인정을 받고 싶었다. 애나와 나는 다양한 고려 사항과 나의 관심사를 충분히 논의했다. 애나는 처음에 내가 의장직을 수락했을 때에는 내켜하지 않았으나, 내가 이미 시작한 일을 마칠 필요가 있다는 데에 동의했다. 나는 연임을 위해서 노력하기로 결심했다.

오바마 대통령의 측근 보좌관이었던 가이트너가 결정에 분명히 중요한 역할을 하게 된다. 나는 그를 부러워하지 않았다. 가이트너와 나는 위기의 가장 암울했던 몇몇 순간에 함께 일했으며, 나는 가이트너가 우리가 이룬 업적을 인정하고 나를 지지할 것이라고 믿었다. 그러나 래리는 가이트너의 멘토였고 지금은 행정부 안에서 동료로 일하고 있었다. 또한 내가 대통령과 사이좋게 지내고 있었지만, 래리는 분명히 나보다 대통령과 훨씬 더 친밀한 관계를 유지하고 있었으며, 그것은 내가 2005년 백악관에 잠시 근무할 때 부시 대통령과 쌓은 관계와 다르지 않을 것이었다.

6월에 가이트너가 나의 계획을 물었고 나는 재임명을 희망한다고 그에게 말했다. 또한 나는 나의 희망이 실현될 경우 두 번째 임기가 마지막이 될 것이라는 점도 분명히 밝혔다. 연준 의장이라면 두 번 정도는 연임해야 제대로 일을 할 수 있다고 생각했으나, 나는 8년 이상 업무의 스트레스를 견딜 수 있을지 스스로 의문이 들기도 했다. 만약 내가 연임 이후 2014년 1월에 떠날 경우 대통령은 원한다면, 래리를 2014년에 임명할 기회를 여전히 가지고 있을 것이기 때문에 이런 나의 희망이 가이트너에게 영향을 주었을 가능성이 있다. 물론 이런 가정은 어디까지나 대통령이 재선될 경우에 실현이 가능한 것이었다.

결국 결정이 어떻게 내려졌는지 나는 모른다. 자신의 자서전『스트레스 테스트』에서 가이트너는 위기의 와중에서 지속성은 중요한 고려 사항의 하나라고 썼다. 오바마 대통령은 경제회복을 위해서 필요한 것은 무엇이든지 할 용의가 나에게 있다는 것을 분명히 알고 있었다. 나는 당시 대통령 비서실장이었던 람 이매뉴얼과 좋은 관계를 발전시켰다. 그는 상원의 인준 표결을 고려했을 것이 분명하며 나에게 인준 가능성이 있다고 했다. 나에게—교육위원회에서 재직한 시기와 단기간 경제자문위원회에서 일한 것을 제외하면—정치적인 경험이 상대적으로 없었던 점이 아마도 도움이 된 듯했다. 나는 당파적인 신념에 대한 집착이 거의 없는 사람으로 간주되었다. 나를 연준에 유인시키는 조치는 또한 레리를 오바마의 측근 보좌관으로 유임시키게 될 것이다. 어쨌든 오래지 않아 결정이 내려졌다. 내가 아직도 유임을 원한다면, 의장직은 나의 것이라고 티머시가 알려주었다.

8월 19일 수요일 초저녁에 티머시와 나는 대통령 집무실에서 오바마 대통령을 만났다. 그 시간은 기자단이 퇴근하고 건물에 직원이 별로 없을 때였다. 접견은 짧았다. 항상 그렇듯이 대통령은 친절하고 겸손했다. 그는 내가 해온 일을 치하하고 나를 재임명할 의사가 있다고 확실히 말했다. 나는 티머시에게 했던 말을 대통령에게도 했다. 즉 미완의 업무를 끝내기 위해서는 시간을 좀더 원하지만 4년 연임이 나의 절대적인 상한선이라고 다짐했다. 대통령은 이해했다고 말한 다음 결정이 곧 발표될 것이라고 말했다. 30분 뒤 나는 미셸에게 이메일을 보냈다. "BO 접견. 잘 됐음." 내가 이 소식을 알렸을 때 애나는 울지 않았다. 그녀는 올 것이 왔다는 것을 알고 있었다.

다음 날 나는 연례 연준 회의에 참석하기 위해서 비행기를 타고 잭슨 홀로 갔다. 평소처럼 나는 금요일 아침에 기조연설을 할 예정이었다. 나는 기조연설에서 위기에 처했던 참으로 **끔찍했던 해**를 되돌아보았다. 불과 12개월도 안 되는 시간에 우리가 패니 메이와 프레디 맥의 경영권 인수, 리먼의 파산, AIG에 대한 몇 차례 구제금융 실시, MMF의 인출사태, 시티와 뱅크 오브 아메리카의 경영 정상화, 부실자산구제계획의 통과, 양적 완화의 도입 등 수많은 사건들을 겪었다는 사실을 믿기가 어려웠다. 우리는 나락에 너무 가까이 갔었다. 나는 이렇게 말했다. "우리가 최악의 상황은 피했지만, 어려운 과제는 여전히 남아 있습니다. 우리는 지속적인 경제회복을 보장하기 위해 이미 이룬 업적에 새 업적을 추가하려면 협력해야 합니다."

회의 기조연설의 초점은 위기 및 경제전망에 맞추어졌으나, 식사와 리셉션 때 이루어진 논의 내용의 대부분은 누가 다음 4년 동안 연준을 이끌고 나갈 것인가에 관한 이야기였다. 나는 질문을 사양했다. 많은 동료들이 나에 대한 지지를 공개적으로 표명했다. 그 가운데에는 내가 처음 임명될 때 의장직을 놓고 경쟁했던 마틴 펠드스타인도 있었는데, 그는 하버드 시절 나의 은사였다. 온라인 도박 사이트인 인트레이드는 나의 재임명 가능성을 79%로 점쳤다.

MIT 시절 나의 학위논문 주제의 상담자였고 당시 이스라엘 중앙은행 총재였던 스탠 피셔는 금요일에 오찬 발표를 했다. 그가 연설할 때 나의 경호팀이 나에게 회의실 밖에서 보자고 했다. 회의 참석자들은 의아해 하는 시선으로 내가 나가는 모습을 지켜보았다. 와이오밍의 산간지대에서는 휴대폰 수신이 불규칙하여 걸려온 전화가 연결되지 않았다. 마침내 나는 걸려온 전화를 받을 수 있었다. 나의 재임명 공식 발표가 화요일 대통령 가족이 휴가를 보내는 마사스 비니어드에서 있을 것이라고 백악관의 한 보좌관이 나에게 통보했다.

잭슨 홀 공항의 직원용 휴게실에서 나는 회의에 참석했던 이사회의 고위 직원들—데이브 스톡턴, 브라이언 매디건과 이사회의 국제국 국장 네이선 시츠가 포함되었다—에게 이 소식을 알렸다. 출발하는 비행기를 기다리는 동안 우리가 대기할 장소로 공항 직원 휴게실이 배정되어 있었다. 워싱턴에 돌아왔을 때 나는 또한 FOMC의 모든 위원들에게 일일이 전화를 걸었다. 적어도 며칠 동안 나는 올바른 결정을 했다고 느꼈다.

8월 25일 화요일 이른 아침에 나는 미셸 스미스와 경호원 밥 애그뉴 및 에드 매컴버를 대동하고 앤드루스 공군기지로 차를 달렸다. 공군이 소유한 날렵한 소형 제트기가 우리를 태우고 마사스 비니어드 공항으로 갔다. 그곳에서 우리는 발표 예정 장소인 오크 블러프스 스쿨로 이동했다. 나는 지시받은 그대로 청색 콤비 상의와 바지를 입고 넥타이는 매지 않았다. 오전 9시에 대통령 일행이 보안 및 통신 기술 장비를 거창하게 과시하면서 도착했다. 검은색 SUV에서 내려서는 검은색 콤비 상의를 재빨리 입은 오바마는 나에게 개인적인 축하를 했다. 우리는 카메라 보도진 앞으로 걸어갔다. 대통령은 미국과 세계가 역사상 최악의 금융위기 가운데 하나를 헤쳐나가는 것을 도와준 것을 고맙게 생각한다고 나에게 말했다. 그는 내가 대공황을 전공한 학자란 사실과 나의 성품, 용기, 창의성을 칭찬했다. 나는 나 개인과 "강력하고 독립적인 연준"에 대한 대통령의 지원에 감사한다고 답했다. 그 다음에 나는 공항으로 돌아갔다. 그리고 나는 점심시간에 맞추어 워싱턴의 내 사무실에 들어갔다.

몇 달 뒤인 12월 16일에 나는 사기를 높여주는 또다른 계기가 생겼다. 그날 나는 「타임」지의 2009년 올해의 인물로 선정되었다. 미셸은 몇 달 전에 가능성을 내게 언급한 바 있었으며, 우리는 「타임」지 기자 마이클 그룬왈드와 협력했다. 나는 「60분」의 에피소드에서처럼 「타임」지의 이야기가 나의 인간적인 면모를 소개하고 사람들이 연준 및 우리의 활동을 더욱 잘 이해하는 데에 도움이 되기를 희망했다. 나는 그렇게 되었다고 생각한다. 그룬왈드는 나를 "세계에서 가장 중요한 경제를 인도하는 가장 중요한 인물"이라고 부르고 제2의 대공황을 피한 것을 연준의 공으로 돌렸다. 「타임」지의 표지는 1달러 지폐 위에 나의 초상화를 그렸다.

그러나 「타임」지는 이런 찬사와 더불어 연준의 조치가 정치적으로 강력한 반발을 촉발했다는 점도 지적했다. 내가 재임명에 대한 혹독한 청문회 검증 절차를 거치기 위해서 12월 3일 상원 은행위원회에 출석했을 때 나는 그런 반발을 느꼈다. 청문회는 오전 10시부터 오후 3시까지 계속되었다. 나는 잠을 제대로 자지 못했으나, 집중력과 냉정한 태도를 모두 유지하는 능력을 발휘할 수 있었다. 위원장 크리스 도드는 나의 재임명을 지지했다. 그는 연준이 나의 지도력 발휘하에 일련의 탁월한 조치를 취했다고 추켜세웠으나, 또한 연준이 금융규제에서 중심적인 역할을 계속 수행하는 것이 마땅한지 여부에 관해서 질문했다. 나에 대한 뚜렷한 개인적 존경과 연준에 대한 맹비난을 서슴지 않는 도드의 이중적인 태도에 나는 항상 혼란을 느꼈다. 그의 이런 태도는 마치 나와 연준의 결정 및 정책 사이에 아무 관계도 없다는 투였다.

공화당의 중진인 리처드 셸비 상원의원은 철저하게 비판적이었다. 그는 일련의 구제금융에 대해서 불만을 표시했다. 그는 구제금융이 도덕적 해이를 조장하고 연준의 대차대조표의 규모와 위험부담을 키운 것 외에는 별로 한 것이 없다고 말했다. 그는 느리고 부드러운 앨라배마 어조로 말했다. "나는 여러 해 동안 연준을 매우 높이 평가해왔습니다. 나는 미국 통화정책에서 이 기관이 차지하는 중요한 역할만을 대단히 존중하는 것이 아니라 또한 신중하고 분별력 있는 규제자 역할도 존중합니다……그러나 지금 본인은 우리의 신뢰와 확신이 여러 가지 사례에서 빗나가지 않았나 우려합니다.” 이어서 그는 경제가 여전히 직면하고 있는 상당히 많은 과제들을 개략적으로 나열했다. 그는 이렇게 말했다. “우리 앞에 놓인 의문은, 버냉키 의장이 우리를 곤경에서 안전지대로 인도할 수 있는 최고의 적임자인가 하는 것입니다.” 때때로 공개석상에서 하는 심각한 비판에도 불구하고, 셸비는 도드처럼 나와의 개인적 친분을 소중하게 여기는 듯이 보였다. 그는 종종 나를 자기 사무실로 초대하여 단둘이 담소를 나누었는데, 공화당 상원의원 몇 명을 가끔 동석시키기도 했다. 그의 상냥한 남부 신사 행세에 현혹될 경우, 그의 기민한 지능과 국제적인 취향을 미처 못 알아볼 수가 있다. 언젠가 나는 그를 만찬에 초대했는데, 그는 워싱턴의 최고급 이탈리아 레스토랑 한 곳을 선택했다. 대화를 나누는 동안 나는 그가 바그너의 오페라에 관해서 해박한 지식을 가진 것을 알게 되어 놀랐다.

연준(그리고 나)의 강적인 버닝 상원의원은 나뿐만 아니라 전임 의장인 앨런 그린스펀 재임 때 저질러진 것으로 그가 간주하는 일련의 실책을 질타했다. 그의 견해로는 내가 그린스펀의 각종 정책과 충분한 단절을 하지 않았다. 청문회 2주일 뒤 상원 은행위원회 소속 의원들이 나의 재지명을 공개적으로 토의하는 자리에서 버닝은 「타임」의 발표를 조롱하게 된다. “과거에 올해의 인물로 이오시프 스탈린 2회, 야세르 아라파트, 아돌프 히틀러, 아야톨라 호메이니, 블라디미르 푸틴, 리처드 닉슨을 2회 선정한 조직으로부터 명예로운 대접을 받기를 버냉키 의장이 진심으로 원하는지 의문을 느낄지도 모릅니다. 그러나 본인은 그를 축하하면서 그런 사람들 대다수보다 더 나은 사람이 되기를 희망합니다.”

나는 청문회 때 나의 업적을 방어했다. 나는 재무부, 연방예금보험공사, 의회와 협력하여 금융산업 및 경제의 붕괴를 막은 공로가 연준에 있다고 주장했다. 나는 위기에 대한 책임을 연준이 단독으로 져야 하며 우리가 위기의 출현을 깨닫고 완벽하게 회피했어야 마땅하다는 과장된 주장에 반격을 가했다. 나는 우리의 투명성을 높이기 위해서 취한 다수의 조치를 지적했고, 우리의 (금리를 깎고 증권을 매입한) 통화 관련 조치가 필요했던 까닭과 그 책임을 우리가 져야 하는 이유를 설명했다. 나는 연준의 규제 및 감독상의 여러 가지 실책(우리만 이 실책을 범했다고 보기는 어렵다)을 인정했으나, 우리가 금융의 안정 유지에서 필수적인 몫을 다하려면 우리의 감독권한을 유지할 필요가 있다고 주장했다. 그날은 힘든 하루였지만, 나의 주장을 충분히 개진할 수 있었다.

두 달 후 상원 은행위원회는 나의 임명 동의안을 상원 본회의에 보내기로 16대 7로 가결했다. 상원 전체에서와 마찬가지로, 은행위원회 내부에서 나를 지지한 의원들은 대부분 민주당 출신이었는데, 오리건 주의 제프 머클리 의원은 예외였다. 머클리는 나에게 전화를 걸어 내가 위기의 각종 원천에 대한 책임이 너무 커서 그의 찬성표를 받을 자격이 없는 것 같다고 말했다. 2007년 이전에 연방정부의 경제정책에 참여한 사람들 가운데 누가 그 비난에서 완전히 벗어날 수 있을까 하는 의문이 들었다. 4명의 공화당 의원들이 나를 지지했는데, 유타의 밥 베넷, 테네시의 밥 코커, 뉴햄프셔의 저드 그레그, 네브래스카의 마이크 조핸스였다.

나는 이 4명의 의원들을 모두 존경했는데, 내 임기 전체 동안 이들과 건설적인 협력을 했다. 귀족적 풍모의 베넷 상원의원은 사려가 깊고 온건한 인물인데, TARP에 찬성표를 던졌고 부분적으로 그 찬성표 때문에 나중에 공화당 예비선거에서 패배했다. 참으로 유능한 의원인 그레그는 공화당 의원들의 내부 논쟁 때 종종 연준을 지지했다. 그의 공화당 동료 의원인 테네시 주 출신 라마르 알렉산더의 추가적인 지지도 매우 중요했다. 내가 백악관에서 근무할 때 농무부 장관으로 함께 일했던 조핸스는 합리적이고 겸손한 성품으로 반론을 제기할 기회를 나에게 항상 주었다. 코커와 나의 관계는 빈번한 정책상의 이견 때문에 복잡했다. 그는 우리의 양적 완화에 특히 불만이 컸으며 나중에는 연준의 권한에서 고용 부문을 제거하는 데에 찬성했다. 그러나 코커는 상원에서 초당적 협력 의지가 가장 컸던 의원들 가운데 한 사람이었을 뿐만 아니라 경제 지식이 가장 해박한 의원들 가운데에 속했다. 그는 다양한 주제에 관해서 나의 견해를 물었고 다른 공화당 상원의원들과의 사적인 자리를 마련하여 내가 우리의 조치를 설명할 수 있도록 배려했다.

이 의원들과 몇 명의 다른 예외적 경우에도 불구하고 연준과 나에 대한 공화당 의원들의 적대적 태도가 지속되어 나는 괴롭기도 했다. 위기 기간 우리의 여러 가지 조치를 지지했던 공화당 출신 대통령이 나를 임명했기 때문에 특히 더 그랬다. 나는 세심하게 귀를 기울이고 사려 깊은 비판을 받아들이려고 노력했다. 그러나 내가 보기에는, 위기가 공화당 의원의 대부분을 과격하게 만드는 데에 일조한 것 같았다. 작고한 뉴욕 출신 상원의원 대니얼 패트릭 모이니핸은 모든 사람이 자기 견해를 주장할 권리가 있으나 사실까지 강요할 권리는 없다고 말했다. 일부 공화당 의원들은 특히 극우 의원들은 갈수록 그런 구분을 하지 않았다. 그들은 민간 부문과 다른 규제 기관들 및 그중에서도 특히 의회 자체의 여러 가지 명백한 실책을 거의 감안하지 않은 채 위기의 책임을 오직 연준과 패니 메이와 프레디 맥에게만 지우려고 했다. 그들은 시스템적으로 중요한 회사들의 도산이 초래하는 보다 광범위한 경제적 영향을 고려하지도 않고, 구제금융이 납세자들의 돈을 공짜로 퍼주는 행위라고 비난했다. 그들은 존재하지도 않는 인플레이션이 진행되고 있다고 주장했고 공식 자료가 그들의 예측을 뒷받침하지 않을 때는 각종 음모론을 들고 나왔다. 그들은 통화정책이나 재정정책이 일자리 성장을 도울 수 있다는 점을 부정하는 한편, 연방정부에서 지출하는 예산을 자신들의 지역구에 돌리려고 노력했다. 그들은 금본위제도처럼 이미 신뢰성을 잃은 통화제도를 옹호했다.

내가 볼 때, 이런 여러 가지 입장이 공화당을 주류 관점과 전통적인 공화당의 관점에서 더 멀리 밀어냈다. 나는 아직도 내가 보수주의자라고 생각한다. 나는 개인의 자율과 책임의 중요성을 믿으며 시장경제가 경제성장을 이루고 경제 복지를 향상시키는 데에 최선이라는 이론에 동의한다. 그러나 나는 공화당이 극우파의 불가지론에 쉽게 빠지는 경향에 인내심을 잃었다. 나는 공화당을 떠나지 않았다. 공화당이 나를 떠났다고 나는 생각했다.

물론 민주당 일부들도 자기 나름의 착각에 빠져 있었다. 특히 극좌파(그러나 만약 극우파와 극좌파 모두가 나에게 반대할 경우 나는 무언가 올바른 행동을 해야 할 것이라고 생각했다)의 경우가 그렇다. 과격 당원들과 결탁하면서 자칭 사회주의자 행세를 했던 버몬트 주 출신 상원의원 버니 샌더스는 세상을 대기업들과 부자들의 거대한 음모로 보는 듯했다.(대기업들과 부자들이 많은 권력을 행사하는 것은 분명하지만, 실제 세계에서는 대부분의 나쁜 일들이 거대한 각종 음모의 결과 때문이 아니라 무지와 무능, 불운 때문에 일어난다.) 의장에 취임했을 때 나는 당파를 초월하겠다고 결심했다. 나의 역할에 당연한 결심이었다. 나는 워싱턴에서의 경험 때문에 정당들에 대한 관심을 거의 완전히 접게 되었다. 나는 이제 자신을 온건한 독립파로 간주하고 있으며 거기가 나의 설 자리라고 생각한다.

크리스 도드가 일부 상원의원들에게 강력하게 권유하는 한편, 나 자신의 행정부를 상대로 한 상당히 적극적인 로비 덕택에 2010년 1월 28일 상원 전체 회의에서 나의 인준 동의안이 70대 30으로 통과되었다. 여러 가지 정황상 특별히 뚜렷한 표차는 아니었지만, 그럼에도 불구하고 역대 연준 이사회 의장의 인준 동의안으로서는 가장 근소한 표차였다. 나는 놀라지 않았다. 국민들이 경제와 금융 상태에 불만을 느낀 것은 이해할 만했고, 의회는 그런 여론을 반영했다.

나는 표결 뒤 상원의원들로부터 받은 몇 통의 전화 때문에 더 불안을 느꼈다. 모든 전화의 주제는 공통적인 것이었다. 즉 내가 일 처리를 잘하고 있지만, 정치적 이유 때문에 반대표를 던질 수밖에 없었다는 것이었다. 전화한 의원들은 정치적 이유 때문에 자신의 소신과 반대되는 투표를 하는 행위가 전적으로 자연스럽다고 믿는 듯이 보였다. 한 의원의 전화가 특히 기억에 남았다. 그 상원의원은 나를 신뢰한다고 밝히고 자신의 투표에 대해서 사과했는데, 나는 왜 그렇게 투표했느냐고 물었다. 그는 "가끔은 고릴라들에게 붉은 살코기를 던져주어야 할 때도 있지요"라고 유쾌하게 대답했다.

그런 견해 표명은, 사람들은 자신이 지극히 이기적이란 사실을 잘 모른다는 코미디언 릴리 톰린의 지적을 상기시켰다. 만약 내가 가능하다면, 나는 가급적 정치와는 먼 거리를 둘 것이다. 그러나 연준의 수장으로서 4년의 새 임기를 위한 취임선서를 목전에 앞두었던 나는 정치가 나의 시간과 에너지의 많은 부분을 계속 점령하리란 것을 알았다.

20

새로운 금융 시스템의 구축

⋮

금융위기의 불길이 계속 맹위를 떨치고 있을 때 우리는 불길이 잦아든 뒤에 어떤 조치가 필요한가를 미리 생각했다. 제기되는 의문은 어렵고도 중대했다. 옛 시스템의 잿더미 위에 구축되는 새 금융 시스템은 어떤 형태를 갖추는 것이 마땅한가? 우리는 미래의 금융위기를 방지할 수 있는가? 혹은 좀 더 현실적인 면에서 우리는 미래의 위기가 통제불능으로 확산되기 전에 저지될 수 있도록 만전을 기하기 위해서 어떤 조치를 취할 수 있는가?

이런 의문을 검토하고 있던 2008년 말과 2009년 초에 우리는 금융개혁 문제를 놓고 이미 진행 중이던 국제적인 대화에서 철수했다. 2007년 8월 부시 대통령은 방금 시작된 금융혼란의 여러 원인을 검토하도록 백악관 금융시장 특별조사위원회(재무부, 연준, 증권거래위원회, 상품선물거래위원회의 수장들로 구성되었다)에 요청했다. 국제사회에서는 2007년 10월 G-7 선진공업국들은 금융안정화 포럼(중앙은행 총재, 재무장관, 주요 금융 센터 규제기관의 수장으로 구성되었다)에 동일한 작업을 하도록 요청했다. 위기가 시작되기도 전이었던 2007년 6월 재무부의 행크 폴슨 팀은 시대에 뒤떨어지고 사분오열된 미국의 금융규제 구조를 개혁하기 위한 "청사진"을 만드는 작업을 시작했다.

이런 별도의 노력으로 만들어진 3개의 보고서는 모두 유용한 권고를 하게 되지만, 3가지 가운데에서 행크의 "청사진"이 가장 야심적이었을 뿐만 아니라 총체적인 규제 개혁을 고려하는 데에 있어서 나에게 가장 큰 도움이 되었다. 그의 보고서는 중복을 없애고 허점을 메우는 한편 연방정부의 잡다한 금융규제기관들의 운영을 합리화하는 지난한 과제에 정면으로 초점을 맞추었다.

2008년 3월에 제출된 행크의 보고서는 단기 및 장기 양면에서 권고했으나, 궁극적인 목표는 "봉우리 3개의" 규제 구조를 창설하는 것이었다. 첫 번째 봉우리는 은행, 저축대부조합, 신용조합, 보험회사 같은 개별 금융기관의 안전 및 건전성을 보장하는 데에 초점을 맞춘 단일한 "건전성" 규제기구였다. 보고서는 통화감독청을 이 기구의 건전성 감독의 기본 책임자로 삼는 방안을 구상했다.

두 번째 봉우리는 신설되는 "사업 경영" 기관인데, 은행 및 증권회사에서부터 뮤추얼 펀드에 이르는 비은행기관과 거래하는 소비자 및 투자자를 보호하는 책임을 부여받는다. 이 새로운 기구는 증권거래위원회와 상품선물거래위원회의 기존 권한 다수를 통합하게 되고 또한 연준 및 다른 은행 관련 기관들에게 부여되었던 소비자 보호 권한의 대부분도 넘겨받게 된다.

재무부 계획의 첫 두 가지 요소는 기본적으로 기존의 여러 규제 기능을 재조직하고 확대하는 것이었다. 세 번째 봉우리는 새로운 것이었는데, 금융체제 전체의 안정에 대한 책임을 지는 기관의 창설을 촉구했다. 이 기구는 또한 금융기관들이 지급 혹은 증권 이전을 위해서 이용하는 제도 등의 중요한 인프라도 감독하게 된다. 행크의 제안에 따르면, 이런 폭넓은 역할은 연준이 담당하여 금융 시스템을 감시하고, 발견되는 모든 취약점을 해결하게 된다. 또한 금융 안전의 목적을 달성하기 위해서 필요할 경우 건전성 규제기구와 협력하여 개별 금융기관을 조사하는 권한도 가질 것이다.

재무부 계획은 그런 목적 달성을 위해서 필요한 금융규제 및 제도적 구조의 개념이 명료하다는 면에서 뛰어났다. 그러나 행크(그리고 우리)는 청사진의 장기적 권고안들이 어떤 소망을 표명한 것으로 간주될 수 있다는 점을 이해하고 있었다. 의회는 대통령 선거가 치러지는 해에 이런 강도의 개혁을 받아들이지 않을 것이다. 어쨌든 우리는 이런 종류의 개혁이 위기의 와중에서 실천에 옮겨져서는 안 된다는 점을 알았다.

행크가 자신의 청사진을 공개하기 나흘 전인 2008년 3월 27일 오바마 후보는 맨해튼에 있는 쿠퍼 유니언 대학에서 행한 연설에서 21세기 규제 프레임워크의 핵심 원칙을 제시했다. 그는 연준으로부터 대출을 받을 수 있는 모든 기관은 이 기관의 감독권에 복종해야 한다고 주장했다. 오바마는 또한 모든 규제기관들의 중복을 간소화하고(구체적 사항은 언급하지 않았다) 은행의 자본 의무를 강화하며 금융체제에 대한 예기치 않은 위협을 식별하기 위해서 (행크의 금융 안정 규제기구와 비슷한) 새로운 감독위원회를 창설할 것을 촉구했다. 일반적으로 대다수 유권자들에게 생소한 이런 현안들을 오바마가 선거운동의 쟁점으로 거론한 것이 나는 반가웠다. 그의 연설에서 제시된 원칙은 합리적이고 실용적인 것이라고 나는 생각했다.

위기가 시작되기 전과 직후에 완료된, 금융규제에 관한 각종 보고서와 연구는 많은 건설적인 제안을 했지만, 이런 제안 외에는, 베어 스턴스와 리먼 사태의 여파 속에서 대두된 가장 시급한 현안들 가운데 하나가 된 문제, 즉 전체 시스템을 함께 무너뜨리지 않고 대형 복합 금융회사를 폐업시키는 방법을 어느 보고서나 연구도 언급하거나 제시하지 못했다. 행크와 나는 2008년 7월의 바니 프랭크의 하원 금융 서비스 위원회 청문회에서 이 문제를 제기했다. 그러나 의회가 이런 현안들을 진지하게 검토할 기회를 잡기도 전에 리먼이 도산했고, 금융업계는 아직 변화하지 않았는데, TARP(부실자산구제계획) 문제는 오래지 않아 입법 토론의 중심이 되었다.

위기의 진화작업이 진행되고 있던 2008년 하반기에 연준의 직원들은 금융 개혁을 위한 우리의 제안을 준비하기 시작했다. 나는 입법 토론이 절정으로 치닫기에 앞서 온전히 공식적인 입장을 마련하기를 원했다. 케빈 워시가 이사회 총재들과 연은 행장들로 구성되는 위원회의 장을 맡았다. 이 위원회 는 몇 가지 주요 원칙을 내놓았다.

케빈의 위원회는 감독 및 규제를 위한 "거시 건전성(macroprudential)" 혹 은 시스템 전체에 걸친 접근법을 더욱 명시적으로 검토했다. 역사적으로 금융 감독은 거의 전적으로 "미시 건전성(microprudential)"의 접근법이 중 심을 이루었다. 즉 나무를 보살피면 숲은 자연히 보살펴질 것이라는 이론에 따라서 개별 회사의 안전과 건전성에 초점을 맞추었다. 그와 반대로 거시 건전성의 접근법은 숲과 나무 전체의 관점에 서기 위해서 노력한다. 이 접 근법은 개별 기관들의 건강 상태만을 보는 것이 아니라 전체 금융 시스템의 안정에 영향을 미칠 수 있는 요인들도 고려할 것이었다. 그런 요인들 가운 데에는 기관들 사이의 연결 및 다수의 기관과 시장에 확산될 가능성이 있는 위험부담이 포함된다. 예를 들면, 서브프라임 모기지에 과도하게 노출되어 있었던 일부 대출 기관들은 반드시 시스템적인 문제가 되는 것은 아니었으 나 서브프라임에 상당히 노출된 다수의 대출자들이 관여된 많은 기관들은 문제가 될 수 있었다. 거시 건전성 규제의 목표는 보다 광범위한 위험부담 을 식별하여 분산시키는 것이다. 개별적인 기관을 따로 떼어서 관찰할 때는 그런 위험부담이 뚜렷하게 나타나지 않을 수 있었다.

워시의 위원회는 또한 거시 건전성의 접근법을 시행하기 위한 금융 안전 성 감독관의 개념도 탐사했다. 이 개념은 정신적으로 행크의 개혁 청사진에 제시된 세 번째 봉우리와 가까웠다. 위기를 매우 심각하게 악화시킨 시장과 기업 사이의 복잡한 상호작용을 직접 목격한 뒤인 2008년 가을이 되자 나는 현대 경제에서 금융의 안정에는, 시스템 전체를 감독 대상으로 하는 접근

방법이 필요하다는 견해를 전적으로 이해하게 되었다. 나는 2009년 3월 외교협회에서 행한 연설에서 금융 시스템에 대해서 포괄적인 감독권을 강화할 필요성을 제기했다. 나는 또한 시스템상으로 중요한 리먼과 AIG 같은 비은행계 기업의 질서정연한 단계적 축소를 위해서 새로운 제도가 필요하다는 주장을 다시 제기했다.

행크는 2009년 1월 사임할 때까지 위기가 만든 각종의 즉각적인 위협을 해소하는 데에 초점을 맞추었다. 그의 사임으로 금융규제 개혁을 위한 입법안을 개발하는 과제는 가이트너 재무장관과 재무부 소속의 위원회로 넘어갔다. 백악관의 이매뉴얼 비서실장은 2009년 4월로 예정되었던 G-20 회의 이전에 입법 초안을 작성하도록 당초 티머시에게 압력을 가했으나, 이런 요구는 비현실적인 처사였다. 이매뉴얼의 좌우명은 "중대한 위기가 낭비되기를 원하는 사람은 없을 것이다"였다. 그러나 행정부에는 처음 100일 동안 우선순위 면에서 더욱 중요한 정책 과제가 여러 개 있었다. 그 가운데에는 종합 경기부양 정책과 은행 스트레스 테스트가 포함되어 있었다. 또한 재무부 고위 관리들의 더딘 승인절차로 충원이 제대로 되지 않았던 티머시는 아주 작은 규모의 직원들로 업무를 수행하고 있었다. 데이비드 윌콕스는 2009년 2월 초에 보낸 이메일에서 "티머시의 부서는 충원이 되지 않아 직원들은 과도한 업무에 시달리고 있습니다"라고 말했다. 부족 인력을 메우기 위해서 우리는 몇 명의 고위 직원을 재무부에 파견했다. 그 가운데에는 우리의 비상 대출부서 설계의 일부를 도운 이코노미스트 패트릭 파킨슨과 금융규제 전문가인 변호사 마크 반 데르 웨이드가 포함되었다. 티머시와 나는 패트릭이 행정부의 입법안 작성을 도울 것이라는 데에 의견을 같이 했다. 2월 하순에 가이트너와 오찬을 한 다음 나는 콘과 다른 몇 사람에게 "불쌍한 패트릭은 이 일에 관해 아직 통보받지 못했습니다"라는 내용의 글을 보냈다. 패트릭은 이 업무 배치를 태연하게 받아들였다.

티머시는 2009년 6월 17일에 88쪽 분량의 백서로 작성한 행정부의 제안을 내놓았다. 통과될 경우, 이 계획은 대공황 이후 연방 금융법의 가장 포괄적인 개편에 시동을 걸게 된다. 그러나 이 계획은 또한 실용적이기도 했다. 계획은 금융 시스템 혹은 금융규제를 처음부터 다시 만들려고 시도한 것이 아니라 기존의 제도와 이미 마련되어 있는 법령을 토대로 하여 만든다는 내용이었다.

예를 들면, 행정부는 대마불사 기업 문제에 대한 과격한 접근법을 선택하지 않았다. 구제금융에 대한 여론의 이해 가능한 분노가 표출되는 상황에서 거대 기업 해체 조치에 대한 지지가 좌익과 우익 양쪽에서 모두 증가하고 있었다. 대공황 시대의 글래스-스티걸 법(Glass-Steagall law)을 부활시키라는 목소리도 나오고 있었다. 1999년에 의회가 폐지한 이 법은 상업금융(예를 들면, 모기지와 기업대출)과 투자금융(예를 들면, 채권 인수)의 단일 회사의 겸업을 금지했다. 이 법의 폐지로 상업 및 투자금융 서비스를 모두 제공하는 대형 복합기업인 "금융 슈퍼마켓"이 탄생하는 문이 열렸다.

행정부의 계획 안에 글래스-스티걸 조항의 신설이 없었던 점을 나는 쉽게 옹호할 수 있다고 생각했다. 글래스-스티걸 타입의 조항은 위기 기간 동안 아무런 실익도 없을 뿐만 아니라 실제로 JP모건의 베어 스턴스 합병과 뱅크 오브 아메리카의 메릴 린치 합병을 막았을 것이다. 이 합병에 의해서 위기에 처한 두 투자은행은 안정되었다. 만약 글래스-스티걸 법의 효력이 유지되었다면, 금융위기의 상징이 되었던 대다수 기관들이 비슷한 제반 문제에 직면했을 것이란 점이 더욱 중요했다. 와코비아와 워싱턴 뮤추얼은 대체로 시중은행들이 몇 세대 동안 곤경에 빠져든 것과 동일한 방식, 즉 부실 대출의 누적으로 경영난에 빠졌다. 반대로 베어 스턴스와 리먼 브라더스는, 시중은행의 업무에 최소한으로 참여한 전통적인 월 스트리트 투자회사였다. 글래스-스티걸 법은 이 모든 회사들의 허용 가능한 각종 활동을 의미 있게 변화시키지 못했을 것이다. 1998년에 설립되어 글래스-스티걸 법의 폐지를 촉진한, 금융과 증권 및 보험의 복합 대기업인 시티그룹은 어쩌면 예외가 되었을지도 모른다. 이 법이 여전히 존속했었다면, 시티그룹은 그처럼 거대하고 복잡한 구조로 변화하지 못했었을 것이다.

나는 글래스-스티걸 법을 부활시키지 않는다는 행정부의 결정에 찬성했다. 초대형 금융기관들 가운데 일부의 해체를 제안하지 않기로 한 정부 결정이 나에게는 보다 더 가까운 신호로 보였다. 금융업의 규모에 의한 각종 경제적 혜택에 대해서 우리가 제대로 이해하지 못하고 있는 것은 사실이다. 초대형 기업들의 정치적 영향력과 정부가 그들을 파산으로부터 보호할 것이라는 시장의 인식 덕택에 그 기업들의 수익율이 어느 정도 올라간다는 것은 의문의 여지가 없다. 초대형 기업의 이런 측면은 규모가 더 작은 기업들보다 유리한 점이다. 또한 기업의 규모는 금융체제에 위험 부담이 되기도 한다.

그러나 규모가 긍정적인 경제적 가치를 지닌 것 또한 분명하다. 예를 들면, 넓은 범위의 서비스를 제공하거나 효율적으로 봉사하는 데에 충분한 규모의 대기업의 힘은 세계의 비금융기업들에게도 봉사하게 된다. 규모를 독단적으로 제한하는 조치는 그런 경제적 가치를 파괴할 위험을 초래할 뿐만 아니라 일자리와 금리를 외국의 경쟁 회사들에게 제공하게 된다. 뿐만 아니라 금융회사의 규모는, 그 회사가 시스템상의 위험 부담을 초래하느냐 여부를 결정하는 유일 요인과는 거리가 멀다. 예를 들면, 베어 스턴스의 규모는 이 회사를 합병한 JP모건 체이스의 4분의 1에 불과했는데, 규모가 너무 커서 파산하지 않는다는 대마불사(大馬不死, too big to fail)에는 해당되지 않았다. 다른 회사들과의 거래관계가 너무나 복잡하게 얽혀 있었기 때문에 베어 스턴스의 파산은 허용될 수가 없었던 것이다. 대부분의 금융기관들이 규모가 작을 때에라도 심각한 금융위기는 발생할 수 있다. 대공황 기간 중 수천 개의 소형 은행들이 존재했던 미국은, 10개의 대형 은행과 소수의 작은 은행이 존재했던 캐나다보다 훨씬 더 심각한 금융위기를 겪었다.(그 문제에서는, 대형 기관들이 계속 금융 시스템을 지배하고 있는 캐나다는 역시 최근의 위기도 비교적 잘 넘겼다.)

이런 여러 가지 고려 사항을 염두에 두었던 나는 대형 회사들을 해체하는 것이, 적어도 다른 보다 점진적인 여러 가지 선택 대안을 찾으면서 미비점을 찾을 때까지, 대마불사 문제를 해결하는 최선의 길이 아닐 가능성이 있다는 정부의 견해에 동의했다. 특히 금융기관 자체의 규모를 제한하는 것보다 더욱 중요한 것은 기업 규모가 대형 금융기관에 부당한 우위를 부여하지 않도록 만전을 기하는 것인데, 여기에는 대기업들이 곤경에 빠질 경우 구제금융을 실시할 것이라는 가정을 배제하는 것이 포함된다. 그것은 어려운 과제였다. 행정부의 계획은 세 가지 방식으로 그 과제의 해결을 모색했다.

첫째, 행정부는 은행과 비은행(AIG와 월 스트리트의 투자회사들 같은 경우)의 양면에 적용되는 자기자본, 유동성, 리스크 관리기준의 추가 강화를 제안했다. 대형 복합기업들이 금융체제에 더 큰 위험 부담을 준다면, 그런 회사들이 보다 넓은 안전한도에 따라 영업할 의무를 강화해야 할 것이다. 의무의 추가 강화는 다시 대기업들이 자신의 규모에 수반되는 진정한 경제적 혜택이, 더욱 강화된 법령 및 자기자본 규제와 관련된 가외 비용을 능가하는지 여부를 평가하도록 자극할 가능성이 있었다. 만약 혜택이 비용을 능가하지 못하면, 시장은 시간이 지나는 동안에 그런 회사들이 규모와 복잡한 구조를 줄이거나 적어도 추가 성장을 하지 않도록 유도할 것이다.

둘째, 행정부는 연준이 시스템상으로 중요한 모든 금융회사들을 감독하는 방안을 제안했다. 여기에는 이미 감독을 받고 있는 대형 은행지주회사들뿐만 아니라 월 스트리트의 대형 투자은행들은 물론이고 잠재적으로 대형 보험회사들과 다른 종류의 주요 금융회사들이 포함되었다. 은행으로 분류되지 않는 대형 복합 금융회사들은 의미 있는 감독을 더 이상 피하지 못하게 될 것이었다.

행정부의 중요한 세 번째 계획은 정부가 파산 위기에 처한, 시스템상으로 중요한 금융기관들을 질서정연한 방식으로 인수하여 해체하는 법적인 도구를 제공하게 되었다. 정부는 또한 그런 회사들에 대해서 구제금융을 실시할 것인지 아니면 혼란을 초래하는 리먼 같은 기업 파산에 따르는 각종 위험에 직면할 것인지 양자택일을 더 이상 할 필요가 없게 되었다. 내가 보기에, 이런 조항들은 대마불사 문제를 끝내는 데에 반드시 필요했다. 시스템상으로 중요한 회사를 안전하게 해체하는 믿을 만한 메커니즘의 존재 자체는 또다른 리먼 사태 발생의 위험부담을 줄이는 것 외에 대마불사란 인식에 따르는 잠재적 혜택 또한 줄이게 되었다. 우리는 위기 기간에 시스템상으로 중요한 기업들을 안정시키는 조치를 취했지만, 무엇보다 나를 기쁘게 한 것은 연준을 구제금융 업무에서 제외한 것이었다.

이 제안은 개별 기업들과 시장에 대한 감독을 보완하기 위한 거시 건전성 규제와 감독의 필요성을 강조함으로써 또 한 차례 중요한 단계를 밟았다. 티머시가 원래 구상한 것은 연준이 시스템 전체를 감독하는 책임을 지는 것이었는데, 그것은 행크가 앞선 계획에서 제안했던 내용과 대동소이했다. 그러나 크리스 도드를 포함한 의회 핵심 의원들의 발언을 경청한 실라 베어가 연준의 권한 강화에 반대하는 로비를 적극적으로 벌였다. 실라는 정부가 제안했던 초대형 금융기관에 대한 감독 역할을 연준에 양보할 용의가 있는 듯이 보였다. 그러나 그녀는 시스템 전체에 대한 감독 문제를 처리하고 특히 연준이 어느 금융기관을 감독할 것인지 결정하기 위해서 규제기관들의 위원회―대통령이 임명하는 독립적인 자체 위원장을 둔다―를 원했다. 그녀의 제안에 따르면, 만약 그 위원회가 연준의 규제가 불충분하다고 간주한다면, 위원회는 그런 금융기관에 대한 법령을 직접 제정할 수 있는 권한도 가지게 될 것이었다.

티머시와 나는 모두 실라의 계획을 시큰둥하게 생각했다. 연준은 금융안정을 위한 규제자로 일하는 데에 필요한 정부의 전문지식과 경험을 이미많이 보유하고 있었으며, 의사결정 절차를 위원회 형태로 추가하는 것은시스템에서 각종 위험에 신속하고 효율적으로 대처하는 것을 막을 수 있었다. 그러나 결국 행정부의 계획은 실라가 제시한 아이디어를 완화시킨 형태로 포함시키게 되었다. 이 정부 계획은 별도로 대통령이 임명하는 위원장대신에 재무장관이 수장을 맡는 금융감독위원회를 제안했다. 이 위원회는실라의 제안에 따른 법령의 제정이나 구체적인 금융기관의 지정을 하지 않지만, 어느 기관을 지정할 것인지를 연준에 권고하고 그런 기관의 기준 제정에 대한 자문을 하게 되었다. 또한 위원회는 참여 기관들에게 그들의 직속 관할 바깥에 있는 금융 시스템의 일부에서 일어나는 사태에 관한 정보를제공하고 기관 상호 간에 발생하는 분쟁 해소를 위한 포럼을 주최하며 새로등장하는 금융 리스크를 식별하는 것을 돕기 위해서 각 규제기관이 파악한사항을 종합하여 관리하게 되었다.

실라가 제안한 방식을 백서에 포함시킴으로써 티머시와 그의 행정부 동료들은 정치적 현실을 인정했다. 한 가지 예를 들면, 크리스 도드와 리처드셸비―연준에 추가 권한을 부여하는 것과 거리가 멀었다―는 우리의 여러 가지 감독 의무를 박탈하고 통화정책 하나에 대한 책임만 남겨줄 심산이었다. 도드는 은행 규제기관들을 하나의 초대형 기관으로 통합하는 방안을구상했다. 규제기관들로 구성되는 위원회까지 연준에 포함시킨 티머시의원래 계획에 대해서 도드는 이렇게 말했다. "연준에 추가 책임을 부여하는것은……아들이 가족용 스테이션 왜건을 부순 직후에 더 크고 빠른 승용차를 선물하는 부모와 같다." 도드의 이런 견해 표명은 원칙에 관한 것이라기보다는 연준 때리기가 정치적으로 인기가 높다는 그의 평가를 반영한 것이라고 나는 생각했다. 셸비 역시 연준에 대한 여론의 반감을 이용하는 데에 열심이었다. 그러나 연준을 금융 안정 규제기관으로 지정하는 쪽으로 기울었던 바니 프랭크조차 AIG 보너스 지급 계획이 3월 중순에 밝혀진 후에는 규제기관들의 위원회 개념으로 돌아섰다. 그는 연준을 금융 안정 규제기관으로 만드는 것은 정치적으로 불가능하다고 판단했다. 바니의 정치적 본능을 믿었던 나는 위원회 제안에 맞서는 것은 소득이 없는 싸움이라고 결론지었다. 어쨌든 나는 그 위원회가 어떤 방식으로 운영될 것인지를 더 잘 이해하고 있었으므로 그 아이디어를 더 편하게 받아들이게 되었다.

행정부의 개혁 계획은 다른 여러 가지 조치를 포함했다. 그 계획은 대단히 많은 부실 증권을 생산한 근원인 그림자 금융 시스템을 양지로 끌어내는 길을 모색했다. 예를 들면, 그렇게 하기 위해서는 모기지 대출자들 혹은 모기지 증권화 중개기관들이 "게임에서의 책임"(skin in the game : 대출금의 상환 불능 때 생기는 어느 정도의 신용 리스크)에 어느 정도 관심을 기울일 필요가 있었다. 이것이 바니 프랭크의 특정한 목표였다.

그 계획은 또한 AIG의 심각한 손실에 기여했던 것과 같은 파생상품의 규제도 강화했다. 거기에는, 계약 당사자들 간의 개인적인 청산보다는 더 많은 파생상품의 거래를 표준화하고 거래소들 중심으로 청산하는 것이 필요했다. 공개적이고 투명한 파생상품 거래에 의해서, 규제기관들과 다른 기관들은 기업들과 시장들 사이의 상호연관성을 더 잘 이해할 수 있을 것이다. 회원 회사들의 지원을 받는 대다수 거래소들은 또한 거래의 한쪽 당사자가 채무불이행 상태가 되더라도 거래가 존중될 수 있도록 보증하기 때문에 거래소에서 이루어지는 대부분의 파생상품 거래는 하나의 대형회사가 불의의 파산을 하는 경우에도 감염을 제한하는 것을 돕게 될 것이다. 거래소들 자체의 안전한 작동을 보장하는 데에 도움을 주기 위해서 연준—시스템을 안정시키는 규제자의 자격으로— 은 거래소들 및 금융 시스템 안에서 비슷한 역할을 하는 다른 기관들에 대한 새로운 감독 권한을 얻게 될 것이다.

규제 관료체제의 근본적인 단순화를 구상했던 행크의 청사진과는 반대로 행정부의 보다 진화된 제안은 기존의 규제기관들을 거의 온전하게 유지시켰다. 정치적인 실현 가능성이 중요한 고려 사항이 되었다. 예를 들면, 티머시와 그의 동료들은, 그들이 규제했던 많은 금융시장과 기관들의 다수가 비슷한 목적을 추구했지만, 증권거래위원회와 상품선물거래위원회의 통합을 제안하지 않기로 결정했다.(예를 들면, 증권거래위원회는 회사채 거래를 규제하는 데 비해 상품선물거래위원회는 채권 선물 계약의 거래를 감독한다.) 두 기관은 의회 내의 각기 다른 위원회로부터 감독을 받기 때문에 증권거래위원회와 상품선물거래위원회를 통합하는 것은 정치적으로 성공 가능성이 없는 계획이었다. 이 두 기관의 규제를 받는 시장의 실세 기업들이 선거운동 자금을 넉넉하게 제공할 것을 기대할 수 있기 때문에 의회에서 감독 기능을 행사하는 위원회들은 자신의 영역을 맹렬히 지키려고 했다.

이 계획은 규제 관료체제 내부의 두 가지 개혁을 포함했는데, 하나는 비교적 덜 중요하고 또 하나는 훨씬 더 중요했다. 덜 중요한 개혁은 불운한 저축기관감독청의 폐지였는데, 이 부서는 저축기관들을 규제했다. 이 기관의 감독 아래에서 2개의 대형 저축대부조합(S&L)인 워싱턴 뮤추얼과 인디맥이 파산했고 또다른 회사인 컨트리와이드는 파산 직전에 이르렀다. 또한 규모가 왜소한 저축기관감독청은 명목상으로 AIG의 광범위한 영업활동도 감독하고 있었다. 행정부의 계획 하에서 이 기구의 제반 임무는 다른 은행 규제기관들로 이관될 예정이었다.

보다 중요한 개혁은 소비자금융보호국(Consumer Financial Protection

Agency) 창설 제안이었다. 나중에 매사추세츠 주에서 상원의원에 당선되는 하버드 대학교 법학교수 엘리자베스 워런이 쓴 2007년 논문이 추진의 박차 구실을 했다. 이 논문에서 워런은 금융상품안전위원회의 창설을 촉구했는데, 이 기구는 소비자상품안전위원회가 불길에 휩싸이는 토스터로부터 소비자들을 보호하는 것과 꼭 마찬가지로 불량 신용 카드 및 부실 모기지로부터 소비자들을 보호하게 된다. 행크의 2008년 청사진에도 아이디어가 다소 비슷한 "상행위 규제" 기관에 대한 내용이 포함되어 있었다. 다만 그 기관은 — 각종 금융 서비스를 이용자들이나 차용자들은 물론 — 음성적인 사업관행으로부터 주식 및 채권 투자자들을 보호하는 것만이 달랐다.(행정부는 투자자 보호 업무를 증권거래위원회에 남겨두자고 제안했다.) 대통령이 취임하기 대략 4주일 전에 도널드 콘이 당시 오바마의 정권인수위원회의 고위 간부 가운데 한 사람이었던 대니얼 터룰로와의 대화를 전했을 때, 우리는 새 행정부가 소비자 보호를 위한 제반 의무를 연준의 업무에서 제외하는 방향으로 기울고 있다는 낌새를 일찌감치 깨달았다. 터룰로가 "소비자 업무의 다른 부서 이동 가능성"을 제기했다고 도널드는 말했다.

나는 새로운 소비자 보호 규제기구의 제안에 대해서는 모호한 입장을 취했다. 다른 은행 규제 부서들과 마찬가지로 연준은 감독 대상 기관들에 대한 연방 소비자 보호 관련 법들을 적용하고 있었다. 그 대상은 대략 5,000개의 은행지주회사와 연준 체제에 합류한 800개 이상의 지방 은행들이었다. 우리는 또한 소비자 보호법을 시행하는 데에 필요한 세부 법령의 다수도 제정했다. 나는 다양한 이유로 인해서 연준이 위기 이전에 모기지 대출에 따른 권한 남용 내지는 오용을 막는 조치를 충분히 취하지 않았다는 점을 계기가 있을 때마다 여러 차례 인정했다. 그러나 해당 부서장인 샌디 브라운스타인의 진두지휘와 나의 강력한 격려 하에서 연준의 소비자 보호 담당 직원들은 이 문제에 대해서 큰 진전을 이루었다. 그들은 2008년 7월 주택소유 및 주식보호법에 따라 이사회가 채택한 부당한 모기지 대출 관행 금지조치와 2008년 12월에 승인받은 우리의 신용 카드 규제의 포괄적인 개혁을 특히 자랑스럽게 생각했다.

우리의 새 신용 카드 법령은 계좌 개설 및 월차 계산에 필요한 공개 사항을 정비했는데, 그것은 우리의 광범위한 소비자 테스트에 바탕을 둔 조치였다. 이 법령은 또한 카드 사용자들을 예상치 못한 비용 청구로부터 보호하고 사용자들이 합리적인 지불 기간을 확보하도록 의무화한 것이 무엇보다 중요한 부분이었다. 우리의 개혁은 신용 카드 소지자의 권리장전의 기초 구실을 하게 된다. 이 장전은 오바마 행정부의 촉구에 따라서 2009년 5월 의회를 통과하여 신용 카드 법이 되었다. 몇몇의 뉴스 기사는 연준이 이미 채택한 규제 조항들이 이 법에 대부분 반영되었다고 지적했으나, 우리의 기여는 대부분 무시되었다.

그러나 나는 금융 서비스 소비자들을 보호하는 목적을 가진 단일 기구를 유지하자는 오바마 행정부의 주장을 이해했다. 그것은 그들의 계획 속에서 그들이 메인 스트리트의 승리라고 분명히 설명할 수 있는 조항이었다. 대부분의 다른 나라의 중앙은행들은 소비자 보호 역할을 수행하지 않으며, 따라서 나는 소비자 보호가 우리 임무의 핵심 가운데 하나라고 주장하기가 어려웠다. 입법의 우선순위라는 측면에서 볼 때, 우리가 안전 및 건전성 위주의 은행 규제기관으로서의 중요한 역할을 유지하고, 거시 건전성에 입각한 시스템상의 규제 역할을 증대시키는 것이 더욱 중요하다고 나는 생각했다. 나에게 티핑 포인트는 대출기관들과 소비자 보호 단체 양쪽 모두를 포함시키는 이사회 소속의 소비자자문위원회 회의였는지도 모른다. 나는 연준이 자체적인 소비자 보호 권한을 유지하는 것이 마땅하다고 생각하는지 여부를 이 위원회의 위원들에게 물었다. 위원들은 연준 임직원들과 몇 해 동안 밀접하게 협력하면서 우리의 점증하는 행동주의를 지켜보았음에도 불구하고 과반수가 새로운 기구를 선호한다고 말했다. 결국 실라의 금융안정위원회의 경우와 마찬가지로 나는 연준의 소비자 보호 권한을 가져가는 행정부의 계획에 적극적으로 반대하지 않았다.

나의 결정에 영향을 받은 직원들은 실망했다. 샌디 브라운스타인이 공청회를 조직했고, 나는 그들의 우려에 귀를 기울일 수 있었다. 나는 우리가 싸운다고 하더라도 이길 가능성은 없다는 점을 지적했다. 나는 또한 그들 각자가 선택할 경우 급여 및 서열을 그대로 유지한 채 새로운 기구로 옮겨갈 권리를 이 법이 부여할 가능성이 있다는 점도 설명해주었다. 그러나 힘든 회의였다. 그들은 모두 소비자 보호에 깊은 애정을 쏟았고 새로운 법령을 개발하기 위해서 오랜 시간 일했으나, 그들이 볼 때에는 불신임 가결을 당한 꼴이 되었을 뿐이다. 나는 그들의 좌절감을 이해했고 공감했다.

재무부 계획이 발표되고 나서 몇 주일 동안 티머시의 직원들은 행정부의 광범위한 제안을 법안 형태로 정리했고, 바니 프랭크는 그것에 기초한 일련의 법안을 제출했다. 2009년 10월 중순부터 12월 초까지 그의 위원회는 그의 법안에 대한 수정안을 검토하는 회의를 열었다. 바니는 마침내 결과를 종합하여 1,279페이지에 달하는 하나의 방대한 법안을 만들었다. 이 법안은 12월 11일 하원 전체 회의에서 공화당이 전원 반대한 가운데 찬성 223표 대 반대 202표로 통과되었다.

그 과정에서 몇 차례 타협이 이루어졌다. 하원 금융위원회가 이 법안의 심의에 들어가기도 전인 9월에 바니는 미국의 지역 은행 5,000개 이상을 대변하는 단체인 인디펜던트 커뮤니티 뱅커스 오브 아메리카의 회장 캠던 파인과 합의를 도출했다. 파인의 은행가들은 새로운 소비자 기구를 경계하고 있었다. 그들은 추가적인 행정 절차에 대처하기를 원하지 않았다. 그러나 바니가 자산 100억 달러 미만 은행들(파인의 회원 은행들은 사실상 전부가 여기에 해당된다)을 새 기구의 정기 조사에서 면제해주는 경우에는 파인은 법안에 반대하는 로비를 하지 않는다는 데에 동의했다. 이 소비자 기구는 모든 크고 작은 대출기관들에 관한 법령을 여전히 제정하게 되겠지만, 법령을 대형 은행에게만 적용될 것이었다. 연준, 통화감독청, 연금예금보험공사는 규제 조치 준수 여부를 확인하기 위해서 소형 기관들을 계속 조사할 것이다.

바니는 문제가 되고 있던 금융업들을 서로 떼어놓아야 할 필요가 있었기 때문에 파인의 요구에 동의했다. 단합할 경우 금융업은 소비자 보호국을 무산시킬 수 있는 정치적 힘을 발휘할 수 있었다. 대형 은행들은 이 기구에 계속 반대했으나, 월 스트리트에 대한 여론의 분노가 여전히 심하게 들끓고 있는 상황에서 적어도 공개적으로 대형 은행들의 편을 들려는 정치인은 거의 없었다. 뿐만 아니라 사실상 의원 전부가 자기 지역구에 한 개 이상의 지역은행이 있었다. 미주리 주의 소도시 은행가 출신이며 사각 턱의 파인은 주정부 세무국장도 지낸 인물로 소형 은행들을 기민하고 빈틈없이 열렬하게 옹호했다. 그는 소형 은행들이 위기를 초래하는 데에 별 관계가 없었으며, 대형 은행들의 죄 때문에 벌을 받을 위험에 처했다고 생각했는데, 타당성이 있는 판단이었다. 나는 파인과 정기적으로 만났고 내가 의장직을 맡고 있는 동안 내내 그의 단체의 연례 총회에서 거의 매년 연설을 했다. 2009년 가을에 이 지역 은행가 단체는 연준을 지지했던 몇 안 되는 외부기관 가운데 하나였다.

한편 극우와 극좌는 연준의 독립에 대해서 공세를 취했다. 그 운동은 두 가지 측면에서 투명성의 기치 아래 공세를 강화하고 있었다. 하나는 연준을 "회계감사"를 주장했고 또 하나는 위기 기간 중에 어느 회사가 우리의 대출창구 및 비상 대출부서로부터 돈을 빌렸는지 명단을 공개하라고 주장했다. 이 두 가지 요구는 표면상 합리적으로 보였지만—따라서 대응하기가 어려웠다— 정치적 압력에서 자유로운 정책을 수립하는 연준의 효율성과 힘에 심각한 위협을 제기했다.

나는 연준에 대한 회계감사 운동이 가장 큰 골칫거리임을 깨달았다. 그 주된 이유는, 우리의 장부와 운영이 오랜 기간 동안 강도 높은 회계감사를 받아왔기 때문이었다. 그러나 "연준을 회계감사하라"는 부정직한 주장을 계속 반복하고, "회계감사(audit)"란 단어의 의미에 관한 혼란을 의도적으로 유도함으로써 운동 지지자들은 우리가 어떤 식으로든 정밀조사에서 예외가 되어왔다고 국민들을 납득시키는 데에 성공했다. 연준 규모의 대차대조표를 가진 기구를 회계감사해야 한다는 데에 누가 반대할 수 있겠는가? 사실 연은들의 재무 상태는 외부 민간 회계회사의 회계감사를 받고 있었으며, 이사회의 재무 상태는 우리의 독립적인 감사관실이 의뢰하는 외부 회사의 회계감사를 받고 있었다. 회계감사인의 의견과 함께 이 모든 정보가 이사회의 웹사이트에 공시되었다. 대다수 연방 기구들과 마찬가지로 우리의 감사관실은 광범위한 조사를 하고 이사회 운영 상황을 검토한다.

이러한 전면적인 재정 회계감사에 덧붙여, 의회에 보고서를 제출하는 정부회계감사원이 이사회의 모든 운영의 효율성과 청렴성을 평가한다. 한 가지 중요한 예외 사항은 통화정책 결정 절차이다. 회계감사원의 검토는, 용어(재무 상태 검토)의 일반적 의미에서는 회계감사가 아니다. 대신 정책과 실적을 검토한다. 종종 가치가 있지만 이런 검토는 일반적 의미의 회계감사와는 아주 다르다. 의회는 통화정책(그러나 은행 감독 같은 연준의 다른 기능은 해당되지 않는다)을 회계감사원 검토에서 제외하기로 1978년에 결정했다. 이런 예외 조치는 연준이 경제의 장기적인 이익을 위해서 통화정책을 수립하고 단기적인 정치적 압력에서 자유로워야 한다는 양해를 재확인했다. 회계감사원의 검토 대신 의회는 의회가 우리에게 부여한 제반 목표, 즉 고용 극대화와 물가안정을 추구하는 데에 따르는 우리의 행동에 관한 정기적인 보고와 증언을 하도록 의무화했다.

한편으로는 연준에 책임을 묻고 다른 한편으로는 부적절한 정치적 압력으로부터 보호하는 두 가지 행위 사이에서 이루어진 의회의 신중한 타협은 특정한 회의에서 내려지는 임의의 결정을 포함한 통화정책 결정의 모든 과정을 검토하는 것을 허용하게 되는, 회계감사원의 연준에 대한 회계감사 조항에 의해서 산산조각이 날 것이었다. 회계감사원의 검토는 일반적으로 의회 의원들의 발의에 의해서 시작되고 종종 정치적 목적을 반영하기 때문에 쉽게 연준을 괴롭힐 수 있는 수단이 될 수 있었다. 만약 의회의 연방정부 예산 처리에 감명을 받았다는 사람들이 있었다면, 그들은 의회에 통화정책을 수립하는 책임도 주기 위해서 연준을 회계감사하는 법안을 지지할 것이라고 내가 청중들에게 한 말은 약간 과장된 것이었다.

하원에서 연준 회계감사 운동을 주도한 텍사스 주 출신의 론 폴은 산과(産科) 전문 의사 출신 의원이었는데, 2012년 이후 은퇴했다. 그의 아들 랜드 폴은 2010년에 상원의원에 당선되었다. 자유당과 공화당의 대통령 후보로 출마한 경력이 있는 아버지 폴은 금본위제도에 관한 언급을 자주 했다. 상원에서 연준 회계감사 운동의 지도자였던 버몬트 주 출신 버니 샌더스 의원은 자칭 민주사회주의자였다. 폴과 샌더스는 둘 다 포퓰리스트 색채가 짙은 정치인들이었다. 두 사람은 자신들이 보기에 금융권력이 소수의 손에 지나치게 집중되었다고 생각했을 뿐만 아니라 연준 같은 기술관료의 제도들을 불신했다. 약간의 포퓰리즘은 모든 민주주의 체제에 건전한 도움이 된다. 포퓰리즘은 정부가 국민에게 봉사하는 것이 마땅하다는 점을 우리에게 상기시키고 정부와 산업계의 권력 엘리트들이 행사하는 부당한 영향력을 조심하라고 경고한다. 나를 포함한 정책 입안자들은 그런 메시지를 새겨들을 필요가 있었다. 그러나 좌익이나 우익의 지나친 포퓰리즘 형태는 또한 여론의 정당한 분노를 이기적으로 이용하고 사실과 논리적인 주장을 경멸

하는 방향으로 이어질 수 있었다. 포퓰리즘의 이런 몇 가지 측면이 정치적 담론을 지배하고 있을 때 훌륭한 통치는 거의 불가능할 것이다.

나는 폴이나 샌더스 두 사람과 개인적으로 만나는 것을 특별히 걱정하지 않았다. 그들의 관점에는, 종종 현실 세계의 여러 가지 복잡다단한 상황의 영향을 받지 않은 신선하고 순수한 면이 있었다. 이념 이외에 두 사람 사이의 중요한 차이는 샌더스가 얼굴이 붉어질 때까지 고함을 지르는 경향이 있는 반면에 폴은 보통 상냥한 어조로 마냥 지껄여댄다는 것이었다. 그러나 폴의 생각은 음모론 쪽으로 기울었다. 간섭적인 회계감사원의 통화정책 검토 지지에 대한 자신의 입장을 정당화하기 위해서 그는 2010년 2월 한 청문회에서 연준이 워터게이트 호텔 침입사건에 쓰인 자금을 제공했으며, 1980년대에는 연준이 이라크 독재자 사담 후세인에게 55억 달러를 대출하도록 주선했고 후세인은 무기류 및 원자로 건설에 이 돈을 썼다고 주장했다. 놀란 나는 이런 주장이 "절대 터무니없다"고 일축했는데, 나의 판단은 나중에 이사회 감사관실의 집중적인 조사에 의해서 입증되었다.

대다수 정치인들과 비교했을 때, 그들은 모두 가끔 상대방의 경계심을 무너뜨리는 정직함을 보여주는 능력이 있었다. 나는 2009년 5월 상하원 공동경제위원회의 청문회에서 폴에게 그와 동료들이 이해하는 방식으로 연준을 회계감사하는 것은 연준에 통화정책 수립 방법을 지시하려는 시도와 다름없다고 말했다. 폴은 "물론 정책이 진실로 가장 중요하지요"라고 즉각 인정했다. 2009년의 저서 『연준을 끝내자(End the Fed)』 발간한 후 폴은 연준의 회계감사가 이 기구의 제거를 위한 "징검다리"라고 태연히 말했다. 나는 하원의원들과 사석에서 화기애애하게 논의하기도 했는데, 그 가운데는 연준에서 가진 조찬 회동도 포함되었다. 폴은 분명히 성실했으나, 그의 생각은 독단적이었다. 그는 역사적인 금본위제도의 (이상화된 평가와 반대되는) 작동 방식에 대한 충분한 이해가 결여되어 있다.

하원 금융 서비스 위원회에서 플로리다 출신 민주당 의원 앨런 그레이슨과 함께 일한 폴은 바니와 노스캐롤라이나 출신 민주당 의원 멜 와트의 반대에도 불구하고 회계감사원의 업무에서 통화정책을 예외로 하는 조항을 제외하는 수정안을 11월 19일 추가하는 데에 성공했다. 멜 와트는 나중에 패니 메이와 프레디 맥을 감독하는 기구의 수장이 되었다.(그레이슨은 폴에게 적합한 협력자였다. 하버드에서 학위를 여러 개 취득했음에도 불구하고, 그는 연준에 극단적인 반대를 하는 포퓰리스트였으며, 몇몇 청문회에서 나와 연준의 다른 멤버들을 괴롭히면서 즐거워했다.) 다음 날 CNBC와 회견한 워런 버핏은 의회가 연준의 독립성을 우롱해서는 안 된다고 경고했다. 뉴햄프셔 민주당 출신인 저드 그레그 상원의원은 폴의 수정안이 상원에 회부되었을 때 수정안의 입법화에 반대하는 의사진행 방해 작전을 펴겠다고 위협했다.

연준의 감사를 주장하는 사람들과 비교했을 때, 나는 우리의 돈을 빌린 업체의 명단 공개를 압박한 의원들에게 약간 더 공감했다. 중앙은행과 일반 정부 기관의 운영에서 투명성은 대단히 중요한데, 특히 큰 권력을 행사하는 기관일 때 그렇다. 그와 동시에 나는 이번 사례와 같은 즉각적인 공개의 투명성이 미래의 모든 금융 패닉 때 심각한 문제를 일으킬 것이라는 점도 알았다. 만약 우리가 압력에 굴복하여 대출받은 업체들의 명단을 즉각 공개할 경우, 다급한 상황에 처하더라도 거의 대부분의 은행이 우리의 재할인창구를 기피할 것이다. 그런 사태는 우리의 자유로운 대출 역량을 크게 손상시키고, 따라서 수세기 동안 여러 중앙은행들이 발휘해왔던, 패닉을 진정시키는 역량도 크게 손상시킬 것이다.* 우리를 비판한 많은 사람들이, 대출

---

* 재건금융공사(Reconstruction Finance Corporation)의 대출을 받았던 은행의 명단이 1932년 8월 하순에 신문들에 공개된 뒤 흥미로운 "오명"의 역사적인 초기 사례가 생겼다. 경제사가들은 재건금융공사가 영업 개시 후 처음 7개월 동안(1932년 2월부터 8월

때 충분한 수준 이상으로 담보를 하고 상환 능력이 있는 업체에 제공한 우리의 단기 유동성 대출과 베어 스턴스 및 AIG와 같은 도산 위기에 처한 업체들을 구제하기 위한 노력과 결부된 장기대출을 동일시한 것은 유감스러운 일이었다. 우리의 유동성 대출은 개별 업체들에 대한 선물이 아니었다. 그런 대출은 패닉의 와중에서 증발한 자금의 조달을 대체하기 위한 노력이었다. 우리는 일반가계는 물론이고 메인 스트리트의 기업들을 포함한 금융업체 고객들에게까지 신용이 계속 흘러가기를 원했기 때문에 금융업체들에게 자금을 대출한 것이었다.

그러나 버니 샌더스가 고향에 돌아가서 자기 지역구 주민들에게 "여러분의 돈이 대출로 나갔으며 우리는 그 돈이 어디로 갔는지 모릅니다"라고 말해야 하는 것은 괴로운 일이라고 했을 때, 나는 그의 입장을 이해했다. 나는 연준의 투명성을 최대한 공개하기로 결정했다. 법이 의무화한 바에 따라 우리는 여러 해 동안 우리의 대차대조표 요약본을 매주 발표했는데, 짧은 예보 기간 뒤에 나온 발표는 내부 명칭이 H.4.1이었다. 이사회 측은 그 정보를 더욱 쉽게 볼 수 있도록 새로운 웹사이트를 개발하여 2009년 2월에 공개했다. 새 웹사이트에는 위기 당시 우리의 모든 대출 계획에 관한 상세한 정보와 대차대조표의 추이를 나타내는 상호 체크할 수 있는 차트가 포함되었다. 나는 또한 유용한 정보를 가급적 최대한 공개한다는 목표에 따라 도널드 콘에게 우리의 투명성 관행을 검토하기 위한 내부 특별위원회 위원장 직을 맡아달라고 요청했다. 2009년 6월 우리는 우리의 대출에 관한 월간 보고서를 발표하기 시작했는데, 대출받은 업체들의 수, 상황 유형별 대출 액수, 신용의 유형 및 등급에 따라 받은 담보물에 관한 새로운 정보가 포함되었다. 그러나 금융 시스템과 경제가 어려움에서 벗어난 것과는 거리가

까지) 파산하는 은행의 수를 줄이는 데에 어느 정도 성공했지만, 대출받은 은행들의 이름이 밝혀진 뒤에는 대출의 효과가 크게 줄어들었다고 판단했다.

아주 먼 상황에서 우리는 명단 공개는 계속 반대했으며, 심지어 블룸버그 뉴스와 폭스 뉴스의 정보 자유법(FOIA)에 따른 소송 제기에 직면했을 때조차도 반대 입장을 고수했다.

의회에서 입법절차가 진행되는 동안, 우리는 자체의 은행 감독 기능의 결함을 검토한 뒤에 개선 작업을 시작했다. 나는 또다시 도널드 콘에게 이사회와 각 연은 내부의 정책 입안자들은 물론 이사회와 연은 임직원들을 지도하여 은행가들과 우리의 조사관들을 위해서 "학습한 교훈들"의 목록을 만들어 줄 것을 요청했다. 2009년 내내 도널드의 프로젝트에서 일련의 보완 권고안들이 나오는 가운데 우리는 미국 은행들이 손실 흡수용 자본을 추가하고 뱅크런 사태 때 매각할 수 있는 유동자산을 늘리며 위험 관리 기능을 개선해야 한다고 주장했다. 우리 조사관들이 잘못을 발견할 경우 시정 조치를 강화하도록 압력을 넣고 은행의 최고위 임원들에게 주저 없이 우려 사항을 전달하라고 요구했다.

　대니얼 터룰로가 우리의 감독 업무 개혁 노력을 주도했다. 매우 박식하고 고집이 세며 종종 성질이 급한 대니얼은 변화를 거부하는 연준과 맞서 싸우는 데에 매우 이상적인 적임자였다. 나의 지원을 받은 대니얼은 연은들의 감독 자율권을 축소했는데, 이 목표는 수 비에스가 2005년에 이루지 못했던 것이다. 그의 여러 가지 노력은 결과적으로 전반적인 감독 업무의 일관성을 강화했고, 초대형 금융기관들에 대한 감독 업무의 조정 수준도 향상시켰다. 그는 저돌적이고 때로는 흥분을 잘 했지만, 연준의 감독 문화가 점차 바뀌기 시작했다. 연준 내부 조직상의 사일로를 해체했고, 우리는 대형 은행의 스트레스 테스트에 이용되는 종합적인 접근법을 2009년 봄에 구축했으며, 우리의 조사관들, 이코노미스트들, 변호사들, 회계사들 및 금융 전문가들은 점차 팀을 이루어 일하게 되었다. 로저 콜이 이사회의 은행감독국 국장직에서 2009년 8월 퇴임했을 때, 우리는 재무부에 파견하여 금융개혁 작업을 하도록 했던 선임 이코노미스트 패트 파킨슨을 그의 후임으로 임명했다. 패트는 우리가 은행 감독에 도입하려고 노력했던 보다 넓은 시각을 대변했다. 그는 조사업무의 평직원으로 근무한 적이 한번도 없었으나, 금융 시스템 자체와 경제에서 차지하는 금융 시스템의 역할에 관해서 깊은 지식이 있었다. 또한 그는 감독국의 업무 지휘에 "국외자의 시각"을 도입했다.

우리는 우리 자체의 문화를 변화시키는 작업에 덧붙여 우리의 감독 대상 은행들의 문화를 변화시키는 것을 목표로 삼고, 은행의 고위 직원들과 이사회 멤버들이, 위기 전에 과도한 위험부담을 안고 있었던 여러 요인들에 대한 관심을 강화하도록 의무화했다. 예를 들면, 우리와 다른 은행 규제기관들은 은행 직원에 대한 보상을, 위험한 투기로 얻는 단기 수익이 아니라 장기 실적과 연계시키라고 지시했다. 우리는 그 원칙을 고위 임원들뿐만 아니라 거래와 대출 담당 같은 하위 직원들에게도 적용했다. 하위 직원들의 결정이 은행을 위험에 빠뜨릴 수도 있었다.

의회의 작업은 자연히 국내 규제에 초점을 맞추었으나, 미국 은행들에게만 적용되는 새로운 법령과 강화된 감독은 세계화된 금융 시스템 내부의 안정을 보장하지 못했다. 국제적인 협력 없이는 국내 규제의 강화는 단지 금융 활동을 미국에서 내쫓아 해외 금융 센터로 이동시킬 가능성만 높일 뿐이었다. 뿐만 아니라 여러 나라들이 관할하는 금융권이 비교적 강력한 법을 채택하더라도, 국제 협력이 존재하지 않는 상황에서는 그런 법이 미국의 여러 기준들에 대해서 일관성을 유지하지 못할 가능성도 있었다. 이런 불일치는 세계 자본시장을 붕괴시킬 수도 있으며, 그렇지 않을 경우에는 새로운 법의 효력을 약화시킬 수도 있었다. 이런 문제에 대한 잠재적인 해법이 바젤의 국제결제은행(Bank for International Settlements, BIS)에 있었다. 이 은행은 중앙은행 총재들이 만나는 장소일 뿐만 아니라 또한 바젤 은행감독위원회(Basel Committee on Banking Supervision)란 명칭의 포럼의 주최자이기도 했다. 주요 신흥시장 경제들을 포함한 20개국 이상이 대표를 파견했다.

2009년 9월 초 바젤 위원회는 은행 자본 및 유동성 양자의 새로운 국제 자격 요건에 관한 협상을 개시했다. 이 회의에 대니얼 터룰로, 빌 더들리, 나 3명이 연준의 대표로 참석했다. 미국 정부 대표단에는 이밖에도 연방예금보험공사의 실라 베어와 통화감독청장 존 듀건이 추가로 참가했다. 협상은 제3바젤 협정이라고 불린 합의를 이끌어냈다. 1988년에 완성되어 현재 바젤 I이라고 불리는 제1바젤 협정은 위험부담에 기초한 자본에 관한 원칙을 확립했다. 즉 이 협정은 은행들이 기업 대출 같은 위험 자산으로 인한 잠재적 손실을 흡수하기 위해서, 국채와 같은 비교적 안전한 자산으로 인한 잠재적 손실을 흡수하기 위한 자본보다 더 많은 자기자본을 보유하도록 의무화했다. 그러나 시간이 지나는 동안, 은행들은 실제로 높은 수준의 위험 자산이지만 이 규칙하에서는 낮은 수준의 위험 규정을 충족시키는 자산을 보유하는 방법과 위험이 더 높은 자산을 (시티가 구조화 투자전문회사[SIV]들과 작업했던 것처럼) 장부 외의 회사에 포함시키는 2가지 방법을 통해서 바젤 I의 기초적이고 미숙한 위험 가중치를 우회하는 방법을 찾아냈다. 2004년에 공개되어 바젤 II로 불리는 두 번째 협정은 감독기관들의 관리를 받지만, 부분적으로는 은행 자체의 리스크 모델에 의존하는 초대형 은행들의 필수 자기자본 계산법에 더욱 세련된 (그러나 매우 복잡한) 접근법을 도입했다. 각 유형별 자산에 대응한 자본 보유량을 정하는 (미국에서는 한번도 제대로 이행되지 않았다.) 이 새 규칙은 은행들의 편법 사용을 막자는 취지에서 만들어졌으나, 은행들이 보유한 자본의 총량을 상향 혹은 하향 조정할 목적에서 만들어진 것은 아니었다.

그러나 우리가 지금 괴롭게 인식하는 바와 같이 전 세계의 많은 은행들이 충분한 자기자본이 없어 위기에 빠졌다. 결과적으로 바젤 III의 기본 목적은 은행의 자기자본을 늘리는 것이었고, 특히 시스템적으로 중요한, 세계의 국경선들을 넘나들며 영업하는 금융기관의 자본을 늘리는 것이었다. 2010년 12월에 발표된 새 협정은 전반적인 각종 자기자본 규제를 강화하고, "경기 조정적" 완충자본의 추가 증액을 촉구했다. 완충자본에 의해서 은행이 호경기 때 자본을 비축함으로써 불경기 때 손실을 흡수하고 대출을 할 수 있다. 다음 해에 바젤 위원회는 시스템상으로 중요한 금융기관들이 다른 은행들보다 더 많은 자기자본을 보유하는 의무를 추가시키게 된다.

바젤 III은 또한 리스크 기반의 여러 규제에 덧붙여 새로운 국제적인 자기자본 규제―최소 레버리지 비율(leverage ratio)―를 설정했다. 레버리지 비율은 간단하게 말하면 자산을 리스크별로 조정하지 않은 은행 총자산에 대한 총자본의 비율이다. 다른 대다수 국가들과 달리 미국은 위기 전에 자국 은행이 비교적 낮은 수준이기는 하지만, 최소 레버리지 비율을 지키도록 의무화했다. 바젤 III은 국제 영업을 하는 모든 은행에 이 요구조항을 확대 적용했다. 연준을 포함한 미국의 규제기관들은 결국 미국 은행의 레버리지 비율을 바젤의 최소 수준보다 더 높이게 된다.

레버리지 비율 및 그 적용 대상은 국내외의 몇몇 협상에서 상당한 논란을 불러일으켰다. 높은 레버리지 비율을 옹호하는 사람들은 바젤 II와 바젤 III의 복잡한 리스크 기반의 기준을 은행들이 너무나 쉽게 조작할 수 있다고 주장했다. 그들의 관점에서 볼 때, 이 레버리지 비율은 은행의 자기자본의 실제 상황만을 보여줄 뿐이었다. 리스크 기반의 요구가 수반되지 않는 레버리지 비율은 은행들이 가장 위험한 자산과 가장 안전한 자산에 대한 자본을 동일한 규모로 보유하도록 허용함으로써, 더 큰 리스크를 감수하는 인센티브를 제공하게 된다고 반대자들은 지적했다. 내가 생각하기에 합리적인 타협은, 미국에서 시행하고 있는 것처럼 레버리지 비율이 리스크 기반 기준의 고정용 벨트처럼 보증 장치 구실을 하는 두 가지 유형의 자본 요구를 이용하는 것이다.

바젤 III은 궁극적으로 또 하나의 중요한 관심사에 대처하게 될 것이다. 위기 때 일부 금융기관들은 최소 자기자본 기준을 지켰음에도 불구하고 지불 요구에 응할 수 있는 충분한 현금과 바로 매각이 가능한 유동성 자산을 보유하지 않았기 때문에 상당한 압박을 받았다. 예를 들면, 와코비아 은행은 자본 규제 기준을 지켰으나, 자금원이 고갈되었기 때문에 거의 도산할 뻔했다.(결국 웰스 파고에 합병되었다.) 이런 문제를 해결하기 위해서 바젤 III은 새로운 유동성 기준으로 자신의 더 강력한 자본 기준을 보강했다. 국제적인 합의에 따라서 은행들은 거의 최악의 예금인출 사태에서 자국의 중앙은행에 손을 벌리지 않고 살아남기 위해서 충분한 현금과 다른 유동성 자산을 확보하는 요구를 받게 되었다.

우리가 바젤 III 작업을 하고 있을 때, 의회에서는 규제 개혁 노력이 계속되고 있었다. 하원이 바니의 법안을 통과시키기 한 달 전에 크리스 도드는 1,136페이지에 달하는 자신의 작품을 공개했다. 바니와 달리 크리스는 법안 통과를 봉쇄하는 소수당의 힘이 하원보다 훨씬 더 강력한 상원에서는 초당적인 법안만이 통과될 수 있다고 믿었기 때문에 행정부의 제안에서부터 출발하지 않았다. 리처드 셸비가 실질적인 협상에 참여하도록 회유할 수 없었던 도드는 자신이 제안한 법안의 초안을 2009년 11월 10일에 발표했다. 셸비는 11월 19일 상원 은행위원회에서 그 초안을 비난했다. 특히 셸비는 은행에 부적절한 부담을 주고 의회에 대한 책임은 미흡하다고 생각했던, 소비자 금융기관 보호용의 새로운 기관 창설을 받아들일 수 없었다.

이사회 소속 변호사들과 함께 도드의 법안을 면밀히 검토했던 나는 연방예금보험공사가 시스템적으로 중요한 파산위기의 금융회사들을 안전하게 해체할 수 있는 메커니즘이 그 법안에 포함된 것을 보고 만족스럽게 생각했다. 그 메커니즘은 행정부 계획의 핵심 조항이었으며, 내 계획에서 우선순위가 높았다. 그러나 나는 도드가 통화정책 이외의 사실상 모든 의무를 연준으로부터 박탈하는 계획을 자기 법안에 집어넣은 것을 알게 되었을 때에 대경실색했다. 도드의 법안에 의하면 우리는 소비자 보호와 은행 감독 권한 양쪽을 상실할 뿐만 아니라 시스템의 안정을 보장하는 역할도 별로 하지 못하게 될 것이다. 대신 도드는 대통령이 임명하는 독립적인 의장이 이끄는 금융 안정 기구의 신설을 제안했다.

나는 2009년 11월 29일 「워싱턴 포스트」에 게재된 기명 칼럼에서 연준이 은행 감독과 금융 안정 양쪽에 참여할 필요성을 옹호했다. 신문 칼럼 기고는 워싱턴의 정책 입안자들이 흔히 쓰는 전술이지만, 연준 이사회 의장이 이용하는 경우는 아주 드물었다. 나는 이렇게 썼다. "연준은 위기를 저지하는 데에 중요한 역할을 했고, 우리는 금융 안정을 도모하고 인플레이션 없이 경제회복을 촉진하는 이 기관의 역량을 약화시키지 않고 보존하는 길을 모색해야 한다." 나는 새 금융 안정 기구가 가까운 장래에 모방할 수 없는 전문지식과 경험을 연준이 독특하게 혼합하여 활용해왔다고 주장했다. 뿐만 아니라 금융 패닉 때 비상 유동성 대출기관의 역할을 하기 위해서 우리는 우리의 돈을 빌리는 기업들의 패닉의 원천과 경영 여건 양쪽을 이해할 필요가 있었다. 그런 역할을 위해서 우리는 금융기관의 감독에 어느 정도 역할을 할 필요가 있었다. 위기 이후 세계적인 추세는 중앙은행들이 은행 감독과 금융 안정 양면에서 책임을 줄이는 것이 아니라 늘리는 것이었다. 예를 들면, 영국은행은 1997년에 은행 감독 권한을 상실했으며, 상실의 부분적인 결과로 모기지 대출기관인 노던 록의 2007년의 불시의 예금인출 사태에 대비하지 못했다. 2012년에 영국 의회는 은행 감독권을 영국은행에 돌려주고 영국의 금융 시스템 전체의 안정을 책임지는 금융정책위원회를 영국은행 안에 새로 창설했다. 이와 비슷한 사례로, 유럽중앙은행도 중요한 금융 안정 역할을 새로 부여받게 되었고, 2014년에는 유로존의 은행들을 감독하기 시작했다.

2010년 1월 6일 도드는 재선에 나서지 않겠다고 발표했다. 상원 내에서 그는 개인적인 인기와 영향력이 줄어들었는데, 그 부분적 원인은 앤절로 모질로의 컨트리와이드 은행이 코네티컷과 워싱턴에 있는 도드의 주택 대출을 모기지로 바꾸어주었다는 일부 사람들의 주장을 포함한 일련의 논란 때문이었다. 선거운동을 할 필요가 없게 된 도드는 자신의 36년 의원 생활에서 중요한 마지막 법안들 가운데 하나에만 관심을 집중시킬 수 있었다. 그러나 셸비의 요란한 반대는 상원에서 통과시켜야 할 이 법안을 위해서 할 일이 많다는 것을 의미했다. 그런 작업에는 시간이 걸린다. 그리하여 우리는 도드 위원회 안팎의 상원의원들에게 우리의 주장을 납득시킬 수 있는 몇 달 동안의 여유를 얻게 되었다.

연은 총재들은 그들의 주된 기능 가운데 하나인 은행 감독 의무 상실에 특히 놀랐다. 연준의 수표 추심 같은 금융 서비스의 다수가 소수의 영역으로 통합됨으로써 은행들은 이미 지난 10년 동안 몇 차례 직원들을 해고했다. 특히 전자 수표 추심 방법의 등장으로, 과거 종이 수표를 처리했던 많은 직원들이 불필요하게 되었다. 여러 연은들은 여전히 통화정책 수립에 참여하여 지폐와 주화를 분배했고 관할 지역의 경제를 관찰하며 지역사회 개발 사업에 참여하면서 일반은행 및 은행지주회사를 감독했다.

일부 연은 행장들은 우리의 감독 권한 전체를 유지시키겠다는 이사회의 약속에 처음부터 회의적이었다. 티머시 가이트너와 행정부는 의회가 자산 총액 500억 달러 이상의 35개 은행지주회사에 대한 연준의 감독권을 유지해야 한다고 계속 주장했다. 티머시는 필요할 경우 대형 은행들에 대한 감독권을 유지하기 위한 대가로 주정부 인가 은행들에 대한 연준의 감독권을 다른 기관으로 이양하는 데에 찬성했으며, 대니얼 터룰로도 같은 입장이었다. 나는 대형 은행들에 대한 감독의 권한이 금융위기를 관리하는 연준의 중요한 역량이라는 데에 동의했다. 그러나 나는 또한 주정부 인가 은행들은 물론 소형 은행지주회사들에 대한 감독권의 유지도 원했다.

이러한 감독권 상실을 연은 생존의 위협으로 생각했던 연은 행장들의 우려에 대해서 나는 부분적으로 대응하고 있었다. 그러나 나는 그들의 내실이 있는 몇 가지 주장에도 동의했다. 소형 은행들에 대한 감독 권한의 상실은 위험한 맹점을 만들 가능성이 있었다. 미국 전역에 있는 모든 규모의 은행들을 면밀히 조사하는 작업은 우리가 산업 전체를 더 잘 이해하고 잠재적인 각종 문제를 조기에 발견하는 것을 가능케 했다. 소형 은행들에 대한 조사 역시 지역사회와 우리의 관계를 강화하고 풀뿌리 차원의 경제 동향을 관찰하는 우리의 능력을 향상시켜 더 좋은 통화정책 수립으로 이어졌다. 결국 지역 은행가들보다 지역 경제를 누가 더 잘 알겠는가? 크고 작은 은행들 모두에 대한 연준의 감독권을 그대로 유지해야 할 이유를 나는 기회 있을 때마다 주장했다. 나는 나의 재인준 과정의 일부로 주선된 십여 차례의 의회 모임에서 이 문제를 제기했고, 겨울과 봄 동안 더 많은 의원들에게 전화를 걸었다. 나는 또한 의회 청문회에서도 이 문제를 강조했다.

나는 대형 은행에 대한 관할권 유지에 재무부와 백악관의 강력한 지지를 기대할 수 있다는 것을 알았다. 실제로 우리를 은행 감독권에서 배제하려는 도드의 결의가 누그러진 것은 백악관 회의 때 오바마 대통령의 간청이 주된 원인이 되었다. 2010년 3월 도드가 그의 위원회에 상정하려고 했던 법안은 500억 달러 이상의 자산을 보유한 은행지주회사들에게 행사하는 우리의 감독권을 유지시켰는데, 그것은 그의 2009년 11월 제안과 반대되는 내용이었다. 도드 법안은 보다 작은 은행지주회사들에 대한 감독권을 통화감독청과 연방예금보험공사에 나누어주었다. 연준의 회원이었던 주정부 인가 은행들에 대한 감독 책임은 연방예금보험공사로 넘어가게 되었다.

우리는 진전을 보았으나, 연은 행장들은 도드의 최신 제안에 대해서 깊이 우려했다. 뉴욕 연은은 최상위 은행지주회사 7개 가운데 6개와 최상위 35개 중 10개를 감독했다. 다른 연은들 가운데서 최상위 35개 가운데 4개 이상을 감독하는 경우는 없었고, 세인트루이스와 캔자스 시티 연은은 감독대상이 없었다. 반면에 캔자스 시티 연은은 주정부 인가 은행 172개를 감독했는데, 이는 다른 연은들보다 많은 수였다. 캔자스 시티 연은의 톰 호니그가 댈러스의 리처드 피셔와 함께 자기들의 은행 감독 역할을 지키려는 운동을 벌인 것은 놀라운 일이 아니었다. 호니그는 독자적으로 상원의원들과 면담했고, 여러 차례 모임을 주선했으며 동료 행장들에게도 전화를 걸었다. 2010년 5월 5일 그와 3명의 다른 행장들이 일단의 의원들과 비공식 회의를 열었다. 그러나 그의 활동이, 통일된 목소리에 가까운 방식으로 의회에 우리 뜻을 전달하려는 노력을 손상시킬 위험이 있었다. 호니그는 상원의원들과 만난 결과를 요약하여 이사회 총재들 및 연은 행장들에게 전달했다. 그는 이렇게 썼다. "연준(특히 이사회 의장)의 지도력이 적극적으로 행사되어야 한다." 사실 나의 절제된 행동방식에도 불구하고 나는 워싱턴에서 근무할 때 다른 모든 문제와 마찬가지로 이 문제에 적극적으로 대처했다. 밥 코커 상원의원과의 통화에서 내가 주정부 인가 회원 은행들에 대한 연준의 감독권 유지를 강력하게 주장한 결과 코커 의원은 내가 로비스트처럼 행동한다고 비난했다.

연준의 내부 협조관계의 전통이 결국 승리하여 총재들과 연은 행장들이 협력할 수 있게 되었다. 2009년 7월에 의회와의 연락을 담당하는 업무의 책임자로 린다 로버트슨을 새로 채용했는데, 그녀는 클린턴 행정부의 재무부에서 비슷한 일을 한 바 있었다. 우리가 의회에서 상대하는 모든 직원과

의원을 속속들이 파악하고 있는 것 같았던 노련한 의회 전문가 린다는 의회의 작동 방식과 인센티브 및 압력에 대응하는 의원들의 방식을 직감적으로 이해하고 있었다. 그녀는 우리의 주장을 납득시키고 대통령에게 충분한 정보를 계속 제공하여 이사회와 완벽한 조화는 아닐지라도 적어도 한 목소리를 내도록 만들기 위해서 열심히 일했다.

결국 몇 차례 마찰에도 불구하고, 나는 연준이 큰 정치적 위기의 시기를 헤쳐나올 수 있도록 도와준 연은 행장들의 공로를 치하했다. 그들 다수는 여러 해 동안 돈독하게 지낸 지역구 의원들과의 관계를 잘 활용했다. 호니그 같은 매파는 생각이 같은 의원들에게 연준은 획일적인 거대 단일조직이 아니며 통화정책에 대한 의원들의 견해가 연준에 반영되고 있다는 점을 상기시켰다. 연은들은 또한 그들의 민간부문 이사회, 산하의 24개 지부 사무소 이사회, 자문위원회 위원들, 전임 이사들을 통해서 그들의 관할 지역 안에서 넓고 깊은 협조관계를 구축했다. 이렇게 하여 각 지역의 명사 10여 명이, 우리가 즐겨 부르는 "연준 가족(Fed Family)"에 합류했다. 그들 가운데 다수는 여러 가지 능력을 발휘하여 우리를 지원하는 일에 자원했다. 린다가 의회와의 소통을 조율하고 득보다 실이 많을 것이라고 그녀가 우려한, 단독 돌출행동을 제한했음에도 불구하고 이들 가족들은 도움이 되었다.

상원에서 도드는 초당적인 대타협을 이루는 데에 실패했다. 셸비가 11월 중순에 심각하게 비판적인 발언을 한 후 도드는 다양한 전술을 시도했다. 특정한 몇몇 현안에 관한 타협을 성사시키기 위해서 그는 위원회 소속 의원들이 참여하는 초당적인 팀을 구성하여 약간의 진전을 보았다. 그와 셸비가 교착상태에 빠졌을 때, 그는 그의 위원회의 공화당 중고참인 코커와 협력했다. 그러나 도드는 포괄적인 거래를 타결시킬 수가 없었고, 법안을 상원 본회의에 보내는 최종시한인 3월 22일이 마침내 닥쳤을 때 그의 위원회 소속 공화당 의원 전원이 반대표를 던졌다. 그러나 초당적인 협력을 성사시키려는 그의 끈질긴 노력이 그 뒤의 봄에 좋은 결실을 거두게 되었다. 상원 본회의는 4명의 공화당 상원의원들이 지원에 나선 가운데 5월 20일 찬성 59표 대 반대 39표로 규제개혁 법안을 가결했다. 하원의 법안과 마찬가지로 상원의 법안은 은행지주회사들 및 주정부 인가 은행들에 대한 우리의 감독 권한을 유지시켰는데, 이는 캠던 파인이 이끄는 지역은행협회의 로비는 물론 미네소타 출신 에이미 클로버셔 의원과 텍사스 주 출신 베일리 허치슨 의원(리처드 피셔의 친구이며 한때 정적이었다)이 본회의에 제출한 수정안 덕분이었다. 또한 도드는 "연준에 대한 회계감사"의 대안으로 버니 샌더스와도 합의를 이루어냈는데, 공개 사항을 더 늘이고 연준의 관리 및 위기 당시의 계획에 관한 1회 보고서를 제공하는 것이 합의의 골자였다.

6월의 다음 단계는 하원 법안과 상원 법안의 차이점들을 해소하기 위해서 상하원 특별 위원회가 공동 회의를 여는 것이었다. 상원과 하원은 최종 타협안을 각각 채택했고, 오바마 대통령은 2010년 7월 21일 법안에 서명했다. 나는 백악관에서 몇 블록 떨어진 웅장한 사무용 복합 건물인 로널드 레이건 빌딩의 서명식에 참석했다. 나는 만족했다. 마침내 행정부 제안과 상당히 근접하게 제정된 그 법은 완벽함과는 거리가 멀었지만, 그럼에도 불구하고 상당한 성과였다. 그날 오후 우연히 나는 도드의 위원회에 나가 증언을 하고 연준 이사회 의장이 1년에 보통 의회에 두 차례 보고하는 보고서를 제출했다. 최종적인 법안이 "미래에 금융위기가 발발할 가능성을 줄이고 출현할지도 모르는 각종 리스크에 대처하는 금융규제기관들의 역량을 강화하는" 중차대한 목표를 달성하는 데에 크게 도움이 되었다고 나는 말했다.

도드는 연준과 다른 기관들이, 도드-프랭크 월 스트리트 개혁 및 소비자 보호법이란 공식 명칭이 붙은 이 법의 시행 규정을 제정하는 데에 몇 달이나 몇 년이 걸릴 것이라고 지적했다. 나는 "할 일이 많이 남아 있다"고 동의했다. 실제로 한 가지 추정에 따르면, 이 법은 여러 기관들에게 243개의 새로운 규제를 제정하고 67건의 1회 조사를 실시하며 22건의 새로운 정기 보고서를 작성하는 의무를 부과했다. 이 모든 업무는 기존의 직원들이 평상 임무를 수행하면서 가외로 담당해야 했다. 법령의 많은 조항들은 "복수의 기관용"이었는데, 이는 최소한 5개 내지 6개의 기관이 그 법령에 관한 합의에 도달해야 한다는 것을 의미했다.

내가 보기에, 최종 입법은 논쟁 대상이 되었던 현안 대다수에 관해서 합리적인 타협을 이루었다. 연준은 시스템적으로 중요한 금융기관들인 은행 지주회사들과 월 스트리트의 투자회사들과 AIG 같은 대형 보험회사들에 대한 규제기관이 됨으로써 감독의 큰 공백을 메우게 되었다. 우리는 그런 범주에 속하는 기업들의 자본 및 여타 기준을 강화할 의무를 가지게 되었지만, 시스템적으로 중요한 회사의 명단 선정은 하지 않을 방침이었다. 그 업무는 새로운 기구인 금융안정감독위원회(Financial Stability Oversight Council)에 떨어졌다. 많은 연방 금융규제기구들(연준 포함)로 구성되는 새 기구는 재무장관이 의장을 맡게 되었는데, 이는 행정부의 제안과 같았다.*

무엇보다도, 메인 주 출신 상원의원인 수전 콜린스가 제출한 수정안이 보다 강화된 자기자본 기준을 미국 은행들뿐만 아니라 미국 내에서 영업하는 외국인 소유 은행에도 적용하도록 보장했다. 이 조치는 일부 외국 은행가들과 규제기관들의 분노를 샀다. 도드-프랭크 법 이전에, 연준은 만약 미국 내 외국 은행 자회사가 문제에 직면할 경우, 재정지원을 해야 하는 해외의 모회사에 의존해왔다. 그러나 위기 때 외국인 소유 은행들이 연준으로부터 거액을 대출받은 사실이 보여주듯이, 미국 내 외국 은행 자회사들이 자립할 필요가 있었다. 이사회는 외국 은행의 미국 자회사들이 국내 은행에

---

* 이 명칭은 행정부가 2009년 6월에 이 기구의 명칭으로 제안했던 금융 서비스 감독위원회(Financial Services Oversight Council)를 변경한 것이다.

부과되는 것과 비슷한 의무를 수행하도록 강요하는 강력한 법령을 통과시키는 단계에까지 갔다.

최종 법안은 행정부의 원래 제안과 마찬가지로 규제용 관료체제를 비교적 온전하게 남겨놓았다. 그러나 이 법은 연방저축기관감독청을 폐지하고 소비자금융보호국(Consumer Financial Protection Bureau)을 신설했다. 바니 프랭크와 캠던 파인이 성사시킨 거래, 즉 소형 은행들을 소비자금융보호국의 정기조사로부터 보호하는 규정은 살아남았다. 이 새 규제 기구의 명칭은 "청(agency)"이 아니라 "국(bureau)"이 되었는데 그 이유는 밥 코커의 제안에 따라 이 기구가 기술적으로 연준의 일부가 되었기 때문이었다. 그러나 명목상으로만 일부였다. 소비자금융보호국은 대통령의 임명을 받고 상원이 인준하는 국장이 지휘하게 되었으며, 국장은 결과적으로 연준으로부터 독립된 활동을 하게 되었다. 연준은 이 기구의 모든 직원들에 대한 고용, 해고, 지휘의 권한이 없었다. 이 기구의 판단에 대한 유보 혹은 승인 거부의 권한도 없었다. 또 이 기구의 모든 조사 혹은 업무 진행에 개입하는 권한이 조금도 없었다. 그러나 우리는 그 운영비(2014년에 5억6,300만 달러였다)를 무한정 제공하는 의무를 졌다. 이런 이례적인 조치에 의해서 이 기구는 매년 의회로부터 예산을 승인받는 의무를 면제받았다. 그러나 결국 납세자들이 지는 부담은 같았다. 이 기구의 운영에 지출되는 모든 비용만큼 재무부에 납부하는 연준의 순수익이 줄게 되었다.

행정부는 2007년에 새 기구의 창설을 제안했던 엘리자베스 워런을 초빙하여 소비자금융보호국을 구성하여 운영하는 책임을 맡겼다. 그러나 공화당의 완강한 반대는 그녀의 국장 인준이 결코 성사될 수 없다는 것을 의미했다. 그녀는 나를 찾아와 직원 및 다른 자원을 연준으로부터 이양받는 문제를 논의했다. 우리는 유익한 대화를 나누었으며, 그녀는 연준이 제공하는 협력에 만족하는 눈치였다. 하지만 그녀는 본능적으로 지나치게 포퓰리스

546

트적이어서 나는 그녀와 완전한 의견일치에 도달하기가 어려웠다. 그리고 그녀가 매사추세츠 주에서 상원의원에 당선되었을 때, 그녀는 연준을 종종 신랄하게 비판했다.

도드-프랭크 법의 가장 중요한 개혁 가운데 하나는 파산위기에 처한, 시스템적으로 중요한 기업들을 단계적으로 해체하는 권한을 새로 설정한 것이었다. "질서정연한 청산의 권한"에 따라서 재무부 장관은 대통령과 상의하고 연준 및 연방예금보험공사 이사회의 승인을 받은 후 파산한 회사를 연방예금보험공사에 넘길 수 있게 되었다. 연방예금보험공사는 회사를 운영하면서 (레포의 한쪽 당사자 같은) 담보 채권자들에 대한 제반 의무를 이행할 수 있었다. 연방예금보험공사는 또한 AIG의 보너스 지급 계약 같은 계약을 파기하고 손실을 무담보 채권자들에게 부담시킬 수 있었다. 파산위기에 처한 회사의 고위 임원들은 해고되고 주주들은 투자 회수의 순위에서 마지막이 되었다. 연방예금보험공사는 대형 기업의 단계적 청산 절차에 필요한 모든 자금을 재무부로부터 빌릴 수 있었으나, 손실이 유발될 경우에는 여러 대형 금융회사에 사정평가액을 부과하여 손실을 회수할 수 있었다. 연방예금보험공사의 보다 용이한 업무 추진을 돕기 위해서 대형 금융회사들이 "정리의향서(整理意向書, living wills)"라는 명칭이 붙은 계획을 제출하게 되는데, 이 계획은 그들이 금융 시스템을 불안정하게 만들지 않는 가운데 해체되는 방법을 나타내었다.

새로운 질서정연한 청산의 권한이 확립됨으로써 연준은 AIG 및 베어 스턴스 같은 개별 기업의 구조를 위해서 발동하는 "이례적이고 긴급한" 조항, 즉 제13조 3항의 이용 권한을 잃게 되는 것이었다. 그것은, 잃은 것을 내가 기뻐한 권한 가운데 하나였다. 비록 재무부 장관의 허가를 먼저 얻어야 하지만, 우리는 증권 딜러들을 위한 대출 계획이나 MMF를 지원하는 기구와 같은 광범위한 적정성이 있는 긴급 대출 프로그램을 만들기 위하여 제13조

3항을 이용할 수 있었다. 연준과 재무부가 밀접하게 협력하지 않는 대규모 금융위기를 나는 상상할 수 없었으므로, 많은 양보로는 보지 않았다.

그러나 최종 입법의 몇 가지 측면이 미래의 금융 패닉에 대응하는 우리의 역량을 줄였을지도 모른다. 버니 샌더스가 크리스 도드와 성사시킨 타협안에서 우리는 미래의 재할인창구 차입자들의 신원을 공개하는 것이 불가피해지겠지만, 그러나 2년의 유예 기간이 있었다. 우리는 2012년 9월부터 그 조치를 취하게 되었다. 유예 기간을 거친 다음의 공개가 즉각적인 공개보다 훨씬 좋겠지만, 새로운 공개 의무는 패닉 때 연준으로부터 돈을 빌렸다는 오명을 더욱 나쁘게 만들 가능성이 있을 것이다. 연방예금보험공사가 2008년 콜럼버스의 날(10월 두 번째 월요일/역주)을 하루 지나서 발표한 바와 같이 이 입법 조치는 또한 은행 부채를 보증하는 연방예금보험공사의 권한을 제한했다. 이제 연방예금보험공사는 연준 및 재무부 장관의 동의에 덧붙여 의회의 승인이 필요해졌다. 우리가 부실자산구제계획(TARP) 표결에서 본 것처럼 의회 승인은 쉽게 넘을 수 있는 장애물이 아니었다. 또한 연방예금보험공사는 위기 때 시티그룹을 돕기 위해서 허용받았던 것처럼 특정 기업들을 위해서 시스템 리스크 예외 조항을 이제 더 이상 발동할 수 없었다.

연준에 영향을 미치는 다른 몇몇 조항은 우리의 관점에서 볼 때 원래 제안보다 훨씬 더 좋았다. 도드와 샌더스의 합의에 따라 우리는 통화정책 결정에 대한 정치적 동기에 입각한 정부회계감사원의 진행 중이거나 조사 가능성으로부터 계속 보호를 받을 것이다("연준에 대한 회계감사" 반대). 그러나 이 입법 조치는 정부회계감사원의 두 차례의 조사를 받도록 의무화했다. 하나는 위기 때 우리의 대출에 관한 조사였고, 다른 하나는 연방준비제도법 원안에 따라서 1세기 전에 만들어진 연준의 독특한 관리체제에 관한 것이었다. 위기 당시의 대출에 관한 회계감사원의 조사는 2011년 7월에 발표되었는데, 이 조사는 우리의 계획이 효과적으로 입안되어 집행된 사실과 우리의 모든 대출이 상환되었다는 사실을 확인했다. 관리체제 관련 조사는 법에 따라서 은행가들 및 여타 금융산업의 유경험자들을 포함시키는 정원 9명의 연은 민간 부문 이사회에 초점이 맞추어졌다. 이해관계의 충돌을 피하기 위해서 우리는 오래 전부터 연은 이사들이 직접 은행 감독이나 긴급 대출 결정에 참여하는 것을 금지하는 정책을 취해왔다. 회계감사원은 우리의 정책이 준수되고 있는 것을 확인했으나 우리가 연준 웹사이트에 그 사실을 올려 국민에게 알려야 한다는 견해를 제시했다. 각 연은의 이사회 이사들 가운데 3명은 법에 따라 해당 지역 은행들을 대표하는 은행가들에 의해서 여전히 선출되었다. 은행가들이 자신들의 규제자들을 선출한다는 인상을 막기 위해서 도드-프랭크 법은 3명의 이사들이 연은 행장 선출에 참여하는 것을 금지하여 행장 선출 임무는 남은 6명의 이사들에게 부여되었다.

행정부가 당초 제안한 바와 같이 최종 입법조치는 파생상품 규제를 강화했고, 거래소 이용 확대를 의무화함으로써 더 많은 파생상품 거래를 양지로 밀어냈다. 최종적인 법은 연준 이사회 의장을 지낸 폴 볼커의 이름을 따서 볼커 룰(Volcker rule)이라고 불리게 된 부분을 추가함으로써 행정부가 원래 제안했던 범위를 넘어섰다. 그의 시대에 유일하게 가치 있는 금융의 기술혁신은 현금자동입출금기라고 얘기한 바 있는 폴은, 은행들이 자기 계좌로 증권시장에서 거래하는 것은 은행의 기본 사업인 대출업무를 소홀히 하도록 만든다고 믿었다. 뿐만 아니라 은행의 증권거래는 지나친 리스크를 감수하도록 유도하여 그로 인한 손실이 궁극적으로 납세자들에게 돌아간다고 그는 믿었다. 2010년 1월 오바마 대통령이 지지한 볼커 룰은 금융회사들이 다수의 증권, 파생상품, 상품선물거래, 상품 옵션을 단기 거래하는 행위를 금지했다. 이 룰은 금융회사들을 각종 리스크로부터 보호하기 위해서 (혹은 리스크를 축소하기 위해서) 국채를 거래하는 것과 고객을 대리하여 거래하는 것은 예외로 했다. 어떤 의미에서 볼커 룰은 대공황 시대에 시중은행과 투자은행을 구분했던 글래스-스티걸 조항을 부분적으로 부활시키려는 노력이었다.

도드-프랭크 법은 몇 가지 업무를 미결로 남겼다. 예를 들면, 패니 메이와 프레디 맥의 지위가 해결되지 못했고 또한 이 법은 MMF 및 레포 시장이 예금인출 사태에 취약한 점도 해결하지 못했다. 그럼에도 불구하고 이 법은 많은 면에서 유용하며 괄목할 만한 업적으로 평가된다.

나는 이 법의 제정을 위해서 1년 반 동안 엄청나게 노력했던 많은 행정부 관리들과 의원들 및 규제정책 입안자들(그리고 그들의 직원들)이 알게 모르게, 연준 체제를 창립하는 노력을 시작하기에 앞서 우드로 윌슨이 밝혔던 고매한 정신과 실용적인 감각을 지침으로 삼았다고 믿는다. 윌슨은 첫 번째 취임 연설에서 이렇게 말했다. "우리는 우리의 경제체제를, 깨끗한 백지 위에 글을 쓸 때처럼 다루는 것이 아니라 수정이 가능한 현실로 다루게 될 것입니다. 또한 우리는 경제체제가 합당한 기능을 다하도록 차근차근 만들어나갈 것입니다." 윌슨 대통령의 말은 1세기 뒤에도 여전히 사리에 맞았다.

21

양적 완화 2 : 헛된 기대

⋮

상원이 나의 4년 연임 인준을 가결하고 엿새가 지난 2010년 2월 3일 나는 연준 사무실 건물인 에클리스 빌딩의 넓은 아트리움을 내려다보는 층계참에서 오른손을 들고 애나 옆에 섰다. 위기 기간 동안 좋은 벗이자 가까운 동료가 되어준 부의장 도널드 콘이 취임 선서식을 주관했다. 이사회 총재들과 하객들 및 수백 명의 이사회 직원들이 나의 취임식을 지켜보았다.

나는 직원들에게 이렇게 말했다. "미국과 세계는 여러분에게 감사를 드려야 마땅합니다. 우리는 대공황 이후 가장 심각했던 금융위기에 대처하고 미국의 경제붕괴를 막기 위해서 신속하고 강력하며 창의적인 조치를 취했습니다."

나는 진심으로 그들에게 감사의 뜻을 전했다. 위기에 대한 우리의 대처는 단합된 노력이었다. 그러나 1,500만 명 이상의 미국인들이 일자리를 찾지 못하고 추가로 수백만 명이 자기 집을 잃게 될 위험에 처한 상황에서 나는 그날 승리했다고 선언하지는 않았다. 나는 "우리의 여러 정책이 이 나라의 번영을 회복시키는 데에 도움이 될 수 있도록 우리는 할 수 있는 모든 일을 계속해야 합니다"라고 말했다.

경제는 2009년 여름 동안 다시 성장하기 시작하여 1년 반에 걸친 침체를 마감했다. 이번 경기침체는 대공황의 첫 번째 단계로 기록된 1929-1933년에 걸친 침체기 이후 가장 길었다. 2009년의 마지막 3개월에 대한 1차 추산 결과는 생산이 급속도로 확장되고 있음을 보여주었다. 그러나 이런 성장은 아직 눈에 띄는 고용시장의 개선으로 전환되지 못했다. 10월에 26년 동안 최고 수준인 10.2%로 절정을 이루었던 실업률은 연말 무렵에는 10%를 유지했다.* 이런 상황은 2001년 침체의 뒤를 이었던, 고용증가가 없는 경기 회복을 연상시켰다. 나는 우리가 과거의 재현을 보고 있는 것이 아닌가 하는 의구심이 들었다.

그러나 오바마 행정부의 재정적인 경기부양 조치 및 은행 스트레스 테스트와 더불어 우리의 대출 계획과 증권 매입은 의도했던 효과를 발휘하는 것 같았다. 보다 광범한 경제계의 전조인 금융계의 제반 여건이 개선되고 있었다. 주가는 실질적으로 상당히 반등했고 자금시장은 정상 기능을 추가로 회복했으며, 금융체제—결코 완전한 건강을 되찾지는 못했으나—는 안정된 듯이 보였다. 적어도 금융체제에 관한 한, 우리의 여러 가지 긴급대책이 해체되기 시작할 때였다.

우리는 재할인창구에서 격주로 제공했던 은행 대출 경매 규모를 이사회가 3,000억 달러에서 2,500달러로 축소했던 2009년 6월에 첫 번째 단계에 착수했다. 2010년 3월에 우리는 경매를 단계적으로 완전히 폐지하게 된다. 우리는 또한 정규 재할인창구가 은행에 제공하는 대출의 기한을 정상화하는 과정에 있었다. 3월이 되자, 위기 때 최장 90일까지 연장되었던 대출의 통상적인 만기가 하루 기한으로 환원되었다. 또한 은행들에 대해서 연준의 대출을 권장해야 할 이유가 줄어들었으므로 우리는 오래지 않아 재할인창구 대출금리를 0.25% 포인트 올리게 되었다.

단기자금시장펀드(MMF), 기업어음(CP) 시장, 증권회사들의 안정을 겨냥

---

* 당초에 보고된 실업률은 2012년 노동부에 의해 수정되어 2009년 10월의 실업률은 10%였고 2009년 12월은 9.9%였다.

한 대출 등 제13조 3항의 여러 가지 대출들이 하나를 제외하고 2월 1일에 모두 종료되었다. 이와 더불어 다른 나라의 중앙은행들과 체결했던 통화 협정도 종료되었다. 우리에게 남은 유일한 특별 대출 자금은 기한부 자산담보 대출창구(TALF)뿐이었다. 2010년 6월 30일 이후에는 그것도 신규대출을 중단하게 된다. 모두 합해서 그것은 710억 달러를 대출했는데, 계획의 당초 상한인 2,000억 달러 아래였고 2009년 2월 1조 달러까지 팽창했던 것보다 훨씬 아래였다. 그럼에도 불구하고 이 자금으로 근 300만 건의 자동차 대출, 100만 건 이상의 대학생 학자금 대출, 중소기업에 대한 근 90만 건의 대출, 별도의 기업 대출 15만 건, 수백만 건의 신용 카드 대출을 성사시켰던 것이다.

나는 이런 계획으로 우리가 이룩한 업적에 만족했다. 베어 스턴스와 AIG 구제보다 덜 알려졌고 논란도 덜 되었으나 우리의 여러 가지 특수 대출 업무는 패닉을 통제하는 데에 필수적인 역할을 했다. 또한 우리가 넓은 범위의 차입자들에게 수천 가지 대출을 했음에도 불구하고 이자와 함께 대출 전액을 돌려받았으며, 연준과 납세자들은 수십억 달러의 수익을 올렸다. 이런 계획이 금융체제의 작동 중단을 막았고 신용 흐름의 유지를 도왔다는 점이 더욱 중요하다. 월터 배젓은 만족했을 것이다.

매파와 비둘기파를 막론하고 FOMC 위원들이 우리의 긴급 대출 계획을 해체할 때가 되었다는 점에 모두 동의했음에도 불구하고, 그들은 우리의 통화팽창 정책을 원래 상태로 환원시키는 시기에 대해서는 의견을 달리했다. 3월 말에 우리는 그보다 1년 전에 공약했던 증권 매입을 완료하게 되었다. 이제 국채 및 패니 메이와 프레디 맥과 지니메이의 주택 담보부 증권 2조 달러 상당을 보유했는데, 그것은 우리가 2009년 3월 QE1(양적 완화 1)을 확대하기 전의 7,600억 달러보다 증가한 것이었다. 그와 더불어 우리는 이 자금의 금리를 제로 수준 정도로 유지했고, 이 금리가 "장기간" 이례적으로 낮은 수준을 계속할 것이라고 성명을 통해서 예고했다. 캔자스 시티 연은 행장 톰 호니그(2010년에 투표권을 가졌다)가 선봉에 섰던 매파는 이런 저금리정책이 결국 높은 인플레이션 아니면 금융시장의 과도한 리스크 감수의 부활과 같은 각종 좋지 못한 부작용을 초래하게 될 것을 우려했다. 그들은 우리가 여러 가지 긴급 정책에서 벗어나는 방법을 생각하도록 FOMC에 압력을 가했다.

나는 실업률이 여전히 가장 높은 수준에 있었고, 인플레이션이 아주 낮은 상황에서 우리가 긴축정책을 채택하는 것은 아직 멀었다고 생각했다. 두 가지 역사적인 사례가 나의 생각에 영향을 주었다. 하나는 70년 전이었고, 다른 하나는 비교적 최근이었다. 첫 번째 사례는 소위 대공황 중이었던 1937-1938년의 침체였다. 프랭클린 루스벨트가 1933년 대통령으로 취임한 뒤 실시된 여러 가지 재정정책 및 금융정책이 경제를 회복의 길로 이끌게 되었다. 그러나 미래의 인플레이션에 대한 지나친 우려 때문에, 1937년 실업률이 여전히 높은 수준인데도 불구하고 재정 및 금융 양쪽을 긴축하는 정책을 실시하게 되었다. 세금이 인상되고 통화공급이 줄어들어(연준의 정책이 한 가지 원인으로 작용했다) 아직 허약했던 경제를 급격한 하강세로 다시 몰아넣었다. 더욱이 최근의 사례에서는 일본은행이 제로 금리에서 벗어나기에 급급한 나머지 2000년과 2007년에 긴축정책을 두 차례 시행했다. 이런 긴축정책은 매번 시기상조인 것으로 판명되었고 일본은행은 조치를 철회할 수밖에 없었다. 그럼에도 불구하고 좋은 정책 수립을 위해서 나는 FOMC가 정책 정상화 방안을 논의하고 합의하는 것이 합리적이라고 생각했다. 때가 되었을 때 실현 가능성이 있는, 긴축 전략을 준비해놓았다는 사실을 분명히 밝히는 조치가 연준 내의 매파와 외부 비판자들의 우려를 완화시킬 수 있었다.

바니 프랭크 또한 출구 문제에 대한 발표가 도움이 될 것이라고 생각했다. 그는 2월 10일 자신의 하원 금융 서비스 위원회에서 증언하도록 나를 초청했다. 나는 내키지 않았다. 특히 연 2회씩 하는 통화정책 보고서를 불과 2주일 후에 제출할 예정이었기 때문에 더욱 그랬다. 나는 또한 캐나다의 이칼루이트에서 개최되는 G-7 재무장관 및 중앙은행 총재 회의에 참석할 예정을 그 전 주일에 잡아두었다. 나는 이 회의 참석을 위해서 준비할 시간이 필요했다. 그러나 바니의 초청을 거부하는 것보다는 증언을 하는 것이 더 쉬웠다.

인구가 7,000명 정도인 이칼루이트는 북극권에서 320킬로미터 쯤 남쪽에 있는 캐나나 북부의 누나바트 테리터리의 수도였다. 겨울에 눈과 얼음에 둘러싸이면 비행기로만 들어갈 수 있는 곳이었다. 회의 주최자인 캐나다 재무장관 짐 플래어티와 그의 유럽 동료 장관 일부의 정책 목표들에 비추어 볼 때 그곳의 삭막한 풍경은 회의 장소로 안성맞춤이었다. 위기의 가장 혼란스러운 국면이 지나갔기 때문에 그들은—FOMC의 매파와 미국 의회 의원들처럼—재정 및 통화정책의 팽창 수준을 낮추는 방안을 주장했다. 가이트너와 나는 반격했다. 우리는 현재까지의 진전이 진로 변경을 보장하기에 충분하다는 판단에 회의적이었다.

이칼루이트에서 우리는 토의를 진행하는 중간 중간에 개썰매를 탔고(나는 사양했고, 머빈 킹은 시도했다) 실제 이글루의 내부를 구경했으며, 바다표범의 날고기를 맛볼 기회를 가졌다.(나는 이글루 안에는 들어갔으나, 바다표범 고기 시식은 사양했다.) 우리가 북극권 부근 지역을 여행할 때는 날씨가 좋았으나, 워싱턴으로 돌아올 때는 기상악화로 여행 일정에 차질을 빚었다. 우리가 캐나다에 머무는 동안 대형 눈보라가 불어닥쳐 워싱턴에 60센티미터 높이의 눈을 퍼부었고 중부 대서양 해안지역 대부분을 눈으로 뒤덮었다. 이 눈보라에는 나중에 스노마겟돈(Snowmageddon)이라는 이름이 붙여졌다. 워싱턴 공항은 폐쇄되었고, 우리는 귀가하기 전에 보스턴에서 예정에 없던 하루 밤을 지냈다.

관공서는 모두 문을 닫았으나, 나는 바니의 수요일 청문회 준비를 하고 싶었다. 화요일 아침에 나는 청바지와 스웨터 및 플란넬 셔츠 차림의 우리 직원들을, 전임 의장들의 초상화들을 빙 둘러 벽에 걸어놓은 작고 우아한 회의실에서 만났다. 우리는 제기될 질문을 여러 가지 검토했다. 다른 직원들도 연락을 받고 합류했다. 나중에 밝혀졌지만, 연방정부의 모든 청사는 금요일까지 문을 열지 않았고, 청문회는 3월로 연기되었다. 그와 상관없이 우리는 나의 성명서를 이사회 웹사이트에 게시했다. 성명서는 우리의 대차대조표가 정상보다 훨씬 클 경우 그에 맞추어 적절한 시기에 금리를 올리는 방식을 설명했다. 그럴 가능성이 있는 것처럼 보였다.

위기에 앞서 연준은 은행 지급준비금의 공급량을 변경함으로써 연방자금금리에 영향을 미쳤다. 특히 연방자금금리를 올리기 위해서 우리는 우리가 보유했던 증권의 일부를 매각했다. 매각 대금은 시중은행의 지급준비금을 줄이고 은행들이 은행 간 시장에서 돈을 빌려야 할 필요성을 키울 것이다. 은행들이 돈을 더 빌리게 되면, 다시 연방자금금리인 은행 간 대출금리를 높이게 된다. 그러나 우리가 양적 완화 I에 따라 사들인 증권이 은행 시스템에 지급준비금 홍수를 일으켜 대다수 은행들이 이제는 서로 돈을 빌릴 이유가 별로 없어졌다. 은행 간 단기대출에 대한 수요가 사실상 사라진 상황에서 연방자금금리는 제로 가까이 내려갔다. 이런 상황에서 지급준비금의 공급을 완만하게 줄이는 것은 은행들의 융자 필요성에 영향을 미칠 가능성이 없었고 따라서 연방자금금리에 영향을 미칠 가능성도 없었다. 간단히 말해서 최대의 고용과 물가안정을 달성하기 위해서 단기금리를 조정하던 연준의 전통적인 방법이 이제는 더 이상 효과를 거두지 못하게 되었다.

우리의 대차대조표가 계속 커질 경우, 때가 왔을 때 금리를 올리는 새로운 방법이 필요했다. 연준의 은행 지급준비금 계정에 대한 이자의 지급 권한을 의회가 우리에게 부여했을 때 TARP법의 일부로 새로운 중요한 도구가 하나 생겼다. 우리는 그 금리를 0.25%로 정했다. 만약 우리가 긴축정책을 원할 경우, 우리는 이 금리를 높일 수 있었다. 은행들은 연준에 지급준비금을 예치함으로써 벌 수 있는 수준 이하의 금리로 상호 간에 혹은 여타 기관으로부터 돈을 빌리려고 하지 않게 되어 연준의 은행 지급준비금 계정 예금의 금리인상은 다른 단기금리는 물론 연방자금금리를 인상시켰다.

우리는 그 도구를 보완하기 위해서, 우리가 보유한 증권을 반드시 매각하지 않고도 금융 시스템으로부터 지급준비금을 고갈시키기 위한 몇 가지 검증된 방법을 가지고 있었다. 그런 방법 가운데 하나는 수익률이 더 높은 장기 정기예금을 시중은행에 제공하는 것이었다. 연준의 시중은행 지급준비금 계정은 소비자들의 시중은행 당좌예금 계정과 비슷하다. 당좌예금 계정을 가진 소비자들처럼 시중은행은 자기 계정의 지급준비금을 필요할 때 인출할 수 있다. 우리가 제공하는 정기예금은 양도성 예금증서, 즉 CD(certificates of deposit)와 비슷하게 생각할 수 있다. CD에 예치된 돈처럼 연준의 정기예금에 거치된 시중은행의 지급준비금은 하루 이용이 불가능하며, 이런 방식은 금융 시스템 내부의 가용 지급준비금의 공급을 효과적으로 줄일 수 있다. 가용 지급준비금이 줄어드는 것은 은행 간 대출금리의 인상을 의미한다. 또다른 도구는 시중은행의 지급준비금 조성을 통하는 것이 아니라 증권 딜러들과 다른 비은행 대출기관으로부터 돈을 빌림으로써 우리의 증권 보유를 위한 재원을 마련하는 방법이다. 이번에도 금융 시스템 내부의 가용 지급준비금 감소가 연방자금금리를 올리는 원인이 될 수 있었다.

물론 우리는 우리가 보유한 증권의 일부를 매각함으로써 항상 통화긴축 정책을 쓸 수 있었으며, 이를 통해서 양적 완화의 효과를 해소할 수 있었다. 만약 보유 증권 매각 작업이 매우 점진적이고 미리 충분한 발표를 거칠 경우에 나는 우리의 보유 증권 매각을 기꺼이 고려할 생각이었다. 그러나 나는 이 작업을 긴축정책의 기본 도구로 본 것이 아니라 장기적으로 우리의 대차대조표를 정상화하는 방법으로 생각했다. 나는 연준의 증권 매각이 금리를 불안정하게 만들고 예측하기 어렵게 만들어 금융 여건 관리의 정확도가 떨어지는 도구가 되는 상황을 걱정했다.

우리는 새로운 몇 가지 방법을 진행 중이었으나, 우리의 증권 보유량 규모가 위기 이전보다 여전히 훨씬 큰 경우에도 나는 긴축정책이 기술적인 각종 장애를 만들지 않을 것이라는 확신을 느낄 정도로 이미 충분한 경험을 했다. 나는 의원들과 시장 참가자들 모두가 그 점을 이해하기를 원했다. 또한 이런 출구용 도구의 개발이 우리가 가까운 장래에 실제로 통화긴축 정책을 고려하고 있다는 것을 의미하는 것이 아니란 점도 그들이 이해하기를 원했다.

인플레이션에 대한 일반적인 우려 외에도 FOMC의 매파는 또한 낮은 금리가 낮은 수익률에 실망한 투자자들을 부추겨 과도한 리스크를 감수하도록 만들고 새로운 자산 버블에 기름을 부을 가능성도 걱정했다. 나는 이 문제를 매우 심각하게 받아들였다. 모든 사태가 지난 뒤에 나는 금융 안정을 유지하기 위해서 가능한 모든 조치를 우리가 취하기를 원했다. 또한 내가 오래 전부터 주장해 온 바와 같이, 나는 규제와 감독 정책이 과도한 투기를 막는 제1선이 되어야 한다고 믿었다.

우리는 가장 크고 복잡한 은행들에 대한 면밀한 조사와 금융 시스템 전반에 걸친 각종 리스크에 대한 관심을 이미 강화했다. 2010년 한 해 동안 우리는 우리가 규제하지 않은 부분들을 포함한 금융 시스템에 대한 감시를 추가로 강화했다. 여러 분야의 전문가들이 협력하는 일련의 팀들이 통계학적 연구에서부터 시장에 떠도는 소문의 수집과 종합에 이르는 분석 작업 및 보고서 작성까지 하여 정기적으로 이사회와 FOMC에 간략하게 보고했다. 도드-프랭크 법이 2010년 7월에 의회를 통과한 뒤 우리는 직원들의 업무를 감독하고 조정하기 위해서 이사회 내에 우산 역할을 하는 금융 안정 정책 및 연구 사무소를 신설했다. 나는 2009년 대형 은행들이 스트레스 테스트를 주도하는 데에 도움을 주었고 경험과 지식이 풍부한 경제 전문가 넬리 리앙을 이 사무소의 소장으로 선정했다. FOMC는 통화정책을 논의하는 과정에서 금융 안정의 잠재적인 각종 리스크에 관심을 기울이기 시작했는데, 위기 이전보다 관심의 강도가 훨씬 더 컸다.

금융 안정을 도모하기 위한 이런 일련의 새로운 노력은, 내가 의장 취임 초기에 만들었던 소규모 직원 집단의 작업보다 훨씬 더 야심적이었다. 그러나 나는 우리의 작업을 과장하는 것은 원하지 않았다. 시스템상의 각종 위협은 예상하기 어렵기로 악명이 높다. 예를 들면, 만약 버블을 쉽게 식별할 수 있다면, 우선 거기에 휩쓸려드는 투자자들이 훨씬 적을 것이다. 그러나 나는 우리의 접근 방법 변경이 성공 가능성을 높일 것이라고 확신했다.

특히 나는 넬리와 그녀의 직원들에게, 그들이 볼 때 가능성이 가장 높은 결과만을 통해서 생각할 것이 아니라 최악의 경우에 따르는 시나리오도 고려하라고 간곡히 당부했다. 주택 경기가 호황일 때 FOMC가 주택 가격 상승이 버블을 반영했는지 여부에 관한 논쟁에 너무 많은 시간을 보낸 반면, 만약 버블이 존재할 경우 극적인 버블 붕괴의 각종 결과를 생각하는 데에 너무 적은 시간을 보냈다고 나는 믿게 되었다. 최악의 경우에 따르는 시나리오에 더 주의를 기울였다면, 우리가 실제 일어난 사태에 대응할 준비를 더 잘 했을 수도 있었을 것이다.

금융 쇼크를 예측하기가 종종 어렵다는 점을 알고 있던 나는 또한 금융 시스템 내부의 각종 구조적 취약점을 찾고 시스템이 더욱 광범하게 탄력을 발휘하도록 만드는 방법을 찾도록 직원들을 격려했다. 그런 발상은 이미 우리 개혁의 많은 부분에서 동기로 작용하고 있었다. 개혁 가운데는 원인 불문하고 각종 손실을 금융 시스템이 흡수하는 역량을 강화하는 은행의 자기자본 확충 의무가 포함되었다.

2월, 눈보라의 눈이 녹은 뒤, 워싱턴에 봄이 약간 일찍 왔다. 타이달 베이슨 주변의 벚꽃이 3월 말에 절정에 이르렀다. 경제는 여전히 허약했으나, 나는 2009년 「60분」 출연 때 금융시장에서 관찰되었던 회복의 조짐이 오래지 않아 메인 스트리트에서도 감지될 수 있기를 희망했다. 불행히도 그렇게 되지는 않았다. 이번에는 유럽에서 금융 혼란이 맹렬하게 폭발하여 미국 경제와 전 세계경제를 위협했다.

2007-2009년에 패닉이 서유럽을 강타했다. 리먼 쇼크 이후 유럽의 많은 나라들은 미국처럼 생산 하락과 고용 손실을 경험했다. 많은 유럽인들 특히 정치인들이 영미식 "카우보이 자본주의"가 그들 곤경의 원인이라고 비난했다.(유럽의 은행들이 유동화된 서브프라임 모기지 대출을 열심히 사들인 조치가 비난받기에 충분했음에도 불구하고, 티머시와 나는 몇 차례 국제회의에서 원초적인 위기에 대한 미국의 책임을 부인한 적이 없었다.) 그러나 유럽의 이 새로운 위기는 거의 전적으로 유럽 자체에서 발생한 것이었다. 근본적으로 유럽 위기는 유럽의 통화 및 재정 조치를 잘못 조합했기 때문에 일어났다. 2010년에 16개국이 유로화를 공동통화로 채택했으나, 회원국들은―여러 가지 강제적인 한계선 안에서―각자의 조세 및 지출 정책을 추구했다.

유로의 채택은, 보다 큰 경제통합을 향해서 1950년대에 시작된 더 광범위한 운동의 일부로 실시된 거창한 실험이었다. 회원국들을 경제적으로 밀착시킴으로써 유럽 지도자들은 성장을 촉진할 뿐만 아니라 또한 정치적 통합도 증대되기를 희망했다. 그들은 이런 정치적 통합이 재앙을 초래한 양차대전을 포함한 유럽 내부의 오랜 전쟁의 역사를 치유하는 데에 필요한 만병통치약이라고 생각했다. 아마도 그들은 독일, 이탈리아, 포르투갈 사람들이 언젠가는 자신을 모국의 시민이기 이전에 먼저 유럽의 시민이라고 생각하기를 희망했을 것이다.

1999년을 시작으로 유럽연합 회원국 28개국 중에서 독일, 프랑스, 스페인, 이탈리아를 포함한 11개국이 그들의 마르크화, 프랑화, 페세타화, 리라화를 유로화로 바꾸는 데에 합의했다. 유로화는 유로존의 유일한 중앙은행인 유럽중앙은행이 관리하게 되었다. 기존의 각국 중앙은행은 연준 속의 연은들이 담당하는 것과 대략 비슷한 역할을 담당하여 유로존 시스템의 일부를 이루게 되었다. 단일 통화를 사용함으로써 국경을 초월하여 기업을 운영하는 것이 더욱 쉬워질 것이었다. 인플레이션과 통화 가치 평가절하의 역사가 있는 이탈리아나 그리스 같은 나라들은 새 공동 통화 덕분에 인플레이션을 억제할 수 있을 것이라는 신뢰를 추가적으로 바로 누리게 되었는데, 이런 신뢰는 유럽중앙은행이 인플레이션에 충분히 강력한 자세를 취할 수 있을 것이라고 시장 참여자들이 인식하는 경우에 보장될 것이었다.

그렇게 되도록 보장하기 위해서 모든 노력이 기울여졌다. 유럽의 새로 창설된 중앙은행은 물가를 안정시키는 단 하나의 임무만 부여받았다. 이는 연준이 고용을 창출하고 인플레이션을 낮추는 이중임무를 부여받은 것과 대비된다. 유럽중앙은행의 본부는 독일 금융의 수도이며 독일 중앙은행인 분데스방크가 위치한 프랑크푸르트에 자리잡았다. 그 위치가 상징하는 바는 이해하기 어렵지 않다. 유럽중앙은행은 남부 유럽 국가들의 중앙은행들의 특징인 보다 온건한 접근법이 아니라 분데스방크의 "경화(hard money)"에 입각한 반(反) 인플레이션 정책을 추구할 것으로 예상되었다. 공동통화에 가입하기에 앞서 회원국들은 (안정 및 성장 협약[Stability and Growth Pact]이라고 불리는 협정에 명시된 것처럼) 의무적으로 인플레이션율을 충분히 낮출 뿐만 아니라 정부의 지출 및 부채를 충분히 낮은 수준으로 유지할 필요가 있었다.

전체적으로 볼 때, 유로화의 도입 속도는 현저히 원만했다. 그러나 유로화는 달러화 다음의 두 번째 지위를 단기간에 얻었다. 당초의 11개국에 다른 나라들이 추가로 가세했다. 유럽인들은 그들의 새 통화가―각종 규제의 조화 및 사람, 상품, 금융자본의 유럽 국가들의 국경 통행에 대한 제한의 철폐와 결합하여―단일 통화와 주 경계가 개방된 미국이 누리는 것과 동일한 경제적 이점 가운데 몇 가지를 가져다주기를 희망했다.

그러나 유로존은 한 가지 중요한 점에서 미국과 달랐다. 미국에서는 연방 정부가 나라 전체의 이익을 위해서 재정정책을 관리하려고 노력하며 미국의 국가 부채는 국가적으로 보증한다. 유로존에서는 재정정책이 각 회원국의 의회에서 정해진다. 조세와 지출 정책에서는 유럽중앙은행과 유사한 초국가적인 권한을 가진 기관이 없다. 유럽 각국의 노동시장과 여타 경제 정책들이 현저히 다른 것은 물론 회원 각국의 재정 통합과 조정이 결여되어 여러 가지 큰 문제들을 잉태시켰다.

유럽 위기의 기폭제는 2009년 10월에 당겨졌지만, 당시 미국은 여기에 별로 주목하지 않았다. 그리스의 신임 총리 게오르기오스 파판드레우는 전임 그리스 총리를 역임했고 하버드와 여타 대학교에서 경제학을 강의한 교수의 아들이었는데, 그는 취임 직후 그리스의 예산적자가 이전의 정부 발표보다 훨씬 크다고 발표했다. 수정된 수치는 예산적자가 1년 GDP의 13%에 육박하는 것을 보여주었다. 그것은 안정 및 성장 협약이 구체적으로 명시한 3% 한계선과 대비된다. 파판드레우의 충격적인 발표는, 한 회원국들이 다른 회원국들의 예산을 효과적으로 감시할 수 있다는 협약의 핵심적인 가정을 강타했다. 무엇보다도 그의 발표는 또한 투자자들이 그리스 정부에 매우 낮은 금리로 그처럼 많은 돈을 기꺼이 빌려준 이유가 무엇인가 하는 의문을 제기했다.

그리스가 국제 자본시장에 쉽게 접근한 것은 유로화의 성공을 반영했다. 2001년에 공동 통화를 채택함으로써 그리스는 자국의 통화정책을 유럽중앙은행에 사실상 넘겨주었다. 그리스는 드라크마화가 아니라 유로화로 돈을 빌렸다. 그리스는 인플레이션 혹은 통화 가치 평가절하를 통해서 자국 부채의 가치를 줄일 수 없게 되었다. 투자자들은 그리스가 안정 및 성장 협약에 명시된 정부의 예산적자 및 부채의 상한선을 지키거나 적어도 그 비슷한 수준을 지킬 것이라고 가정했다. 유로화 창설로 이어진 협약은, 정부에 대한 구제금융 시행을 금지했으나 채권자들은 유로존 국가들이 한 회원국의 채무불이행을 허용하기보다는 집단적으로 그 회원국을 지원할 것이라고 믿게 되었다. 한 회원국의 채무불이행은 금융시장을 붕괴시키고 다른 채무 국가들에 대한 투자자들의 신뢰를 위태롭게 만들 수 있었다. 그것은 미국 정부가 패니 메이와 프레디 맥을 암묵적으로 보증한 조치를 상기시키는 국가 차원의 도덕적 해이였다. 이런 여러 가지 이유 때문에 그리스는, 신용도가 가장 높은 나라인 독일이 지불하는 수준에 매우 가까운 금리로 돈을 빌릴 수 있었다. 그러나 세계가 2009년 10월에 깨닫게 되는 바와 같이 그리스는 자신의 능력을 훨씬 뛰어넘는 돈을 빌리는 한편 그 사실을 숨기기 위해서 각종 통계를 계속 조작했다. 외부 지원이 없을 경우, 그리스가 채무불이행을 하게 된다는 사실이 곧 분명해졌다.

유로존은 대처 방법을 강구하는 힘든 작업을 벌였다. 피상적으로는 그리스의 채무불이행을 허용하는 것이 어느 정도 합리적이었다. 유럽의 변두리 소국인 그리스가 유로존의 무역과 투자에서 차지하는 비율은 미미했다. 채무불이행은 투자자들이 미래에 더욱 조심하도록 함으로써 도덕적 해이를 줄이게 될 것이었다. 또한 개입을 거부하는 조치는 모든 구제금융의 자금을 댈 것으로 예상되는 독일 같은 나라에서 유권자들의 반발도 피할 수 있을 것이었다.

반면에 리먼의 파산이 금융 시스템 전체를 뒤흔들었던 것과 대동소이한 방식으로 그리스의 채무불이행은 유럽과 세계에 광범위한 영향을 미쳤다. 그리스는 유럽에서 가장 무절제하게 돈을 빌린 나라임에도 불구하고, 상당한 규모의 공공 및 민간 부채를 누적시킨 유일한 국가는 아니었다. 스페인의 경우, 위기 발생 이전에 외국의 민간자본이 쏟아져 들어가서 건설 호황의 자금줄이 되었으나, 그후 건설 호황은 무너졌다.

자국 은행의 채권자들을 보호하겠다는 아일랜드의 2008년도 약속은 대형 은행들에 대한 정부의 구제금융으로 이어져 막대한 국가 부채를 만드는 결과를 빚었다. 포르투갈의 비교적 허약한 경제는 다시 국가재정을 약화시켰다. 이탈리아의 국가 부채는 유럽에서 가장 많았다. 만약 그리스가 채무 불이행을 할 경우 투자자들은 다음 차례는 과도한 빚을 진 다른 유로존 국가들이 될 것이라는 결론을 내릴 수 있었다. 그런 나라들이 지불해야 하는 금리는 급상승할 가능성이 있었고, 이런 급상승은 폭포 같은 부채위기를 촉발하게 될 것이었다.

유럽 금융 시스템에 미치는 그리스 채무불이행의 잠재적 영향 또한 우려의 대상이었다. 많은 유럽 은행들은 이전의 위기로 심각하게 약화되었고 여전히 자본 부족에 시달렸다. 은행 대출이 유럽 전체의 신용에서 차지하는 몫이 미국보다 훨씬 더 컸기 때문에 그런 상황이 유로존 경제에 특히 심각한 위협을 가했다. 그리스를 제외한 대부분의 유럽 은행들은 그리스 정부 부채를 다량 보유하지는 않았으나(아마도 프랑스 은행들이 가장 많이 보유했을 것이다), 유로존의 다른 취약한 나라들의 공공 및 민간 부채를 상당량 보유하고 있었다. 만약 채무불이행이 그리스를 넘어 확산될 경우 유럽 전체 금융 시스템의 안정이 위험할 수 있었다.

마침내 정책 입안자들은 만약 채무불이행 이후 그리스가 유로화를 포기하고 자국 화폐로 복귀할 경우 어떤 사태가 전개될 것인지 저울질하지 않을 수 없게 되었다. 복귀의 한 가지 이유는, 그리스 정부가 채무불이행에 뒤따를 가능성이 있었던 경제붕괴에 대응하는 데에 도움이 될 수 있는 통화 독립을 되찾는 것이었다. 그러나 만약 그리스가 유로존에 남을 경우 다른 나라들의 그리스 선례 반복에 대한 두려움이 틀림없이 커지게 될 것이었다. 유로존이 깨어질 가능성만으로도 피해를 입게 된다. 예를 들면, 유로존을 떠날 위험이 있는 나라의 은행에 예금한 사람들은 자신의 유로화 예금이 가치가 낮아질 수 있는 자국의 새 화폐로 강제 교환되는 사태를 걱정하게 될 것이다. 그런 위험을 피하기 위해서 예금자들은 예컨대 독일은행들(국경을 초월하여 지점을 개설하는 시대에 독일은행으로 바꾸는 것은 단지 거리를 몇 블록 걷거나 은행 웹사이트에 들어가서 클릭하는 것을 의미한다)을 선택하기 위해서 자국 은행에서 유로화 예금을 인출하게 될 가능성이 있을 것이다. 이런 예금 철수는 유로존 탈퇴 가능성이 추정되는 나라에서 전면적인 예금인출 사태로 급격히 악화될 수 있었다.

이런 몇 가지 이유 때문에 유럽의 재무장관들, 특히 중앙은행 총재들은 내키지 않더라도 그리스를 도와야 한다는 결론을 내렸다. 리먼의 파산을 매도했던 유럽중앙은행 총재 장 클로드 트리셰는 이런 입장을 특히 완강하게 고수하면서 다른 유럽 정책 입안자들을 설득하는 길을 모색했다. 금융 불안이 유럽에만 국한되지 않을 것이라는 점을 인식한 티머시와 나는—각종 회의와 화상 통화 및 개인 면담을 통해서—유럽의 재무장관들과 중앙은행 총재들에게 그들의 문제를 가급적 명확하게 빨리 해소하라고 압력을 넣었다. IMF와 유럽 이외 지역의 국가들 역시 악영향이 넘칠 가능성을 걱정하여 마찬가지로 위기의 신속한 해결을 압박했다.

유럽 지도자들이 자신들이 취할 수 있는 조치를 토의하는 동안, 유로존에서 금융 통제를 위한 단일 기구가 존재하지 않은 데에 따르는 각종 결과가 뚜렷이 드러나기 시작했다. 지원 제공에 따르는 부담 분담에 관한 논의는 둔중하게 진행되었고 실질적인 의견 차이가 드러났다. 파판드레우가 유로존 국가들이 보유하는 그리스의 부채를 공개한 지 근 넉 달이 지나서 그리스 지원 약속이 나왔는데, 그나마 구체적인 내용은 별로 없었다. 다시 우왕

좌왕하던 파판드레우 총리는 2010년 4월 23일 유로존 국가들에게 구제금융을 요청했다. 이 무렵에는 채무불이행에 대한 점증하는 불안이 반영되어 그리스의 10년 만기 국채의 수익률은 비슷한 독일 국채의 수익률보다 6% 포인트가 높았는데, 그것은 그전 10월보다 1% 포인트 높은 것이었다. 일요일인 5월 2일에 유럽 지도자들은 대략 1,450억 달러에 해당하는 1,100억 유로 규모의 종합 구제대책을 발표했다. 종합대책의 3분의 2는 유럽 국가들이 개별적으로 부담하고 IMF가 채무불이행 위기에 처한 국가들에게 대출하는 기관의 역할을 다하기 위해서 나머지 3분의 1을 부담했다.

그러나 시장들은 유럽의 노력이 모호하고 의욕이 부족한 것으로 생각했다. 5월 2일의 발표는 포르투갈과 아일랜드의 대출 조건 개선에 아무런 기여도 하지 못했다. 그리스의 수익률과 크게 다르지 않은 그 두 나라의 국채 수익률 역시 상승하고 있었다. 미국에서는 발표 하루 뒤인 월요일 다우존스 산업 평균지수가 올랐지만, 그 주일의 나머지 기간 동안 7%나 떨어졌다. 또한 그리스 국민―이번 합의의 수혜자가 된다―은 공공지출의 대폭 삭감을 포함한 구제 조건 제안이 불공정하다고 생각했다. 소요가 아테네 거리 곳곳에서 일어났고 그리스의 한 은행에 화염병 공격이 가해진 5월 5일에는 세 사람이 죽었다.

그리스에 대한 종합 구제대책 발표에 대한 다우의 반응은 미국이 유럽의 금융 재난으로부터 멀리 떨어져 있는 것과는 관계가 없다는 점을 시사했다. 2010년 5월 미국 주식시장의 동요는 리먼 사태 이후 가장 심각했는데 이는 전 세계적인 두려움과 위험 회피가 급격히 증가한 것을 반영했다. 미국에 도달하는 유럽 금융위기의 감염 위험을 평가하는 작업에 착수한 넬리 리앙의 팀은 연준의 은행 감독관들과 함께 미국의 노출 정도를 평가하는 작업을 장시간 진행했다. 미국 은행들이 그리스 채권을 포함하여 유럽 정부의 부채를 비교적 소규모로 보유하고 있다는 것은 반가운 소식이었다. 반면에 미국

은행들 가운데 다수는 예컨대 유럽 기업들에 대한 대출을 통해서 유럽의 대형 은행들에, 더 넓게는 유럽 경제에 광범하게 노출되어 있었다. 그리고 미국의 자금시장은 유럽의 여러 은행에 상당한 규모의 자금을 공급했는데, 그것은 주로 미국 내 은행 대출을 통해서였다.

5월 2일 발표에 대한 부정적 반응이 나온 뒤 유럽 정책 입안자들은 다시 노력하기 시작했다. 5월 7일 그들은 모든 유로존 국가들의 정부 예산적자 및 부채에 대한 규제의 강화와 더불어 재정지출의 추가 축소를 시행하겠다는 성명을 발표했다. 5월 9일 그들은 유럽 재정안정 기금 및 관련 기구를 창설하겠다고 발표했다. 이 기구는 국제 자본시장에서 최고 5,000억 유로를 빌릴 수 있는 권한을 보유하게 될 것이었다. 그리스 구제를 위해서 약속한 1,100억 유로에 추가되는 이 기금은 다른 모든 유로존 국가를 돕는 데에 사용될 수 있었다. 뿐만 아니라 유럽중앙은행은 신설한 증권시장 계획을 통해서, 곤경에 처한 나라들의 국채를 사들일 용의를 분명하게 밝혔다. 그러한 목적은 국채에 대한 금리를 낮추는 것이었다. 유럽중앙은행은 이 계획을 보류할 때까지 그 다음 7개월 동안 국채를 소규모로 사들였다. 그러나 유럽 중앙은행이 국채 매입을 다른 자산의 매각과 결합시킴으로써 대차대조표의 전체 규모는 변하지 않았으므로, 이 계획은 양적 완화 형태는 아니었다.

장 클로드 트리셰의 요청에 따라 나는 우리가 그보다 3개월 전에 종료했던 통화 스왑 라인의 일부를 재개하는 문제를 논의하기 위해서 5월 9일 FOMC의 화상회의를 소집했다. 또한 머빈 킹과 시라카와 마사아키가 나에게 전화를 걸어 우려의 뜻을 전달했다. 연준으로서는 미묘하고 까다로운 순간이었다. 상원은 도드-프랭크 법에 대한 표결 준비를 하고 있었다. 이 스왑에는 신용상의 위험이 따르지 않고 유럽의 금융혼란이 대서양을 넘는 것을 막는 데에 도움을 준다는 사실에도 불구하고, 나는 상원의원들이 스왑 갱신을 외국 은행에 대한 구제금융으로 생각하게 되는 상황을 걱정했다.

나는 잠재적인 입법 결과와는 별도로 유럽의 사태가 미국 경제의 건강과 연결되어 있는 것으로 보았다. 뿐만 아니라 유럽중앙은행은 자체적인 증권시장 계획을 통해서 정치적으로 다소 과감한 조치를 취하고 있었다. 중앙은행의 협력이, 우리가 취하는 단체행동의 직접적인 영향에 더하여 신뢰 조성에 이익이 될 수 있다는 나의 믿음은 변함이 없었다. 결국 나는 내 주장을 밀고 나갔고, FOMC는 유럽중앙은행, 영국은행, 스위스 중앙은행, 캐나다 은행과의 스왑 갱신을 승인했다. 나는 정치적인 낙진을 가급적 피하기 위해서 5월 11일 상원 은행위원회를 상대로 비공식 브리핑을 하는 등 의원들을 만났다. 참석한 상원의원 대부분이 세계적 금융 안정의 도모가 미국에 이익이 된다는 점을 이해하는 것 같아서 나는 안도했다.

새로운 스왑 라인 갱신에 관한 뉴스는 물론 최근 유럽의 조치에 대해서 시장은 그전 주일보다 더 긍정적인 반응을 보였다. 그리스, 포르투갈, 아일랜드 정부 부채에 대한 수익률이 월요일에 급격히 내려갔고, 다우는 4%정도인 400포인트 정도가 급등했는데, 그것은 투자자들이 미국 경제에 대한 위협이 줄어들었다는 것을 인식한 표시였다. 그러나 시산이 지나자 유럽의 문제 해결에 대한 낙관이 줄어들었다. 투자자들은 종합 구제대책에도 불구하고 그리스가 부채의 이자를 지불하지 못할 것을 걱정했다. 포르투갈과 아일랜드의 재정 건전성은 갈수록 나빠지는 것 같았다. 결국 경제 규모가 훨씬 큰 이탈리아와 스페인에 대한 우려 또한 제기되기 시작했다. 유럽의 자원과 정치적 의지가 이 모든 문제를 해결하기에 충분한지 혹은 은행들과 여타 대출기관들이 손실 분담을 강요당할 것인지 여부를 장담할 수 있는 사람은 없었다. 따라서 잠시 뜸을 들인 뒤 리스크를 안고 있는 것으로 간주된 나라들의 국채 수익률이 다시 상승세로 돌아섰다. 다우는 다시 내려갔다. 그리스 총리가 4월에 구제금융을 신청한 때로부터 7월 초까지 미국의 주가는 13%가 빠졌다. 유럽의 은행 감독기관들은 7월에 유럽 대륙의 은행들을 상대로 스트레스 테스트를 실시했다. 그러나 그 전해 미국에서 실시된 스트레스 테스트와는 달리 투자자들은 테스트의 결과에 대해서 신뢰하지 않았고, 유럽의 은행들은 여전히 상호 대출을 포함한 전반적인 대출에 대해서 조심했다.

11월 19일 프랑크푸르트에서 개최된 유럽중앙은행 회의에서 내가 장 클로드 트리셰를 만났을 때 위기는 여전히 진행 중이었다. 금융혼란의 중심은 미국에서 유럽으로 옮겨갔다. 내가 "장 클로드, 이제 당신 차례요"라고 말했을 때 그는 냉담하게 웃었다. 9일 뒤 IMF와 유럽연합은 앞서 설치했던 자금을 인출하여 아일랜드에 850억 유로 규모의 구제금융을 제공하는 데에 합의했다.

파판드레우 총리가 나머지 유럽 국가들에게 도움을 요청하고 나흘이 지난 2010년 4월 27일부터 이틀 동안 FOMC 회의가 열렸을 때 나와 거의 모든 동료들은 미국 경제의 전망에 관해서 조심스럽게 낙관했다. 우리는 유럽의 사태가 미국에 제기할 가능성이 있는 위험을 논의했으나, 그때까지 그런 위험은 현실화되지 않았다. 실업률은 1월부터 3월까지 여전히 높은 9.7%를 유지했다. 그러나 우리는 경제성장이 계속 지속될 것이라고 희망했고 예상했다. 가계지출과 기업 자본투자가 개선됨으로써 오바마 행정부의 2009년의 재정적인 경기부양 대책의 효과 감소를 상쇄할 것이라고 우리는 생각했다. 즉 연말까지 실업률을 다소 낮추기에 충분할 정도로 이 두 가지가 개선될 것으로 생각했다. 인플레이션은 여전히 낮은 수준—어쩌면 약간 너무 낮은 수준—이었으나, 우리는 인플레이션이 서서히 상승할 것이라고 예상했다.

불행히도, 시간이 지나 봄이 여름으로 접어들 무렵 우리의 전망은 너무 낙관적이었던 것같이 보였다. 6월 22일부터 23일까지 다음 FOMC 회의가 열릴 때까지 우리의 전망은 4월보다 다소 어두워진 것 같았다. 그럼에도 불구하고 우리는 연준의 팽창한 대차대조표를 적절한 시기에 점진적으로 줄이는 방법을 계획한 대로 계속 논의했다. 인플레이션 매파 가운데 몇 사람이 비교적 가까운 장래에 증권 매각을 개시하자고 주장했으나, 대다수 참석자들은 경제회복의 진행이 충분히 가시화될 때까지 기다리기를 원했다. 그것은 나의 입장이기도 했다. 그러나 전망이 악화되는 상황에 비추어 볼 때, 나는 우리가 너무 좁게 생각하고 있을 가능성이 있다고 생각했다. 금융완화 정책의 추후 출구에 관해서 논의하는 것은 좋지만, 우리는 경제가 추가 지원을 필요로 하는 경우에 취해야 할 조치 또한 고려할 필요가 있었다.

일주일 뒤의 회의에서 빌 더들리는 그때까지 별로 진지하게 생각해본 적이 없는 현안 한 가지에 관해서 경고했다. 우리가 3월 말에 양적 완화 1을 종료했을 때 우리는 패니 메이와 프레디 맥이 보증한 주택 담보부 증권 (MBS)이 만기가 되면, 차환하지 않기로 결정한 바 있었다. 주택 매각 혹은 재융자, 즉 차환 때문에 증권 담보부 모기지에 대한 지불이 끝나고 청산되었을 때 우리의 주택 담보부 증권 보유량이 줄었다. 시간이 지나는 동안 이런 유출이 느리게 계속되자 우리의 대차대조표가 축소되어 소극적인 통화긴축 결과가 나타났다. 그것은 사소한 걱정거리로 보였다. 그러나 빌은 최근 모기지 금리가 지난 두 달 동안 대략 5%에서 4.5%로 하락한 사실이 모기지 차환 파문에 불을 붙일 가능성이 있다고 경고했다. 이런 차환 파문은 우리가 보유한 주택 담보부 증권의 급격한 유출로 이어지고, 의도하지 않았다고 할지라도 통화긴축 정책을 현저히 강화하게 할 수 있었다.

우리가 8월 10일에 회의를 개최할 무렵 경제는 분명히 힘을 잃어가고 있었다. 실업률은 여름 동안 계속 9.5%대를 유지하고 인플레이션은 1% 부근으로 올라가 디플레이션으로 전락할 즉각적인 위험은 없었으나, 안심하기에는 너무 낮았다. 내가 2008년 초에 경고한 바와 같이, 경제가 장기간 너무 낮은 성장을 그대로 지속할 수는 없다고 나는 다시 경고했다. 만약 성장이 소비자와 기업의 신뢰를 끌어올리기에 충분한 속도를 내지 못할 경우, 경제는 새로운 침체에 빠져들 가능성이 있었다. 내가 볼 때에는 추가 재정 지원의 가능성이 없는 마당에는 통화정책에 의한 추가 지원이 분명히 필요했다.

신임 통화업무국장인 빌 잉글리시가 FOMC가 선택할 수 있는 몇 가지 정책 대안을 개략적으로 제시했다. 나와 마찬가지로 빌은 MIT 졸업생이었고, 학생 때 스탠 피셔의 강의를 들었다. 한 달 전에 그는 브라이언 매디건의 후임이 되었다. 매디건은 연준에서 30년 동안 근무한 뒤 퇴직했다. 나는 우리가 포트폴리오가 보유한 만기 주택 담보부 증권을 교체하지 않은 결과로 초래된 수동적인 통화긴축을 중지시키기 위한 비교적 온건한 조치를 권고했는데, 위원회가 받아들였다. 주택 담보부 증권이 유출되는 상황에서 대차대조표의 규모를 일정하게 유지하기 위해서 우리는 장기국채의 추가 매입을 개시하는 데에 합의했다. 보유한 국채의 만기가 도래했을 때 우리는 이를 차환하는 작업을 이미 진행하고 있었다. 우리는 위기 이전의 정상 관행이었던 국채로만 이루어진 포트폴리오 구성의 옹호자인 제프 래커와 몇 명의 다른 위원회 참석자들의 권고를 받아들이는 한편, 주택 담보부 증권을 국채로 차환하기로 결정했다. 언론에서는 많이 보도하지 않았으나, 만기가 되는 모기지 담보를 차환하기로 한 우리의 결정은 우리가 경제전망에 관심을 기울이고 있다는 것을 시장에 알리고 경기가 계속 하락할 경우 추가 조치를 취할 용의가 있다는 것을 암시했다. 그 해 내내 반대 의견을 제시했던 톰 호니그가 다시 이의를 제기했다. 그는 경제에 추가적인 통화정책의 도움이 필요없다고 생각했으며, 통화완화 정책이 금융 안정에 대한 위험을 증가시킬 것을 계속 우려했다.

우리의 8월 10일 조치는 단지 지연전술이었을 뿐이다. 우리가 추가로 정책을 완화할 준비를 할 필요가 있다는 것과 시장과 시민과 정치인들이 그런 가능성에 대비해야 할 필요가 있다는 것을 나는 깨달았는데, 후자가 중요했다. 나는 8월 27일의 잭슨 홀 회의에서 그런 조치를 취할 수 있었다. 나는 준비했던 주제인 도드-프랭크 법의 시행 문제 대신에 경제전망 및 우리의 통화정책 대안에 관해서 발언하기로 결정했다. 나는 주말인 8월 14일과 15일을 연설문을 작성하면서 보냈다. FOMC의 결정이 나오지 않은 상황에서 나는 구체적인 공약을 할 수 없었다. 그러나 몇 가지 가능성을 충분히 논의하는 것만으로도 우리가 행동할 준비가 되어 있다는 것을 알릴 수 있었다.

나는 2주일 뒤 잭슨 레이크 로지의 연단에 섰다. 나는 우리가 경제를 지원하는 데에 사용할 수 있는 도구들을 여전히 가지고 있다는 점을 분명히 밝혔다. 나는 우리가 경제회복을 진행시키고 디플레이션에 빠질 가능성을 모두 막을 각오가 되어 있다고 말했다. 나는 우리가 이미 채택했던 두 가지 정책, 즉 증권 매입과 커뮤니케이션의 활성화에 관해서도 검토했다. 커뮤니케이션의 목적은 우리가 단기금리를 장기간 유지할 것이란 점을 시장에 납득시키는 데에 있었다. 이 두 가지 선택 대안은 장기금리에 하향 압력을 가함으로써 경제성장과 일자리 창출의 촉진을 돕자는 취지에서 마련되었다. 그러나 나는 비정통적인 정책의 추가 조치를 잠재적 비용 및 리스크와 대비할 필요성이 있다는 점을 덧붙여 지적했다.

우리는 9월 21일의 다음 회의에서 발표의 적절한 시기를 기다렸으나, 회복세의 유지에 대해서 더욱 우려하기 시작함으로써 우리는 조치가 임박했다는 것을 분명히 밝히게 되었다. 우리는 경제회복을 지원하고, 용납이 가능한 수준으로 인플레이션을 자극하여 위로 끌어올리기 위해서 "필요할 경우 추가적인 양적 완화를 할 준비가 되어 있다"고 말했다.

9월 회의는 여러 해 만에 도널드 콘이 참석하지 않은 첫 회의였다. 예순여덟 살 생일이 가까워지고 있던 도널드는 연준에서 40년을 근무한 후 부의장의 4년 임기가 끝나는 봄에 퇴직하기를 원했다. 수전 비에스가 2007년 3월에 떠난 이후 이사회 의석 5석 가운데 최소한 2개가 공석이 된 가운데(1개월은 제외) 나는 도널드를 설득하여 회의에 한 차례 더 참석시키고 다시 두 번째로 참석을 시켰으나 그 이상의 유임은 설득할 수가 없었다. 그의 퇴직은 연준 전체는 물론 나에게도 커다란 손실이었다. 걸출한 경제학자이자 현명한 정책 입안자였던 그는 연준 전체와 전 세계 중앙은행의 동료들로부터 존경과 신뢰를 받았다. 그는 누구보다도 연준의 조직과 역사를 잘 알았다. 또한 위기를 겪는 동안 그는 천연덕스럽고 자조적인 유머가 가미된 격려를 통해서 꾸준히 직원들의 사기를 북돋우었다.

도널드가 나가면 이사회에는 4명의 총재만이 회의에 참석하게 될 것이었다. 일상적인 절차에 따라 상원에 공석을 메울 지명자 명단이 다시 제시되었다. 오바마 대통령은 4월 29일 메릴랜드 주의 금융감독 최고 책임자인 세라 블룸 래스킨과 MIT 교수 피터 다이아몬드 및 재닛 옐런을 이사회의 공석 후임으로 추천했으나, 아무런 조치가 취해지지 않는 가운데 여름이 지나갔다.

나는 피터와 재닛을 수십 년 전부터 알았고(피터는 내가 MIT 대학원에 다닐 때 그곳의 교수로 재직했다), 티머시 가이트너가 명단을 통보했을 때 나는 두 사람의 지명을 강력히 지지했다. 나는 세라를 알지 못했지만, 그녀의 추천은 훌륭한 선택이었다. 변호사인 그녀는 과거 상원 은행위원회의 변호사로 일했다. 우리는 이사회에 지역 금융에 관한 지식을 전달할 수 있는 사람을 항상 찾고 있었는데, 세라는 안성맞춤의 적임자였다.

재닛 옐런은 도널드의 사임으로 공석이 된 부의장직 후보로 지명되었다. 나와 마찬가지로 그녀는 학계출신 경제 전문가였다. 그녀는 중진 케인스 학파 경제학자이며 노벨상 수상자인 제임스 토빈의 지도 아래 박사학위 주제를 선택했던 예일 대학교에서 박사학위를 받았다. 재닛의 케인스 학파 성향은, 실업 및 임금과 관련된 제반 문제에 초점을 맞추었던 그녀의 연구에 분명히 드러났다. 대학원을 졸업하고 하버드에서 조교수로 잠시 재직한 뒤, 그녀는 워싱턴의 연준에 들어왔다. 직장의 구내식당에서 그녀는 수줍음을 많이 타고 말씨가 차분하며 창의적인 연구로 정평이 나 있던 경제학자 조지 애컬로프를 만났다. 재닛과 조지는 부부가 되었을 뿐만 아니라 책을 공동 집필했고, 여러 해 동안 캘리포니아 대학교 버클리 캠퍼스에서 동료 교수로 일했다. 조지는 구매자와 판매자의 불완전한 정보가 시장 기능에 미치는 영향에 관한 연구로 노벨상을 타게 된다.

재닛은 또한 상당한 정치 경험도 쌓았다. 내가 그랬던 것처럼 그녀는 그린스펀 의장 시절에 연준 이사회에서 2년 반 동안 일했고, 클린턴 대통령의 경제자문위원회 의장을 역임했다. 뿐만 아니라 그녀는 2004년부터 샌프란시스코 연은 행장으로 재직했다. 당시 그녀는 FOMC에서 비둘기파의 지도자 역할을 했는데, 이 역할은 높은 실업 및 ㄱ로 인한 개인, 가족, 지역사회의 고통에 대한 그녀의 오래된 관심을 반영했다. 그녀는 위기로 촉발된 침체가 잠재적으로 매우 심각해질 가능성이 있고 따라서 강력한 대응이 필요하다는 점을 위원회에서 여러 차례 인정했다. 따라서 인플레이션이 관심사였던 1990년대에 이사회에서 일한 경험이 있는 그녀의 경력을 고려하여 그녀를 판단했던 나는 그녀가 필요할 경우에 물가안정을 끈기 있게 옹호하리라는 것을 별로 의심하지 않았다. 그녀는 회의를 꼼꼼하게 준비했고 자신의 입장을, 신중한 분석과 연구 기록 혹은 자기 지시를 받은 부하 직원들의 업무에 의해서 뒷받침했다. 회의에서 그녀의 각종 도움은 가장 실속이 있었다. 그녀가 발언할 때 회의실에는 정적이 감돌았다.

상원은 결국 별 반대 없이 세라와 재닛을 인준했다. 10월 4일에 두 사람은 취임선서를 했다. 탁월한 학문적인 업적에도 불구하고 피터 다이아몬드의 지명 과정은 순조롭게 풀리지 않았다. 피터는 경제이론과 재정정책, 사회보장과 노동시장 분야에서 중요한 연구를 했다. MIT는 교수진 가운데서 가장 높은 등급인 연구교수에 그를 임명했으며, 그는 미국경제협회 회장을 지냈다. 그러나 상원 은행위원회에서 리처드 셸비가 이끄는 공화당 의원들은 그가 지나치게 진보적이라고 생각했다. 그들은 다이아몬드의 지명을 막았고, 상원은 2010년 8월 그의 지명안을 백악관에 돌려보냈다.

이 시점에서 대다수 사람들은 포기했겠지만, 피터는 대통령에게 재지명을 요청했다. 그 직후 우리는 피터가 노동시장에 관한 연구 업적으로 노벨상을 공동수상할 것이란 사실을 알게 되었다. 피터가 직책에 걸맞은 자격이 없다는 판단을 바탕으로 반대한 셸비의 입장은 확고했다. 그는 이렇게 말했다. "노벨상이 큰 영예라는 데는 의문의 여지가 없습니다. 그러나 노벨상 수상자란 사실이 그 사람이 상정 가능한 모든 지위에 적임자란 것을 의미하지는 않습니다." 한편 세금인상에 반대하는 저명한 운동가인 그로버 노퀴스트의 보수단체인 '성장을 위한 클럽'은 다이아몬드에 대한 반대가 그들의 2001년 입법 실적에서 핵심적인 표결이 될 것이라고 발표했는데, 이 발표는 표결에 찬성하는 의원은 보수주의자가 아니라는 낙인이 찍힌다는 것을 의미했다. 피터는 인준을 받지 못했다. 2011년 6월 그는 「뉴욕 타임스」에 기고한 기명 칼럼에서 워싱턴의 "당파적 양극화"를 비난한 뒤 자신의 지명을 철회했다. 그의 지명 철회는 연준과 국가에 진정한 손실이었다. 이 사건은 또한 연준에 쏠린 보수세력의 적개심이 도드-프랭크 법의 통과와 함께 끝난 것이 아니란 사실을 보여주었다.

2011년 3월 재닛은 샌프란시스코 연방은행 행장직을 이사회의 통계연구국장인 존 윌리엄스에게 물려주었다. 존은 탁월한 통화 경제학자이며 그가 이사회 이코노미스트 레이프슈나이더("아홉 멍청이" 가운데 한 사람) 및 여타 전문가들과 공동으로 수행한 연구는, 금리의 제로 하한선이 미치는 통화 정책상의 영향을 우리가 고려하는 데에 도움이 되었다. 존은 FOMC에서 중도파인 것으로 밝혀졌고, 나는 그를 위원회 분위기의 바로미터로 종종 활용했다.

11월 2일과 3일의 FOMC 회의가 다가오자 빌 더들리와 나는 2차 대규모 증권 매입에 시장이 대비하도록 하기 위해서 공개적인 견해표명을 활용했다. 빌은 10월 1일 연설에서 현재 상황—매우 높은 실업률과 인플레이션의 하강 추세 지속—이 "전적으로 불만스럽다"고 말했다. 또한 그는 증권 매입에 5,000억 달러를 지출하는 경우를 가정함으로써 시장의 예상을 구체화하는 것을 도왔다. 빌은 그 정도 분량의 매입이 연방자금금리 삭감 비율을 1%의 절반에서 0.75 % 포인트로 변경할 때의 경기부양 효과와 대체적으로 동등할 것이라고 추산했다. 나는 보스턴의 10월 15일 연설에서 그처럼 구체적인 수치를 제시하지는 않았으나, "다른 모든 조건이 동등할 경우 추가 조치의 타당한 사유가 나타날 것"이라고 말했다.

한편 재닛과 나는 연은 행장들에게 일일이 전화를 하는 업무를 분담함으로써, 위원회에 대한 지지를 강화하는 작업을 했다. 나는 톰 호니그가 다시 반대 의견을 제시하리라는 것을 알았다. 그는 도발적인 발언을 사용하면서 갈수록 공개적인 운동을 벌였는데, 그것은 연준의 무미건조한 문화에서는 특히 도발적으로 비쳤다. 회의 한 주일 전에 행한 연설에서 그는 우리의 임박한 증권 매입을 가리켜 "악마와의 거래"라고 불렀다. 그는 이번 증권 매입이 금융 불안을 조성하고 지나치게 높은 인플레이션의 씨앗을 심을 것을 우려했다. 그 전 달에「비즈니스위크」는 톰을 소개한 장문의 기사—"호니그는 진저리를 친다(Thomas Hoenig Is Fed Up)"—를 보도했고, 그는 언론의 관심을 즐기는 듯이 보였다. 그전 여러 해 동안 톰은 태도가 온화하고 예의바른 사람이란 인상을 나에게 심어주었다. 나는 그가 반대 의견을 제시하고 어려운 질문을 하며 공개적으로 자신의 입장을 설명할 권리를 존중했다. 그러나 이제 나는 그가 다른 위원회 참석자들의 견해를 듣기에 앞서 자신의 경색된 입장을 분명히 밝힘으로써, 연준에 대한 국민의 신뢰를 손상시키고 위원회의 심의과정에 지장을 줄 위험이 있다고 생각했다.

댈러스의 리처드 피셔와 필라델피아의 찰스 플로서를 포함한 다른 연은 행장들은 적극적인 정책 실천에 회의적인 호니그의 입장에 공감했다. 그러나 2010년에는 그들 가운데 누구에게도 투표권이 없었다. 피셔는 연방정부의 예산을 둘러싼 정치적인 논란으로 초래된 불확실성이 기업의 투자 및 고용 의지를 꺾고 있었기 때문에 추가적인 통화 지원이 도움이 되리라고는 생각하지 않았다. 플로서는 인플레이션에 대해서 계속 우려를 보였고 추가적인 완화 정책으로 일자리를 창출하려는 우리의 능력을 그다지 신뢰하지 않았다.

나는 투표권이 있던 보스턴의 에릭 로젠그렌의 지원을 기대할 수 있다는 것을 알았다. 또한 나는 그해에 투표하는 다른 행장들인 세인트루이스의 짐 불러드와 클리블랜드의 샌드라 피아날토 역시 추가 조치를 지지할 것이라고 생각했다. 그 회의는 세라 래스킨이 처음 참석하고 재닛이 이사회 부의장으로서 처음 참석하는 FOMC 회의였다. 재닛은 강력한 조치를 지지했고, 나는 세라 역시 대니얼 터룰로와 보조를 맞출 것이라고 추정했다. 벳시 듀크는 장차 완화의 가능한 이점에 훨씬 덜 낙관적이었고, 우리의 커져가는 대차대조표와 관련된 여러 가지 리스크를 걱정했다. 재닛은 벳시와 점심을 함께 했고, 벳시는 추가 매입 지지에 미온적으로 동의했다.

케빈 워시는 상당한 의구심을 가지고 있었다. 그는 나의 최측근 자문역이자 친구였으며 특히 2008년 가을 위기의 절정 때 그의 도움은 소중했다. 그는 위기의 와중에서 시작된 1차 증권 매입을 지지했다. 금융시장이 더욱 정상적으로 기능을 발휘하고 있었기 때문에 그는 통화정책이 한계에 이르렀고 추가 매입이 인플레이션 및 금융 불안 리스크를 제기할 수 있으며 워싱턴의 다른 기관들도 정책의 부담을 일부 나누어질 때가 되었다고 믿었다. 나는 10월 8일에 그를 만나, 우리가 결과에 만족을 못하거나 혹은 우리가 인플레이션 압력이 증가하는 표시를 볼 경우 매입을 중단할 수 있다는 점을 그에게 다짐했다. 나는 공개적인 견해 표명을 통해서 대규모 매입에는 이점은 물론 비용과 리스크가 따른다는 점을 계속 강조할 생각이라고 그에게 털어놓았다. 그날의 대화는 유익했으나, 나는 그가 나의 말을 이해했는지 확신이 서지 않았다. 우리는 10월 26일에 다시 만났고 그는 반대하지 않겠다고 나에게 말했다. 그러나 그에게는 힘든 투표가 되리라는 것을 나는 알았다.

11월 회의에서 취한 조치의 근거는 매우 강력했다고 나는 생각했다. 6월부터 9월까지 급여 근로자의 수(입수 가능한 최신 보고)는 매달 감소했다. 감소의 대부분은, 2010년 인구조사가 끝나가는 데에 따른 연방정부의 1회성 고용의 하락 탓으로 돌릴 수가 있었다. 그러나 비정부 분야의 급여 근로자 수는 그 기간 동안 월간 평균증가가 8만4,000명에 불과했는데, 이는 최근 대학 졸업자들과 다른 신규 구직자들을 흡수하기에는 충분했으나, 전체적인 실업률을 낮추는 데는 불충분했다. 9.6%인 실업률은 연초부터 사실상 변화하지 않았다. 또한 실망스러운 신규 자료에 비추어볼 때 2011년의 성장이 너무 약해서 실업률을 실질적으로 줄일 가능성이 없었다. 나는 특히 장기 실직의 침식 효과를 걱정했다. 9월에 실직자들 가운데 40% 이상이 6개월 이상 취업하지 못했다. 실직자들의 기술이 녹스는 가운데 그들은 직장을 찾을 수 있는 기회를 잃어가고 있었다. 동시에 우리의 또다른 임무인 인플레이션—이미 너무 낮았다—는 수평을 유지하거나 하강하는 것 같았다. 그 이전 6개월 동안 인플레이션은 평균 0.5%였다. 매우 낮은 인플레이션이나 혹은 디플레이션은 완전한 경제회복 달성을 더욱 어렵게 만든다.

나는 위원회가 회복의 정지를 방치하거나 리스크를 감수할 수 없다고 믿었다. 뿐만 아니라 나는 증권 매입이 효과가 없었다고 생각하지 않았다. 우리가 추가 조치를 취할 가능성이 있다는 것을 내가 8월에 공개적으로 암시하기 시작한 이후 금융업의 여건은 개선되었는데, 이는 분명히 추가적인 정책 시행을 기대한 덕택이었다. 다우는 12% 상승했고, 인플레이션로부터 보호받은 국채의 가격을 토대로 측정한 결과 인플레이션에 대한 기대는 정상 수준 이상으로 증가했다. 새로운 자산 매입 계획 그 자체만으로는 판도를 바꿀 만한 획기적인 조치가 될 가능성은 없었다. 이 계획은 우리에게 필요한 수백만 개의 일자리를 만들어주지 않는다는 것이 분명했다. 그러나 이 계획은 도움이 될 것이며, 경제가 다시 침체 속으로 빠져드는 것을 막는 열쇠가 될 가능성조차 있었다.

FOMC는 2011년 6월까지 매달 대략 750억 달러를 보조하여 6,000억 달러 상당의 국채를 매입하기로 의결했다. 언론매체들이 QE2(양적 완화 2)라고 이름 붙인 이 두 번째 매입은 우리의 대차대조표 규모를 대략 2조 9,000억 달러로 증가시키게 되는데, 그것은 위기 발생 직전인 2007년 중반의 9,000억 달러와 대비된다. 세인트루이스 연은 행장 짐 불러드가 그전 여름부터 역설한 바와 같이 우리는 조정이 가능한 계획을 생각하고 있었다. 그 계획에서는 우리가 회복의 진도 및 인플레이션 압력에 따라 증권 매입량을 변경하게 되어 있었다. 그러나 나는 예상되는 종결 날짜가 결정되지 않은 상황에서는 우리가 시장에 충격을 주지 않고 매입을 중단하는 것이 어려울 것이란 점을 걱정했다. 우리는 매입 보조를 정기적으로 검토하여 타당성 있게 예측된 경제전망에 변화가 생길 경우에 조정하겠지만, 실제로는 그 목표가 높을 것이라고 강조했다.

호니그가 반대했을 때 놀란 사람은 아무도 없었다. 더구나 그는 회의 다음 날 「월 스트리트 저널」의 서딥 레디와 인터뷰를 하면서 위원회의 조치를 비판했다. 그는 또한 여덟 번째이자 마지막인 12월의 FOMC에서 다시 반대 의견을 표명함으로써 1980년 이후 연준 정책 입안자 중에서 가장 긴 연속적인 반대 행진의 신기록을 세웠다.

케빈은 자신이 했던 약속에 따라 찬성표를 던졌으나, 다음 주일에 뉴욕에서 연설하고 「월 스트리트 저널」에 자신의 몇 가지 의구심을 반영한 기명 칼럼을 게재했다. 그는 통화정책 하나만으로는 경제의 제반 문제를 풀 수 없다고 주장하고, 생산성 향상과 장기 성장을 겨냥한 조세 및 규제 개혁을 촉구했다. 워싱턴의 다른 정책 입안자들이 경제성장을 위한 책임을 더 질 필요가 있다는 데에 나는 동의했다. 예를 들면, 도로 건설 같은 인프라 사업에 대한 연방정부의 지출은 우리 경제가 장기적으로 생산성을 높이는 한편 사람들을 즉각 일자리로 복귀시키는 것을 도울 수 있었다. 그러나 정부의 재정 분야나 케빈이 강조한 여타 분야에서 어떤 일이 일어날 것인지를 예상할 수 있는 사람은 없었다. 현실은 연준이 활용 가능한 유일한 정부기관이었다. 우리의 수단이 불완전하더라도 우리가 할 수 있는 일을 하는 것이 바로 우리의 책임이었다.

호니그의 견해 표명에 나는 짜증이 났지만, 워시의 기명 칼럼을 불쾌하게 생각한 FOMC의 동료 몇 명으로부터 그런 이야기를 들었지만, 그를 생각하는 나의 마음은 편했다. 나는 케빈의 충성심 혹은 성실성에 대해서는 한번도 의문을 제기한 적이 없었다. 그는 우리의 안건 심리 때 팀의 일원으로서 항상 솔직하고 건설적인 자세로 참여했다. 또한 나는 그가 불편하게 느꼈음에도 불구하고 두 번째 자산 매입 조치에 찬성한 것을 고맙게 생각했다. 나는 그의 공개적인 견해 표명이 연준의 제반 정책에 대한 공격이라기보다는 바깥 정책 입안자들에 대한 비판이라고 생각했다. 케빈은 그로부터 3개월 뒤 이사회를 떠나게 되지만, 어떤 정책상의 의견 차이 때문은 아니었다. 그가 2006년에 임명되었을 때, 5년 정도 근무하겠다는 그의 계획에 나는 동의한 바 있었다. 우리는 지금도 친하게 지낸다.

시장은 양적 완화 2(QE2)를 예상하고 있는 듯이 보였으며, 당연한 것으로 받아들였다. 나는 우리가 행동할 뜻을 자연스럽게 전달하는 데에 성공했다고 생각했다. 그럼에도 불구하고 나는 우리의 목표가 잘 이해되도록 만전을 기하기를 원했다. 나는 11월 회의 뒤 예정에 없는 기자회견을 하는 것을 심각하게 고려했으나, 그런 행동이 시장에 혼란을 줄 위험이 있다고 판단했다. 대신 나는 핵심적인 기자들에게 전화를 걸어 배경에 관한 질문에 대답하는 데에 몇 시간을 보냈다. 또한 「워싱턴 포스트」 11월 4일자에 게재된 기명 칼럼도 한 건 썼다. 이런 몇 가지 노력에도 불구하고, 나는 해외 정책 입안자들과 국내 정치인들의 역풍에는 대응할 준비가 되어 있지 않았다.

우리의 회의 첫날인 11월 2일은 선거날이었고, 유권자들은 오바마 대통령이 "완패"라고 선언한 패배를 민주당에게 안겨주었다. 4년 동안 소수당으로 지낸 공화당이 하원의 지배권을 장악했다. 그 결과 바니 프랭크는 하원 금융위원회 위원장직을 앨라배마 출신인 스펜서 바커스 의원에게 넘겨주었다. 공화당은 상원에서도 의석을 늘렸으나, 여전히 소수당에 머물렀다. 아마도 선거 결과에 용기를 얻은 공화당 정치인들과 라디오 사회자인 글렌 벡을 포함한 보수파 시사 해설가들은 우리의 결정을 맹렬히 비판했다. 과거에 통화정책에 한번도 관심을 보이지 않았던 세라 페일린이 우리에게 "중단하고 단념할" 것을 촉구했다.

원내 공화당 사령탑 의원 4명, 곧 하원의 존 베이너와 에릭 캔터 및 상원의 미치 매코널과 존 카일이 11월 17일에 보낸 편지를 나는 더 걱정했다. 그들은 우리의 조치에 대해서 깊은 유감을 표시했다. 우리의 자산 매입이 "결과적으로……통제하기 어려운 장기 인플레이션을 초래하고 잠재적으로 인위적인 자산 버블을 만들 수 있다"고 그들은 썼다. 그들은 그들의 주장을 뒷받침하는 증거는 제시하지 않았다. 이 편지가 오기 하루 전날 밤 코커 상원의원과 공화당의 인디애나 주 출신 마이크 펜스 하원의원이 연준의 이중 임무 가운데서 완전 고용 부분을 제거하여 물가안정을 통화정책의 유일한 목적으로 남기는 법안을 제출했다.(만약 의회에서 가결되었더라도, 이런 임무 변경은 정책을 크게 바꾸지 않았을 것이다. 매우 낮은 인플레이션만이 오직 고도의 경기부양 정책을 정당화했다.)

몇몇 경제학자들도 우리의 결정에 반대하는 데에 가세했다. 「월 스트리트 저널」은 23명의 경제학자(대부분이 보수파), 시사 해설가, 자산 매니저들이 연명으로 쓴 공개서한을 11월 15일자 지면에 게재했다. 자산 매니저들은 우리의 증권 매입이 "재고되고 중단되어야 마땅하다"고 주장했다. 공개서한에 따르면, 매입 정책은 그때나 그후에나 불필요하며 "통화 가치 하락과 인플레이션"을 초래할 위험이 있다는 것이었다. 서명한 사람들 가운데는 아버지 부시 대통령 재임 때 대통령 경제자문위원회 의장을 역임한 스탠퍼드의 마이클 보스킨과 역사학자인 하버드의 니얼 퍼거슨 및 의회예산처장을 역임한 더글러스 홀츠이킨 그리고 스탠퍼드의 존 테일러가 포함되어 있었다. 언론매체들과 정치인들은 경제학자들의 성명서에 주목하는 경우가 매우 드물지만, 불행히도 성명서가 충분히 논란거리가 되거나(언론매체의 경우) 혹은 자신의 선입관을 지지하면(정치인들의 경우) 그런 사람들의 주목을 받게 된다.

외국 정부도 관리들이 비판에 가세했다. 독일 재무장관 볼프강 쇼이블레는 우리의 결정이 "아주 멍청하다"는 의미로 해석된 발언을 했다. 다른 외국 관리들 특히 브라질 및 중국과 같은 신흥시장 관리들은 우리의 조치가 미국 내에서 장기금리인하에 성공할 경우 그들의 경제에 나쁜 여파를 미칠 것이라고 불평했다. 미국 내의 금리 하락은, 투자자들이 더 높은 수익률을 찾는 가운데 불안정한 투자가 신흥시장으로 흘러들어가도록 하는 기폭제가 될 수 있었다. 우리가 양적 완화 2를 발표하고 일주일 뒤 오바마 대통령은 한국의 서울에서 열린 G-20 정상회의에 참석하는 동안 그 조치에 대한 거센 비판을 받았다. 2개월 후 대통령과 만났을 때 나는 그에게 심려를 끼친 점을 농담조로 사과했다. 그는 웃으면서 우리가 일주일만 더 기다렸으면, 좋았을 것이라고 말했다.

나는 한국의 경주에서 10월 23일 열린 G-20 재무장관 및 중앙은행 총재 회의에서 우리의 11월 조치에 대해서 사전에 설명할 기회가 있었다. 우리가 많은 국가들의 중요한 무역 상대국이기 때문에 세계가 미국의 보다 강력한 경제회복의 덕을 볼 것이라고 주장했다. 건전한 통화정책과 예산정책 및 무역정책을 시행하는 나라들은 우리의 양적 완화에 따르는 모든 단기적인 혼란을 더 잘 견딜 수 있을 것이라고 나는 말했다. 우리의 목표를 잘 이해한 외국 중앙은행 관리들은 일반적으로 우리의 조치에 대해서 자국 재무부 내의 보다 정치적인 동료들보다 우리의 조치에 더 동정적이었다.

나는 외국보다는 국내의 비판을 더 걱정했다. 공화당 지도부가 보낸 편지는 통화정책을 정치화할 용의가 있다는 신호였다. 나는 공화당 지도부의 행동이 경제에 대한 국민의 이해할 수 있는 불만에서 파생되었다는 점을 이해했지만, 그것은 또한 우리의 제반 정책과 목표 및 정책의 작동에 대한 판단의 혼란 혹은 의도적인 오도된 발언의 산물이기도 했다. 어떤 종인지 알아보기 힘든 두 마리의 동물이 "양적 완화"에 관해서 유쾌하지만 전적으로 부정확한 설명을 하는 모습을 보여주는 유튜브의 만화 동영상에서 우리의 곤경이 분명히 드러났다. 이 비디오는 널리 유포되었고, 12월 중순까지 조회가 350만 건에 이르렀다.

만화와 공화당 의원들의 편지 및 경제학자들의 편지를 뒷받침하는 경제적 논리는 판단이 틀렸고 부정확한 것이었다. 특히 우리의 여러 가지 정책이 현저한 인플레이션이나 혹은 "통화 가치 하락"(currency debasement : 달러화의 급격한 가치 하락을 의미하는 용어)을 유도할 위험은 사실상 전무했다. 그런 발상은 연준이 돈을 대폭적으로 인쇄하여 증권 매입 대금을 지불한다는 인식과 연결되어 있었다. 그러나 종종 나오는 이런 이야기(불행히도 나 자신이 극단적으로 단순화된 설명을 하는 과정에서 이를 한 두번 언급했다)와는 반대로 우리의 정책은 돈의 인쇄와 무관했다. 현금을 언급할 때의 글자 그대로의 의미로나 당좌예금 계좌와 같은 다른 형태의 돈을 언급할 때의 은유적 의무로나 무관했다. 유통되는 화폐의 양은 사람들의 현금 보유 욕구의 정도에 의해서 결정되며(예를 들면, 크리스마스 쇼핑 시즌 무렵에는 현금 수요가 증가한다), 연준의 증권 매입에 의해서 영향을 받지 않는다. 대신 연준은 은행 시스템 내에 지급준비금을 창출함으로써 증권 매입 대금을 지불한다. 우리가 겪고 있던 것처럼 경제가 약할 때에는 그런 지급준비금이 휴면 상태를 유지하여 단어의 상식적 의미에서 "돈(money)"의 역할을 하지 않는다.

경제가 강해질 때는 은행들이 그들의 지급준비금을 대출하기 시작하게 되고 대출된 돈은 결국 통화 및 신용의 팽창을 실현한다. 이런 팽창은 어느 정도 우리가 실현을 원했던 것이다. 만약 통화와 신용의 증가가 지나치게 되면, 결국 인플레이션을 초래하게 되지만, 우리는 적절한 시기에 양적 완화 정책을 단계적으로 축소하면 그런 인플레이션을 피할 수 있다. 또한 내가 여러 차례 기회 있을 때마다 설명한 바와 같이 우리는 원할 때 금리를 올리거나, 통화량을 긴축에 필요한 도구로 가지게 되었다. 하이퍼 인플레이션 혹은 달러 붕괴에 대한 두려움은 결과적으로 크게 과장된 것이다. 미국 정부가 매우 낮은 금리로 돈을 장기대출을 받을 수 있다는 사실이 포함된 인플레이션 예상 지수는 투자자들이 인플레이션을 낮은 수준으로 유지하려는 연준의 역량을 크게 신뢰한다는 것을 보여주었다. 우리의 관심 사항은 인플레이션을 약간 더 높이는 것이었는데, 이는 달성하기 어려운 목표로 드러났다.

두 번째로 흔히 볼 수 있는 오해는, 수천억 달러 규모에 달하는 우리의 증권 매입이 부시 행정부와 오바마 행정부의 재정적인 종합 경기부양대책에 비할 만한 정부의 예산지출 형태라는 생각이었다. 이런 혼동은 연준의 정책 시행의 대가를 납세자들이 부담하게 된다는, 다소 무시무시하지만 완전히 틀린 주장으로 이어진다. 우리의 증권 매입은, 일반 가정이 임대료나 가스 요금을 지불하는 것이 아니라 주식이나 채권을 사는 금융투자와 비슷하다. 실제로 우리가 취득한 증권에 지불되는 이자가, 은행들이 우리에게 예치한 추가 지급준비금에 우리가 지불하는 이자보다 더 많기 때문에 우리의 증권 매입은 납세자들에게 매우 이익이 되는 것으로 밝혀졌다.

양적 완화 2 실시에 따른 혼란에 대한 단 하나의 유익한 대응은 소통과 설명을 강화하는 것이라고 나는 믿었다. 나는 상원의 셸비와 코커 및 폴 라이언(하원 예산위원회 소속인 아버지 폴)과 데이브 캠프(하원 세입위원회의 공화당 중진 의원) 같은 비판자들을 포함한 여러 의원들과 만나거나 전화 통화를 했다. 9월 1일 나는 고등학교 교사들을 상대로 공청회를 열었다. 나는 12월 5일의 두 번째 「60분」 인터뷰를 포함하여 몇 차례 공개석상에 나갔다. 그러나 우리에게 필요한 것은 우리의 메시지를 더 잘 전달하는 것이란 점을 나는 깨달았다.

22
역풍

⋮

마틴 빌딩의 내 식당에 있는 벽시계의 바늘이 오후 2시 15분을 향해 다가가고 있었다. 2011년 4월 27일이었다. 공보 담당 미셸 스미스와 그녀의 동료 로즈 피아날토―클리블랜드 연은 행장 샌디 피아날토의 여동생―가 나와 함께 기다리고 있었다. 나는 물병의 물을 조금씩 마시며 시계에 시선을 고정하고 있었다. 몇 분 후에 나는 연방준비제도 이사회 의장으로서는 연준 역사에서 전례가 없는 행동을 하기로 되어 있었다. 정례 기자회견을 시작하기로 했던 것이다.

연준 이사회에는 기자회견을 하기에 충분할 정도로 큰 강당이나 텔레비전 스튜디오가 없었으므로 우리는 카페테리아와 같은 층에 있는 대식당을 기자회견장으로 사용하기로 했다.(내가 사용하는 작은 식당은 휴게실 역할을 하게 되어 사람들로 붐비고 있었다.) 텔레비전으로 생중계하는, 시장에 민감한 그런 중요한 행사를 준비한다는 것은 쉬운 일이 아니기 때문에 미셸과 로즈는 다른 많은 직원들과 함께 몇 주일 전부터 모든 긴급사태에 대비하기 위한 준비를 해왔었다.

모든 사소한 사항들이 중대한 메시지를 전할 수도 있다는 점을 알고 있는 우리는 또한 행사의 연출에도 세심한 주의를 기울였다. 우리는 정치적 성격의 기자회견보다는 경제 세미나 같은 분위기를 원했다. 그래서 나는 연단 뒤에 서지 않고 책상 뒤에 앉기로 했다.(책상은 식당 뒤에 위치한 TV 카메라에 선명하게 잡힐 수 있도록 단 위에 놓여 있었다.) 참석한 기자들은 길게 놓은 테이블 뒤에 앉도록 했다. 그러나 워싱턴의 관례에 따라서 내 오른쪽에는 미국 국기, 왼쪽에는 연준 기를 놓도록 했다.

나는 회견에서 나올 법한 질문들에 대한 대답을 직원들과 함께 연습해 두었다. 의회 증언을 앞두고 통상적으로 했던 것보다 더 많은 연습을 했다. 우리는 기자들의 질문이 의회 의원들이 던지는 질문보다 더 날카롭고 더 전문적일 것이라고 예상했다. 물론 나는 언론을 상대하는 데에 풋내기는 아니었다. 나는 편집국 간부들, 또는 기타 언론인 단체 회원들과 여러 차례 오프더레코드 회합을 가지기도 했고 내셔널 프레스 클럽에서 연설을 마친 후 기자들의 질문을 받기도 했었다. 그렇지만 나는 불안했다. 한 주일 내내 케이블 TV 방송국들은 온통 경제 얘기만 하고 있는 것 같았고, 우리는 그 좌담회에 참석해달라는 요청을 수도 없이 받았다. 미셸은 60명 정도의 기자들을 초정했다. 신문, 잡지, 통신, 방송국, 케이블 TV, 라디오 등 뉴스 매체 한 기관 당 한 명씩을 불렀고 「슈피겔」, AFP 통신, 일본의 아사히 TV, 「한국경제신문」 등 외국 매체들도 참석했다.

정확하게 2시 15분에 나는 임시로 만든 스튜디오 안으로 걸어들어가서 사방에서 카메라 셔터가 터지는 가운데 자리를 잡고 앉았다. 나는 죽 둘러 앉은 기자들을 둘러본 다음 준비한 짧은 성명서를 읽기 시작했다.

우리는 정례적인 기자회견의 가능성에 대해서 한동안 토론해왔고 FOMC는 3월 15일 모임에서 이 방안을 승인했다. 많은 다른 중앙은행들이 기자회견을 하고 있고 어떤 중앙은행들은 매달 한번씩 기자회견을 가진다. 이런 선례를 따르는 것이 연준 이사회의 투명성을 높이기 위한 자연스런 조치인 것처럼 보였다. 내가 자주 말해 왔듯이, 금융정책은 98%의 말과 2%의 행동이다. 단기금리가 제로 부근에서 맴돌고 미래의 금리에 대한 예상에 영향을 미치는 것이 특히 중요한 때에는 특히 그렇다. 그러나 원고가 없는 텔레비전 생중계로 기자들과 이야기를 주고받다가 예기치 못한 역효과가 발생할 가능성 또한 무시할 수 없었다. 잘못된, 또는 의도하지 않은 정책 시그널이 시장에 혼란을 가져올 수 있기 때문이다. 그리고 우리는 우리가 일단 정례 기자회견을 가지기 시작하면, 그것을 그만두는 것이 불가능하지는 않을지 모르지만, 매우 어려울 것이라는 사실을 알고 있었다.

그러나 2010년 11월 QE2(양적 완화 2)를 시작하면서 역풍을 맞은 우리는 우리의 정책을 명확하고 효과적으로 설명할 필요성을 그 어느 때보다 더 느끼고 있었다. 우리는 3월 24일 1년에 네 차례 FOMC 위원회 회의를 마친 후 내가 기자회견을 가지기로 했다고 발표했다. 기자회견 날짜는 FOMC 참가자들이 분기별 경제성장, 실업, 인플레이션 예상치를 발표하는 날과 맞추기로 했다.

개막 성명에서 나는 우리가 약속한 대로 양적 완화 2에 의거해서 6월 말까지 6,000억 달러 어치의 국채 매입을 완료할 것이며, 우리는 펀드의 금리가 "장기간" 낮게 유지될 것으로 예상한다고 말했다.

양적 완화 2의 효과에 대해서 분명한 판단을 내리기는 아직 시기상조였지만, 초기의 조짐들은 낙관적으로 보였다. 내가 8개월 전에 잭슨 홀에서 처음으로 제2차 채권 매입을 암시한 이후 재정 상태가 상당히 호전되었던 것이다. 주가가 27%나 상승했고 회사채 수익률과 국채 수익률 간의 스프레드(spread, 격차)가 좁혀져 있었다.(이것은 투자자들이 위험을 무릅쓸 의지가 증가했음을 뜻했다.) 장기채 금리는 이 프로그램을 발표하면서 기대했던 대로 떨어졌지만, 그후 투자자들이 미래의 성장을 더 확신하고 디플레이션을 덜 걱정하게 되면서 다시 올라갔다. 이 패턴은 2009년 3월 양적 완화 1 확대 후에 우리가 보았던 것과 비슷했다.

그리고 개선된 재정 상황이 경제에 도움을 주고 있는 것처럼 보였다. 임금 수령자가 2월과 3월에 월평균 20만 가까이 증가했고 11월에 무려 9.8%나 되었던 실업율이 9% 이하로 떨어졌다. 나는 이 회복세가 완만한 속도로 계속되어 실업율이 계속해서 서서히 떨어질 것으로 FOMC가 예상하고 있다고 말했다. 물론 몇몇 예기치 못했던 사태─무엇보다도 3월 11일 일본을 강타한 강도 높은 지진과 엄청난 쓰나미─가 일시적으로 성장의 발목을 잡을 수는 있었다. 비극적인 인명 손실─무려 2만 명가량이 목숨을 잃었다 ─을 가져온 것 외에도 이 지진과 쓰나미는 전 세계 공급 체인을 혼란시켰다. 급작스레 주요 부품의 공급이 부족해짐으로써, 세계 곳곳에서 자동차와 기타 공산품들의 생산에 차질이 빚어졌다. 단합을 과시하는 제스처로서 연준과 재무부는 일본과 연계해서 외환시장에 개입하는 보기 드문 조치를 취했다. 지진이 일어나고 그 다음 주일에 우리는 다른 G-7 국가들과 발을 맞추어 달러를 사들이고 엔화를 팔았다. 엔화의 가치를 끌어내려 일본 수출품들이 더 큰 경쟁력을 가지도록 돕기 위한 조치였다. 이것은 내가 연준 이사회 의장으로 재임하는 동안 외환시장에 개입한 유일한 사례였다.

인플레이션이 일어날지도 모른다는 예상이 몇몇 까다로운 문제들을 야기시켰다. 양적 완화 2는 주로 디플레이션이 일어날지도 모른다는 우리의 우려 때문에 취해진 조치였다. 그러나 불과 6개월도 채 지나지 않은 지금, 그런 위험은 사라진 것처럼 보였다. 이것은 이 프로그램의 또 하나의 성공 사례처럼 보였다. 하지만 우리의 조치가 지나쳤던 것은 아닐까? 양적 완화 2가 발표된 이후 휘발유 가격이 갤런 당 1달러 가까이 올라서 4달러가 되었다. 전 세계 주요 곡물(밀, 쌀, 옥수수, 콩) 가격의 상승과 달러의 경미한 약세로 인해서 식품 가격 또한 오르고 있었다.

기자회견에서 「워싱턴 포스트」의 닐 어윈이 1분기 성장의 둔화 조짐에 대해서 첫 번째 질문을 한 후에, 「월 스트리트 저널」의 존 힐전래스가 연준이 휘발유와 식품 가격 상승에 대해서 어떤 조치를 취할 수 있는지, 과연 그런 조치를 취해야 하는지 물었다. 우리를 비판하는 사람들이 우리의 증권 매입이 통제 불능의 인플레이션을 유발할 수도 있다는 경고를 반복해서 내 보내고 있다는 것은 누구나 알고 있는 사실이었다. 연준이 통화증발 정책을 재고해야 하는 것은 아닐까?

에너지와 다른 일용품 가격의 급변에 적절한 통화정책으로 반응을 보여야 하는 것은 오래 전부터 중앙은행들이 당면해온 난문제였다. 지난 몇 년 동안, FOMC는 대체로 중앙은행들을 감독하면서 소위 핵심 인플레이션과 같은 더욱 안정된 인플레이션 측정에 초점을 맞추어왔다. 이 측정 방식은 에너지와 식품 가격을 측정 대상에서 제외했는데, 자주 조롱의 대상이 되었다. 흔히 던지는 질문은 이런 식이다. "연준에 있는 사람들은 먹지도 않고 자동차도 안 몰아?" 물론 우리도 먹어야 하고 자동차도 몰아야 한다. 하지만 연준은 항상 낮은 전반적인 인플레이션과 가격 안정을 동등시해왔다. 이 인플레이션에는 에너지와 식품 가격도 포함된다.

우리가 핵심 인플레이션에 주목한 것은 금융정책의 변화와 경제에 나타나는 그 효과 사이에는 얼마간의 시차가 있기 때문이다. 우리는 현재의 인플레이션율뿐만 아니라 정책결정의 효과가 실제로 느껴지는 몇 분기 후에 나타날 인플레이션 전망도 고려해야 한다. 이것은 미식축구의 쿼터백이 공을 패스할 때 패스가 이루어지는 순간에 리시버가 있는 곳이 아니라 공이 리시버에게 당도할 때 리시버가 있을 것으로 예상되는 곳으로 공을 던져야 하는 것과 같은 이치이다. 여러 연구결과는 가장 변동이 심한 품목의 가격을 제외해야 전반적인 인플레이션의 추이를 더 잘 예측할 수 있음을 보여주었다. 우리는 2008년 여름에 비슷한 딜레마에 당면했었다. 경제 전반이 취약한 데도 에너지 가격은 급격히 오르고 있었다. 우리는 금리를 올리지 않고 버텼는데, 지금 와서 생각하면 그것은 올바른 조치였다.

나는 힐전래스에게 특히 최근의 휘발유 가격 등귀는 대체로 금융정책과는 무관한 요인들의 결과로 나타나는 일시적인 현상일 가능성이 크다고 말했다. 그 요인 가운데 하나가 아랍의 봄 같은 정치적 불안이었다.(이 정치 불안이 원유 공급의 감소를 불러올지도 모른다는 우려를 높이고 있었다.) 우리가 보기에 석유 가격이나 곡물 가격의 상승이 경제 전반의 지속적인 높은 인플레이션으로 전환될 것 같지는 않았다. 따라서 금융정책으로 반응을 보일 필요는 없다고 나는 말했다.

한 시간쯤 후에 기자회견은 끝났다. 평판으로 보나 준비상태로 보나 기자회견은 성공적이었던 것 같았다.

평판상의 성공과 관련된 이야기로, 2011년 3월 HBO 영화 「투 빅 투 페일(Too big to fail[대마불사])」이 제작되었다. 이 영화는 앤드루 로스 소킨의 같은 제목의 책에 기초해서 제작되었는데, 금융위기를 다루고 있었다. 이 영화에서 나를 연기한 폴 지어마티는 이 연기로 미국배우조합(SAG) 상을 받았다. 자기가 연기할 인물에 대한 자료 수집을 위해서 지어마티가 연준으로 나를 찾아왔다. 그의 아버지 바트 지어마티는 메이저 리그 베이스볼의 커미셔너였다. 우리가 점심을 들며 나눈 대화는 곧 게임에 대한 얘기로 바뀌었고, 우리는 연준이나 금융위기에 대해서는 한마디도 얘기를 나누지 않았다. 그의 연기가 평론가들로부터 호평을 받은 것을 보면, 그는 자기가 필요로 했던 것을 얻었던 것 같다. 나는 소킨의 책은 읽었지만, 영화는 보지 않았다. 나는 일부러 영화 볼 기회를 피했는데, 그것은 스크린에 투영된 나 자신을 본다는 것이 쑥스럽기도 했고 복잡한 내용을 지나치게 단순화시켰을 것이라고 내가 부당하게 어림짐작하고 있었기 때문이기도 했다. 영화에 대한 견해를 묻는 질문을 받으면 나는 소설을 보았기 때문에 영화는 볼 필요가 없었다고 대답하곤 했다.

영화가 개봉될 무렵, 빌 클린턴이 만나자고 나를 초대했다. 나는 힐러리 클린턴은 그녀가 상원의원이었을 때, 그리고 그녀가 국무부 장관으로 재임하던 시절에 만난 적이 있었다. 한번은 그녀와 오찬을 함께 하기 위해서 내가 연준에서 국무부까지 내 경호원들을 대동하고 한 블록을 걸어간 일이 있었다. 그녀는 나를 따뜻하게 맞아주었고, 우리는 작은 호젓한 식당으로 바퀴를 굴려 옮겨온 2인용 식탁에 마주 앉아 식사를 했다. 그녀는 위기가 지속되는 동안 연준이 취한 조치를 지지한다고 말했지만, 자신이 말을 하기보다는 내 말에 더 귀를 기울였다. 그녀는 세계경제에 대해서 내가 파악하고 있는 것을 내게서 흡수하려고 애썼다.

빌 클린턴과 만나던 날, 우리는 워싱턴의 해군 기상대 부근에 있는 클린턴 부부의 집 거실에서 한 시간 이상을 보냈다. 그는 말라 보였지만—몇 차례 심장수술을 받은 후였다. 가장 최근의 수술은 2010년에 받았다. 보도에 따르면 그는 채식주의자가 되었다—정치, 국제문제, 경제에 대해서 열정적으로 이야기했다. 그는 또한 나를 따뜻하게 맞아주었고 위기를 맞아 연준이 취한 조치를 칭찬했다. 그는 「60분」에서의 인터뷰, 기자회견 같은 국가를 상대로 이야기하는 노력을 계속하라고 내게 권했다. 그는 국민들이 불안해하고 두려워한다면서 국민들은 무슨 일이 일어나고 있는지 설명할 수 있는 사람에게서 이야기를 들을 필요가 있다고 말했다. 무슨 일이 일어나고 있는지를 더 잘 이해한다면, 미국인들은 더욱 자신감을 가지게 될 것이라고 내게 말했다.

FOMC가 2011년 3월의 인플레이션 상황을 정확하게 진단했다는 것이 입증되었다. 휘발유 가격은 5월 초에 절정에 달한 후 그후에는 하락했다. 식품과 에너지 가격을 포함한 전반적인 인플레이션은 9월까지 진행되다가 그 다음에는 서서히 내림세로 바뀌었다. 그러나 우리는 (민간 부문 예상자들도 마찬가지였다) 다시 한번 경제성장에 대해서 너무나 낙관했던 것이다. 2010년처럼 봄에 보이던 성장세가 여름으로 접어들면서 꺾여버렸다. 일자리 증가세가 급격하게 둔화되었다. 평균해서 5, 6, 7월에 매달 약 5만 개의 일자리만이 창출되었다. 8월에 나온 1차 보고서는 일자리 증가세가 완전히 멎어버렸음을 보여주었다. 그해 초에 낮아지던 실업율도 가을에는 9% 부근에서 멈춰버렸다. 2년 전 침체가 끝났다고 공식적으로 선언한 이후, 실업율은 겨우 1% 포인트 정도 개선되었을 뿐이었다. 설상가상으로 지난해의 데이터를 광범위하게 수정한 결과, 우리가 생각했던 것보다 침체가 더 깊었고 그 회복은 우리가 생각했던 것보다 더 느리다는 것이 드러났다. 2011년 중반 현재, 미국의 재화 및 서비스 생산은 침체 이전의 최고점에 겨우 도달했고, 고용 부문은 일자리가 침체 이전의 최고점보다 650만 개 더 적은 것으로 드러났다. 경제학자들은 미래를 제대로 예측하지 못했다고 비판을 받았다. 하지만 데이터가 불완전하고 또 언제고 수정될 수 있으므로 우리는 가까운 과거에 무슨 일이 있었는지조차도 확신할 수 없다. 불완전한 데이터가 효과적인 정책 입안을 한층 더 어렵게 만들고 있다.

우리는 경제가 탈출 속도—성장이 자동적으로 계속되는 단계—에 도달할 수 없을 것 같다는 사실을 놓고 끝없이 토론을 벌였다. 일본의 지진과 쓰나미 같은 예기치 못한 충격을 이유로 내세우는 것은 불충분한 설명이었다. 나는 성장을 가로막는 더욱 중요한 다른 장벽을 역풍들(headwinds)이라고 생각하게 되었다. 역풍들은 성장을 둔화시킬 것이라고 우리가 예상했었지만, 우리가 생각했던 것보다 더 실질적이고 더욱 끈질긴 것으로 판명되고 있는 요인들이었다.

하나의 역풍은 신용경색의 남아 있는 또 하나의 효과였다. 비록 미국의 금융시장과 금융기관들이 대부분 안정되었다고는 하지만, 자금 대출은 여전히 어려웠다. 최고의 신용 점수를 가진 신청자들만이 대출을 받았다. 대출이 이렇게 어렵다는 것은 새로운 업체들의 창출, 기존업체들의 확장이 그만큼 적어질 수밖에 없다는 것을 뜻했다. 따라서 일자리도 그만큼 적을 수밖에 없었다. 돈을 빌릴 수 있는 가계나 업체들도 돈을 빌리는 것을 꺼렸다. 돈을 빌리기보다는 조심스럽게 돈을 쓰고 빚을 갚아나가는 데 초점을 맞추었다. 이러한 상황은 불행하게도 마크 거틀러와 내가 학계에 있던 시절에 개발한 금융 가속기 이론(financial accelerator theory)을 확인시켜주었다. 우리의 이론은 침체가 채권자, 채무자 양측의 재정상태를 악화시키고 그 결과 신용의 흐름이 제한되며 침체는 더욱 깊어지고 장기화된다는 것이었다. 내가 마크에게 말했듯이 나는 우리의 이론이 틀린 것으로 판명되기를 바랐다.

대출의 어려움은 끈질긴 또 하나의 역풍을 일으키는 데 기여했다. 그것은 주택 부문의 느린 회복이었다. 통상적으로 주택 건설과 부동산, 주택 수리 같은 관련 산업의 빠른 회복이 침체 후에 성장을 이끌어가는 동력이 된다. 그러나 이번에는 그렇지 못했다. 건축업자들은 2011년에 겨우 60만 채 정도의 민간 주택을 짓기 시작했는데, 이것은 2005년의 200만 채 이상에 비하면 미미한 숫자였다. 이 같은 주택 건설의 감소는 어느 정도는 경제위기 이전의 호황의 이면을 반영하는 것이었다. 그때 너무 많은 주택이 건설되었고, 이제 그 과잉 공급된 주택들이 소진되어가는 중이었다. 이에 곁들여 위기 이전에는 너무나 느슨했던 주택 담보 대출 조건이 위기가 닥친 후에는 반대쪽 극단으로 급변해버렸다. 다수의 자칭 최초 구입자들을 포함한 잠재적 차입자들이 퇴짜를 맞고 있었다. 주택 담보 대출과 주택 건설을 가로막는 다른 장애물로는 너무 빈번한 유질 처분과 주택 가격의 상승을 막고 있는 출혈 투매, 그리고 규정상의 불확실성—예를 들면, 패니 메이와 프레디 맥의 장래가 어떻게 될 것인지 불확실하다는 점—등이 있었다.

재정정책—주, 하급 지방정부, 그리고 연방정부의—또한 잘못된 방향으로 나가고 있었다. 2009년 2월 오바마 대통령이 경기부양책을 시행한 후,

의회는 유럽의 추세를 반영해서 긴축 모드로 들어갔다. 균형예산 요건에 얽매인 주와 하급 지방정부들은 세수가 줄어들자 일자리와 주택 건설을 줄일 수밖에 없었다. 이 역풍은 부드러운 미풍이 아니었다. 경제가 회복되는 동안에는 통상적으로 정부 고용이 느는 법인데, 이번에는 (센서스 상의 근로자들을 제외한) 공공부문 일자리가 감원 이전의 절정기보다 75만 개 이상이나 줄어들었다.(일자리를 잃은 사람들 가운데 30만 명 이상이 교사들이었다.) 연준 직원들은 양적 완화 2가 70만 개의 일자리를 추가로 창출할 수 있을 것이라고 예상했다. 긴축재정정책이 우리의 금융 부문 노력의 효과를 대부분 상쇄해버리고 있다는 주장이 제기되었다.

재정 역풍에 대해서 공공연하게 말하기는 특히 어려웠다. 정부 지출과 세수는 연준의 관할 밖이다. 하지만 재정정책이 경제회복과 일자리 창출의 발목을 잡음으로써 고용을 늘리려는 우리의 노력을 방해하고 있었다. 이사회 직원들과 긴 토론 끝에 나는 두 갈래의 공개적인 접근방식을 채택하기로 결정했다. 첫째로 나는 단기금리가 거의 제로에 가까운 상태에서 연준이 혼자서 경제회복을 이룩할 수는 없다는 점을 강조하기로 했다. 경제는 의회의 도움을 필요로 했다. 추가적인 지출(예를 들면, 도로와 교량의 건설)이 불가능하다면, 최소한 실업상태의 노동자들을 재훈련하는 분야에서의 어떤 조치가 있어야 했다. 둘째로, 나는 연방의 적자가 심각한 문제이기는 하지만, 그 대부분이 인구의 노령화와 늘어나는 건강관리 비용을 처리하는 문제를 반영하는, 근본적으로 보다 장기적인 걱정거리라는 점을 지적하기로 했다. 의회는 재정적자를 둘러싼 정쟁의 초점을 이들 장기적인 문제들에 맞출 필요가 있었다. 세금을 늘리거나 지출을 줄이는 조치는 이런 장기적인 문제는 해결하지 못한 채 경제회복만을 둔화시킬 뿐이었다.

신용, 주택, 재정의 역풍만으로도 경제회복에 큰 장애가 되었는데, 엎친 데 덮친 격으로 2011년 여름 금융상황이 다시 악화되었다. 이렇게 된 원인의 일부는 유럽 위기가 재발한 데 있었다. 2010년 5월 그리스에 대한 구제금융, 2010년 11월 아일랜드에 대한 구제금융에 이어 2011년 5월에는 포르투갈에 대한 거액의 구제금융(780억 유로)이 뒤따랐다. 지원을 받는 국가들은 적극적으로 재정적자를 줄이고 경제적 경쟁력과 효율을 개선하기 위한 개혁을 시행하도록 되어 있었다. 이상적으로 말해서, 구제금융 수혜국들에게 까다로운 조건을 부과하는 조치는 도덕적 해이를 줄이고 그 국가들로 하여금 애초에 그 국가들을 곤경으로 몰아넣은 잘못된 정책들을 수정하도록 유도하는 효과를 본다고 할 수 있다. 조건이 까다롭지 않다면, 비슷한 곤경에 빠진 다른 국가들이 구제금융을 받아야 하는 사태를 피하는 데에 필요한 어려운 선택을 구태여 하려고 하지 않을 것이기 때문이다.

그러나 까다로운 구제금융 조건들은 그 조건들이 타당하고 또 그 조건들이 수혜국 정부의 정치적 붕괴를 수반하지 않으면서 시행될 수 있을 때에만 효과를 볼 수 있다. 유럽이 이 같은 사정을 제대로 이해하고 있었을까? 이 질문은 물론 유럽에게 중요한 질문이지만, 금융을 통해서 또 교역을 통해서 유럽과 연계되어 있는 다른 지역의 국가들에게도 역시 중요한 질문이다. 티머시 가이트너와 함께(G-7과 G-20 같은 국제 단체들의 회합이나 화상 회의에서) 그리고 나 혼자서(바젤과 그밖의 장소에서 열린 중앙행장 회의에서) 나는 이 문제에 관한 여러 시간의 토론에 귀를 기울였다.

티머시와 나는 유럽이 이 문제를 잘못 이해하고 있다는 데에 대체로 의견을 같이했다. 그러나 우리는 이 사실을 입 밖에 내기를 주저했다. 일부 국가들은 분명히 예산의 허리띠를 단단히 조일 필요가 있었다. 또 구제금융을 받은 국가들을 포함하는 유럽의 다수 국가들은 그들의 경제를 비효율적으로 만든 엄격한 규제에서 벗어나야 덕을 볼 수 있었다. 예를 들면, 일부 국가들은 노동자의 해고를 매우 어렵게 하고 있는데, 그 결과 사용자들은 애초에 노동자들의 고용을 꺼리게 된다. 하지만 유럽이 몇 가지 중요한 점에서 잘못된 길에 들어서고 있다고 우리는 생각했다.

심각한 곤경에 빠진 국가들의 경우, 그들의 부채를 고려할 때 긴축이 불가피했을지 모른다. 그러나 그런 긴축이 그 국가들을 더욱 깊은 침체에 빠뜨릴 것이 예상되었다. 불행하게도 유럽인들은 경제가 취약한 국가들에서 필요한 긴축을, 그럴 여력이 있는 독일 같은 국가들에서 지출을 늘리고 세금을 줄임으로써 벌충하려는 경향을 보이지 않았다. 오히려 독일과 형편이 나은 나라들 역시 예산을 깎았다. 그들이 내건 취지는 더 몽매한 국가들에게 모범을 보인다는 것이었다. 그 결과 유로존 전체의 재정정책이 긴축 일변도로 기울어졌다. 유로존의 거시경제적 접근방식은 "고통 없이는 이득도 없다(no pain, no gain)"는 말로 요약될 수 있는 것 같았다. 고통이 실제로 무언가를 성취하고 있느냐 여부는 무시한 막무가내의 사고방식이었다. 같은 시기에 유럽중앙은행은 금융정책을 단단히 죔으로써 이 재정긴축의 효과를 더욱 악화시켰다. 유럽중앙은행은 인플레이션이 "2%를 넘지 않되 근접케 한다"는 목표를 넘어서자 높은 실업율과 계속되는 금융 스트레스에도 불구하고 2011년 4월과 7월 두 차례에 걸쳐 금리를 올렸다. 연준과 달리 유럽중앙은행은 석유와 곡물 가격의 일시적 상승을 그대로 방관하지 않기로 결정했던 것이다. 나는 이 결정을 이해하기 어려웠다. 하지만 이 결정은 유럽중앙은행이 2008년 여름에 석유 값이 올랐을 때 보였던 반응과 일치하는 것이었다. 그때에도 유럽중앙은행은 금리를 올렸었다. 유로존 전체의 재정긴축과 유럽중앙은행의 금리인상은 사실상 유럽 전체의 매우 더딘 경제성장과 경제위축, 그리고 그리스, 아일랜드, 포르투갈 같은 나라들에서의 실업율 급상승을 불가피하게 만들었다.

유럽의 단기 성장에 관한 우려 외에도 티머시와 나는 유로존의 기본적인 구조적 문제 해결을 위한 조치가 거의 취해지고 있지 않다고 생각했다. 구조적 문제는 단일 금융정책과 중앙은행이, 조정되지 않는 17개 독립국가들의 재정정책과 조화되지 않고 있다는 점이었다.(유럽공동체의 회원국은 2011년 초에 에스토니아가 유럽중앙은행에 참여함으로써 17개국으로 늘어났다.) 적자재정을 제한하는 규칙의 보다 철저한 시행 등 몇몇 조치가 취해지긴 했었다. 하지만 유럽 국가들이 가까운 장래에 미국의 주들처럼 예산이 통합될 것이라고 예상하는 사람은 아무도 없었다. 하지만 유럽의 지도자들은 인프라스트럭처의 공동 시행, 파산 은행들이 안전하게 문을 닫을 수 있는 공동 자금의 창설, 유로존 전체에 통용되는 예금보험제도를 확립해서 은행 파산의 위험에 공동 대처하는 것 같은 재정 협력을 향한 적절한 건설적 조치들을 거부하거나 뒤로 미루고 있었다.

또 하나 논란을 불러일으키고 있던 문제는 엄격한 긴축정책을 시행한 후에도 부채를 갚을 능력이 없는 국가들을 어떻게 처리하느냐와 관련된 문제였다. 그런 국가들에 유로존의 다른 국가들과 IMF가 구제금융을 해야 할 것인가? 아니면 민간 대출자들(그 대다수는 유럽의 은행들이다)도 손실의 일부를 감당해야 할 것인가? 이 문제는 위기 동안에 우리가 당면했던 워싱턴 뮤추얼의 상위 채권자들에게 손실을 감당시킬 것이냐의 문제와 유사한 것이었다. 우리(특히 티머시)는 민간 대출자들에게 손실을 감당시키는 것을 반대했다. 그런 조치가 공포감을 확산시키고 감염을 촉진하지 않을까 두려웠기 때문이었다. 비슷한 이유로 우리는 어떤 유로존 국가가 채무불이행 상태에 빠졌을 경우 민간 채권자들에게 손실을 감당하도록 강요하는 데에 반대했다. 장 클로드 트리셰는 우리의 견해에 강력하게 동의했다. 그러나 그는 미국의 다른 입장들에는 반대했다.(그는 특히 금융정책이나 재정정책이 유로존 경제에 도움이 될 것이라고는 별로 기대하지 않았고, 그보다는 균형예산이나 구조개혁에 초점을 맞추는 편이 더 낫다는 생각을 했다.) 그러나 어느 한 나라의 채무불이행 문제와 관련된 장 클로드의 우려는 우리의 우려와 마찬가지로 일단 요정이 병에서 나오면 다른 취약한 유럽의 차입자들에 대한 대출자들의 신뢰가 사라져버릴 것이라는 것이었다.

이 문제는 여름 동안 더욱 심각한 문제로 부각되었다. 악화되어가는 그리스의 경제상황이 구제금융에도 불구하고 그리스의 이자 지불을 어렵게 할 것임이 명백해졌기 때문이다. 유럽의 정치가들은 공공 부문의 대출자들(유럽의 정부들과 IMF)과 더불어 민간 대출자들에게도 손실을 감당케 하는 문제를 논의하기 시작했다. 그들은 손실 부담이 그들 국가의 납세자들을 보호하는 한 방법일 뿐 아니라 도덕적 해이의 교정 수단이 된다고 생각했다. 이와는 대조적으로 트리셰와 유럽중앙은행은 감염을 촉진시킬 수 있는 그리스 부채의 채무불이행 사태나 개편이 있어서는 안 된다고 강력하게 주장했다.(경제와는 무관하게 트리셰는 채무불이행을 본질적으로 불명예스러운 일이라고 보는 것 같았다.) 이 시점에는 아일랜드와 포르투갈이 감염을 촉진시킬 위험은 없었다. 공공 부문 대출의 수혜자들인 이 나라들은 민간 시장에서 대출을 받을 필요가 없었기 때문이다. 그러나 훨씬 더 큰 두 나라 스페인과 이탈리아는 감염 촉진의 위험을 안고 있었다.

7월 21일 유럽의 지도자들은 그리스를 위한 새로운 패키지를 모았다. 2010년 5월에 승인된 대출액의 약 2배가 되는 1,100억 유로였다. 그러나 처음으로 그리스의 부채를 보유하고 있던 민간 업자들 또한 양보를 강요당했다. 금리인하와 상환 기간 연장을 강요당한 것이었다. 그것은 사실상 부분적인 채무불이행이었다. 예상했던 대로 곧 민간 대출자들이 이탈리아와 스페인의 국채에서 발을 빼기 시작했다. 2011년초에 10년 만기의 이탈리아 국채의 수익율은 4.7%, 10년 만기의 스페인 국채의 수익율은 5.4%였다.(둘 다 1년 전의 약 4%보다 오른 수익율이었다.) 그리스 부채의 개편이 논의되는 동안에 두 나라 국채의 수익율이 오르기 시작했다. 8월 1일 이탈리아 국채의 수익율은 6%, 스페인 국채는 6.2%가 되었다. 그후 스페인의 수익율은 안정되어 떨어졌지만 그해 연말 이탈리아 국채의 수익율은 유럽중앙은행이 8월에 국채 구입 프로그램을 재개했음에도 불구하고 7.1%나 되었다.

금리가 몇 % 포인트 오르는 것이 그리 중요하지 않은 것처럼 보일 수도 있다. 그러나 더 높은 이자 비용은 곧바로 정부의 적자를 증가시킨다. 악순환이 일어날 수도 있다. 채무불이행을 겁내는 대출자들은 더 높은 금리를 요구하지만, 더 높은 금리 자체가 궁극적인 채무불이행의 가능성을 더 높인다. 2011년 여름 동안, 점점 더 많은 사람들이 생각할 수 없는 일을 생각하고 있었다. 더 많은 나라들이 채무불이행을 선언하고 공동통화권에서 탈퇴하거나 추방됨으로써 유로가 붕괴될 것이라는 생각이었다. 다량의 국채를 보유하고 있던 유럽의 은행들은 이미 상태가 악화되어 있었으므로, 국가 채무불이행 사태가 일어날 경우 유럽의 은행 시스템 역시 붕괴될 수 있었다. 재정 재난이 다가오고 있는 것처럼 보였다. 이 재난은 2007-2009년의 경제위기보다 더 나쁠 가능성이 있었다.

이 새로운 유럽의 위기가 다가오고 있던 2011년 5월 14일, IMF 총재 도미니크 스트로스 칸이 뉴욕 시에서 체포되었다. 호텔 여종업원을 공격해서 강간하려 했다는 혐의였다. 나는 충격을 받았다. 많은 사람들이 스트로스 칸을 프랑스 대통령 니콜라 사르코지의 후계자가 될 가능성이 매우 높은 인물로 지목하고 있었다. 재기가 넘치고 세련된 그는 IMF의 강력한 지도자였다. 그는 특히 유럽인들이 위기를 막기 위해서 신속하고 결정적인 행동에 나설 필요가 있다는 분명한 견해를 가지고 있었다. 누구도 그가 했다는 행동을 묵과할 수는 없었다. 하지만 스트로스 칸이 국제적인 정책결정 과정에서 축출됨으로써 위태로운 시점에 큰 구멍이 생기게 되었다. IMF의 부총재였던 미국 경제학자 존 립스키가 임시로 그가 비운 자리를 메웠다.

프랑스 재무장관 크리스틴 라가르드가 미국 정부의 지원을 얻어 7월에 스트로스 칸을 승계함으로써 최초의 여성 IMF 총재가 되었다. MIT의 교수진의 일원으로 여러 해를 나와 함께 보낸 IMF의 수석 이코노미스트 올리비어 블랜차드는 유임되었다. 불과 얼마 전까지 프랑스 정부에서 봉직했음에도 불구하고 크리스틴은 전임자 스트로스 칸이나 마찬가지로 특별히 유럽의 차입자들의 편을 들지는 않았다. 사실 그녀는 경제성장을 촉진시키기위해서 더 많은 노력을 기울일 의지가 부족하다고 유럽의 정부들을 자주비판하곤 했다. 하지만 독일 재무장관 볼프강 쇼이블레를 비롯한 유럽인들은 IMF, 미국인들 그리고 그 누구로부터도 충고를 들을 생각이 별로 없었다. 적어도 이 문제에서만은 그들은 의견 일치를 보였다.

한편 미국에서는 의회가 금융시장을 더 심각하게 뒤흔들기 위해서 최선을다하고 있는 것 같았다. 의회는 연방정부의 부채 상한선을 올리는 문제를놓고 오바마 행정부와 대치하고 있었다.

부채 상한법은 미국 역사에서 하나의 역사적 사건이었다. 제1차 세계대전이 일어나기 전까지는 의회가 지출을 일일이 승인했었는데, 대개 의회는정부가 필요한 만큼의 국채를 발행하면 즉시 승인했다. 1917년 의회는 행정부의 편의를 위해서 중요한 국채의 총액이 허용된 액수를 초과하지 않는한에서는 재무부가 필요한 만큼 국채를 발행하도록 허용하는 법률을 통과시켰다. 사실상 의회는 의회의 지출 결정과 차입 결정을 분리하게 된 것이었다.

어느 시점에 의원들은 부채 상한선의 승인을 협상 카드로 사용할 수 있을것 같다는 생각을 하게 되었다. 통상적으로 이 싸움은 일본의 가부키 연극과 닮은 데가 있었다. 집권당은 어떻게든 부채 상한선을 올리려고 했다.(그리고 그 결과로 날아오는 경제적 비난을 감당해야 했다.) 2011년 이전의가장 심각했던 싸움은 1995년에 일어났다. 그해 부채 상한선과 지출을둘러싼 클린턴 대통령과 공화당이 장악한 의회 간의 극한 대립이 두 차례의일시적인 연방정부 폐쇄를 야기했다. 그러나 워싱턴의 정치적 양극화가 첨예화하면서 부채 상한선을 놓고 벌이는 싸움은 덜 상징적인 것이 되었지만, 결과적으로 훨씬 더 위험한 싸움이 되었다.

다수의 미국인들은 부채 상한선에 관한 논쟁이 정부가 얼마나 많은 돈을 소비하고 세금으로 거두어 들이느냐와 관련이 있다고 생각하고 있다. 하지만 부채 상한선이 지출과 세금에 관한 결정 자체와 직접 관련이 있는 것은 아니다. 그보다는 정부가 이미 집행한 지출에 대한 청구서를 결제할 것이냐의 여부와 관계가 있다. 부채 상한선을 올리기를 거부하는 것이 가끔 주장되는 것처럼 가정에서 신용 카드를 잘라버리는 것과 유사하지는 않다. 그것은 많은 액수를 신용 카드로 긁어댄 가정이 청구서를 결제하기를 거부하는 것과 비슷하다.

정부의 중요한 약속 가운데 하나는 국가 부채의 이자를 지불하겠다는 약속이다. 제때에 그 이자를 지불하지 않는다면, 세계 곳곳에 가장 광범위하게 퍼져 있고 가장 활발하게 거래되는 금융 자산인 미국 국채의 채무불이행 사태를 일으키게 된다. 현재 약 10조 달러의 미국 국채를 전 세계의 개인 및 기관들이 보유하고 있다. 단기간의 채무불이행이 일어난다고 해도 엄청난 재정상의 재난이 초래될 것이며, 미국 정부의 신뢰성과 신용은 영구적인 손상을 입고 말 것이다. 다른 정부 지출—예를 들면, 은퇴자, 군인, 병원 또는 계약자들에게 주어야 할 돈—을 못하게 되어도 미국 정부에 대한 신뢰가 무너지고 중대한 재정적, 경제적 결과가 초래될 것이다. 부채 상한선을 올리기를 거부하는 것은 국가의 경제적 안녕을 볼모로 잡는 것이다. 어떤 이견이 개재되어 있다고 하더라도, 그것은 결코 받아들일 수 없는 문제이다.

2011년의 정부 부채 상한선 싸움은 2010년 중간선거에서 의석수를 늘린 공화당의 정부 지출 삭감을 위한 노력에서 비롯된 것이었다. 와이오밍 주 출신 공화당 전 상원의원 앨런 심프슨과 클린턴 행정부의 백악관 비서실장

602

어스킨 볼스를 대표로 한 상하원 공동위원회가 구성되는 등 타협점을 찾으려는 다양한 노력도 성과를 거두지 못했다. 4월 티머시는 의회에 대해서 부채 상한선을 올리지 않으면 8월 2일쯤에 정부의 재정이 소진될 것이라고 경고했다. 그러나 의회가 채무불이행을 진지하게 고려할 것이라고 생각하는 사람들도 별로 없었고 시장도 별다른 반응을 보이지 않았다.

연준은 재무부의 재정 대리인으로서의 역할을 수행한다. 다시 말해서 국채에 대한 이자 등 대부분의 연방정부 지급을 연준이 처리한다는 뜻이다. 정치적 토의가 진행되는 동안, 연준과 재무부는 의회가 부채 상한선을 제때에 올리지 않을 경우 일어날 수 있는 실무상의 문제들을 토론했다. 연준의 감독관들과 금융 시스템 진단 전문가들도 국채에 대한 이자 지불이 지연될 경우 그 문제를 어떻게 처리할 것이냐에 관해서 금융기관들과 이야기를 나누었다. 우리가 들은 것은 매우 불길한 뉴스뿐이었다. 은행과 기타 금융기관들의 컴퓨터 시스템이 단기간의 채무불이행마저 다룰 준비가 전혀 되어 있지 않다는 것이었다. 컴퓨터 시스템의 설계자들이 그런 사태가 발생할 가능성을 고려하지 않았던 것이다.

7월 31일 몇 달 간의 위험한 고비를 넘긴 끝에 의회가 마침내 부채 상한선을 올리도록 허용하는 예산안에 합의했다. 합의된 내용은 복잡했다. 향후 10년간에 걸쳐 지출 삭감을 구체적으로 제시하는 것 외에 합의안은 추가적인 삭감을 위한 상하원 공동위원회("슈퍼 위원회"라는 별명이 붙었다)를 구성하도록 규정하고 있었다. 만약 이 위원회가 충분한 삭감에 합의하지 못할 경우, "시퀘스트레이션(sequestration : 자동적인 전면 지출 축소)"이라고 알려진 전면적인 삭감이 가능했다. 나는 위기가 해소된 것을 보고 안도했다. 그러나 취약한 경제회복이 의회가 요지부동으로 고집하고 있는 것 같은 이 긴축 조치들을 견뎌낼 수 있을지 걱정스러웠다.

한 가지 덧붙일 얘기가 있다. 8월 5일, 신용평가회사 스탠다드 앤드 푸어스가—미래의 예산 위기 전망을 비롯한 여러 요인을 이유로 들면서—미국 국채의 신용등급을 최고등급인 AAA에서 한 단계 내렸다. 이 신용평가회사는 10년 동안의 적자를 2조 달러나 더 늘려잡는 엄청난 실수를 저질렀고, 재무부는 재빨리 이 실수를 지적했다. 그 회사는 자신들의 실수를 인정했지만, 그 실수가 정부의 신용도 평가에 영향을 미치지는 않았다고 주장했다. 나는 그 회사가 위협에 굴복하지 않는다는 것을 보여주고 싶어 한다는 느낌을 받았다. 이 에피소드는 정부와 신용평가회사들 간의 미묘한 관계를 부각시켰다. 정부가 신용평가회사들을 규제하지만, 그들은 정부 부채의 등급을 강등시킬 권한이 있었다.

이 강등 조치는 유럽 때문에 이미 신경이 곤두서 있던 금융시장의 긴장을 더욱 고조시켰다. 그리스 부채의 개편 발표가 있고 부채 상한선에 대한 우려가 고조되고 있던 7월 25일 월요일부터 4주일 동안 다우 지수는 약 1,800포인트, 14%가 하락했다. 아이로니컬하게도 국채에 대한 채무불이행 우려에도 불구하고 투자자들은 다투어 이 국채를 구입함으로써 10년 만기의 국채의 수익율을 약 3%에서 2%가 조금 넘는 선으로 끌어내렸다. 이것은 적지 않은 수익율 하락이었다.(유럽과 미국 정부에 대한 우려와 함께) 폭풍우 속에서 안전한 항구가 되는 재무부의 매력이 채무불이행의 두려움보다 더 컸던 것이 분명하다.

2011년 미국에서는 주택경기가 여전히 경제회복을 가로막는 핵심 역풍으로 작용하고 있었다. 나의 격려를 받은 연준 총재 벳시 듀크와 세라 래스킨이 어떻게 하면 주택 경기를 되살릴 수 있을까를 검토하는 임시 위원회를 만들었다. 그들의 노력을 데이비드 윌콕스와 소비 금융 문제 전문가인 이코노미스트 캐런 펜스가 이끄는 팀이 지원했다.(데이비드 윌콕스는 2011년 7월 데이브 스톡턴이 은퇴한 후 이사회 연구소장이 되었다.) 이 위원회는 새로 발생하는 유질 처분에 초점을 맞추었다. 유질 처분은 2009년에 210만 건으로 절정에 달했다가 줄어들고 있었지만, 2011년에도 125만 건으로 여전히 상당히 높은 수준에 머물러 있었다.

금융정책이 모기지 금리를 내리는 데에 도움이 되었다. 모기지 금리는 우리가 주택 담보부 증권의 1차 매입을 발표한 직후인 2008년 11월 말 약 6%에서 2011년 중반에는 약 4.5%로 떨어졌다. 모기지 금리가 낮아지면서 좋은 신용 기록과 그들의 주택에 대한 지분을 가진 주택 소유자들은 차환하여 그들이 매달 내는 할부금을 줄일 수 있었다. 그러나 불행하게도 2011년에도 주택 소유자의 약 4분의 1이 손실 상태에 있었다. 이들은 주택 가격보다 더 많은 빚을 지고 있어서 차환할 수 없었다. 오바마 행정부가 그들의 모기지를 패니와 프레디가 소유하고 있던, 손실 상태의 차입자들을 돕기 위해서 도입한 주택 담보대출 차환 프로그램(Home Affordable Refinance Program, HARP)의 초기 결과는 실망적이었다. 오바마 행정부는 2011년 10월 HARP의 조건을 완화해서 수수료를 줄이고 신청자의 범위를 넓혔다. 그러자 참가자들이 대폭 증가했다. 궁극적으로 이 프로그램은 약 320만 건의 차환을 도와주었다.

행정부가 유질 처분을 막기 위해서 내놓은 또다른 중요한 방안인 주택 담보대출 조정 프로그램(Home Affordable Modification Program, HAMP)은 관리회사들이, 예를 들면, 모기지의 상환기간을 연장해주거나 금리를 낮춤으로써 차입자들의 할부금을 줄여주도록 유도했다. 실제로 이 프로그램은 재무부에 엄청난 관리 부담을 주었다. 의회는 이 프로그램에 참여하는 관리회사와 차입자들을 엄격하게 감독할 것을 요구했다. 이해할 수 있는 요구였지만, 그런 감독은 관리회사들에 실무상의 부담을 주었고 그 결과로 관리회사들의 참여 의욕을 감소시켰다. 그리고 많은 분량의 서류 제출을 요구하자 많은 차입자들이 신청을 포기하게 되었다. 시행 첫해에 HAMP는 단 23만

건의 모기지의 조건을 변경했을 뿐이었다. 경험을 쌓은 재무부는 이 프로그램을 개선하고 확장해서 더 많은 모기지의 조건을 변경할 수 있도록 했다.* 하지만 대출조건 변경이 항상 유질 처분을 피할 수 있게 해주지는 못했다. 기준을 철저히 검토했음에도 불구하고 2009년에 조건이 변경된 모기지의 46%가 다시 채무불이행 상태에 빠졌고, 2010년에도 조건이 변경된 모기지의 38%가 채무불이행 상태에 빠졌다. 침체가 일자리와 가계에 미친 영향력 때문에 많은 차입자들이 줄어든 할부금마저 지불할 수 없었던 것이다.

우리가 일부 대출자들을 감독한다는 사실 외에는 주택 문제는 대체로 연준의 관할 밖에 있었다. 그럼에도 불구하고 우리는 주택 문제를 경제회복의 중요한 요인으로 보았고, 그래서 이 문제를 논의하기 시작했다. 2012년 1월에 배포한 백서에서 우리는 행정부의 프로그램들을 개선하는 제안들을 제시했다. 우리는 또한 단 한 차례 차입자들의 부채를 삭감하는 방안 등 유질 처분을 방지하기 위한 전략들을 분석했고, 쇼트 세일 같은 유질 처분 대안을 추천했다. 쇼트 세일(short sale)은 차입자들이 그들의 주택을 대출액보다 적은 액수에 처분하여 그들의 부채를 갚을 수 있도록 허용하는 방식이다. (쇼트 세일이 유질 처분보다 차입자와 대출자 양자에게 손해를 줄이며, 주택이 빈집이 되지 않도록 하기 때문에 이웃들을 위해서도 더 좋다.)

우리는 우리의 백서가 건설적이고 공평하다고 생각했지만, 이 백서는 몇몇 의원들로부터 맹렬한 비판을 받았다. 상원 금융위원회의 고참 공화당원인 유타 주 출신 상원의원 오린 해치는 우리가 금융정책에 부당하게 간섭했다고 불평했다. 나는 이 백서를 발간한 것을 후회하지 않는다. 모든 유질 처분을 피할 수 있는 것은 아니었지만, 다수의 유질 처분은 피할 수 있었다. 불필요한 유질 처분을 줄이면—그것이 쉬운 일은 아니지만—많은 이점이

---

* 2014년 후기까지 HAMP에 의한 융자조건 변경 총건수는 140만 건에 달했다.

따라온다. 이런 이점은 비단 차입자와 대출자에게만 돌아가는 것이 아니다. 유질 처분된 자산이 범람하면 주택 경기의 회복이 완만해지고 결과적으로 경제의 회복이 완만해지는 중요한 이유가 되었다. 그러나 우리의 백서에 대한 반응은 유질 처분 방지가 정책 문제에 그치지 않고 정치 문제이기도 하다는 것을 분명하게 보여주었다. 더욱 관대한 프로그램을 원하는 사람들과 프로그램들이 이미 너무 관대하다고 생각하는 사람들 간의 이견이 팽팽하게 맞섰다.

또 하나 괴로웠던 경험은 우리가 유질 처분 문제를 다루기가 실제로 매우 어렵다는 사실을 직접 목격해서 알게 되었다는 것이다. 위기가 지속되는 동안 모기지와 관련된 끔찍한 관행 가운데 하나가 "로보 사이닝(robo-signing)"이라는 것이었다. 이것은 관리회사 직원들이 (마치 로봇처럼) 제대로 검토해보지도 않고 수백만 건의 유질 처분 서류에 사인을 하는 것을 가리키는 말이다. 2011년과 2012년 초에 연준과 통화감독청은 16개 모기지 관리회사들(이들이 모기지 전체의 3분의 2 이상을 관리하고 있었다)에게 독립적인 컨설턴트를 고용해서 2009년과 2010년에 새로 처분되었거나 계류 중이거나 처리 완료된 모든 유질을 검토하도록 하라고 지시했다. 관리회사들은 로보 사이닝이나 기타 부당한 피해를 입었던 차입자들에게 보상을 해주어야 할 판이었다. 그러나 수백만 건의 서류철을 재검토하는 비용이 손해를 본 차입자들에게 지불될 보상금보다 훨씬 더 많을 것이라는 것이 금방 명백해졌다. 의회와 소비자보호단체들로부터 많은 불평이 쏟아지자 연준과 통화감독청은 검토를 중지시켰다. 비교적 단순한 기준에 기초해서 차입자들을 보상하는 새로운 제도가 도입되었다. 이 제도의 목적은 컨설턴트들에게 엄청난 돈을 지불하지 않고 차입자들에게 보상하는 것이었다. 결국 16개 관리회사 가운데 15개 회사가 100억 달러를 지불하기로 합의했다.(39억 달러는 현금으로, 나머지 61억 달러는 모기지 조건 변경 같은 다른 형태로 지불되었다.) 440만 명의 차입자들이 현금 보상을 받았다.

유럽과 어리석은 부채 상한선—그리고 주택 문제 같은 장기간 지속되는 역풍들—에서 비롯된 금융 스트레스가 경제를 옥죄었다. 2011년 여름이 끝나갈 무렵에는 내가 그해 4월 기자회견에서 조심스럽게 피력했던 낙관론은 이미 시들어 사라지고 없었다. 다시 한번 경제는 제자리걸음을 향해서 다가가고 있는 것 같았다. 우리는 약속했던 대로 그해 중간쯤에 양적 완화 2를 종료했다. 우리는 그 프로그램이 일자리를 창출하고 우리가 2010년 가을에 경험했던 디플레이션 위험을 피하는 데에 도움이 되었다고 믿었다. 그러나 이제 그 프로그램은 종료되었고, FOMC 참석자들은 2013년 내내 낮은 인플레이션이 지속되는 가운데 완전고용을 향한 매우 느린 진전이 있을 것이라고 예상하고 있을 뿐이었다. 그 외에 우리가 할 수 있는 일이 무엇이 있었겠는가?

우리는 다시 장기채권 구입을 시작함으로써 우리의 대차대조표를 더욱 두툼하게 할 수 있었다. 하지만 공개시장위원회는 또 한 차례 본격적인 양적 완화를 하겠다는 의욕이 부족한 것 같았다. 적어도 그 시점에는 그랬다. 우리의 정책들에 대한 비판은 흔히 과장되었거나 불공평한 것들이었다. 우리가 정부의 다른 부처들로부터 별로 도움을 받지 못하게 된 때부터는 특히 그랬다. 그러나 그렇다고 정당한 의문들이 없었다는 얘기는 아니다. 우리의 채권 구입이 과연 효과적이었을까? 우리의 자체 분석은 그것이 효과적이었다고, 그러나 그 자체만으로는 적절한 속도의 경제성장과 일자리 창출을 성취할 수 있을 정도로 충분하지 못했음이 분명하다고 암시하고 있었다. 채권 매입이 과거에는 효과적이었을지라도, 이자가 아주 낮아진 지금 우리는 수확체감의 시점에 도달할 것이 아닐까? 채권시장의 문제들이 저금리의 이점을 감소시키고 있는 것은 아닐까?

일어날 수도 있는 좋지 않은 부작용에 관련된 의문들도 있었다. 인플레이션 위험 외에 FOMC 참석자들이 가장 걱정한 것은 추가적인 채권 매입이 재정의 안정성을 위협할지도 모른다는 것이었다. 실라 베어는 2011년 7월 연방예금보험공사를 떠난 후에 연준이 장기채 금리를 끌어내림으로써 "채권 버블"을 만들어내고 있다고 경고했었다. 그녀를 비롯한 일부 인사들은 인위적으로 끌어내린 채권 수익률이 예기치 않게 치솟을 수도 있으며, 그렇게 되면 새로 발행된 채권의 수익률보다 갑자기 수익률이 엄청나게 낮아진 기존 채권들의 가격 폭락이 나타날 것이라고 주장했다. 그 결과 광범위하게 발생한 엄청난 손실이 금융 시스템을 불안정하게 할지도 모른다는 것이었다. 사실 우리는 금리의 급상승과 관련된 위험을 면밀히 검토한 바 있었다. 이런 금리상승이 특히 많은 채권을 보유하고 있는 은행과 생명보험회사들에서 일어날 경우를 우리는 검토했었다. 검토 결과 우리는 그런 사태를 다스릴 수 있다고 생각했다. 하지만 지난 몇 년 동안 우리가 배운 것이 있다면, 그것은 언제 나타날지 모르는 재정 안정에 대한 위협을 감지하는 우리의 능력을 과신해서는 안 된다는 것이었다.

본격적인 증권 매입을 재개함으로써 우리의 대차대조표를 더욱 두툼하게 하는 방안이 가까운 장래에 FOMC의 지지를 받을 가능성이 희박했기 때문에 우리는 다시 구체성도 없는 방안들을 생각하며 시간을 보낼 수밖에 없었다. 나는 지난여름부터 광범위한 금융정책 방안들을 내부적으로 토론해오고 있었다. 이 토론은 2011년 내내 그리고 2012년에도 계속되었다. 나는 몇몇 아이디어는 공개적으로 언급하기도 했지만, 대다수의 방안들은 간부회의에서 언급되거나 메모 속에서만 살아 있었다.

2010년 잭슨 홀 강연에서 나는 은행 지급준비금에 대한 금리를 0.25%에서 제로 또는 제로보다 조금 낮은 금리로 낮출 수도 있다는 이야기를 했었다. 금리가 제로보다 낮아지면 은행들은 그들의 유동자금을 대출하는 대신 연준에 묶혀두는 특권에 대한 비용을 지급해야 할 것이었다. 지급준비금에 지급하는 금리를 제로로 낮추어도 시장의 단기금리는 아주 조금, 아마도 0.10%에서 0.15% 정도 낮아질 것으로 예측되었다. 하지만 나는 그 금리를 낮추자는 데 강하게 반대하지 않았다. 어쩌면 그런 조치가 시장에 대해서 경제회복을 돕는 데에 우리가 할 수 있는 어떤 일이라도 할 준비가 되어 있다는 신호를 보낼 수도 있을 것이었다. 그러나 이 조치에 반대하는 주장 또한 일리가 있었다. 그 조치가 MMF에 피해를 주고 기업어음과 연방자금 시장 등 다른 자금시장을 교란할 수도 있다는 것이었다. 예를 들면, 금리가 제로(또는 그 이하)로 곧장 내려갈 경우, MMF는 관리비용을 회수하기도 어려워질 것이었다. 그 결과 MMF가 문을 닫기 시작하면, 그들은 그들의 기업어음을 팔아야 할 것이고, 그러면 시장에 자금을 공급하는 중요한 통로 하나가 막히게 될 것이었다.

나는 만기일이 2년 또는 그 이하인 증권의 금리를 고정하는 방안도 고려해보았다. 우리는 우리가 목표로 선택한 금리로 그 증권들을 사고팖으로써 금리를 고정시킬 수 있었다. 이 같은 조치는 적어도 2년 동안은 금리를 낮게 유지하겠다는 우리의 의도를 강력하게 전달하는 신호가 될 것이었다. 그러나 이 조치가 효과를 보기 위해서 우리는 엄청난 양의 증권을 구입해야만 할지도 몰랐다. 그렇게 되면 우리의 대차대조표는 통제하기 어려울 정도로 두툼해질 것이었다. 우리는 아직은 이런 위험을 감수할 생각이 없었다.

우리는 "대출용 자금 공급(funding for lending)" 프로그램을 검토했다. 이 프로그램은 중소기업에 대한 대출을 늘리겠다는 은행들에게 싼 자금을 공급하는 프로그램이었다. 영국은행과 영국 재무부가 이런 프로그램을 2012년 7월에 시행할 계획이었다. 소기업들에 대출을 해준다는 아이디어는 매력적이었다.(세라 래스킨이 특히 이 프로그램에 적극적이었다.) 그러나 미국의 은행들은 대출용 자금 공급 프로그램에 대해서 별 관심이 없었다. 영국의 은행들과는 달리 미국의 은행들은 그들이 쓸 수 있는 싼 자금을 조달하는 길이 얼마든지 있었고, 그들이 이미 수익을 남기면서 소기업들에 대출하는 기회를 충분히 이용하고 있다고 생각했기 때문이다.

많은 학자들의 지지를 받던 더욱 급진적인 방안은 명목 GDP 목표제(nomial GDP targeting)이라는 방안이었다. 나는 2010년에 양적 완화 2를 시작하기 전에 이 방안을 도널드 콘, 재닛 옐런, 빌 더들리와 논의했었다.* 이 방안이 시행될 경우, 중앙은행은 고정된 물가안정목표를 가지지 않는 대신 성장세가 강할 때는 인플레이션을 낮추려고 하고 성장세가 약할 때는 인플레이션을 높이려고 한다. 성장세가 매우 둔화되었던 2011년에 명목 GDP 목표제가 시행되었다면, 일시적인 인플레이션 목표치로 3-4% 또는 그 이상의 인플레이션율을 제시했을 것이다.

근본적으로 명목 GDP 목표제는 중앙은행이 미래에 어떻게 행동할 것인가에 대한 사람들의 예상을 변화시킴으로써 현재의 자산 가치와 금리에 영향을 미치려고 한다. 예를 들면, 2011년에 명목 GDP 목표제가 채택되었다면, 그것은 연준이 단기금리를 매우 오랜 기간 낮게 유지하고 또 아마도 인플레이션이 상승하더라도 추가적인 자산 매입을 계속할 의도임을 암시하는 것이었을 것이다. 시장이 그 약속을 믿는다면, 곧바로 장기금리가 하락할 것이고, 그럼으로써 현재의 경제성장을 지원하게 될 것이었다.

2011년 11월에 열린 FOMC 전체 회의에서 명목 GDP 목표제가 논의되었다. 우리는 이 방안의 이론적 타당성은 인정했지만, 그러나 경제상황이 불확실한 시점에 새로운 프레임워크로 전환하는 것이 과연 바람직한지 혹은 그것이 과연 가능한지를 논의했다. 긴 토론 끝에 위원회는 이 방안을 단호

---

* 명목 국내총생산(GDP)은 국내 경제에서 생산된 재화와 서비스의 인플레이션이 감안되지 않은 달러 값이다. 명목 GDP의 증가는 생산량 증가와 인플레이션의 합이다.

하게 거부했다. 나는 처음에는 이 방안에 대해서 흥미를 느꼈지만, 결국 그 시점에서의 도입을 주저하는 동료들에게 동조하게 되었다. 명목 GDP 목표제는 그 개념이 복잡해서 일반 국민들에게 전달하기가 매우 어려울 것 같았다.(당연히 협의 대상이 될 의회에 그 개념을 전달하기도 어려울 것이 뻔했다.) 설사 우리가 그 개념을 설명하는 데에 성공하더라도 다른 어려움들이 도사리고 있었다. 명목 GDP 목표제가 효과를 보려면, 신뢰성이 있어야만 했다. 다시 말해서 인플레이션을 억제하려고 안간힘을 쓰면서 1980년대와 1990년대의 대부분을 소비한 연준이 갑자기 앞으로 여러 해 동안 지속될지도 모르는 높은 인플레이션을 용인하기로 방침을 바꾸었다는 사실을 국민들에게 납득시킬 수 있었을까? 미래의 연준 정책 입안자들이 이 전략을 계속 유지하고 의회도 동조할 것이라고 국민들이 믿을 수 있었을까?

하지만 우리가 만약 앞으로 인플레이션이 더 높아질 것이라는 사실을 국민들에게 납득시키는 데 성공한다면, 어떻게 될까? 그렇게 되어도 역시 위험이 따를 것이었다. 미래의 정책 입안자들에게 이 전략이 제시하고 있는 것처럼 뒤늦게 인플레이션을 억제할 용기와 능력이 있으리라고 국민들이 과연 믿을 수 있을까? 인플레이션을 잡으려는 노력이 침체를 가져올 위험이 있는데도 그들이 그런 노력을 고집할 수 있을까? 국민들이 믿지 못한다면, 명목 GDP 목표제는 미래의 인플레이션에 대한 두려움과 불확실성을 증폭시킬 수도 있었다. 희망한 대로 소비와 투자를 늘리기는커녕, 가계와 기업체들은 더욱 조심하게 되어 소비와 투자를 더 줄이게 될지도 몰랐다. 그렇게 되면 연준은 1970년대의 위기—국민의 신뢰를 잃고 경제가 낮은 성장률과 너무 높은 인플레이션에 시달리는—와 유사한 위기에 빠지게 될 것이었다.

명목 GDP 목표제와 관련된, 그러나 그 개념을 전달하기가 훨씬 더 쉬운 방안은 명목 GDP 목표제를 반드시 시행한 뒤에 인플레이션을 매우 낮게 내리겠다는 약속을 하지 않고 그냥 인플레이션 상한선을, 예를 들면 4%로, 올리는 방안이었다. 그러면 가계와 기업체는 물가가 더 오르기 전인 지금 더 많은 소비를 할 것이었다. 이론상으로는 그랬다. 프린스턴에 같이 재직했던 나의 전 동료 폴 크루그먼은 2012년 4월 「뉴욕타임스」에 게재된 글에서 이 방안을 주창했다. "버냉키여, 현실로 돌아오라(Earth to Ben Bernanke)"라는 제목이 붙은 이 글에는 우주인용 헬멧을 쓰고 어쩔 줄 몰라 쩔쩔 매는 나의 그림이 곁들여 있었다.(이때쯤 나는 인신공격에 익숙해져 있었지만, 이 공격은 다소 불공평하다는 생각이 들었다. 내가 이끄는 연준이 손을 놓고 있었던 것은 아니었기 때문이다.) 2010년의 잭슨 홀 강연에서 나는 명목 GDP 목표제를 채택하지 않은 이유와 대체로 비슷한 이유를 들어 인플레이션율 상한선을 올리는 방안을 거부한 바 있었다. 더 높은 인플레이션 예상이 경제성장에 도움이 될지는 몰라도—이 문제가 논의의 대상이 될 수는 있다—인플레이션율이 높아질 것이라는 사람들의 기대를 말만으로 상당히 높인다는 것은 이론상으로는 쉽지만 실행하기는 어려운 일이었다.

우리는 결국 명목 GDP 목표제의 채택을 거부했지만, 그렇다고 미래 정책에 대한 기대가 현재의 재정상황에 영향을 미칠 수 있다는 일반적 원리마저 거부한 것은 아니었다. 우리는 정책 지침을 제시하려는 노력을 이미 해오고 있었다. 예를 들면, 우리는 2009년 3월 금리가 "장기간" "예외적으로 낮게"(다시 말해서 제로 부근에서) 유지될 것으로 예상했던 것이다. 다음 조치로 나는 위원회가 모호한 "장기간"이라는 말을 더 구체적인 문구로 대치해줄 것을 요구했다. 2011년 8월 회의에서 채택한 성명에서 우리는 우리의 연방자금금리가 "최소한 2013년 중반까지" 다시 말해서 적어도 2년 동안 더 낮게 유지될 것으로 예상했다. 이 시점은 FOMC 멤버들의 경제전망 그리고 금리인상의 시기의 적절성을 예측하는 모델에 기초한 분석과도 일치했다. 3명의 FOMC 멤버—리처드 피셔, 찰리 플로서, 그리고 미니애폴리스 연은 행장 나라야나 코철러코타—가 나와 다른 의견이었다. 그들이 반대한 이유 가운데 하나는 경제가 더 이상의 통화에 의한 부양을 필요로 하지 않는다고 생각했기 때문이었다. 플로서는 또한 구체적인 시기를 적시하는 것이 우리가 자동조정장치에 올라탔다는 것, 그래서 장차 나타날 경제적 사태 전개에 대응하여 목표 금리를 조정하지 않을 것임을 암시하게 될 것이라고 생각했다.

나는 어떤 시기를 적시하는 것보다 우리의 정책 플랜을 더 직접적으로 경제 상황에 연계시키는 것이 더 좋을 것이라는 데에 동의한다. 우리는 우리의 정책 결정을 경제에서 어떤 일이 일어나고 있느냐에 기초해서 내리게 된다. 따라서 우리의 지침을 경제 상황과 연계시킨다면, 시장이 우리의 생각을 더 잘 파악할 수 있을 것이었다. 하지만 그렇게 하는 최선의 방법에 대해서 FOMC에서 합의를 이끌어내자면 시간이 필요할 것이었다. 어쨌든 우리의 '말'의 변화가 효과를 보고 있는 것 같았다. 투자자들은 최초의 단기 금리상승이 나타날 것이라고 그들이 예상하는 시점을 뒤로 늦추었고, 그 결과 장기금리가 낮아졌다. 그러나 얼마 후 회복세가 계속되어 실망스러운 추세를 보이자 시기가 적시된 지침의 단점이 한 가지 명백해졌다. 우리가 예상하는 최초의 금리인상이 더 먼 장래로 늦추어짐으로써 우리는 우리의 말을 조정하지 않을 수 없었다. 2012년 1월의 FOMC 회의 후에 우리는 "최소한 2014년 후반까지" 예외적으로 저금리가 유지될 것으로 예상한다고 말했는데, 2012년 9월 우리는 그 시기를 2015년 중반으로 늦추었다.

한편 우리는 우리의 대차대조표를 더 두툼하게 하지 않으면서도 대차대조표를 이용해서 장기금리가 상승하는 것을 억제하는 방법을 찾았다. 2011년 9월 위원회는 2012년 6월 말까지 만기일이 6년에서 30년에 이르는 국채 4,000억 달러 어치를 매입하기로 결정했다.(이번에도 피셔, 코철러코타, 플로서는 반대했다.) 그러나 우리는 매입에 필요한 재원을 은행 지급준비금으로 하지 않고 우리가 이미 보유하고 있던 같은 양의 만기일 3년 이하인 국채를 팔아서 마련하기로 했다.

우리는 그것을 만기일 연장 프로그램(Maturity Extension Program)이라고 불렀다. 언론은 이 조치를 "뒤틀기 작전(Operation Twist)"이라는 별명으로 불렀는데, 이 명칭은 사실 정확한 명칭은 아니었다. 이 명칭은 1960년대 초에 연준이 시행했던 프로그램의 명칭이었다. 당시 윌리엄 맥체스니 마틴의 지휘하에 있던 연준은 "수익률 곡선을 뒤틀려는" 의도로—다시 말해서 장기금리는 낮추고(소비와 투자를 자극하기 위해서) 단기금리는 올리려는 (아마 달러의 가치를 보호하려는 목적이었을 것이다) 의도에서*—장기채권을 사고 단기채권을 팔았다. 이번의 우리의 목표는 단기금리와 장기금리를 서로 반대방향으로 움직이도록 하려는 것은 아니었고, 장기금리를 극히 낮은 단기금리에 근접시키려는 것이었다. 금융 시스템에 이미 지급준비금이 넘칠 정도로 많고 최소한 2013년 중반까지 금리를 제로 가까이 유지하기로 우리가 약속한 마당에, 단기채를 판다고 해서 그 금리가 눈에 띄게 오를 위험은 별로 없다고 우리는 보았던 것이다. 그래서 우리는 만기일 연장 프로그램에 따른 우리의 매입이 양적 완화 2에 의거한 매입과 비슷한 효과를 볼 것으로 기대했다.

만기일 연장 프로그램에 대한 정치권의 반응은 침묵이었다. 적어도 양적 완화 2에 대한 반응과 비교하면 그랬다. 반응이 조용했던 이유 가운데 하나는 이 프로그램이 은행 지급준비금을 증가시키지 않았고, 따라서 "돈을 인쇄한다"는 공격을 불러오지는 않았다는 데 있었다. 그럼에도 불구하고 우리

---

* 수익 곡선은 기존 타입의 증권—예를 들면 국채—의 수익과 그 증권의 존속기간과의 상관관계를 나타낸다. 일반적으로 장기채 금리가 단기채 금리보다 높기 때문에 금리 곡선은 통상적으로 상승 곡선이다.

의 결정이 내려지기 직전에 의회의 공화당 고위 지도자 4명이 우리의 간섭을 비판하는 또 한 통의 서한을 보내왔다. 하원의장 존 베이너와 상원 소수당 원내총무 미치 매코널—그리고 그들의 측근들인 에릭 캔터 하원의원과 존 카일 상원의원—은 우리에게 "미국 경제에 대한 더 이상의 유별난 간섭을 삼가달라"고 요구했다. 나는 누가 그리고 어떤 사정이 배후에서 이 서한을 작성하도록 작용했는지 궁금했다. 왜냐하면 나는 서한 작성자들인 네 의원들과는 비교적 원만한 관계를 유지하고 있었고 그래서 언제든지 그들과 경제 및 연준의 정책에 대해서 논의할 용의가 있었기 때문이다. 특히 베이너는 나의 재임명을 지지했었고 나에게 사적인 회합에서 내가 위기가 지속되는 동안 연준을 맡고 있어서 자기는 기쁘다고 말한 적이 있었다.

우리의 최근의 프로그램에 대한 일반의 반응이 비교적 온건했음에도 불구하고 정치환경 전반은 여전히 험악한 상태였는데, 그 중요한 이유는 2012년 대선의 치열한 공화당 후보 경선에 있었다. 투표자들의 분노와 우려에 영합하기 위해서, 후보자들은 연준 공격에 그리고 나에 대한 인신공격에 상대방을 능가하려고 열을 올렸다. 전 하원의장 뉴트 깅리치는 자기가 집권하면 나를 해임시키겠다고 말하고 나를 "역대 연준 역사에서……가장 인플레이션 친화적이고 위험하며 권력지향적인 의장"이라고 매도했다.(결국 후보자가 된 밋 롬니는 보다 온건한 말투로 자기는 "누군가 새로운 인물"을 찾고 있는 중이라고 했다.) 텍사스 주지사 릭 페리가 연준 공격상을 차지했다. 2011년 8월 아이오와 주에서 열린 선거운동 행사장에서 그는 경제성장을 지탱하려는 우리의 노력을 "거의 매국적인" 형태라고 매도했다. 그는 이렇게 덧붙였다. "만약 그자가 지금부터 선거가 치러지는 날 사이에 돈을 더 인쇄한다면, 이곳 아이오와에서 여러분들이 그자를 어떻게 대하게 될지 나는 알 수 없습니다. 그렇지만 우리 텍사스에서는 그자를 꽤 심하게 다룰 것입니다."

이런 부류의 말을 무시하기는 어려웠고 나는 또한 사람들이 이 어처구니없는 주장과 공격에 의해서 오도될까 걱정되었다.(그러나 페리 지사가 한 말을 들었을 때 나는 연준 간부들에게 이런 농담을 했다. "이것이 매국이라면, 우리 모두가 매국노가 됩시다." 이것은 사실 독립전쟁 당시 열혈지사 패트릭 헨리가 한 말이었다.) 비판이 우파에서만 나온 것은 아니었다. 2011년 가을 주요 도시들에서 일어난 좌파 사회운동인 "월 스트리트를 점령하라(Occupy Wall Street)"도 월 스트리트에 대한 구제금융, 소득 불평등, 일자리 부족을 맹비난했다. 이 운동에 참가한 항의자들은 보스턴, 시카고, 뉴욕, 그리고 샌프란시스코 연은 근처에서 천막을 치고 농성했다. 나는 10월에 열린 상하원 공동경제위원회에서 불만을 토로하는 이 항의자들을 탓할 수 없다고 말했다. "확실히 9%의 실업율과 극도의 저성장은 분명히 좋은 상황은 아닙니다"라고 나는 말했다. 나는 이런 비판이 연준 임직원들의 사기에 영향을 미칠까 걱정했다. 그래서 나는 직원들과 만나 이야기를 나눔으로써 그들이 친구나 이웃들의 질문에 대답하는 데에 필요한 정보를 확보할 수 있도록 노력했다.

높은 실업율과 싸우는 우리의 수단─단기금리와 장기금리를 내림으로써 수요를 자극하는 것─때문에 정치적 영향력이 있는 또다른 그룹─예금자들─과 우리 사이가 나빠졌다. 위기가 닥치기 전인 2007년에는 은퇴자들과 기타 예금자들은, 예를 들면, 6개월 만기의 양도성 예금증서로 5% 이상을 벌 수 있었다. 그러나 2009년 중반 이후 그들은 0.5%의 수익을 볼 수 있는 예금증서조차 찾기 어려워졌다. 나는 기회가 있을 때마다 금리가 낮은 근본적 이유는 취약한 경제로 인해서 예금과 투자금의 수익이 제대로 나오지 못하는 데 있다는 점을 설명하려고 했다. 우리의 정책이 금리를 더욱 끌어내린 것은 사실이지만, 우리는 경제회복을 위해서 그렇게 한 것이었다. 조기에 금리를 높이면 경제가 더 높은 수익을 낼 만큼 튼튼해지는 시기를 늦출 뿐이기 때문이었다. 그리고 은퇴자들 역시 더 건강한 고용시장을 원했다. 20대 30대로 접어든 그들의 자녀들이 부모가 사는 집으로 되돌아오는 것을 막기 위해서라도 건전한 일자리가 필요했기 때문이다.

아이로니컬하게도, 우리가 저축자들에게 피해를 주고 있다고 말하는 비판자들 일부는 우리의 정책이 부자들을 더욱 부유하게 만들고 있다고 말했다.(부자들이 다른 사람들보다 더 많은 저축을 하고 있기 때문에, 언뜻 보기에는, 우리가 그들에게 피해도 주고 도움도 주는 것처럼 보일 수 있었다.) 이 비판자들은 저금리가 주식이나 주택 같은 자산의 가치를 높이는 경향이 있다는 사실에 기초해서 그런 주장을 펴고 있었다. 부자들이 부자가 아닌 사람들보다 더 많은 주식과 부동산을 가지고 있기 때문에 부자들은 더 부유해진다는 주장이었다. 그러나 이 주장은 저금리가 부자들의 자산 소득도 감소시킨다는 사실을 놓치고 있었다. 금융정책의 분배효과를 알아보는 더 좋은 방식은 자본소득과 노동소득을 비교하는 것이다. 사실 느슨한 통화정책은 자본소득과 노동소득에 매우 유사하게 영향력을 미치는 경향이 있다. 무엇보다도 약한 경제에서 그런 정책은 일자리 창출을 촉진하는데, 일자리가 늘어나면 중산층에게 특히 도움이 된다.

우리가 하고 싶은 이야기를 널리 전하고 우리가 무슨 일을 왜 하는지를 설명하기 위해서 나는 이전의 연준 이사회 의장들이 여간해서는 가지 않던 장소들에서 가능한 한 많은 워싱턴과 월 스트리트 밖의 청중들을 상대하려고 노력했다. 2011년 11월 나는 엘파소의 포트 블리스를 찾았다. 새벽 4시에, 쌀쌀한 공항에서 나는 이라크에서 돌아오는 250명의 장병들을 마중나온 기지 사령관 데이나 피타드와 함께 있기도 했다. 나는 한 무리의 장병들과 그들의 가족들도 만났는데, 그들은 많은 사려 깊은 질문을 나에게 던졌다. 나는 많은 다른 회합에서 받았던 것과 같은 인상을 받았다. 사람들은 걱정하고 있었고 경제에서 어떤 일이 일어나고 있으며 그 일이 그들에게 어떤 영향을 줄 것인지 더 잘 알고 싶어했다. 페리 지사의 예측과는 달리, 나는 텍사스에서도 험한 일을 당하지 않았다. 나는 우리 장병들의 희생에 새삼 감사하면서 집으로 돌아왔다.

2012년 3월, 나는 인근의 조지 워싱턴 대학교 학생들에게 연준에 대한 강의를 시리즈로 해달라는 초청을 받았다. 강의실로 되돌아간다고 생각하니 기분이 좋았다. 나는 연준 창립에 대한 이야기로 내 강의를 시작했다. 나는 학생들이 중앙은행이 하는 일이 무엇인지, 그리고 위기가 지속되는 동안과 위기가 지나간 후에 취한 조치가, 어떤 점에서는 유별나기는 하지만, 이 기관 설립의 역사적 목적과 부합된다는 것을 이해할 수 있기를 희망했다. 나는 이 강의와 관련해서 ABC의 다이앤 소여와 인터뷰를 가졌다. 우리는 또 강의 비디오와 녹화를 이사회 웹사이트에 올려서 많은 사람들이 볼 수 있도록 했다. 이듬해 프린스턴 대학교 출판부가 이 강의내용을 책으로 발간했다.

2012년 후반에 나는 우리의 이런 홍보 노력이 성공하고 있다는 암시 같은 것을 받았다. 9월 7일 프로 야구팀 워싱턴 내셔널스의 타격 연습에 참가해 달라는 초청을 받았던 것이다. 내셔널스의 상대팀인 마이애미 말린스의 3루 코치 조 에스파다는 나에게 야구공에 사인을 해달라고 청했고, 내셔널스의 털복숭이 2미터 장신 우익수 제이슨 워스는 나에게 "양적 완화에 관한 최신정보 뭐 없습니까?" 하고 물었다. 나는 깜짝 놀랐지만, 곧 워스가 1억 2,600만 달러의 7년 계약 선수라는 사실을 생각하게 되었다. 그래서 그는 재정 문제에 다소 관심을 가지고 있었던 것 같았다.(나는 그들과 야구에 관해서 대화를 나누었다.) 이틀 후 리처드 피셔가 음악회가 끝난 후 내가 받았던 질문들과 매우 비슷한 질문을 받았다. 첼리스트 요요마로부터.

유럽의 금융과 경제는 2011년 내내 그리고 2012년에 접어들어서도 여전히 안정되지 않았고 그 여파가 미국과 세계경제로 넘쳐흘러 들어왔다. 당시 이사회의 베테랑인 스티브 캐민이 이끌던 국제금융국의 스태프들이 나에게 세계경제 상황을 자주 브리핑했다. MIT에서 공부한 경제학자 캐민은 2011년 8월에 또다른 MIT 졸업생인 네이선 시츠로부터 국제금융국 국장 자리를 물려받았다. 나의 경우에, 유럽에서 전개된 가장 중요한 사태발전의 하나는 유럽중앙은행의 수장이 바뀌었다는 사실이었다.

유럽중앙은행 총재로 8년 동안 재임한 장 클로드의 임기가 2011년 10월 31일 끝났다. 나는 그의 훌륭한 업적을 인정하고 8월의 잭슨 홀 심포지엄에서 그에게 공개적으로 감사의 뜻을 표한 바 있었다. 우리 두 사람은 위기에 맞서서 다른 중앙행장들과 함께 노력해왔다. 나는 유럽에서 시행되는 긴축과 통화긴축 정책을 지지하는 그와 의견을 같이하지는 않았다. 단련된 경제학자가 아닌 장 클로드는 내가 보기에 많은 북유럽 국가들이 주창하는 거시경제 정책을 지향하는 도덕주의적 접근방식을 지나치게 지지했고, 깊은 수렁에 빠진 경제상황에서 시행되는 수요진작을 위한 정책들에 너무 적대적인 것처럼 보였다. 그러나 그는 빈틈이 없었고 유럽의 위기가 그에게 요구하는 외교에 능했다. 그는 유럽과 전 세계에서 매우 존경을 받고 있었다.

미국의 연준 이사회 의장 선임 방식은 비교적 간단하다. 대통령이 지명하고 상원이 인준하는 방식이다. 하지만 유럽중앙은행 총재는 유로존 주요 국가들의 지도자들이 벌이는 불투명한 협상 끝에 등장한다. 경제력이 강한 독일이 자연히 발언권이 강할 수밖에 없고, 따라서 독일 국적의 인물을 총재로 만들 수 있는 힘을 가졌다. 그러나 독일인들 가운데 가장 강력한 후보였던 독일 중앙은행 총재 악셀 베버는 2월에 독일 중앙은행 총재직을 사임함으로써 후보 자격이 상실되어버렸다. 그는 유럽중앙은행의 채권 매입 프로그램에 강력하게 반대했다. 그는 유럽중앙은행의 채권 매입을 각국 정부가 유럽중앙은행에 돈을 대어주는 부적절하고 어쩌면 불법적인 조치일지도 모른다고 생각했다.

다음으로 가장 유력한 후보자는 이탈리아의 마리오 드라기였다. 말씨가 부드럽고 안경을 쓴 학자풍의 인물인 마리오는 MIT에서 경제학 박사학위를 취득했다. 그는 나보다 2년 먼저 MIT를 졸업했다.(우리는 대학에서 잠깐 스쳐지나간 정도로 서로를 알고 있었다.) 그는 대학에 재직한 경험이 있었고(피렌체 대학의 교수를 역임했다), 시장경험도 있었으며(골드만 삭스의 부회장으로 재직했다), 공적 부문에 종사한 경험(가장 두드러진 직책은 이탈리아 중앙은행 총재였다)도 있었다. 그는 또 각국의 금융규제를 조정하는 데에 일조하는 금융안정이사회(금융안정 포럼의 후속기관)를 이끈 적도 있었다.

드라기의 경우, 가장 문제가 되는 점은 그의 국적이었다. 독일과 북유럽 국가들은 그가 통화정책을 수립할 때, 또는 재정적인 분쟁이 생겼을 때 채무국들의 편을 들지 않을까 의심했다. 그러나 그는 능숙하게 독일의 미디어와 여론의 환심을 샀고, 그래서 독일 총리 앙겔라 메르켈의 찬성을 이끌어냈으며, 결국 유럽중앙은행 총재가 되었다. 나는 기뻤다. 나는 그를 친구로 생각했을 뿐 아니라, 그가 훌륭한 자격을 갖춘 헌신적인 공복이 될 수 있다고 생각했다.

장 클로드와 마찬가지로 마리오도 유럽의 권력구조에서 유럽중앙은행이 수행하는 특별한 역할을 이해했다. 그리고 그는 유럽중앙은행 안에서 동맹 세력을 구축하기 위해서 그리고 논란을 불러일으키는 조치들에 대한 지지를 이끌어내기 위해서 인내하며 노력했다. 그러나 마리오는 미국에서 가장 중요한 정책 패러다임으로 작동하고 있는 신케인스주의 프레임의 영향을 받은—장 클로드보다도 훨씬 더 영향을 받은—사람이었다. 그런 관점 때문에 그는 취약한 유럽 경제에 도움이 되는 확장 정책을 추진하려는 의지가 강했다. 사실 마리오가 처음에 한 행동 가운데 하나는 그해 여름에 장 클로드가 인상한 금리를 그전 상태로 끌어내린 것이었다. 그런 조치에도 불구하고 유럽 경제는 2011년 3분기에 다시 침체에 빠져들었다.

드라기의 또다른 조치로는 유럽의 은행들이 사실상 무제한으로 싼 자금을 조달할 수 있도록 보장한 것, 그리고 그의 동료들에게 금리를 더 내리라고 밀어붙인 것을 들 수 있다. 그리고 널리 알려진 대로, 마리오는 2012년 7월 26일의 한 연설에서 유럽중앙은행은 "유로를 보존하기 위해서 어떤 조치라도 취하겠다"고 분명히 선언함으로써 시장에 대한 신뢰감을 튼튼히 하고 경제기반이 취약한 유로권 국가들이 받고 있었던 압력을 줄였다. 나는 그 선언을 투자자들이 무차별적으로 투자금을 회수하는 사태가 일어났을 때, 유럽중앙은행이 배젓의 스타일로 경제력이 취약한 국가들과 은행들의 부채를 보장해줄 준비가 되어 있음을 뜻하는 말로 해석했다. 마리오의 이 선언이 매우 신빙성 있게 받아들여진 탓으로 유럽중앙은행이 채권 매입을 할 필요도 없이 2012년 말까지 이탈리아와 스페인의 국채 금리가 약 2% 포인트 떨어졌다. 이것은 중앙은행의 경우 커뮤니케이션의 힘이 얼마나 큰가를 보여주는 놀라운 예였다.

마리오가 취한 조치는 모두 올바른 방향이었다. 그러나 재정정책이 미국에서보다 한층 더 강력한 역풍을 일으키고 있었고 (전면적인 양적 완화 같은) 더욱 강력한 통화 조치는 강력한 정치적 저항에 부딪치고 있었기 때문에 유럽의 경제는 회복의 기미를 보이지 않았다.

2002년 나는 연준의 투명성과 책임을 높이고 무엇보다도 숫자로 나타나는 물가안정목표—이것이 연준의 실적 평가기준이 될 수 있었다—를 제도화한다는 목적을 가지고 연준 이사회 의장이 되었다. 부임 후 10년이 거의 다 된 2012년 1월, 나는 마침내 그 목적을 이루었다.

그 10년 동안 FOMC는 물가안정목표제를 설정하는 문제를 여러 차례 논의했었다.(벳시 듀크는 자기가 이 목표제에 대한 얘기를 더 이상 하지 않아도 된다면, 기꺼이 목표제를 받아들이겠다는 재담을 하기도 했었다.) 이제 대다수의 FOMC 참석자들은 그 접근방식을 지지했다. 적어도 반대하지는 않았다. 대다수 참석자들은 물가안정목표제를 설정하는 것이 정책 결정을 지나치게 억압하게 될 것이라는 그린스펀의 우려가 사라졌다고 생각했다. 우리가 당면하고 있는 어려운 경제 환경에서는 명확한 커뮤니케이션이 유연성보다 더 중요했다. 숫자로 표시된 물가안정목표제가 디플레이션을 막고 또 너무 높은 인플레이션도 막겠다는 우리의 강력한 의지를 전달해줄 것이었다.

하지만 우리의 권한은 법에 의해서 정해지므로, 앞으로 나아가려면 우리는 의회 그리고 행정부와 상의해야 했다. 나는 전부터 그 일을 해오고 있었다. 새 행정부가 집무 시작을 준비하고 있던 2009년 1월, 도널드 콘과 나는 내 사무실에서 티머시 가이트너, 래리 서머스, 그리고 크리스티 로머와 만났다. 목표제를 도입하는 문제를 논의하기 위해서였다. 그들은 반대하지 않았다. 그러나 그들은 그 문제가 정치적으로 시급한 문제는 아니라고 생각했다. 그후 티머시는 대통령 집무실에서 열린 회합에서 내가 그 문제를 오바마 대통령에게 설명할 수 있는 기회를 마련해주었다. 대통령은 주의깊게 들었고 좋은 질문들을 던졌다. 대통령은 연준이 필요하다고 믿는 일을 해야 한다고 내게 말했다.

하지만 잘 준비된 나의 변설도 하원 금융 서비스 위원회 위원장 바니 프랭크의 회의론을 불식시키지는 못했다. 나는 물가안정목표가 인플레이션을 낮게 유지하겠다는 연준의 의지에 대해서 기업가들과 소비자들의 신뢰를 높여준다면, 그 신뢰에 의해서 우리가 더욱 유연한 통화정책을 입안하여 일자리 창출을 지원할 수 있을 것이라고 설명했다. 바니는 나의 논리를 이해했지만, 그는 또한 정치적 "이미지"의 중요성도 이해하고 있었다. 그는 불황의 중간 지점이, 고용 목표가 아니라 물가안정목표를 설정함으로써 연준이 일자리에 별로 신경을 쓰지 않는다는 인상을 주는 위험을 무릅쓰기에는 적절한 시점이 아니라고 생각했다. 그는 변화에 찬성하지 않았다. 나는 FOMC에 협의 결과를 보고했고 우리는 다시 한번 우리의 정책 프레임워크 안의 어떤 중요한 변화 시도도 뒤로 미루기로 결정했다. 대신 우리는 2009년 2월 "적절한 통화정책 하에서의" 인플레이션, 실업, 경제성장에 대한 위원회 멤버들의 개별적 "장기"(여기서 장기는 대충 3년 내지 5년을 가리켰다) 예상 범위를 발표함으로써 작은 한 걸음을 내디뎠다. 이런 발표를 함으로써 명확하게 물가안정목표제를 채택하지 않고도 국민들에게 우리가 경제를 어떻게 끌고 가려고 노력하는지를 잘 보여줄 수 있을 것이라고 생각했던 것이다.

2011년 초, 경제가 그나마 다소 강해지자, 나는 물가안정목표제를 다시 고려할 때가 왔다고 생각했다. 우리가 두 가지 문제에 다 같이 신경을 쓰고 있다는 점을 강조하기 위해서 나는 우리가 인플레이션 조절은 물론이고 일자리 창출에 대한 노력도 소홀히 하지 않겠다는 의지를 분명히 밝히는 보다 광범위한 성명의 문맥 안에서 물가안정목표제를 언급하는 것이 좋겠다고 제의했다. 재닛 옐런이 소위원회를 이끌었다. 찰리 플로서, 시카고 연준의 찰리 에번스, 그리고 세라 래스킨이 위원으로 참가했다. 이 위원회가 우리의 정책 전략을 밝히는, 완전하지만, 간명한 성명을 준비했다. 이 성명은 2%의 물가안정목표를 설정했지만, 위원회가 물가안정과 고용의 극대화를 함께 추구하는 "균형 잡힌 접근"을 추구할 것이라고 강조했다.

"균형 잡힌 접근"이란 말이 연준의 고용 목표와 물가안정목표가 때로는 서로 충돌할 수도 있다는 현실을 반영하고 있었다. 예를 들면, 인플레이션율은 너무 높으면서(통화긴축 정책이 요구된다) 실업율 또한 너무 높을 때이다.(통화 증발 정책이 요구된다.) 과거의 연준 관리들은 낮은 인플레이션이 장기적으로 건강한 경제와 일자리 시장을 활성화시키는 경향이 있다는 것을 강조하고 이 둘이 충돌할 수도 있다는 사실에 대해서는 얘기하기를 꺼려 했었다. 이 새로운 정책 성명은 이 두 가지 목적이 "일반적으로 상호보완적"이지만 때로는 단기적으로 충돌할 수도 있으므로 그럴 경우 정책 입안자들은 거래를 할 수밖에 없다는 것을 인정했다. 예를 들면, 인플레이션율이 목표치보다 약간 높지만, 실업율이 아주 높을 경우, 위원회는 실업율을 끌어내리는 대가로 더 높은 인플레이션율을 받아들이는 선택을 할 수도 있다는 것이었다.

나는 내 사무실에서 바니 프랭크를 만났다. 이제 공화당이 하원을 장악하고 있었으므로 그는 금융 서비스 위원회의 위원장 자리에서 물러났으나, 여전히 소수당의 고참 위원이었다. 나는 우리가 위임받은 두 가지 임무를 잘 인식하고 있다는 점을 알렸고 동시에 우리의 제의를 설명했다. 여전히 그는 우리의 제의에 완전히 찬동하지는 않았지만, 우리의 오랜 협력 관계를 감안하여 우리와 함께 할 의향이 있었다. 현재 환경에서는 정책 충돌의 가능성이 없다는 점도 도움이 되었다. 낮은 인플레이션율과 높은 실업율이 모두 돈을 푸는 정책을 요구하고 있었기 때문이다. 나는 바니와 회합을 가진 후에 의회 지도자들에게 10여 차례 전화를 걸었다. 나는 다른 회합을 통해서 공화당원들이 우리의 성명에 찬동하리라는 것을 알고 있었다. 위스콘신 주 출신 하원의원 폴 라이언을 비롯하여 많은 의원들이 물가안정목표를 명확하게 설정하는 것을 오래 전부터 지지해왔었다.

FOMC는 이 정책 성명을 승인했고, 2012년 1월 회의 후에 그 사실을 발표했다. 대니얼 터룰로는 실업율을 끌어내리기 위해서 필요할 경우 인플레이션이 일시적으로 목표치를 넘어서는 것을 허용하려는 위원회의 의지를 더욱 분명하게 표명하기를 원했기 때문에 표결에서 기권했다. 우리가 미리 해놓은 기초작업 덕분에, 그리고 물가안정목표제를 향한 우리의 접근이 점진적이었던 관계로 우리는 의회로부터 별다른 비판을 받지 않았다.

2011년 말 바니가 이듬해에 의원직 은퇴를 선언했다. 대니얼 터룰로와 내가 작별 오찬을 위해서 그를 연준에 초대했다. 바니는 연준의 좋은 친구였고, 영향력있는 입법자였으며 또 매우 재미있는 사람이었다. 언젠가 한 번, 그와 나는 입법 작전에 관해서 의견이 일치되지 않았던 적이 있었다. 물론 그의 생각이 옳았던 것으로 판명되었다. 그러자 그는 내 비서에게 쪽지를 남겼다. 이런 내용이었다. "어떤 사람들은 '내가 뭐랬어?' 하고 말하기를 좋아하지만" 그러나 "다행히도, 나는 그런 사람들 가운데 하나는 아닙니다"라고 쓰여 있었다.

「사랑의 블랙홀(Groundhog Day)」이란 영화에서 빌 머레이가 연기한 인물은 같은 날을 반복해서 산다. 2012년 봄 우리는 경제에 대해서 같은 느낌을 가지기 시작했다. 그 이전의 2년 동안 그랬던 것처럼, 고용시장은 그 전해의 가을과 초겨울보다는 개선되었지만, 더 이상 개선되지는 않았고 제자리걸음을 하고 있었다. 실업율의 그래프는 8%를 약간 웃도는 상태에서 수평선을 그리고 있었다. 주택 문제가 여전히 회복의 발목을 잡고 있었고, 유럽의 상황은 다소 안정된 것처럼 보였지만, 금융시장의 불안정성 또한 경제성장을 방해하고 있었다. 역풍이 여전히 잦아들지 않고 불고 있었다.

우리는 실업율이 대략 5.5%에 달하면 완전고용으로 볼 수 있다고 예상했었다. 3년에 걸친 회복에도 불구하고 우리는 그 목표에서 아직 멀리 떨어져 있었다. 우리는 앞으로 더 빠른 발전이 있을 것이라는 낙관적인 전망을 내놓을 수도 없었다. 2012년 6월, FOMC 스탭들은 당시 8.2%였던 실업율이 그뒤 2년 이상이 지난 2014년 4분기에도 여전히 7% 이상이 될 것이라고 전망했다. 당시 2%에 약간 못 미치던 인플레이션율은 2014년에도 목표치 이하에 머물 것으로 전망되었다.

6월 회의 후에 있었던 기자회견에서 기자들은 우리의 정책과 실업율 및 물가안정목표를 향한 우리의 전진이 매우 느릴 것이라는 우리의 예상 간에 모순이 있는 것이 아니냐는 질문을 몇 차례 던졌다. 우리가 우리의 예상을 믿는다면, 더 많은 노력을 해야 하는 것이 아니냐는 얘기였다. 나는 우리가 이미 우리의 정책을 적지 않게 수정했다고 대답했다. 예를 들면, 바로 6월 회의에서 우리는 만기일 연장 프로그램을 그해 말까지 연장했다. 이 연장 조치에 의해서 우리는 장기국채를 2,670억 달러어치 더 매입하게 될 것이고, 그에 상응하는 액수의 단기국채를 판매하게 될 것이었다. 나는 또 양적 완화 같은 비관행적인 정책 도구들은 도움이 되기도 하지만 비용과 위험도 뒤따른다는, 내가 자주 이용하는 주장을 되풀이했다. 이런 비관행적인 도구들은 금리인하 같은 흔히 쓰는 도구들보다 덜 적극적으로 사용하는 것이 좋다는 것이 나의 지론이었다.

나의 대답은 비논리적인 것은 아니었고, 위원회의 집단적인 견해를 그런 대로 반영하는 것이었다. 하지만 나는 만족할 수 없었다. 우리의 예상은 우리가 더 적극적인 행동을 취하지 않는 한, 경제를 회복시키려는 우리의 목표를 달성하는 데에 여러 해가 걸릴 것임을 분명하게 보여주고 있었기 때문이다. 그리고 우리는 의회의 도움을 기대할 수도 없는 처지였다. 실제로 의회에서의 지체가 새로운 문젯거리로 등장했다. "재정 절벽(fiscal cliff)"이 그해 연말에 어렴풋이 모습을 드러냈다. 의회의 동의가 없다면, 연방정부는 부채 상한선에 도달할 것이고 부시 행정부 시절에 시행된 세금 감면은 시한이 만료될 것이며 따라서 시퀘스트레이션(p.603 참고)이 시작될 것이었다. 나는 우리가 우리의 목적 달성을 향해서 더 빨리 전진해야 하며 그러기 위해서는 우리가 더 적극적인 행동에 나서야 한다는 여론이 FOMC 위원들 사이에서 형성되어야 한다는 결론을 내렸다.

나는 투표권이 있는 멤버와 투표권이 없는 멤버 모두와 얘기를 나누고 또 이메일을 보냈다. 모든 멤버들이 FOMC 회의에서 발언권이 있었고 따라서 동료들에게 영향력을 행사할 수 있었다. 나는 특히 2009년 10월에 게리 스턴을 승계해서 미니애폴리스 연은 책임자가 된 전(前) 미네소타 대학 교수 나라야나 코철러코타와 깊이 있는 이메일을 계속 주고받았다. 2012년 당시는 투표권이 없었던 나라야나는 그 전해에는 투표자로서 추가적인 통화 부양에 반대했었다. 그는 노동시장에서 발생하는 문제들의 대다수가 기업체들이 숙련된 노동자들을 찾기 어렵다는 데에 있다고 보았다. 이 문제는 통화정책을 통한 경기 부양이 아니라 더 많은 교육과 훈련을 요구하는 문제라고 그는 생각했다. 나는 그의 견해를 뒷받침하는 증거는 아직 없다고 보았다. 하지만 내가 그에게 전하고자 했던 기본적인 주장은 내가 확신하고 있었던 단순한 사실이었다. 그것은 우리의 목표를 향한 우리의 전진이 너무 느리다는 것이었다. 우리가 우리의 도구들이 효과적이고 그 도구로 인한 위험을 관리할 수 있다고 생각할 경우(나는 그렇게 생각하고 있었다), 우리는 더 많이 행동해야 한다는 것이 나의 생각이었다. 많은 토론 끝에 결국 나라야나는 매파를 떠나 비둘기파에 가담했다. 이것은 어떤 사람이 무시할 수 없는 사실과 주장 앞에서 자기의 생각을 기꺼이 바꾼 드문 사례였다.

그해 8월 나의 아버지 필립이 세상을 떠나셨다. 집에서 운영하던 약국을 체인에 판 후, 아버지와 어머니 에드나는 노스 캐롤라이나 주 샬럿으로 은퇴하셨다. 샬럿은 어머니가 자란 곳이었고, 동생 세스와 그의 가족이 살고 있었다. 부모님은 작은 집에서 사시다가 노인요양원으로 거처를 옮겼다. 앓아누웠던 아버지는 한 달 동안 점점 쇠약해지시더니 8월 8일 장로교 메디컬 센터 중환자실에서 심장마비로 세상을 떠나셨다. 향년 여든다섯 살이었다. 세스와 누이동생 샤론이 침상 옆에서 아버지가 잘 아시는 히브리 기도와 노래로 아버지를 위로했다. 애나와 나도 병원에 갔지만, 나는 워싱턴으로 돌아와야만 했다. 아버지는 내가 다시 찾아가기 전에 세상을 뜨셨다. 임종을 지키지 못한 우리는 장례식에 참석하기 위해서 다시 그곳을 찾았다. 아버지는 선량한 분이셨다. 윤리적이고 친절하고 점잖으셨다. 나는 친구들의 조문과 뜻밖에 걸려온 오바마 대통령의 전화에 깊이 감사했다. 그리고 나는 하원의원 론 폴의 친필 조문 편지를 받고 가장 놀랐다.(또한 감동을 받았다.)

워싱턴으로 돌아온 나는 추가적인 통화정책 작업에 찬성하는 합의를 형성하는 작업을 계속했다. 우리는 그동안 많은 일을 했고, 그것으로 충분할 것이라고 생각했었다. 그러나 빈사상태의 고용시장은 다른 신호를 보내고 있었다. 8월 현재 8.1%의 여전히 너무 높은 실업율은 고용시장의 어려움을 잘 말해주고 있었다. 그달에 1,250만 명이 실업 상태에 있었다.(그중 500만 명은 6개월 이상 실직 상태였다.) 그 외에 800만 명이 파트타임으로 일하고 있었는데, 그들은 풀타임 직장을 원하고 있었다. 그리고 또다른 260만 명은 일하기를 원했지만, 근래에 일자리를 찾아보지 않았거나 아예 일자리 찾기를 포기한 사람들이었다. 8월 31일의 잭슨 홀 연설에서 나는 표현의 강도를 높여 고용 상황이 "심각한 우려"를 불러일으키고 있다고 말했다. 나는 3차 증권 매입에 대한 시장의 기대감을 불러일으킴으로써 우리가 "시장의 지속적 개선을……촉진시키기 위해서 필요한 추가적인 정책적 도움을 제공하게 될" 것이라고 나는 말했다.

2주일 후에 열린 9월 회의에서 위원회는 양적 완화 3(QE3)으로 알려지게 될 조치를 취하기 시작했다. 우리는 더 이상 만기일 연장 프로그램을 확대할 수 없었다. 왜냐하면 장기증권을 살 수 있는 돈을 마련하기 위해서 팔 수 있는 단기증권이 거의 동났기 때문이다. 그래서 우리는 은행 지급준비금을 마련함으로써 다시 한번 우리의 주머니를 불리기로 했다. 이런 방식으로 우리는 만기일 연장 프로그램으로 매달 450억 달러 어치의 증권을 계속 매입하는 것 외에도 패니와 프레디, 그리고 지니가 보증한 주택 담보부 증권을 매달 400억 달러 어치씩 매입할 수 있었다. 더욱 중요한 것은 "고용시장 전망이 뚜렷하게 개선될 전망"이 보이지 않을 경우 우리는 계속해서 증권을 매입하고 다른 정책 도구들을 사용할 것이라고 말했다는 사실이었다.

마리오 드라기처럼 우리도 어떤 일이라도 하겠다고 선언하게 되었다. 미리 예상되는 매입 총액을 발표했던 양적 완화 1과 양적 완화 2와는 달리, 양적 완화 3은 제한이 없었다. 사실 이것은 위험한 계획이었다. 눈에 띄는 노동시장 개선이라는 우리의 목표가 달성되면 좋겠지만, 그렇지 못할 경우 우리는 이 계획이 실패했다고 선언하고 매입을 중지해야 할 것이었다. 그렇게 되면 신뢰가 크게 손상될 것이 분명했다. 그러나 제한이 없는 매입의 이점은 시장과 일반 국민들에게 연준이 필요한 만큼의 지원을 할 것이라고 기대해도 좋다는 것을 알리는 데에 있었다. 이런 기대가 신뢰를 높이고 따라서 장기금리를 낮추어주기를 우리는 희망했다. 이번에는 갈 데까지 가보자는 속셈이었다.

12월 회의에서 우리는 만기일 연장 프로그램이 끝나는 그해 연말 이후에는 장기국채를 한 달에 450억 달러 어치씩 매입하기로 함으로써 양적 완화 3을 더욱 확대했다. 9월에 매달 주택 담보부 증권 매입 400억 달러가 승인되면, 우리의 대차대조표는 850억 달러가 늘어날 것이었다. 우리는 또한 미래 지침을 다시 한번 손질했다. 우리는 어느 특정한 시일까지 우리의 단기 금리 목표를 예외적으로 낮게 유지할 것이라고 말하는 대신, 문턱(threshold)이라는 개념을 도입했다. 이것은 찰리 에번스가 공개적으로 주장해왔고, 재닛 옐런과 빌 더들리가 내부적으로 주창해온 개념이었다. 우리는 적어도 실업율이 6.5% 이상일 때는 금리 목표를 낮게 유지할 것이며 다음 1, 2년 동안 인플레이션율은 2.5% 이하로 유지될 것이라고 말했다. 중요한 점은 이 숫자가 기준이지 기폭제가 아니라는 것이었다. 우리는 실업율이 6.5%에 이르면 금리를 올리겠다는 것이 아니라 실업율이 6.5%로 떨어진 뒤에 금리인상을 고려할 것이라고 말했던 것이다. 다시 한번 우리는 우리가 무슨 일이라도 하겠다고 말하고 있었던 것이다.

리치몬드 연방은행 행장 제프 래커는 추가적인 주택 담보부 증권 매입과 문턱 양쪽 모두를 반대했다. FOMC 위원 가운데에서는 그가 유일했다. 그러나 걱정에 싸인 것은 그만이 아니었다. 나는 2013년 중반의 어느 시점에 우리가 증권 매입을 그만둘 수 있게 될 것이라고 예상했지만, 그러나 증권 매입 중지가 데이터(그리고 재정정책처럼 우리가 통제할 수 없는 요인들)에 좌우될 것이라는 것을 알고 있었다. 증권 매입을 장기간 계속 진행할 수밖에 없을지도 몰랐다. 포커 용어를 쓴다면 우리는 "올인(all in)"을 한 것이었다.

23

테이퍼 케이퍼스*

⋮

손님들과 내가 내셔널 몰의 서쪽 끝이 내려다보이는 연준 이사회 의장 전용 식당에 모였을 때는 한겨울의 태양이 이미 떨어지고 난 다음이었다. 2013년 1월 17일 쌀쌀한 목요일 저녁, 마틴 빌딩은 우리들에게 음식을 제공할 사람들과 몇 명의 보안요원들이 복도를 서성이고 있을 뿐 인적이 거의 없었다.

식당 안에는 8인용의 직사각형 식탁이 있었다. 건물 전면을 뒤덮은 유리창을 통해서 우리는 불이 밝혀진 의사당과 워싱턴 기념탑, 제퍼슨 기념관, 링컨 기념관을 볼 수 있었고 또 포토맥 강 건너 있는 펜타곤도 보였다. 디너를 앞두고 무르익은 대화에 끼어들지 않은 사람들은 레이건 국내공항을 향해 강줄기를 따라 하강하는 여객기들의 번쩍이는 불빛을 가끔씩 볼 수 있었다.

이 만찬은 곧 재무부 장관직에서 물러나게 될 티머시 가이트너를 위해서 마련한 자리였다. 티머시 외에 초대된 손님은 전 재무부 장관들인 로버트 루빈과 래리 서머스, 행크 폴슨 그리고 전 연준 이사회 의장인 폴 볼커와 앨런 그린스펀, 전 연준 부의장 도널드 콘 등으로 4년 전 행크를 위해서 내가 마련했던 작별 파티에 참석했던 사람들과 똑같은 사람들이었다.

우리가 식사를 위해서 자리에 앉기 전에 행크와 래리가 중국에서 전개되고

---

* Taper Capers : 테이퍼링을 둘러싼 논란과 그 진행과정을 의미한다/역주

있는 상황에 대해서 열띤 토론을 벌였다. 두 사람은 최근에 중국 여행을 하고 돌아온 참이었다. 볼커와 루빈은 조용하게 잡담을 주고받고 있었다. 폴은 도드-프랭크 개혁의 일부로 볼커 룰이 채택된 데에서 볼 수 있듯이, 정책 입안자들에게 아직도 상당한 영향력을 행사하고 있었다. 그러나 이제 여든다섯 살의 고령이면서도 3년 전에 재혼한 그는 전보다 더 온화해 보였고 더 자주 유쾌한 웃음을 터뜨리곤 했다. 일흔네 살인 루빈은 클린턴 대통령 정부의 재무부 장관으로서 아시아와 라틴 아메리카 그리고 러시아에서 발생했던 위기와 싸운 경력을 자랑하고 있었다. 그는 자신이 직업생활의 대부분을 보낸 월 스트리트로 되돌아가기 전에는 서머스와 가이트너의 멘토 노릇을 했었다. 시티그룹의 수석 고문으로 가장 최근의 위기를 겪기도 했다.

나는 티머시와 도널드의 대화에 끼어들었다. 도널드는 연준을 떠난 후의 활동에 만족하고 있는 것 같았다. 그는 브루킹스 연구소(워싱턴에 있는 비영리 정책 연구기관)에 재직하고 있었고, 금융 안정의 책임을 담당하는 영국은행의 한 위원회에 위원으로 참여하고 있었다. 도널드는 어떤 기관이나 정부 부처의 수장으로 활약한 적은 없었지만, 이 모임에 그가 참석했다고 신경을 쓸 사람은 아무도 없었다. 그는 그 방에 있던 어느 누구보다도 더 오랫동안 정부에 참여했고 또 그린스펀과 나에게 없어서는 안 되는 충고자였다.

그린스펀은 늦게 도착했다. 다른 약속이 있었기 때문에 늦었다고 했다. 여든여섯 살의 고령인 그는 발을 끌며 걷기는 했지만, 아직 정정했다. 활동적인 사교생활에다 가끔 테니스 게임을 즐겼고 자문회사 운영을 계속하고 있었으며 새 책을 저술하는 일도 하고 있었다.

스테이크와 감자 요리를 앞에 놓고 우리는 티머시를 위해서 건배했다. 오늘의 주빈은 한껏 흥에 겨워 쉴 새 없이 이야기를 늘어놓았고 농담도 자주 했다. 나는 티머시의 톡 쏘는 유머 감각이 방어 메커니즘인지, 혹은 그가 겉보기와 마찬가지로 고위 직책에 따르는 스트레스와 비판에 정말로 둔감해서인지 갈피를 잡을 수 없을 때가 많았다. 만약 그의 아무렇지도 않은 듯한 무관심이 연기라면, 그것은 정말 대단한 연기라는 생각이 들었다. 아직 젊어 보였지만, 티머시는 그가 재무부 국제부서에 들어온 1988년 이후로 줄곧 공직에 몸을 담아왔었다. 4년 동안 힘들게 재무장관직을 수행했던 그는 몇 달 전부터 자기는 이제 떠날 준비가 되었다고 비교적 분명하게 암시해온 터였다. 오바마 대통령은 자기의 첫 임기가 끝날 때까지 있어달라고 그를 설득했고 티머시는 두 번째 임기에도 자기가 재무장관으로 남아 있는 것은 자기 가족들에게 불공평한 처사가 될 것이라고 느꼈으며, 그래서 오바마 대통령도 그의 뜻을 받아들였다.

활발한 대화가 오갔지만, 어떤 면에서는 그 만찬은 거북한 모임이었다. 개인적 관계들이 복잡한 데다가 자존심이 강한 사람들이었고 정책에 대한 견해가 서로 달랐으며 또 얽힌 사연들이 많았다. 볼커와 루빈—그리고 앨런 그린스펀도 상당한 정도로—은 연준이 금융위기가 진행되는 동안과 그 후에 추구한 많은 정책들을 달갑게 여기지 않았다.(나는 이 식당에서 루빈과 가졌던 긴장된 오찬을 기억하고 있었다. 그때 루빈은 양적 완화를 그만두라고 나를 설득하려고 했었다.) 래리도 우리의 일부 행동에 비판적이었다. 적어도 백악관 경내에서는 그는 우리를 비판했다. 하지만 우리는 공통된 경험을 통해서 형성된 유대감을 공유하고 있었다. 의견 차이는 있었지만, 우리들 각자는 우리가 때로는 세상에 긍정적인 영향력을 미칠 수 있었다는 만족감을 느꼈다.

최고 단계의 정부 정책 결정은 오랜 시간의 작업과 거의 끊임없는 스트레스가 따르는 일이다. 하지만 역사의 일부가 된 느낌, 중요한 일을 하고 있다는 사실은 스스로 감동적이기까지 했다. 동시에 우리는 모두 무자비한 공적, 정치적 감시 아래서 엄청나게 복잡한 문제들과 씨름하면서 느끼는 좌절

감이 어떤 것인지도 알고 있었다. 빠른 속도로 변하는 커뮤니케이션 기술
―우선 24시간 방송되는 케이블 텔레비전, 그리고 블로그와 트위터―은
감시를 더욱 강화했을 뿐 아니라 침착하고 이성적인 것보다는 불쾌하고 무
지한 것, 사려 깊은 분석보다 인신공격을 더 좋아하는 것처럼 보였다. 정보
조작과 반(反)조작이 횡행하는 세상에서 경제사의 한 순간의 상징이 된다는
것, 미국인들의 희망과 두려움의 화신 노릇을 마지못해 한다는 것, 우리를
아는 그 누구도 알아보지 못할, 미디어가 만들어낸 커리커처가 된다는 것이
어떤 것인지를 우리는 모두 알고 있었다.

　그러나 우리 모두가 너무나 잘 알고 있듯이, 그것은 정책과 관련된 중요
한 직책에 부수되는 짐이다. 우리가 느낀 가장 깊은 좌절감은 이런 짐 때문
이 아니라 정부가 제대로 돌아가지 않는다는 사실 때문이었다는 것이 곧
명백해졌다. 지도자들은 토론 시스템을 설계했지만, 그런 시스템은 마비되
고 말았다. 시스템이 과시와 맹목적인 이데올로기, 그리고 악의를 장려하는
경우가 너무나 흔했던 것이다. 모든 잘못된 접근방식을 먼저 시험해보기
전에는 어떤 생산적인 일도 할 수 없을 것처럼 보였다. 식탁에 둘러앉은
사람들 가운데 1980년대와 1990년대에 봉사했던 분들이 나머지 우리들에
게 고약한 정치와 정부의 정체 상태는 공화국 자체만큼이나 오래된 것이라
고 이야기했다. 루빈은 자기 시대의 부채 상한선과 예산 싸움들에 대해서
말했다. 그 싸움들은 최근의 일련의 재정 싸움과 놀라울 만큼 비슷했다.

　만찬이 끝나갈 무렵, 나는 내가 곧 이 자리에 모인 사람 가운데서 마지막
으로 정부의 월급을 받는 사람이 될 것 같다는 농담을 했다. 그후 나와 내
경호 팀은 래리 서머스를 그가 묵고 있던 호텔에 차로 데려다주었다. 2년
전에 백악관의 직책을 그만둔 그는 내가 떠난 후에 연준 의장이 되고 싶다
는 희망을 거의 공공연하게 드러내고 있었다. 내 질문에 대한 답변에서 그
는 자기는 우리가 양적 완화 3에 따라 진행 중인 수천억 달러 어치의 증권

매입 등 현재의 통화정책을 지지한다고 말했다. 나는 누가 내 후임이 될는지 몰랐지만, 그 후임자가 우리의 정책을 이어가는 것이 내게는 중요했다.

2월 5일 백악관 대통령 집무실에서 열린 회합에서 나는 내가 2009년에 재임명되었다는 사실을 다시 상기했다. 2014년 1월에 현재의 내 임기가 끝날 때 의장으로 또다른 임기를 채울 대상자로 내가 고려되는 것을 나는 원치 않았다. 워싱턴의 압력솥 안에서 10년 이상을 견딘 것만으로 충분했다. 대통령은 내 뜻을 이해한다고 말했다. 우리는 나를 대신할 후임자 후보들에 대해서 짧은 얘기를 나누었다. 대통령은 서머스, 재닛 옐런, 도널드 콘이 자신이 생각하고 있는 후보자들이라면서 내 의견을 물었다. 나는 내가 그의 선택에 지나치게 영향력을 미치는 것을 원치 않았다. 내가 어느 한 후보자를 지지하면 그 행동이 다른 후보자를 반대하는 것으로 오해될 공산이 크기 때문이었다. 나는 대통령에게 내가 생각하고 있던 바를 밝혔다. 즉 세 사람 모두 훌륭한 자격을 갖추고 있으며 모두 현재 연준이 펴고 있는 통화정책을 계승할 것 같다고 말했다.

티머시의 환송 파티에 참석했던 사람들은 모두 정부의 기능이 마비되는 사태를 염두에 두고 있었다. 몇 주일 전부터 연방정부가 재정 절벽의 가장자리로 위태롭게 다가가고 있었기 때문이다. 재정 절벽은 2012년 말에 몇 개의 재정상의 데드라인들이 겹치는 사태에 대한 별칭이었다.(내가 1년 전 의회 청문회에서 이 말을 사용함으로써 이 말을 만들어낸 사람이 나라고 알려져 있었지만, 실상은 다른 사람들이 그전에 다른 문맥에서 이 말을 사용한 적이 있었다.) 12월 31일, 의회의 어떤 조치가 없으면, 연방정부는 그 부채 상한선에 도달할 것이고 또한 부시 행정부가 시행했던 세금감면 조치가 만료될 것이며 그렇게 되면 시퀘스트레이션이 시작될 것이었다. 재정 절벽에서 떨어진다면, 그것은 경제회복에 큰 타격을 줄 것이었다.

마지막 순간에 의회와 행정부는 일부 최악의 사태는 겨우 피해갔다. 1월 2일, 오바마 대통령은 3월 1일까지 시퀘스트레이션을 연기하고 소득 최상위자들을 제외한 모든 사람들에 대한 세금감면 조치를 연장하는 법률에 서명했다. 반면에 미국인들이 지난 2년간 누려왔던 사회보장 지급급여세 (Social Security payroll tax)의 일시적 감면(2% 포인트)은 끝내기로 했다. 부채 상한선에 도달했지만, 재무부는 과거의 교착상태 때 그랬던 것처럼 회계상의 술책을 사용해서 정부가 한동안 더 청구된 비용을 계속 지급할 수 있도록 했다.

최악의 사태는 모면했지만, 예산을 놓고 벌인 이런 위태로운 대결은 재정 역풍의 강도를 대폭 높이는 결과를 가져왔다. 발효된 증세와 지출 삭감은 수요를 상당히 억제시킬 가능성이 있었고, 교착상태(그리고 또다시 위험한 대결이 벌어질지도 모른다는 전망)로 인해서 생긴 불확실성이 업계와 소비자의 신뢰감을 감소시켰다. 초당파적인 의회예산처는 뒤에 2013년의 재정 정쟁이 2013년의 경제성장률을 1.5% 포인트 깎아내렸다고 추산했는데, 이것은 우리로서는 감당할 여유가 없는 성장률 손실이었다.

티머시는 1월 25일 재무부 장관직에서 물러났다. 2월 14일 시행된 법률에 따라 부채 상한선이 5월 18일까지 시행 정지되었다. 이로써 티머시의 후임자 잭 루는 의회에 제시할 더욱 장기적인 협상안을 마련할 얼마간의 시간적 여유를 가질 수 있게 되었다. 2월 28일 부임한 잭은 정부 안과 밖에서 오랫동안 다양한 경험을 쌓은 명민하고 여러 사정에 정통한 변호사였다. 그는 클린턴 행정부의 예산관리국장 등을 역임했고 다시 오바마 행정부의 행정관리예산국장이 되었다가 백악관 비서실장이 되었다. 그 사이사이에 그는 뉴욕 대학교의 행정 담당 부총장과 시티그룹의 고위 임원으로 일하기도 했다. 나는 그의 전임자들—존 스노, 행크, 티머시—과도 그랬던 것처럼 잭과도 정기적으로 아침식사나 점심을 함께 했다. 잭은 재정 전문가로서

명망이 높았지만, 또한 금융시장이나 금융규제에 대해서도 지식이 해박했다. 우리는 곧 좋은 업무상의 협력관계를 발전시켰다.

나는 2월 26일 연준이 1년에 두 차례 의회에서 행해야 하는 통상적인 보고를 상원 은행위원회 청문회에서 했다. 고용시장이 눈에 띄게 개선될 때까지 매달 850억 달러 어치의 증권을 매입하겠다고 한 12월의 선언에 따라 통화정책 조정이 전속력으로 계속되고 있었다. 내게는 증권 매입을 계속해야 할 필요성이 여전히 명백했다. 3년 전에 바닥을 친 이후로 일자리가 600만 개쯤 늘어나기는 했지만, 우리는 여전히 위기 이전의 고용 수준에 비해서 200만 개 이상의 일자리가 부족했다.(이것은 그후에 일어난 인구증가를 무시한 비교였다.) 실업률은 여전히 높았고(1월 7.9%), 1,230만 명의 미국인들이 일자리를 구하지 못하고 있었다. 그중 3분의 1 이상이 6개월 이상 실업 상태에 있었다.

나는 절박감을 느꼈다. 경제가 더 빨리 회복되지 못한다면, 장기간 실업 상태에 있는 사람들 대다수는 영영 직장을 다시 찾지 못하게 될지도 몰랐다. 나는 또 재정과 관련된 정책 입안자들이 경제를 돕기는 고사하고 오히려 경제회복을 방해하려고 애쓰고 있는 것 같은 사실에서 좌절감을 느끼고 있었다. "통화정책이……모든 짐을 짊어질 수는 없습니다." 나는 이렇게 말했다. 의회가 연방 재정적자를 줄이는 방향으로 진전을 보인 것은 사실이었다. 그것은 다른 상황이 같은 경우에는 긍정적 발전이었다. 그러나 내가 보기에는 의원들은 그 문제를 잘못 생각하고 있었다. 내가 얼마 전부터 주장해온 것처럼, 재정의 지속 가능성에 가장 심각한 위험은 몇 년 후에 모습을 드러낼 전망이었다. 그것은 대체로 인구의 고령화, 그리고 증가하는 건강관리 비용과 연계되어 있었다. 우리는 미국인의 건강관리 비용의 효율성을 높이고 사회보장 같은 주요 복지 프로그램의 지급 능력을 보장할 필요가 있었다. 우리는 또한 생산성을 높이고 경제성장을 촉진해야 했다. 그래야 고령화의 사회적 비용을 더 잘 감당할 수 있을 것이기 때문이었다. 그러나 의원들은 그런 중요한 긴 안목의 문제들을 다루려고 하지는 않고, 이미 취약해진 경제를 더욱 약화시키는 지출 삭감과 증세 같은 단기적 처방에 집중하려고 했다.

나는 청문회에서 이런 얘기를 하지는 않았다. 그러나 나는 FOMC가 과연 얼마나 오랫동안 재정상의 (그리고 그밖의) 역풍들을 무력화하는 데에 필요한 극도로 협조적인 통화정책을 뒷받침할 것인지 걱정하고 있었다. 1월 29-30일에 열린 가장 최근의 회의에서 있었던 표결은 11대 1로 우리의 정책을 계속하기로 결의했다. 캔자스 시티 연은 행장 에스터 조지(톰 호니그의 후임)만이 반대표를 던졌다. 하지만 그 표결이 위원회 안의 우려와 의구심의 정도를 반영한 것은 아니었다. (나를 포함한) 모든 위원들이 인정했듯이, 가장 최근의 자산 매입은 도박이었다. 나는 양적 완화 3의 무제한적 접근방식이 이전의 노력보다 성장과 고용 창출을 촉진하는 더욱 강력한 방식으로 판명될 것이라고 믿고 있었다. 그러나 경제가 국내에서의 재정긴축이나 유럽 위기의 재발 같은, 아마도 우리가 통제할 수 없는 이유 때문에 다시 정체된다면 어떻게 해야 할까? 그때도 우리는 한동안은 다량의 증권을 매입할 수 있을 것이다. 그러나 그런 전망이 대다수 나의 동료들을 불안하게 했다. 나는 내가 3명의 총재들—제러미 스타인, 제이 파월, 벳시 듀크—의 지지를 잃을까 특히 걱정했다. 2013년에는 투표권이 없었던 클리블랜드 연은 행장 샌드라 피아날토 역시 그런 점을 우려했다. 제러미와 제이는 이제는 의례적인 일이 된 상원의 인준 지연 후 2012년에 총재로 취임했다. 그들의 취임으로 연준 이사회가 6년 만에 처음으로 완전 충원되었다.

나는 그들의 임명을 열렬히 환영했다. 두 사람은 케빈 워시가 떠남으로써 약화되었던 이사회의 재정적 전문성을 높이는 데에 일조할 것으로 기대되었다. 재정을 전공한 하버드의 경제학자인 제러미는 오바마 행정부의 초기 몇 달 동안 재무부와 백악관의 자문관으로 재직한 적이 있었다. 나는 그의 사람됨과 그가 한 일을 잘 알고 있었다. 프린스턴의 경제학과장으로 재직하던 시절, 나는 그를 교수로 초빙하려고 했었다. 첫 번째 부시 행정부에서 재무부 차관을 지낸 제이는 그후 칼라일 그룹 투자회사의 공동경영자가 되었다. 그는 공화당원이었지만(대통령은 상원의 인준 가능성을 높이기 위해서 민주당원인 스타인과 그를 짝 지워 인준을 요청했다), 분명히 티파티의 일원은 아니었다. 칼라일 그룹을 떠난 그는 워싱턴에 있는 초당파적인 정책 센터에 들어갔고, 2011년 그는 이 기관에서 부채 상한선을 올리는 데에 실패할 경우 닥칠 위험을 의원들에게 주지시키기 위해서 효과적인 막후 활동을 했다. 그는 온건파, 그리고 여론 조성자로서의 명성이 높았다.

동시에 이사회에 부임한 제이와 제러미는 많은 시간을 함께 보냈고 나도 자주 그들과 자리를 함께 했다. 두 사람은 협조적으로 행동하기를 바랐지만, 그러나 우리의 느슨한 통화정책과 우리의 점점 더 두툼해지는 대차대조표에 대해서 심기가 완전히 편치는 않았다. 제러미는 언론매체들의 적지 않은 주목을 받은 일련의 강연에서 그의 우려를 언급했다. 그는 특히 우리의 증권 매입이 금융시장에서 지나친 모험주의를 조장하지 않을까 걱정했다. 그런 주장은 새삼스러운 것은 아니었지만, 제러미는 그 주장을 더욱 세세하게 그리고 특별히 세련된 방식으로 폈다. 그는 재정 불안정에 대한 제일의 그리고 최선의 방어선은 통화정책이 아니라 목표를 정해놓은 규제 및 감독정책이 되어야 한다는 나의 오랜 지론의 장점을 인정했다. 하지만 그는 규제와 감독에만 의존하는 것은 원치 않았다. 재정상의 위험은 감지하기 어려울 수도 있으며 고금리만이 "모든 균열을 메울"(그가 쓴 표현이다) 수 있고 또 어디서 일어날지 모르는 지나친 모험을 줄일 수 있다고 그는 주장했다. 나도 고금리가 모든 균열을 메울 수 있다는 데는 뜻을 같이했다. 모든 균열을 메운다는 것은 금리가 광범위한 재정적, 경제적 결정에 영향을 끼칠 수 있다는 뜻이었다. 그러나 바로 이런 이유 때문에 금융시장에서 인지된 어떤 문제를 치유하려고 이 도구를 썼다가 더 광범위한 경제적 악영향을 줄 위험이 있었다.

제이는 벳시와 마찬가지로 자신의 우려를 대개 연준 내부에서 표현했다. 샌디는 제러미와 마찬가지로 그의 우려를 공개 석상에서 토로하곤 했다. 네 사람은 결코 매파는 아니었다. 그들은 경제회복이 아직도 통화정책으로부터 상당한 도움을 받을 필요가 있다는 데에 동의했다. 그러나 그들은 우리의 날로 두툼해져가는 대차대조표가 재정 안정에 던질 함축적인 의미, 미래에 통화 완화 정책에서 발을 뺄 수 있는 우리의 능력, 그리고 우리의 보유자산의 손실로 인해서 우리가 재무부에 송금할 돈을 제때에 송금하지 못할 경우 연준에 닥칠 정치적 위험 등을 걱정했다.

연준은 통상적으로 수익을 많이 내는 기관이다. 우리는 우리 보유 자산의 재원이 되는 은행 지급준비금에 대해서 지불하는 금리(당시 0.25%였다)보다 더 높은 금리를 우리의 국채와 주택 담보부 증권에 대해서 받는다. 그리고 우리는 우량 통화로 표시되는 몫의 부채에 대해서는 이자를 지불하지 않는다. 우리는 운영비를 제한 다음, 우리의 수익을 재무부로 송금한다. 그렇게 해서 연방정부의 적자를 줄인다. 위기가 지속되는 동안, 그리고 위기가 지나간 후에 우리가 보낸 송금액은 사실 예외적으로 많았다.(위기 이전보다 훨씬 더 많았다.) 이것은 우리의 더 많아진 증권 보유량은 물론이고 또한 우리가 우리의 대출 프로그램에서 벌어들인 수익을 반영하는 것이었다. 그러나 강화되는 경제와 상승하는 인플레이션 압력 때문에 우리는 단기 금리를 올리도록 강요당할 수도 있었다. 일시적으로는 우리가 보유한 증권에서 벌어들이는 액수보다 더 많은 돈을 은행의 지급준비금에 대한 이자로 지불해야 되는 경우도 발생할 수 있다. 그렇게 되면 몇 년 동안 우리가 재무부에 송금하는 액수가 아주 적거나 아예 없어질 수도 있을 것이다. 우리는 이런 결과가 나올 가능성은 낮다고 보았지만, 그 위험을 감추지 않고 솔직하게 밝혔다. 내가 기자회견과 의회 증언에서 그 문제를 이야기했고, 우리는 또 우리 송금액에 관련된 다양한 시나리오를 검토하는 내부 연구보고서를 발표하기도 했다.

물론 수익이 통화정책의 핵심은 아니다. 금리가 오르기 시작하면 그것은 우리의 정책들이 효과를 보고 있고 경제가 마침내 강해져서 일자리를 만들고 있다는 것을 의미할 가능성이 높다. 더 강한 경제와 더 많은 일자리가 국민들에게 주는 혜택은 연준의 수익이 일시적으로 줄어 연방예산에 주는 악영향을 덮어버리고도 남는다. 더욱이 경제가 강해지면 세수 증가 등으로 정부의 재정 형편이 호전된다는 부대 효과도 따라온다. 그런 효과가 우리의 송금액 감소를 벌충하고도 남을 것이다. 하지만 이런 주장들에도 불구하고 재무부에 대한 우리의 송금이 한동안 중단되었는데, 우리는 그 대다수가 외국인 소유 은행들에 대해서 여전히 이자를 지불하고 있을 경우 우리가 정치 문제, 홍보 문제에 직면하게 될 것이라는 것을 우리는 알고 있었다. 그것이 잘못된 정책을 선택하는 이유가 될 수는 없겠지만, 또 하나의 걱정거리인 것만은 분명했다.

그 세 사람이 모두 FOMC에서 상시 투표권을 가지고 있었기 때문에, 나로서는 이 세 총재들―미셸은 그들을 "3명의 아미고(amigo)"라고 불렀다―의 지지를 잃을 여유가 없었다. 나는 우리의 증권 매입이 무한정 계속되지는 않을 것이라고 그들을 안심시킬 방법을 찾아야 했다. 제이가 나에게 말했듯이, 우리에게는 "출구(off-ramp)"가 필요했다. FOMC 성명에 이미 출구 비슷한 것이 표현되어 있었다. 성명은 우리가 매입의 "예상되는 효과와 비용"을 검토할 의도가 있음을 밝히고 있었다. 다시 말해서 우리가 만약 그 프로그램이 효과를 보지 못하고 있다는 결론을 내리거나 그 계획이 지나친 위험을 내포하고 있다면, 고용시장에 시동을 건다는 우리의 목표에 도달하지 못했더라도, 우리는 증권 매입을 중지할 것이었다. 부분적으로는 3명의 아미고를 달래기 위해서, 나는 2월 26일의 험프리-호킨스 증언 등 기회가 있을 때마다 비정통적 정책의 잠재적 위험을 계속 부각시켰다. 나는 지금까지는 증권 매입의 이득이 그에 따르는 위험보다 더 크다는 나의 생각을 명백히 했다. 하지만 나는 이 프로그램의 잠재적 약점들에 주의를 환기시킴으로써 우리가 자동조종장치로 운행하지 않고 필요할 경우 속도를 늦출 것이라는 것을 불안해하는 동료들은 물론이고 일반 국민들에게도 납득시킬 수 있기를 바랐다.

나는 3월에 열리는 다음 번 FOMC 회의에서 양적 완화 3을 계속 시행할 경우 예상되는 효과와 비용, 위험에 대한 충분한 토론을 기대했다. 회의가 다가오자 나는 모든 총재들의 지지를 확보하려고 애썼다. 총재들 모두를 만났다. 이례적으로 나는 또 제이, 제러미, 벳시에게 내가 3월에 가지기로 계획하고 있던 기자회견 서두 연설에 대한 코멘트를 할 기회를 주었다. 나는 그들에게 증권 매입에 대한 나의 견해가 그들의 견해와 다르지만, 그들의 선택을 수용하기 위해서 최선을 다하겠다고 말했다. "이사회의 지지를 받지 못한다면, 의장으로서의 나의 지위는 유지될 수 없습니다." 나는 그들에게 이렇게 말했다. 나는 그들에게 우리가 9월부터, 아니 어쩌면 6월부터 증권 매입을 늦출 수 있게 되기를 기대한다고 말했다.

한편 언론인들과 증권거래자들은 언제부터 테이퍼링(tapering)이 시작될 것인지에 대한 구구한 억측을 내놓고 있었다. 테이퍼링은 증권 매입을 갑자기 중단하기보다는 서서히 줄여간다는 우리의 전략에 언론이 붙인 용어였다. 나도 이 용어를 쓴 적이 있지만, 나는 이 말을 그다지 좋아하지 않았다. 그래서 나는 FOMC에서 사람들이 다른 말을 쓰도록 하려고 애썼다. "테이퍼링"은 우리가 일단 매입을 줄이기 시작하면, 미리 정해놓은 내리막길을 따라 계속 매입을 줄여갈 것이라는 암시가 담긴 말이었다. 그보다는 나는 매입 속도는 우리가 정해놓은 노동시장 목표를 향한 전진 속도, 그리고 매입에 따르는 위험이 매입 이득보다 더 커지기 시작했느냐의 여부에 따라 다양하게 변할 수 있다는 것을 전하고 싶었다. 하지만 늘 그렇듯이 나는 언론이 선택한 용어에 대해서는 별 영향력을 행사할 수 없었다.

전략이 어떻게 불리든 간에 전략을 분명하게 전하는 것이 중요할 것이다. 나는 무엇보다도 1994년에 통화긴축 정책을 향한 변화에 대비하도록 시장에 주의를 환기하면서 취했던 잘못된 조치를 반복하는 것만은 피하고 싶었다. 당시 그린스펀 의장 지휘 아래 있던 FOMC는 1990-1991년의 침체가 진행되는 동안과 침체가 지나간 후에 연방자금금리 목표를 대폭 인하했다. 그런 다음 그 목표를 1년 반 동안 그대로 둔 채, 정책 입안자들은 1994년 2월 경제가 과열되었다는 초기 신호가 나오고 있는 가운데 금리를 더 올리기 시작했다. 그린스펀은 다가오는 정책 변화에 대해서 시장에 경고하려고 했지만, 장기금리는 위원회가 예상했던 것보다 훨씬 더 급격하게 반응했다. 10년 만기 국채의 금리가 1월 초의 5.6%에서 5월초에는 7.5%로 상승했던 것이다. 투자자들은 연준의 2월 금리인상을 정책 입안자들이 머릿속에 그렸던 것보다 훨씬 더 빠른 일련의 금리인상의 시작으로 보았던 것이 분명하다. 당시의 FOMC는 장기금리의 예상 밖의 상승이 경제를 지나치게 둔화시키지 않을까 걱정했다.

이 사태는 결국 진정되었다. 그린스펀은 경제가 낮은 인플레이션과 함께 계속 성장할 수 있는 한, 연착륙을 성취했다. 1990년대가 미국 역사상 가장 긴 경제 팽창의 시기임이 판명되었고, 앨런은 적어도 한동안은 경제의 거장이 되었다. 그러나 거기까지 이르는 길은 순탄치 않았다. 그로부터 근 20년이 지난 지금, 나는 우리가 개발한 커뮤니케이션 테크닉—첫 번째 금리인상의 지표가 될 실업과 인플레이션의 문턱 같은 것—이 우리가 더 잘

할 수 있도록 도와주기를 바랐다.

3월 회의 후, 위원회가 승인한 성명과 내가 기자회견에서 한 말을 통해서 나의 메시지는 전달된 것 같았다. 우리는 증권 매입을 서서히 끝내는 방법에 대해서 진지하게 토론하고 있었지만, 아직 그것을 시작할 준비가 되어 있지 않았다. 회의 다음 날 「월 스트리트 저널」 기사 제목이 정곡을 찔렀다. "연준은 긴축정책의 준비가 되어 있지 않다—아직은.(Fed Not Ready to Tighten Policy—Yet.)" 나는 내가 섬세한 조정을 할 필요가 있다는 것을 알고 있었다. 흔들리는 세 총재들을 비롯한 FOMC의 중심부는 그해 중반쯤에 매입을 줄이기 시작할 것을 생각하고 있었다. 언론매체들의 보도와 우리가 실시한 증권회사들에 대한 조사 결과를 보면, 시장 주체들 대다수는 훨씬 더 늦게 매입 축소가 시작되기를 기대하고 있는 것 같았다. 내가 할 일은 경제회복을 지원하는 정책을 계속하면서 서로 다른 기대들을 서로 가까이 근접시키려고 노력하는 것이었다.

4월 30일-5월 1일 회의에서 결정된 목표는 3월에 정했던 목표와 거의 비슷했다. 우리가 증권 매입을 축소할 수 있을 정도로 경제가 아직 충분히 준비되어 있지 않았지만, 그럴 때가 다가오고 있다는 것을 널리 알리자는 것이었다. 경제는 견실한 소비자 지출(휘발유 값 인하가 소비자에게 도움이 되었다)과 늘어나는 주택 건설에 힘입어 완만하게 성장하고 있었다. 그러나 우리가 우려했던 대로, 그해의 첫 3개월 동안의 연방정부 지출은 시퀘스트레이션이 본격적으로 발동하기 전인데도, 이미 눈에 띄게 줄어들고 있었다. 우리의 성명에서 우리는 우리가 융통성 있게 대처할 것이라는 점, 우리의 미래의 행동은 경제가 어떻게 변화되느냐에 좌우될 것이라는 메시지를 전하려고 했다. 우리는 이렇게 말했다. "위원회는 노동시장이나 인플레이션 전망이 변함에 따라 적절한 정책 조정을 유지하기 위해서 위원회의 증권 매입 속도를 **높이거나 낮출**[고딕체는 저자 임의로 했다] 준비가 되어 있다."

그러나 투자자들은 이 문구에서 속도를 "높인다"는 부분만을 받아들인 것이 분명했다. 그들은 위원회가 증권 매입의 속도를 높이는 문제를 적극적으로 고려하고 있다고 추론했다. 그후 3주일 동안 주식시세가 완만하게 상승했다. 양적 완화 3의 미래에 대한 시장의 기대와 위원회 다수 멤버들의 기대 사이의 간격이 좁혀지기는커녕 더 넓어진 것이었다.

5월 22일 나는 메시지를 수정했다. 그러나 적당히 얼버무릴 수밖에 없었다. 그날 오전에 열린 상하원 공동경제위원회 청문회 초두 연설에서 나는 이렇게 경고했다. "통화정책의 때 이른 긴축은……경제회복을 둔화시키거나 혹은 아예 중단시킬 상당한 위험이 따를 것입니다." 나는 연준 안팎의 매파들의 견해에 반박했다. 매파는 우리의 증권 매입이 빨리 종결되기를 바라고 있었다. 나는 우리가 증권 매입을 현재의 속도로 영원히 계속할 것이라는 신호를 보내려고 하지는 않았다. 사실 나는 우리의 대차대조표가 두툼해지는 속도를 다소 늦추는 것을 긴축으로 보지는 않았다. 그래도 우리는 여전히 돈을 풀고 있었다. 다만 덜 적극적으로 풀 뿐이었다.

초두 연설을 하고 나서 얼마 후에 나는 누군가가 던진 질문의 대답으로 이렇게 말했다. "우리는 다음 몇 차례의 회의에서……매입 속도를 늦추겠다는 결정을 내릴 수도 있습니다." 그날 오후, 우리는 4월 30일-5월 1일 회의의 의사록을 공개했다. 이 의사록에는 일부 FOMC 참석자들이 "6월 회의에서 매입 속도를 하향 조정할 의향이 있음을 밝혔다"는 사실이 나타나 있었다.

서로 상반된 메시지가 나오고 있다고 인식한 시장은 동요했다. 그러나 전체 문맥을 검토한다면, 우리가 발표한 성명들은 한결같은 내용이었다. 주가는 내가 준비했던 증언을 듣고 올랐다가 질의응답 시간에 내가 한 코멘트를 듣고 다시 약간 내렸고 의사록이 발표되자 다시 내렸다. 양적 완화 3이 영원히 계속될 수는 없다는 메시지가 마침내 서서히 이해되고 있는 것 같았다. 이렇게 커뮤니케이션이 삐걱거리자 나는 내가 신인 시절이었던 2006년에 통화긴축 사이클을 끝내기 위해서 시도했던 일을 생각했고, 1994년 긴축을 시작할 때 그린스펀이 부딪혔던 어려움이 무척 컸겠구나 하는 생각도 다시 하게 되었다. 또 댈러스 연은 행장 리처드 피셔가 19세기 초의 프랑스 외교관 탈레랑과 그의 적수였던 오스트리아의 메테르니히 공작에 관한 연설에 포함시켰던 이야기도 생각했다. 탈레랑이 죽었을 때 메테르니히가 다음과 같이 말했다고 보도되었다. "그가 그걸로 뜻하려는 바가 뭔지 궁금하군." 내가 무슨 얘기를 하든, 또 아무리 명확하게 그 말을 하든 상관없이 시장은 그 말에 숨겨진 의미를 찾아내려고 하는 것 같았다.

상하원 공동경제위원회 청문회를 둘러싼 소동을 겪고 난 후, 나는 기자회견이나 청문회보다 훨씬 더 즐거운 커뮤니케이션을 하게 되었다. 졸업식 연설을 하기 위해서 낯익은 두 장소로 여행을 한 것이다. 사이먼스 록 대학과 프린스턴 대학이었다. 나의 아들 조엘이 2006년 사이먼스 록 대학을 졸업했고, 2013년에 웨일 코넬 의과대학을 졸업할 예정이었다. 애나는 사이먼스 록 대학 감독위원회의 위원이었다.

나는 아름답고 청명한 5월 18일 그 대학에서 연설했다. 나는 경제회복이 4년째 계속되고 있지만, 졸업생들이 직장 구하기가 쉽지 않다는 사실을 알고 있었다. 나는 분기 단위가 아니고 10년 단위로 전망하면서 선진국 경제가 오랫동안 평균 이하의 성장에 머물 수밖에 없다고 주장하는 경제학자들을 논박하려고 했다. 나는 졸업생들에게 이렇게 말했다. "역사상 인류의 혁신 역량과 혁신 인센티브가 오늘날처럼 컸던 적은 없었습니다." 간단히 말해서 나는 명예의 전당에 헌액된 뉴욕 양키스의 전설적 야구선수 요기 베라의 미래는 과거와는 달랐다는 말이 틀렸다는 것을 확신시키려고 했다. 나는 6월 2일의 프린스턴 대학 연설은 약간 재미있게 하려고 했다. 졸업생들에게 10계명 대신 10개의 힌트를 주었다. 나는 학생들에게 "인생은 예측할 수 없다"고 말했는데, 이 말은 나 자신이 걸어온 길, 지난 7년 반 동안 경제와 금융 시스템이 보여준 롤러코스터 타기 같은 급변을 생각하며 한 말이었다. 나는 또 학생들에게 내가 선택한 학문에 대한 실무적인 정의를 내려주기도 했다. "경제학은 정책 입안자들에게 그들이 과거에 한 선택이 왜 잘못되었는지를 설명하는 데는 탁월한, 지극히 세련된 학문 분야입니다. 하지만 미래에 대한 설명은 그렇지 않아요."

이사회 의장으로 재직하는 동안, 나는 교사들과 학생들(그들이 특권층인 아이비 리그의 명문 대학 학생이건, 역사적으로 흑인대학이었던 학교의 학생이건, 지역 전문대학으로 돌아온 장년들이건 상관없이)과 이야기를 나누며 평생 교육의 중요성을 확인할 때 나는 항상 행복했다. 그것은 애나와 내가 둘 다 교육자들이었기 때문만은 아니었다. 건전한 통화정책이 건강한 경제를 유지할 수는 있지만, 건강한 경제를 만들 수는 없다는 것을 나는 알고 있었다. 장기적으로 볼 때, 미래세대를 위한 더 좋은 생활수준을 만들 수 있는 경제의 능력은 경제적으로 가치 있는 기술과 폭넓은 교육에서 얻을 수 있는 균형 잡힌 시각을 가질 수 있는 기회가 있는 사람들에게 달려 있다. 따라서 교육만큼 중요한 것은 없다.

프린스턴 졸업식이 있고 2주일 반이 지난 6월 19일, 나는 FOMC 회의 후의 기자회견을 끝내고 내 사무실에 앉아 있었다. 컨스티튜션 애비뉴를 따라 늘어선 느릅나무는 한여름을 맞아 짙푸른 잎을 한껏 자랑하고 있었지만, 나는 창밖을 내다보고 있지 않았다. 내가 바라보고 있었던 것은 내 블룸버그 터미널에 나타난 들쭉날쭉한 붉은 선들이었다. 그것은 주식시장과 채권시장의 심각한 요동을 보여주는 그래프였다. 이른바 "테이퍼 탠트럼(taper tantrum : 양적 완화 축소를 둘러싼 경제지표의 급격한 요동/역주)"이라고 알려진 현상이었다. 다우 지수는 내려가고 있었는데, 10년 만기 국채의 수익률과 달러 환율이 치솟고 있었다. 이 사태가 가져올 수 있는 경제적 결과는 우려할 수밖에 없었다. 장기금리가 계속 오르고 주가가 계속 내려갈 때, 투자와 소비 수요는 제동이 걸리고, 달러 가치가 오르면 미국 상품의 수출은 감소될 것이었다.

조금 전에 끝난 회의에서 FOMC는 매달 850억 달러의 속도로 증권 매입을 계속하도록 승인했다. 그러나 테이블 주위에 둘러앉은 사람들은 결국은 해야 할 이 프로그램에서의 하차를 위한 기초작업을 하기를 원했다. 그들을 무마하기 위해서 나는 기자회견에서 데이터에 의존해서 증권 매입을 일시적으로 축소하는 방안을 제시했다. 나는 우리의 예측이 노동시장이 계속 개선되는 것으로 나오고 (2013년 들어 그때까지 1% 부근에 머물러 있는) 인플레이션이 우리의 목표인 2%를 향해서 움직인다면, "금년 하반기에" 증권 매입량을 조절할 수 있을 것이라고 말했다. 그후에 만사가 잘 풀리면, 우리는 내가 말한 "계산된 조치로" 매입량을 계속 줄여갈 것이며 2014년 중반쯤에 매입을 종결할 수 있을 것이었다. 우리의 예측대로 된다면, 그 시점에 실업률은 7%쯤 될 것이다. (5월에 7.6%였다.) 7% 실업률은 우리의 최종 목표는 아니지만, 시장이 양적 완화 3의 시행을 처음 알게 되었던 2012년 8월의 실업률 8.1%에 비하면 상당히 개선된 것이었다. 매입의 목적을 달성했다고 우리가 떳떳하게 말할 수 있을 때 비로소 매입을 끝내는 것은, 그것이 가능하다면, 매우 중요하다고 나는 생각했다.

우리의 증권 매입 조절 전망에 대한 시장의 지나친 반응을 무디게 하려는 생각에서, 나는 기자회견에서 12월 이후 나온 FOMC 성명들에 포함되었던 사항—우리의 증권 매입이 종결된 후에도 "상당 기간" 동안 통화정책이 매우 협조적으로 유지되기를(다시 말해서 연방자금금리 목표를 제로에 가까이 유지하기를) 우리가 기대한다는 것을 강조했었다. 마지막으로 우리가 매입을 끝낸 후에 빠르게 방향을 선회해서 우리의 대차대조표의 두께를 축소하는 방향으로 나갈지도 모른다는 시장의 우려를 덜어주기 위해서, 나는 FOMC 멤버의 절대다수가 우리가 보유한 주택 담보부 증권을 우리가 만기 일이 될 때까지 팔지 않고 보유할 것으로 예상하고 있다고 보고했다.

증권 매입 축소를 논의만 해도, 최소한 약간의 부정적 반응이 시장에서 나타날 수 있다는 것을 나는 이미 알고 있었다. 하지만 나는 뉴욕 연은의 증권회사 조사 결과에 기초해서 내가 설계한 길이 시장의 기대와 근접해 있다고 생각했다. 나는 심지어 불확실성을 줄임으로써 우리가 약간의 긍정 적인 반응을 불러일으킬지도 모른다는 희망을 가지기까지 했었다. 전반적 으로 나는 단기시장의 요동을 크게 우려하지는 않았지만, 기자회견 후에 내 블룸버그 스크린에 나타난 심각한 요동은 내가 기대했던 것은 아니었다. 이런 추세가 지속된다면, 통화 환경에 의도하지 않은 긴축이 초래될지도 몰랐다.

시장의 강한 반응을 어떻게 설명할 수 있을까? 왜 그런 의외의 반응이 나왔을까? 지금 와서 돌아보면, 시장의 기대에 대한 우리의 견해가 증권 딜러들에 대한 우리의 조사에 지나치게 좌우되었다는 것이 나의 생각이다. 선물시장은 우리에게 시장이 생각하는 연방자금금리의 변화 추세에 대한 믿을 만한 정보를 주었지만, 우리의 증권 매입에 대한 시장의 생각은 알려 주지 못했다. 우리의 증권 매입에 대한 시장의 생각을 알기 위해서 뉴욕 연은의 이코노미스트들은 증권회사들에서 일하는 이코노미스트들에게 물 었다. 그런데 그들은 연준 정책 입안자들이 내놓는 공적 성명의 문장 하나 하나에 신경을 곤두세우고 있었다. 그러니까 우리의 경제학 박사들이 저들 의 경제학 박사들을 조사한 셈이었다. 그것은 거울을 들여다보는 것과 약간 비슷했다. 그것은 밑바닥에서 일하는 딜러들이 어떤 생각을 하고 있는지 말해주지 않았다. 다수의 딜러들은 그들 회사의 이코노미스트들에게는 별 로 주의를 기울이지 않고 우리의 증권 매입이 거의 무한정 지속될 것으로 믿고 있는 것 같았다. 그것을 영원한 양적 완화(QE-ternity), 또는 무한정 양적 완화(QE-infinity)라고 부르는 사람들도 있었다. 그들의 생각은 이치에 맞지 않는 것이었고, 우리가 말해온 것과는 전혀 일치하지 않았다. 그럼에도 불구하고 일부 투자자들은 그 생각에 기초해서 시장에 대한 그들의 입장을 명확하게 정해놓았던 것이 분명했다. 이제 그들은 메테르니히처럼 증권 매입에 대한 우리의 성명을 보고 이렇게 물었다. "저걸로 저들이 뜻하는 것이 뭐지?" 내가 기자회견에서 한 말의 분명한 의미에도 불구하고 그들의 결론은 우리가 더 일찍 우리의 연방자금금리를 인상하겠다는 신호를 보내고 있다는 것이었다. 그들은 그들이 보유한 국채와 주택 담보부 증권을 팖으로써 장기금리를 밀어올렸다.

우리는 시장의 잘못된 인식을 바로잡으려고 움직였다. 나는 이메일을 통해서 제러미 스타인, 제이 파월과 협의했고 6월 24일 점심시간에 그들을 만났다. 내가 다음에 연설하기로 한 날짜는 7월 10일이었지만, 빌 더들리와 제이는 6월 27일에 공개적 회합에 나가기로 일정이 잡혀 있었고, 제러미는 6월 28일 연설을 하기로 되어 있었으므로, 그들이 먼저 우리의 정책 플랜을 명확하게 설명할 수 있었다. 10년 만기 국채의 금리, 그리고 더욱 중요한 것은 30년 만기의 모기지 금리가 회의가 있고 나서 1주일 사이에 0.5%쯤 뛰었다는 것이다. 모기지 금리의 급등은 주택 판매와 건설을 위축시킬 위험이 있었다. 다우존스 산업 평균지수는 근 4%나 떨어졌고, 달러의 환율은 3% 가까이 올랐다. 투자자들이 미국에서 더 높은 이자를 받을 수 있을 것이라고 기대하고 그들의 돈을 회수함으로써 신흥시장의 경제 역시 고통을 겪고 있었다.

빌과 제이는 그들의 강연에서 매입 축소가 경제를 해칠 것이라고 생각하는 한, 우리는 매입을 줄이지 않을 것이라고 강조했다. "경제가 더 약하다고 생각되면, 위원회는 증권 매입량 조절을 연기하거나 오히려 매입량을 늘릴 수도 있습니다." 제이는 이렇게 말했다. 빌은 고용시장의 형편이 FOMC의 전망에 못 미친다면, "자산 매입이 더 오랫동안 더 빠른 속도로 계속될 것으로 예상됩니다"고 말했다. 제러미는 또 우리의 정책 스탠스는 근본적으로 변하지 않았다고 말했다. 7월 10일의 보스턴 연설에서 나는 어떤 청중의 질문에 대답하면서 완만한 증권 매입 정책이 단기금리 인상의 형태로 나타나는 통화긴축 정책과 혼동해서는 안 된다고 강조했다. "전반적인 메시지는 조정입니다"라고 나는 말했다. 우리의 이런 말들은 시장에 도움이 되었다. 모기지 금리와 장기국채 금리가 약간 내렸고 주가도 다소 회복되었다. 그러나 시장은 여전히 불안정했다.

불행하게도 테이퍼 탠트럼만이 그해 여름에 있었던 유일한 소동은 아니었다. 6월 기자회견에서 「워싱턴 포스트」의 일란 무이 기자가 그보다 이틀 전에 오바마 대통령이 PBS 방송에 나와서 한 말에 대해서 물었다. 오바마 대통령은 찰리 로즈와의 대담에서 "벤 버냉키는 훌륭하게 임무를 수행했습니다"라고 말했다. 그리고 이렇게 덧붙였다. "그분은 이미 그분이 원했던 것, 또는 예상되었던 것보다 훨씬 더 긴 기간 일했습니다." 대통령의 이 말은 두 번째 임기를 시작하면서 내가 다소 부담스러워했던 일, 8년 재직 후에는 꼭 사임하겠다는 나의 결심을 회상하면서 한 말이었다. 나는 일란 기자의 질문에 대한 답변을 회피했다. 나는 공화당 대통령 후보 경쟁자들이 그들이 집권하면 나를 즉시 해고하겠다고 서로 경쟁적으로 말하던 지난여름 이후로 나의 교체에 관한 질문에는 대답을 회피해왔었다.(사실, 이사회 의장은 행정부의 장관들과는 달리 이유 없이 해임될 수 없다.)

나는 내가 의장 자리에서 밀려나고 있다는 잘못된 인상을 불식하기 위해서라도 일란 기자의 질문에 답변은 하고 싶었다. 그런 인상과는 반대로, 대통령은 나에게 불만을 품고 있거나 나를 재임명할 때 가졌던 나에 대한 견해와 지금 그가 가지고 있는 나에 대한 생각이 조금이라도 다르다고 생각할 만한 이유를 나에게 드러낸 적이 없었다. 하지만 나는 미셸 스미스와 데이브 스키드모어의 충고에 따라서 내 계획을 공개적으로 언급하는 것을 피했다. 두 사람은, 정책 입안자는 가능한 한 레임덕 상태에 빠지는 것을 피해야 한다는 검증된 지론을 굳게 믿고 있었다.

누가 나의 후임자가 될 것인가에 관한 억측이 그해 여름 극도로 뜨거워졌다. 대다수의 사람들이 래리와 재닛을 지목했다. 그러나 도널드 콘, 로저 퍼거슨, 나의 프린스턴 동료였던 앨런 블라인더, 옛날 MIT에서 내 학위논문 작성을 도와주었던 스탠리 피셔(이스라엘 중앙은행 총재로서 8년 임기가 끝나가고 있었다)도 공개적으로 거론되었다. 나는 이 문제를 취급하는 백악관의 방식이 불만스러웠다. 대통령과 그의 보좌관들은 구구한 억측이 나돌았지만 몇 주일이 지나도록 지켜보기만 했다. 이제 그 억측은 후보자들의 명성을 손상시키고 통화정책의 방향의 불확실성을 조장하는 지경에까지 이르렀다. 재닛으로서는 그 소동이 견디기 어렵고 주의를 산만하게 만들었지만, 그래도 그녀는 계속 자기 일에 집중했다. 래리는 대통령과 친밀한 관계이고 그가 명민하다는 것은 공인된 사실이었지만, 그의 지적, 정치적 반대자들을 잘못된 방식으로 약을 올린 전력 등 몇 가지 무시할 수 없는 약점이 있었다. 후임자가 발표되지 않은 가운데 시간이 흐르면서 내가 보기에는 재닛이 유력한 후보로 떠오르고 있었다. 래리의 임명 전망은 6월 하순 상원의 민주당 소속 의원 54명의 3분의 1(대다수가 리버럴리스트였다)이 재닛을 지지한다는 서한에 서명함으로써 치명타를 입었다. 대통령은 그의 지명에 대한 공화당의 지지를 별로 기대할 수 없었으므로 민주당 의원들의 동향을 무시할 수 없었다.

그해 여름, 계류되어 있던 연준의 인사 문제는 후임 의장 지명 문제만이 아니었다. 7월 11일, 벳시 듀크가 다사다난한 5년을 보낸 후 8월 말에 연준 이사회 총재직을 사임하겠다고 발표했다. 그녀는 정상적인 시절이 어떤 것인지 알 수 있을 만큼 충분하게 오래 연준에서 일하겠다는 희망을 품기도 했지만(그녀는 리먼 사태보다 한 달여 먼저 이사회에 들어왔다), 이제 그 희망을 포기했다고 말했다. 연준 백년 역사에서 여덟 번째 여자 총재였던 세라 래스킨이 7월 31일 최초의 여성 재무부 차관으로 지명되었다. 2003년 이래 클리블랜드 연은 행장이었던 샌드라 피아날토가 8월 8일 2014년 초에 은퇴하겠다고 선언했다. 나는 여러 해 전부터 샌디의 자기를 내세우지 않는, 건설적인 접근방식을 높이 평가해왔었다. 그녀는 그녀의 FOMC 동료들, 기업가들, 은행가들, 또 그녀가 담당한 지역의 지역사회 지도자들의 말에 주의 깊게 귀를 기울였다. 제러미, 제이, 그리고 벳시와 마찬가지로, 그녀 역시 대규모 자산 매입을 달가워하지 않았다. 그러나 그녀는 이견을 말함으로써 소동을 일으키는 대신, 사려 깊고 온건한 주장을 통해서 FOMC 멤버들을 설득하려고 애썼다. 그녀는 연설을 통해서 자기의 견해를 드러냈지만, 톰 호니그가 2010년에 사용했던 것 같은 자극적인 표현을 사용하지는 않았다.

2013년은 국제적으로도 중앙은행의 주역들이 많이 바뀐 해였다. 3월에 시라카와 마사아키가 5년간 재직했던 일본은행 총재직에서 물러났다. 그는 지적이고 건설적인 좋은 동료였다. 그는 2011년의 지진과 쓰나미에서 일본 경제회복을 위해서 열심히 일했다. 그러나 그는 조심스럽고 보수적이었는데, 그것은 아마 총재가 되기 전에 일본 중앙은행에서 근무한 그의 오랜 경력이 반영된 성향이었을 것이다. 그의 후임 구로다 하루히코는 아시아개발은행 총재였는데, 일본은행에서는 근무한 일이 없었다. 그는 총리 아베 신조의 경기부양 기조의 "아베노믹스" 정책과 더 잘 어울리는 사람처럼 보였다. 언론 보도에 따르면, 그는 무제한의 자산 매입과 일본의 인플레이션율을 2%로 끌어올리기 위한 다른 적극적인 노력 등 보다 더 "버냉키 같은"

전술을 채택할 것으로 예상되었다.

7월 1일, 나의 MIT 옛 동료 머빈 킹이 영국은행 총재로서의 10년 임기를 끝냈다.(머빈은 2011년 나이트 작위를 받았고 2013년에는 종신 귀족이 되었다. 따라서 그는 영국 상원의원이 되었다. 나는 가끔 농담조로 그를 "Lord Sir King"이라고 부르기도 했다.) 나는 런던에서 열린 머빈의 이임식과 워싱턴의 영국대사관에서 열린 고별 만찬에 참석했다. 그의 후임은 평판이 좋은 캐나다 은행 총재 마크 카니였다. 또 카니의 후임은 캐나다 은행의 조사국장과 캐나다 수출진흥청 청장을 역임한 스티븐 폴로즈였다.

테이퍼 탠트럼 이후 통화정책은 순항하면서 여름으로 접어들었다. 7월 30-31일 FOMC 회의에서 채택한 성명은 그전의 성명과 크게 달라진 내용이 별로 없었다. 한 해 2회의 통화정책을 설명하는 증언과 그밖의 다른 장소들에서 나는 우리의 증권 매입과 우리의 금리정책 간의 중요한 전술적 차이를 계속 설명했다. 나는 매입의 주된 목적이 경제의 추진력을 키워서 경제의 지속적인 성장을 추구하는 데에 있다고 역설했다. 한편 제로에 가까운 단기 금리는 매입이 종결된 후, 오랫동안 경제성장을 지탱해줄 것이었다. 이 계획은 다단계 로켓과 비슷한 것이었다. 발사 로켓이 우주선을 우주공간으로 쏘아올리면 보조 엔진들은 우주선이 탈출 속도에 도달한 후 계속 움직일 수 있도록 해준다.

7월 17일과 18일에 열린 하원 금융 서비스 위원회와 상원 은행위원회 청문회는 내가 의장으로서 의회에 나간 마지막 행사들이었다. 우리의 행동을 날카롭게 비판했던 몇몇 의원들을 비롯한 다수의 의원들이 평소와는 달리 나에게 감사하다거나 축하 인사를 했다. 의원들은 특히 위기가 진행되는 동안 연준이 취한 조치에 대해서 감사했다. 도드-프랭크 법이 논의되는 동안에는 대체로 연준의 친구였으나 양적 완화에 대해서는 강경한 반대론자였던 코커 상원의원은 이렇게 말했다. "당신의 봉사에 감사하고, 당신의 우정에 감사합니다. 무슨 일이 일어나든 나는 당신이 잘 되기를 원합니다." 다섯 달 전의 통화정책 청문회에서 그는 예금과 양도성 예금증서의 금리를 매우 낮게 유지하는 부작용을 낳는 정책을 택함으로써 "노인들을 버스 밑으로 던져넣었다"고 나를 공격했다. 나는 유능한 입법자인 코커를 좋아하고 존경했다. 그러나 나는 지킬 박사와 하이드 같은 정치인들의 이중성에는 결코 익숙해질 수 없었다. 그래도 코커 상원의원만은 다수의 그의 동료들과는 달리 사석에서나 공석에서나 나에게 대체로 같은 이야기를 했다.

이 청문회들은 도드-프랭크 법 통과 3주년 기념일과 대체로 날짜가 겹쳤다. 나는 그 법을 시행하기 위한 우리의 지속적인 노력에 대해서 의원들에게 충분히 설명했다. 그것은 길고도 고통스러운 과정이었다. 새로운 규칙을 제정하면서 우리는 미국의 다른 규제기관들과 의견조율을 해야 했을 뿐 아니라—또 가능한 한 국제적인 일관성을 성취하기 위해서—외국의 중앙은행들과도 연락을 취해야 했다. 7월 2일 우리와 다른 미국의 은행 규제기관들은 공동으로 바젤 III에 의해서 확립된 고도의 기준보다도 더 엄격한 은행의 자기자본 요구를 채택했다. 연준이 2009년 초 최초의 포괄적인 스트레스 테스트를 도입한 이후 미국의 대형 은행들의 자기자본 수준은 갑절 이상으로 증가했다. 이제 이 은행들은 경제하강과 금융혼란을 더 잘 견딜 수 있게 되었고, 그 결과 가계와 기업체에 계속 자금을 대출할 수 있는 여유를 가지게 되었다. 우리가 바젤 III 규칙을 채택하고 그 다음 주에 여러 기관으로 이루어진 금융안정감독위원회는 비은행 금융기관 둘—AIG와 제네럴 일렉트릭의 금융 서비스 자회사인 GE 캐피탈—을 매우 중요한 구조적 비금융 기관으로 처음으로 지정했다. 이 지정은 이 기관들이 연준의 감독을 받게 된다는 것을 의미했다.

잭 루는 공개 연설을 통해서 그리고 재무부와의 사적인 회합에서 도드-

프랭크 규칙 제정을 서두르라고 압력을 넣었다. 8월 19일 대통령은 우리를 루스벨트 룸으로 불러서 약간 더 도덕적인 설득을 했다. 그는 특히 우리가 연말까지 볼커 룰을 받아들이기를 열렬히 바라고 있었다. 볼커 룰은 금융회사들이—그들 자신의 계정으로—다량의 증권, 파생상품, 상품선물 거래를 그리고 옵션 거래를 하지 못하도록 금지하는 규칙이었다. 나는 대통령이 서두르는 이유를 충분히 이해할 수 있었다. 나 또한 그 일이 제대로 되기를 바랐다. 볼커 룰을 시행하기 위한 규정을 만드는 일을 맡은 5개 기관은 허용될 수 있는 거래와 허용될 수 없는 거래를 구분하기가 지극히 어렵다는 사실을 발견했다. 그러나 우리는 대통령이 제시한 시한에 맞춰 12월 10일 최종안을 채택했다.

규정을 만들면서 우리가 늘 염두에 두었던 것은 어떻게 하면 신용이나 경제성장을 필요 이상으로 억압하지 않으면서 금융 안정을 유지할 수 있을까 하는 것이었다. 그보다 2년 전, JP모건의 CEO 제이미 다이먼이 공개 포럼에서 나에게 우리가 시행하고 있는 모든 새로운 규칙들에 의해서 축적되는 경제적 효과를 계산해보았느냐고 물었다. 우리는 개개의 규칙, 그리고 나아가서 관련된 규칙군(群)에 대해서 그 규칙들로 말미암아 발생하는 비용과 그 규칙들이 가져오는 이점을 분석하려는 당연한 시도를 했지만, 나는 포괄적인 계산은 도움이 안 된다고 대답했다. 내 대답은 매우 만족스러운 것은 못 되었고, 제이미는 그의 동료 은행가들을 위해서 공개적인 자리에서 나를 공격함으로써 월 스트리트에서 영웅이, 그러나 단명한 영웅이 되었다. 더 좋은 대답은 제이미에게, 적절하게 엄격한 규칙을 만들지 못하여 우리가 최근에 겪었던 것과 같은 위기가 다시 발생하도록 허용함으로써 치르게 될, 엄청난 경제적, 인간적 비용을 지적해주는 것이었을 것이다.

7월의 청문회는 9월 17-18일 FOMC 회의 이전에 내가 공개석상에서 한 마지막 연설 기회였다. 나의 발언과 발언 사이의 긴 간격이 우리가 증권 매입량을 줄이기 시작할 것인지 말 것인지에 대한 구구한 억측을 진정시키는 일을 복잡하게 만들었다. 통상적으로 나는 8월의 캔자스 시티 연은의 잭슨 홀 회의에서 행하는 나의 연설을 미래의 정책 변화를 암시하는 데에 이용했었다. 그러나 나는 이번에는 이 회의에 참석하지 않기로 했다. 나는 그 전해에도 이 회의에 가지 않으려고 했었다. 내 여조카의 유대교 성인식이 그 주말에 잡혀 있었기 때문이었다. 그런데 에스터가 나를 위해서 회의 날짜를 변경했고, 나는 청문회에 참석할 수 있었다. 돌이켜보면 그것은 잘한 일이었다. 내가 에스터가 주재하는 첫 회의에 참석하지 않았다면, 언론들은 그것을 에스터에 대한 나의 불만 표시로 해석했을지도 몰랐다. 나는 그런 메시지를 보낼 생각은 추호도 없었다. 그러나 나는 이 회의에 대한 걱정 또한 없지 않았다. 이 회의가 언론들의 서커스처럼 되어버렸기 때문이었다. 더욱이 나는 12개 연은 가운데 한 은행만이 연준의 대표적인 회의가 된 이 회의를 매년 주최한다는 것은 불공평하다고 생각했다.

잭슨 홀에 가는 대신, 애나와 나는 5일간의 휴가를 떠났다. 내가 2007년 8월에 우리의 머틀 비치 여행을 어쩔 수 없이 취소한 이후 처음 가는 휴가여행이었다. 우리는 샬럿의 가족들을 방문했고 우리 단 둘이서 노스캐롤라이나 주 애슈빌로 갔다. 개인 소유 저택으로는 미국에서 가장 큰 빌트모어 에스테이트를 둘러보고 뉴욕의 센트럴 파크를 설계한 저명한 정원 설계자 프레더릭 로 올름스테드가 설계한 정원들도 감상했다. 애슈빌의 지하의 술집에 들어가서 블루그래스 음악(bluegrass music : 미국 남부의 백인 민속음악에서 비롯된 컨트리 음악/역주)을 즐기기도 했다.

잭슨 홀 회의를 거른 것이 커뮤니케이션상의 문제를 일으키지 않을까 다소 걱정이 되기는 했다. 하지만 경제에 관한 상반된 주장이 팽팽히 맞서 있었으므로 내가 그 회의에 참석했다고 해도 분명한 신호를 보낼 수는 없었을 것이다. 상반된 주장이 맞서 있었음에도 불구하고, 9월 회의가 다가오자 시장 참가자들은 우리가 마침내 그 유명한 테이퍼링을 시작할 것이라고 예측하는 쪽으로 점점 기울어지는 것 같았다. 회의 전 주일에 「월 스트리트 저널」이 설문조사를 한 47명의 경제학자들 가운데 3분의 2가 어떤 행동이 취해질 것이라고 예측했다.

회의 전날 밤, 나는 전망이 그 정도로 분명하다고는 생각지 않았다. 실업률은 8월에 서서히 더 내려가서 7.3%가 되었다. 그러나 일자리의 증가세는 약화된 것처럼 보였다. 임금수령자의 수가 7월과 8월에 평균 매달 13만 6,000씩 증가했을 뿐이었다. 나는 또한 금융환경이 너무 빨리 조여지고 있는 게 아닌가 걱정되었다. 30년 모기지 금리는 5월에 3.5%가 채 안 되었는데, 이제는 4.5%를 약간 넘어선 상태였다. 다른 장기금리 또한 올랐다. 한편 의회와 대통령은 부채 상한선을 올리고 10월 1일 2014 회계연도가 시작된 후의 정부 운영비 마련에 필요한 입법을 놓고 대립이 점점 첨예화하고 있는 것 같았다. 첨예한 대립은 최선의 경우라도 신뢰를 해치고, 최악의 경우에는 국채의 채무불이행 사태로 엄청난 금융 대란을 초래할 수도 있다는 것을 2011년의 경험을 통해서 우리는 알고 있었다.

위원회는 매달 매입하는 증권의 양을 다수 줄이자는(예를 들면, 850억 달러에서 750억 달러로) 위원들과 매입 축소를 연기하자는 위원들로 갈라져 있었다. 빌 더들리와 재닛 옐런의 강력한 지지를 받은 나는 매입 축소 쪽으로 기울어진 시장의 예상에도 불구하고 현재의 매입량을 유지하는 쪽을 선택했다. 나는 6월에 내가 테이퍼링이 9월에 있을 것이라고 말한 적이 없다는 점을 지적했다. 나는 다만 "금년 후반기"라고만 말했을 뿐이었다. 그러나 더욱 근본적인 이유는 경제전망이 아직 명확하게 매입 축소를 정당화하지 못한 데에 있었다. 나는 우리의 정책이 경제와 고용시장의 전망에 따라서 변할 것이라는 강력한 메시지를 보내고 싶었다. 경제회복을 위해서는 어떤 일이라도 할 준비가 되어 있다는 것이 무제한 증권 매입의 근본 취지였다. FOMC도 나의 결정을 지지했다. 오직 에스터 조지만이 그해 내내 그래왔던 것처럼 내 결정에 반대했다. 제러미 스타인은 다수의 견해에 가담했지만, 그 다음 주일의 한 발언에서 자기는 테이퍼링이 바로 시작되었더라면, 마음이 더 편했을 것이라고 말했다.

어떤 결정이 내려지면 그 소식을 빨리 전하려고 애써 왔었지만, 그해 9월에 우리는 아무런 움직임도 보이지 않음으로써 시장을 놀라게 했다. 이 놀라움이 자금 사정을 호전시켰다. 사실 우리를 망설이게 했던 것은 좋지 않은 자금 사정이었는데, 자금 사정의 호전은 결과적으로 매입 축소에 유리한 여건이 되었다. 이튿날 비둘기파인 「뉴욕 타임스」의 사설은 증권 매입의 현상 유지를 결정한 것은 잘한 일이라고 썼다. 그러나 그 정도로는 우리를 비판하는 사람들을 설득할 수 없었다. 「월 스트리트 저널」 사설 제목은 "버냉키 씨, 눈을 깜박이다(Mr.Bernanke Blinks)"였다. 그 사설은 "신경이 크게 마비되었다"고 나를 비난했다. 「파이낸셜 타임스」의 한 칼럼니스트는 2012년에 릭 페리가 한 말을 상기시키면서 나를 "테이퍼 반역자"라고 매도했다. 퇴임을 앞둔 이 시점에서 나는 이런 비판이나 불의의 일격을 당했다고 펄펄 뛰는 채권 딜러들의 반응에 그리 신경을 쓰지 않았다. 나는 다만 우리가 옳은 일을 하기를 바랐을 뿐이다.

그 뒤에 전개되는 사태를 보면서 나는 우리가 내린 결정을 후회하지 않았다. 공화당이 장악한 하원과 민주당이 다수 의석을 보유한 상원이 곧 정부의 운영비 지출 법안을 놓고 격돌했다. 공화당 의원들은 (오바마케어[Obamacare]라고 알려진) 의료보험법의 자금줄을 끊어버리려고 끈질기게 공작을 벌였으나, 물론 민주당 의원들은 그 요구를 거부했다. 연방정부가 10월 1일 "문을 닫았다."(이것은 부채 상한선을 올리는 데 실패해서 정부 부채에 대한 채무불이행 사태가 일어나는 것과는 다르며 그처럼 심각한 사태도 아니다.) 80만 명으로 추산되는 연방 직원들이 출근하지 말라는 지시를 받았다. 그러나 "매우 중요하다"고 판단되는 민간 직원들은 언제 급료를 받을지 모르면서도 근무처에 나왔다. 또 140만 명의 군인들과 50만 명의 체신 담당 직원들 역시 계속 일했다. 보유한 증권의 수익으로 운영비를 충당하는 연준은 문을 열고 있었다.

다시 말해서, 사람들의 눈에 잘 띄는 몇몇 장소들(예를 들면, 국립공원)은 폐쇄되었지만, 대다수의 정부 기능은 계속 작동했다.(10월 13일 일요일에 분노한 나이 많은 제대군인들과 그들을 지지하는 사람들이 내셔널 몰의 제2차 세계대전 기념관 출입을 막기 위해서 국립공원 관리국이 쳐놓은 바리케이드를 파괴해버렸다. 나는 그들의 심정을 이해할 수 있었다.) 나는 10월 4일에 나올 예정이었던 노동부의 9월 고용 실태 보고서가 연방정부 폐쇄로 인해서 지연될 것이라는 보고를 받고 낙담했다. 효과적인 통화정책을 수립하려면 시의적절한 정보가 필요하다. 나는 노동부 장관 토머스 페레스에게 전화를 걸어서 연준이 비용을 지불하는 방법을 찾아낸다면, 그 보고서를 제때에 낼 수 있겠느냐고 물었다. 그는 그의 변호사들과 협의하고 나서 내게 다시 전화를 걸어 불가능하다고 말했다.

연방정부 폐쇄가 시작되기 직전인 9월 25일, 재무부는 부채 상한선을 피해 가기 위한 회계적 수단이 곧 바닥날 것이고 따라서 10월 17일에 채무불이행 사태가 일어날 것이라고 발표했다. 다행히 10월 16일 의회는 부채 상한선 적용을 1년간 유예하고 다음해에 쓸 정부 자금을 지출하는 법률에 합의했다.(다시 한번 벼랑 끝에서의 아슬아슬한 싸움을 무사히 마무리한 것이었다.) 대통령은 자정 직후에 그 법률에 서명했다.

정부 폐쇄의 소용돌이 속에서 그나마 희소식이 하나 전해졌다. 대통령이 나의 후임으로 재닛 옐런을 지명했다고 발표했던 것이다. 그보다 3주일 전에 래리 서머스는 자기 이름을 고려 대상에서 빼달라고 부탁하는 서한을 대통령에게 보냈다. 그 서한에서 그는 이렇게 말했다. "나에 대한 인준 과정은 혹독할 것이며, 그 과정은 연준과 행정부 그리고 궁극적으로는 현재 진행 중인 미국의 경제회복에 도움이 되지 않을 것입니다." 나는 재닛의 지명을 기뻐했지만, 그 과정이 어렵고 험난했던 것을 안타깝게 생각했다.

10월 9일 오후 2시, 나는 재닛과 그녀의 남편 조지 애컬로프, 그리고 다른 가족들과 함께 루스벨트 룸에서 대기하고 있었다. 대통령의 수석 보좌관인 밸러리 재럿이 들러서 자기 소개를 하고는 재닛과 이런저런 얘기를 했다. 우리는 곧 귀빈식당으로 인도되었다. 대통령이 나에게 몇 마디 하지 않겠느냐고 물었다. 나는 사양했다. 그날은 재닛의 날이었다. 그녀가 대통령의 오른편에 섰고 나는 나의 두 손을 꽉 잡은 채 대통령의 왼편에 서서 대통령의 말을 경청했다. 대통령은 나를 "침착함의 전형"과 같은 사람이라고 하면서 "또다른 대공황을 막기 위해서 필요한 대담한 행동"을 함으로써 "엄청난 용기와 창의성"을 보여준 것을 고맙게 생각한다고 말했다.

대통령은 재닛의 지명을 발표하면서 "빼어난 자질을 갖추었고……검증된 지도자이며……[그리고] 부의장으로서……우리의 경제회복을 촉진하는 데 도움이 되는 정책의 추진력"이었다고 그녀를 치하했다. 사실 그녀는 내가 의장으로 취임할 때보다 연준 정책 입안에 관련된 훨씬 더 많은 경험을 가지고 있었다. 임명 수락 연설에서 재닛은 연준의 두 가지 책무에 충실하겠다고, 특히 우리의 현실을 감안해서 사람들을 일터로 되돌려보내는 일에 최선을 다하겠다고 다짐했다. "연준의 책무는 미국민 전체에게 봉사하는 것입니다. 그런데 너무 많은 미국민들이 여전히 직장을 찾지 못한 채, 날아오는 청구서를 어떻게 결제해야 할지, 또 가족들에게 필요한 것들을 어떻게 마련해야 할지 걱정하고 있습니다." 그녀는 말했다. "그 업무를 효과적으로 수행함으로써 연준은 그들을 도울 수 있을 것입니다." 그 시점부터 나의 임무는 순조로운 업무 인계를 뒷받침하는 것이었다.

FOMC의 다음 회의는 10월 29-30일로 예정되어 있었다. 이번에는 증권 딜러들은 우리가 테이퍼링에 들어갈 것으로 예상하지 않았고 우리도 이번에는 그들의 기대에 부응했다. 연착한 9월 고용보고서(2주일 이상 늦은 10월 22일에야 발표되었다)에는 실업률이 약간 떨어져 7.2%로 내려가 있었다. 고용인들은 겨우 14만8,000개의 일자리를 늘린 것이었다. 게다가 우리는 2주일 전에 막 끝난 정부 폐쇄 사태의 경제적 효과를 파악하려고 애쓰고 있는 중이었다. 기다리는 것이 현명한 길인 것 같았다.

12월 17-18일 회의가 열릴 때쯤에는 오래 전부터 예상되어왔던 우리의 증권 매입 속도를 늦추는 조치를 취할 여건이 조성되었다. 그때 우리는 10월과 11월의 고용보고서를 볼 수 있었다. 실업률은 이제 7%로 떨어졌다.(예상했던 것보다 더 빨리 이 수준에 도달한 것이었다.) 9월의 임금수령자 수와 비교해볼 때, 지난 3개월 동안 일자리는 매달 평균 20만 개 이상씩 늘어난 것이었다. FOMC는 매달 매입액을 100억 달러 줄여 750억 달러로 하도록 승인했다. 에스터 조지는 FOMC에 들어온 이후 처음으로 다수 의견에 가담했다.

그러나 보스턴 연은의 에릭 로젠그렌은 증권 매입 속도를 늦추는 것은 시기상조라면서 반대했다. 그는 인플레이션율이 아직 목표치인 2%보다 낮은 상태에 머물러 있다고 지적했다. 로젠그렌과 다른 FOMC 멤버들의 우려를 누그러뜨리기 위해서 우리는 연방자금금리 인상에 관한 지침을 조정해야 했다. 우리는 "특히 예상되는 인플레이션율이 위원회의 장기 목표인 2% 선을 계속 밑돌 경우, 실업률이 6.5% 이하로 떨어진 후에도 상당 기간" 제로에 가까운 연방자금금리를 유지할 가능성이 높다고 이야기했다. "상당 기간"이라는 문구를 추가한 것은 우리가 비록 증권 매입을 계속 줄여가더라도 단기금리를 서둘러 인상하지는 않을 것이라는 신호였다. 우리의 메시지가 받아들여진 것이 분명했다. 시장이 우리의 결정을 차분하게 받아들였던 것이다.

연은 행장들은 그 주일 평소보다 더 일찍 워싱턴으로 갔다. 1913년 12월 23일 있었던 윌슨 대통령의 연준법 서명 100주년 기념식에 참석하기 위해서였다. 기념식은 12월 16일에 거행되었다. 두 전임 의장(볼커와 그린스펀)과 현직 의장(나), 그리고 차기 의장(재닛)─이 네 사람이 계속해서 연준을 이끈(그리고 이끌) 햇수를 합치면 34년이었다─이 이사회 테이블 옆에 나란히 앉았다. 이 기념식에 참석한 낮익은 얼굴로는 이사회 총재들이었던 도널드 콘, 로저 퍼거슨, 케빈 워시, 랜디 크로스너, 마크 올슨, 수전 비에스, 그리고 벳시 듀크가 있었다. 가장 연장자는 아흔다섯 살의 듀이 데인이었는데 케네디 대통령에 의해서 이사회 총재로 임명된 분이었다. 여든세 살의 낸시 티터스도 참석했다. 그녀는 1978년 카터 대통령에 의해서 최초의 여성 연준 총재로 임명되었다. 모두 62명의 전현직 FOMC 멤버들이 이사실에 모였다. 연준 역사상 가장 큰 전현직 총재들의 모임이었다.

이 기념식은 임기가 끝나가던 나에게 연준에 대한 나의 생각을 정리할 적절한 기회가 되었다. 나는 창립 이후 이 기관을 지탱해온 가치는 최고 정책 결정권자들이 계속 바뀌었는데에도 불구하고 이 기관에 봉사하는 직원들에 의해서 제시되어온 가치는 침착하고 객관적이며 사실에 근거한 분석을 중시하는 태도와 국민에 봉사하겠다는 헌신적인 태도라고 지적했다. 그리고 적어도 다른 어떤 가치에 못지않게 중요한 가치가 "최선의 시간에 정치적 압력에 굴하지 않고, 어렵지만 필요한 결정을 내리려는 연준의 의지"라고 나는 말했다.

나의 임기 마지막 달인 2014년 1월 나는 과거를 회고하고 미래를 전망하는 기회들을 가질 수 있었다. 나는 그때까지 경제위기와 그 후유증에 대해서 분석적으로 생각하는 시간은 많이 가졌었지만, 1월 16일 브루킹스 연구소에서의 행사가 열리기까지는 내가 겪은 정서적 경험에 대해서는 별로 생각해보지 않았었다. 역사가 리아콰트 아메드(내가 좋아하는 책 가운데 하나인 『금융의 제왕(*Lords of Finance*)』— 두 세계대전 사이의 세계 주요 중앙은행 총재들에 관해서 쓴 책—의 저자)가 나에게 잠을 못 이룬 날이 있었느냐고 물었다. 물론 그런 날들이 있었다. 그러나 사태가 진전되면서 나는 두려움을 억누르고 문제 해결에 초점을 맞추었다. 하지만 돌아보면 그것은 마치 전복된 차 안에 갇힌 형국이었다. "우리는 대개 다리 위에서 떨어지지 않으려고 안간힘을 쓰지요. 그리고는 한참 지난 후에야 이렇게 말하지요. '오, 하느님 맙소사!'" 나는 리아콰트에게 이렇게 말했다.

나의 의장 재임 마지막 주일은 정책을 구상하는 평소의 일상 업무와 작별을 고하는 생소한 의식이 교차되는 날이었다. 나는 FOMC 회의를 한 차례 더 주재했다. 1월 28-29일의 회의였다. 그달 회의가 열리기 전에 노동부는 12월에 실업률이 뜻밖에 대폭 떨어졌다고 보고했다. 5년 만에 가장 낮은 6.7%였다. 우리로서는 증권 매입을 매달 100억 달러씩 더 줄이지 않을 이유가 별로 없었다. 한 달에 매입하는 증권 매입액이 650억 달러로 줄어들게 되었다. 2011년 6월 이후 처음으로 아무도 이 결정에 반대하지 않았다.

통화정책을 정상화하는 까다로운 과업은 재닛 옐런과 그녀의 동료들의 몫이 될 것이었다. 대니얼 터룰로와 제이 파월은 유임될 예정이었다. 재무부 차관으로 인준된 세라 래스킨은 곧 이사회를 떠날 것이었고, 제러미 스타인은 2년간의 외도를 끝내고 그해 중반에 하버드로 돌아갈 예정이었다. 1월 10일 오바마 대통령은 새로 부임하는 다른 두 지명자들과 함께 제이를 4년 임기의 총재로 지명한다고 발표했다. 새로 지명된 두 총재는 유럽 재정위기가 한창이었을 때 재무부 국제 담당 차관으로 재직했던 레이얼 브레이너드와 재닛에 이어 연준 부의장이 된 존경받는 스탠 피셔였다. 재닛은 자기의 자신감을 입증하듯이 스탠을 지명하라고 행정부를 밀어붙였다. 나도 이 선택을 강력하게 지지했다. 새로 취임하는 의장은 그렇게 중량감 있는 제2인자를 보통 달가워하지는 않을 것이었다. 언론은 즉각 이 두 사람을 "드림 팀"이라고 불렀다.

나의 FOMC 동료들이 FOMC 회의 첫날 저녁에 나를 위한 파티를 열었다. 나는 이런 모임에 여러 차례 참석했지만, 그렇게 많은 인사말을 듣는 데는 여전히 익숙하지 않았다. 재닛이 특히 정중한 인사말을 했다. "나는 지난 8년 동안 의장님이 이룬 가장 주목할 만한 업적은 의장님의 용기였다고 생각합니다." 그리고 이렇게 말했다. "의장님은 의구심과 비판의 끊임없는 불협화음을 대해야 했습니다……그리고 이 비판이 확증된다면, 오래도록 그 비판이 메아리치리라고 생각하셨지요. 그러나 나는 의장님이 그런 비판에 영향을 받는 것을 본 적이 없습니다. 늘 결의에 차고 열린 마음으로 그리고 창의적으로 이 나라를 위해서 최선의 가장 좋은 일을 하려고 노력하셨습니다."

나는 답례로 그 자리에 모인 FOMC 위원들에게 그들이 공적인 말을 할 때 조금 더 건설적이고 조금 덜 귀에 거슬리는 말을 해주기를 촉구함으로써 재닛을 도와주려고 했다. 이견을 공개적으로 밝히는 것은 이해할 수 있는 일이었고 또 의외의 환경에서 서둘러 새로운 정책 도구를 개발할 때는 도움이 되기도 했다. "미지의 바다로 나아가는 배의 선원들이 그 배를 어떻게 운항할 것인가, 또 배가 어디를 향해야 할 것인가를 놓고 열띤 토론을 벌이는 것은 놀라운 일이 아닙니다." 나는 이렇게 말했다. "이제 우리는 비록 육지가 눈에 보이지 않더라도 적어도 이미 알고 있는 해역으로 다가가고 있습니다……따라서 나는 여러분들이 공개적인 커뮤니케이션에서 이견을 말할 때 그에 덧붙여서 의견이 일치된 부분들도 부각시켜주기를 부탁합니다." 이 부탁이 잘 먹혀들지 않을 부탁이라는 것을 나는 알고 있었다. 그러나 그 말은 내가 재닛을 위해서 해야 할 말이었다.

1월 30일 오후, 나에게 작별을 고하기 위해서 수백 명의 이사회 직원들이 에클리스 빌딩 1층 중앙 홀에 모였다. 이 모임의 주제는 야구였다. 우리는 핫도그와 크래커 잭, 팝콘, 그리고 아이스크림을 먹었다. 그러나 맥주는 없었다. 통화정책과 금융규제는 맨 정신으로 해야 하는 일이기 때문이었다. 직원들은 내 업무 성적이 찍힌 가짜 야구 카드를 주었다. FOMC 회의 86, 의회 증언 79, 연설 226, 그리고 「60분」 인터뷰 두 차례.

의장으로서 마지막 근무일인 다음 날, 나는 비서 리타 프록터의 은퇴 기념 오찬에 참석했다. 그녀는 내 사무실의 업무가 계속 순조롭게 돌아가도록 하기 위해서 계획된 은퇴일을 넘기고도 계속 근무해왔었다. 나는 "리타"라는 새로운 능률 측정 단위를 만들어야겠다고 농담했다. 우리 대다수는 리타의 절반 수준의 능률을 올리기도 어려울 것이라고 생각했다. 나는 내 사무실로 돌아가서 마지막 짐을 꾸렸다. 오후 늦게, 그러나 평소보다는 조금 일찍 나는 사무실 밖으로 걸어나왔다. 내가 엘리베이터를 향해 긴 대리석 복도를 걸어가자 언론사 사진기자들의 카메라들이 터졌다. 경호원 빌 맥아피와 함께 엘리베이터를 타고 차고로 내려온 나는 마지막으로 중무장한 이사회 SUV를 타고 집으로 향했다.

다음 월요일인 2월 3일, 이제 가장 오래 재직한 이사회 총재가 된 대니얼 터룰로의 집전으로 재닛이 취임 선서를 했다. 그날 아침 나는 폴로 셔츠와 블루진 차림으로 아침을 먹은 후 애나에게 키스를 한 다음 스스로 운전해서 브루킹스 연구소로 갔다. 나는 이 연구소의 상임 특별연구위원으로 일하게 되었다. 이사회 공보실에서 파견나온 데이브 스키드모어의 도움을 받아가며 나는 이 책을 쓰기 위한 작업을 시작했다. 나의 새 사무실은 금요일 내가 떠나온 넓은 공간보다는 작았지만, 낯설지 않은 느낌이었다. 내 오랜 친구 도널드 콘이 복도 끝 사무실에 있었다.

에필로그

과거와 미래 : 회고하고 전망하며

⋮

연방준비제도를 떠난 지 1년이 조금 지난 지금 나는 이 회고록의 집필을 거의 끝내가고 있다. 애나와 나는 지금도 워싱턴에서 살고 있다. 아내가 도시 아이들을 위해 창설한 프로그램이 아주 잘 운영되고 있다. 자문을 하거나 회합이나 회의에 참석하기 위해서 여행을 하지 않을 때는 나는 브루킹스 연구소에서 다양한 프로젝트에 관여한다. 늘 그랬던 것처럼 나는 지금도 경제 문제나 현상 등을 세밀하게 추적한다. 하지만 누군가가 어려운 결정을 내리고 또 그 결정을 방어해야 하는 정책 토론에 관한 것을 읽는 것은 왠지 홀가분한 일이다.

재닛 옐런은 빈틈없이 그녀의 새 역할 속으로 들어갔다. 으레 있는 일이지만, 짜증스러울 정도로 느리게 진행된 인준 과정을 거쳐서 스탠 피셔가 이사회 부의장으로 2014년 5월 28일 취임했다. 그는 금융 안정에 관한 연준의 업무를 감독하는 위원회를 이끌고 있다. 레이얼 브레이너드는 6월 16일에 이사회에 합류했고 제이 파월은 같은 날 두 번째 임기를 시작했다. 역시 6월에 필라델피아 연은의 조사국장 로레타 메스터가 샌디 피아날토의 후임으로 클리블랜드 연은 행장이 되었다. 가을에 2011년의 세 반대자들—찰리 플로서, 리처드 피셔, 나라야나 코철러코타—이 은퇴를 선언했다. 찰리와 리처드는 2015년 3월에 떠났고 나라야나는 2016년 2월에 물러날 예정이다. 델라웨어 대학 총장 패트릭 하커가 찰리의 후임으로 지명되었다. 시차를 둔 행장들과 총재들의 장기간의 임기는 연준 창설자들이 의도했던 것처럼 견실한 정책의 연속성을 보장하는 데에 있었다.

2014년 1년 동안, 재닛은 그녀와 내가 시행했던 정책들을 계속 시행했다. 증권 매입은 금융시장의 별다른 혼란이나 경제에 미치는 해악 없이 순조롭게 점차 축소되었다. 증권 매입이 2014년 10월에 종결되었을 때, 연준의 대차대조표는 4조5,000억 달러에 근접해 있었다. 그것은 머리가 멍해질 정도로 큰 액수지만, 17조 달러가 넘는 미국의 연생산액과 비교하면, 다른 주요 산업국가들의 중앙은행 대차대조표와 비슷한 수준이다.

양적 완화 3을 종결하기 위한 조건—고용시장 전망의 눈에 띄는 개선—은 이견 없이 충족적인 것이었다. 내가 잭슨 홀에서 양적 완화 3을 예시했던 2012년 8월 실업률은 8.1%였다. 매입이 종결되고 있던 2014년 10월 실업률은 5.7%였고 하강세를 보이고 있었다. 2014년에 경제는 약 300만 개의 일자리를 추가했는데, 이것은 1999년 이후 가장 큰 연간 증가였다. 이렇게 일자리가 급격히 증가함으로써 2010년부터 2014년까지 5년 동안 늘어난 일자리의 합계는 약 1,070만 개에 달했다.

연준의 증권 매입과 대출 프로그램은 정부에 많은 수익을 안겨주었다. 연준은 2014년에 재무부로 1,000억 달러 정도를 송금했다. 또 하나의 기록이었다. 2009년부터 6년 동안 송금한 액수는 4,700억 달러 정도에 달했는데, 이것은 위기 이전의 6년(2001-2006) 동안에 송금한 액수의 3배가 넘었고, 남자, 여자, 어린아이를 불문하고 모든 미국인에게 1인당 1,500달러씩 나누어줄 수 있는 액수였다.

단기금리는 2015년 초에도 바닥에 머물러 있었다. 이것은 지난 몇 년간의 FOMC의 정책 지침과 일치하는 것이었다. 그러나 시장은 위원회가 그해 후반의 어느 시점에 제로에 가까운 금리를 마침내 인상할 수 있을 것이라고 기대했다. 물론 얼마나 빨리, 얼마나 많이 금리를 인상할 것인가는 경제 상황에 달려 있었다. 실업률이 낮아지고 있음에도 불구하고, 2014년에도 임금 상승은 완만했다. 아직도 노동에 대한 수요가 공급을 앞서지 못하고 있다는 것을 보여주는 수치였다. 따라서 연준에게는 기존의 정책―너무 높은 인플레이션이 유발될 위험이 없이 일자리가 더욱 늘어나도록 지원하는―을 유지할 여유가 있는 것 같았다.

세계경제의 느린 성장, 그리고 더 강해진 달러는 2015년 초 미국의 수출을 위축시켰다. 이런 현상이 1분기에 경제 전반이 침체되는 하나의 요인으로 작용했다. 그러나 미국에서는 경제의 긍정적 신호들이 많이 나타나고 있었다. 그들의 지출이 경제의 약 3분의 2를 차지하는 미국의 소비자들의 형편이 몇 년 만에 가장 좋아졌다. 가계들의 부채는 줄어들었고 그들이 내는 이자도 싸졌으며 그들이 보유한 주택의 가격은 올랐다. 또 대다수 퇴직계정의 가치도 높아졌다. 석유 값의 급격한 하락―2014년 7월의 배럴당 100달러에서 2015년 초에는 50달러 언저리로 떨어졌다―은 에너지 생산업자들에게는 골칫거리겠지만, 석유 값과 난방용 기름 값이 떨어짐으로써 소비자들에게 거액의 세금을 감면해주는 것과 같은 혜택을 주었다. 여론조사로 측정된 소비자 신뢰 또한 높아졌다. 주택 경기는 아직 약하지만, 그래도 침체 이후로 줄곧 눈에 띄게 상승해왔다. 그리고 연방, 주, 하급 지방 정부의 재정정책은 평균적으로 볼 때 제한적에서 중립적―성장을 지원하지도 억제하지도 않는―으로 움직였다. 인플레이션율은 여전히 아주 낮은 상태로 유지되고 있었다. 떨어지는 에너지와 식품 가격을 제외하더라도 연준의 목표인 2% 아래 머물러 있었고 앞으로도 한동안 그런 상태를 유지할 듯하다. 인플레이션을 스스로 정한 목표인 2% 정도를 유지하려는 진지한 노력을 보이는 것이 연준의 신뢰도를 위해서 중요할 것이다. 온 세상이 알고 있듯이, 너무 낮은 인플레이션은 너무 높은 인플레이션과 마찬가지로 나쁘다.

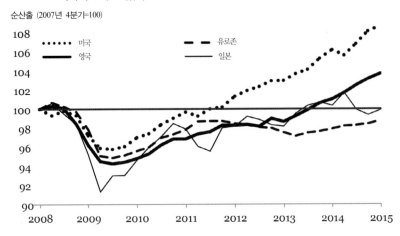

도표 4　적극적인 통화정책이 미국 경제가 다른 선진국 경제보다 더 빨리
　　　　회복하도록 도왔다

순산출 (2007년 4분기=100)

2014년 말 미국의 생산은 위기 이전의 최고점인 2007년 말보다 8% 이상 증가했다. 유로존의 생산은 위기 이전의 최고점보다 1.5%가량 낮았고 영국의 생산은 위기 이전 최고점보다 3% 남짓 높았다. 일본의 생산은 침체 이전의 최고점에 약간 못 미치는 상태에 머물러 있었다. 이 자료는 2007년 4분기부터 2014년 말까지 자료이다. 자료: 미국 경제분석국, 유럽 지역사회 통계국, 영국 국가통계국, 일본 관방성

우리는 통화정책이 미국의 경제회복에 얼마만큼 기여했는지 정확히 알 수 없다. 다만 연준이 취한 조치들이 취해지지 않았을 경우에 야기되었을 사태를 짐작할 수 있을 뿐이기 때문이다. 그러나 대부분의 증거들—중앙은행들의 안과 밖의 조사 등—이 비정상적인 통화정책—양적 완화와 정책 플랜에 대한 커뮤니케이션 등—이 경제성장과 고용창출을 촉진하고 디플레이션의 위험을 줄여주었다는 사실을 뒷받침하고 있다.

　연준의 정책이 효과적이었다고 믿는 한 가지 이유는 다른 산업국가들의 경험과 비교해볼 때, 미국의 회복이 특히 좋아 보인다는 것이었다.(도표 4) 2014년 말 미국의 재화 및 서비스 생산은 위기 이전의 최고점이었던 2007년 말보다 8% 이상 높아졌다. 이것은 대단한 일은 아니다. 7년 동안(위기와 침체 기간이 포함되어 있다)에 겨우 8%의 경제성장이 이루어졌기 때문이

다. 그러나 유로존의 생산은 2014년 말 그 이전의 최고점보다 1.5%가량 줄어든 상태였다. 유로존 총생산의 약 3분의 1을 차지하고 있는 독일의 생산은 최고점보다 4% 높아졌는데, 이것은 유로존의 나머지 지역의 생산이 매우 저조했음을 나타내는 것이다. 영국의 생산은 최고점보다 3% 남짓 높아졌고, 일본의 생산은 침체 이전의 최고점에 약간 못 미치는 상태에 머물러 있었다.

지역 간, 국가 간의 회복 속도 차이는 노동력 증가의 국가 간의 차이 같은 장기적 요인들에 기인하는 경우도 있다. 하지만 경제정책의 차이가 그 차이의 상당한 부분에 대한 설명이 될 듯하다. 미국이 2007-2009년 위기의 진원지였음에도 불구하고, 가장 빠른 회복을 실현한 것은 연준이 다른 주요 중앙은행들보다 더 적극적인 통화정책을 폈고, 또 미국의 재정정책이 비록 대부분의 회복 기간 동안 역풍 역할을 했지만, 그래도 다른 나라의 재정정책보다는 덜 긴축적이었기 때문이었다.

우리가 2009년에 실시한 은행 스트레스 테스트에도 얼마간의 공을 돌려야 할 것이다. 그 테스트가 회복의 비교적 이른 시기에 미국의 금융 시스템을 더 건전한 길로 이끄는 데 일조를 했기 때문이다.

유럽중앙은행의 목표에 훨씬 못 미치는 인플레이션율 등 유로존이 보여주는 형편없는 성적은 경제상황이 요구하는 것보다 훨씬 더 긴축적인 통화정책과 재정정책에서 그 원인의 일부를 찾아야 할 것이다. 시장은 또한 유럽은행들의 초기 스트레스 테스트가 미국의 스트레스 테스트보다 신빙성이 떨어진다고 보았다. 유럽의 정책 선택은 유로존의 구조적 결함―가장 중요한 결함은 국가의 재정정책들이 통합되어 있지 않다는 것이다―그리고 그리스와 기타 국가들의 부채위기 같은 특수 상황을 반영한 것이었다. 그러나 결함 있는 거시경제적 분석 또한 유럽의 문제들을 일으켰다. 티머시 가이트너와 내가 경고했듯이, 독일과 유로존 안의 그 동맹국들은 단기적 재정 문제가 없는 국가들(독일도 포함된다)에서 재정긴축을 너무 심하게 그리고 너무 일찍 밀어붙였다. 그러면서 그들은 (양적 완화 같은) 비정통적인 통화조치에는 저항했다. 마리오 드라기가 이끄는 유럽중앙은행은 결국 대규모의 양적 완화 프로그램을 시행했다. 그러나 이 프로그램은 2015년 초에 겨우 시작되었다. 비슷한 프로그램이 미국과 영국에서 시작된 시기보다 6년이나 늦었던 것이다.

경제가 성장하지 않자 유럽의 실업사태는 악화되어 미국의 실업률 추세와는 현격한 차이를 보였다. 금융위기가 끝난 2009년, 미국과 유로존의 실업률은 10%가량으로 같았다. 그러나 2014년 말, 미국의 실업률이 6% 이하로 떨어진 반면, 유로존의 실업률은 11.25% 부근에 머물러 있었다. 그리고 미국에서도 청년층의 실업률이 높았지만, 유럽의 경우는 미국보다 그 정도가 더욱 심했다. 따라서 유럽에서는 젊은이들이 작업 경험을 통해서 그들의 노동력의 질을 발전시킬 기회를 얻기가 더욱 힘들었다. 경험이 부족하고 기술이 부족한 노동력이 유럽의 장기 성장 전망을 더욱 악화시킬지도 모른다.

영국과 일본은 미국과 유럽의 중간쯤에 해당한다고 할 수 있다. 영국에서는 머빈 킹과 마크 카니 지도하의 영국은행이 대체로 연준의 정책과 비슷한 통화정책을 폄으로써 완만한 회복세를 이끌어내는 데 일조했다. 영국의 경제회복이 미국에 못 미친 이유는 데이비드 캐머런 총리의 보수당 정부의 긴축적인 재정정책 그리고 영국과 유로존의 긴밀한 무역 관계에서 찾아야 할 것이다.

일본은 유럽보다는 형편이 좀 나은 편이었지만, 실제로는 2007년부터 2015년까지 제로 성장을 기록했다. 일본의 금융 부문을 강타한 위기는 다른 선진국들을 강타한 위기보다 강도가 덜한 것이었는데도 일본의 성적은 그리 좋은 편이 못 되었다. 디플레이션과 좋지 않은 펀더멘털(예를 들면, 줄어드는 노동력) 등 일본의 고질적인 문제들이 일본의 실망적인 성적을 설명하는 데에 도움이 된다. 그러나 일본은 2013년 신조 아베 총리와 구로다 하루히코 중앙은행 총재의 지휘 아래, 일본 경제의 규모를 감안할 때 미국의 연준이 채택한 어떤 프로그램보다도 훨씬 더 규모가 큰 양적 완화 프로그램 등의 보다 팽창적인 정책을 채택했다. 2015년까지 나타난 결과를 볼 때, 일본은 디플레이션 저지에 상당한 진전을 이룬 것 같다. 더 광범한 경제부흥을 성취하려면, 일본은 뿌리 깊은 기존 이권을 보호하는 정부의 규정들을 개혁하고, 서비스, 건설, 농업 등 국내 산업 분야에서의 지나친 경쟁을 억제하는 동시에 아울러 무엇보다도 디플레이션을 종식시켜야 할 것이다.

중국, 인도, 브라질, 러시아, 멕시코 등 신흥시장 경제가 이제 세계 총생산의 절반가량을 차지하고 있다. 신흥시장 역시 위기로 인해 피해를 당했는데, 그 중요한 이유는 세계무역이 침체되었기 때문이었다. 위기가 발생한 이후 신흥시장들의 성적은 서로 달랐는데 그 시장이 어떤 정책을 채택했느냐, 해당 국가가 석유 수출국이냐 아니냐와 같은 다른 요인들이 성적을 좌우했다. 예를 들면, 중국은 비교적 빨리 위기에서 회복되었는데, 그 이유 가운데 하나는 2009년에 채택한 대규모 재정 부양책이었다. 중국은 지금 다시 더 장기적인 경제개혁에 초점을 맞추고 있다. 중국이 성공을 계속 이어가려면 수출 의존도를 줄이고 자국 국민을 위한 재화와 서비스를 생산하는 쪽으로 경제 방향을 돌려야 할 것이다. 중국은 또한 시급히 환경을 정화하고 사회적 안전망을 튼튼하게 하고 금융규제를 개선하고 부패를 줄여야할 필요가 있다. 중국의 경제가 성숙하고 인구가 고령화하고 과학기술적으로 서구를 따라잡게 되면, 중국의 성장률은 최근 수십 년간 유지해온 빠른 페이스보다는 떨어질 것이지만, 그래도 선진국들과 비교하면 높은 성장률을 유지할 것이다.

중요한 것은 2013년의 테이퍼 탠트럼(p.648 참고) 이후로, 연준과 기타 주요 국가들의 중앙은행들의 정책 변화가 신흥시장의 금융 시스템이나 경제를 중시하지 않았다는 사실이다. 적어도 2015년 초까지는 그랬다. 그리고 우리가 예측한 대로, 신흥시장은 미국의 경제가 다시 회복되면서 혜택을 보고 있다. 미국인들이 더 많은 상품을 수입하게 되었기 때문이다.

연준은 내가 의장으로 있는 동안, 상당히 변했다. 우리는 더 투명해졌고 금융 안정에 더 초점을 맞추게 되었다. 동시에 금융 안정을 유지하고 경제를 지탱하기 위해서 강력한 조치를 취할 수 있는 미래의 연준 정책 입안자들의 능력을 저해할 수도 있는 새로운 위협들이 등장했다. 위기를 예견하거나 저지하지 못한 우리의 무능력과 우리가 보인 일부 반응, 특히 AIG와 베어스턴스를 우리가 구제한 일 등이 연준에 정치적인 피해를 끼쳤으며 그 독립성을 위협하는 새로운 요인이 되었다.

2014년 선거 후 공화당이 하원과 상원을 모두 장악한 가운데 세 가지 제안이 특히 나의 걱정거리가 되었다. 자기 아버지의 정강(政綱)을 계승한 켄터키 주 출신의 랜드 폴 의원은 소위 연준 감사법을 밀어붙이고 있다. 이 법에 의하면 의원들은 정부회계감사원에 연준의 통화정책 결정에 대해서 검토를 지시할 수 있는 권한을 행사할 수 있다. 만약 그런 권한이 위기 직후의 몇 년 동안에 의원들에게 주어졌었다면, 우리 정책에 반대하는 사람들은 그 기관의 조사를 위협의 도구로 사용하여 우리가 경제를 회복시키기 위해서 취한 많은 조치들을 방해할 수 있었을 것이다.

두 번째로, 2014년 하원에 제기된 제안은 연준의 정책 입안자들이 독자적인 판단을 내리는 대신 스탠퍼드의 존 테일러가 고안한 것과 같은 금리를 책정하는 공식에 따르도록 하는 것이었다. 연준 감사법과 마찬가지로 이 법안에도 통화정책에 대해서 더 많은 통제력을 행사하려고 하는 일부 의원들의 욕망이 숨겨져 있었다. 물론 통화정책의 광범위한 목표를 설정하고 그 목표 달성의 책임을 연준에 지우는 것은 의회의 권리이며 책무이다. 그러나 FOMC가 진정한 책임을 지기 위해서는 단기적인 정치적 압력에서 벗어나서 그 위임받은 목표를 추구할 수 있도록 재량권을 부여받아야 한다.

세 번째 제안은 2015년 초에 보수적인 루이지애나 출신 공화당 상원의원 데이비드 비터와 매사추세츠의 자유주의적인 민주당 상원의원 엘리자베스 워런이 발의한 것으로 이 제안이 채택될 경우, 위기 진정에 크게 기여한 연준 산하의 대출기관들에게 새로운 제한을 가하게 될 것이었다. 연준과 연방예금보험공사, 재무부의 위기 대처 권능은 도드-프랭크 법의 일부에 의해서 이미 상당히 제한되어 있다. 이 제한은 연방예금보험공사가 구조적 결함이 있는 회사들을 서서히 축소시킬 수 있는 권한을 새롭게 가지게 되었으므로 위기 대처 권능의 필요성이 감소될 것이라는 추정에 근거해서 취해졌다. 하지만 광범위한 대출 프로그램을 만듦으로써 최종 대부자 역할을 할 수 있는 연준의 능력에 더욱 제한을 가한다면, 미래에 다시 위기가 닥칠 경우 엄청난 대가를 치르게 될 수도 있을 것이다.

나는 연준의 더욱 뚜렷해진 투명성이 이 기관이 독립성을 유지하는 데에 도움이 되기를 희망한다. 물론 연준은 앞으로도 계속 민주적으로 책임을 져야 한다. 연준은 현재 2%의 물가안정목표, 또 물가안정목표와 고용목표가 서로 충돌할 경우에는 언제나 균형된 접근방식을 취하겠다는 약속의 틀 안에서 통화정책을 입안하고 있다. 의장의 기자회견, 더욱 빈번해진 FOMC 참가자들의 경제 및 금리 전망, 연준 정책 입안자들의 강연에서 분명히 볼 수 있는 활발한 토론 등이 의회와 일반 국민, 그리고 시장에 연준의 전략과 존재이유에 대한 상당한 정보를 계속해서 제공하고 있다. 중앙은행의 비밀 시대는 이미 오래 전에 사라졌다. 오늘날 연준은 세계에서 가장 투명한 중앙은행 가운데 하나일 뿐만 아니라 또한 워싱턴에서 가장 투명한 정부기관 가운데 하나이기도 하다.

투명성은 시장을 위해서 또 통화정책을 위해서 중요하지만, 다른 측면에서도 또한 중요하다. 의장으로서 나는 「60분」과 같은 TV 프로그램에 출연함으로써, 대학 강연을 함으로써, 또 워싱턴을 떠나 여러 계층의 사람들과 직접 만남으로써 메인 스트리트의 미국인들과 연준 간의 커뮤니케이션을 확장했다. 재닛 옐런—브루클린의 중산층 가정에서 자랐고 실업자들에 대한 연구를 많이 했다—도 이런 움직임을 계속해왔다. 예를 들면, 그녀의 지시로 연준은 소비자 및 지역사회 발전 전문가들로 이루어진 새 자문위원회를 구성했다. 이 위원회는 이사회 멤버들이 메인 스트리트의의 관심사에 정통해질 수 있도록 도와줄 것이다.

경제위기는 연준의 투명성을 더 높였을 뿐 아니라, 연준이 금융의 안정성 유지를 그 임무의 중심으로 회복하는 데에 일조했다. 안정을 유지하려면 금융 시스템의 "나무"와 "숲"을 모두 주의 깊게 살필 필요가 있다. 나무 수준에서 우리는 은행에 대한 우리의 전통적 감독을 재검토하고 강화했다. 우리는 대형 은행들에 대한 연례적인 스트레스 테스트 같은 강력한 새로운 감독 도구들을 사용했다. 숲 수준에서 우리는 금융 시스템 전반의 안정에 더욱 주목했다. 이제 연준의 직원들이 연준의 일차적 관리 대상에서 제외된 그림자 금융과 금융 시스템의 다른 부분들을 정기적으로 모니터한다. 전체를 보려고 하는 이 관점이 기관별 접근방식이 놓칠 수 있는 약점과 위험을 찾아내는 데에 도움이 될 수 있다.

내가 의장으로 재직하는 동안, 통화정책에 대한 연준의 이해와 수행 방식 또한 상당히 변했다. 연준과 다른 중앙은행들은 단기금리가 제로 부근으로 떨어진 후에도 통화정책이 여전히 경제성장을 지탱할 수 있다는 사실을 입증했다. 대규모 증권매입과 통화정책의 예상되는 진로를 알리는 커뮤니케이션 같은 우리가 개발한 도구들은 경제가 정상화되면 사용할 필요가 없을 것이다. 나는 통화정책의 근간이 다시 단기금리의 변동에 초점을 맞출 것이며 연준의 대차대조표는 보유한 증권들이 만기가 됨으로써 서서히 축소될 것이라고 예상한다. 그러나 우리가 개발한 비정상적인 정책 도구들은 필요할 경우 되살아날 수 있을 것이다.

2015년 초, 2010년의 도드-프랭크 법으로 시작된 개혁과 바젤 III 국제협상이 그 완전한 실행을 향해서 꽤 진척되었다. 이런 모든 것들을 종합할 때, 새로운 규칙들이 더 안전한 금융 시스템을 만들어낼 것으로 보인다. 그러나 우리가 위험한 거래를 규제로 근절시키고, 그 결과로 초래되는 경제의 역동성과 성장의 감퇴를 감수할 각오가 되어 있지 않으면, 미래에도 금융 쇼크는 불가피할칠 것이다. 위기 이후의 가장 중요한 개혁은 쇼크를 완전히 제거하려는 노력이 아니라 그 쇼크를 견딜 수 있는 금융 시스템의 능력을 키우려는 노력이 되어야 할 것이다. 이런 개혁에는 특히 대규모 은행들의 자기자본 및 유동성 요건 강화, 특히 AIG와 같은 주요 기관들이 사실상 아무런 감독도 받지 않도록 내버려둔 규제상의 구멍의 제거, 더 투명하고 더 안전한 파생상품 거래, 개선된 소비자 보호, 금융 시스템을 비교적 위협하지 않는 파산 상태의 금융회사들을 폐쇄할 수 있는 정부의 새로운 권한 등이 포함되어야 할 것이다.

그러나 2015년 초 현재, 규제와 관련된 많은 개혁들이 아직 이루어지 않은 채 남아 있다. 연준과 협력하고 있는 연방예금보험공사는 파산 상태의 매우 중요한 금융회사들을 안전하게 서서히 폐쇄할 수 있는 권한을 상당히 행사할 수 있게 되었다. 초대형 회사들은 그들이 파산 직전에 이르렀을 때 어떻게 해체될 수 있는지를 설명한 정리의향서를 제출했다. 하지만 큰 혼란을 야기하지 않으면서 대규모 국제금융기관을 폐쇄시키는 일은 대단히 복잡한 일이 될 것이다. 금융회사들의 정리의향서를 개선하고 다국적 금융회사들의 폐업 계획을 외국의 관리들과 조정하기 위한 더 많은 노력이 요구된다.

단기금융에 대한 예금인출은 위기 악화의 주요한 요인이었다. 규제기관들은 은행들에게 쉽게 팔 수 있는 (유동성) 자산을 더 많이 보유하도록 요구함으로써 예금인출의 위험을 줄였다. 또한 은행 규제기관들은 다른 은행들보다 단기금융에 더 많이 의존하는 대형 은행들에 대해서 더욱 높은 자기자본 규제를 부과하는 방안을 고려 중이다. 그러나 단기금융에 대한 예금인출의 위험은 제거되지 않았다. 특히 새로운 유동성 규칙에 구애받지 않는 비은행 기관들에 대한 예금인출의 위험이 제거되지 않았다. 연준과 다른 규제기관들은 2015년 초 레포 시장을 통해서 이루어지는 모든 단기대출에 대해서 더 높은 담보 수준을 요구하는 방안을 고려 중이었다. 그렇게 되면, 레포 시장에서의 차입 비용이 더 높아지겠지만, 대출이 더 안전해지고 차입자가 누구든 간에 예금인출 위험은 줄어들 것이다.

대마불사의 문제는 어떻게 풀 것인가? 규제기관들은 도드-프랭크 법에서 채택한 근본적 접근방식을 적용하고 있다. 큰 금융회사들은 현재 더 높은 자기자본 규제를 충족해야 하며 더 엄격한 감독을 받고 있다. 따라서 큰 회사들의 관리자와 주주들은 크기가 가져오는 경제적 이점이 가외의 규제라는 짐을 상쇄하는지 여부를 따져보아야 한다. 제너럴 일렉트릭은 2015년 4월, 몇 년에 걸쳐 그 금융 부문의 대부분을 매각할 계획을 발표했다. 이 계획이 실현된다면, 이 회사의 개편은 강화된 규제가 경제 시스템에서 중요한 회사들을 분할할 수 있도록 유도한 성공적인 사례가 될 것이다. 또한 질서 있게 회사를 폐업시킬 수 있는 권한이 존재한다는 사실 자체가 대형 금융기관들의 채권자들에게 그들의 돈을 잃을 수도 있다는 사실을 통보하는 역할을 한다. 이 사실은 소위 대마불사의 회사들이 더 작은 경쟁자들보다 더 싸게 차입할 수 있는 능력을 줄일 것이다. 시간이 흐르면서 의회와 규제기관들은 초대형 회사들은 안전하게 운영될 수 있지만, 그런 회사가 망할 경우, 금융 시스템에 혼란을 주지 않고도 폐쇄시킬 수 있다는 사실에 더욱 안심할 수 있을 것이다. 규제기관들이 그런 확신을 줄 수 없다면, 기존의 법에 의거한 그들의 권한을 사용해서 너무 큰 회사들을 분할하거나 단순화시켜야 할 것이다.

금융규제의 철저한 개혁이 중요한 것은 사실이지만, 그러나 우리는 모든 새로운 규칙이 그 자체에 의해서 추가되는 규제의 짐을 정당화할 만큼 충분한 이익을 가져오지는 않는다는 사실을 경험을 통해서 알게 될 것이다. 의회와 규제기관들은 핵심적인 개혁을 보호해야 한다. 그러나 시간이 지나면서 의회와 규제기간들은 시행할 수 없는 것으로 판명되거나, 이점은 적거나 아예 없으면서도 무거운 부담만을 주는 법률과 규칙들을 완화시키려고 할 것이다. 규제기관들은 또한 더욱 엄격한 은행 규제가 위험한 투기 활동을 금융 시스템의 규제가 느슨한 부분으로 이동시키는 결과를 가져오지 않는가에 대해서 살펴볼 필요가 있을 것이다.

그때가 언제가 될지 정확하게 말할 수는 없지만, 실업률이 지속 가능한 수준에 머물고, 인플레이션이 연준이 책정한 목표에 근접한 가운데 미국 경제가 더욱 정상적으로 성장하는 때가 결국 올 것이다. 요기 베라의 또 하나의 통찰―예측은 어렵다, 특히 장래에 대한 예측은 어렵다―을 생각할 때, 우리가 과연 이 나라의 장기적인 경제전망에 대해서 무슨 말을 할 수 있을까 의구심이 생긴다.

틀림없이 미국 경제는 많은 어려움을 맞고 있다. 우리는 대다수의 다른 선진국들보다 더 많은 비용을 교육과 건강관리를 위해서 지불한다. 그러나 그 결과는 별로 더 좋지 않고 오히려 더 나쁜 경우도 흔히 있다. 우리 국민의 평균연령은 점점 높아지고 있다. 그것은 일하는 사람들과 은퇴자들의 비율이 점점 더 높아지고 있다는 뜻이다. 그렇게 되면 은퇴자들에게 사회보장과 의료지원을 제공하는 연방정부에 대한 재정 압력이 가중될 것이다.

그러면 다시 정치적 정체와 기능 마비로 분별 있는 지출과 세금 부과, 그리고 규제 개혁, 교육의 질적 개선과 훈련, 인프라스트럭처와 기술에 대한 생산성 향상을 위한 공공 투자 등 성장을 촉진하는 기타 시책을 시행할 수 없게 될 것이다.

우리는 기회의 땅(land of opportunity) 미국이라는 우리의 소중한 비전에 걸맞은 생활을 하지 못하고 있다. 많은 미국인들이 세계화된 첨단기술 경제에서 성공하기 위해서 필요한 기술을 갖추지 못하고 있는 중요한 이유 가운데 하나는 유치원에서 고등학교까지의 교육이 제대로 기능하지 않고 있다는 데에서 찾아야 할 것이다. 부적합한 교육과 기술이 더욱 심각해지는 불평등과 중산층 계급의 "공동화(空洞化)"라는 장기 추세의 주요 원인 가운데 하나라는 것은 분명하다. 많은 미국인들이 경제가 회복세로 접어든 지 몇 년이 지났으나, 경제가 여전히 침체되어 있다고 믿는 것은 바로 이런 현상 때문일지도 모른다. 데이터가 무슨 말을 하든, 상승하는 경제의 혜택을 받지 못하는 사람들에게는 경제는 여전히 침체되어 있는 것처럼 느껴질 것이다. 연준은 경제가 회복되는 동안 전반적인 일자리 증가를 뒷받침할 수는 있지만, 교육의 질, 기술혁신의 속도, 그리고 새로 만들어지는 일자리들이 좋은 임금의 일자리인지 여부를 결정하는 기타 요인들에 대해서는 작용할 권한이 없다. 통화정책이 만병통치약은 아니라고 내가 자주 말한 이유가 바로 여기에 있다. 우리는 의회가 그 역할을 해줄 것을 요구했다. 그러나 위기가 진정된 후에도 그런 도움은 오고 있지 않았던 것 같다. 경제회복이 침몰하는 모든 배를 구조할 수 없는 것처럼 보일 때에는 흔히 연준이 비판의 화살을 받았다. 불공평한 일이다.

갖가지 문제가 있음에도 불구하고, 나는 미국이 앞으로 수십 년 동안 살고 일하고 투자하기에 가장 매력적인 장소 가운데 하나라고 생각한다. 내가 이렇게 낙관하는 이유는 여럿이 있지만, 세 가지만을 들어보겠다.

첫째, 우리 사회가 고령화하고 있음에도 불구하고, 미국의 인구구조는 대다수의 다른 선진국들 그리고 심지어 많은 신흥시장(수십 년간 시행해온 한 자녀 정책의 결과들을 느끼고 있는 중국이 좋은 예이다)보다도 훨씬 더 우월하다. 우리의 출산율은 상대적으로 높고 그리고 우리는 다른 나라들보다 더 많은 이민자들을 받아들인다. 젊고 늘어나는 인구는 노동력을 증가시키는 원동력이며, 예를 들면, 더 큰 첨단기술 제품 시장을 만듦으로써 경제는 활력을 얻게 된다. 나는 또 비교적 유연한 노동시장을 가진 미국은 계속 일하고 싶어 하는 노년층을 수용하는 데서도 다른 많은 국가들보다 더 성공할 것이라고 추측한다.

둘째로, 미국은 기술혁신(technological innovation)을 선도해왔다. 기술혁신은 그 어느 때보다도 더 큰 경제성장의 중요한 요소가 되었다. 세계에서 가장 좋은 연구 대학의 대다수가 미국에 있고 우리는 기술진보를 상업화하는 데도 훨씬 더 익숙해졌다. 다른 나라들은 실리콘 밸리와 매사추세츠 주 케임브리지의 켄들 스퀘어, 그리고 노스캐롤라이나 주의 리서치 트라이앵글 같은 지역에 있는 대학 근처에 우후죽순같이 생긴 수많은 첨단기술 회사들을 부러워할 수밖에 없을 것이다. 혁신은 웹 회사, 소프트웨어 앱, 스마트폰 같은 전자 기기들에만 국한되어 있지 않다. 예를 들면, 새로운 채굴 기술이 석유와 가스 붐을 일으켰고, 그 붐이 미국을 최상위 에너지 생산국 가운데 하나로 밀어올렸다.

마지막으로, 우리의 전통적인 기업가 정신과 시장의 역동성이 새로운 산업과 새로운 제품의 창출에 계속 성공하고 있고 이런 패턴은 앞으로도 계속될 것이다. 미국이라는 나라의 크기와 다양성이 신생 회사들이 자기만족에 빠진 기존의 업체들에 도전할 수 있는 여지를 만들어준다. 한때 경제적으로 뒤떨어졌던 미국의 지역들—예를 들면, 내 고향 남부—이 최근 수십 년 사이에 활력을 찾았고, 침체에 빠진 일부 러스트 벨트(Rust Belt : 피츠버그 등 사양화된 철강산업 지역을 가리킴/역주)의 도시들도 재활할 방법을 찾고 있다.

이 세 가지 요인과 그밖의 사실들이 나를 낙관적으로 만들고 있다. 그러나 성공이 보장된 것은 아니다. 좋은 정책을 펴는 것이 매우 중요하다. 예를 들면, 우리는 관대할 뿐 아니라 숙련된 노동자들을 차별하지 않는 합리적인 이민 정책이 필요하다. 지금 우리는 숙련된 노동자들을 차별하고 있다. 정부는 기초적인 기술, 교육, 인프라스트럭처에 대한 투자를 계속해야 한다. 또 하나 중요한 일은 우리가 사람들이 일터에서 쓸 수 있는 기술을 습득하도록 돕는 데에 더 융통성이 있어야 한다는 것이다. 유치원에서 고등학교까지의 교육을 개선하는 것은 중요하다. 그러나 그것이 기술수준을 높이는 유일한 방법은 아니다. 우리는 아동 조기교육, 기술학교, 도제 프로그램, 지역사회 대학, 성인 재훈련, 그리고 평생교육을 권장하는 그밖의 방법들에도 세심한 관심을 기울여야 한다. 예를 들면, 나는 연준 의장으로서 리치먼드의 혁신적인 재훈련 프로그램 현장을 방문한 적이 있었다. 그 프로그램은 민간 고용자들과 버지니아 주정부 그리고 2개의 지역사회 대학이 공동 주관하고 있었다. 대학들은 프로그램에 참가하고 있는 고용자들의 회사에 생긴 특정한 일자리를 위한 노동자들을 훈련시켰고, 고용자들은 프로그램에 드는 비용의 일부를 부담했다. 우리는 또한 10년째 지속되고 있는 헬스케어 비용 증가의 하강세가 앞으로도 지속되도록 해야 한다. 그리고 연방 세법은 1986년 이래 철저하게 개정되지 못했는데, 그 폐해가 나타나고 있다.

국가로서의 우리의 잠재력을 실현하려면 리더십에 대한 새로운 접근방식이 요구될 것이다. 내가 보기에는 우리의 정치가들—그리고 심지어 기술관료들 일부까지도—은 이데올로기적 반대자들을 제압하는 데에, 그리고 토론에서 점수를 따는 데에 너무 관심을 집중하고 있는 것 같다. 그들은 의견

일치를 이끌어내는 일, 공유된 목표를 향해서 전진함으로써—비록 그것이 불완전한 전진일지라도—모두가 승리하는 방법을 찾는 일을 너무 소홀히 하고 있다.

나는 말수가 적은, 조용한 교수로 워싱턴에 왔다. 다만 나는 금융위기에 아주 유용한 것으로 증명된 연구 경력이 있었을 뿐이다. 그러나 나는 공적인 영역에서나 사적 영역에서나 지도력이 지식 못지않게 중요하다는 것을 금방 깨닫게 되었다. 그리고 나의 개성과 장점에 어울리면서도 또 상황에 적합한 방식으로 연준을 이끌려고 노력했었다. 전직 교수로서 나는 동료 간의 원만한 관계, 창의성, 그리고 상호 협력을 중요시했다. 나는 정책 결정이 어느 한 개인의 견해가 아니라 허심탄회한 토론에 기초해야 한다는 점을 강조했다. 회합에서 토론 분위기를 조성하려고 애썼고 창의성—엉뚱한 생각까지—을 독려했다. 불협화음에 대한 불평이 없지 않았지만, 나는 연준의 정책 입안자들이 반대 의견을 공개적으로 표출하는 것을 막으려고 하지 않았다.

동료들 간의 원만한 관계를 중시하는 접근방식은 많은 이점이 있다. 엉뚱한 생각이 새로운 아이디어들로 이어졌고 신중한 토의를 통해서 그 아이디어들은 분석 검토되고 시험되었다. 따라서 FOMC의 정책 입안자들에서 일반직원들에 이르기까지 모든 구성원들을 아이디어 개발에 참여시키자, 그 결과로 나온 정책을 시행하는 일에 그들은 더욱 보람을 느끼고 더욱 열심히 참여하게 되었다. 공개적인 토론을 권장함으로써 우리가 광범위한 견해를 검토하고 있다는 사실을 알게 된 연준 외부의 사람들도 안심할 수 있게 되었다. 협조적인 접근방식은 구성원 상호간의 호의와 신뢰를 구축했고 이러한 호의와 신뢰는 급박한 상황에서 내가 제대로 협의도 못하고 행동을 취할 수밖에 없었을 때, 아주 중요한 역할을 했다.

그러나 그런 경우는 흔치 않은 예외적인 경우였다. 중앙은행에서는 신뢰성—정책 입안자들이 그들의 말을 행동으로 뒷받침할 것이라는 믿음—이 효과적인 정책입안을 위해서 중요하다. 신중하게 구축되고 참을성 있게 지탱되는 강한 컨센서스(통일된 여론)가 신뢰성을 구축하는 데에 도움이 된다. 신뢰성은 대개 가능한 한 객관적인 사실의 평가에 기초한 더 좋은 결정의 토대가 된다. 이런 원리들이 내가 연준에 재직하는 동안 리더십에 대해서 배운 것이다.

이런 원리들이 워싱턴에서 더 광범위하게 적용되어야 할 것이다. 물론 모든 발전이 협력적인 관계와 협상에 기초하지는 않는다. 때로는 원칙을 굳게 지킬 필요도 있다. 그러나 오늘날 우리는 워싱턴에서 더 많은 협력과 더 적은 대결을 필요로 한다는 결론을 내릴 수 있을 것이다. 정부가 성공적인 경제를 실현하는 데에 중요한 역할을 하기 위해서는 예양(禮讓)과 타협, 결과의 개방이 우선되어야 한다. 그런 노력이 없이는 미국 경제는 자신의 탁월한 잠재력을 실현시키지 못할 것이다.

감사의 말

⋮

연준 이사회 공보실의 데이브 스키드모어의 훌륭한 편집과 집필, 그리고 조사 작업이 없었다면, 이 책은 나오지 못했을 것이다. AP 기자 출신인 데이브는 나를 돕기 위해서 이사회에서 1년간의 휴가를 얻었다. 연준에서 그가 맡았던 일은 나의 공적인 연설을 준비하고 건전한 충고를 해주는 것이었는데, 그는 이 책에서 다룬 전 기간 동안 그 일을 해왔었다. 이 책 출간 계획에 대한 그의 헌신은 의무의 범위를 벗어나는 것이었다. 나는 그의 부지런한 작업과 원고 한 페이지 한 페이지에 기울인 그의 세심한 관심에 대해서 매우 감사한다. 이 책에 포함된 재미있는 이야기와 인용은 저널리스트 출신인 그의 눈에 의존해서 고른 것들이다. 그의 도움으로 나는 기술적인 경제 개념을 더 많은 독자들이 이해할 수 있는 쉬운 말로 바꿀 수 있었다. 그는 이 책을 훨씬 더 훌륭하게 만들었다.

늘 재치가 넘치고 유쾌한 패리 새스트리는 훌륭한 조사 작업으로 우리를 도와주었다. 뉴욕 연은의 연구보좌역으로서 2년 반의 임기를 마친 그녀는 우리와 함께 일하기 위해서 법학대학원 입학을 미루었다. 나는 위기 이전 시기, 위기 그 자체, 그리고 위기 이후의 시기에 대한 정확한 역사적 기록을 모으기 위해서 바친 그녀의 열정과 헌신을 높이 평가한다. 알맞은 작업 환경을 마련해주고 조사 지원을 아끼지 않은 브루킹스 연구소, 특히 소장 스트로브 탤봇, 재정 및 통화정책에 관한 허친스 센터 책임자 데이비드 웨셀, 경제연구 프로그램 책임자 테드 게이어에게 감사한다. 데이비드는 브루킹스 리딩 그룹을 만들었는데, 이 그룹은 그를 비롯해서 테드, 리아콰트 아메드, 도널드 콘, 루이스 셰이너, 그리고 저스틴 울퍼스로 이루어졌다. 이 리딩 그룹의 멤버들이 도움이 되는 많은 코멘트를 했다. 역시 브루킹스 연구소 소속인 새라 홈스는 훌륭한 행정적 도움을 베풀었다.

다른 친구들과 동료들도 원고의 전부 또는 일부를 읽었다. 그들의 코멘트는 이 책을 더 훌륭하고 더 정확하게 만든 밑거름이 되었다. 토비아스 애드리언, 스콧 알바레스, 밥 바넷, 제러미 버로우, 빌 더들리, 노먼 아이슨, 빌 잉글리시,

게리 고턴, 아닐 카쉬얍, 릭 미슈킨, 아난다 로스, 그리고 라르스 스벤손— 이들 한 사람 한 사람에게 깊이 감사드린다.

나는 또 그들의 기억을 나누어준 동료들의 관대함에 감사한다. 도널드 콘과 전 이사회 총재 수 비에스와 케빈 워시, 이사회 공보 책임자 미셸 스미스, 의회 연락 책임자 린다 로버트슨, 은행감독국의 팀 클라크, 전 이사회 소비자 업무 책임자 샌디 브라운스타인이 그런 도움을 준 사람들이다. 이사회 사진사 브릿 렉크먼은 이 책을 위해서 훌륭한 사진들을 제공했다. 밥 바넷과 마이클 오코너는 법무 자문역과 저작권 대리인으로서의 풍부한 경험이 내게 큰 도움이 되었다. 두 사람은 집필과 출판 과정 내내 신중한 조언과 지원을 아끼지 않았다.

우리의 발행인 W. W. 노턴과 노턴의 사장 드레이크 맥필리, 그리고 선임 편집 자 브렌던 커리에게도 감사를 드린다. 이 분들은 원고에 대한 코멘트를 한 것은 물론 또 이 프로젝트의 개발에서 출판까지를 담당한 분들이다. 보조 편집자 제프 슈리브는 이 책에 실릴 사진들을 고르는 일을 도왔고 레이철 살츠먼은 이 책의 홍보를 맡았다. 재닛 번은 세심한 교열작업을 담당했다. 보이지 않는 곳에서 많은 기여를 한 노턴의 직원들로는 메러디스 맥기니스, 빌 러신, 지니 루시아노, 루이스 브로켓, 데번 잰, 낸시 팜키스트를 들 수 있다. 제때에 인터뷰 사본을 준비해준 프리랜서 신시아 콜로나에게도 감사드린다.

나의 가족, 특히 아내 애나의 격려와 지원은 이 책 안에 분명히 드러나 있다. 다시 한번 아내에게 감사하고 싶다. 그리고 성인이 된 나의 자녀들— 조엘과 앨리사— 에게도 고마움을 표한다. 그들은 그들 자신의 바쁜 생활 짬짬이 전화를 걸어 어떻게 일이 되어가고 있느냐고 물었다.

마지막으로 나는 이 책의 서두에서처럼 말미에서도 연준의 동료들의 작업과 헌신에 대해서 깊은 감사를 드린다. 이사회는 내가 이메일과 기타 자료들을 열람 할 수 있도록 허락했다. 그 자료들은 나의 기억을 되살리는 데에 도움이 되었다. 더욱 중요한 것은 많은 사람들이 워싱턴에 대해서 절망할 때, 연준은 언제나 경 제정책을 모든 미국인들의 이익을 위해서, 사려 깊고 투명하며 협력적인 방식으 로 시행할 수 있다는 것을 계속 보여주고 있다는 것이다.

자료 출처에 대한 메모

⋮

이 책은 이전에 사용된 적이 없는 1차 자료들(이메일, 메모, 인터뷰)을 포함하여, 많은 자료들(저자의 기억, 연설, 보고서, 의회 청문회 기록물과 같은 그 당시의 공공문서와 뉴스 기사, 출판물과 사설, 경제 데이터)에 의지하고 있다.

　지면을 아끼기 위해서, 나는 각 장별로 메모와 그리고 엄선된 참고 문헌을 온라인에서 볼 수 있게 했다. www.couragetoactbook.com/에서 볼 수 있다. 아래의 자료는 내가 이 책을 준비하면서 자주 사용한 일반적인 자료들이다.

연준 문서

연준 웹사이트(www.federalreserve.gov)에서는 방대한 양의 역사적 정보물과 현재의 정책 정보들을 제공한다.

- FOMC의 정책 회의록과 회의 후의 성명서는 www.federalreserve.gov/monetarypolicy/fomccalendars.htm.에서 볼 수 있다. FOMC의 멤버들의 경제예측은 분기마다 그들이 제출한 회의록 부록에서 볼 수 있다.
- FOMC 회의의 녹취록과 근거자료들은 5년이 지나야 공개된다. 녹취록과 다른 역사적 자료들은 www.federalreserve.gov/monetarypolicy/fomc_historical.htm.에서 찾을 수 있다.
- 연준의 보도자료는 www.federalreserve.gov/newsevents/press/all/2015all.htm.에서 볼 수 있다.
- 이사회 멤버들의 연설은 www.federalreserve.gov/newsevents/speech/2015speech.htm.에서, 그리고 이사회 멤버들의 의회 증언은 www.federal reserve.gov/newsevents/testimony/2015testimony.htm.에서 볼 수 있다.
- 연준 이사회의 통화정책 보고서는 www.federalreserve.gov/monetarypolicy/mpr_default.htm에서 볼 수 있으며, 1년에 한번씩 의회에서의 이사회 의장 증언과 함께 공개된다. 경제적, 금융적, 정책적 성장에 대해서 살핀다.

그 외의 공공 문서들

- 상원과 하원의 청문회 녹취록은 www.gpo.gov/fdsys/browse/collection.action?collectionCode=CHRG.에서 찾을 수 있다.
- 금융위기조사위원회(Financial Crisis Inquiry Commission)의 인터뷰와 문서들은 fcic.law.stanford.edu/report.에서 이용가능하다.

자료 출처

달리 언급되지 않는 한, 이 텍스트에서 정책 입안자들이 사용한 데이터들은 최종적으로 수정된 데이터가 아닌 실시간 데이터이다. 중요한 데이터 소스는 다음과 같다.

- 필라델피아 연은의 실시간 데이터 센터(www.phil.frb.org/research-and-data/real-time-center) 참조. 센터는 생산액, 인플레이션, 소비자 지출, 고용 등의 핵심 거시경제 변수의 초기 데이터와 그 이후에 수정된 데이터의 공개를 준수한다. 대부분의 거시경제 데이터의 원천 소스는 미국 경제분석국(www.bea.gov)과 노동통계국(www.bls.gov)에 있다.

- 세인트루이스 연은이 운영하는 프레드(FRED) 데이터베이스는 research.stlouisfed.org/fred2f로 접속할 수 있으며, 미국과 다른 나라들의 경제, 금융 데이터를 광범위하게 제공한다. 또한 데이터들을 처리하거나 그래프를 그릴 수 있는 툴을 제공한다.

- 이사회는 H.15의 핵심 금리 데이터를 제공한다. www.federalreserve.gov/releases/h15/data.htm. 참조. 연준의 대차대조표의 데이터는 H.4.1(www.federalreserve.gov/releases/h41)에서 발표되며, 매 주일마다 제공된다. 기업어음 금리와 미납 금액은 www.federalreserve.gov/releases/cp에 나온다. 미국 경제의 각 분야별 자산과 부채 데이터는 미국 데이터베이스의 연준 금융 계정에서 볼 수 있다. www.federalreserve.gov/releases/z1를 참고. 연준 국가정보 센터는 은행 자산과 부채에 대한 정보 저장소이다. 예를 들면, 상위 50개 은행지주회사가 보유하고 있는 자산은 www.ffiec.gov/nicpubweb/nicweb/top50form.aspx.에서 찾을 수 있다. 위에서 언급한 대로, 의회의 재정정책 보고서 역시 유용한 데이터 소스이다.

- 증권거래위원회의 기업회계 보고 데이터베이스인 에드가(EDGAR)는 수입, 자본, 자산 그리고 부채에 대한 회사 등급 데이터 등의 기업 공시자료를 배포한다. www.sec.gov/edgar.shtml를 참조.

- 블룸버그는 금융 자산의 시세, 하루 동안의 개별 종목에 대한 시세와 국가 신용, 여타 금융 시장 상품 정보를 제공한다.

선별된 참고 문헌

⋮

더 많은 참고 문헌을 보기 위해서는 www.couragetoactbook.com를 방문하면 된다. 중요한 책과 기사는 아래에서 참고하기를 바란다.

Ahamed, Liaquat. *Lords of Finance: The Bankers Who Broke the World.* New York: Penguin Press, 2009.

Bagehot, Walter. *Lombard Street: A Description of the Money Market.* New York: Scribner, Armstrong & Co., 1873.

Bair, Sheila. *Bull by the Horns: Fighting to Save Main Street from Wall Street and Wall Street from Itself.* New York: Free Press, 2012.

Bernanke, Ben S. *Essays on the Great Depression.* Princeton, NJ: Princeton University Press, 2000.

——. *The Federal Reserve and the Financial Crisis.* Princeton, NJ, and Oxford: Princeton University Press, 2013.

Cassidy, John. "Anatomy of a Meltdown: Ben Bernanke and the Financial Crisis." *The New Yorker*, December 1, 2008, pp. 48–63.

Financial Crisis Inquiry Commission. *The Financial Crisis Inquiry Report.* Washington, DC: Government Printing Office, 2011.

Friedman, Milton, and Anna J. Schwartz. *A Monetary History of the United States, 1867–1960.* Princeton, NJ: Princeton University Press for the National Bureau of Economic Research, 1963.

Geithner, Timothy F. *Stress Test: Reflections on Financial Crises.* New York: Crown Publishers, 2014.

Gramlich, Edward M. *Subprime Mortgages: America's Latest Boom and Bust.* Washington, DC: Urban Institute Press, 2007.

Greenspan, Alan. *The Age of Turbulence: Adventure in a New World.* New York: Penguin Press, 2008.

Irwin, Neil. *The Alchemists: Three Central Bankers and a World on Fire.* New York: Penguin Press, 2013.

Kaiser, Robert. *Act of Congress: How America's Essential Institution Works, and How It Doesn't.* New York: Knopf, 2013.

Paulson, Henry M., Jr. *On the Brink: Inside the Race to Stop the Collapse of the Global Financial System.* New York: Business Plus, 2010.

Sorkin, Andrew Ross. *Too Big to Fail: The Inside Story of How Wall Street and Washington Fought to Save the Financial System — and Themselves.* New York: Penguin Press, 2010.

Shiller, Robert J. *Irrational Exuberance.* 2nd ed. Princeton, NJ: Princeton University Press, 2005.

Wessel, David. *In Fed We Trust: Ben Bernanke's War on the Great Panic.* New York: Crown Business, 2009.

금융위기에 대한 한국은행과 한국 정부의 대응*

:

한국경제는 10년 사이에 아시아 외환위기(1997년)와 세계 금융위기(2008년)라는 외부 충격에 의해서 심각한 국가적 위기를 경험하게 되었다. 그러나 2008년의 위기는 1997년의 위기에 비해서 충격의 정도와 여파가 상대적으로 작았다. 그것은 1997년의 경험을 토대로 하여 경제의 구조적 개선이 이루어져 경제가 보다 강해졌고 한국은행과 정부의 대응이 적극적으로 이루어졌기 때문이다. 물론 국제적인 공조 대응이라는 외적 변수의 영향도 컸다.

2008년 미국의 리먼 브러더스 파산 사태에서 시작되어 세계적으로 확대된 글로벌 금융위기는 바로 한국에 상륙하여 금융시장에 타격을 가하고 실물경제를 위협했다. 한국경제는 외국인 등의 순매도 등으로 주가가 급락하고, 국제수지 적자에 의하여 달러 환율이 급등하고, 신용경색 등으로 시장금리가 오르고, 생산, 소비, 투자가 급격하게 하강하고, 고용시장이 축소되고, 주요 수출 대상국들의 경기침체로 인하여 수출이 감소하는 등의 위기에 직면했다.

이 거대한 충격에 대해서 한국은행과 정부는 금융정책과 재정정책으로 대응했다. 금융정책의 대강은 금융시장의 유동성 공급 및 금리인하, 그리고 재정정책의 대강은 감세 및 재정지출 확대가 중심이 되었다. 그 대응정책을 살펴보면, (1) 원화 유동성 공급(RP 매각 및 매입, 총액한도대출 증액, 통화안정증권의 중도환매, 국고채 매입, 지급준비금 조정, 채권안정 기금, 은행 자기자본 확충 기금, 국책은행 대출 확대) (2) 감세 및 재정 지출 확대 (3) 외화 유동성 공급(수출입 금융지원 등 외화유동성 지원, 미국 등과의 통화 스왑 협정 체결 (4) 지급 보증(은행 대외 채무 지급보증, 신용보증기금과 기술보증기금의 출연금 확대에 의한 중소기업 지원) 등을 들 수 있다.

---

* 이 글은 "글로벌 금융위기의 파장과 대응방안"(허찬국, 안순권, 김창배, 한국경제연구원, 2009) 과 "글로벌 위기의 전개과정과 거시금융 정책 대응"(남주하, 2009) 등을 토대로 하여 정리했다. 일반 독자들의 이해를 돕기 위해서 까치 편집부가 개략적으로 정리한 것이다.

특히 글로벌 경제위기는 개방경제 국가인 한국의 달러 수요를 자극하여 달러에 대한 원화 환율이 급등했다. 정부는 미국, 중국, 일본과 각각 300억 달러의 통화 스왑 협정을 체결하고, 별도로 IMF로부터 220억 달러 한도에서의 지원 약속을 받는 등의 두터운 방화벽을 치고 환율 안정을 꾀했다. 한국은행은 RP 매입 등에 의해서 유동성을 직접 지원하고 네 차례의 전체 2.25% 포인트의 금리인하를 단행했고, 정부는 채권안정 기금을 만들어 금융기관의 유동성 문제를 해결하려고 했다. 그리고 부실 금융사와 부실기업에 대해서 구체적이고 투명한 구조조정의 원칙과 기준을 제시하고 기업구조조정 촉진법 등을 입법화했다. 나아가서 실물경제 회복을 위해서 경기부양 종합정책을 세우고 인프라와 지역경제를 지원했다. 정부는 2008년 10월부터 국제 금융시장 불안 극복 대책, 경제난국 극복 종합대책, 지역경제 활성화 대책, 경제 운용 방향 등의 명시적인 대책을 발표했다. 그리고 금융규제와 감독체계를 제도적으로 보완하여 금융 시스템의 안정성과 건전성 강화를 시도했다.

한국 경제는 한국은행과 정부의 대응 정책 시행, 정부와 민간 부문의 재정 건전성과 재무 건전성 향상, 대외교역 조건의 개선과 수출 회복, 원화 가치 안정과 물가 안정 등에 힘입어 금융위기의 폭풍우 속을 통과했다.

역자 후기

⋮

이 책 『행동하는 용기』는 "대공황 이후의 최악의 경제위기"였던 2008년의 "세계 경제의 붕괴를 막은" 벤 S. 버냉키의 자서전이다. 이 책은 버냉키의 인생에서 가장 큰 무대였던 연준 이사회 의장 시절에 겪었던 2008년에 시작된 세계 금융위기를 집중적으로 회고하고 있다. 버냉키는 이 책에서 금융위기를 타개하기 위해서 정치적으로 인기가 없던 조치들을 추진하는 과정을 여과 없이 진솔하게 보여준다. "부시 행정부가 나를 지명할 때에는 나의 거시경제학과 통화정책에 관한 연구경력을 높이 평가했고"라고 저자는 회고한다.

연준의 명시적인 두 가지 책무는 "고용 극대화"와 "물가안정"이다. 이런 책무는 한 나라의 거시경제의 성장과 안정을 위한 것이다. 즉, 경제성장을 이룩하고, 인플레이션을 적정선에서 안정적으로 유지하는 것을 의미한다. 또한 금융시장을 안정시키고 금융 시스템이 정상적으로 작동하도록 하는 책임이 있다. 2002년 연준 총재로 부임한 버냉키는 연준의 독립성을 중요하게 생각했고, 정치와는 무관하게 초당파적인 입장에서 정책을 결정하고, 통화정책이 연준의 강력한 도구라고 믿었다. 그는 2006년 연준 이사회 의장이 되면서 물가안정목표제를 통해 연준의 투명성을 제고하고 물가 안정을 목표로 정책을 추진했다. 그는 대공황을 연구한 그의 경제학을 배경으로 전통 이론과 결별하고 대담한 "용기"로 "독자적인" 행동 노선을 걷게 된다. 초저금리와 양적 완화 등의 그의 정책 수단들은 경기침체를 겪고 있던 유럽과 일본 등에 도입되었다. 퇴임한 지금도 그는 세계 경제학계에서 경제위기의 처방과 관련하여 하버드 대학교의 래리 서머스 교수와 치열한 논쟁을 벌이는 현장의 학자이다. 논쟁의 중심은 금리인하와 양적 완화 등의 통화정책이 우선하는지, 정부 지출 증가 등의 재정정책이 우선하는지에 관한 것이다.

2008년 서브프라임 모기지에 대한 투자 실패로 리먼 브라더스가 파산했고 그 파산을 시발점으로 대형 투자은행들이 붕괴하고 주가가 폭락하고 월 스트리트는 패닉 상태에 빠졌고, 투자와 소비가 급랭하면서 메인 스트리트가 격동하고 세계

경제는 침체의 늪에 빠졌다. 버냉키는 이 책에서 당시의 상황을 상세하게 복기하면서, 모기지 시장에서 촉발된 금융위기가 어떻게 MMF, 레포, 기업어음 시장으로 번져나가 금융 시스템 전체를 패닉 상태에 몰아넣었는지를 설명한다. 그리고 이러한 금융위기 상황 속에서 대형 투자은행과 금융 기관에 대한 유동성 지원, 세계 중앙은행들과의 공조체제 구축, 양적 완화에 이르기까지 연준이 추진했던 정책과 이를 뒷받침하는 논리를 차근차근히 설명한다.

또한 버냉키는 연준의 역사와 기능, 미국 통화정책의 역사, 케인스 경제학과 신고전주의 경제학 간의 논쟁 등을 일반 사람들도 알기 쉽게 옆에서 이야기하듯이 들려준다. 그리고 독자들에게 세계 금융시장을 움직이는 복잡하지만 단순한 힘을 바라보는 안목을 넓히는 데에 도움을 준다.

미증유의 경제위기의 현장에서 진두지휘했던 버냉키 자신의 기록이라는 점에서 역사적 가치가 높은 이 책에서 버냉키는 그가 "세계의 경제 대통령"이라고 하는 연준의 의장으로서 "왜" "누구를" 위해서 행동했는가를 잘 보여준다. "월 스트리트와 메인 스트리트는 긴밀하게 연관되어 상호의존적이다." "중요한 목표는 금융 시스템과 미국 경제를 보호하는 일입니다……우리가 월 스트리트의 누군가를 위해서가 아니라 미국 경제를 지키기 위해서 노력한 사실을 인정하면, 우리가 왜 그런 조치를 취했는지를 더 잘 이해할 것입니다." "여기서 한 가지 사실이 분명해졌다. 이제부터 우리는 위기를 관리하기 위해서 두 가지 과제에 직면해야 했다. 첫째, 올바른 일을 해야 한다는 것이다. 둘째, 우리가 하는 일이 왜 올바른지를 대중과 정치인에게 설명해야 한다는 것이다." "나는 정책을 개선하여 국민들이 더 잘 살 수 있도록 하는 데에 쓰이지 않는다면, 경제학이 무슨 소용이 있는가 자문해왔다."

여기서 우리는 그가 전통적인 이론과 결별하고 "행동하는 용기"의 원천을 볼 수 있다.

2015년 9월
안세민

인명 색인

697